Kurt Gödel
Philosophische Notizbücher
BAND 2
Zeiteinteilung
(Maximen) I und II
Seite 7

Kurt Gödel
Philosophical Notebooks
VOLUME 2
Time Management
(Maxims) I and II
Page 277

Kurt Gödel
Philosophische Notizbücher

Herausgegeben von Eva-Maria Engelen
im Auftrag der Berlin-Brandenburgischen
Akademie der Wissenschaften (BBAW)

BAND 2

Philosophical Notebooks

Edited by Eva-Maria Engelen
on behalf of the Berlin-Brandenburg Academy
of Sciences and Humanities (BBAW)

VOLUME 2

Kurt Gödel

Zeiteinteilung (Maximen) I und II / Time Management (Maxims) I and II

Herausgegeben von /
Edited by Eva-Maria Engelen
Aus dem Deutschen von /
Translated from German by Merlin Carl

DE GRUYTER

Edited on behalf of the Berlin-Brandenburg Academy
of Sciences and Humanities (BBAW) with support
of the Hamburg Foundation for the Advancement of Research and Culture.

Design: Friedrich Forssman.
Typeface: Chaparral Pro by Carol Twombly.
Print and bookbinding:
Hubert & Co. GmbH & Co. KG, Göttingen.

Editing of the German Text: Christopher von Bülow.
Editing of the English translation: Carolyn Benson.
Funding of the translation: Dr. August and Annelies Karst Foundation.

Printed in Germany.
Printed on acid-free paper.

Works of Kurt Gödel used with permission
from the Institute for Advanced Study.
Unpublished Copyright (1934 – 1978)
Institute for Advanced Study.
All rights reserved by Institute for Advanced Study,
Princeton, New Jersey, U.S.A.

© Copyright 2025 by
Walter de Gruyter GmbH, Berlin/München/Boston.
Dieser Band ist text- und seitenidentisch mit der 2020 erschienenen
gebundenen Ausgabe.

Library of Congress Control Number: 2020948273

Bibliographic information published by the Deutsche Nationalbibliothek
The Deutsche Nationalbibliothek lists this publication
in the Deutsche Nationalbibliografie;
detailed bibliographic data are available on the Internet
at http://dnb.dnb.de.

ISBN 978-3-11-221621-7
eISBN 978-3-11-068658-6

Inhalt – Contents

Kurt Gödel – Philosophische Notizbücher ... 7

Dank ... 9
Editorische Notizen ... 9
Einleitung ... 13
Zeiteinteilung (Max) I ... 53
Zeiteinteilung (Max) II ... 137
Addendum I ... 218
Addendum II ... 220
Addendum III ... 230
Addendum IV ... 247
Addendum V ... 250
Addendum VI ... 253
Addendum VII ... 255
Addendum VIII ... 258
Addendum IX ... 259
Addendum X ... 262
Addendum XI ... 263
Addendum XII ... 266
Addendum XIII ... 267
Addendum XIV ... 271
Addendum XV ... 273

Kurt Gödel – Philosophical Notebooks ... 277

Acknowledgments ... 279
Editorial Notes ... 279
Introduction ... 282
Time Management (Max) I ... 320
Time Management (Max) II ... 399
Addendum I ... 476
Addendum II ... 478
Addendum III ... 487
Addendum IV ... 503
Addendum V ... 506
Addendum VI ... 509
Addendum VII ... 511
Addendum VIII ... 513
Addendum IX ... 514
Addendum X ... 517
Addendum XI ... 518
Addendum XII ... 520
Addendum XIII ... 521
Addendum XIV ... 525
Addendum XV ... 526

Biographische Skizzen –
    Biographical Vignettes ... 529
Literaturverzeichnis und Werkregister –
    References and Index of References ... 540
Personenregister –
    Index of Names ... 551

Kurt Gödel
Zeiteinteilung (Maximen) I und II

Herausgegeben von Eva-Maria Engelen

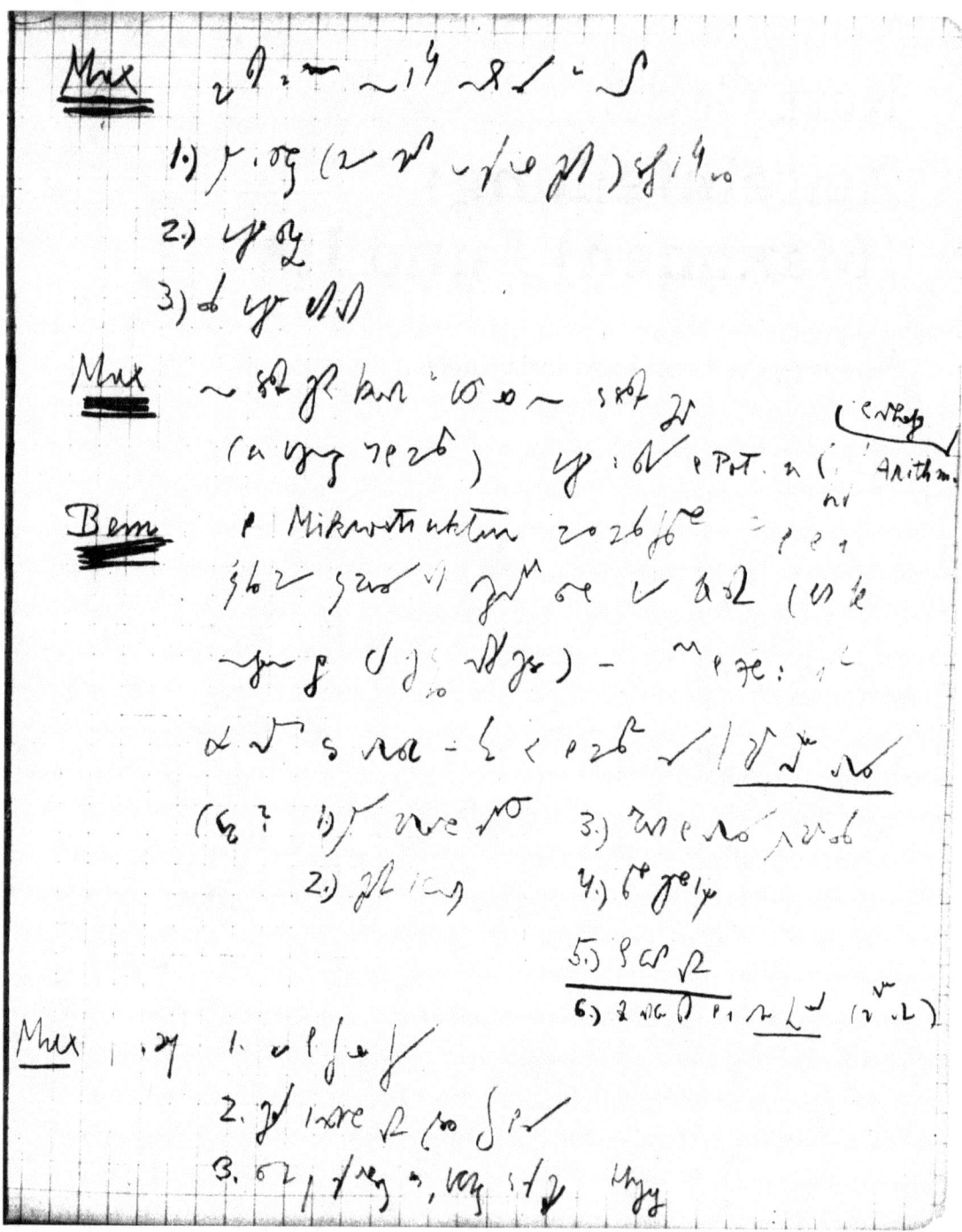

> Nothing that we learn about that fantastic man is too small a detail, since the entire picture is what we seek, and we can't tell in advance what will be important and what will not. *Paul Benacerraf*

Dank

Das Gesamtprojekt betreffend gilt mein ausdrücklicher Dank den in Band 1 von Kurt Gödels Philosophischen Notizbüchern genannten Personen und Institutionen auch weiterhin. Die Edition von Kurt Gödels Philosophischen Bemerkungen wird umfassend und großzügig durch die Hamburger Stiftung zur Förderung von Wissenschaft und Kultur unterstützt. Die Übersetzung wurde dankenswerterweise auch für diesen Band von der Dr. August und Annelies Karst Stiftung finanziert.

Für Auskünfte und fachkundigen Rat in Fragen, die insbesondere den vorliegenden Band betreffen, danke ich Christian Brockmann (Hamburg), Merlin Carl (Flensburg/Konstanz), Hans-Joachim Dahms (Wien), Stephan Dalügge (Cambridge), John W. Dawson, Jr. (York, Pennsylvania), Cheryl Dawson (York, Pennsylvania), Daniel Defert (Paris), Oliver Deiser (München), Luc Deitz (Luxemburg), Manfred Landfester (Gießen), Tim Lethen (Helsinki), Brigitte Parakenings (Koblenz), Arianna Sforzini (Paris), Christopher von Bülow (Konstanz), Jan von Plato (Helsinki) sowie Roland Wittwer (Berlin).

Editorische Notizen

Bei den vorliegenden Transkriptionen, die von Eva-Maria Engelen stammen, handelt es sich um eine Textrekonstruktion aus der Kurzschrift Gabelsberger. Die dadurch erforderlichen grammatikalischen und sonstigen Ergänzungen werden für die daran interessierten Leser sichtbar gemacht, wurden aber so gewählt, dass die Lektüre für die an den Zusätzen uninteressierten Leser nicht erschwert wird.

Der Band enthält ein umfangreiches Literaturregister der Werke, die Gödel gelesen und für seine Notizen herangezogen hat. Die ausführlichen Angaben dazu finden sich im Werkregister, Kurzangaben dazu zudem im Kommentarapparat. Grundsätzlich wurden Erstausgaben angeführt, es sei denn, es ist erkennbar, welche

Ausgabe Gödel nachweislich oder anzunehmenderweise benutzt hat. In diesem Fall wurde die von ihm verwendete Ausgabe angegeben. Die Literatur, welche für die Einleitung ausgewertet wurde, ist getrennt davon im Anschluss an dieselbe angeführt, allerdings nicht noch einmal im Werkregister.

Zitate aus Kurt Gödels Philosophischen Notizbüchern werden mittels nicht abgekürztem Titel sowie Seiten- und Zeilenangaben des jeweiligen Bandes belegt, wenn der edierte Text gedruckt vorlag; war das nicht der Fall, werden der von Gödel abgekürzte Manuskripttitel und die Manuskriptseiten angegeben. Auch wenn auf das Manuskript Bezug genommen wird, wird der von Gödel abgekürzte Titel des Manuskripts angeführt.

Nähere Angaben zu den von Gödel direkt oder indirekt angeführten Personen finden sich im Personenregister, mitunter auch im erläuternden Kommentarapparat.

Die Notation der logischen Zeichen wurde in der englischen Übersetzung in moderne Notation übertragen, im deutschen Originaltext ist hingegen die Notationsweise Gödels beibehalten worden, um die Erforschung historischer logischer Notationen zu ermöglichen. Beibehalten wurde auch in der englischen Übersetzung Gödels Gebrauch der logischen Symbole → und ⊃.

Die Übersetzung ins Englische gleicht in ihrer typographischen Gestalt dem deutschen Text. Es entfallen: unsichere Lesarten / die Differenzierung in Lang- und Kurzschrift / die Hervorhebung von Wort- und Wortteil-Ergänzungen / die Hervorhebung von Gödel-Interpunktionen / die Markierung unlesbarer Textteile / die Markierung von Einfügungen / weitgehend der nicht erläuternde Kommentarapparat / Unterstreichungen erfolgen nur einfach.

Editionsrichtlinien

Textergänzungen	Die erforderliche Ergänzung einzelner Buchstaben im Falle syntaktischer, grammatikalischer Interpretationen wie Pluralsetzung, Kasus etc., die Auswirkungen auf die Semantik haben könnten, ist durch Graudruck sichtbar gemacht. Hat eine Ergänzung hingegen keine erkennbaren Auswirkungen auf die Semantik, wird sie stillschweigend vorgenommen.
Ergänzung ganzer Wörter	Die Ergänzung ganzer Worte erfolgt im Graudruck ohne eckige Klammern.

Da das Setzen von Satzzeichen, insbesondere von Kommata, im Deutschen oftmals mit einer Interpretation einhergeht und sich sogar sinnverändernd auswirken kann, werden die von der Herausgeberin eingefügten Satzzeichen nicht fett gedruckt, die von Gödel gewählten Satzzeichen werden hingegen fett gedruckt und sind immer geradestehend.	Satzzeichen und Ergänzung
Die in der Regel verwendete Kurzschrift Gabelsberger wird in der Transkription in einer Antiqua, also einer Serifenschrift wiedergegeben. Die Langschrift erfolgt in *kursiver Schrift*; sie kommt in der Regel bei Personen- und Ortsnamen sowie bei Zitaten in nicht-deutscher Sprache vor.	Lang- und Kurzschrift
Unsichere Lesarten stehen in leichter Grotesk. Danach steht kein Fragezeichen in Spitzklammern oder Ähnliches.	Unsichere Lesarten
Auflösen von Abkürzungen: In Gabelsberger standardisierte Abkürzungen wurden im Fließtext in ganzen Worten wiedergegeben, innerhalb der Klammern jedoch auch in der Transkription als Abkürzungen. Das soll die Lesbarkeit des Textes erhöhen.	Abkürzungen
Wiedergabe von Zahlangaben: Gödel schreibt Zahlangaben manchmal als Ziffern, manchmal als Worte. In der Transkription wurde die jeweilige Vorgehensweise Gödels übernommen, nicht so in der englischen Übersetzung.	Zahlenangaben
Gödel unterstreicht in zahlreichen Varianten: einfach, doppelt, dreifach, gestrichelt, wellenförmig oder in Kombination dieser Varianten. Einfache, doppelte und dreifache Unterstreichungen werden als solche sichtbar gemacht, wellenförmige oder gestrichelte jedoch nicht, sie werden als einfache Unterstreichungen wiedergegeben.	Unterstreichungen
Streichungen werden mit senkrechtem Strich | angegeben und im Apparat für editorische Erläuterungen wiedergegeben. Eine Ausnahme davon sind Streichungen, bei denen davon auszugehen ist, dass sie erledigte Punkte auf einer Liste wiedergeben, weil Gödel den Buchtitel gelesen oder die Aufgabe erledigt hat etc.	Streichungen
Einfügungen werden in {Schweifklammern} gegeben.	Einfügungen

Paginierung der Manuskriptseiten	Die Paginierung der Manuskriptseiten durch Gödel wird in eckigen Klammern angegeben. Bei Verweisen auf einzelne Stellen innerhalb eines Notizheftes wird diese Paginierung angegeben. Erfolgt die Paginierung innerhalb einer Aufzählung, wird sie rechtsbündig wiedergegeben, ansonsten linksbündig. Die Paginierung der geraden Seitenzahlen stammt von Gödel selbst, die der ungeraden wurde stillschweigend ergänzt.
Gödels Fußnoten, Kommentarapparat	Gödels Fußnoten erscheinen in der Edition als Marginalien. Diese Vorgehensweise wurde gewählt, um den Lesefluss zu erleichtern und um ihre Zugehörigkeit zum Textkorpus deutlich werden zu lassen. Nachweise und Erläuterungen werden als Fußnoten unter den Kolumnen gegeben. Der Kommentarapparat steht am Seitenfuß außen.
Literaturangaben	Die Kenntlichmachung von Buchtiteln erfolgt im Anmerkungsapparat durch ›einfache Anführungszeichen‹, die von Aufsatztiteln und anderen unselbstständigen Titeln durch »doppelte Anführungszeichen«.
Unlesbares	Unlesbare Textteile werden mit einfachem senkrechten Strich │ angegeben (Strich in leichter Grotesk) und kommentiert. Gestrichene unlesbare Textteile werden mit doppeltem, durchgestrichenem senkrechten Strich ╫ angegeben.
Fußnoten, -zeichen	Die Gödel-»Fußnoten« in den Marginalspalten sind bezeichnet: Sternchen, zwei Sternchen, drei Sternchen, Kreuz, Doppelkreuz, Paragraph, Alinea (* / ** / *** / † / ‡ / § / ¶). Diese Symbole stehen im Text (Kreuz† bis Alinea-Zeichen¶ werden im Haupttext hochgestellt, † vor dem Text in den Marginalien jedoch nicht) und zu Beginn der Anmerkungen. Die Marginal-»Fußnoten« beginnen jeweils auf der Höhe der Markierung im Text, soweit möglich, ansonsten schließen sie direkt an die vorige Fußnote an.

Typographische Angaben

Schriften	Die Schrift ist die »Chaparral Pro« von Carol Twombly. Durch ihren geringen Strichstärkenunterschied eignet sie sich gut für Graudruck. Es gibt sie in verschiedenen Designgrößen; für die Fußnoten und Marginalien werden die »Caption«-Schnitte ver-

wendet, die für kleinere Grade optimiert sind. Die Grotesk ist die
Gill Sans light.

Die Satzart ist grundsätzlich Blocksatz, wobei tabellen- und listen- | Satzart
artige Textteile auch im Flattersatz stehen können.

Alle Anführungszeichen haben »diese« bzw. ›diese‹ Form. | Anführungszeichen

Es wird mit Ligaturen gesetzt. Im Deutschen werden die Ligaturen | Ligaturen
ff, fl und fi aufgelöst, wo es korrekt ist (in Wortfugen wie bei »Auflage«).

Es werden Mediävalziffern verwendet (1234567890). Im Formel- | Ziffernform
satz ist Verwendung von Versalziffern (1234567890) möglich. In
der Bezeichnung ›Max 0‹ steht immer die Versalziffer.

Abdruckgenehmigung

Dem Institute for Advanced Study, Princeton ist als Nachlassverwalter von Kurt Gödels Nachlass für die Erlaubnis zu danken, Kurt Gödels ›Maximen Philosophie‹ zu transkribieren, zu edieren, zu veröffentlichen und zu übersetzen.

Einleitung

In der Einleitung zu ›Philosophie I Maximen 0‹ ist auf Funktion und Form des Notizbuchschreibens eingegangen worden, die über zwei Jahrtausende Bestand haben und für Kurt Gödels Philosophische Notizbücher ebenfalls von Bedeutung sind. Eine der Funktionen ist die der Selbstbildung, Selbstermahnung oder Selbstvervollkommnung. Diesem speziellen Zweck dienen insbesondere Gödels Notizbücher ›Zeiteinteilung (Max) I und II‹. Sie bilden den Kern seiner in antiker Tradition stehenden Individualethik, die hier auf das schreibende Individuum und seine Vervollkommnung hin angelegt ist und der angewandten Ethik zuzurechnen ist.[1] Die »Sorge um das eigene Leben« und Denken ist dabei leitend.

---

1 In heutiger Terminologie werden die Begriffe ›Ethik‹ und ›Moral‹, aber auch ›Individualethik‹, häufig anders gebraucht. Ich folge hier, aus Gründen, die noch ersichtlich werden, im Wesentlichen der Verwendung von Heinrich Gomperz.

Wie in den Notizbüchern anderer Autoren werden auch in Gödels ›Zeiteinteilung (Max) I und II‹ Ermahnungen und Gebote, respektive Maximen, an sich selbst gerichtet. Gemäß einer verbreiteten Notizbuchtradition sind diese Hefte ein Ort der Selbstbildung, um einen individualethischen Zugang zu sich selbst zu entwickeln und sich einen Leitfaden für die persönliche Lebensführung zu geben. Das dahinterstehende Programm zur Selbstermahnung, Selbstverpflichtung und Selbstvervollkommnung ist Ausdruck der sokratischen Maxime, kein »ungeprüftes«, also unreflektiertes, Leben zu führen.[2]

Bei Gödel dürfte der maßgebliche Einfluss, der ihn motiviert hat, sein Leben einer solchen Form der Ethik zu unterziehen,[3] von Heinrich Gomperz stammen, einem der beiden Männer, die Gödel im Grandjean-Fragebogen[4] als seine Lehrer bezeichnet.[5] Von Gom-

---

2   Platon, ›Apologie‹, 38a. Das eigene Leben zu gestalten ist auch ein Thema der Anthropologie. So heißt es etwa bei Immanuel Kant, »daß [der Mensch] einen Charakter hat, den er sich selbst schafft; indem er vermögend ist, sich nach seinen von ihm selbst genommenen Zwecken zu perfektionieren; wodurch er, als mit Vernunftfähigkeit begabtes Thier (animal rationabile), aus sich selbst ein vernünftiges Thier (animal rationale) machen kann; [...].« Kant, ›Anthropologie in pragmatischer Hinsicht‹, B 313/A 315.
3   Gödel bestimmt Ethik in ›Zeiteinteilung (Max) I‹, Manuskriptseite 21, als intersubjektiv gültige Diszipin, meint damit jedoch nicht die Individualethik, wie er sie in ›Zeiteinteilung (Max) I und II‹ betreibt.
4   »Grandjean's questionnaire«, in: Kurt Gödel, CW IV, S. 447.
5   Vgl. Heinrich Gomperz, ›Lebensauffassungen‹, S. 19, 222f. und 232, wo Gomperz indirekt eine grundsätzliche Trennung zwischen ethischen (Forderung des Einzelnen an sich selbst gerichteten) und moralischen (Forderungen der Individuen aneinander gerichteten) Forderungen und Urteilen nahelegt und das ethische Konzept der »Vervollkommnungs-Pflichten« darlegt. In Gödels Mitschrift von Gomperz' »Vorlesung zur Geschichte der europäischen Philosophie«, die Gödel im WS 1925/26 besucht hat, steht auf Manuskriptseite 49 unter der Überschrift »Stoiker«: »Grundgedanke der Stoiker: Der Mensch soll sich eingliedern in die ganze Welt und sie bedingungslos bejahen. Sie ist die vollkommenste Welt. Man soll alles als gut betrachten. Sie teilen ihre Lehre in drei Teile: Ethik [ist die] Hauptsache, [sie] gibt Lebenslehre. Physik = theoretische Rechtfertigung der Ethik, indem Welt und Stellung des Menschen erkannt werden. Logik zeigt, woher wir wissen, dass es so ist und welchen Anspruch und Wissenschaft diese Lehre[n] machen können. Der Wichtigkeit entsprechend: Ethik → Physik → Log[ik]. Die Reihenfolge des Studiums: Logik → Physik → Ethik.« (im Gödel-Nachlass, Behältnis 6b, Reihe III, Mappe 72,5, ursprüngliche Dokumentennummer 030100.4). Nach Christoph Limbeck-Lilienau und Edwin Glassner haben aus dem Wiener Kreis oder dessen Umfeld Egon Brunswik, Herbert Feigl, Karl R. Popper und Rose Rand Gomperz' Vorlesung zur Geschichte der europäischen Philosophie besucht. Gödels Vorlesungsbesuch fehlt in deren Liste, er fehlt desgleichen in der Auflistung der von Gödel besuchten Vorlesungen von Maria-Elena Schimanovich-Galidescu. Möglicherweise hat Gödel die Vorlesung zwar besucht, war aber nicht offiziell für sie eingeschrieben. Zu den in Gödels Studienbuch gelisteten Vorlesungs-

perz dürfte allerdings nicht die alleinige Anregung für diese Form der Ethik stammen, denn selbst wenn sich letztlich viele Mitglieder des Wiener Kreises gegen diese Form der ethischen Lebensführung ausgesprochen haben, wurde die Diskussion über Selbstvervollkommnung und ihre Rolle für die Ethik unter ihnen geführt.

Quellen für den individualethischen Ansatz bei Gödel

Die Quellen für den individualethischen Ansatz der Selbstvervollkommnung sind im Falle von Gödels Herangehensweise in ›Zeiteinteilung (Max) I und II‹ vielfältig. An erster Stelle ist das Werk ›Die Lebensauffassung der griechischen Philosophen und das Ideal der inneren Freiheit. Zwölf gemeinverständliche Vorlesungen‹ von Heinrich Gomperz zu nennen.[6] Gomperz setzt sich dort ausführlich mit der Stoa und daneben mit dem Epikureismus auseinander. Ferner wird dort die Unterscheidung zwischen Ethik und Moral eingeführt, die Gödels Nachdenken über ethische und moralische Fragen zugrunde liegt. Parallelen zu diesbezüglichen Differenzierungen bei Mitgliedern des Wiener Kreises sind offensichtlich.[7] Das ist allerdings insofern nicht verwunderlich, als der Gomperz-Kreis und der Wiener Kreis, dem Gödel zeitweise angehörte, sich nahestanden.[8]

Gomperz nennt als das wichtigste ethische Ideal für den unvollkommenen Menschen die Pflicht zur Selbstvervollkommnung;[9]

---

besuchen von Gomperz gehören: »Übersicht über die Hauptprobleme der Theoretischen Philosophie« im Wintersemester 1924/25 und im Sommersemester 1925; diesbezüglich finden sich im Nachlass von Gödel jedoch keine Mitschriften.

6 Das Werk ist zuerst 1904 erschienen und hat Gödel in der erweiterten Fassung von 1927 vorgelegen.
7 Die Ablehnung einer allgemeingültigen Moral ist bei den Mitgliedern des Wiener Kreises und ihm nahe stehenden Persönlichkeiten wie Gomperz durchgängig festzustellen. Vgl. zuletzt etwa Anne Siegetsleitner, ›Ethik und Moral‹.
8 Vgl. Friedrich Stadler, ›Wiener Kreis‹, S. 241–250, und Anne Siegetsleitner, ›Ethik und Moral‹, S. 23 Fn. 13, S. 112 und 333. Siehe zu Gomperz' Beziehung und Stellung zum Wiener Kreis: Friedrich Stadler, »Heinrich Gomperz, Karl R. Popper, and the Vienna Circle. Between Demarcation and Family Resemblance«, S. 235–276. Außerdem: Friedrich Stadler, »Heinrich Gomperz und Karl Popper im Kontext des Logischen Empirismus«, S. 4f. und S. 6.
9 Heinrich Gomperz, ›Lebensauffassung‹, S. 221. »Vom unvollkommenen Menschen verlangt das ethische Ideal Selbstvervollkommnung« (ebd., S. 243). Das Ideal der »sittlichen Vervollkommnung« taucht bereits bei Heinrich Gomperz' Vater Theodor Gomperz in dessen Geschichte der antiken Philosophie auf. Vgl. Theodor Gomperz, ›Griechische Denker‹, S. 19.

ethische Pflichten seien überhaupt Vervollkommnungspflichten.[10] Dem liegen seine Definitionen von ›Ethik‹ und ›Moral‹ zu Grunde, nach welcher Ethik Forderungen des Einzelnen an sich selbst im Sinne eines Ideals der Charakterbildung sind, während Moral nicht nur den Einzelnen, sondern daneben die Interessen anderer und der Gemeinschaft zu berücksichtigen hat.[11] Dies spiegelt sich in den folgenden Zitaten von Heinrich Gomperz sowie seinem Vater, dem einflussreichen Altphilologen Theodor Gomperz, wider:

> Es gibt nämlich Denker genug, welche auf unsere bisherigen Darlegungen antworten würden: »All das ist immer erst die eine Hälfte der Moral; sie bezieht sich lediglich auf das Individuum selbst, es ist die sogenannte Individualethik, eine Art geistiger Gesundheitslehre (Hygiene) oder, wie ein Sokratiker sich auszudrücken pflegt, es ist die Forderung der Gerechtigkeit gegen sich selbst; allein daneben muss auch die Gerechtigkeit gegen Andere, die sogenannte Socialethik, treten.«[12]

> Wenn wir unter Individualmoral die seelische Hygiene verstehen und diese mit Aristoteles, [...], in der Meidung aller Extreme, [...], in harmonischer Ausbildung der Anlagen, [...], erblicken, so hat die griechische Naturreligion Forderungen einer solchen Individualmoral wie kaum eine andere entsprochen. Ihre Unzulänglichkeit offenbart sich auf dem Boden der Sozialmoral.[13]

Aufschlussreich sind insbesondere die Beispiele in Heinrich Gomperz' Werk ›Lebensauffassung‹, weil wir sie als Maximen von Gödel an sich selbst gerichtet in ›Zeiteinteilung (Max) I und II‹ wiederfinden. Sie betreffen etwa Regeln zum Spazierengehen und Essen. Themen also, die desgleichen in Senecas ›Epistulae morales‹ sowie in der Diätetik auftauchen, welche die gesamte Lebensführung

---

10 Heinrich Gomperz, ›Lebensauffassung‹, S. 222.
11 Heinrich Gomperz, ›Lebensauffassung‹, S. 222f.
12 Heinrich Gomperz, ›Grundlegung der neusokratischen Philosophie‹, S. 86. ›Hygiene‹ ist ein aus dem Griechischen stammender Begriff (ὑγίεια, hygíeia), der auch mit ›Diätetik‹ (δίαιτα, díaita) wiedergegeben wird.
13 Theodor Gomperz, ›Griechische Denker‹, Bd. 2, S. 322. Individualmoral und Sozialmoral haben nach Theodor Gomperz nichts miteinander zu tun, vgl. ebd., S. 369. Die Brücke zwischen Sozialmoral und seelischer Hygiene ist altruistisches Empfinden. Vgl. ebd., S. 413.

und -planung umfasst. Als Historiker der antiken Philosophiegeschichte war Gomperz damit vertraut. Er erläutert auch, warum es sich hierbei nicht um allgemeingültige moralische Regeln handelt. Letztere müssen sich allgemein ableiten lassen, Erstere nicht, weshalb es sich bei diesen lediglich um Regeln der Lebensführung handelt, die der Einzelne in vernünftiger Weise für sich heranziehen kann, wenn er sie für sich als richtig erkannt hat.[14]

Senecas ›Epistulae morales‹ sind hierfür ein gutes Beispiel; sie stellen eine Anleitung dar, die keine normativen Vorgaben macht, sondern versucht, mit Schilderungen, Vergleichen und Beispielen zu überzeugen. Im Folgenden wird daher auf die Lehre Senecas sowie auf die antike Tradition der Lebensführung ausführlich eingegangen. Das ermöglicht es, Gödels Maximen und Bemerkungen in ›Zeiteinteilung (Max) I und II‹ gewinnbringend so zu lesen, dass sie nicht lediglich als das Produkt eines Sonderlings erscheinen. Vor dem Hintergrund der antiken Überlieferung sind Gödels Notizen in den genannten beiden Notizbüchern stimmig. Daher empfiehlt sich diese Form der Rezeption, auch wenn sich bisher nur unbestimmte Hinweise auf eine Lektüre der Primärschriften Senecas[15] oder Marc Aurels[16] und kein Studium der einschlägigen antiken Schriften zur Diätetik bei Gödel nachweisen lassen. Seine Lektüre von Sekundärliteratur zu diesen Themen lässt sich hingegen belegen.

Heinrich Gomperz geht in seinen Darlegungen zur Vervollkommnung als ethisches Ideal auf die Positionen der Stoa beispielsweise ausführlich ein. Er rät zur Lektüre der Werke Senecas, Epiktets und Marc Aurels.[17] Daher ist es nicht verwunderlich, dass Gödel in einer

---

14 Heinrich Gomperz, ›Lebensauffassung‹, S. 224 und 227f.
15 Ein Hinweis auf Senecas ›Epistulae morates ad Lucilium‹ und andere seiner Schriften findet sich in ›Notizbuch Geschichte 4‹ von 1942 oder früher auf Manuskriptseite 42 (Gödel-Nachlass, Behältnis 5d, Reihe III Mappe 36, ursprüngliche Dokumentennummer 030054); weitere Hinweise auf Seneca sind in ›Notizbuch Geschichte 6‹ auf Manuskriptseite 30 (Gödel-Nachlass, Behältnis 5d, Reihe III, Mappe 38, ursprüngliche Dokumentennummer 030056); sowie in Behältnis 10b, Reihe V, Mappe 44, ursprüngliche Dokumentennummer 050146.
16 Hinweise auf Marc Aurel finden sich in ›Notizbuch Geschichte 4‹ von 1942 oder früher auf Manuskriptseite 51 (Gödel-Nachlass, Behältnis 5d, Reihe III, Mappe 36, ursprüngliche Dokumentennummer 030054); in ›Notizbuch Geschichte 6‹ auf Manuskriptseite 30 (Behältnis 5d, Reihe III, Mappe 38, ursprüngliche Dokumentennummer 030056); sowie in Behältnis 10b, Reihe V, Mappe 44, ursprüngliche Dokumentennummer 050146, dort u. a. ein undatierter Zettel auf dem zu lesen ist: »gelesen: IV Marcus Aurelius«
17 Heinrich Gomperz, ›Lebensauffassung‹, S. 195.

von ihm sorgfältig angelegten Bibliographie[18] zur Philosophie auch Marc Aurels ›Selbstbetrachtungen‹ notiert hat sowie die Rezeption Epiktets durch Leibniz.[19] In Gödels Mitschrift von Gomperz' »Vorlesung zur Geschichte der europäischen Philosophie« findet sich zudem ein weiterer Hinweis auf Senecas ›Epistulae morales‹.[20]

Eine andere Quelle für Gödels Auseinandersetzung mit stoischer und epikureischer Ethik ist Ciceros Werk ›De finibus bonorum et malorum‹,[21] das er neben weiteren Werken Ciceros vollständig durchgearbeitet hat. Da er zudem Theodor Schiches Einleitung zu ›Aus Ciceros philosophischen Schriften‹ gelesen hat,[22] ging er wohl davon aus, dass Cicero in ›De finibus bonorum et malorum‹ keinen eigenen Ethikansatz vorstellt, sondern die ethischen Positionen Epikurs und der Stoa. In der Forschung wird heute hervorgehoben, dass wir mit diesem Werk Ciceros über die

---

18 »Literatur, Philosophie (Geschichte)«, in: Gödel-Nachlass, Behältnis 9b, Reihe V, Mappe 5, ursprüngliche Dokumentennummer 050024,; dort Punkt 1 in eckigen Klammern.

19 In »Literatur Philosophie 1936-1940«, in: Gödel-Nachlass, Behältnis 9b, Reihe V, Mappe 5, ursprüngliche Dokumentennummer 050024; dort Punkt 37. Siehe zu Epiktet auch ›Notizbuch Geschichte 4‹ von 1942 oder früher, Manuskriptseite 30 (Gödel-Nachlass, Behältnis 5d, Reihe III, Mappe 38).

20 Heinrich Gomperz' »Vorlesung zur Geschichte der europäischen Philosophie« aus dem Wintersemester 1925/26, Manuskriptseite 6: »Römische Philosophen gibt es nur drei: *Lukretz*, *Cicero* Dialoge, *Seneca* Briefe« (Gödel-Nachlass, Behältnis 6b, Reihe III, Mappe 72,5, ursprüngliche Dokumentennummer 030100.4) Der Name ›Seneca‹ in »Klassische lateinische Autoren« in Behältnis 9c, Reihe V, Mappe 14, ursprüngliche Dokumentennummer 050068, des Gödel-Nachlasses verweist allerdings auf Seneca den Älteren, nicht den Jüngeren.

21 Gödel hat die von Winifred Margaret Lambart Hutchinson herausgegebene Ausgabe von 1909 benutzt, über die er in seinen Aufzeichnungen in Gabelsberger vermerkt: »Deutlicher Druck, Anmerkungen nicht viel Wert«. Inhaltlich äußert er sich zu dem Werk lediglich dahingehend: »Das 5te Buch scheint das interessanteste zu sein.« In diesem Buch wird vor allem die Lehre des Antiochos von Askalon geschildert. Dabei werden etwa die Seele und ihr Verhältnis zum Körper, die Liebe zur Erkenntnis, das Verhältnis von Tugend und Selbstliebe und das von Tugend und Gemeinschaft sowie die Erkenntnis als höchstes Gut behandelt. Gödels Aufzeichnungen zu seiner Cicero-Lektüre befinden sich in Behältnis 9c, Reihe V, Mappe 14, ursprüngliche Dokumentennummer 050069.

22 Der Band befindet sich in Gödels Privatbibliothek. Vgl. dort insbesondere die Seiten 5, 8f. sowie 13. Bei Schiche heißt es auf Seite 12f.: »[...] so sind es ›Akademische Untersuchungen‹ (Academica), die die Frage behandeln, inwieweit für den Menschen Erkenntnis möglich ist und wie sie zustand kommt. [...] So schloß sich denn auch bei Cicero an die Academica sogleich diejenige Schrift an, die die Grundfragen der Sittenlehre untersucht. [...] Hiervon handelt die Schrift ›Vom höchsten Gut und Übel‹ (De finibus bonorum et malorum libri quinque).« Die beiden hier von Schiche genannten Schriften Ciceros sind die von Gödel nachweislich gelesenen.

beste durchgehende Quelle für die ethischen Positionen des ersten vorchristlichen Jahrhunderts verfügen.[23]

Daneben hat sich Gödel nachweisbar anhand weiterer Sekundärliteratur[24] mit der stoischen Lehre beschäftigt und diese in ›Zeiteinteilung (Max) I und II‹ für sich als ethische Lebensführung umgesetzt. Er folgt damit der Tradition, Ethik als Anleitung zur Lebensführung zu verstehen.[25]

Für den ethischen Ansatz der Selbstvervollkommnung könnte daneben Leibniz als Vorbild gedient haben, wie etwa Fragment N 140 zur Vervollkommnung des Menschen zeigt.[26] Gödel hat es als Abdruck in Gerhardts Edition von Leibniz' philosophischen Schriften gekannt.[27] Der Umstand, dass Gödel Leibniz' Überlegungen zur Vervollkommnung des Individuums auch als eine Vorüberlegung zur Scientia generalis kennengelernt hat, ist von Bedeutung, da somit für ihn die Gedanken der Vervollkommnung des Individuums und diejenigen der Wissenschaften und des Denkens von vornherein miteinander verbunden waren. Zudem findet sich in Friedrich Jodls ›Geschichte der Ethik‹ ein Hinweis auf das Konzept der Vervollkommnung bei Leibniz.[28] Jodl war, wie man weiß,

---

23 Vgl. Julia Annas, »Introduction«, S. 2.
24 In Gödels Privatbibliothek befindet sich Albert Schweglers ›Geschichte der Philosophie im Umriss‹, 16. Auflage, Stuttgart (Frommanns) 1905. Lediglich in den Kapiteln zu Aristoteles und zum Stoizismus sind hier Unterstreichungen von Gödel zu finden, insbesondere auf den S. 121–123. Dazu im Folgenden Genaueres.
25 Heinrich Gomperz, ›Lebensauffassung‹, S. 234.
26 Gottfried Wilhelm Leibniz, »De vera hominis perfectione«, Nr. 140, in: ›Sämtliche Schriften und Briefe‹, Bd. VI, 4, Teilband A, S. 583-584. Das Fragment ist von den Herausgebern mit dem Hinweis versehen, dass es sich um eine Einleitung zur Scientia generalis von Leibniz handeln könnte. Siehe zur Scientia generalis u. a.: Louis Couturat, »La science générale«; Heinrich Schepers, »Scientia generalis«; Hans Poser, »Leibniz und die Einheit der Wissenschaften«; Christian Thiel, »Scientia generalis«; sowie Arnaud Pelletier, »The Scientia Generalis and the Encyclopaedia«.
27 In der Leibniz-Ausgabe von Carl Immanuel Gerhardt, ›Philosophische Schriften‹, Bd. 7, 1890, S. 46–48. Dort ist das Fragment eingeordnet in Kapitel I, das die Überschrift »Praecognita ad encyclopaediam sive scientiam universalem« trägt. Da das Fragment zu Abschnitt I in der Gerhardt-Ausgabe der philosophischen Schriften von Gottfried Wilhelm Leibniz gehört, hat Gödel diesen Abschnitt nachweislich gelesen. Vgl. dazu seine Notizen im Gödel-Nachlass, Behältnis 10a, Reihe V, Mappe 35, ursprüngliche Dokumentennummer 050130.
28 Friedrich Jodl, ›Geschichte der Ethik‹, Bd. 1, Stuttgart/Berlin (Cotta) 1906, 2. Aufl., S. 517–521. Jodl legt zudem dar, dass Leibniz' Ethik von dessen Metaphysik und von dessen theologischen Überlegungen unabhängig sei.

für einige Mitglieder des Wiener Kreises eine wichtige Bezugsgröße,[29] und seine Werke waren Gödel somit wahrscheinlich bekannt.

Das Fragment »De vera hominis perfectione« von Leibniz ist eine Vorüberlegung oder Einleitung zu Leibniz' Scientia generalis, auf die wir noch eingehen werden. Es stellt die Vervollkommnung der Vernunft des Einzelnen in den Vordergrund, wenn es darum geht, glücklich zu werden und eine unerschütterliche Seele zu erlangen, nicht die Vervollkommnung des Denkens durch die Wissenschaft zur Mehrung des Fortschritts und des Glücks der Menschen, wie es die Intention einer Scientia generalis ist.

Dennoch hat auch das Konzept der Selbstvervollkommnung in der Philosophie von Leibniz eine Funktion. Es trifft sich in dessen Monadologie mit der aristotelischen Lehre von der Vollkommenheit und der Entelechie. Bei der Entelechie geht es wie bei der Selbstvervollkommnung um ein zu erreichendes innewohnendes Ziel beziehungsweise um eine anzustrebende immanente Vollkommenheit. Der Vorgang der Vervollkommnung ist einer der Selbstverwirklichung, und Glückseligkeit ist nur zu erreichen, wenn diese Selbstverwirklichung oder Selbstvervollkommnung gelingt. Leibniz greift dieses antike Konzept mit dem Begriff der Monade auf. Die Entelechie oder perfectio bezieht sich hier auf den inneren Zustand der Monade, wobei zu beachten ist, dass alle Lebewesen Monaden sind und so auch jedes individuelle Ich. Die Monade verändert sich bei ihrer Vervollkommnung durch Perzeptionen (Wahrnehmungen, Vorstellungen) und Appetitionen (Strebungen).

Daneben wird das Konzept der Vervollkommnung oder Selbstvervollkommnung von einigen Mitgliedern des Wiener Kreises zustimmend oder ablehnend erwähnt und diskutiert, und zwar von erstaunlich vielen, so von Karl Menger, Victor Kraft, Herbert Feigl und indirekt von Rudolf Carnap.[30]

(1) Karl Menger steht Begründungen von ethischen Selbstvervollkommnungsnormen grundsätzlich skeptisch gegenüber, aber er nennt sie und verweist darauf, dass es sich hierbei nur um Festlegungen handeln kann, die sich nicht weiter begründen lassen.[31]

---

29 Die prägende Rolle Jodls für den Wiener Kreis arbeitet Anne Siegetsleitner im Kapitel 4.3 (»Engagement in überparteilichen Organisationen«) in ihrer Monographie ›Ethik und Moral‹, S. 70–84 heraus. Vgl. auch Friedrich Stadler, ›Wiener Kreis‹, S. 41.
30 Die Angaben dazu sind, mit Ausnahme derer zu Rudolf Carnap, Anne Siegetsleitners Monographie ›Ethik und Moral‹ entnommen.
31 Vgl. Anne Siegetsleitner, ›Ethik und Moral‹, S. 187.

(2) Victor Kraft legt dar, dass der Gegenstand einer Individualethik der Sinn des Lebens und das Glück seien. Er lehnt die diesbezüglichen Ratschläge der Stoa und der Epikureer jedoch ab, weil persönliche Vervollkommnung nicht eingefordert werden könne.[32]

(3) Herbert Feigl, wahrscheinlich der engste Vertraute Gödels im Wiener Kreis, führt in späteren Jahren die Prinzipien der Gerechtigkeit, Güte, Brüderlichkeit, Liebe und Selbstvervollkommnung als Leitlinien eines wissenschaftlichen Humanismus an, welcher in Philosophie und Erziehung als lediglich pragmatisch begründbare Maxime (!) herangezogen werden solle.[33]

(4) Mit einer gewissen Einschränkung sind hier überdies Äußerungen Rudolf Carnaps in seiner Autobiographie zu nennen. Die Einschränkung bezieht sich zum einen darauf, dass Carnap den Begriff der (Selbst-)Vervollkommnung nicht verwendet. Er spricht lediglich davon, dass die wichtigste Aufgabe für den Einzelnen in der Entfaltung seiner Persönlichkeit und der Herstellung fruchtbarer Beziehungen zu anderen Menschen bestehe.[34] Zum anderen bezieht sich die Einschränkung auf das Erscheinungsdatum der Autobiographie im Schilpp-Band (1963). Gödel hat 1963 bereits seit geraumer Zeit nicht mehr an den ›Maximen Philosophie‹ gearbeitet. Carnaps Autobiographie ist allerdings schon der Gattung nach Rekonstruktions- und Erinnerungsarbeit.[35] Man darf daher annehmen, dass er auf Konzepte aus der Vergangenheit zurückgreift, die im Verlauf seines Lebens, Denkens und intellektuellen Gedankenaustauschs immer wieder eine Rolle gespielt haben. Ähnliches gilt für die Ausführungen Krafts und Feigls zur Ethik.

(5) Ludwig Wittgenstein war bekanntermaßen kein Mitglied des Wiener Kreises, hat jedoch einige Mitglieder des Kreises sowie die

---

32 Vgl. Anne Siegetsleitner, ›Ethik und Moral‹, S. 382. Die entsprechenden Äußerungen von Kraft stammen aus seinem Werk ›Die Grundlagen der Erkenntnis und der Moral‹ von 1968. Gödel kann sie daher nicht gekannt haben, als er seine eigene Individualethik betrieb. Krafts Äußerungen geben dennoch einen retrospektiven Eindruck der Auffassungen des Wiener Kreises wieder.

33 Vgl. Anne Siegetsleitner, ›Ethik und Moral‹, S. 389, 393, 401, 411. Herbert Feigls Ausführungen stammen von 1974, für sie gilt daher, wie für die diesbezüglichen Äußerungen von Victor Kraft, dass sie die Position bezüglich der Wiener Zeit nur rückblickend wiedergeben. Mit der Erwähnung des wissenschaftlichen Humanismus weist Feigl darauf hin, dass sich diese Leitlinien nicht weiter begründen lassen.

34 Vgl. Anne Siegetsleitner, ›Ethik und Moral‹, S. 93. Rudolf Carnap, ›Mein Weg in die Philosophie‹, S. 14f.

35 Vgl. Anne Siegetsleitner, »Carnaps Autobiographie als Autobiographie«.

dortigen Diskussionen stark beeinflusst. Wittgensteins Tagebuchschreiben wird in der Forschung auch als Weg der Selbstvervollkommnung und Suche nach Klarheit in persönlicher und philosophischer Hinsicht beschrieben. Damit wird Tagebuchschreiben für Wittgenstein sowohl zu einem Gerichthalten über sich selbst wie zu einer Annäherung an das Unsagbare, das Ethische. Das Streben nach innerer Reinheit und Selbstvervollkommnung, nach persönlicher und philosophischer Wahrheit, ist bei Wittgenstein eine ethische Haltung, welche sich in seinen Tagebüchern manifestiert.[36]

Welche Rolle spielt das Konzept der Selbstvervollkommnung bei den Genannten und welche bei Gödel?

Während Heinrich Gomperz sich mit dem ethischen Ideal der Selbstvervollkommnung als Philosophiehistoriker und Theoretiker auseinandersetzt, greift Gödel es auf, lässt die theoretische Auseinandersetzung damit außer Acht und setzt es praktisch um, indem er für sich quasi eine moderne Version von Senecas Anweisungen zur Selbstermächtigung durch einen richtigen Umgang mit der Zeit entwirft. Gomperz hält zwar akademisch beschreibend fest, dass das eigene Leben der Stoff der Lebenskunst ist, Gödel aber betreibt angewandte Lebenskunst mit seinem Leben als Material dafür. Er übernimmt von seinem Lehrer das ethische Ideal der Selbstvervollkommnung, weil er sich selbst als unvollkommen sieht und möglicherweise zudem als therapiebedürftig. Anschließend setzt er das stoische Programm der Lebensführung und Selbstvervollkommnung, wie er es bei Gomperz u. a. vorfindet, für sich um. Gomperz' akademische These zur Stoa und zur Selbstvervollkommnung übergeht er.[37]

Seneca stellt von Beginn seiner ›Epistulae morales ad Lucilium‹ an klar, welche Bedeutung die Selbstverbesserung oder Selbstvervollkommnung für ihn hat (Ep. Mor., 5, 1): Diese Form des Strebens gehört zur Philosophie und beginnt schon im Nebensächlichen. Zwar solle man insbesondere auf seine geistige Vervollkommnung

---

36 Vgl. Ilse Somavilla, »Wittgensteins Tagebuchschreiben als Weg der Vervollkommnung und Suche nach Klarheit«.
37 Nach Heinrich Gomperz kann die Stoa kein moralisches Sittengesetz begründen. Der Weise als ein Vollkommener kann keine Selbstvervollkommnung mehr fordern. Heinrich Gomperz, ›Lebensauffassung‹, S. 226, 237.

Wert legen, daneben jedoch ebenso auf sein äußeres Erscheinungsbild (Ep. Mor., 5, 2). Selbst dieser Aspekt findet sich in Gödels ›Zeiteinteilung (Max) I und II‹ wieder, und es ist beispielsweise bekannt, wie sorgfältig Gödel stets gekleidet war.

Der Gesichtspunkt der Selbstvervollkommnung bei Seneca geht darüber hinaus. Wir sollen die uns verliehenen Anlagen zur Entfaltung bringen. Später ergänzt Seneca diesen Aspekt durch einen therapeutischen Ansatz. Dann geht es nicht mehr nur darum, das zu werden, was wir unseren angeborenen Fähigkeiten gemäß werden können, wenn wir uns bemühen, sondern darum, uns zu heilen, weil wir Kranke sind. Letzterem kann ein Selbstgespräch dienen, das uns hilft, uns selbst zu erforschen (Ep. Mor., 27,1).

Einige Motive aus Senecas ›Epistulae morales‹ finden sich auch in Gödels ›Zeiteinteilung (Max) I und II‹. An erster Stelle ist hier natürlich Senecas Ermahnung an Lucilius zu nennen, seine Zeit nicht zu verschwenden und nichts zu tun, das nicht der Entfaltung von Begabungen dient (Ep. Mor., 1, 1). Senecas indirekter Ratschlag an Lucilius lautet daher, über die Verwendung der Zeit Buch zu führen, damit man sich wenigstens Rechenschaft darüber geben kann, wie man sie verbracht hat (Ep. Mor., 1, 4). Gödel hingegen führt nicht Buch darüber, wie er seine Zeit verwendet hat, sondern darüber, wie er sie verwenden soll, und verstärkt so den zeitethischen Aspekt. Er führt Pläne aus, wann was zu tun wäre und was zu lesen wäre. Auf gute Lektüre zu achten und sorgfältig zu lesen, rät auch Seneca (Ep. Mor., 2, 1, und Ep. Mor., 2, 4), und das in einem Abschnitt, der Ermahnungen enthält, zur Ruhe zu kommen und Unruhe zu vermeiden (Ep. Mor., 2, 2).[38] Selbst für Senecas Verweis auf das Studium der philosophischen Tradition und ihrer Autoren (Ep. Mor., 84) findet sich eine Parallele bei Gödel. Denn wie bereits in ›Philosophie I Maximen 0‹ gesehen, legt Gödel ausführliche Listen dazu an. Er schreibt diese Listen in ›Zeiteinteilung (Max) I‹ fort.

Wie gezeigt, taucht der Begriff der Vervollkommnung oder Selbstvervollkommnung bei einigen Mitgliedern des Wiener Kreises auf. Er ist dort dem Bereich der Individualethik zugeordnet, der sich nach einhelliger Meinung der Mitglieder genauso wenig begründen lässt wie moralisch allgemeingültige Vorschriften. Für

---

38 Auf das erstrebenswerte Ziel, innere Ruhe zu erlangen, weist Heinrich Gomperz im Rahmen seiner Auseinandersetzung mit dem Epikureismus hin. Vgl. Heinrich Gomperz, ›Lebensauffassung‹, S. 266.

Feigl gehört ein Prinzip wie das der Selbstvervollkommnung zu den ethischen Grundnormen, die sich immerhin insofern pragmatisch begründen lassen, als die Bedürfnisse aller Menschen befriedigt werden, wenn sie befolgt werden.[39] Während Philosophen wie Herbert Feigl dem Prinzip der Selbstvervollkommnung im Rahmen eines wissenschaftlichen Humanismus eine wünschenswerte Funktion zuerkennen, lehnen das andere dem Wiener Kreis nahestehende Philosophen, wie etwa Victor Kraft, ab.

Ob Gödel neben einer angewandten Individualethik eine Ethik vertritt, die er zu rechtfertigen sucht, wird sich zeigen müssen. Auch ist es beim derzeitigen Stand der Forschung nicht möglich zu sagen, ob er die Grundlagen für eine solche Lehre, sollte er sie denn vertreten, allein in der Philosophie verortet.[40]

Das Gute ist für Gödel ein philosophischer Begriff (›Max X‹, Manuskriptseite 70), er setzt es in epikureischer (sowie Leibnizscher) Manier mit Lust und Glück gleich. Das wiederum erinnert an die Epikur-Rezeption des Wiener Kreises durch Moritz Schlick und Otto Neurath, die dezidiert keine Moralbegründung vornehmen wollen.[41] Was die Rezeption des Lustbegriffs durch Gödel anbelangt, mag erstaunen, dass er ihm obendrein ganz praktisch durchaus etwas abgewinnen konnte, und dies nicht nur in intellektueller Hinsicht, wie es etwa bei Leibniz der Fall ist. Darauf, dass dem so ist, könnte u. a. die Wahl von Gödels Ehepartnerin hinweisen.[42] Es lassen sich daneben noch weitere Hinweise finden, wie etwa der auf der Rückseite eines Ausleihzettels der Universitätsbibliothek Wien von 1932, wo es über Rose Rand heißt: »ich habe sie einmal geküsst«.[43]

---

39 Anne Siegetsleitner, ›Ethik und Moral‹, S. 401.
40 Nach Gödel gibt es moralische Sachverhalte (›Philosophie I Maximen 0‹, S. 97, Zeile 9, sowie ›Zeiteinteilung (Max) II‹, Manuskriptseite 117), und das sittlich Gute können wir über Gefühle wahrnehmen (›Max VI‹, Manuskriptseite 389). Das spricht dafür, dass Gödel eine Wert- und Moralphilosophie vertreten hat, die nicht mit der Individualethik der Selbstvervollkommnung zusammenfällt.
41 Wobei Schlick Moral durchaus als Instrument für individuelles Glück ausweisen will.
42 Siehe zu Adele Porkert etwa Dawson, ›Kurt Gödel. Leben und Werk‹, S. 30, sowie Sigmund, Dawson, Mühlberger, ›Kurt Gödel. Das Album/The Album‹, S. 59.
43 Es sei angemerkt, dass er Rose Rand nicht nur geküsst hat, sondern zudem ihre Dissertation über den polnischen Logiker Tadeusz Kotarbiński in seine »Literatur Philosophie 1936–1940« (Gödel-Nachlass, Behältnis 9b, Reihe V, Mappe 5, ursprüngliche Dokumentennummer 050024) aufgenommen und mutmaßlich gelesen hat. Die Dissertation von Rose Rand war 1937 fertig.

Epikur ist sicher nicht nur durch die Ausführungen von Gomperz ins Blickfeld von Gödel geraten, sondern obendrein über die Beschäftigung einiger Mitglieder des Wiener Kreises mit Epikur. So heißt es in Carnaps Tagebuch vom 16. Januar 1927: »Abends bei Neuraths. Über Aristoteles und Epikur, den Pfaffen und den wissenschaftlich Denkenden. (Mein idealistischer Pferdefuß!).«[44] Außerdem ist bekannt, dass Schlick ein Fragment mit dem Titel »Der neue Epikur« hinterlassen hat. In Neuraths Sozialepikureismus schließlich geht es um Lebensgrundsätze, die den Menschen und sein Glück zum Thema haben. Neurath verbindet diese philosophische Position mit dem Marxismus, bei dem gleichfalls das Glück der Menschen im Vordergrund stehe.[45]

Bedeutung des Konzepts der Vervollkommnung für die ›Maximen Philosophie‹

Selbstvervollkommnung ist, wie dargelegt, eine Form der Übung, welche in den Bereich der Individualethik fällt. Daneben dient sie in stoischer Tradition therapeutischen Zwecken. Vervollkommnung der Vernunft, des Denkens und der Wissenschaften soll hingegen dem Wohl der gesamten Menschheit dienen und der Verbesserung der Lebensverhältnisse aller. Dieser Aspekt des Vervollkommnungsgedankens sprengt den Rahmen der Individualethik.

Ein prominenter Vertreter des Konzepts der Vervollkommnung des Denkens zum Wohle aller ist Gottfried Wilhelm Leibniz, der die Vervollkommnung der Vernunft und der Wissenschaften mittels Entwicklung und Umsetzung einer Scientia generalis anstrebt.

Gödels ›Maximen Philosophie‹ stellen den Versuch dar, beide Vorstellungen der Vervollkommnung umzusetzen: (1) die individualethische der Selbstvervollkommnung mitsamt therapeutischen Implikationen vornehmlich in ›Zeiteinteilung (Max) I und II‹ sowie (2) die der Vervollkommnung des Denkens des Notizbuchschreibenden, der Vernunft und der Wissenschaften. Diesem Vorhaben dient die Gesamtheit der Max-Phil-Notizhefte.

---

44 Transkription von Brigitta Arden und Brigitte Parakenings.
45 Vgl. Anne Siegetsleitner, ›Ethik und Moral‹, S. 215.

1 Selbstvervollkommnung und Individualethik:
›Zeiteinteilung (Max) I und II‹

In den beiden Notizbüchern mit der Überschrift »Zeiteinteilung« finden wir also Gödels Individualethik. Für Gödel besteht ihr Zweck in der Ethik der Selbstvervollkommnung, die er für sein berufliches und privates Leben anstrebt. Die Maximen (Ermahnungen) hierfür hat er ganz bewusst zusammengestellt und sich, wie auch in stoischer Tradition üblich, nicht nur vorgenommen, sie immer und immer wieder zu lesen, sondern das nachweislich getan. Die ihm besonders wichtigen Maximen hat er wiederholt niedergeschrieben und sich vorgenommen, sie zum Zweck der inneren Sammlung und Konzentration zu lesen, ehe er sich seiner inhaltlichen akademischen Arbeit zuwendet.

Diese Übungen und Habitualisierungen der Lebensführung sind für Gödel ein Mittel zur Selbstreflexion und damit gänzlich philosophisch motiviert. Er verspricht sich von ihnen eine stabile, übersichtliche und geordnete Lebensform, die ihm Sicherheit sowie innere Ruhe und Gelassenheit für seine Arbeit und in privaten Angelegenheiten verschaffen soll. Das ist der therapeutische Effekt. Die Orientierung an den selbstgewählten Maximen und Ermahnungen soll ihm darüber hinaus helfen, in seinen akademischen Arbeiten fortzuschreiten. Gut sieht man dies etwa an den zahlreichen Maximen zur Verbesserung mathematischer Vorlesungen und Vorträge, in denen er reflektiert, was eine mathematische Vorlesung leisten soll, was sie den Studierenden bieten soll und von welchem Kenntnisstand man bei Studierenden ausgehen darf.

Daneben beschäftigen sich zahlreiche Maximen mit der Möglichkeit, eine akademische Stelle in der Mathematik oder im nichtakademischen Bereich zu erlangen, um seinen Lebensunterhalt zu bestreiten. Diese Maximen zeigen die Zukunftsängste, die Gödel Ende der 30er Jahre des 20. Jahrhunderts umtreiben, als er bereits einer der größten unter den Mathematikern ist. Sie zeigen überdies, mit welch analytischem Scharfsinn er selbst an diese Fragen herantritt, sowie ein nicht unbeträchtliches soziologisches Talent. Gödel ist sehr bewusst, dass Leistung allein nicht reicht, um eine akademische Stelle zu erhalten, und so listet er auch die leistungsunabhängigen Faktoren auf, die bei der Stellensuche eine Rolle spielen, wie etwa die des Nepotismus und der Schulenbildung.

Nun sind die individualethisch ausgerichteten Notizhefte Gödels nicht nur von Interesse, wenn man sich für Gödel als Denker interessiert. Auch nicht nur, wenn man sich eine moderne Form stoischer Ermahnungen und Übungen als gelebte Ethik veranschaulichen möchte. Die Bedeutung dieses Ansatzes reicht sogar noch weit darüber hinaus. Sie erstreckt sich auf die ›Maximen Philosophie‹ als Gesamtkorpus. Dafür ist es erforderlich, die beiden erwähnten Aspekte des Begriffs der Vervollkommnung noch genauer zu unterscheiden, nämlich den ethischen Aspekt der Selbstvervollkommnung sowie den der Vervollkommnung der Vernunft und der Wissenschaften.

2 Vervollkommnung der Vernunft durch die Scientia generalis
Leibniz' Scientia generalis soll der Erneuerung der Wissenschaften ebenso dienen wie ihrem Zuwachs und ihrer Erweiterung, der Vervollkommnung des Geistes und der allgemeinen Glückseligkeit.[46] Zwar sind die Konzepte der Vervollkommnung und der Glückseligkeit zugleich für Gödels individualethischen Ansatz relevant, im Rahmen der Scientia generalis haben sie allerdings eine andere Bedeutung. Hier hat Vervollkommnung unter anderem die Funktion, der Vielheit der Einzelwissenschaften (Specimina) ein gemeinsames Fundament und eine gemeinsame Struktur zu bieten, indem die gemeinsamen Grundlagen der Wissenschaften (Initia) herausgearbeitet werden und somit die Zusammenarbeit zwischen den Disziplinen ermöglicht wird. Unter die Specimina fallen alle Naturwissenschaften, die Mathematik sowie die wertorientierten Wissenschaften wie beispielsweise Jurisprudenz und Theologie. Zu den Initia gehören hingegen beispielsweise die Grammatica rationalis und die Logik. Um die gemeinsamen Grundlagen der Specimina herauszustellen, wäre es eine Aufgabe innerhalb der Scientia generalis, einfache Begriffe, nämlich die Grundbegriffe des Denkens, herauszuarbeiten. Schon Leibniz war freilich klar, dass das ein für den Menschen nicht vollständig zu erreichendes Ziel ist.

Gödel hat sich mit diesem Aspekt der Leibnizschen Philosophie nachweislich sehr intensiv auseinandergesetzt. In Behältnis 10a, Reihe V, Mappe 35 des Gödel-Nachlasses finden wir gleich auf dem ersten Blatt eindeutige Hinweise darauf. Gödel notiert dort zu Band VII der Gerhardt-Ausgabe von Leibniz' philosophischen

---

46 So in einem Titel eines Fragments zur Scientia generalis in der Akademieausgabe: ›Sämtliche Schriften und Briefe, Bd. VI, 4, Teilband A, Philosophische Schriften‹, S. 527.

Schriften, welche Kapitel bei Leibniz die Scientia generalis umfassen und welche die Characteristica. Anschließend hält er fest, welche der jeweiligen Abschnitte er gelesen hat. Zur Scientia generalis hat er alle mit Ausnahme von VI und IX gelesen.

Was bedeutet das für die Frage nach der Funktion der ›Maximen Philosophie‹ als nicht nur ethisches, sondern zugleich intellektuelles Instrument der Vervollkommnung? Leibniz' Scientia generalis ist eine enzyklopädische Universal- oder Einheitswissenschaft, in der alle Wissenschaften ihren Platz haben. Durch Vervollkommnung der Vernunft soll sie dem Glück der Menschen dienen.[47] Die Vernunft soll so vervollkommnet werden, dass sie das Gute erkennt und verwirklicht.[48] Es ist der Zweck menschlicher Fähigkeiten, dazu beizutragen, Glück zu erlangen,[49] und Weisheit ist nichts anderes als die Wissenschaft vom Glück.

Für das individuelle Glück und Wohlbefinden muss der Einzelne bei sich selbst sorgen. Geht es jedoch um das Glück aller, dann ist gemäß Leibniz an der Vervollkommnung der Vernunft, und das heißt, der Wissenschaften im Rahmen einer Scientia generalis, zu arbeiten. Die Scientia generalis trägt zum Fortschritt in den Wissenschaften und damit zum Wohl und Glück aller Menschen bei. Das Glück des Einzelnen und das Glück der Allgemeinheit unterscheiden sich auch dadurch, dass der Einzelne dieses Glück als solches, wenn er es für sich erlangt hat, empfindet, während das Glück aller vom Fortschritt der Wissenschaften abhängt und somit davon, dass die Wissenschaften allen Menschen dienen.

Die Scientia generalis könnte für Gödel ein Vorbild für die Idee gewesen sein, wie die unterschiedlichen Disziplinen unter ein Dach zu bringen seien. Die Weise, wie er die diversen disziplinär ausgerichteten Bemerkungen u. a. per Analogie aufeinander bezieht, legt es nahe, dass er eine Scientia generalis zur Vervollkommnung der Wissenschaften vor Augen hatte. Der Vervollkommnungsgedanke bezieht sich in diesem Fall auf die Vervollkommnung des Denkens.

Der Erfolg des individualethischen Ansatzes ist unabhängig davon, ob die Einheit der Wissenschaften erreicht wird, denn innerhalb des individualethischen Ansatzes hat schon allein das Bemühen um die Vervollkommnung des Selbst einen Sinn.[50] Der Erfolg

---

47 Heinrich Schepers, ›Leibniz‹, S. 90.
48 Heinrich Schepers, ›Leibniz‹, S. 93.
49 Vgl. Hans Poser, ›Leibniz' Philosophie‹, S. 299. »Scopus autem omnium nostrarum facultatum est felicitas«, in: ›Initia scientiae generalis‹, A VI, Bd. 4, S. 364.

der Vervollkommnung des Denkens in den Wissenschaften hängt hingegen davon ab, ob es gelingt, eine Scientia generalis zu begründen.

Inwieweit Leibniz' Scientia generalis ein Modell für Gödels ›Maximen Philosophie‹ darstellt, wird die Edition der kommenden Hefte zeigen. Dieser Thematik ist Gödel gleichfalls nicht nur bei Leibniz begegnet, sondern ebenso innerhalb des Wiener Kreises, denn Leibniz' Scientia generalis ist mit der ›Einheitswissenschaft‹ des Wiener Kreises zumindest vergleichbar.[51] Der Titel einer Publikationsreihe des Wiener Kreises von 1933 bis 1939 lautet bekanntlich ›Einheitswissenschaft‹ und später ›Library of Unified Science‹,[52] und es gab daneben noch die ›International Encyclopedia of Unified Science‹.[53] Ebenso wie Leibniz' Scientia generalis eine enzyklopädische Universalwissenschaft sein sollte, sollte auch die Einheitswissenschaft des Wiener Kreises eine solche sein.[54]

Der Selbstvervollkommnungsgedanke spielte für den Wiener Kreis keine Rolle, wohl aber der des Fortschritts und damit der des Glücks aller Menschen, das nicht zuletzt mittels einer enzyklopädischen Grundlegung der Wissenschaften erreicht werden soll. Wissen und Erkenntnis sind allerdings nicht allein für den Vervollkommnungsgedanken einer Einheitswissenschaft oder Scientia generalis von zentraler Bedeutung, sondern ebenso für eine Individualethik nach stoischem Vorbild.

---

50 Heinrich Gomperz bezeichnet die stoische Ethik in ›Lebensauffassung‹, S. 234 daher als eine spielerische Auffassung von Ethik.
51 Vgl. Hans Poser, »Leibniz und die Einheit der Wissenschaften« sowie Martin Schneider, »Weltkonstitution durch logische Analyse. Kritische Überlegungen zu Leibniz und Carnap«. Schneider geht von der wissenschaftstheoretischen Vergleichbarkeit von Scientia generalis und Einheitswissenschaft aus, obgleich die philosophischen Grundpositionen konträr sind: Leibniz wollte eine Metaphysik begründen, Carnap sie abschaffen (ebd., S. 69).
52 Die Herausgeber waren Otto Neurath, Rudolf Carnap, Philipp Frank, Jørgen Jørgensen und Charles W. Morris.
53 Hier waren die Herausgeber Otto Neurath, Rudolf Carnap und Charles W. Morris.
54 In Victor Krafts Monographie ›Der Wiener Kreis. Der Ursprung des Neopositivismus. Ein Kapitel der jüngsten Philosophiegeschichte‹, Wien (Springer) 1950, die sich in Gödels Privatbibliothek befindet, sind wenige Annotationen und Unterstreichungen durch Gödel vorgenommen. Auf Seite 3 unterstreicht er »Erkenntnis« und markiert die Unterstreichung mit »1.«; »Veröffentlichungen des Vereins Ernst Mach« unterstreicht er gleichfalls und markiert dies mit »2.«; auf Seite 4 unterstreicht er »Einheitswissenschaft« und markiert es mit »3.«, und auf Seite 5 unterstreicht er »Enzyklopädie Einheitswissenschaft« und markiert die Unterstreichung mit »4.«.

Die Sorge um das eigene Leben

Heinrich Gomperz betont, dass ethische Pflichten Selbstvervollkommnungspflichten sind und der unvollkommene Mensch eine Pflicht zur Selbstvervollkommnung hat sowie Fortschritte in ethischer Hinsicht anvisieren muss.[55] Ethik als Forderung an sich selbst dient der Charakterbildung und soll sich der Frage der Lebensführung widmen.[56] Dabei steht die »Sorge um das eigene Leben« im Mittelpunkt einer Individualethik.[57]

Gomperz' »Sorge um das eigene Leben«, und übrigens auch später Foucaults »Sorge um sich«, ist eine Übersetzung des antiken griechischen Konzepts der epiméleia heautú (Bemühung um sich selbst),[58] die nicht zuletzt eine Weise ist, die Aufmerksamkeit auf das eigene Denken zu richten und darauf zu achten, was sich im eigenen Denken abspielt. Nach Gomperz gehört die Sorge um das eigene Leben zu den dem Menschen »eigentümlichen Tätigkeiten«.[59] Man wird sich selbst zur Aufgabe, um das zu werden, was man sein kann und sein soll. Entscheidend ist, dass man es nicht von sich aus ist, sondern etwas tun muss, um es zu werden. Das Wissen um diese »eigentümlichen Tätigkeiten« ist laut Gomperz die Vollendung der menschlichen Natur (die Tugend). Dafür müssen sie einer auf Grundsätzen beruhenden Lebensführung entstammen, müssen also planmäßig verbunden sein und dürfen keine zufälligen, für sich stehenden Handlungen sein.[60]

Die auf Grundsätzen beruhende und daher durchdachte Lebensführung geht also mit reflektierten Handlungen einher, umfasst daneben jedoch so banale Fragen wie die von Regeln des »vernünftigen Spazierengehens« oder des »gerechten Schuldenzahlens«: »Wer nun in jeder Lebenslage die ›richtige Tätigkeit‹

---

55 Heinrich Gomperz, ›Lebensauffassung‹, S. 221.
56 Heinrich Gomperz, ›Lebensauffassung‹, S. 223 und 225.
57 Heinrich Gomperz, ›Lebensauffassung‹, S. 227.
58 Michel Foucault hat übrigens einige Schriften von Heinrich Gomperz gelesen und rezipiert. So zitiert Foucault in ›Über den Willen zum Wissen‹, S. 97, Heinrich Gomperz' Buch ›Sophistik und Rhetorik. Das Bildungsideal des εὖ λέγειν in seinem Verhältnis zur Philosophie des 5. Jahrhunderts‹, das dort irrtümlich Theodor Gomperz zugeschrieben ist. Nach Auskunft von Arianna Sforzini zitiert Foucault in einer seiner unveröffentlichten Arbeiten von 1953 –1954 mit dem Titel »Psychologie et phénoménologie« (NAF 28730, Behältnis 46) auch Heinrich Gomperz' Buch ›Zur Psychologie der logischen Grundtatsachen‹, Leipzig/Wien (Deuticke) 1897.
59 Heinrich Gomperz, ›Lebensauffassung‹, S. 227.
60 Heinrich Gomperz, ›Lebensauffassung‹, S. 227f.

setzt, der lebt in ›in Übereinstimmung mit der Natur‹, und diese Übereinstimmung ist das oberste ethische Ziel, das einzig wahre Gut und der einzige unbedingte Wert, das Glück.«[61]

»Stoff der Lebenskunst ist das eigene Leben eines jeden«, zitiert Heinrich Gomperz Epiktet.[62] Vielleicht ist einer der Gründe, warum sich Gödels Lektüre stoischer Klassiker nicht in dem bei ihm sonst üblichen Umfang nachweisen lässt, dass er sich diesem Thema nicht als Akademiker nähert, sondern Lebenskunst betreibt. Gemäß den stoischen und diätetischen Lebensregeln unterwirft Gödel sein Leben dieser Kunst zum Zwecke der Selbstvervollkommnung.

Es ist nicht das erste und einzige Mal in Gödels Schaffen, dass er strenge, akribische Einhaltung eines Regelwerkes und einen geradezu spielerischen, freien Umgang mit diesem vereint.[63] Gödel studiert Seneca, Epiktet und Marc Aurel nicht im Detail zum Zwecke akademischer Auseinandersetzung,[64] sondern wendet deren tradierte Vorbilder zur Selbstreflexion und zur Selbstvervollkommnung, mithin das stoische Ideal eines glücklichen, gelingenden Lebens, auf sein Leben an. Weil der Normalsterbliche nicht zu endgültiger Vollkommenheit gelangen wird, sind lebenslanges Üben und Lernen sowie eine planende Lebensgestaltung des Einzelnen für sich selbst erforderlich. Dafür hat die Stoa ein klares Raster an Themen und Techniken vorgegeben, auf sein Leben anwenden muss es der Einzelne selbst.

Diätetik (Hygiene)

Solche das ganze Leben – den Tagesablauf, das Essen, den Schlaf, die Kleidung, die körperliche Betätigung, das Baden und Spazierengehen – betreffende Anleitungen stellt auch die Diätetik (Hygiene) zur Verfügung. Diese Disziplin ist älter als die Philosophie der Stoa. Bei Immanuel Kant, dessen Ausführungen dazu Gödel gekannt hat, werden sie dennoch in einem Atemzug genannt:

---

61 Heinrich Gomperz, ›Lebensauffassung‹, S. 228.
62 Heinrich Gomperz, ›Lebensauffassung‹, S. 233f.
63 Vgl. Eva-Maria Engelen, »Kurt Gödels philosophische Notizbücher als Denkraum und Exerzitium«. Dazu passt, dass Heinrich Gomperz in ›Lebensauffassung‹, S. 234, schreibt: »Die Gleichung Leben = Spiel erscheint daher von vornherein als der angemessenste bildliche Ausdruck für die ethische Lehre der Stoa.« Gomperz begründet dieses Resümee damit, dass das Augenmerk der Stoa auf den Tätigkeiten liegt, nicht auf dem Stoff.
64 Jedenfalls lassen sich solche Nachweise nicht wie sonst bei Gödel üblich führen.

Der Stoizismus als Prinzip der Diätetik (sustine et abstine), gehört also nicht bloß zur praktischen Philosophie, als Tugendlehre, sondern auch zu ihr als Heilkunde. – Diese ist alsdann philosophisch, wenn bloß die Macht der Vernunft im Menschen, über seine sinnlichen Gefühle durch einen sich selbst gegebenen Grundsatz Meister zu sein, die Lebensweise bestimmt.[65]

Zur Diätetik gehören zudem die von Galen zusammengestellten sex res non naturales, die bei ihm noch nicht so heißen.[66] Sie sollen dem Menschen helfen, sein Verhalten sowie die beeinflussbaren Umweltbedingungen zu regulieren.[67] Ilsetraut Hadot hat in der Diätetik daher zu Recht die Anfänge der Seelenleitung im 7.–4. vorchristlichen Jahrhundert gesehen.[68]

Diätetik als rational begründete Handlungsanweisung zum richtigen und damit gesunden Leben lässt sich neben der stoischen Ethik als Blaupause für eine gewinnbringende Lektüre von ›Zeiteinteilung (Max) I und II‹ heranziehen.[69] Nicht nur die Seele oder der Geist

---

[65] Bedient sie sich dagegen der Pharmazie oder der Chirurgie, geht sie nach Kant bloß empirisch und mechanisch vor. Vgl. Immanuel Kant, »Streit der Fakultäten, 3. Abschnitt. Der Streit der Philosophischen Fakultät mit der Medizinischen; Grundsatz der Diätetik«, A 173. Kant verwendet ›Gemüt‹ abwechselnd mit ›Seele‹. Kants Schrift ›Von der Macht des Gemüths durch den bloßen Vorsatz seiner krankhaften Gefühle Meister zu seyn‹ (Jena 1798) wurde auch von Christoph Wilhelm Hufeland veröffentlicht. Es befindet sich ein separater Druck des ausgegliederten Kapitels zum Verhältnis von Philosophie und Medizin als undatierte Reclamausgabe in Gödels Privatbibliothek. In dieser ist das Zitat Kants zur Diätetik auf S. 17f. nachzulesen.

[66] Im Gödel-Nachlass finden sich in Behälter 10b, Reihe V, Mappe 44, ursprüngliche Dokumentennummer 050146 bibliographische Referenzen Gödels zu Galen.

[67] Der Begriff der sex res non naturales wird erst in den lateinischen Übersetzungen der arabischen Literatur zur Diätetik geprägt.

[68] Ilsetraut Hadots Monographie ›Seneca und die griechisch-römische Tradition der Seelenleitung‹ nimmt einiges von dem, was ihr Mann Pierre Hadot und dessen Kollege am Collège de France, Michel Foucault, später ausgeführt haben, bereits anbelangt. Was die Diätetik betrifft, bezieht Ilstraut Hadot sich nach eigenen Angaben vornehmlich auf den Aufsatz von Ludwig Edelstein zur antiken Diätetik von 1931, der Gödel zur Verfügung gestanden haben könnte. Gödel notiert die bibliographischen Angaben zu Ludwig Edelsteins Aufsatz über Posidenius in einer langen undatierten Literaturliste zu Posidonius. Dies findet sich im Gödel-Nachlass in Behälter 10b, Reihe V, Mappe 44, ursprüngliche Dokumentennummer 050146.

[69] Bisher lässt sich nicht nachweisen, dass Gödel Originalschriften zum Thema ›Diätetik‹ bzw. ›Hygiene‹ gelesen hat. Mutmaßlich hat er dafür Enzyklopädien oder Zeitschriftenartikel herangezogen. Das würde erklären, warum keine Ausleihzettel zu dem Thema erhalten sind, denn die Enzyklopädien standen

müssen gebildet werden, sondern ebenso der Körper, denn die falsche Behandlung des Körpers beeinträchtigt obendrein die geistigen Fähigkeiten. Für die Frage der Selbstvervollkommnung und des richtigen Lebens gilt es daher zu beachten, was man isst und trinkt, wie man schläft, lebt, wacht und lacht sowie welche Luft man atmet.[70]

Nach Galen soll die Seele durch Übung und Lektüre geformt werden. Daneben bedarf es der sorgsamen Pflege des Menschen mit Hinblick darauf, was er zu sich nimmt, tut und von sich gibt sowie was auf ihn einwirkt.[71]

Was er zu sich nimmt, sind etwa Speise, Trank, Heilmittel oder Luft;[72] was er tut: spazieren gehen, fahren, reiten, wachen, schlafen, sich sexuell betätigen, etc.;[73] was er von sich gibt, sind alle Ausscheidungen; was von außen auf ihn einwirkt, sind beispielsweise: Luft, Wasser, Salben, Cremes.

Von Galen stammen außerdem zumindest inhaltlich die Kernpunkte der sogenannten sex res non naturales, für die er gelegentlich den Begriff der Hygiene gebrauchte:

(1) Licht und Luft,
(2) Essen und Trinken,
(3) Bewegung und Ruhe,

---

in den Lesesälen zu sofortiger Lektüre zur Verfügung und konnten nicht ausgeliehen werden. In Frage kommen dafür etwa der Artikel »Non-naturelles, choses« in der ›Encyclopédie‹ von Diderot und d'Alembert oder der Artikel »Diätetik« von C. H. Theodor Schreger in ›Allgemeine Enzyklopädie der Wissenschaft und Künste‹, Bd. 24, 1833, S. 431-434. Schreger nennt die Diätetik überdies ›Hygiene‹ oder ›Hygiastik‹; zudem unterscheidet er zwischen Gesundheitspflege des Körpers (Körperhygiastik) und solcher des Geistes (Seelenhygiastik). ›Meyers Konversations-Lexikon‹ hat Gödel nachweislich besessen. Dort findet sich in Band 7 der Eintrag »Gesundheitspflege (Hygiene)«.

70 Siehe auch Georg Wöhrle, ›Studien zur Theorie der antiken Gesundheitslehre‹, S. 224f. Theodor Schreger rät in seinem Artikel »Diätetik« auf S. 432 obendrein dazu, neben angemessener Gymnastik und angemessener Kleidung auf ein passendes Bett zu achten.

71 Vgl. die Einteilung bei Georg Wöhrle, op. cit., S. 228. Eine andere Einteilung gibt Theodor Schreger in »Diätetik«, S. 431f., an: 1. Genusslehre (Luft, Speisen, Getränke, Sinnesreize, Schlaf etc.), 2. Tätigkeitslehre (Leibesbewegungen), 3. Maßlehre (Luftwechsel, rechtes Maß von Essen, Liebesleben etc., Verhältnis von Genuss und Tätigkeit), 4. Verwahrungslehre (Schutz vor Kälte, Hitze, Feuchtigkeit, Krankheit etc.).

72 Gödels Essgewohnheiten sowie seine Bedenken hinsichtlich Heizungsluft und anderen möglichen schädlichen Einflüssen auf die Luftzusammensetzung sollten vor diesem Hintergrund neu betrachtet werden.

73 Laut Philipp Sarasin haben die Hygieniker des 19. Jahrhunderts geschwankt, ob sie Geschlechtsakte den gesta, also der Bewegung, oder den excreta, also den Ausscheidungen zuordnen sollen. Siehe ders., ›Reizbare Maschinen‹, S. 200. Vgl. zu Sexualität und Hygiene resp. Diätetik auch Antoinette Emch-Dériaz, »The non-naturals made easy«, S. 140f.

(4) Schlafen und Wachen,

(5) Ausscheidungen,

(6) Affekte und Emotionen.

Gödel äußert sich in ›Zeiteinteilung (Max) I und II‹ zu praktisch jedem der genannten Punkte.[74] Dieses Programm soll ihn in die Lage versetzen, die eigene Arbeit im Dienst von Wissenschaft und Wahrheit voranzubringen. Dazu gehört, dass auch im 19. Jahrhundert im deutschsprachigen Raum Diätetik nicht nur auf den Körper, sondern explizit auch auf Geist und Seele angewendet wurde, um zu einem besonnenen Umgang mit sich selbst zu gelangen.

Die Sorge um das eigene Leben geht mit Regeln einher, die man sich nach eingehender Selbstbetrachtung gibt.[75] Für Gödel war dieses Vorgehen zeitweise erfolgreich, wie das Arbeitsprogramm zeigt, welches er in ›Zeiteinteilung (Max) I‹ zur Kontinuumshypothese entwirft. Die Literaturlisten, die sich im Rahmen der Ausführungen zur Individualethik finden, sind zu einem Gutteil solche zur mathematischen Spezialliteratur seiner Zeit – also gerade nicht zu philosophiehistorischen Arbeiten der antiken Philosophiegeschichte. Das ist sicherlich kein Zufall. Die Lebenskunst ist ein Akt der Selbstvervollkommnung und diese materialisiert sich in seinem Fall in seinen Aufsätzen zur Kontinuumshypothese. Gödel hat in mehreren Veröffentlichungen, erschienen zwischen 1938 und 1940, gezeigt, dass, wenn die Zermelo-Fraenkel-Mengenlehre mit Auswahlaxiom widerspruchsfrei ist, auch die Zermelo-Fraenkel-Mengenlehre plus Kontinuumshypothese widerspruchsfrei ist.[76]

Aber zurück zur Individualethik. Galens großes Werk zur Gesundheitslehre (Ta hygiena, De sanitate tuenda) hatte für die Lebensführung geradezu paradigmatischen Charakter, da es die individuelle Konstitution, Gewohnheiten, Ernährung, Arbeit, Umwelt, Temperatur, Wohnung, Sexualität, verschiedene Lebensphasen und Altersstufen sowie ferner körperliche Aktivitäten und Sport

---

[74] Gödel hat sich nachweislich noch in Princeton mit Galen befasst. So ist in Behältnis 10c, Reihe V, Mappe 59, ursprüngliche Dokumentennummer 050184, ein undatierter Ausleihzettel aus Princeton für Richard Rudolf Walzers ›Galen on Jews and Christians‹ erhalten, auf welchem ›Galen‹ unterstrichen ist. Richard Walzer war 1953–1954 Fellow am IAS in Princeton. Gödel und Walzer werden sich dort begegnet sein.

[75] Vgl. etwa Ernst von Feuchtersleben, ›Zur Diätetik der Seele‹ von 1838.

[76] Vgl. Kurt Gödel, ›Collected Works‹, Bd. II, S. 26–101. Erschienen sind die Arbeiten 1938, 1939, 1939a und 1940.

umfasst.⁷⁷ Nach Galens Vorstellung ist es die Aufgabe des Arztes, sich um die körperliche Konstitution des Menschen zu kümmern, und die des Philosophen, sich der charakterlich-seelischen Bildung anzunehmen.⁷⁸ Gödel ist sich selbst demnach Philosoph und Arzt zugleich. Er kümmert sich um seine charakterlich-seelische Bildung wie um seine körperliche Gesundheit.⁷⁹

Zu den Bereichen, die unter Diätetik fallen, gehören nicht nur die richtige Ernährung sowie Sport wie Jagen, Ringen oder Reiten, sondern auch die literarisch-musische Zerstreuung oder der richtige Umgang mit Rauschmitteln.⁸⁰ In Gödels ›Zeiteinteilung (Max) I und II‹ finden sich all diese Punkte aufgegriffen. Da Gödel keinerlei Quellen angibt und für seine Beschäftigung mit Individualethik und Diätetik (Hygiene) auf keinen Autor verweist, ja seine Individualethik nicht einmal vor dem Hintergrund der stoischen Ethik und antiken Diätetik erläutert, wird die uninformierte Lektüre

---

77 Vgl. Christian Brockmann, »Gesundheitsforschung«, S. 142. Auf die Bedeutung und Auswirkung von Sexualität, Bädern, Lage des Hauses oder der Wohnung, die Richtung der Winde etc. in der Diätetik weist schon Ludwig Edelstein in seinem Aufsatz zur antiken Diätetik von 1931 hin. Vgl. dort insbes. S. 265f. Gekannt haben könnte Gödel den Eintrag »Gesundheitspflege (Hygiene)« aus ›Meyers Konversations-Lexikon‹, in dem all diese Punkte aufgezählt werden. Der Band befand sich in Gödels Privatbibliothek.

78 Christian Brockmann, »Gesundheitsforschung«, S. 149. Bei Edelstein heißt es: »Der Fehler ist eine Krankheit der Seele, richtige Erkenntnis macht sie gesund. Der Philosoph leistet also für die Seele das gleiche, was der Arzt für den Körper leistet. Und wie der Gesunde den Arzt braucht, um gesund zu bleiben, oder selbst sein eigener Arzt sein muß, braucht jeder Mensch die Philosophie oder muß selbst ein Philosoph sein, um richtig zu leben.« (Ludwig Edelstein, »Diätetik«, S. 270).

79 Nach Philipp Sarasin impliziert diese Haltung selbst im 19. Jahrhundert noch eine Distanzierung von der akademischen Medizin. Er zitiert Christoph Wilhelm Hufeland, der rät, Ärzte zu meiden, wenn man etwas für seine Gesundheit tun wolle. Philipp Sarasin, ›Reizbare Maschinen‹, S. 44 und 49. Auch C. H. Theodor Schreger, »Diätetik«, S. 433, rät dazu, Krankheiten lieber durch zweckmäßige Lebensweise zu verhüten als sie nachher durch medizinische Behandlung zu kurieren. Das könnte u. a. erklären, warum Gödel eine distanzierte Haltung gegenüber Ärzten eingenommen hat, obgleich sein Bruder Rudolf Arzt gewesen ist.

80 Vgl. zur Notwendigkeit von Erholung, Spiel und Rausch zur Wahrung oder Gewinnung der tranquillitas animi bei Seneca: Jürgen Blänsdorf, »Seneca über Lebenskrisen«, S. 90f.: »Manchmal muß man es sogar bis zum Rausch kommen lassen, nicht damit es uns ertränkt, sondern damit es uns umwirft. Er wäscht nämlich die Sorgen aus und wühlt unsere Seele im tiefsten Grund auf und heilt […]«. Das muss aber mit Mäßigung geschehen und darf nicht zur Gewohnheit werden. Vgl. Seneca, ›De tranquillitate animi‹, 17, 8 und 9. Zum therapeutischen Effekt des Weintrinkens, des Musikhörens oder von Theateraufführungen: Vivian Nutton, »Diätetik«, in ›Der neue Pauly‹, Sp. 508f. Vgl. auch hier den Eintrag »Gesundheitspflege (Hygiene)« in ›Meyers Konversations-Lexikon‹.

von ›Zeiteinteilung (Max) I und II‹ die Leser vermutlich ratlos zurücklassen. Mit Hilfe einer Kenntnis der stoischen Ethik und der antiken sowie modernen Diätetik des 18. und 19. Jahrhunderts lassen sich diese Notizhefte jedoch als das rezipieren, was sie sind: eine Individualethik für die geistige und körperliche Bildung. Nicht zuletzt stellen sie damit Gödels Versuch dar, der Eudaimonie, also dem Glück, nahezukommen, und damit dem Sinn des Lebens,[81] wie er ihn für sich bestimmt.

Eine Individualethik, welche neben der stoischen Ethik die Hygiene oder Diätetik als Ansatzpunkt nimmt, geht mit Körperpflege wie mit guter Seelenführung einher. Sie ist eine planende Lebensgestaltung, die den Gedanken an Selbstverbesserung oder Selbstvervollkommnung enthält. Um Letzteres zu erreichen, muss sich der Einzelne eine Lebensordnung geben.[82]

Wie bereits Seneca in Brief fünf der ›Epistulae morales‹ darlegt, hat die Selbstvervollkommnung außerdem das Ziel, Gemeinsinn, Menschlichkeit und Geselligkeit langsam wachsen zu lassen. Sie ist daher zugleich ratsam, um gesellschaftstauglich zu werden.[83] Auch diesen Gedanken entdecken wir bei Gödel. Zumindest zeitweise nimmt er sich das als Programmpunkt vor.[84]

Die individualethische Lebensführung folgt keiner Fremdanleitung, keinem Sollen oder Müssen, sondern einer Selbstbetrachtung und daher meist einem Selbstgespräch. Sie stellt einen Weg zu sich selbst dar, ist mithin Selbstfindung und zugleich der Versuch einer Transformation.

---

81 Victor Kraft, Mitglied des Wiener Kreises, schreibt noch 1968 in seinem Werk ›Die Grundlegung der Erkenntnis und der Moral‹, dass eine Individualethik die Frage nach dem Sinn des Lebens zu beantworten habe. Ebd., S. 134. Auf die sittliche Selbstvervollkommnung nach Leibniz geht Kraft auf Seite 137 ein. Den Begriff der Hygiene als einen nicht-moralischen, sondern ethisch-sozialen führt Kraft ebd. auf Seite 94 an; der Mathematiker Karl Menger, der gleichfalls dem Wiener Kreis angehörte, tut Letzteres in seinem Buch ›Moral, Wille und Weltgestaltung. Grundlegung zur Logik der Sitte‹ von 1934 auf Seite 67. Der Begriff der Hygiene war Gödel also nicht nur durch Theodor und Heinrich Gomperz vertraut, sondern zudem durch Mitglieder des Wiener Kreises. Er gehört für Theodor und Heinrich Gomperz allerdings zur Individualmoral und für Victor Kraft und Karl Menger zu sozialen Vorschriften, die sich beschreiben, aber nicht begründen lassen.

82 C. H. Theodor Schreger bezeichnet Diätetik in seinem Artikel »Diätetik« auf Seite 431 als »Lebensordnungslehre«. Das menschliche Leben bedarf der Ordnung und der Regelmäßigkeiten; ebd., S. 433.

83 Wie wir oben gesehen haben, führt auch Carnap den Gesichtspunkt der Gesellschaftstauglichkeit in seiner Autobiographie an.

84 Vgl. etwa ›Zeiteinteilung (Max) I‹, Manuskriptseite 3, Punkt 28 und 4, Punkt 17".

Glück und Erkenntnis, Hygiene, Selbstvervollkommnung und enzyklopädisches Weltwissen

In Gödels Bibliothek befindet sich die ›Geschichte der Philosophie im Umriß‹ von Albert Schwegler. Dort hat er, nachweisbar durch Hervorhebungen, vor allem die Kapitel zum Stoizismus, zum Epikureismus und zu Aristoteles gelesen. Die folgenden, von Gödel auf den Seiten 121 bis 123 unterstrichenen, Passagen sind von besonderer Bedeutung:

> Den Abschluß der stoischen Lehre bildet die Darstellung des Weisen; sie soll das Ideal der Tugend, wie es dem strengen Begriff nach realisiert werden sollte, und die mit ihr gegebene absolute Glückseligkeit des Subjekts darstellen als Vorbild und als Muster für das Handeln. Der Weise ist der, welcher die wahre Erkenntnis der göttlichen und menschlichen Dinge und die aus ihr fließende absolute sittliche Einsicht und Kraft wirklich besitzt und eben hierdurch alle denkbare menschliche Vollkommenheit in sich vereinigt. [...] Der Weise, sagen [die Stoiker], weiß alles, was zu wissen ist, und versteht alles besser als jeder andere, weil er die Kenntnis der wahren Natur der Dinge und die wahre Bildung des Geistes hat; er allein ist der wahre Staatsmann, Gesetzgeber, Redner, Erzieher, Kritiker, Dichter, Arzt, während der Unweise stets roh und ungebildet bleibt, mag er auch noch so viele Kenntnisse besitzen. Der Weise ist ohne Irrtum und Fehler, da er stets reine Vernunft gebraucht. [...] Die Unweisen aber haben in Wahrheit alle inneren und äußeren Güter, die sie zu haben meinen, nicht, weil sie die Grundbedingungen wahrer Glückseligkeit, die Vollkommenheit des Geistes nicht besitzen.

Die zentralen Gesichtspunkte für Gödels Ethik, die hier angesprochen werden, sind: Glückseligkeit, Vollkommenheit des Geistes, Verbindung von Wissen, Wahrheit und Glück.[85] Neben erwünsch-

---

85 In Gödels Mitschrift von Heinrich Gomperz' »Vorlesung zur Geschichte der europäischen Philosophie« heißt es dazu mit Hinsicht auf Platons Philosophie auf Manuskriptseite 37f.: »Die Liebe oder Begeisterung über Schönheit ist nur ein Dokument für diese Sehnsucht. Auf diese Pathologie gründet sich folgende Ethik. Die richtige Seelenverfassung ist, dass das Denken herrscht und die Leidenschaft im Dienst dieser Leidenschaft steht und dass diese beiden zusammen die Begierde unterdrücken oder wenigstens einschränken. 1.) Das

ten therapeutischen Effekten, welche eine stoische Lehre und die Diätetik mit sich bringen, enthalten die Abschnitte von Schwegler mithin die maßgeblichen philosophischen Beweggründe, stoische Lehre, Diätetik und damit eingeschlossen die sogenannten sex res non naturales[86] auf das eigene Leben anzuwenden: wahre Erkenntnis und Vollkommenheit erlangen, ohne Irrtum und Fehler sein, weil man über die reine Vernunft verfügt.

Ludwig Edelstein streicht diesen Aspekt bereits 1931 in seinem Aufsatz zur antiken Diätetik heraus: »Der Fehler ist eine Krankheit der Seele, richtige Erkenntnis macht sie gesund« (S. 270). Auch Gomperz verbindet Wissen und Ethik, wenn er schreibt: »Das Wissen nun (um diese ›eigentümlichen‹ Tätigkeiten) ist die Tugend (d. i. die ›Vollendung‹ der menschlichen Natur); und wenn jene Tätigkeiten aus diesem Wissen um ihre Bedeutung hervorgehen (und damit zugleich nicht als zufällige Einzelhandlungen, sondern als Glieder einer auf Grundsätzen beruhenden Lebensführung [...]), dann heißen sie ›richtige Tätigkeiten‹ [...].«[87] Wissen, Erkenntnis und Ethik gehören in dieser Tradition also zusammen.

Subjektivität und Wahrheit

Für Gödel ist ein Leben in Irrtum Schuld,[88] wohingegen Wahrheit und richtige Erkenntnis das Subjekt zur Vervollkommnung führen und ihm Gewissheit und Seelenruhe geben. Wie in der stoischen Philosophie[89] kommt die Sorge um das eigene Leben und das Selbst

---

Denken herrscht (Weisheit). 2.) Die Leidenschaft gehorcht der Vernunft (Tapferkeit). [38] 3.) Dass die Begierde nur soweit ihr Ziel erreichen wird, als es das Denken zulässt, ist die Mäßigkeit. 4.) Dass jede Seelenkraft nur die ihr zukommende Aufgabe erfüllt, ist ihre Rechtschaffenheit. Rechtschaffenheit = Glück. Gesundheit = Rechtschaffenheit der Seele. Man fühlt sich am besten, wenn man eine richtige Seelenverfassung hat, aber nicht das Wohlgefühl, sondern diese Verfassung selbst ist das Wesentliche. Daher ist das Glück unabhängig von allen äußeren Verhältnissen.«

86 Darunter sind die sechs Voraussetzungen für die menschliche Gesundheit zu verstehen, wie Galen sie zusammengefasst hat, von dem der Ausdruck allerdings nicht stammt. Weitere Erläuterungen dazu im Folgenden.

87 Heinrich Gomperz, ›Lebensauffassung‹, S. 227f.

88 »Bemerkung: Nicht-Ablehnen eines Unsinns ist Schuld.« Aus: Gödel, ›Zeiteinteilung (Max) II‹, Manuskriptseite 134.

89 In der Lehre sollen laut Stoa die Studien in Logik und Physik allerdings vor dem Ethikunterricht erfolgen.

bei Gödel systematisch vor der Erkenntnis der Welt.[90] Voraussetzung für die Sinnhaftigkeit der Sorge um das eigene Leben ist in der stoischen Philosophie jedoch die Überzeugung, dass die Welt vernünftig ist und wir den in ihr vorkommenden Widerfahrnissen nicht in jeder Hinsicht ausgeliefert sind. Dies entspricht Gödels Rationalismus, denn wäre die Welt nicht vernünftig, hätte es keinen Sinn, sich mittels Regeln und Prinzipien der Vervollkommnung des Lebens und unseres Selbst zu widmen. Die selbstauferlegten Prinzipien und Regeln geben an, wie wir uns verhalten sollen, um die Bildung des Geistes voranzutreiben und um uns so in die Lage zu versetzen, die wahre Natur der Dinge erkennen zu können.

Gomperz betont hinsichtlich der Möglichkeit, auf das eigene Leben Einfluss nehmen zu können, die innere Freiheit. Es heißt dazu bei ihm: »Also die innere Freiheit bedeutet eine Macht, nicht das äußere Schicksal zu bestimmen in beliebiger Weise, sondern das innere Schicksal zu bestimmen, unabhängig von jedem beliebigen äußeren.«[91]

In Auseinandersetzung mit dem Thema Subjektivität und Wahrheit hat Michel Foucault vor einem Vierteljahrhundert die Frage gestellt, wie das Subjekt in Wahrheitsspiele eintritt.[92] Seine Antwort ist zweigeteilt und lässt sich in gewisser Weise auf Gödels Vorgehen übertragen:[93]

1.) Es betreibt als Wissenschaftler Wissenschaft oder bezieht sich auf ein wissenschaftliches Modell,
2.) durch die Praktiken des Selbst.

---

90 Die Stoiker sehen für das Studium der unterschiedlichen Disziplinen zwar die Reihenfolge Logik – Physik – Ethik vor; was die Bedeutung für das Leben anbelangt, ist allerdings die Ethik vor der Physik und der Logik anzusiedeln. Vgl. Fußnote 4. Deshalb hat Gödel die Notizhefte ›Zeiteinteilung (Max) I und II‹ vor den anderen Notizheften angeordnet.
91 Heinrich Gomperz, ›Lebensauffassung‹, S. 4. Auch Foucault betont in diesem Zusammenhang, dass Ethik nichts anderes sei als eine reflektierte Praxis der Freiheit. Vgl. Michel Foucault, »Freiheit und Selbstsorge. Gespräch mit Michel Foucault am 20. Januar 1984«, in: ›Freiheit und Selbstsorge‹, S. 12. Die Transkription des Interviews wurde von Foucault autorisiert.
92 Vgl. Michel Foucault, »Freiheit und Selbstsorge«, S. 9.
93 Es wäre jedoch verfehlt zu behaupten, Gödel habe Foucaults philosophische Ausführungen zur Sorge um sich vorweggenommen. In Foucaults Fall mündet die Sorge um sich nach eigener Auskunft in ein Exempel der Autonomie, der Selbstkonstitution und der politischen Philosophie, in Gödels Fall in einem zur Selbstvervollkommnung. Vgl. Michel Foucault, »Leçon du 9 février 1983«, in: ders., ›Le gouvernement de soi et des autres‹, S. 202, wo Foucault die politische Dimension der Arbeit an sich selbst hervorhebt. Dazu etwa auch: Alexander Nehamas, »A Fate for Socrates' Reason. Foucault on the Care of the Self«.

Gödel bezieht sich als Philosoph auf das enzyklopädische Modell des Wissens und wendet die Praktiken der Selbstvervollkommnung und der Diätetik auf seine Person und sein Leben an. In der Ethik als reflektierter Praxis der Freiheit muss man sich um sich selbst kümmern. Das beinhaltet Selbsterkenntnis, weil man das nicht kann, ohne sich selbst zu erkennen.[94]

Die Relation zwischen Subjekt und Wahrheit ist in stoischer Tradition vielschichtig. Die Vernünftigkeit der Welt wird vorausgesetzt, um das Streben nach Selbstvervollkommnung und Erkenntnis als sinnvoll erachten zu können. Dafür wird eine reflektierte Praxis der Freiheit eingesetzt, die ebenso wie richtige Erkenntnis und Wahrheitssuche zur Seelenruhe verhelfen.

Lektürelisten, Bibliotheken, enzyklopädische Wissensordnung

Seneca empfiehlt, tradiertes Wissen zu sammeln und es sich zu eigen zu machen, die Tradition, auf die man aufbaut, kenntlich zu machen sowie daraus sein eigenes Denken zu entwickeln.[95] Das bedeutet, die Lektüre zu ordnen und eine verbindliche Wissensordnung zu Grunde zu legen, die man sich reflektierend aneignet, um daraus Neues zu machen. Bei Gödel handelt es sich bei dem tradierten Wissen um ein enzyklopädisches Wissen, wie es in Bibliotheken bereits gesammelt und geordnet ist.[96] Als Autor der philosophischen Notizhefte wählt er aus diesem Wissen aus und

---

94 Vgl. C. H. Theodor Schreger, »Diätetik«, S. 432: Die Hygiastik setzt die richtige, gründliche Selbsterkenntnis voraus. Diesen Zusammenhang erläutert Michel Foucault rund 150 Jahre später in »Freiheit und Selbstsorge«, S. 13. Foucault legt dort dar, inwiefern die Selbstsorge wohlverstandene Selbsterkenntnis ist und inwiefern man in der Stoa dafür verinnerlichte Lehrsätze, Prinzipien und anerkannte Wahrheiten befolgen muss.
95 Seneca, ›Epistulae morales‹, 84.
96 Noch in Princeton hat er unter der Überschrift »Wissen unserer Zeit« eine Reihe bibliographischer Zettel zu Enzyklopädien und Nachschlagewerken angelegt. Leider sind diese undatiert. Neben dem ›Brockhaus‹ und der Enzyklopädie von Diderot und d'Alembert führt er u. a. auch ›La grande encyclopédie des sciences, des lettres et des arts‹, hrsg. v. Marcelin Berthelot et al., Paris 1886–1902, sowie den ›Grand dictionnaire universel du XIXe siècle‹, hrsg. v. Pierre Larousse, Paris 1866–1876, an. Dazu hat er sich die Signaturen derjenigen Enzyklopädien und Nachschlagewerke für die Bibliotheken in Princeton aufgeschrieben, die er mutmaßlich aus Wien kannte. Die Zettel befinden sich im Ordner »Bibliographische Zettel«. ›Brockhaus‹ und ›La grande encyclopédie‹ sind fett unterstrichen; d'Alembert doppelt. Auf einer weiteren Liste notiert er neben der Enzyklopädie von Diderot und d'Alembert und ›La grande encyclopédie‹ auch die ›Encyclopedia Britannica‹, die ›Enciclopedia Italiana‹ von 1932 und weitere.

sichtet es nochmals für die Zwecke der Selbstvervollkommnung und der Vervollkommnung der Wissenschaften im Sinne einer enzyklopädisch ausgerichteten Scientia generalis.

Teil dieser Selbstvergewisserung, welche eine solche Vorgehensweise desgleichen darstellt, ist das Anlegen von Lektürelisten, Bibliothekslisten und Bibliographien. Man kann sich auf eine enzyklopädisch gefasste Wissensordnung stützen, indem man tradiertes Wissen sortiert. Letzteres kann man sich dann zueignen, um darauf aufbauend eigenes philosophisches Denken zu generieren und eine eigene Philosophie zu entwickeln.

Selbstgespräch und enzyklopädisches Wissen

Die Lektüre eines durch einen Anfang und ein Ende begrenzten Buches, das von einem Autor konzipiert und produziert ist, ist auch ein Selbstgespräch. Der Leser erfährt sich selbst in der dialektischen Spannung zwischen Zerstreuung und Sammlung, zwischen der Endlichkeit des Werkes und seinem Verweis auf das Unendliche, das Nichtabschließbare eines Werkes, weil er den Text mitdenkt, weiterdenkt. Er erlebt sich in der Leseerfahrung als Person und, wenn es gelingt, als Autor, als jemand, der sich selbst formt. Die Enzyklopädie repräsentiert hingegen das universale Wissen, das gesammelt wird, das man übernimmt und verarbeitet.[97]

Gödel hat seine philosophischen Notizhefte demnach hinsichtlich Form und Inhalt in doppelter Gestalt angelegt: in der des Selbstgespräches und der der Repräsentation von Wissen. Das zeigt sich nicht zuletzt an der Anordnung der Notizhefte. Das erste Notizheft, in dem Gödel für ihn zentrale philosophische Themen zusammengestellt hat, ist, im übertragenen Sinne, vor die Klammer gezogen, in welcher sich die übrigen Notizhefte befinden. Seine Gültigkeit strahlt auf alle übrigen aus und bildet die

---

97 Vgl. Thomas Hettche, »Sammlung und Zerstreuung«, S. 210–228. Neben dem Hinweis auf diese Überlegungen Hettches ist zu erwähnen, dass Hettche mit seinem Interesse an der Diätetik als Schriftsteller in einer nicht unbedeutenden Tradition steht. So haben sich etwa Goethe und Hölderlin gleichfalls intensiv mit Diätetik auseinandergesetzt und diese Beschäftigung in ihr Werk einfließen lassen. Vgl. etwa: Irmgard Egger, ›Diätetik und Askese. Zur Dialektik der Aufklärung in Goethes Romanen‹, sowie: Christian Oestersandfort, ›Immanente Poetik und poetische Diätetik in Hölderlins Turmdichtung‹.

Grundlage für alles Darauffolgende. Die beiden anschließenden Notizbücher, in denen Gödel seine Ethik der Selbstvervollkommnung ausbreitet, sind dann vom Genre her ein Selbstgespräch. Auch sie bilden eine systematische Voraussetzung und Grundlage für die nachfolgenden Notizbücher. Das Selbstgespräch dient dazu, sich auf das, was danach folgt, vorzubereiten und erkenntnisfähig zu werden. Den sich daran anschließenden Notizbüchern liegt gleichfalls ein Vervollkommnungsgedanke zu Grunde, allerdings der einer Scientia generalis, und die ist ihrem Charakter nach enzyklopädisch angelegt. Hier steht nicht mehr das erkennende und wahrheitssuchende Subjekt im Mittelpunkt, sondern die Mathesis, also Wissenschaft und Kenntnisgewinn.

Man könnte also meinen, dass hier universales Wissen gesammelt wird, damit sich im Netz der Analogien die verborgene Einheit des Denkens offenbart. Das trifft auch zu, aber mit Einschränkungen. Zwar ist ein Gutteil der Hefte der ›Maximen Philosophie‹ ihrem Kern nach enzyklopädisch angelegt, jedoch von einem Autor, der ihre Anordnung konzipiert hat, eine Auswahl des zu Wissenden trifft und Anfang und Ende festlegt. Für das Durchbrechen des enzyklopädischen Charakters der philosophischen Notizbücher durch Gödel ist zudem der Umstand nicht unbedeutend, dass diese Enzyklopädie unabgeschlossen bleibt. Das universale Wissen lässt sich nicht so einfach einfangen, weil sich seine Grundstruktur nicht ohne weiteres offenbart. Außerdem hat dieses Sammelwerk zwar einen enzyklopädischen Charakter, geht daneben gleichwohl immer wieder in einen auf dem Papier geführten Dialog mit anderen Autoren über. Das Selbstgespräch wird also von einer Scientia generalis abgelöst, die zugleich ein Gespräch mit Autoren der Vergangenheit und zeitgenössischen Denkern ist. Dieser Dialog ist freilich nur ein fiktiver, wodurch er den Charakter eines Gespräches mit sich selbst letztlich insofern bewahrt, als man die Einwände oder Ergänzungen zu den eigenen Standpunkten selbst vorbringt.

Obgleich Gödels Vorgehen grundsätzlich rationalistisch begründet ist, sollte man im Auge behalten, dass die enzyklopädische Erfassung des Wissens sowie das Instrument der Analogie zum Verstehen der Welt sowohl von Rationalisten (Leibniz) wie von Empiristen (Wiener Kreis) verwendet wird, um sie für eine Grundlegung der Wissenschaften und für ihren Fortschritt zum Nutzen der Menschen einsetzen zu können. Gödel pflegt den inneren, fiktiven Dialog mit beiden Seiten.

Die Enzyklopädie als Kompendium des zeitgenössischen Wissens der Menschheit wird vielfach als Instrument der Aufklärung gesehen, was so sicherlich nicht haltbar ist. Auch das Mittelalter kennt berühmte Enzyklopädisten (Isidor von Sevilla,[98] Vinzenz von Beauvais). Es ist aber die Enzyklopädie Diderots und d'Alemberts,[99] die in der enzyklopädischen Wissenserfassung das entscheidende Mittel sieht, die Querverbindungen und Prinzipien der Wissenschaften aufdecken zu können. Darin wurde sie in gewisser Hinsicht zum Vorbild für Rationalisten und Empiristen.

Gödel bedient sich bekannter Ordnungssysteme von Enzyklopädien, indem er Kollektaneen zusammenstellt, Überblickswerke zur Philosophie heranzieht sowie Bibliographien und Listen anlegt. Er setzt sich mit diesen allerdings fragend, behauptend und suchend auseinander. Dadurch sprengt er den Charakter von Enzyklopädien und unterläuft diesen zusätzlich, indem er einen Dialog mit Abwesenden führt (etwa mit Leibniz und Carnap), der ihn schließlich doch wieder auf sich selbst zurückwirft. Nicht zuletzt durchbricht Gödel den enzyklopädischen Grundcharakter der ›Maximen Philosophie‹, indem er seine Individualethik in dieses Werk integriert. Aber indem er enzyklopädische Momente wie Bibliographien und Listen in seine Ethik aufnimmt, hebt er zugleich den selbstbetrachtenden Charakter dieser Ethik ansatzweise wieder auf.[100] Mit unterschiedlichen Gewichtungen betreibt er also stets Askese und Mathesis.

Das Thema des Sammelns, Verortens und Bewahrens in Bibliotheken sowie Katalog- und Zettelkästen nimmt Gödel als eines auf, das sein Selbstverständnis als Denker betrifft, und als eines, das einen damals noch vorhandenen geteilten Bildungshorizont aufspannt und sowohl zu einem kulturellen Selbstverständnis als auch zum enzyklopädischen Arbeiten dazugehört. Die Bibliothek garantiert verbindliches Wissen, sie koordiniert und repräsentiert es, indem sie eine Ordnungsleistung vollbringt, die der Nutzer

---

98 Im Gödel-Nachlass findet sich in ›Notizbuch Geschichte 4‹ von 1942 oder früher auf Manuskriptseite 94 (Behältnis 5d, Reihe III, Mappe 36, ursprüngliche Dokumentennummer 030054) ein Hinweis auf ihn und seine Enzyklopädie.
99 Wie erwähnt, hat Gödel in dem Ordner »Bibliographische Zettel« auf der Rückseite eines Ausleihzettels aus Princeton die Signatur für die Enzyklopädie von Diderot und d'Alembert notiert.
100 Das Anlegen von Listen kann allerdings, wie die antike Notizbuchtradition zeigt, auch Teil eines Prozesses der Selbstvergewisserung sein. Es kommt auf die Art der Listen und ihren Inhalt an, ob sie eher einen enzyklopädischen oder einen selbstvergewissernden Charakter haben.

nicht selbst erbringen muss. Bibliotheken enthalten einen gemeinsamen Bildungshorizont, auf den man sich beziehen kann. Insofern sind sie für Gödel zugleich Instrument der Selbstverortung, der Orientierung im Wissen wie der Selbstversicherung. Darüber hinaus sind sie unverzichtbar für enzyklopädisches Arbeiten, da sie bereits eine Ordnungsleistung erbracht haben.

Die detaillierten Angaben in ›Zeiteinteilung (Max) I und II‹ zu den verschiedenen Bibliotheken Wiens sowie zum Aufbau und zur Benutzung dieser Bibliotheken sind also nicht etwa einer bloßen Pedanterie und Verschrobenheit Gödels geschuldet, sondern fügen sich in sein Programm der Askese und Mathesis, weil Bibliotheken ein Instrument sind, sich das Weltwissen zu erschließen.[101]

Persönliches Leben und Philosophie

Die Verschränkung von persönlichem Leben und Philosophie hat bei Gödel demnach systematische Gründe. Sie ist in der ersten Hälfte des 20. Jahrhunderts jedoch keinesfalls nur sein Anliegen. Auch Ludwig Wittgensteins hatte das Ziel, ein anständiges, also in ethischer Hinsicht geglücktes, Leben zu führen.

Neben dem angestrebten Seelenfrieden und dem Glück in Form der Vollkommenheit des Geistes ist es das Konzept der Folgerichtigkeit, welches Gödels Individualethik kennzeichnet. Bei ihm kommt dieser Begriff in diesem Zusammenhang nicht explizit vor; er eignet sich jedoch, sein Vorgehen zu charakterisieren. Die Anleitungen zum richtigen Leben, wie sie in der Lehre der Stoa wie in der Diätetik gegeben werden, erlauben es Gödel, sich regelgemäß zu verhalten. Er betreibt Lebenskunst nicht als kreativen, phantasievollen Akt, der gegebenenfalls noch einen politischen Subtext transportiert, sondern als einen, der Spielregeln folgt. Dieses Verfahren soll es ihm ermöglichen, ein Philosoph zu werden. Die Sorge um sich strebt mithin auch in seinem Fall eine Transformation an, allerdings im Rahmen einer regelgeleiteten Lebenskunst.

---

101 In Gödels Privatbibliothek befindet sich der ›Führer und Ratgeber für die Benützer der Wiener Universitätsbibliothek‹ von Alois Jesinger aus dem Jahr 1927.

Literatur

Julia Annas, »Introduction«, in: ›Cicero's De finibus. Philosophical Approaches‹, hrsg. v. Julia Annas und Gábor Betegh, Cambridge (Cambridge University Press) 2016, S. 1–11.

Anonymer Autor, »Hygiène«, in: ›Encyclopédie, ou Dictionnaire raisonné des sciences, des arts et des métiers‹, Bd. XI, hrsg. v. Denis Diderot, und Jean-Baptiste le Rond d'Alembert, Neufchastel (Faulche) 1765, S. 385–388.

Anonymer Autor, »Non-naturelles, choses«, in: ›Encyclopédie, ou Dictionnaire raisonné des sciences, des arts et des métiers‹, Bd. VIII, hrsg. v. Denis Diderot, und Jean-Baptiste le Rond d'Alembert, Neufchastel (Faulche) 1765, S. 217–224.

Jürgen Blänsdorf, »Seneca über Lebenskrisen und ihre philosophische Therapie«, in: ›Paideia‹ 52 (1997), S. 71–91.

Christian Brockmann, »Gesundheitsforschung bei Galen«, in: ›Antike Medizin im Schnittpunkt von Geistes- und Naturwissenschaften‹, hrsg. v. Christian Brockmann, C. Wolfram Brunschön und Oliver Overwien, Berlin (De Gruyter) 2009, S. 141–154.

Rudolf Carnap, »Carnap's Intellectual Autobiography I and II«, in: ›The Philosophy of Rudolf Carnap‹, hrsg. v. Paul Arthur Schilpp, 1963, La Salle, Ill./London (Open Court), S. 3–84; dtsch.: ›Mein Weg in die Philosophie‹, Stuttgart (Reclam) 1993.

Marcus Tullius Cicero, ›Ciceros philosophische Schriften. Auswahl für Schulen‹, hrsg. v. Theodor Schiche, Wien (Tempsky) 1921, 3. Auflage. Der Band befindet sich in Gödels Privatbibliothek.

Marcus Tullius Cicero, ›De finibus bonorum et malorum. Libri quinque‹, hrsg. v. Winifred Margaret Lambart Hutchinson, London (Arnold) 1909.

Louis Couturat, »La science générale«, Kap. VI, in: ›La logique de Leibniz‹, Paris (Alcan) 1901, S. 176–282.

John W. Dawson, Jr., ›Logical Dilemmas. The Life and Work of Kurt Gödel‹, Wellesley, Mass. (A K Peters) 1997; dtsch.: ›Kurt Gödel. Leben und Werk‹, Wien/New York (Springer) 1999.

Ludwig Edelstein, »Diätetik«, in: ›Die Antike‹ 7 (1931), S. 255–270.

Irmgard Egger, ›Diätetik und Askese. Zur Dialektik der Aufklärung in Goethes Romanen‹, Paderborn (Fink) 2001.

Antoinette Emch-Dériaz, »The non-naturals made easy«, in: ›The Popularization of Medicine 1650–1850‹, hrsg. v. Roy Porter, London/New York (Routledge) 1992, S. 134–159.

Eva-Maria Engelen, »Kurt Gödels philosophische Notizbücher als Denkraum und Exerzitium«, in: ›Deutsche Zeitschrift für Philosophie‹ 67 (2019), S. 251–264.

Ernst Freiherr von Feuchtersleben, ›Zur Diätetik der Seele‹, Wien (Armbruster) 1838.

Michel Foucault, ›Le gouvernement de soi et des autres‹, Bd. 1. ›Cours de Michel Foucault au Collège de France 1982/83‹, hrsg. v. Frédéric Gros, Paris (Gallimard, Seuil) 2008; dtsch.: ›Die Regierung des Selbst und der anderen‹, Bd. 1. ›Vorlesung am Collège de France 1982/83‹, hrsg. v. Frédéric Gros, übers. von Jürgen Schröder, Frankfurt a. M. (Suhrkamp) 2009.

Michel Foucault, ›Histoire de la sexualité‹, Bd. 2. ›L'usage des plaisirs‹, Paris (Gallimard) 1984; dtsch.: ›Sexualität und Wahrheit 2. Der Gebrauch der Lüste‹, übers. von Ulrich Raulff und Walter Seitte, Frankfurt a. M. (Suhrkamp) 1989.

Michel Foucault, ›Histoire de la sexualité, Bd. 3. Le souci de soi‹, Paris (Gallimard) 1984; dtsch.: ›Sexualität und Wahrheit 3. Die Sorge um sich‹, übers. von Ulrich Raulff und Walter Seitter, Frankfurt a. M. (Suhrkamp) 1989.

Michel Foucault, ›Leçons sur la volonté de savoir. Cours au Collège de France 1970–1971. Suivi de Le savoir d'Oedipe‹, hrsg. v. Daniel Defert, Paris (Gallimard, Seuil) 2011; dtsch.: ›Über den Willen zum Wissen. Vorlesungen am Collège de France 1970–1971. Gefolgt von Das Wissen des Ödipus‹, hrsg. v. Daniel Defert, übers. von Michael Bischoff, Berlin (Suhrkamp) 2012.

Michel Foucault, »Freiheit und Selbstsorge. Gespräch mit Michel Foucault am 20. Januar 1984«, in: ›Freiheit und Selbstsorge‹, hrsg. v. Helmut Becker u. a., Frankfurt a. M. (Materialis) 1985, S. 9–28.

Michel Foucault, »Psychologie et phénoménologie«, aus den unveröffentlichten Arbeiten von 1953–1954, in: Archive Nationale de France; NAF 28730, Behältnis 46.

Kurt Gödel, »Bibliographische Zettel«, in: Kurt Gödel Papers (C0282), Behältnis 10c, Mappe 65, ursprüngliche Dokumentennummer 050203.

Kurt Gödel, »Klassische lateinische Autoren«, in: Kurt Gödel Papers (C0282), Behältnis 9c, Reihe V, Mappe 14, ursprüngliche Dokumentennummer 050068 und 050069.

Kurt Gödel, »Literatur, Philosophie (Geschichte)«, in: Kurt Gödel Papers (C0282), Behältnis 9b, Reihe V, Mappe 5, ursprüngliche Dokumentennummer 050024.

Kurt Gödel, »Literatur, Philosophie 1936–1940«, in: Kurt Gödel Papers (C0282), Behältnis 9b, Reihe V, Mappe 5, ursprüngliche Dokumentennummer 050024.

Kurt Gödel, »Notizen zu Carl Immanuel Gerhardts Ausgabe der philosophischen Schriften von Gottfried Wilhelm Leibniz«, in: Kurt Gödel Papers (C0282), Behältnis 10a, Reihe V, Mappe 35, ursprüngliche Dokumentennummer 050130.

Heinrich Gomperz, ›Die Lebensauffassung der griechischen Philosophen und das Ideal der inneren Freiheit. Zwölf gemeinverständliche Vorlesungen‹, Jena (Diederichs) 1904, 1927, 3. Auflage.

Heinrich Gomperz, ›Grundlegung der neusokratischen Philosophie‹, Leipzig/Wien (Deuticke) 1897.

Heinrich Gomperz, ›Sophistik und Rhetorik. Das Bildungsideal des εὖ λέγειν in seinem Verhältnis zur Philosophie des 5. Jahrhunderts‹, Leipzig (Teubner) 1912.

Heinrich Gomperz, ›Zur Psychologie der logischen Grundtatsachen‹, Leipzig/Wien (Deuticke) 1897.

Heinrich Gomperz, »Vorlesung zur Geschichte der europäischen Philosophie aus dem Wintersemester 1925/26 und Sommersemester 1926«, Mitschrift durch Kurt Gödel, in: Kurt Gödel Papers (C0282), Behältnis 6b, Reihe III, Mappen 72,5 und 72,6, ursprüngliche Dokumentennummer 030100.4 und 030100.5.

Theodor Gomperz, ›Griechische Denker. Eine Geschichte der antiken Philosophie‹, Bd. 2. Leipzig (Veit) 1903.

Burke D. Grandjean, »Grandjean's questionnaire«, in: Kurt Gödel, ›Collected Works, Volume IV, Correspondence A–G‹, hrsg. v. Solomon Feferman, John W. Dawson jr., Warren Goldfarb, Charles Parsons und Wilfried Sieg, Oxford (Clarendon Press) 2003, S. 446–449.

Ilsetraut Hadot, ›Seneca und die griechisch-römische Tradition der Seelenleitung‹, Berlin (De Gruyter) 1969.

Thomas Hettche, »Sammlung und Zerstreuung. Die kannibalistische Erfüllung unserer Kultur«, in: ders., ›Fahrtenbuch. 1993–2007‹, Köln (Kiepenheuer & Witsch) 2007, S. 210–228.

Alois Jesinger, ›Führer und Ratgeber für die Benützer der Wiener Universitätsbibliothek‹, Wien (Eckart Buchhandlung) 1927. Der Band befindet sich in Gödels Privatbibliothek.

Friedrich Jodl, ›Geschichte der Ethik als philosophische Wissenschaft‹, Bd. 1 bis zum Schluss des Zeitalters der Aufkärung, Stuttgart/Berlin (Cotta'sche Buchhandlung) 1906, 2. Auflage.

Immanuel Kant, ›Anthropologie in pragmatischer Hinsicht‹, in: ders., ›Werkausgabe, Bd. 10‹, hrsg. v. Wilhelm Weischedel, Darmstadt (Wissenschaftliche Buchgesellschaft) 1983.

Immanuel Kant, ›Von der Macht des Gemüths durch den bloßen Vorsatz seiner krankhaften Gefühle Meister zu seyn‹, Jena (Akademische Buchhandlung) 1798. Oder: Immanuel Kant, ›Von der Macht des Gemüths durch den bloßen Vorsatz seiner krankhaften Gefühle Meister zu seyn‹, hrsg. v. Christoph Wilhelm Hufeland, Leipzig (Lauffer) 1824. Eine undatierte Reclam-Ausgabe dieses Werkes, erschienen in Leipzig, befindet sich in Gödels Privatbibliothek.

Immanuel Kant, »Der Streit der Philosophischen Fakultät mit der Medizinischen. Grundsatz der Diätetik«, in: ders., ›Der Streit der Fakultäten, Dritter Abschnitt 1798‹, A 173–203, ›Werkausgabe‹, Bd. 9, hrsg. v. Wilhelm Weischedel, Darmstadt (Wissenschaftliche Buchgesellschaft) 1983.

Victor Kraft, ›Der Wiener Kreis. Der Ursprung des Neopositivismus. Ein Kapitel der jüngsten Philosophiegeschichte‹, Wien (Springer) 1950. Der Band befindet sich in Gödels Privatbibliothek.

Victor Kraft, ›Die Grundlegung der Erkenntnis und der Moral‹, Berlin (Duncker und Humblot) 1968.

Gottfried Wilhelm Leibniz, »De vera hominis perfectione«, Nr. 140, in: ders., ›Sämtliche Schriften und Briefe‹, Bd. VI, 4, Teilband A, ›Philosophische Schriften‹, hrsg. v. Heinrich Schepers, Martin Schneider, Gerhard Biller, Ursula Franke, Herma Kliege-Biller, Berlin (De Gruyter) 1999, S. 583–584.

Gottfried Wilhelm Leibniz, »Fragment N 140«, in: ders., ›Die philosophischen Schriften von Gottfried Wilhelm Leibniz‹, hrsg. v. Carl Immanuel Gerhardt, Bd. VII, Berlin (Weidmannsche Buchhandlung) 1890, S. 46–48.

Gottfried Wilhelm Leibniz, »Fragment zur Scientia generalis«, in: ders., ›Sämtliche Schriften und Briefe, Bd. VI, 4, Teilband A, Philosophische Schriften‹, hrsg. v. Heinrich Schepers, Martin Schneider, Gerhard Biller, Ursula Franke, Herma Kliege-Biller, Berlin (De Gruyter) 1999, S. 527.

Karl Menger, ›Moral, Wille und Weltgestaltung. Grundlegung zur Logik der Sitte‹, Wien (Springer) 1934.

Alexander Nehamas, »A Fate for Socrates' Reason. Foucault on the Care of the Self«, in: ders., ›The Art of Living. Socratic Reflections from Plato to Foucault‹, Berkeley (University of California Press) 2000, S. 157–188; dtsch.: Alexander Nehamas, »Sokrates' Vernunft braucht ein Schicksal. Foucault über die Sorge um das Selbst«, in: idem, ›Die Kunst zu leben. Sokratische Reflexionen von Platon bis Foucault‹, Hamburg (Rotbuch Verlag) 2000.

Otto Neurath, Rudolf Carnap und Charles W. Morris (Hrsg.), ›International Encyclopedia of Unified Science‹, Chicago Ill./London (The University of Chicago Press) 1938 ff.

Otto Neurath, zusammen mit Rudolf Carnap, Philipp Frank und Hans Hahn (Hrsg.), ›Einheitswissenschaft‹; von Heft 4 an: Otto Neurath, Rudolf Carnap und Jørgen Jørgensen (Hrsg.); von Heft 7 an: Otto Neurath, Rudolf Carnap, Jørgen Jørgensen und Charles W. Morris (Hrsg.), Wien (Gerold & Co.) 1933 ff.; von Heft 6 an: Den Haag (Van Stockum & Zoon) als ›Einheitswissenschaft/Unified Science/Science Unitaire‹.

Vivian Nutton, »Diätetik«, in: ›Der neue Pauly. Enzyklopädie der Antike‹, Bd. 3, hrsg. v. Hubert Cancik und Helmuth Schneider, Stuttgart/Weimar (Metzler) 1997, S. 507–509.

Christian Oestersandfort, ›Immanente Poetik und poetische Diätetik in Hölderlins Turmdichtung‹, Berlin (De Gruyter) 2006.

Arnaud Pelletier, »The Scientia Generalis and the Encyclopaedia«, in: ›The Oxford Handbook of Leibniz‹, hrsg. v. Maria Rosa Antognazza, New York (Oxford University Press) 2018, S. 162–176.

Platon, ›Apologie‹.

Hans Poser, ›Leibniz' Philosophie. Über die Einheit von Metaphysik und Wissenschaft‹, hrsg. v. Wenchao Li, Hamburg (Meiner) 2016.

Hans Poser, »Leibniz und die Einheit der Wissenschaften«, in: ›Vision als Aufgabe. Das Leibniz-Universum im 21. Jahrhundert‹, hrsg. v. Martin Grötschel, Eberhard Knobloch, Juliane Schiffers, Mimmi Woisnitza und Günter M. Ziegler, Berlin (Berlin-Brandenburgische Akademie der Wissenschaften) 2016, S. 17–31.

Philipp Sarasin, ›Reizbare Maschinen. Eine Geschichte des Körpers, 1765–1914‹, Frankfurt a. M. (Suhrkamp) 2001.

Heinrich Schepers, »Scientia generalis«, in: ›Historisches Wörterbuch der Philosophie‹, Bd. 8, hrsg. v. Joachim Ritter und Karlfried Gründer, Basel (Schwabe) 1992, S. 1504–1507.

Heinrich Schepers, ›Leibniz' Wege zu seiner reifen Metaphysik‹, Berlin (Akademie Verlag) 2014.

Maria-Elena Schimanovich-Galidescu, »Archivmaterial zu Kurt Gödels Wiener Zeit 1924–1940«, in: ›Kurt Gödel. Wahrheit und Beweisbarkeit‹, Bd. 1, ›Dokumente und historische Analysen‹, hrsg. v. Eckehart Köhler, Peter Weibel, Michael Stöltzner, Bernd

Buldt, Carsten Klein, Werner Depauli-Schimanovich-Göttig, Wien (öbv & hpt) 2002, S. 135-147.

Martin Schneider, »Weltkonstitution durch logische Analyse. Kritische Überlegungen zu Leibniz und Carnap«, in: ›Studia Leibnitiana‹ 27 (1995), S. 67-84.

C. H. Theodor Schreger, »Diätetik«, in: ›Allgemeine Enzyklopädie der Wissenschaft und Künste‹, Bd. 24, Leipzig (Brockhaus) 1833, S. 431-434.

Albert Schwegler, ›Geschichte der Philosophie im Umriss‹, Stuttgart (Frommanns) 1905, 16. Auflage. Der Band befindet sich in Gödels Privatbibliothek.

Lucius Annaeus Seneca, ›De tranquillitate animi‹.

Lucius Annaeus Seneca, ›Epistulae morales ad Lucilium‹.

Anne Siegetsleitner, ›Ethik und Moral im Wiener Kreis. Zur Geschichte eines engagierten Humanismus‹, Wien/Köln/Weimar (Böhlau) 2014.

Anne Siegetsleitner, »Carnaps Autobiographie als Autobiographie«, in: ›Deutsche Zeitschrift für Philosophie‹ 67, Heft 2 (2019), S. 236-250.

Karl Sigmund, John W. Dawson, Jr., und Kurt Mühlberger, ›Kurt Gödel. Das Album/The Album‹, Wiesbaden (Vieweg) 2006.

Ilse Somavilla, »Wittgensteins Tagebuchschreiben als Weg der Vervollkommnung und Suche nach Klarheit«, in: ›Deutsche Zeitschrift für Philosophie‹ 67, Heft 2 (2019), S. 265-279.

Friedrich Stadler, ›Der Wiener Kreis. Ursprung, Entwicklung und Wirkung des Logischen Empirismus im Kontext‹, Wien (Springer) 2015.

Friedrich Stadler, »Heinrich Gomperz und Karl Popper im Kontext des Logischen Empirismus«, in: ›Heinrich Gomperz, Karl Popper und die Österreichische Philosophie. Beiträge zum internationalen Forschungsgespräch aus Anlaß des 50. Todestages von Heinrich Gomperz (1873-1942) und des 90. Geburtstages von Karl Popper (1902)‹, hrsg. v. Martin Seiler und Friedrich Stadler, Amsterdam 1994, S. 1-29.

Friedrich Stadler, »Heinrich Gomperz, Karl Popper, and the Vienna Circle. Between Demarcation and Family Resemblance«, in: ders., ›The Vienna Circle. Studies in the Origins, Development, and Influence of Logical Empiricism‹, Heidelberg/New York/Dordrecht (Springer) 2015, S. 235-276.

Wolfgang Suenkel, »Diätetik«, in: ›Historisches Wörterbuch der Philosophie‹, Bd. 2, Basel (Schwabe & Co.) 1972, S. 231f.

Christian Thiel, »Scientia generalis«, in: ›Enzyklopädie Philosophie und Wissenschaftstheorie‹, Bd. 7, Re – Te, hrsg. v. Jürgen Mittelstraß u. a., Stuttgart (Metzler) 2018, 2., neu bearbeitete Aufl., S. 304f.

Richard Rudolf Walzer, ›Galen on Jews and Christians‹, Oxford (Oxford University Press) 1949.

Georg Wöhrle, ›Studien zur Theorie der antiken Gesundheitslehre‹, Stuttgart (Steiner) 1990.

›Der große Brockhaus‹, Leipzig (Brockhaus) 1928ff.

›Grand dictionnaire universel du XIXe siècle‹, hrsg. v. Pierre Larousse, Paris (Administration du grand dictionnaire universel) 1866–1876.

›La grande encyclopédie des sciences, des lettres et des arts‹, hrsg. v. F.-Camille Dreyfus et Marcelin Berthelot, Paris (Lamirault) 1886–1902.

›Meyers Konversations-Lexikon. Ein Nachschlagewerk des allgemeinen Wissens‹, Bd. 7: Gain – Großkoptha, Leipzig/Wien (Bibliographisches Institut), 1895. Der Band befand sich in Gödels Privatbibliothek.

Zeiteinteilung (Max) I

Handschriftenbeschreibung
Papier, Schreibheft, Höhe 20,5 cm, Breite 16,5 cm. Heftumschlag: hellbraun, auf dem Heftumschlag ist der folgende Titel von Gödel vermerkt: *Zeiteinteilung (Max) I*. Das Heft stammt laut Aufdruck von der Firma Kramer aus Wien, 8. Bezirk. Die Ecken sind leicht abgerundet. Es hat in der Mitte einen Längsknick, so als ob es einmal zusammengefaltet worden wäre, um es in die Jackett- oder Manteltasche zu stecken. Auf der Innenseite des Heftumschlages steht das Folgende: »*Theologie*, *Sociologie*, eigene Stellung, *Hygiene*, *Budget*, ...«. Heftinnenseiten: beiges, vergilbtes Papier und grau/hellblaues Karo. Ab Manuskriptseite 33 sind die ungeraden Seiten nicht mehr durchgehend von Gödel paginiert; eine Ausnahme bildet Manuskriptseite 77, die von Gödel selbst paginiert wurde, was darauf schließen lässt, dass die Seite schon zu seinen Lebzeiten lose war. Schreibwerkzeug: Bleistift und roter Buntstift. Sprache: Deutsch; Schrift: Kurzschrift Gabelsberger, gelegentlich Langschrift.

Entstehungszeitraum von ›Zeiteinteilung (Max) I‹
Vor dem 24. August 1937 bis nach dem 1. Januar 1938.

Auf der Umschlaginnenseite steht auf braunem Umschlagpapier: »*Theologie*, *Sociologie*, eigene Stellung, *Hygiene*, *Budget*, ...«
›Hygiene‹ ist ein anderer Ausdruck für ›Diätetik‹. Theodor Gomperz und der für Gödel wichtige Heinrich Gomperz verwenden ihn in diesem Sinne. So schreibt Theodor Gomperz: »Wenn wir unter Individualmoral die seelische Hygiene verstehen und diese mit Aristoteles, [...], in der Meidung aller Extreme, [...], in harmonischer Ausbildung der Anlagen, [...], erblicken, so hat die griechische Naturreligion Forderungen einer solchen Individualmoral wie kaum eine andere entsprochen. Ihre Unzulänglichkeit offenbart sich auf dem Boden der Sozialmoral« (›Griechische Denker‹, Bd. 2, S. 322).
Heinrich Gomperz äußert sich zum Begriff der Hygiene in ähnlicher Weise, wie folgt: »Es gibt nämlich Denker genug, welche auf unsere bisherigen Darlegungen antworten würden: ›All das ist immer erst die eine Hälfte der Moral; sie bezieht sich lediglich auf das Individuum selbst, es ist die sogenannte Individualethik, eine Art geistiger Gesundheitslehre (Hygiene) oder, wie ein Sokratiker

sich auszudrücken pflegt, es ist die Forderung der Gerechtigkeit gegen sich selbst; allein daneben muss auch die Gerechtigkeit gegen Andere, die sogenannte Socialethik treten«« (›Grundlegung der neusokratischen Philosophie‹, S. 86).

Auf Manuskriptseite 59 von ›Zeiteinteilung (Max) I‹ zählt Gödel auf, was für ihn zu einer hygienischen Lebensweise dazugehört: Schlaf, Verdauung, Bewegung, Sommerfrische, Zerstreuung und Ruhe (auch während der Arbeit). Das entspricht in etwa den sex res non naturales. Was er unter geistiger Hygiene versteht, zählt er insbesondere auf Manuskriptseite 32 unter Pkt. II. 7 auf: Zerstreuung und Abwechslung der Tätigkeiten. In Notizbuch ›Maximen III‹ nennt er auf den Manuskriptseiten 19–20 zudem »das Aufschieben halb erledigter Probleme (d. h. zumindest vorläufige Aufgabe des Ziels)« gleichfalls einen Akt der geistigen Hygiene.

Fast alle konkreten Aspekte der körperlichen und geistigen Hygiene, etwa auch Sport, Rauschmittel oder Sexualität, sind im Artikel »Gesundheitspflege (Hygiene)« in Band 7 von ›Meyers Konversations-Lexikon‹ (1895) auf Seite 485 genannt, einem Lexikon, das in Gödels Privatbibliothek war. Die darin angeführten konkreten Gesichtspunkte finden im Verlauf der Notizbücher ›Zeiteinteilung (Max) I und II‹ ohne den Hinweis Erwähnung, dass sie unter den Begriff der Hygiene fallen.

6 **hygienischen Lebensweise:** Vgl. für die explizite Nennung des Begriffs ›Hygiene‹ in ›Zeiteinteilung (Max) I und II‹: Manuskriptseite 2, Pkt. 17; Manuskriptseite 19, Bemerkung; Manuskriptseite 23, oben; Manuskriptseite 31, Maxime 1; Manuskriptseite 32, Pkt. II. 7; Manuskriptseite 37, Pkt. 1a; Manuskriptseite 49, Maxime 3; Manuskriptseite 59, Programm, Pkt. 5; Addendum IV, 1, IV. Wenn nichts anderes erwähnt ist, gehören die hier und im Folgenden zitierten Addenda zu diesem Band.) Im Gödel-Nachlass finden sich in Behälter 6a, Reihe III, Mappe 51, ursprüngliche Dokumentennummer 030074 undatierte bibliographische Listen zu ›Hygiene‹ im Sinne von Gesundheitswesen und Medizin.

9 **geistiger Hygiene:** Vgl. für die explizite Nennung des Begriffs ›geistige Hygiene‹ in ›Zeiteinteilung (Max) I und II‹: Manuskriptseite 31, Maxime 1; Manuskriptseite 32, Pkt. II. 7; sowie ›Max III‹, Manuskriptseite 21 oben.

10 **Zerstreuung:** Vgl. für die explizite Nennung des Begriffs der Zerstreuung in ›Zeiteinteilung (Max) I‹, Manuskriptseite 3, Einfügung zu Pkt. 26; Manuskriptseite 11; Manuskriptseite 31, Maxime 1; Manuskriptseite 32, Pkt. II 7; Manuskriptseite 33; Manuskriptseite 35, Pkt. 3; Manuskriptseite 37, zu 3; Manuskriptseite 39, Pkt. III; Manuskriptseite 48, Pkt. 11; Manuskriptseite 50, Maxime 1; Manuskriptseite 59, Programm; Manuskriptseite 61, Bemerkung 3; Manuskriptseite 74, Bemerkung 2; ›Zeiteinteilung (Max) II‹: Manuskriptseite 85, Bemerkung 2, Pkt. 4; Manuskriptseite 87, Bemerkung 1; Manuskriptseite 108, Maxime 4; Manuskriptseite 120, Bemerkung 1; Addendum IIIa, 1, Pkt. 12; Addendum IV, 1, rechte Seite, Pkt. 6; Addendum VIII, 1v, Pkt. 6; Addendum XI, 1v, Pkt. 6; Addendum XIII, 1v, Pkt. 9.

[1]
Was und wie?:
Inhalt: Zeiteinteilung

0.) für jeden Tag einzeln,

a.) für jede Woche genau,

b.) für mehrere Monate ungefähr,

c.) für nächstes Jahr nach den obersten Zielen, die zu erreichen sind (enthält richtig die allgemeine Direktive der Posterledigung),

d.) Was soll ich tun und wie soll ich es tun? Das heißt, wie soll ich mich bestimmten Dingen beziehungsweise Situationen gegenüber verhalten? (*Maximen*)

Programm siehe *p. 11.* und *p. 31*
auf lange Sicht siehe *p. X*
Tätigkeiten, die überhaupt in Betracht kommen:
A. Lesen (Hören) und Nachdenken:

· 1. *Eigene Publikationen* abfassen. {Produktivität als praktische Notwendigkeit}

2. *Eigene Vorlesungen* und *Übungen* und *Dissertations-Themen vorbereiten* und eventuell *Bücher schreiben*, Vorlesungen halten. {Produktivität als praktische Notwendigkeit}
Kenntnisse erweitern in (Wahrheiten erfassen in):

[3.' Fortlaufenden Zeitschriften, Kongresseinladungen wie auch laufende wissenschaftliche Korrespondenz und *Separata*.]

x·3. *Logik* und *Grundlagen der Mathematik*, vergleichende Sprachwissenschaft.

— 4. *Elementarmathematik*.

---

18 **Eigene Publikationen abfassen:** Vgl. ›Zeiteinteilung (Max) I‹, Manuskriptseite 73, Bemerkung 3; Addendum IIIa, 1, Pkt. 10.

20 **Dissertations-Themen vorbereiten:** Es ist unklar, ob Gödel konkrete Anfragen potentieller Dissertanten hatte oder ob er diese Aufgabe, für den Fall, dass es solche geben würde, vorausschauend in die Liste aufgenommen hat. Vgl. zu diesem Thema in diesem Notizbuch auch Manuskriptseite 10, nach Pkt. 17; Manuskriptseite 37, Pkt. 2a; 46, nach Pkt. 10a und 48 Pkt. 8, sowie in ›Zeiteinteilung (Max) II‹ Manuskriptseite 90, Bemerkung 3, sowie Addendum XIII 1v, Pkt. 82.

24 **Fortlaufenden Zeitschriften:** Gemeint sind wissenschaftliche Zeitschriften, die jährlich in mehreren Heften fortlaufend erscheinen.

26 **Separata:** Separata sind Sonderdrucke.

8 **enthält richtig die allgemeine Direktive der Posterledigung:** Andere Lesart: Enthält richtige, die allgemeine Direktive der Posterledigung

14 **Programm:** Die Unterstreichung von hier bis p. X erfolgt mit rotem Buntstift.

14 **und:** Andere Lesart: braucht, da das Gabelsberger-Zeichen ›:‹ hoch geschrieben ist

23: ›:‹ von der Editorin verbessert von ›)‹

27 **3. Logik und Grundlagen der Mathematik, vergleichende Sprachwissenschaft:** Akkolade am rechten Rand von Punkt 3 bis 5

29 **4. Elementarmathematik.:** Von Punkt 4 verweist ein Pfeil auf Punkt 5

- •5. *Höhere Mathematik* (vor allem *Überblick* (*Geschichte*) und *Analysis*).
- •6. *Philosophie* (*Psychologie*) (*Experimentelle Psychologie*, Experimente selbst ausführen): *Psychiatrie, Analyse*.
- — 7. *Theoretische Physik* und *Astronomie* (*Experimentelle Physik*, Experimente tatsächlich selbst ausführen). Überblick über die *Astronomie*, NaturWissenschaft, Medizin, *Chemie*.
- •8. *Theologie*.
- x·9. *Schulwesen* (*insbesondere Universitäts-Betrieb*), Kulturgeschichte.
- — 10. *Sprachen* (insbesondere: Französisch, Englisch, Griechisch, | Deutsch). Ausländische Zeitungen und Bücher lesen, mittelalterliches Latein. [2]

{Disposition}

4 **Psychiatrie, Analyse:** Gödel scheint darüber nachgedacht zu haben, sich zum Analytiker ausbilden zu lassen. Er hält im Protokollheft (Behältnis 6c, Reihe III, Mappe 81, ursprüngliche Dokumentennummer 030114), wohl im November 1937, auf Manuskriptseite 59 fest, dass Ernst Kris, der von 1930 bis 1938 am Psychoanalytischen Institut in Wien als Lehranalytiker unterrichtet hat, ihn aus Zeitmangel nicht unterrichten wolle und ihn stattdessen an Heinz Hartmann (1894–1970) verwiesen habe.

9 **Schulwesen:** Gödel verwendet den Begriff ›Schulwesen‹ unterschiedlich. An einigen Stellen verwendet er ihn im Sinne von akademischen Schulen bzw. Schulenbildung (vgl. Manuskriptseite 30). An anderen fallen darunter Universitätsgesetze, Hochschulstatistiken, Disziplinen-, Lehrstuhl- und Universitätsgeschichte sowie Gelehrtenkalender (vgl. Manuskriptseite 37, zu 2c; 39; 44, Pkt. 9). Bei den Nennungen auf der Manuskriptseite 1, Pkt. A9, und Manuskriptseite 10 kann beides gemeint sein.

11 **Sprachen:** In Gödels Privatbibliothek finden sich zahlreiche Sprachlehrbücher und Wörterbücher für Englisch, Französisch, Griechisch, Latein, aber auch für Italienisch, Chinesisch und Niederländisch.

11 **Französisch:** In Gödels Privatbibliothek findet sich der ›Dictionnaire de poche des langues française et allemande‹ von Jacob Schellens aus dem Jahr 1911.

11 **Englisch:** In Gödels Privatbibliothek befinden sich folgende Lehrbücher zum Englisch-Lernen: ›Lehrbuch der englischen Sprache‹ von Edward Collins von 1911; ›Taschenwörterbuch der englischen und deutschen Sprache‹ von Hermann Lindemann 1912; ›Englisches Übungsbuch‹ von Edward Collins von 1918; ›Englische Konversations-Grammatik‹ von Thomas Gaspey von 1921; ›Praktischer Lehrgang der englischen Sprache‹ von Karl Deutschbein von 1925; ›Englisch lernen – ein Vergnügen‹ von Thomas MacCallum aus dem Jahr 1928; ›Methode Mertner. Englisch für Deutsche‹ von Karl Müller u. a.

11 **Griechisch:** In Gödels Privatbibliothek befinden sich folgende Bücher zum Griechisch-Lernen: ›The First Year of Greek‹ von James Turney Allen aus dem Jahr 1936; zudem ›A Pocket Dictionary of the Greek and English Language‹ von Karl Feyerabend aus dem Jahr 1918; ›A Short Grammar of Classical Greek‹ aus dem Jahr 1905 von Adolf Kaegi; ›Greek Grammar‹ aus dem Jahr 1958 von William Goodwin; sowie ›New Testament. Greek for Beginners‹ von Gresham Machen aus dem Jahr 1961; ›Langenscheidts Taschenwörterbuch der griechischen und deutschen Sprache‹ von Otto Güthling von 1961 und ›Die grie-

7 **Chemie:** ›Chemie‹ steht in der nächsten Zeile hinter ›Theologie‹
8 **Theologie:** Von Punkt 8 verweist ein Pfeil auf Punkt 6
12: | vergleichende Sprachwissenschaft

— 11. *Allgemeine Bildung* (das, was ich von der Mittelschule vergessen oder nicht gelernt habe, aber hätte lernen sollen).

11*a*. Insbesondere: a.) *Sociologie* (Nationalökonomie, *Jurisprudenz*, *Politik* (= Gesellschaftslehre), Geschichte, Kunst und Kulturgeschichte.

11*b*.) b.) *Literatur* (schöngeistige) (*Belletristik*). Welche Bücher soll ich kaufen?

{— 11' *Tagesereignisse*, auch einzelne Personen (was geht in der Welt vor?): {*Dubislav Process*, Proceedings (z. B. Deutsche Mathematiker -Vereinigung), Zeitungen*|.}

— 11'' *Bibliographie* im Allgemeinen und für Fächer, welche nicht schon in 3–10 behandelt sind, *Bibliotheks*-Kunde und *Katalogwissenschaft* und *Statistik*.

* [3] Beispiel: politische Verhältnisse in Deutschland (Machtwechsel?), Wesen des Umsturzes ist Rohheit.

chische Sprache‹ von Hans Poeschel von 1961. Das zeigt, wie intensiv sich Gödel über Jahre hinweg um das Erlernen des Altgriechischen bemüht hat.

12 **Deutsch**: In Gödels Privatbibliothek befindet sich: ›123 deutsche Sprachbausteine‹, hrsg. v. D. L. Stroebel.

14 **{Disposition}**: Da die Hinzufügung über ›Mittelschule vergessen‹ steht, könnte gemeint sein, dass Gödel bei sich eine Disposition zum Vergessen feststellen glaubt.

1 **Mittelschule**: Gemeint ist die Mittelstufe des Realgymnasiums, das Gödel besucht hat.

9 **Dubislav Process**: Im Protokollheft (Gödel-Nachlass, Behältnis 6c, Reihe III, Mappe 81, ursprüngliche Dokumentennummer 030114) hält Gödel auf Manuskriptseite 1 fest, Carnap habe ihm Ende August 1937 vom Prozess gegen Dubislav erzählt, und dass Dubislav seine Freundin schwer verletzt habe: »Prozess Dubislav (Freundin schwer verletzt)«. Das Ganze hat sich allerdings 1935 in Berlin abgespielt, und Gödel und Carnap bezweifelten wohl den Wahrheitsgehalt dieses Berichts. Dubislav saß dann von August 1935 bis September 1936 im Gefängnis in Moabit in Untersuchungshaft. Auf Manuskriptseite 69 des Protokollheftes geht Gödel auf die Ereignisse in Zusammenhang mit Dubislav in Prag 1937 ein: »Dubislav Doppelselbstmord auf besonders scheußliche Weise.« Dubislav hatte erst seine Freundin, die Künstlerin Gertrude Landsberger, umgebracht und anschließend sich. Auf S. 38 im Protokollheft schreibt Gödel zudem, dass Carnap von Dubislavs manischen und depressiven Phasen berichtet habe. Der Prozess hat nicht nur unter den Philosophen des Wiener Kreises Aufsehen erregt, sondern auch bei Theodor W. Adorno. So schreibt er 1937 an Max Horkheimer: »Von dem Fall Dubislav haben Sie wohl gehört. Er hat nicht direkt mit Politik zu tun, ist aber doch nur auf der Folie des Grauens in Deutschland denkbar: er hat seiner Freundin mit dem Korkzieher das Auge ausgestochen, nachdem vorher seine Frau einen mysteriösen Selbstmord verübte. Sitzt in Untersuchungshaft, jetzt zur Beobachtung seines Geisteszustandes in einer Klinik, schreibt seine Autobiographie [...].« Theodor W. Adorno, Max Horkheimer, Briefwechsel 1927-1969, S. 85f.

8: 11' ist am unteren Rand der Manuskriptseite eingefügt

10: | Verein, Politik, Bücher kaufen, Verkehr mit Menschen, möglichst konkret und speziell

B. *Praktische Angelegenheiten* (Notwendigkeiten):
- ·12. *Post* (Zeit, in der der Brief abgefasst und ins Reine geschrieben wird) und *Telefonate* (meist nur Ausführung).
- {12' *Bücher, Annoncen, Zettel, etc.*, die zufällig in deine Hand geraten, durchsehen. Zufällige Dinge.}
- x·13. *Zeiteinteilung* (für Woche, Monat, Jahr).
- {·13' ~~Wie soll ich mich in gewissen Situationen (gewissen Dingen gegenüber), in denen ich vielleicht passiv bin, verhalten? Insbesondere anderen Menschen gegenüber (Anstandslehre), den Studenten gegenüber, bei Fragen, A gegenüber, bestimmten Menschen gegenüber, mit denen oft zu tun?~~}
- {13" *Zeiteinteilung*: nach 6 h *Adele* [Eine Bedeutung: Hier sind sinnliche Erfahrungen möglich oder eindeutigere Tätigkeiten als Nachdenken oder Lesen.]}

{Jede Tätigkeit hat:
1. ein Objekt, dies wird durch Tätigkeit irgendwie verändert (im Extremfall geschaffen oder vernichtet);
2. einen Zweck, dieser ist die Veränderung (Erschaffung, Vernichtung) des Objektes.}

- x·14. *Budget* (Rechnung machen, Geld beschaffen, Verfügungen über Papiere und sonstige Gelder, Vorauseinteilung des Geldes, Haushalten).
- — 15. *Besorgungen*, bloß auszuführende Angelegenheiten (Nachdenken darüber fällt unter: 1–11", 13, 13', 14, 17) (insbesondere Universitätsbibliothek und mathematisches Seminar, Buchhändler, Papierhändler, Sprechen mit Kollegen, jetzt auch Wohnung suchen *etc.*) [gehört zusammen mit vorläufigem Programm].

7: 13' ist nach Pkt. 17 eingefügt
12: 13" ist auf Manuskriptseite 3 eingefügt
24: Andere Lesart: Haushaltsgeld

2 **Brief abgefasst und ins Reine geschrieben**: Vgl. ›Max III‹, Manuskriptseite 24, Maxime 1.
13 **sinnliche Erfahrungen**: Sinnliche Erfahrungen und Genüsse gehören ebenso wie Ruhe, Essen, Rauschgifte, Wandern und die übrigen nachfolgenden Punkte zur Diätetik und den sex res non naturales.
23 **Papiere**: Gemeint sind Wertpapiere.
24 **Haushalten**: Im Sinne von wirtschaftlich haushalten zu verstehen.
25 **15. Besorgungen**: Auf Punkt 15 wird weiter unten nochmals verwiesen.

{*Registratur*}

x• 16. *Resumés* der Bücher und wichtige *Resultate* bzw. *Probleme* ins <u>Register</u> eintragen, Studienbehelfe, überhaupt »Geschäftsregister«, <u>Ordnung machen</u>.

x•17. ↓ *Tätigkeiten* | {<u>Hygiene</u>} |, Nachdenken darüber (das Ausführen fällt unter 15). |

•17' {+ 28 + 13'} <u>Eigenes Leben</u> und Verhältnis zur Umwelt (auch eigene Familie). [3]

{17" Umgang mit Menschen (als praktisches Können).}

C. x <u>Genüsse außer Erkenntnis:</u>

18. <u>Natur</u> (Meer, Berge, Wald, Sonnenaufgang, *etc.*).

19. <u>Kunst</u> (Musik, <u>Lyrik</u>, Theater, erzählende Dichtungen, Malerei, Architektur, Plastik *etc.*).

20. <u>Frauen</u> (Liebe, Sinnlichkeit).

21. <u>Sport und Spiel</u>: a.) körperlich: (Reiten, Springen, Kutschieren, Autofahren, Turnen, {Ringen}, Tennisspielen, Fechten, Rudern) [kindliches Spiel = physikalisches *Experiment*; Kartenspiel *etc.* = *psychologisches Experiment*]; b.) geistig: Rätsel, Schach- und Kartenspiel, Kopfrechnen, Gedächtnissport, Jagd (Raumsuche), Geduldsspiele.

{21a betrifft Freude an der Betätigung}

---

3 **Register:** Die Register für Gödels Arbeitshefte sowie für die Hefte zu Logik und Grundlagen sind in englischer Übersetzung in Dawson und Dawson, »Future Tasks for Gödel Scholars«, auf den Seiten 27–31 und 40–42 abgedruckt. Vgl. auch die Hinweise auf Register in ›Zeiteinteilung (Max) I‹, Manuskriptseite 25, Maxime 1; Manuskriptseite 32, Pkt. III und o a, e und f; ›Zeiteinteilung (Max) II‹, Manuskriptseite 140, Maxime 1; Manuskriptseite 142, Pkt. 21; Manuskriptseite 152, Bemerkung 1; Addendum II, 6, Pkt. 15.

3 **behelfe:** ›Behelf‹ ist im Österreichischen ein anderes Wort für Schulungsmaterial und wird meist in Komposita verwendet.

5 **Hygiene:** Obgleich die Hinzufügung dieses Begriffs über ›Kleider, Wäsche, Körperpflege‹ geschrieben ist, bezog er sich auf den gesamten Punkt 17. Vgl. für die expliziten Nennungen des Begriffs ›Hygiene‹ in ›Zeiteinteilung (Max) I und II‹ die ausführliche Erläuterung zur Liste auf der Umschlaginnenseite von ›Zeiteinteilung (Max) I‹.

9 **Umgang mit Menschen:** Gödel hat auch Werke von Alfred Adler zur Kenntnis genommen. Nach Adler gibt es drei Lebensaufgaben: 1. Beruf, 2. Sexualität, Ehe, 3. soziale Beziehungen. Punkt 17" steht im Notizbuch auf Manuskriptseite 4.

15 **körperlich:** Körperliche Anstrengung im Wechsel mit Ruhe wird auch im Artikel »Gesundheitspflege (Hygiene)« in Bd. 7 von ›Meyers Konversations-Lexikon‹ von 1895 auf Seite 485 empfohlen, das sich in Gödels Privatbesitz befand.

19 **Rätsel:** In Gödels Privatbibliothek befindet sich das undatierte Buch ›Scherzrätsel und Scherzfragen‹.

1: ›Registratur‹ ist über ›wichtige‹ eingefügt

5: | deren Objekt die <u>eigene Person</u> ist

5: | (Kleider, Wäsche, Körperpflege, Gesundheitspflege, Essen, Ruhe, zum Arzt gehen, Mittel nehmen, Spazierengehen, <u>Wohnung, des Weiteren: keine Genüsse</u>)

6: | [stu

20 **Raumsuche:** Andere Lesart: Ruhmsuche

{21b betrifft Freude am Sieg über die anderen, Ruhmsuche, Konkurrenz (insbesondere wissenschaftliche Anregung!)}

22. *Reisen* und *Wandern*.
23. *Nichtstun* (Sommerfrische) = freie *Association*: freies Spiel der Vorstellungen.
24. *Essen*.
[25. *Andern etwas Gutes/Böses* (etwas zuliebe) *tun*: schenken, helfen, belehren.]
26. *Rauschgifte* (Alkohol, Nikotin, Haschisch, Opium, Morphium).
[27. *Schaffensfreude* (etwas schreiben, einen Vortrag halten, etwas zeichnen, *photographieren*).
28. *Gesellschaft* anderer Menschen (z. B. Gesellschaftsspiele).]

{23. = 0. *ist Allgemein*, kein bestimmtes Programm, aber Nachdenken [in 13, 13', 14, 17 werden die vernünftigen Entschlüsse bezüglich des eigenen Lebens gefasst], Pläne schmieden.}

26, 18–23	betreffen Unterhaltung und *Zerstreuung*, {Ruhe}
• 28	betrifft *Beziehung* zu anderen *Menschen**

* *Vereine*, *Politik*, vgl. 13'.

{Wenden}

6 **Essen:** Der Aspekt der Ernährung gehört, wie der Artikel »Gesundheitspflege (Hygiene)« in Bd. 7 von ›Meyers Konversations-Lexikon‹ (1895) auf Seite 485 zeigt, zu dem der Hygiene.

9 **Rauschgifte:** Der Umgang mit Rausch- und Genussmitteln gehört zur Diätetik und damit zur Hygiene. Vgl. den Artikel »Gesundheitspflege (Hygiene)« in Bd. 7 von ›Meyers Konversations-Lexikon‹ (1895) auf Seite 485, wo das Thema unter dem Stichwort ›Genussmittel‹ angesprochen wird. Siehe im Folgenden auch Manuskriptseite 4, »nicht normale Tätigkeiten«, sowie Manuskriptseite 5, Pkt. 1.

12 **etwas zeichnen:** Gödel hat tatsächlich ab und an gezeichnet. Vgl. beispielsweise die Zeichnungen in: Gödel-Nachlass, Behältnis 11c, Reihe VI, Mappe 19, ursprüngliche Dokumentennummer 060214, auf die mich Jan von Plato hingewiesen hat. Gödel hat dort u. a. zwei Porträts von Adele angefertigt, von denen das eine in das andere hineingezeichnet ist.

12 **photographieren:** Adeles Vater sowie ihr erster Mann waren Photographen; zudem wurde Gödels Freund Marcel Natkin, nachdem er Österreich verlassen und die Philosophie aufgeben musste, ein international bekannter Photograph.

19 **Zerstreuung:** »Sammlung und Zerstreuung« sind laut ›Meyers Konversations-Lexikon‹ Aspekte der »privaten Hygiene«. Vgl. »Gesundheitspflege (Hygiene)« in Bd. 7 auf Seite 485. Siehe auch ›Zeiteinteilung (Max) I‹, Manuskriptseite 32, II. 7, wo Zerstreuung von Gödel gleichfalls als Teil der geistigen Hygiene bestimmt wird. Vgl. für die expliziten Nennungen des Begriffs in ›Zeiteinteilung (Max) I und II‹ auch die ausführliche Erläuterung (inklusive Fußnote) zur Liste auf der Umschlaginnenseite von ›Zeiteinteilung (Max) I‹.

1 **Ruhmsuche:** Andere Lesarten: Raumsuche, Ruhmsucht
20 **Beziehung:** Andere Lesart: Bezug
22 **Wenden:** Der Hinweis ›Wenden‹ verweist darauf, dass Punkt 17" auf Manuskriptseite 4 folgt

[4]

24./VIII. 1937 ½10–1 Uhr

Allgemeines Prinzip: Lieber sich weniger vornehmen und wirklich durchführen.

Äußere Einteilung der Zeit nächste Woche: [8 h frühstücken, ¾9 aufstehen, ½10 fortgehen, Mittagspause | 1 h (spazierengehen oder liegen) oder Kaffeehaus Mokka trinken), 6 h Schluss der Arbeit, dann entweder spazieren und zu Adele, Nachtmahl – 10 h, oder mit Adele ausgehen oder 7 h zu Hause essen und zu Adele | ½11 bis spätestens 11 im Bett liegen und Licht auslöschen, unmittelbar vor dem Einschlafen nicht arbeiten].

½10–1 und 2–6 (= 7½ Stunden) etwa 5 verschiedene Gegenstände zu je 1½ Stunden behandeln: nachdenken, lesen, schreiben. Dabei nach Möglichkeit sitzen oder auf und ab gehen. Zwischen je zwei Gegenständen (oder Inhalten, jede Stunde) eine Ruhepause von 5 Minuten (liegen oder gehen)] [alles, was oben in der eckigen Klammer steht,] ist ein normaler Arbeitstag.

Nicht normale Tätigkeiten (außer Lesen, Schreiben, Nachdenken) sind: An die Universitäts-Bibliothek oder ans mathematische Seminar {und [in die] Nationalbibliothek} gehen (Bücher holen, zurücktragen, aussuchen, etwas nachschauen, Literatur kennenlernen) bei dem Buchhändler* etwas fragen, bestellen, holen, (*oder Papierhändler, Studienbehelfe) ferner zum Arzt° gehen, Haare schneiden, baden, Bekleidung besorgen (°beziehungsweise Zahnarzt), Wohnung suchen, mit Kollegen und Professoren und Studenten, Familienmitgliedern sprechen, Vorlesungen halten, Arbeiten in Reinschrift diktieren, zu Kongressen fahren, Beratungen in praktischen Angelegenheiten (Rechtsanwalt), Bankangelegenheiten, Geld abholen und abschicken, telefonieren, Radio {und Klavier} hören, Aus-

---

3 **Lieber sich weniger vornehmen und wirklich durchführen.**: Vgl. Addendum IIIa, 1, Pkt. 3; IIIa, 3, ad 1, 40; Addendum IV, 1, Pkt. II A; Addendum VII, 2v, ad 2A.
24 **Studienbehelfe**: Vgl. Erläuterung auf Manuskriptseite 2, Pkt. 16.
25 **Bekleidung**: Die Frage der richtigen Bekleidung gehört zum Themenfeld der Hygiene. Vgl. »Gesundheitspflege (Hygiene)« in Bd. 7 von ›Meyers Konversations-Lexikon‹ (1895) auf Seite 485.
25 **Zahnarzt**: Auch Zahn- und Mundpflege gehören zum Bereich der Hygiene. Vgl. »Gesundheitspflege (Hygiene)« in Bd. 7 von ›Meyers Konversations-Lexikon‹ (1895) auf Seite 485.

6: | 1–11/2
8 –: Zu lesen als ›bis‹.
9: | zwischen ½11 und 11 sp
21 **Nationalbibliothek**: Vgl. Manuskriptseite 6, Pkt. 3 Andere Lesart: Naturwissenschaftliche Bibliothek. In diesem Fall würde es sich um die Bibliothek der damals noch so genannten Technischen Hochschule Wien handeln, gegründet 1815, heute Technische Universität Wien

flüge machen, längere Abwesenheit, Sommerfrische, Ruhen (Nichtstun), Theater und Kino, {Kabarett}, und Museen und sonstige Sehenswürdigkeiten, {Konzerte}, Spazierengehen in der Stadt, Tanz, Rätsel, Kartenspiel, Tennis (Sport und Spiel), Rauschgifte.

[5]
Einteilungsgründe:
1. Zu Hause (außer lesen, schreiben, nachdenken): telephonieren, Körperpflege (Baden, Waschen), Besuche empfangen, (eventuell) diktieren, Radio {und Grammophon} und Klavier hören, Ruhen, Rätsel und Kartenspiel, illustrierte Zeitungen, Rausch, Klo.
2. Außer Haus:
- a.) Bücher abholen, zurücktragen, aussuchen, nachschauen, bestellen (Bibliothek, Buchhändler, Papierhändler).
- b.) Studienbehelfe wie Papier, Heft, Bleistift, Gummi, Messer.
- c.) Sprechen mit Kollegen, Professoren, Studenten, zu Kongressen fahren.
- d.) Vorlesungen und Übungen halten und Arbeiten in Reinschrift.
- e.) Arzt, Zahnarzt, Frisör.
- f.) Bank und Geld, Rechtsanwalt.
- g.) Theater, Kino, Museen, Konzerte, sonstige Sehenswürdigkeiten, Kabarett, Kaffeehaus, Zeitungen.
- h.) Tanz, Tennis.
- k.) Spazierengehen in der Stadt, Ausflüge, Sommerfrische und Reise.
- l.) Bekleidung und Wäsche besorgen, Wohnung besorgen.

2: ›Kabaret‹ von der Editorin verbessert in ›Kabarett‹
9 **Waschen:** Andere Lesart: Wäsche
25 **k.):** i.) und j.) fehlen

1 **Sommerfrische:** Erholungsaufenthalt im Sommer auf dem Land, im Gebirge, an einem See oder Meer.
4 **Rauschgifte:** Siehe auch Manuskriptseite 3, Pkt. 26, sowie Manuskriptseite 5, Pkt. 1. Auch der kontrollierte Genuss von Rauschmitteln gehört zur Diätetik. Vgl. Einleitung zu diesem Band.
12 **Rausch:** Siehe auch Manuskriptseite 3, Pkt. 26, und Manuskriptseite 4, »nicht normale Tätigkeiten«.
12 **Klo:** Vgl. ›Zeiteinteilung (Max) I‹ Manuskriptseite 59, Programm, sowie ›Zeiteinteilung (Max) II‹, Manuskriptseite 93, Bemerkung 2, und die Ausführungen zu den sex res non naturales in der Einleitung zu diesem Band, wonach Ausscheidungen in deren Bereich gehören.
16 **behelfe:** Vgl. Erläuterung auf Manuskriptseite 2, Pkt. 16.
16 **Gummi:** Gemeint ist ein Radiergummi.
16 **Messer:** Gemeint ist entweder ein Messer zum Spitzen der Blei- und Buntstifte oder eines zum Aufschneiden der Buchseiten.
26 **Bekleidung und Wäsche:** Die Themen Bekleidung und Wäsche werden gleichfalls unter dem Gesichtspunkt der Hygiene abgehandelt. Vgl. »Gesundheits-

Sollen die Dinge 1. <u>immer</u> nur nach 6 h erledigt werden? Telefon zugleich mit Post.—

<u>Durchbrechung der normalen Tagesordnung wird erzwungen durch</u>:
1. | Radio, falls besonders interessant.
2. A. **Besorgungen:** Bücher, sonstige Behelfe, Bekleidung und Wohnung*, Bank und Rechtsanwalt, Post schicken, *Arzt [Frisör], Zahnarzt.
   B. *Diskussionen* und Vorträge hören; Vorträge halten und Arbeiten diktieren.
   C. Ausflüge und Sommerfrische, Sport, Museen und Sehenswürdigkeiten, Unterhaltung und Erholung.

[6]
2. *Bibliothekstag*: ½10 Universitätsbibliothek, sofort bestellen (aus Magazin oder Lesesaal), was aufgeschrieben, | zum Zwecke: 1. mitnehmen, 2. ungefähr anschauen, 3. etwas darin nachschauen, 4. eine Wahl zwischen mehreren treffen oder sich entscheiden, ob lesen oder nicht. In der Zwischenzeit (bis die Bücher kommen) Bücher zurückgeben und 1.) Bücher anschauen, auswählen, nachschauen, entlehnen, die vom letzten Mal dort sind; 2.) im Katalogzimmer Bücher, die man sich selbst nehmen kann, nachschauen, anschauen [*Konversations-Lexikon, Minerva, Kürschner,* Bücherverzeichnisse, *Kataloge.* Im Katalogzimmer sind Verzeichnisse von Personen, Büchern, Schulen, Beamten und Ämtern, Orten, Wör-

---

pflege (Hygiene)« in Bd. 7 von ›Meyers Konversations-Lexikon‹ (1895) auf Seite 485.
7 **Behelfe:** Vgl. Erläuterung auf Manuskriptseite 2, Pkt. 16.
13 **Erholung:** Vgl. dazu den Artikel »Gesundheitspflege (Hygiene)« in Band 7 von ›Meyers Konversations-Lexikon‹ (1895) auf Seite 485.
24 **Konversations-Lexikon:** Ein Konversationslexikon ist ein lexikographisches Nachschlagewerk, das wissenschaftliche, künstlerische und technische Ergebnisse zum Zweck der Allgemeinbildung popularisiert.
24 **Minerva:** ›Minerva‹ heißt ein Gelehrtenkalender von Gerhard Lüdtke.
24 **Kürschner:** ›Kürschners deutscher Gelehrten-Kalender‹ ist ein Nachschlagewerk von Gerhard Lüdtke, das biografische Daten, Adressen, Forschungsschwerpunkte, Arbeitsgebiete und Werke von Wissenschaftlern des deutschen Sprachraums alphabetisch auflistet.
25 **Katalogzimmer:** Da die in einer Bibliothek vorhandenen Publikationen früher in Bandkataloge eingetragen wurden oder auf je einem Zettel notiert und die Zettel danach alphabetisch geordnet wurden (Zettelkatalog), gab es Zimmer, in denen die Kataloge oder Zettelkästen aufgestellt waren.

6: | Besuche empfangen (1/2 5), Diktieren der Arbeiten, 17: ›(‹ von der Editorin gelöscht

tern]. Im Allgemeinen anschauen, was dort ist. Auch die, die man sich nicht selbst nehmen kann, bekommt man bei Bestellung sofort. 2'.) Ins Zeitschriftenzimmer gehen oder zum Schlagwortkatalog. [3.) In die Nationalbibliothek fahren und dort Bücher bestellen oder zurückgeben oder etwas nachschauen in dem Zuwachsverzeichnis oder im Zeitschriftenzimmer. 4.) Sonstige Besorgungen machen.]

Was ist die Tätigkeit an der | *Universität*?: *A*. 1. Bücher bestellen (blaue Zettel ausfüllen), welche vorher ausgesucht. 2. Bücher im Katalogzimmer verlangen, welche vorher ausgesucht und aufgeschrieben. 3. Zeitschriften im Zeitschriftenzimmer, welche vorher ausgesucht, nehmen (eventuell vorher fragen). 4. Im Katalogzimmer die frei zugänglichen Bücher herausnehmen. 5. Im Katalog- und Zeitschriftenzimmer nachschauen, was es überhaupt gibt (für ein bestimmtes Gebiet gibt, beziehungsweise in der betreffenden Bibliothek gibt). *B*. Wenn ein bestimmtes Buch erhalten, dann entweder: 1. Zettel für nach Hause ausfüllen und einstecken. 2. Etwas oder eine bestimmte Anzahl von Dingen, die vorher gewusst, nachschauen und wieder zurückgeben. 3. Das Buch ungefähr durchsehen, um zu einem Urteil zu kommen, *a*.) was und in welcher Art und welchem Umfang behandelt wird, **b*.) ob es gut oder schlecht ist. Methode: Inhaltsverzeichnis und Stichprobe, Autor, Erscheinungsjahr, Vorwort. (Auch für 3. bereits ein *Excerpt* möglich.) 3.' Entscheide, ob auszuborgen. 4. Das Buch genau lesen und *excerpieren*. 5.) <u>Mit Überschlagung einzelner Stellen oder Kapitel lesen (z. B. Beweise überschlagen), auch nicht</u> [7] <u>notwendigerWeise in der Reihenfolge des Autors, sondern nach sachlichen Gesichtspunkten, welche ich selbst an das Buch heranbringe. In diesem Sinn</u> ist es <u>auch sehr nützlich, mehrere Bücher, welche denselben Gegenstand behandeln, zugleich zu lesen.</u> 1–3 Uhr in der Bibliothek,

4–5 Uhr zu Hause.

* Für welche Leser bestimmt?

4 [: Eckige Klammer links, die Punkt 3 und Punkt 4 umschließt

8: ›a.)‹ von der Editorin gelöscht

3 **Schlagwortkatalog**: Der Schlagwortkatalog ist eine Form des Bibliothekskatalogs, in dem die Publikationen nach Schlagwörtern verzeichnet sind, was die thematische Suche nach Fachliteratur erlaubt.

6 **Zuwachsverzeichnis**: Ein Zuwachsverzeichnis ist eine Liste der Neuerwerbungen in Kurzzitaten nach Titel und Autoren.

6 **Zeitschriftenzimmer**: In einem Zeitschriftenzimmer liegen periodisch erscheinende Schriften aus.

Frage 1.: Soll ich {I.} ganze Vormittage ½10–½1 (3 h), 2–6 (4 h) an der *Universitäts-Bibliothek*, *NationalBibliothek*, am *Mathematischen Seminar* verbringen oder {II.} nur Bestellungen abholen und zurücktragen?

Frage 2.: Gibt es noch andere *Bibliotheken*, welche vielleicht bequemer zu benützen für Sachen, welche dort auch sind, oder Sachen haben, welche dort nicht sind? Für welche Fächer?

ad 1: Antwort auf Frage 1. muss die Behandlung der einzelnen Gegenstände geben, nämlich wenn dabei sich ergibt, dass ich bestimmte Bücher genauer lesen oder in längere Verwendung (zum Nachschlagen) nehmen muss, so gilt I. Wenn sich ergibt, dass ich zwischen vielen erst wählen, beziehungsweise mich über die Literatur überhaupt orientieren muss, gilt II. Ferner, falls viele fortlaufende Zeitschriften zu lesen sind, gilt I., weil dies Spezialfälle sind (sie sind durchzusehen und man hat sich ungefähr über den Inhalt und Güte zu orientieren und sie sind nur in speziellen Fällen genau zu lesen und auszuborgen).

Frage 3.: Welche Bücher soll ich mir kaufen? – 1. Die niemals erhältlich sind und interessant, 2. Nachschlagewerke (Verzeichnisse, d. h. was im *Katalog*zimmer steht), 3. grundlegende Werke der Spezialgebiete, überhaupt grundlegende Werke.
Wenn durchschnittlich nur 3½ h *pro* Woche für ein Gebiet, so bloß 14 h (– 20% für Durchbrechungen) = 11 h. In dieser Zeit ist kaum ein Buch auszulesen, umso weniger, wenn mehrere Bücher zugleich ausgeborgt.

[8]
Ein Werk ist grundlegend, wenn es ein relativ großes Gebiet (nicht spezielle Frage) behandelt, möglichst viele, aber nur wichtige Tatsachen enthält, das Gebiet auf möglichst engem Raum darstellt und eine Übersicht über die Literatur gibt. 4. Zeitschriften laufend, Tageszeitungen, Verordnungsblätter, Zentralblätter.

26 **Durchbrechungen:** Gemeint sind Unterbrechungen.
35 **Verordnungsblätter:** In Verordnungsblättern werden Verordnungen verkündet.
35 **Zentralblätter:** Wissenschaftliche Zentralblätter geben in Form von Rezensionen, Übersichtsartikeln, Zusammenfassungen sowie mittels bibliographischer Hinweise einen Überblick über aktuelle Forschung.

2 **NationalBibliothek:** Vgl. Manuskriptseite 6, Pkt. 3. Andere Lesart: Naturwissenschaftliche Bibliothek. Vgl. Erläuterung auf Manuskriptseite 4
21: ›.‹ von der Editorin verbessert in ›–‹
23: Klammer von der Editorin geschlossen
35 **Verordnungsblätter:** Andere Lesart: Verordnungen, Blätter

ad 2: Bietet für *belletristische* und teilweise *philosophische* Literatur eine gewöhnliche Leihbibliothek. Sonst Spezialbibliothek der *Institute* (z. B. physikalische, Bibliothek der Ärzte, Bibliothek der Handelskammer, gesellschaftswissenschaftliche Bibliothek im Rathaus, ferner in den anderen Hochschulen: Technik, Handelshochschule, für Akademieschriften Akademie der Wissenschaften, ...).

Einer der Hauptgründe für Zeitverschwendung und Unmöglichkeit, viel zu erledigen, ist, dass ich alles zu genau machen will. Wenn ich ein Buch ausborge, um etwas nachzuschauen, so fange ich schon an, es durchzuschauen und eventuell sogar zu lesen. Wenn ich etwas bloß flüchtig lesen will, so lese ich es genau. Letzter Grund: <u>Nicht-Festhalten der Entschlüsse</u>*. Der Entschluss ist die Beschränkung auf etwas (Scheuklappe), dadurch geht eventuell etwas verloren, aber dafür wird das gemacht, was beabsichtigt ist.

* Das ist umso mehr der Fall, je wohl überlegter ein Entschluss ist.

<u>Frage 4</u>: Soll man sich zu Folgendem entschließen?: Jedes Buch, das ich überhaupt in die Hand bekomme, um etwas Bestimmtes daraus zu lesen (um etwas nachzuschauen oder um eine einzelne Abhandlung, ein bestimmtes Kapitel zu lesen), ist wenigstens ungefähr durchzuschauen. Vorwort, Inhaltsverzeichnis, Stichprobe, Urteil, ob gut oder schlecht|. [Ein Buch ist gut, wenn der Zweck, der durch Titel, Untertitel, eventuell Vorwort angegeben ist, gut erreicht wird. Dabei ist auch der Leserkreis, für welchen es nach den obigen Kriterien bestimmt ist, zu berücksichtigen, oder wenigstens, ob ein durch einen anderen Titel oder durch ein Vorwort angegebener Zweck und Leserkreis befriedigt wird.] Und soll man ein, wenn auch noch so kurzes *Excerpt* von jedem Buch machen, das man in die Hand bekommt?
Ich glaube, ja.

[9]
<u>Bemerkung</u>: Übergang zum nächsten Typ, *psychologisch*:
0. Typ: Ich studiere Physik (lese Bücher, denke nach).
1. Typ: Ich denke nach über die Fragen oder lese über »wie soll ich mein Physikstudium einrichten« (oder was verschiedene Autoren über Physik gesagt haben).
2. Typ: Ich denke nach darüber, wo ich am schnellsten und besten erfahren kann, wie man sein Physikstudium zweckmäßig einrichtet.

22: ›‹ von der Editorin gelöscht

Es ist von Vorteil, mit einem möglichst hohen Typus anzufangen.

Frage 5: Soll man bei einer beliebigen Tätigkeit mehr Zeit auf die Tätigkeit selbst (0 Typ) oder auf Nachdenken über diese verwenden (1 und höherer Typ)*? Die Zeit, die darauf verwendet wird, wird an der Tätigkeit selbst erspart, weil diese umso wirkungsvoller und schneller erledigt wird. Je mehr Zeit das Nachdenken darüber einnimmt, desto planmäßiger (rationaler) ist das Handeln (einen Strich durch die Rechnung machen).
In der obigen Zeiteinteilung ist die Tätigkeit und das Nachdenken über die Tätigkeit (u.s.w.) meistens überall in einer Rubrik außer: 15, das ist der unterste Typ, weil diese Tätigkeiten überhaupt kein Nachdenken mehr sind. 13, 13' haben den Typus ω (weil sie beliebig oft iteriert Nachdenken als Objekt haben können). Allgemeines Kennzeichen des untersten Typus ist, dass er nicht mehr Nachdenken ist (Lesen, Sprechen, Schreiben, Einkaufen, Gehen).

Frage 6.: Ist eine Vermischung verschiedener Tätigkeiten (verschiedene gleichzeitig) möglich und fruchtbar (d. h. zeitsparend)? Ich tue es faktisch (Radio hören und arbeiten, spazieren gehen und nachdenken, mit Adele sprechen und über Mathematik nachdenken, in einem Vortrag über eigene Sachen nachdenken, auf der Sommerfrische arbeiten).

[10]
Ins Buch »Besorgungen« kommen folgende *Rubriken*:
*U*niversitäts*B*ibliothek, *N*ational*B*ibliothek, *M*athematisches *Seminar*, *Th*eoretische *Ph*ysik, *Bu*ch- und Papier*H*ändler, *V*erabredungen, *S*onstiges (Arzt, Zahnarzt, Bekleidung, Wohnung, Geld, Rechtsanwalt, |).

* Natürlich soll man immer nur entweder die Tätigkeit ausführen oder über die Tätigkeit nachdenken (Typvermischungen sind hinderlich).

9 einen Strich durch die Rechnung machen: Hier im Sinne von »einen Schlussstrich ziehen« zu verstehen.

5: ›.‹ von der Editorin verbessert in ›?‹
14 iteriert Nachdenken: Andere Lesart: iteriertes Nachdenken
14 Allgemeines Kennzeichen: Andere Lesart: Allgemein: Kennzeichen des untersten Typus ...
19: ›.‹ von der Editorin verbessert in ›?‹
27 NationalBibliothek: Vgl. Manuskriptseite 6, Pkt. 3. Andere Lesart: Naturwissenschaftliche Bibliothek. Vgl. Erläuterung auf Manuskriptseite 4
28 Theoretische Physik: Andere Lesarten: Theoretische Philosophie, Theologie [und] Philosophie, Theologie [und] Physik
30: | Frisör

Laufend:	*Eigene Publikationen*	jeden Tag		
|	*Post*	jeden 2. Tag		
Dringend:	*Budget*			
Dringend:	*Zeiteinteilung*	→ insbesondere im Großen	(auch 13') zu Entschlüssen kommen	17: Wohnung suchen
Wichtig:	Eigene Vorlesungen und *Dissertationen*			
Wichtig:	Schulwesen			
	Resumés			

╫ Im Ganzen 22 Tätigkeiten, wenn Unterhaltung in eines zusammengefasst, davon 4 laufend.

Die Tätigkeiten zerfallen in: *Berufliche* Pflichten und *andere*.

Die beruflichen Pflichten:

I. Für jemanden, der eine Stelle hat, sind diese *juristisch* oder durch *Usancen* geregelt.

II. Für jemanden, der keine Stelle hat, bestehen sie in folgenden:

1. Sich selbst in den Zustand versetzen, in welchem man eine für mich in Betracht kommende Stelle ausfüllen kann.
2. Alles in meiner Macht Liegende zu tun, um eine solche Stelle zu erlangen.

[11]

<u>Bemerkung</u>: Vorteil einer *Maxime* besteht darin, dass dadurch eine Unzahl von einzelnen Entschlüssen überflüssig wird. Für einen Menschen, der sich zu hinreichend vielen *Maximen* entschlossen

3: | 1, 2
4 **Dringend:** Am linken Rand Akkolade von ›Budget‹; bzw. ›dringend‹ bis ›Zeiteinteilung‹
6 **im Großen:** Andere Lesart: 21
8 **Wichtig:** Am linken Rand Akkolade von ›eigene Vorlesungen‹ bzw. ›wichtig‹ bis ›Schulwesen‹
18: ›i‹ von der Editorin verbessert in ›j‹

9 **Dissertationen:** Gödel hat seine eigene Doktorarbeit 1929 beendet; sie ist 1930 erschienen, seine Habilitationsschrift 1931. Hier könnte gemeint sein: dass er Dissertationen betreut, sich vornimmt, welche zu betreuen, oder dass er sich vornimmt, bereits erschienene Dissertationen zu lesen. Bisher ist nicht bekannt, dass Gödel Dissertationen betreut hätte. Vgl. Liste ähnlicher Erwähnungen in der Erläuterung zu Manuskriptseite 1, Pkt. A2.
10 **Schulwesen:** Hier können u. a. akademische Schulen, aber auch Universitätsgesetze und Disziplinengeschichte, gemeint sein. Vgl. Erläuterung auf Manuskriptseite 1, Pkt. A9.
21 **Sich selbst in den Zustand versetzen, in welchem man eine für mich in Betracht kommende Stelle ausfüllen kann:** Es ist Ziel der Diätetik oder Individualethik, sich in einen Zustand zu versetzen oder zu transformieren, der es einem ermöglicht, etwas zu erreichen.

hat, sind die einzelnen Entschlüsse logische Fragen (Ableitungen aus den Maximen).

1. Maxime: Eile mit Weile
Man soll sich zu allem Zeit lassen (alles mit Muße tun). Falls in einem Brief ein Entschluss mitgeteilt werden soll, lieber eine vorläufige Antwort geben (um der Höflichkeit zu genügen). Entschluss und Tun sind 2 verschiedene Dinge.

Allgemein:	*Berufliche* Pflichten	1–5	(3–5 Vorbereitung für 1–2)
Allgemein:	*Prakt*ische *Ang*elegenheiten	12–17	
	Geistige Bildung	6–11	
	Unterhaltung und Zerstreuung	18–28	

Andere Einteilung:	notwendig (verpflichtend oder im eigenen Interesse)	dringend geboten
	nützlich	angenehm

25./VIII 1937
Programm:
1.) 1 bis 2 mal in der Woche ein vorläufiges Programm für die nächste Woche (halbe Woche) erstellen, insbesondere, wie viel Zeit {auf einzelne Fächer zu verwenden} ist. –
2.) Jeden Tag abends ein genaues Programm für nächsten Tag erstellen (nimmt nur kurze Zeit in Anspruch). –
3.) Bis auf weiteres jeden Tag oder jeden 2. Tag 1 h für: 1. Zeiteinteilung der nächsten paar Monate, {wie viel Zeit auf einzelne Fächer zu verwenden}, – 2. Zeiteinteilung der nächsten paar Jahre, {wie viel Zeit auf einzelne Fächer zu verwenden}. –

---

4 **Eile mit Weile:** Vgl. Manuskriptseite 78, Maxime 1.
5 **alles mit Muße tun:** Vgl. ›Zeiteinteilung (Max) I und II‹, Manuskriptseiten 11, Maxime 1; 24, Bemerkung 2, Pkt. 1; 25, Maxime 2; 153, Bemerkung 1; Addenda IIIa, 2, Pkt. 30; IIIb, 2v, B16; IV, 1, V.
14 **Zerstreuung:** Vgl. zu Zerstreuung als geistige Hygiene: ›Zeiteinteilung (Max) I‹, Manuskriptseite 32, II. 7. Vgl. für die expliziten Nennungen des Begriffs ›Zerstreuung‹ in ›Zeiteinteilung (Max) I und II‹ die ausführliche Erläuterung (inklusive Fußnote) zur Liste auf der Umschlaginnenseite von ›Zeiteinteilung (Max) I‹.

1 **logische Fragen:** Andere Lesart: [...] sind die einzelnen Entschlüsse logisch. Fragen [...]
10 **Allgemein:** Links Akkolade von ›Berufliche Pflichten‹ bis ›Praktische Angelegenheiten‹
21 **Programm:** ›Programm‹ ist mit rotem Buntstift unterstrichen und rechts und links umrahmt

4.) Bis auf weiteres jeden Tag oder jeden 2. Tag 1 h Nachdenken darüber, wie ich mich in bestimmten *Situationen* gegenüber bestimmten Dingen verhalten soll. Gehört zu *Beziehungen* zu Menschen.

[12]

> <u>Allgemeine Frage</u>: Es können 3 Dinge eintreten, welche die Zeiteinteilung, die vorher beschlossen wurde, unzweckmäßig machen: <u>Wichtig</u>!
> 1.) Ich bleibe innerhalb der gegebenen Zeit in der Tätigkeit stecken. (Es muss erst eine Besorgung gemacht werden.)
> 2.) Es muss »mitten in der schönsten Tätigkeit« unterbrochen werden.
> 3.) Es dauert einige Zeit, bis man »in die Tätigkeit hineinkommt«, beziehungsweise aus einer anderen Tätigkeit »hinauskommt«.*

* Das ist ebenfalls eine Frage der willkürlichen Aufmerksamkeitslenkung (im Gegensatz zur passiven).

2 und 3 sind richtig für Tätigkeiten, die in Nachdenken bestehen (beim Lesen und *Excerpieren* weniger). Sie können vermieden werden, indem man jeweils eine sehr lange Zeit (einen <u>Vormittag</u> oder einen <u>Nachmittag</u>) für die Tätigkeit in Anspruch nimmt. Vielleicht sollte man dies für die weniger »mechanischen« Tätigkeiten tun?

Einteilung der Tätigkeit nach dem Grad der »Mechanizität«: <u>Manuelle Arbeiten</u>, ganz mechanische (z. B. Vorzeichnen des Stundenplans), Bestellen eines Buches (*Signaturen* nachschauen), Kleider probieren, |. <u>Dann kommen</u> bloß mechanische: Abschreiben, Addieren, **Rechnung machen**, Ordnung machen, teilweise *Résumés* schreiben. | Dann | lesen und *excerpieren* (besonders Lesen eines Buches von Anfang bis zum Ende). Am wenigsten die Tätigkeiten, bei denen etwas durch <u>eigenes Nachdenken</u> gefunden werden soll (sei es etwas Wissenschaftliches, sei es etwas Praktisches: »Wie soll ich irgendetwas in meinem Leben einrichten?«).

<u>Frage</u> 7: Wie soll ich mich der Erscheinung der Aufmerksamkeitsablenkung (*Autosuggestion*) gegenüber verhalten? Das heißt, der Erscheinung gegenüber, dass zum Beispiel die Aufmerksamkeit plötzlich vom Objekt auf die Tätigkeit selbst hingelenkt wird. Passive Ablenkung [13] der Aufmerksamkeit.

8: ›2‹ von der Editorin verbessert in ›3‹
19 **weniger**: Andere Lesart: danach
26: | Rechnung machen, *Re*
28: | Am wenigsten w
28: | kommen

{Vorläufiger Stundenplan und Besorgungsbuch müssen bei der Zeiteinteilung für den nächsten Tag (nächsten paar Tage) bei der Hand sein.}

Maxime 2: Keine Tätigkeit ist zu unterbrechen (zu 2 verschiedenen, nicht aufeinander folgenden Zeiten dasselbe tun).

Maxime 3: Was man auch macht, soll man ordentlich (ganz) tun, insbesondere auch | Halten einer Vorlesung.
Man soll alles entweder gar nicht oder ganz tun (nicht halb), insbesondere auch Halten | einer Vorlesung.

Maxime 4: Man soll, wo möglich, bei allem was man schreibt, nachher einen Zwischenraum lassen, damit etwas dazugeschrieben werden kann.

> Andererseits ist es deswegen zweckmäßig, weil man nicht so schnell ermüdet, wenn man Verschiedenes tut. Wenn man lange Zeit dasselbe tut, so erlahmt die Aufmerksamkeit und Arbeitskraft.

Die Unrast und Gehetztheit verschwinden wahrscheinlich, wenn man das Gefühl hat, dass die Zeiteinteilung richtig ist (zweckmäßig ist) und man in jedem Gegenstand das Richtige tut (sich zweckmäßig verhält).

Maxime 2': Die Pause zwischen Tätigkeiten derselben Art soll nicht zu groß sein, damit nichts inzwischen vergessen wird (damit man nicht ganz aus der Tätigkeit rauskommt).
|

Maxime 5: Worüber immer man nachdenkt, sei es über ein mathematisches Problem, sei es darüber, was man morgen machen soll, es ist immer besser »an der Hand von etwas« nachzudenken, entweder anhand eines Buches oder anhand von etwas, was man selbst früher darüber geschrieben oder gedacht hat. Insbesondere dann, wenn es sich um eine Aufzählung handelt, weil das [14]

9: ›in‹ von der Editorin gelöscht
11: ›in‹ von der Editorin gelöscht
30: | Oberste Zwecke und allgemeinsten Mitteln
34: ›ist es‹ von der Editorin verbessert in ›es ist‹

5 **Maxime 2:** Die erste Maxime befindet sich auf Manuskriptseite 11.

eigene Gedächtnis (die eigenen Einfälle) dadurch wesentlich unterstützt wird |.

Zeiteinteilung in den nächsten Jahren: *Programm
|

$$\begin{array}{llll}
\text{Semester in } \textit{Notre-Dame} & 16./\text{IX } 1938 - 21./\text{XII } 1938 & \text{I. } \textit{Semester} \\
& 5./\text{I } 1939 - \underline{25./\text{I }} 1939\textbf{?} & \text{I. } \textit{Semester} \\
& 1./\text{II } 1939 - 13./\text{IV } 1939 & \text{II. } \textit{Semester} \\
& 20./\text{IV } 1939 - \underline{30./\text{V}} 1939\textbf{?} & \text{II. } \textit{Semester}
\end{array}$$

Wintersemester 1937/38 in Wien, aber nicht lesen: Arbeiten schreiben, Vorlesungen vorbereiten, Theologie, Rationalisierung Grundlage, Sonstiges je nach Arbeitsprogramm, Fachkenntnisse, Universitätsverhältnisse.

Sommersemester 1938, Jahr 38/39: von diesen 3 Semestern 2 in Amerika verbringen. (Nicht drei, weil sonst zu wenig Zeit für eigene Arbeit.) Kann ich in Princeton weniger gut arbeiten als in Wien? Eigene Studienbehelfe kann man mitnehmen, Bibliothek ist dort ebenso gut (besser), Anregung durch Kollegen und Professoren (in Wien auch sehr wenig), Zeit (wenn ich nicht lese), gesellschaftliche Verpflichtungen gering und es ist möglich, sie abzuschlagen, ….

1. Diskussionen mit Studenten und Kollegen, wo ich der gebende Teil bin, und Vorbereitungen auf Church (moralisch verpflichtet).
2. Ablenkungen (Englisch lernen, Amerika kennenlernen, Radio hören). Auch wegen Adele, sonst müsste ich sie mitnehmen. Der

---

2: ›‹ von der Editorin gelöscht
4 *: Mit rotem Buntstift geschrieben
5: | Nächstes Semester: Nicht lesen, aber in Wien sein, Zeit hauptsächlich für Weiterbildung in meinem Fach, Arbeiten, Theologie, Universitätsverhältnisse
17 **Jahr:** ›J.‹ könnte auch für ›Januar‹ oder für ›Jahreswechsel‹ stehen. De facto war Gödel erst im Herbst 1938 wieder in Princeton, und im Frühlingssemester 1939 in Notre Dame
23 **und es ist möglich, sie abzuschlagen:** Andere Lesart: unmöglich abzuschlagen

7 **16./IX 1938 - 21./XII 1938:** Im Wintersemester 1937/38 hatte Gödel nach eigenen Angaben aus dem Juli 1937, keine Zeit nach Notre Dame zu kommen. Seine Pläne sind daher auf diesen späteren Zeitpunkt bezogen. Vgl. Briefwechsel mit Karl Menger in: Gödel, ›Collected Works‹, Bd. V, S. 106–112.
9 **II:** Das Frühlingsemester in Notre Dame begann im Februar.
12 **Wintersemester 1937/38 in Wien:** Tatsächlich hat Gödel seine letzte Vorlesung im Sommersemester 1937 in Wien gehalten.
20 **Studienbehelfe:** Vgl. Erläuterung auf Manuskriptseite 2, Pkt. 16.
26 **Church:** Alonzo Church war im Herbst 1938 in Princeton, mit ihm hatte Gödel dort auch im Wintersemester 1933/34 bereits regen Austausch.
28 **Radio hören:** Gemeint ist, Radio hören, um besser Englisch zu lernen.
29 **Auch wegen Adele, sonst müsste ich sie mitnehmen:** Gemeint ist: Wenn Gödel für länger als zwei Semester nach Amerika reisen würde, müsste er Adele mitnehmen.

Nutzen, den ich dort habe, ist in 2 Semestern hinreichend gegeben, [15] | selbst wenn ich mich dort dauernd niederlassen will. Also drei Möglichkeiten:

	I	II
Ich bin in Wien:	1. *Sommersemester* 1938	
	2. *Wintersemester* 1938	ausgelassen
	3. *Sommersemester* 1939	

Mögliche *Maxime*: Du sollst möglichst viele Vorlesungen halten, du sollst jede Stelle, die dir angeboten wird, annehmen (sofern nicht gleichzeitig eine bessere angeboten wird), du sollst dich um jede Stelle, die frei wird, bewerben, entweder | offiziell oder (bei *Professoren*) inoffiziell. Dabei ist aber Voraussetzung, dass du in einem Zustand bist, in dem du diese Stelle ausfüllen kannst. Das Erste ist jedenfalls, sich in diesen Zustand zu versetzen.

⊢ *Maxime*: Ich nehme nur an (bewerbe mich nur um) solche Stellen, welche ich gut ausfüllen kann oder für welche ich bis zu deren Eintritt mich in den Zustand versetzen kann, sie gut auszufüllen. Und ich tue dies, falls ich sie annehme (mich bewerbe).

Bemerkung: Eines der wichtigsten Momente beim Stellensuchen ist, dass man weiß, wo Stellen der gewünschten Art angeboten werden, weil:
1. Geld hinzugekommen ist:
a.) Neue Stiftung (Schenkung); Regierung, die die Wissenschaft begünstigt |.
b.) Abgang der vorherigen Inhaber durch Alter, Tod, Berufung an eine andere Stelle.
c.) Stelle gewisser Art (gewisser geistiger Richtung), z. B. *Positivismus*.

6 **Sommersemester 1938**: Im Sommersemester 1938 gab Gödel einige Vorlesungen an der Universität Göttingen.
8 **Sommersemester 1939**: Siehe Kommentare oben zu Gödels Notre-Dame-Plänen.

2: | Welche
7 **ausgelassen**: Gödel benutzt hier und an anderen Stellen ein Zeichen, das als ›ausgelassen‹ bzw. ›fehlt‹ zu lesen ist, aber keine Gabelsberger-Sigle ist
12 **eine bessere angeboten**: Andere Lesart: ein besseres Angebot
13: | in
26 1.: Es gibt nur Ziffer 1
28: | Unterrichtsministerium; Regierung, die das Fach bevorzugt

Kurz: Man muss wissen, wann und wo
Stellen welcher Art zu vergeben sein werden.

[16]
Das Wissen über die Stellen kann entweder allgemein sein, zum Beispiel: In Amerika werden in nächster Zeit *Positivisten* gebraucht wegen der zu erwartenden *politischen Verhältnisse*; oder in jenen Ländern werden *Ingenieure* | und daher auch Mathematiker gebraucht wegen der fortschreitenden *Industrialisierung*; in Österreich werden *Theoretiker* gebraucht wegen der herrschenden *politischen* Richtung; in Deutschland werden Chemiker gebraucht wegen Giftgasfabrikation; oder speziell: Dieser *Professor* ist im 70. Jahr, dort wird eine neue *Universität* gegründet werden, diese *Universität* hat einen Geldzuwachs und ist besonders in Mathematik interessiert. Es ist aber notwendig, dass auch die Art (geistige Richtung), welche bevorzugt wird, bekannt ist. Das heißt, man muss wissen, diese Stelle wird ein Mann bekommen, welcher diese und diese rein äußerlichen Voraussetzungen erfüllt,* oder auch innere.

Es besteht aber auch die Möglichkeit, dass jemand aus anderen Gründen angestellt wird, als weil man eine bestimmte Leistung von ihm erwartet und glaubt, dass er diese Leistung am besten von den in Betracht Kommenden erfüllt: Zum Beispiel *Nepotismus*, *Cliquensystem* (d. h. es | schließt eine Gruppe von Personen einen Vertrag, sich gegenseitig zu begünstigen, sozusagen künstliche Verwandtschaftsverhältnisse) und *Mitleid* oder menschliche Pflicht, weil er etwas nicht leisten wird (nicht Leistungsprinzip) und damit ein Anderer, der dies leistet, würde sie nicht bekommen. *Sinekure*; jemand hilft, ohne dass die Öffentlichkeit weiß, dass geholfen wird.

Es besteht auf Grund meiner Leistungen, auf Grund der Tatsache, dass man mir meine Leistungen geschenkt hat und mir in vieler Hinsicht {auch sonst} geholfen hat | (durch Gedankenübertragung), die Wahrscheinlichkeit, dass [17] *Stipendien* auch weiter zu meiner Verfügung stehen werden. Daher besteht kein Grund, diese sofort anzunehmen, sofern mich dies in meiner jetzt | wahrscheinlich | fruchtbringenden Beschäftigung stört. Außer wenn

* Oder am besten erfüllt.

7 **Positivisten**: Die Schreibweise ist dieselbe wie auf Manuskriptseite 67, Bemerkung 1.
9: | gebraucht werden
11 **Theoretiker**: Andere Lesart: Theologen
24: | be
27: ›es‹ von der Editorin verbessert in ›er‹
33: | (im Geheimen), durch
36: ›(‹ von der Editorin gelöscht
37: ›)‹ von der Editorin gelöscht

28 **Sinekure**: Sinekure ist ein Amt, für das man Einkünfte erhält, ohne Pflichten zu haben oder Leistungen erbringen zu müssen.

ich mir dadurch eine Auslandsstelle verderbe. Aber es ist fraglich, ob ich einer solchen momentan überhaupt gewachsen bin, und wenn gewachsen, ist fraglich, ob es nicht besser ist, wenn ich erst mehr Zeit für mich verwende, um mich zu bilden, weil jedenfalls das umgekehrt nicht möglich ist und im Falle, dass ich mich zuerst bilde, die Stelle dann besser, leichter zu haben und leichter auszufüllen sein wird (wenigstens gilt das für Stellen in Amerika).

<u>Bemerkung, w {Frage}</u>: Das, worauf sich die untersten (handlungsnächsten) Entschlüsse beziehen, ist, die Aufmerksamkeit auf etwas Bestimmtes zu konzentrieren. Auf diese Weise vielleicht Lachen abgewöhnen. Zum Beispiel: Worauf ist die Aufmerksamkeit zu konzentrieren, wenn ich den Vorlesungssaal betrete?

<u>Frage 8</u>: Wie kann man das Mienenspiel und den Tonfall des Sprechens (und unbewusste Körperbewegungen) trainieren? In dem Sinn, dass man zum Beispiel nach Willkür freundlich, ernst, unfreundlich *etc.* sein kann.

<u>Bemerkung</u>: <u>Um Bücher zu schreiben, ist es ähnlich wie bei Stellen, man muss wissen, welche Bücher eines bestimmten Gebietes es gibt, beziehungsweise nicht gibt und für welche Art von Büchern wo (in welchen Schichten und Ländern) Interesse besteht</u>. Andererseits ist es auch möglich, für das Schreiben von Büchern gezahlt zu bekommen, wofür kein Interesse und keine Nachfrage besteht, weil als *Propaganda* für irgend jemand wertvoll (ähnlich: Professorenstellen mit schlechten Professoren besetzen). In diesen Fällen Interesse und Nachfrage eventuell künstlich erzeugen durch Reklame.

[18]
Überhaupt, Voraussetzung für den Erfolg im Beruf ist Kenntnis der soziologischen Situation. Das heißt, man muss wissen ++, welche Schichten, und in welchen Ländern, in der Lage sind (ein Interesse haben), Bücher welcher Art zu kaufen, beziehungsweise Stellen welcher Art zu vergeben; und zwar sowohl im Allgemeinen als im Speziellen. Man muss ferner den Zugang zu einfachen Leuten, welche die Stellen vergeben, kennen. Das heißt, man muss sich ihnen bemerkbar machen (vorstellen, schreiben, *etc.*).

9 w: ›w‹ steht für ›wichtig‹
16: ›.‹ von der Editorin verbessert in ›?‹
28 **erzeugen**: Andere Lesart: erzeugt
36: ›.‹ von der Editorin verbessert in ›;‹

In Wirklichkeit aber ist es scheinbar so, dass im Falle, dass der Arbeitgeber in den höheren Schichten liegt, eine Vorstellung gar nicht notwendig ist, sondern falls du im entsprechenden Zustand bist, die Arbeit auszuführen, dann von selbst ein Antrag kommt. Anders ist es, wenn der Arbeitgeber direkt die Öffentlichkeit ist, aber meist ist jemand dazwischengeschaltet (Verleger) oder direkt von dieser abhängig.

⊢ *Maxime*: In jedem Arbeitsheft sollen zu Beginn oder sonstwo die Sachen gesammelt sein, welche für die betreffende Tätigkeit von Wichtigkeit sein können, sowohl ein für allemal (Zeit, wann Bibliothek geöffnet, bei Besorgungen) als auch was laufend aus Post, Büchern, eigenen Bemerkungen dazukommt | .
Daher bei allem, was ich lese, höre, sehe, mir einfällt, falls | darin überhaupt etwas wichtig ist, fragen, für welche Art von Tätigkeit es *relevant* ist, und ins betreffende Heft eintragen.

Bemerkung: Es ist schon deswegen gut, genau zu formulieren, was das Ziel einer gewissen Tätigkeit sein soll (insbesondere die Fragen, welche in den einzelnen Arbeitsbüchern beantwortet werden sollen), damit man das nicht Interessante ausscheidet. Erst wenn man die Frage formuliert hat, sieht man, ob | die Antwort interessant, nützlich *etc.* ist.

[19]
Maxime: Für jedes Arbeitsheft ist zu entscheiden: 1. Was gibt es?, 2. Was kommt zur Arbeit überhaupt in Betracht? (Vorläufiges Programm), 3. Was soll man wirklich arbeiten (und dann möglichst genau planen)? Bei der Entscheidung von 3. kommt es auf den Zweck der betreffenden Tätigkeit an.
Erst alte Zettel erledigen wäre deswegen von Vorteil, damit man sieht, dass alle Probleme eingeordnet sind, und eventuell die Inhaltsverzeichnisse und vorläufigen Programme ergänzen, wenn nicht der Fall.

13: ›‹ von der Editorin gelöscht
14: | d
22: | sie interessant
29: ›.‹ von der Editorin verbessert in ›?‹

6 **Verleger:** Derjenige, der den Vertrieb einer Sache übernimmt. Vgl. »Verleger«, in: Deutsches Wörterbuch von Jacob Grimm und Wilhelm Grimm, Erstbearbeitung (1854–1960), digitalisierte Version im Digitalen Wörterbuch der deutschen Sprache, https://www.dwds.de/wb/dwb/verleger, abgerufen am 04.10.2017.

Bemerkung: Der Zweck der geistigen, oben genannten Tätigkeiten ist es, etwas festzustellen, entweder, was ist [*vgl.* die obigen Wissenschaften, und zwar entweder etwas über die Literatur (Geschichte) des Gebietes oder über das Gebiet selbst (das Erste ist oft ein Mittel für das Zweite)] oder was sein soll (was man tun soll), wie man Zeit und Geld einteilen soll, wie man sich zu anderen Menschen verhalten soll, womit man sich zerstreuen und unterhalten soll, wie soll ich meinen Körper gesund erhalten, was soll ich auf irgendwelche Briefe antworten, wie soll ich meine Arbeiten und Vorlesungen schreiben, – bei den Feststellungen, was ist, ist mit der Feststellung (und eventuell *Katalogisierung*, Einprägung) alles getan. Bei den Feststellungen, was sein soll, handelt es sich nach der Feststellung noch um die Ausführung. 15 besteht fast ausschließlich aus Ausführung, 12 und 16 zum Teil. In jeder Rubrik, auch der ersten Kategorie, nimmt das »Was soll ich tun?« einen großen Spielraum ein. Es sind nämlich immer die 2 Fragen:
1.) Soll ich das und das feststellen oder nicht?
2.) Wenn ja, wie soll ich es feststellen?

[20]
Bemerkung: Inhalt (in jedem Arbeitsheft) ist eine ungeordnete Menge. Programm ist eine geordnete Menge oder sogar eine komplizierte *Struktur*.

Bemerkung: | Um über irgendetwas ins Klare zu kommen, ist es fruchtbar, eine einzelne konkrete Frage zu stellen und die Aufmerksamkeit auf diese (unter Absehen von allem anderen) zu konzentrieren, wenn auch dadurch scheinbar irgendetwas und sehr viel weggelassen wird (bei mathematischen Worten tritt das auf, mit den Worten »jedenfalls ist ...«, obwohl das noch nicht das zu Beweisende liefert). Das ist überhaupt der Sinn des begrifflichen Denkens, der Einteilungen, der Formulierung von Fragen (*Thomas* 1, 2, ..) [Wörtliche Formulierung ist fruchtbar, auch bei Entschlüssen.]

---

1 **Bemerkung:** Diese Bemerkung zeigt in besonderer Weise, wie umfassend Gödel das Thema der Lebensführung angeht. Für ihn gehört die geistige, soziale, körperliche und berufliche Vervollkommnung bzw. Ordnung des Lebens dazu.

25: | Es ist fruchtbar, konkrete Fragestellung (wenn rasch zu

Maxime: Man soll an alles mit konkreten Fragen herantreten (die Fragen mit den richtigen Worten und in richtiger *Synthese* kurz und *prägnant formulieren*).

Problem: Die Hast liegt wie ein Schleier über allem, was ich tue. Was ist der Grund? Wie ist sie zu bekämpfen?

Bemerkung: Ein Gutteil der Fragen, welche in den Arbeitsheften unter »Was soll ich tun?« und insbesondere »Wie soll ich es tun?« behandelt wird, wird am besten entschieden nicht durch direktes Nachdenken darüber, sondern anlässlich der Ausführung einer anderen Tätigkeit; teils wesentlich und *systematisch*, indem eben diese andere Tätigkeit übergeordnet ist (vorausgesetzt wird), zum Beispiel Kenntnis der Grundtatsachen der Bibliographie | für Auffindung eines guten Lehrbuches der Geschichte der Mathematik (des Erziehungswesens), teils zufällig.*

* [21] Daher in jedes Heft eine Rubrik: Bemerkungen zu anderen Tätigkeiten, teils über das *Programm*, teils sachlich, teils *bibliographisch*.

Problem: Das Verhältnis der verschiedenen Tätigkeiten in Bezug auf die Über- und Unterordnung. (Welche sind nützlich für andere?)

[21]
Allgemeines | Prinzip: Man erreicht sehr oft etwas dadurch, dass man auf etwas anderes unmittelbar losgeht, zum Beispiel Geldverdienen, indem man sich für eine Wissenschaft interessiert, Entdeckung der unentscheidbaren Sätze auf Grund Nachdenkens über Widerspruchsfreiheitsbeweis.

14: | für Feststellung
23: | Programm

26 **Nachdenkens über Widerspruchsfreiheitsbeweis:** Das Nachdenken darüber mündete in Gödels Unvollständigkeitssätze von 1931.

	Oberste Einteilung der Tätigkeiten	
1. Feststellen, was ist:	A. intersubjektiv (Wissenschaft) B. für meine Person oder bestimmte andere (nicht geschichtlich bedeutsame) Personen	Feststellung = Erkenntnis feststellen = ausfindig machen, herausfinden
2. Feststellen, was sein soll:	A. intersubjektiv (Ethik) B. für mich selbst oder mir nahestehende Personen	
3. Ausführen |, wovon festgestellt, dass es sein soll.	(in die Tat umsetzen)	Tat (äußere)

Der Zweck jeder Feststellung ist entweder eine 1. andere Feststellung (ich stelle fest, welche Bücher über Geschichte der Mathematik es gibt, damit ich feststellen kann, wie die negativen Zahlen eingeführt wurden); oder 2. eine andere der Ermöglichung, Feststellung über das Sollen (ich stelle fest, wie die Vorbildung der Studenten ist, damit ich weiß, wie schwierig ich meine Vorlesung machen | soll); 3. oder sie ist Selbstzweck | der Ermöglichung |. Der Zweck einer Sollensfeststellung ist:

1. Eine andere Sollens-Feststellung (Feststellung einer allgemeinen *Maxime*, damit ich mich in einem speziellen Fall entschließen kann). [22] [Bei Kant auch umgekehrt: Er stellt fest, was er tun soll, um festzustellen, ob es einen Gott gibt.]
2. Oder der Zweck einer Sollens-Feststellung ist {die Ermöglichung} einer Tat (damit ich sie dann ausführen kann).

Das sind die untersten Feststellungen (*speziellsten* Sollens-Feststellungen).

---

9 intersubjektiv (Ethik): Hier wird Ethik nicht als Individualethik, sondern als Morallehre bzw. Sozialethik verstanden.
17 **Der Zweck jeder Feststellung ist:** Vgl. die analoge Bemerkung zum Begriff der Tat auf der folgenden Manuskriptseite.
28 **Er stellt fest, was er tun soll, um festzustellen, ob es einen Gott gibt:** Anspielung auf Kants sogenanntes Gottespostulat, wonach der Mensch aus moralischen Gründen davon ausgehen muss, dass es einen Gott gibt.

1: | Mit jeder Tätigkeit
12: ›von dem‹ von der Editorin gelöscht
12: | was
20: ›2. oder‹ von der Editorin verbessert in ›oder 2.‹
23: | kann
23 **Selbstzweck:** Andere Lesart: selbst Zweck
23: | oder es
23: | wird etwas über das Sollen festgestellt, damit etwas anderes über das Sollen festgestellt werden kann
28 **einen Gott:** Andere Lesart: ein Gut
30: ›es‹ von der Editorin verbessert in ›sie‹

Der Zweck einer Tat ist:
1. eine Feststellung (ich leihe das Buch über die Geschichte der Mathematik aus, um festzustellen *etc.*),
2. eine Feststellung über das Sollen,
| 4. Selbstzweck, |,
5. Ermöglichung einer anderen Tat.
Also: $A \to A \to B \to B \to C \to C \to A$

Es kann sowohl eine Tätigkeit als auch das Resultat einer Tätigkeit Selbstzweck sein; das Erste, bei einem, der Vorlesungen gern hält, das Zweite bei jemand, der einen Mensch aus Hass tötet.

Die Erkenntnisse zerfallen in allgemeine und spezielle. Die allgemeinen sind die »großen«, welche eine große Menge von Erkenntnissen in sich enthalten. Ihnen entsprechen die »folgenschweren« Taten.

* Innere Tätigkeit, deren Zweck nicht eine Feststellung ist, {das ist eine ++ Produktion von Vorstellungen ohne Interesse dafür, was wahr oder schön ist} ist das Tagträumen. Der Dichter macht auch Feststellungen, wie es schöner ist, wie es besser wirken wird; außer, wenn etwas durch reine *Inspiration* geschaffen ist. In diesem Fall keine Tätigkeit, *Conception*.

[23]
Sociale (und eigene) Stellung|, *Theologie*, Beziehungen zwischen Menschen, *Hygiene*, *Budget*, (Universitäts-Betrieb) (im Allgemeinen und im Speziellen).

Frage: Soll man mit speziellen oder mit sehr allgemeinen Begriffen operieren? – Mit allgemeinen, aber nur, wenn man sie sehr gut versteht (auf spezielle anwenden kann). Eine Frage betreffend all-

---

5: | 3.
5: | weil sie angeregt ist (Resultat der Tat ist zum Beispiel 1. still ++)
10: ›der‹ von der Editorin verbessert in ›das‹
20: ›,‹ von der Editorin verbessert in ›;‹
25: ›)‹ von der Editorin gelöscht

1 **Der Zweck einer Tat ist:** Vgl. die analoge Bemerkung zum Begriff der Feststellung auf der vorhergehenden Manuskriptseite.
26 **Hygiene:** Vgl. für die expliziten Nennungen des Begriffs der Hygiene in ›Zeiteinteilung (Max) I und II‹ die ausführliche Erläuterung zur Liste auf der Umschlaginnenseite von ›Zeiteinteilung (Max) I‹.
26 **Sociale (und eigene) Stellung), Theologie, Beziehungen zwischen Menschen, Hygiene:** Vgl. für die expliziten Nennungen des Begriffs der Hygiene in ›Zeiteinteilung (Max) I und II‹ die ausführliche Erläuterungzur Liste auf der Umschlaginnenseite von ›Zeiteinteilung (Max) I‹.
27 **Budget, (Universitäts-Betrieb) (im Allgemeinen und im Speziellen):** Vgl. diese Aufzählung mit der auf der Innenseite des Umschlages des Heftes.

gemeine Begriffe kann man nur entscheiden, indem man sie auf spezielle anwendet (*spezialisiert*). Dann entweder eine | Widerlegung oder einen Beweis für einen speziellen Fall, an dem man dann ersehen kann, was notwendig ist (welche Züge des speziellen Falls den Beweis ermöglichen), heranziehen. So kann man *successive* verallgemeinern.

? *Maximen*: 1. Du sollst lieber später als früher lesen | (ungefähr dasselbe wie mehr Zeit auf die Überlegung über die Sache verwenden, um dann Zeit bei der Sache zu ersparen).
2. Du sollst deine Weiterbildung in der Richtung wählen, welche dich am meisten interessiert und zu welcher du am meisten begabt bist. Dann, um Erfolg zu haben, kommt es nicht darauf an, welches Fach (Spezialfach) du hast (man kann in jedem Fach Erfolg oder Misserfolg haben), sondern dass du in deinem Fach besser bist als die Anderen. Dazu gehört Interesse und Begabung und Fleiß für dein Fach.

Bemerkung: Kombinatorisch scheine ich weder begabt noch interessiert zu sein (Karten- und Schachspiel, und schlechtes Gedächtnis). Begrifflich scheine ich begabt und interessiert zu sein. Es interessiert mich bei allem nur, wie es [24] | geht (nicht die tatsächliche Ausführung). Also soll ich mich den Grundlagen der Wissenschaften (und der Philosophie) widmen. Das bedeutet: Nicht nur Grundlagen der Physik, {Biologie} und Mathematik, sondern auch der Soziologie, *Psychologie*, Geschichte (| Welt, Erde, Menschheitsgeschichte). Das heißt Überblick über sämtliche Wissenschaften und dann Grundlagen (das ist auch, worauf ich mich eigentlich interessiere).
Was mich ursprünglich interessiert hat, ist die Erklärung der Erscheinungen des Alltagslebens aus höheren Begriffen und allgemeinen Gesetzmäßigkeiten, daher Physik.

---

19 **Kombinatorisch scheine ich weder begabt noch interessiert zu sein (Karten- und Schachspiel, und schlechtes Gedächtnis)**: So ähnlich auch im Protokollheft (Behältnis 6c, Reihe III, Mappe 81, ursprüngliche Dokumentennummer 030114) auf Manuskriptseite 7.
32 **Physik**: Gödel hat ab Herbst 1924 in Wien Physik studiert, erst 1926 wechselte er zur Mathematik.

2: | Widerleg
8: | weil
22: ›es‹ von der Editorin gelöscht
26: | Erde

Bemerkung: Es besteht auch die Möglichkeit, eine Stunde | (oder mehrere Stunden) einzuschalten, in denen über »*Diverses*« nachgedacht wird, das heißt über das, wozu ich gerade am meisten Lust habe und was mir gerade einfällt. Da die obigen Rubriken vollständig sind, fällt das notwendig immer unter eine Rubrik, und wenn wichtig, wird es jeweils dort eingetragen. Wobei eventuell die Rubriken immer wechseln.

Bemerkung: Wie würde ich meine Zeit einteilen, wenn ich plötzlich 1 *Million* | *Schilling* gewinnen würde? Die wesentlichen Unterschiede wären:
1. Ich würde alles mehr mit Muße tun (mir Zeit lassen).
2. Die Unterhaltung (Sommerfrische) und die Kunst, Musik (Schallplatten, Musiktheorie), Dichterkunst (Theater, Lesen, Lyrik und Romane). Vielleicht Frauen? Würden einen größeren Raum einnehmen.
3. Eigene Arbeiten und öfter Vorlesungsvorbereitungen würden wegfallen, Logik und Grundlagen würden einen sehr kleinen Raum einnehmen.
4. Ich würde zu Vorlesungen gehen, teils in Wien (*Furtwängler*, *Bühler*, *Kottler*, ...), teils würde ich in andere Städte fahren.
5. Ich würde mir eine Bibliothek anlegen. [25]

Alle diese 5 Punkte würden merkwürdiger Weise dazu beitragen, mich geeignet zu machen, Geld zu verdienen. So dass also, wenn ich in dieser Lage wäre, dann eher in der Lage wäre, Geld zu verdienen, als so, wo ich es nötig habe.

1: | einzu
5 **fällt das notwendig immer unter eine Rubrik**: Andere Lesart: [...] fällt das Notwendige immer unter eine Rubrik
9 **Bemerkung**: Im Manuskript viermal unterstrichen
10: | Schill
21 **würde**: Andere Lesart: dafür

4 **Lust**: Vgl. zu Lust und Unlust: ›Zeiteinteilung (Max) I und II‹, Manuskriptseiten 24, Bemerkung 1; 25, Bemerkung 2; 47, Maxime 2; 50, Pkt. 4; 57, Pkt. 2; 68, Frage; 74, Bemerkung 2; 84, Bemerkung 2; 91, Maxime 3; 94, Maxime 2; 99, Pkt. 1; 106, Maxime 2; 107, Bemerkung 6; 108, Maxime 2; 114, Bemerkung 5; 118, Bemerkung 1 und Maxime 2; 135, Bemerkung 2; 144, Maxime 3 und Bemerkung 1; 145, Bemerkung 1; 146, Pkt. 2; 154, Bemerkung 2; Addenda I, 1, I u. II; II, 7, Pkt. 25; II, 8, Pkt. 26; II, 12, Pkt. 33; IIIa, 1, Pkt. 11; IIIa, 2, Pkt. 32; IIIb, 1v, Pkt. 12; IIIa, 3, Pkt. 38; IV, 1, IV; VI, 1v, Pkt. 2; XIII, 1, Pkt. 2a.
12 **alles mehr mit Muße tun**: Vgl. ›Zeiteinteilung (Max) I und II‹, Manuskriptseiten 11, Maxime 1; 25, Maxime 2; 153, Bemerkung 1; Addenda IIIa, 2, Pkt. 30; IIIb, 2v, B16; IV, 1, V.
20 **Furtwängler**: Den Mathematiker Philipp Furtwängler führt Gödel im Grandjean-Fragebogen neben Heinrich Gomperz als einen der beiden Lehrer an, die ihn in seinem Denken beeinflusst haben. Vgl. Fragebogen von Burke D. Grandjean, 1975 von Gödel ausgefüllt, abgedruckt in: Kurt Gödel, ›Collected Works‹, Bd. IV, S. 447f.

Maxime: Bei den Fragen (im Generalregister) sollte ein Zeichen notiert werden: *x*.

1.) Ist die Antwort nützlich, notwendig, | drängend (nach Graden), interessant?
2.) Wie ist das Finden einer Antwort zu erwarten (fragen, Bücher lesen,* nachdenken?   * Welche?
3.) Ist zu erwarten, dass die Antwort ohnehin nicht oder schwierig zu finden ist?
4.) Wie lang soll die Antwort sein? (Ein Satz, mehrere Sätze, eine Seite, eine Abhandlung?)

⊢ *Maxime*: <u>Wenn man wenig Zeit hat, soll man nicht viel mit Hast, sondern wenig mit Muße tun</u>, sonst ist der Erfolg der gegenteilige (man macht gar nichts).

Bemerkung: Eine rationale Zeiteinteilung ist wichtiger, wenn man arm ist, als wenn man reich ist: 1.) weil wenig Zeit zur Verfügung ist, 2.) weil Folge der unrational vielen *Katastrophen*. Trotzdem besteht bei mir die Neigung: | erster Fall: Es zu tun; im zweiten Fall, es nicht zu tun.

Bemerkung: Die Tätigkeit, auf welche du Lust hast (dich freut), und die Art, auf welche sie auszuführen du Lust hast, scheint zugleich die nützliche zu sein (was man gerne tut, ist Kriterium für das Nützliche, ähnlich bei Krankheiten).

Bemerkung: Heilmittel gegen Hast und Flüchtigkeit: 1.** Wirkung der Überzeugung, dass <u>materielle *Existenz* gesichert</u> ist, vorausgesetzt, dass du nur einen kleinen Bruchteil der Zeit darauf verwendest und dann <u>auch tatsächlich diesen</u> [26] <u>Bruchteil darauf verwendest</u> (in richtiger Weise). Hast wird auch dann verschwinden, wenn

** 1a. Wirkung der Überzeugung, dass es richtig ist, die betreffende Tätigkeit auszuführen (d. h. gutes Gewissen).

---

1 **Generalregister**: Vgl. Erläuterung in ›Zeiteinteilung (Max) I‹, Manuskriptseite 2, Pkt. 16; sowie Erwähnung von Registern auf Manuskriptseite 32, Pkt. II und III und o a, e und f; ›Zeiteinteilung (Max) II‹, Manuskriptseite 140, Maxime 1; Manuskriptseite 142, Pkt. 21; Manuskriptseite 152, Bemerkung 1; Addendum II, 6, Pkt. 15.
13 **wenig mit Muße tun**: Vgl. ›Zeiteinteilung (Max) I und II‹, Manuskriptseiten 11, Maxime 1; 24, Bemerkung 2, Pkt 1; 153, Bemerkung 1; Addenda IIIa, 2, Pkt. 30; IIIb, 2v, B16; IV, 1, V.
22 **Lust**: Vgl. für die zahlreichen Textstellen zu Lust und Unlust in ›Zeiteinteilung (Max) I und II‹ sowie in den dazugehörenden Addenda die Anmerkung zu Manuskriptseite 24, Bemerkung 1.

3: ›In die‹ von der Editorin verbessert in ›Ist die‹
3: | (nach Grad,
18: ›k‹ von der Editorin verbessert in ›K‹
19: | erst
29 **darauf**: ›Darauf‹ bezieht sich auf die Sicherung der Existenz

man zur Überzeugung kommt, dass ein großer Teil der Zeit darauf verwendet werden soll, vorausgesetzt, dass man sie wirklich darauf verwendet. Grund der Flüchtigkeit ist der Glaube, dass man nicht genug Zeit darauf verwendet hat, aber verwenden sollte, sodass, wenn man so weiter tut, ein Unglück kommen wird. Ein schlechtes Gedächtnis ist ganz besonders eine Folge der Flüchtigkeit.

2. 2tes Heilmittel ist genügend Schlaf, Ruhe und Erholung.* Diese gönne ich mir ebenfalls nicht, weil materielle Existenz nicht gesichert ist und ich ein schlechtes Gewissen darüber habe.

> * Und nicht zu viel essen.

Frage: Was heißt Sicherheit der Existenz? Nötiges Geld 350–400 *Schilling pro Monat*: Wohnung 70, Essen 150, Extraausgaben (nötige) 30, Vergnügen 30, 30 Kleiderwäsche, Sommeraufenthalt 30, Adele 30, 10% Sicherheit 30.

Bemerkung: Das heißt zur gesicherten Existenz brauche ich *ca.* 4500 *Schilling* im Jahr.

Bemerkung: Man kann nur vorauskalkulieren ohne Rücksicht auf unvorhergesehene Ereignisse. Diese sind:
1. Krankheit (Unfall).
2. Finanzkrach (Teuerung, *Inflation*, Entwertung von Papieren, Häusern *etc.*).
3. Revolution und Krieg (weil oft verbunden mit 1. und 2.).

Bemerkung: Verschiedene Arten der Existenzsicherung (des Geldverdienens). |

Frage: Bei welcher ist die geringste Anzahl von Stunden nötig? Es kommen in Betracht:
Geldverdienen
1. mittels des gesprochenen Wortes: Privatstunde, *populäre* Vorträge, Vorträge an Hochschulen [27] (Einteilung in private . öffentliche; höhere . niedere),
2. mittels des geschriebenen Wortes: Abhandlungen (d. h. *Stipendien*), Bücher (d. h. Verleger),
3. andere Arbeitsleistung als das Lehren (Versicherungsmathematik).

> 27: | Frage
> 33 .: Logisches Symbol für die Konjunktion; hier als ›und‹ zu lesen
> 34 .: Logisches Symbol für die Konjunktion; hier als ›und‹ zu lesen

26 **Arten der Existenzsicherung:** Vgl. ›Zeiteinteilung (Max) I‹, Manuskriptseite 27, Bemerkung 1, sowie Manuskriptseite 59, Bemerkung 1.

x *Programm*: Welche Arten von Tätigkeiten werden *pro* Stunde am besten bezahlt?

Maxime: Bei Zeiteinteilung für nächsten Tag* oder nächste Woche soll man verwenden (vor sich haben):

* Möglichst *detailliert* (enge Gegenstände).

1. Tabelle der möglichen Zeitverwendungen,
2. Verzeichnis der Besorgungen,
3. vorläufige Einteilung (Kalender),
4. übergeordnete Einteilung (für nächste Woche oder Monat),
5. einzelne Hefte, um konkret zu sein.

Frage: | Allgemeine Frage der Einteilung des Lebens:
1. Wo soll ich leben (in welchem Land, welcher Stadt)?
2. Will ich alleine leben oder zu 2^{en} (verheiratet oder <u>unverheiratet</u>, mit wem <u>verheiratet</u>)?
3. Womit soll ich meinen Lebensunterhalt verdienen (Beruf)?

Frage: Soll ich das <u>Heimatrecht</u> in Wien erwerben und soll ich das <u>Glaubensbekenntnis</u> ändern?

Bemerkung: Ich will mit einer Wissenschaft** meinen Lebensunterhalt verdienen. Das kann auf 3 Weisen geschehen:

** (System von wahren Sätzen).

1. indem man sie erforscht,
2. indem man sie lehrt (elementar und höher),
3. indem man sie anwendet.

[28]

⎡ *Einschub*: In der Geschäftswelt gilt: Die erste *Million* ist schwer, | die 2te bedeutend leichter. Ebenso überhaupt: Es ist leichter für jemand, der einen gesicherten Lebensunterhalt hat, eine höhere Stufe zu erklimmen, als für jemanden, der keinen gesicherten Unterhalt hat, sich einen solchen zu erschaffen, denn dieser muss entweder
1. einen großen Teil der Zeit auf Sicherung der *Existenz* verwenden oder
2. er ist durch seine Nervosität, Hast *etc.* daran gehindert, einen vernünftigen Plan aufzustellen. ⎦

18 **Heimatrecht**: Das Heimatrecht wurde in Österreich 1849 eingeführt. Aus ihm ergab sich die Aufenthaltserlaubnis und das Recht auf Armenpflege in Notfällen. Es wurde 1939 aufgehoben.
21 **Lebensunterhalt verdienen**: Vgl. oben zu Manuskriptseite 26f., Bemerkung 3, sowie Manuskriptseite 59, Bemerkung 1.

1 x: Im Manuskript mit rotem Buntstift geschrieben
12: | Einteilung
28: | das

Maxime: Auch bei der Zeiteinteilung ist das Einzelne das Fruchtbare, das heißt, sie muss ausgehen von konkreten Problemen. (Was soll ich auf diesen oder jenen Brief antworten?)

Bemerkung: Die einzelnen Rubriken (am Beginn) sind ähnlich wie ein Literaturverzeichnis (alle gleichmäßig, ohne Rücksicht auf Wichtigkeit). In Wirklichkeit sind | die verschiedenen von ganz verschieden großer Ordnung und innerhalb jeder Gruppe sind verschiedene Dinge von ganz verschieden großer Ordnung. Gegenwärtig zum Beispiel soll in der Gruppe Zeiteinteilung und *Post* Amerika (Notre *Dame*) einen ganz übergeordneten Rang einnehmen.

Programm: Durchschauen der bisherigen *Maximen*.

Frage: Welche Tätigkeit hat für sich einen Sinn und welche einen nur anlässlich einer anderen oder wird durch Zufälle gefunden|? Damit sie für sich einen Sinn hat:
1. Der Erfolg (die Richtung des Ziels der Tätigkeit) muss einen Sinn haben (von Vorteil, angenehm, Pflicht .. sein). [29]
2. Es muss möglich sein, die Tätigkeit zu fördern, entweder
a.) durch Nachdenken,
b.) durch Lesen von Büchern oder Zeitschriften oder Manuskripten,
c.) durch sonstige Handlungen.

Bemerkung: Es besteht die Tendenz, das Programm nicht genau einzuhalten oder nicht genau zu machen. Das führt wieder zu unbestimmtem Denken. Man soll in jedem Moment fragen »Was tue ich jetzt?«. Dazu ist die Gliederung der Tätigkeit (scharfe Gliederung) nützlich, aber zuerst ist dafür zu sorgen, dass keine Möglichkeit ausgelassen wird.

x *Programm*: Bisher die verschiedenen Tätigkeiten *induktiv* klassifiziert (aufgeschrieben, wenn irgendetwas aufgestoßen), später auch deduktiv. Dadurch wurde bewirkt,
1.) dass nichts übersehen wurde (Einteilung ist vollständig),
2.) Einteilung ist scharf und es gibt nicht zu zahlreiche Rubriken.

7: | nur einzelne
14 **Programm:** Im Manuskript mit rotem Buntstift geschrieben
17: ›wird‹ von der Editorin gelöscht
17: ›.‹ von der Editorin verbessert in ›?‹
17: | für sich hat einen Sinn
33 x **Programm:** Mit rotem Buntstift geschrieben

11 **Notre Dame:** Siehe hierzu die Korrespondenz mit Karl Menger, in: Kurt Gödel, ›Collected Works‹, Bd. V, S. 106–126.

Bemerkung: Ein Mittel, um zu einem Entschluss zu kommen, ist, sich genau die im Falle _A_ und _B_ zu erwartende _Situation_ vorstellen und die fernere Folgerung genau vorstellen.

Maxime: Wocheneinteilung ist das Wesentliche
Dabei ist zu berücksichtigen:
1.) Wie viele und wann _ca._ Besorgungen und Verabredungen?
2.) Eventuell ganz oder halbtags Ausflüge mit _Adele_.
3.) Unvorhergesehene Ereignisse (Einladungen, Vorladungen, dringende Besorgungen).
4.) _Approximative_ Aufteilung der Zeit auf einzelne Fächer und Programm für diese.
5.) Ganze Einteilung nach dem beschlossenen Eintrag in dem Kalender (vorläufiges Programm).

[30]

x _Programm_: Kuverts in der richtigen Größe anschaffen und eines für die | Bestellzettel (Anmerkungen aus den verschiedenen Gebieten, soweit sie voneinander trennbar sind).

Bemerkung: Anzeichen, dass ein Buch gut ist, besteht gerade darin, dass es in den Bibliotheken nicht vorhanden oder wenigstens nicht zu haben ist.

Bemerkung (pädagogisch): Es kommt vor, dass man vom Interesse und Verständnis für die Wahrheit der Sätze eines Gebietes (z. B. Metaphysik) abgeschnitten ist und sich nur dafür interessiert, was darüber gewisse Leute gesagt haben oder was für eine Prüfung nötig ist oder was in Büchern darüber steht. Das ist die Art der Behandlung der Gegenstände, wie sie in der Mittelschule anerzogen wird (z. B. in der Literatur nicht auf Schönheit, sondern höchstens Geschichte, Theorie der Literatur), dann wird das Wissen reines Buchwissen. Der Kontakt zwischen Wissen und Wirklichkeit geht verloren. Höchste Stufe davon: verständnisloses Auswendiglernen für Prüfungen. Die gegenteilige Einstellung wird erzielt, indem man den Erwerb der Erkenntnisse möglichst unmittelbar mit Erfahrungen | verknüpft (_Experimente_ in Physik, Chemie, Psychologie, tatsächliche Durchführung von Rechnungen, Anwendung auf Verhältnisse (ökonomische, politische, gesellschaftliche, Fami-

5 **Wocheneinteilung ist das Wesentliche:** Im Manuskript einmal mit rotem und einmal mit schwarzem Buntstift unterstrichen
11: ›a‹ von der Editorin verbessert in ›A‹
11 **der Zeit:** ›Der Zeit‹ ist im Manuskript durchgestrichen. Korrektur durch die Herausgeberin
13 **Ganze Einteilung nach dem beschlossenen Eintrag in dem Kalender (vorläufiges Programm):** Das heißt, die Einteilung soll sich nach dem als vorläufig verstandenen Programm im Kalender richten
17 **x:** Im Manuskript mit rotem Buntstift geschrieben
18: | Literatur
37: | verkn

lie, Recht) des täglichen Lebens, Schulwesen (= Verhältnisse an einer speziellen Universität). Allgemeines Prinzip:

{Maxime:}

{Prinzip:} Aufsteigen vom Speziellen zum Allgemeinen |. Das Spezielle daran als Material für die nächst höhere Stufe verwenden (z. B. die Wissenschaft und Erfahrungen des täglichen Lebens für die Philosophie, Weltanschauung). [31] Die nächsthöhere Stufe der Abstraktion soll erst in Angriff genommen werden, wenn die nächsttiefere vollkommen beherrscht wird.

> Ein Verlust der unmittelbaren Beziehung zur (Verständnis der, Interesse für) Wirklichkeit kann auch sein, dass sie zu peinlich ist.

Die Theorien sind an die Wirklichkeit angeknüpft durch: 1. das wissenschaftliche Experiment (Photographie), 2. die Erfahrungen des täglichen Lebens (und eventuell das Experiment im alltäglichen Leben).

x Programm: Zusammenstellung der wichtigsten Arten und Gelegenheiten, bei denen im Leben experimentiert wird.

Frage: Kann man aus diesem Grund sagen, dass Reisen den Horizont erweitert?

Maxime: Nachdenken (über das, was ist und was sein soll), Lesen, Hören und Zerstreuung sollen miteinander abwechseln (geistige Hygiene).

4: ›s‹ von der Editorin verbessert in ›S‹
4: ›a‹ von der Editorin verbessert in ›A‹
4: | die nächsten
4: ›s‹ von der Editorin verbessert in ›S‹
12 **peinlich:** Hier auch im Sinne von ›schmerzhaft‹ zu verstehen
18 **x:** Im Manuskript mit rotem Buntstift geschrieben

1 **Schulwesen (= Verhältnisse an einer speziellen Universität):** Heute spricht man von akademischer Schulenbildung oder neuerdings auch von akademischen Netzwerken. Vgl. Erläuterung auf Manuskriptseite 1, Pkt. A9.

25 **Zerstreuung:** Vgl. zu Zerstreuung als geistige Hygiene: ›Zeiteinteilung (Max) I‹, Manuskriptseite 32, II. 7. Vgl. für die expliziten Nennungen des Begriffs ›Zerstreuung‹ in ›Zeiteinteilung (Max) I und II‹ die ausführliche Erläuterung (inklusive Fußnote) zur Liste auf der Umschlaginnenseite von ›Zeiteinteilung (Max) I‹.

25 **geistige Hygiene:** ›Geistige Hygiene‹ wird von Gödel auch auf Manuskriptseite 32, II Pkt. 7 als Zerstreuung und Abwechslung der Tätigkeiten bestimmt. Im 19. Jahrhundert erschien im deutschsprachigen Raum eine umfangreiche Literatur zu geistiger Hygiene bzw. zur Diätetik der Seele. Vgl. Wolfgang Sünkel, »Diätetik«, in: ›Historisches Wörterbuch der Philosophie‹, Bd. 2, Sp. 231f. Vgl. für die expliziten Nennungen des Begriffs in ›Zeiteinteilung (Max) I und II‹ die ausführliche Erläuterung zur Liste auf der Umschlaginnenseite von ›Zeiteinteilung (Max) I‹.

Bemerkung: Einteilung der Tätigkeiten: zu einem Entschluss kommen, Entschluss ausführen, zu einer Kenntnis kommen, eine Kenntnis einprägen (lernen), Zerstreuung.

Zeiteinteilung für eine Woche
Dazu muss man beachten:
1. Was ist dringend?
a.) Zu einem Entschluss zu kommen,
b.) einen Entschluss durchzuführen (Besorgungen und praktische Angelegenheiten),
c.) zu arbeiten,
d.) zu lesen oder lernen.

An der Hand von:
  1.) Gegenstandstabellen (eventuell Hefte)
  2.) Besorgungen (wenn möglich, nachmittags)
  3.) Vorläufige (übergeordnete) Einteilung |

Maxime: Bezeichnung der Tätigkeiten der einzelnen Stunden jedenfalls möglichst *détailliert* | ; telefonische Abmachungen unmittelbar vor dem Wochenplan treffen, vor jeder Besorgung {auch vor jeder Verabredung} Zeit zum Nachdenken über Ausführung nehmen.

[32]
Dringend ist momentan:
I.
· 1. Eigene Arbeit zu schreiben beziehungsweise etwas darüber zu beschließen, wie zu schreiben.
· 2. *Budget* (*a*. Rechnung, [*b*. Geld besorgen |]).
  3. *Wohnung* (allein oder mit ihr).
· 4. zu einem Entschluss kommen | bezüglich Vorlesungen [Zeiteinteilung des nächsten Jahres].
w 5. Zu einem Entschluss kommen bezüglich der übrigen zu beantwortenden Briefe und vaterländischer Front

34 **vaterländischer Front**: Die Vaterländische Front wurde am 20. Mai 1933 als antidemokratische Einheitspartei von der österreichischen Bundesregierung unter Engelbert Dollfuß gegründet. Ab Mai 1936 waren alle öffentlich Bediensteten per Gesetz zur Mitgliedschaft verpflichtet. Gödel ist am 19. September 1935 beigetreten. Vgl. Sigmund, Dawson, Mühlberger, ›Kurt Gödel. Das Album/The Album‹, S. 48. Vgl. auch Addendum XIII 1, Pkt. 3.

5 **Zeiteinteilung für eine Woche**: Mit rotem Buntstift unterstrichen
14 **An der Hand von**: Von ›an der Hand von‹ bis einschließlich ›Einteilung‹ Umrandung der drei Punkte mit rotem Buntstift
17: ›)‹ von der Editorin gelöscht
20: ›jedenfalls‹ von der Editorin gelöscht
29: | *c*. Währung tauschen
31: | bezüglich Amerika
31: ›und‹ von der Editorin verbessert in › bezüglich‹
31 **[Zeiteinteilung des nächsten Jahres]**: ›Zeiteinteilung des nächsten Jahres‹ steht hinter einer Akkolade rechts von Punkt 3 und 4
33 **w**: ›w‹ steht für wichtig

6. Besorgungen (Bücher zurückgeben), wenn möglich nachmittags wegen müde werden.

[6.' Stundenplan für jeden Tag].

II.

7. *Hygiene* (Essen und Bewegung)

> Brille, geistige Hygiene (Zerstreuung und Abwechslung der Tätigkeiten)

8. Kleidung (beziehungsweise schicker Anzug).
9.1 Programm für einzelne Fächer: | 1. <u>Was gibt es?</u>, 2. <u>Was kommt in Betracht?</u>, 3. <u>Genauer Plan</u> (für manche eventuell auch überhaupt zurückstellen).
9.2 Zeitaufteilung zwischen den einzelnen Fächern (Entscheidung der Wichtigkeit) der Gruppe I und II.

Registratur einrichten und beginnen:

Résumé 10. Wie sind die <u>Bücher über Zeiteinteilung und Besorgungen</u> zu führen und zu verwenden? (Vorläufige Zeiteinteilung und Stundenplan.) Endgültige Zeiteinteilung – immer bei mir tragen.

III.

Résumé: | Alte Zettel aufarbeiten und überlegen, wie zu führen ist: *Register* und *Einordnung*, Organisation der Tätigkeiten.

0. Arbeitsheft, *a.*) Generalregister, *b.*) Post, *c.*) Ordnung der alten Zettel, *d.*) Ausgabenbuch, *e.*) Personenregister, *f.*) Register über ausgeborgte Bücher.

11: | 1

16 **Registratur einrichten und beginnen:** Bei ›Résumé 10.‹ beginnt am linken Manuskriptrand eine geschweifte Klammer, die bis 11.2 reicht. Dahinter steht der Satz »Registratur einrichten und beginnen«

22: ›(‹ von der Editorin gelöscht

23 **Organisation der Tätigkeiten:** Der Satz steht hinter einer geschweiften Klammer am rechten Manuskriptrand. Die Klammer reicht von ›III. Résumé‹ bis ›c.) Ordnung der alten Zettel‹

5 **Hygiene:** Vgl. für die expliziten Nennungen des Begriffs ›Hygiene‹ in ›Zeiteinteilung (Max) I und II‹ die ausführliche Erläuterung zur Liste auf der Umschlaginnenseite von ›Zeiteinteilung (Max) I‹.

7 **Brille:** Gehört zur körperlichen Gesundheit, wird daher unter ›Hygiene‹ aufgeführt.

7 **geistige Hygiene (Zerstreuung und Abwechslung der Tätigkeiten):** Siehe auch die ausführliche Erläuterung (inklusive Fußnote) zur Liste auf der Umschlaginnenseite von ›Zeiteinteilung (Max) I‹.

23 **Register:** Vgl. Erläuterung in ›Zeiteinteilung (Max) I‹, Manuskriptseite 2, Pkt. 16; sowie Erwähnung von Registern im Folgenden sowie auf Manuskriptseite 25, Maxime 1; ›Zeiteinteilung (Max) II‹, Manuskriptseite 140, Maxime 1; Manuskriptseite 142, Pkt. 21; Manuskriptseite 152, Bemerkung 1; Addendum II, 6, Pkt. 15.

24 **Generalregister:** Ein solches Register ist in Gödels Nachlass gemäß dem Findbuch von John W. Dawson Jr. nicht nachweisbar.

25 **Personenregister, f.) Register über ausgeborgte Bücher:** Diese Register sind laut Findbuch von John W. Dawson Jr. gleichfalls nicht nachweisbar.

11.1 Wie hat sie zu erfolgen?
11.2 Die alten Zettel tatsächlich einordnen.

[33]
Bis Mittwoch 8./IX 1937 *incl.*
0. Für 14 Tage auf Sommerfrische fahren.
1. Soll ich die ganze Woche in Wien bleiben oder einen Tag einen Ausflug machen, 1 Nachmittag? 1 Nachmittag
2. Wohnungen anschauen erst am Ende des Planungszeitraumes. Vorher überlegen (1. nachdenken, wie, 2. Adressen besorgen, 3. tatsächlich anschauen).
3. Besorgungen und Verabredungen (Bücher zurückgeben* (nicht vormittags); Rothberger mittags).
   1 Tag: *Waismann* 3 h, nachher überlegen 2 h, vorher 3 h überlegen.

* Auch Neider treffen und in die Stadt gehen.

Vorbereitung der Besorgungen:
Vorher zu lesen:
1. Einiges aus *Waismanns Manuskript* | lesen.
2. vorbereiten, worüber zu diskutieren ist.
3. Hahn-Vortrag *excerpieren* und Rothberger überlegen.

---

5 **Mittwoch 8./IX 1937 incl.:** Vgl. Wochenplanung 2./IX – 8./IX 1937 auf Manuskriptseite 35 dieses Notizbuches.
13 **Rothberger:** In der Literatur wird angenommen, dass Fritz Rothberger 1937 in Polen gewesen sei und nicht mehr nach Wien zurückgekommen ist. Wenn das zuträfe, könnte hier nicht gemeint sein, dass Gödel Rothberger getroffen hat. Die Quellenlage scheint aber unsicher zu sein, weil sie sich auf Rothbergers Curriculum Vitae beruft, in das er in erster Linie seine beruflich bedingten Aufenthalte eingetragen hat. Rothberger hat 1938 einen Aufsatz veröffentlicht, der für Gödel von Interesse war: »Eine Äquivalenz zwischen Kontinuumshypothese und der Existenz der Lusinschen und Sierpinskischen Mengen«. Vgl. auch Eintrag auf Manuskriptseite 35 zu Rothberger.
14 **3 h:** Entweder Gödel wollte Waismann für drei Stunden bzw. um 15.00 Uhr treffen oder er wollte sich drei Stunden lang mit Schriften von Waismann befassen. Waismann hat im Wintersemester 1937/38 in Cambridge gelehrt. Dort beginnt der Michaelmas Term allerdings erst Anfang Oktober. Gödel könnte Waismann daher Anfang September in Wien getroffen haben. Aus Rudolf Carnaps Tagebucheintragungen geht hervor, dass er Waismann noch am 27. August 1937 von 16.30 Uhr bis 19.30 Uhr im Café Arkaden getroffen hat. Diesen Hinweis verdanke ich Brigitte Parakenings. Vgl. auch den Eintrag »1. Waismann: morgen« auf dieser Manuskriptseite unten.

1 **sie:** Id est die Aufarbeitung
4 **[33]:** Ab Manuskriptseite 33 sind die ungeraden Seiten nicht mehr durchgehend von Gödel paginiert
5 **Bis:** Andere Lesart: Biographisches
19 **1.:** Geschweifte Klammer rechts im Manuskript von 1. bis 2., hinter der aber nichts steht. Die Akkolade zeigt also nur an, dass die beiden Punkte zusammengehören
19 **Einiges:** Andere Lesart: Das Nötige
19: | }

Bei Adele: Über Wohnung nachdenken, über Ausflug nachdenken, über Essen und Bewegung nachdenken, Kleidung, über Unterhaltung und Zerstreuung nachdenken (nach 6 h), eventuell auch Tagesereignisse (Zeitung), außerdem Wohnung suchen, Ausflug machen, etwas spielen (Theater- und Kinoprogramm).

1. Waismann: morgen $+\!\!+$ oder übermorgen 4 h, Schlick-Vorlesung.

{Post:}
2. Rothberger:
Sehr geehrter Herr *Tarski*, der Überbringer dieses Briefes *Dr.* Rothberger ist ein Schüler von Wirtinger, der sich bisher hauptsächlich mit kombinatorischer Topologie beschäftigt hat* und der (Zeitangabe) in Polen bleibt, um die mengentheoretische Topologie {näher} kennenzulernen. | Ich wäre Ihnen sehr dankbar, wenn Sie ihn bei den Herren, die auf diesem Gebiet arbeiten, einführen | würden.

* Und auf diesem Gebiet nötige, ausgezeichnete Arbeiten geschrieben hat.

Fragen, ob er schon früher weg war, und wo. Was sollte er in *Princeton* machen?

[34]
Frage: Besteht die Entschlussfähigkeit darin, dass man rasch zu einer Ansicht darüber kommt, was besser zu tun ist (zu einem Werturteil), oder darin, dass man, obwohl man zu einem Werturteil gekommen ist, sich vornimmt, etwas Bestimmtes zu tun (probieren)?

Bemerkung: Das erste ist wahr, daher hat Entschlussunfähigkeit 2 Gründe:
1. Menge der Prämissen (von geglaubtem Urteil und Werturteil),
2. kombinatorische Unfähigkeit, aus den Prämissen zu schließen.
<u>Spezielle Ursache</u>: <u>Jede Tat hat von | vornherein ein negatives Vorzeichen (Wert)</u> für mich, <u>insofern sie Tat ist</u>.

---

13 **Zeitangabe:** ›Zeitangabe‹ steht hier für ›von dann bis dann‹. Gödel wollte die Zeitangabe wohl nachträglich ergänzen
15: | (
16: | werden
30: | w

3 **Zerstreuung:** Zerstreuung ist geistige Hygiene. Vgl. Manuskriptseite 31, Maxime 1, sowie Manuskriptseite 32, Pkt. II. 7, in diesem Heft.
7 **übermorgen 4 h:** Auch hier kann zweierlei gemeint sein. (1) Gödel wollte sich für vier Stunden bzw. um 16.00 Uhr mit Schriften von Friedrich Waismann befassen. (2) Gödel wollte Waismann um 16 Uhr treffen. Vgl. Erläuterung auf dieser Manuskriptseite oben.
7 **Vorlesung:** Da Moritz Schlick bereits am 22. Juni 1936 ermordet worden ist, ist hier gemeint, dass Gödel sich mit Schlicks Vorlesung befassen will – wahrscheinlich mit derjenigen, die er mitgeschrieben hat. Vgl. Kurt Gödel, ›Philosophische Notizbücher, Band 1. Philosophie I Maxime 0‹, S. 46–60.

Bemerkung: Gegenteil der Entschlussunfähigkeit ist Tatkraft, das heißt, Kraft, sich zu entschließen und einen Entschluss auszuführen.

Bemerkung: Der richtige Zustand, um in | unwichtigen Dingen zu einem Entschluss zu kommen, ist die Eile, das Vergrößern der unwichtigen Dinge, und bezüglich des Geldes das »Es spielt keine Rolle«.

Bemerkung: Die in einer Wissenschaft tätigen Personen zerfallen in Studenten, Dissertanten, Arbeiter, *Professoren*. Die Einteilung bestimmt sich nach Alter und Vorbildung.

Maxime: Verabredungen ziemlich früh abmachen, eine nach der anderen (wenn vorläufige Antwort, so mit anderer warten).

Bemerkung: Auf die Psyche der Menschen kann man nur schließen aus 1. Aussagen, 2. Ausdrucksbewegungen, 3. was sie tun, 4. was sie sagen (schreiben). Wie viel genügt, um daraus zum Beispiel zu schließen, dass er von der *Existenz* des Übersinnlichen weiß oder von mir weiß?

[35]
Donnerstag 2./IX – Mittwoch 8./IX 1937   x *Wochenprogramm Beispiel*
1. Einen Nachmittag für Ausflüge freihalten
2. Einen Nachmittag für Wohnung suchen, *Dorotheum*
3. {*Samstag*} Einen Tag für: Rothberger Beziehung, *Waismann* Beziehung und Nachdenken über Beziehungen
4. {*Freitag*} Einen Vormittag für *Bibliothek*, Bücher zurückgeben und teils Besorgungen ausführen, Neider

} 3½ Tage

---

22 **Wochenprogramm Beispiel**: Vgl. die Wochenplanung bis zum 8./IX auf Manuskriptseite 33.
24 **Dorotheum**: Das Dorotheum ist ein 1707 in Wien gegründetes Auktionshaus mit Hauptsitz in der Dorotheergasse.

4: | bei
22 **x**: Mit rotem Buntstift geschrieben

Übrige Zeit: 2½ Tage = 20 + 18 h bei Adele (nach 6 h)

° 1. *Budget*	2+3	1. Wohnung, Kleidung, Essen, *Doroth*eum
2. *Post*		2. Unterhaltung und Zerstreuung
[3. *Amerika* (Zeiteinteilung für 1. Jahr) |]	1	3. Eventuell Tagesereignisse
° 4. *Eigene Arb*eit		
° 5. Für den Tag Stundenplan und Prinzipien desselben aufstellen (Abwechslung der verschiedenen Tätigkeiten)		
° 6. *Progr*amm der einzelnen Fächer und Zeitaufteilung zwischen denselben	|2	
° 7. *Registratur* (Prinzipien und Beginn) und Übersicht über das bisher Gearbeitete	1½	
[? 8. Freie *Assoc*iation]		
8. *Besorg*ungen	3½ + 1½	*Wais-* 8½ *m*ann

[36]
|
<u>Max*ime*</u>: <u>Bücher sind nur so aufzubewahren, dass sie rasch herausgenommen werden können (und wieder eingestellt)</u>, also nicht | aufeinanderliegend in Schubladen, nicht zu niedrig und nicht zu

---

11: ›1‹ von der Editorin gelöscht
19: ›[‹ von der Editorin gelöscht
32: | Bücher sind nur
34: | liegend in

8 **Zerstreuung**: Vgl. für die expliziten Nennungen des Begriffs in ›Zeiteinteilung (Max) I und II‹ die ausführliche Erläuterung (inklusive Fußnote) zur Liste auf der Umschlaginnenseite von ›Zeiteinteilung (Max) I‹.
11 **Amerika (Zeiteinteilung für 1. Jahr)**: Vgl. Programm für die Zeiteinteilung auf Manuskriptseite 14.

hoch, nicht mehrere Reihen hintereinander* (außer den erledigten). Die, mit denen im Augenblick gearbeitet wird, besonders leicht zugänglich stellen.

* Nicht zu dicht gestellt.

Bemerkung: Es handelt sich darum, eine Beschäftigung (Lehre [schriftlich oder mündlich], Anwendung der Wissenschaft) zu finden, welche 1. möglichst angenehm ist, 2. möglichst interessant ist, 3. möglichst wenig Zeit erfordert, 4. möglichst gut ist, 5. möglichst sicher bezahlt ist.

Bemerkung: Der wesentliche Vorteil, den Stundenplan am Tag vorher fertig zu erstellen, besteht darin, dass dann bei einer unangenehmen Arbeit am nächsten Tag das Zurückschrecken (der Kampf) erspart wird. Weil ein für allemal festgestellt ist, dass so und so viel Zeit dafür zu opfern vernünftig ist.

x Zeitliche Einteilung der nächsten Jahre: *Mathematik* lernen, *Philosophie* lernen, 3 *Pädagogik {und Bibliographie}* lernen, 4 Vorlesungen vorbereiten, 5 Vorlesungen halten, 1 *Arbeiten* schreiben, [Geld verdienen], 0 Zeiteinteilen lernen, Sprachenlernen.

Frage: Woher kommt es eigentlich, dass Tätigkeiten, welche | relativ wenig Zeit in Anspruch nehmen, störend auf andere Tätigkeiten wirken können (z. B. Vorlesungen halten)?

[37]
Bemerkung: Die Gegenstände zerfallen in folgende Typen:
1. Praktische Angelegenheiten (für alle Menschen im Wesentlichen gleich), hier nur das unbedingt Nötige aufnehmen..
2. Berufliche Angelegenheiten, hier nur das unbedingt Nötige aufnehmen.
3. Sonstige Angelegenheiten: Liebhabereien, Unterhaltung, Sport (Fortsetzung) ↓.

Bemerkung: Spazierengehen ist äußerst wichtig zur Sammlung. Nachher scheint alles einen Sinn zu haben.

17 **x**: Mit rotem Buntstift geschrieben
20: Ziffer 2 fehlt, die Ziffern 0, 1, 3, 4, 5 sind unter die Unterstreichungen geschrieben
22: | einen
27 **Die Gegenstände zerfallen in folgende Typen:** Von den drei Unterstreichungen sind zwei mit rotem Buntstift erfolgt
29 **hier nur das unbedingt Nötige aufnehmen**: Die Anweisung steht hinter einer Akkolade, die 1. und 2. umfasst, auf der rechten Seite
33 **Fortsetzung**: Von hier geht ein Pfeil auf ›Woche‹ in ›Zu 1‹

35 **Spazierengehen ist äußerst wichtig zur Sammlung. Nachher scheint alles einen Sinn zu haben**: So auch im Protokollheft(Behältnis 6c, Reihe III, Mappe 81, ursprüngliche Dokumentennummer 030114), S. 15: »Ein Spaziergang wirkt

Zu 1.) gehört:

a.) praktische Tätigkeiten: *Post*, *Budget*, *Stundenplan* (für Tag, Woche, Monat), *Zeiteinteilung* (für ein und mehrere Jahre), *Leben↓*, *Besorgungen* [*Einordnung*], *Praktisches* (Wohnung, Kleidung, Essen, Hygiene, Haushalt);

b.) praktisches Wissen: *Tageszeitungen*, *Sprachen* (praktisch), *Jura* und *Sociologie*, *Stenographie*, Bibliographien, ganzer Papierkram.

Zu 2.) gehört:

a.) berufliche Tätigkeiten: *Arbeiten* (Bücher) *schreiben*, Vorlesungs-Übersetzungen und *Dissertationsthemen* vorbereiten,

b.) allgemeines Wissen: Vorlesungen, Übungen abhalten und mit *Dissertanten* (*Schülern*) sprechen; *Bibliographie*,

c.) Spezielles Wissen: *Pädagogik* (Schulwesen, Wissenschaftsgeschichte und Betrieb); *Mathematik*, *Logik* und *Grundlagen*, *Philosophie* (*Theologie*, *Psychologie*), (in allen Fächern: auch Geschichte, Gegenwartsgeschichte, Literatur alte und laufende).

zu 3.) gehört: obige Wissenschaften, soweit mehr als nötig, *Allgemeine Bildung*, *Theoretische Physik* (*Astronomie*), *Unterhaltung* und *Zerstreuung* (Kunst, Literatur).

---

2 **Zu 1.) gehört**: Die horizontale Trennlinie vor »zu 1.)« und nach »zu 3.« ist jeweils mit rotem Buntstift erfolgt
4 **Leben**: Von ›Leben‹ geht ein Pfeil zu ›Sprachen‹
12 **allgemeines Wissen**: Andere Lesart: Allgemeinwissen
14 **Spezielles Wissen**: Andere Lesart: Spezialwissen

ähnlich, wie manchmal ein Besuch bei Adele. Es hat plötzlich alles einen vernünftigen Sinn und die Verworrenheit verschwindet.«

5 **Wohnung**: Der Zustand der Wohnung ist ein Aspekt der Hygiene, wie der Artikel »Gesundheitspflege (Hygiene)« in Bd. 7 von ›Meyers Konversations-Lexikon‹ (1895) auf Seite 485 zeigt.

6 **Hygiene**: Vgl. für die expliziten Nennungen des Begriffs in ›Zeiteinteilung (Max) I und II‹ die ausführliche Erläuterung zur Liste auf der Umschlaginnenseite von ›Zeiteinteilung (Max) I‹.

11 **Dissertationsthemen vorbereiten**: Vgl. die Liste ähnlicher Erwähnungen in der Erläuterung zu Manuskriptseite 1, Pkt. A2.

13 **Schülern**: Viel ist nicht über Schüler Gödels in Wien bekannt. Gödel wurde von fortgeschrittenen Studenten vereinzelt aufgesucht, wie das Beispiel von Andrzej Mostowski zeigt. So hält Gödel in seinem Protokollheft (Behältnis 6c, Reihe III, Mappe 81) auf Seite 74ff. den Inhalt eines Gesprächs mit Mostowski vom 18. Dezember 1937 fest. Mostowski hatte Gödel an diesem Tag in Gödels Wohnung besucht. Sie haben von 11.30 Uhr bis 13.00 Uhr u. a. über den Beweis des Auswahlaxioms durch Alfred Tarski diskutiert. Mostowski wurde 1939 promoviert, betreut wurde die Arbeit von Alfred Tarski. Vgl. zu Gödels Einfluss auf amerikanische Doktoranden und Postdoktoranden in den 1930er Jahren: Stephen C. Kleene, »Gödel's Impression on Students of Logic in the 1930s«.

14 **Schulwesen**: Vgl. Erläuterung auf Manukriptseite 1, Punkt A9.

20 **Zerstreuung**: Zerstreuung ist geistige Hygiene. Vgl. für die expliziten Nennungen des Begriffs ›Zerstreuung‹ in ›Zeiteinteilung (Max) I und II‹ die ausführliche Erläuterung (inklusive Fußnote) zur Liste auf der Umschlaginnenseite von ›Zeiteinteilung (Max) I‹.

[38]

Frage: Was kann man mit voreilig ausgeborgten Büchern machen? Oder solchen, die zufällig in deine Hand geraten?

1. Zurückgeben, ohne sie angesehen zu haben, und wieder ausleihen, wenn nötig.
2. Auf unbestimmte Zeit behalten, ohne sie angesehen zu haben, und warten, bis von selbst die Zeit kommt (auf Grund Zeiteinteilung), in welcher sie anzusehen sind.
3. Durchblättern (und ungefähr *excerpieren*, dann zurückgeben).
4. Genau lesen und dann zurückgeben.

x *Zeiteinteilung für die Woche*, im Allgemeinen nachdenken über Leben und Zeiteinteilung mehrerer Jahre

½10–½7 = 9 h–1 h spazieren und ½ h Mittagessen = 7½ h

7½ × 6 = 45 h | − 4 h Ausflug = 41 h in der Woche

|

I.

An 1½ Tagen *Post*, *Budget*	7½ h		
1 Tag Besorgungen	7½ h	eventuell 3½ h	
Registratur und Rückstände	6 h		alte Zettel aufarbeiten, Ordnung machen, über Art der Zeit-Rechnung nachdenken
Zeiteinteilung	3 h	eventuell 0	
Zeiteinteilung, überhaupt *Leben*	3 h (+ 6 h Spaziergang ⧺ und *Sonntag*)		

Sprachen, *Zeitungen*, *Sociologie*

12 **x**: Mit rotem Buntstift geschrieben

12 **Zeiteinteilung für die Woche, im Allgemeinen nachdenken über**: Andere Lesart: Zeiteinteilung für die Woche im Allgemeinen [und] nachdenken über [...]

14 **½10–½7 = 9 h–1 h spazieren und ½ h Mittagessen = 7½ h**: Von halb zehn Uhr am Vormittag bis halb sieben Uhr am Abend sind es neun Stunden; zieht man eine Stunde für Spazierengehen und eine halbe Stunde für Mittagessen ab, verbleiben siebeneinhalb Stunden Arbeitszeit. Minuszeichen und das Zeichen für ›bis‹ sehen in Gödels Handschrift gleich aus

15: | in der Woche

15 **7½ × 6 = 45 h in der Woche − 4 h Ausflug = 41 h in der Woche**: Siebeneinhalb Stunden Arbeitszeit am Tag mal sechs Arbeitstage, minus 4 Stunden für Ausflüge, ergibt eine Arbeitszeit von 41 Wochenstunden

16: | 1 *Nach* Ausflug 4 h

II.
Mathematik (Elementare   Klein, Prasad
und Höhere):
Logik und Semantik: Baer, Mahlo, v. Neumann, Carnap
Psychologie: Bühler
Philosophie: Gomperz und neuere Geschichte der
                          Philosophie
Theologie: Enchiridion [39]
Schulwesen: Minerva, Kürschner, Vorlesungs-Verzeich-
                          nisse, {Bulletins}, Universitätsgesetz
Bibliographieren :   Lehrbücher und Bibliographien der Biblio-
                          graphien
Eigene Arbeit :   Kontinuums-Hypothese
Vorlesungsvorbereitung : - - - eine Vorlesung entweder über Ana-
                          lysis oder über Logik und Grundlagen
Zufälliges: Bücher im mathematischen Seminar , ...

III.
Ausflüge   4 h & Spazierengehen
Literatur, Musik
Zerstreuung

9 **Enchiridion:** Gemeint ist wohl das ›Enchiridion symbolorum‹ von Heinrich Denzinger, eine handbuchartige Sammlung der aus römisch-katholischer Sicht wichtigsten Glaubensbekenntnisse und kirchlichen Lehrdokumente zu Fragen des Glaubens und der Sitten. Gödel erwähnt es in Addendum XIII, 1 und hat es am 15. Mai 1937 sowie am 26. Juli 1939 ausgeliehen. Das Handbuch ›Enchiridion ad Laurentium sive De fide, spe, et caritate liber unus‹ von Augustinus ist hingegen ein nach 420 geschriebenes Handbuch zur christlichen Frömmigkeit, das Gödel am 8. April 1937 ausgeliehen hat. Vgl. auch ›Zeiteinteilung (Max) II‹, Manuskriptseite 96, Maxime 3, sowie Addendum XIII, 1.
10 **Schulwesen:** Vgl. Erläuterung auf Manuskriptseite 1, Pkt. A9.
10 **Minerva:** Vgl. Erläuterung auf Manuskriptseite 6.
10 **Kürschner:** Vgl. Erläuterung auf Manuskriptseite 6.
14 **Kontinuums-Hypothese:** Die Kontinuumshypothese (CH) ist eine Vermutung, die Georg Cantor 1878 aufgestellt hat. Sie besagt, dass keine Menge eine Mächtigkeit zwischen der der natürlichen und der der reellen Zahlen haben kann. Gödel hat in mehreren Veröffentlichungen, erschienen zwischen 1938 und 1940, gezeigt, dass, wenn die Zermelo-Fraenkel-Mengenlehre (ZF) mit Auswahlaxiom (ZFC) widerspruchsfrei ist (was nach dem Gödelschen Unvollständigkeitssatz nicht in ZFC bewiesen werden kann, aber allgemein angenommen wird), auch ZFC + CH widerspruchsfrei ist. Vgl. die vier Aufsätze Gödels zur Kontinuumshypothese von 1938, 1939, 1939a und 1940 in: ›Collected Works‹, Bd. II, S. 26–101.

Bemerkung: Das Wesen des »Probierens« besteht darin, dass man sich bei Unkenntnis darüber, was zu tun das Richtige ist, willkürlich für etwas entschließt, und wenn sich dies nicht bewährt, den Entschluss (vorläufiger Entschluss) wieder umstößt und sich willkürlich zu etwas anderem entschließt, usw. (Hauptsache dabei, dass der Entschluss nicht zu rasch umgestoßen wird.)

Maxime: Keine Tätigkeit längere Zeit unterbrechen, sondern zu Ende führen, | sonst ist der Weg vergessen und man hat doppelte Arbeit.

|

Maxime: Ein Buch mit abreißbaren Blättern anlegen, in dem für jeden Tag ein Blatt angelegt und abgerissen wird (für Besorgungen jeden Tag).

Bemerkung: Es ist fruchtbar, bei jeder Tätigkeit, die man vorhat, sich zu fragen: Wann soll ich das tun? Gibt es gewisse ausgezeichnete Zeiten (Tageszeiten), die dafür besonders günstig sind? Ferner: In welche Teile zerfallen diese Tätigkeiten, die eventuell [40] zwischen verschiedenen Zeiten gemacht werden können (sollen)?

Zeitverwendung (*rückblickend*)

25./VIII.–21./IX. 1937	28 *Tage*
Wohnung	60½ Stunden
Budget	20½ Stunden
Gespräche	12½ + 12½ Stunden
Post	10 Stunden
Zeiteinteilung, *Leben*	17 Stunden
Besorgungen	14½ Stunden

---

22 Zerstreuung: Vgl. für die expliziten Nennungen des Begriffs in ›Zeiteinteilung (Max) I‹ und II‹ die ausführliche Erläuterung (inklusive Fußnote) zur Liste auf der Umschlaginnenseite von ›Zeiteinteilung (Max) I‹.

9: | so
12: | Bem
18: ›.‹ von der Editorin verbessert in ›?‹
19: ›.‹ von der Editorin verbessert in ›?‹
23 (**rückblickend**): Am rechten Rand rechts eingefügt: {31 plus 21 gleich 52 (untereinander geschrieben) minus 25 gleich 27}
24 37: Strich über der 37

Eigene Arbeit + Logik	|8 (davon 4½ *Baer*| + 1 Logik)
	an meiner Arbeit zuletzt vor 4 Wochen
	an *Baer* zuletzt ╫ vor 14 Tagen
Philosophie	14½
Résumé	5
andere Gegenstände	2

170 h : 28 Tage = 6,0
in 20
davon 30 h = 18% wissenschaftlich oder 42 h = 25%

[41]
Seit 12 Tagen mit Wohnungssuche beschäftigt.

<u>Bemerkung</u>: Zeitweilige Unterbrechung ist <u>für jede Tätigkeit fruchtbar</u> \|, auch die des Wohnungsuchens.

<u>Maxime</u>: Beim Lesen unverständlicher Bücher (Abhandlungen) überschlage man das Nicht- (oder nur sehr schwer) Verständliche und lese zuerst das leicht Verständliche. Das Verständnis des Überschlagenen ergibt sich dann oft von selbst. Das heißt: Richtige Reihenfolge des Lesens eines Buches ist die Leichtigkeit des Verständnisses. Andere Reihenfolge nach der Wesentlichkeit der Teile (dann sicher nicht in der natürlichen Reihenfolge).

<u>Bemerkung</u>: Es gibt 2 Arten von Arbeiten: mechanische (z. B. Literatur, die in einer Abhandlung angegeben ist, abschreiben) und qualifizierte (z. B. »einen Beweis kontrollieren« oder noch mehr »die Bedeutung, den Sinn eines Theorems, das nicht ganz scharf formuliert ist, sich überlegen«). Ich bin meistens in einem <u>schändlichen ähnlichen Zustand</u>, in welchem ich nur zu mechanischen Arbeiten befähigt bin, und habe bei allen qualifizierten Arbeiten die Tendenz zu sagen: »Das werde ich verschieben, bis ich mich wohler fühle.«

---

1 4½: Hier dürften Baers Arbeiten zur Kontinuumshypothese gemeint sein. Vgl. etwa: Reinhold Baer, »Zur Axiomatik der Kardinalzahlarithmetik«, oder: Reinhold Baer, »Eine Anwendung der Kontinuumhypothese in der Algebra«.
8 6,0: 6,0 Stunden pro Tag.
10 **30 h = 18%**: Bezieht sich auf die 170 h.
10 **42 h = 25%**: Bezieht sich gleichfalls auf die 170 h.
30 **schändlichen**: Zu lesen als ›überaus schlechten‹.

1: | 7
1: |)
16: | auch bei

Bemerkung {Pädagogik}: Um ein Gebiet zu beherrschen, ist Folgendes notwendig:
1. Diejenigen Sätze zu wissen, aus welchen die übrigen folgen (fundamentale Sätze). Diese sind die [42] Axiome, wenn man kategorisch axiomatisieren will.
2. Zu wissen, was »im Allgemeinen« gilt und wann und wie Ausnahmen auftreten (dies scheint auch in der Naturwissenschaft das Richtige zu sein – »*parapsychologisch*«).
3. Die fundamentalen Theoreme muss man in erster Linie anwenden können (auf Beispiele), erst in 2ter Linie beweisen.
3.' Die Beispiele müssen den richtigen Schwierigkeitsgrad haben, insbesondere dürfen sie nicht zu schwer sein. Zu leicht macht nichts. Dies auch am angenehmsten (um sich in das Gebiet einzuarbeiten).

Maxime: Nichts irgendwie Wichtiges von Adele machen lassen.

Maxime: Man soll alles Wichtige gut überlegen, bevor man es tut. Man braucht ein Kriterium der Unwichtigkeit (ein *positives*).

Bemerkung: Günstige Arbeitsbedingungen:
1. physische:
A. körperliche Gesundheit
B. guter Schlaf
C. richtige Temperatur und Luftzusammensetzung des Arbeitsraums und Ruhe desselben. Alle physisch notwendigen Arbeitsmittel (Bücher *etc.*) bei der Hand haben. [43]
2. psychische:
A. Es dürfen keine für das Leben irgendwie wesentlichen Probleme ungelöst oder nicht zur Zufriedenheit gelöst sein, insbesondere:

---

25 **richtige Temperatur und Luftzusammensetzung**: Auch diese beiden Themen gehören wie die vorangegangenen beiden Punkte zu den sex res non naturales. Bei der Interpretation der Anekdoten über Gödels Angst vor schlechter Luft und vor Gasen, verursacht und verbreitet durch Heizkörper und Kühlschränke, ist zu berücksichtigen, dass auch die Qualität der Luft in einem Raum ein Gegenstand der Hygiene oder Diätetik ist. Vgl. die Einleitung zu diesem Band sowie den Artikel »Gesundheitspflege (Hygiene)« in Bd. 7 von ›Meyers Konversations-Lexikon‹ (1895) auf S. 485.

4 **fundamentale Sätze**: Fundamentalsätze verstanden als Fundamentale Theoreme
16 **Nichts irgendwie Wichtiges von Adele machen lassen**: Andere Lesart: Nichts irgendwie wichtig, von Adele machen lassen

1. Wohnung
2. Geldversorgung (*Budget*), Essen
3. Frau (Ehe, Freundin etc.)
4. Beruf: Wahl, Art der Behandlung, spezielle Frage: Vorlesung, Stipendien
5. von nichts sehr Unangenehmem/{Angenehmem} wissen, das in nächster Zeit zu erwarten ist
6. wenn etwas entscheidend schlecht gemacht wurde (Gewissensbisse).

x *Programm*: Zu erreichende Ziele:
1.) Eigene Arbeiten:
a.) Beweis Widerspruchsfreiheit, Kontinuum für ein System – skizziert für andere – druckfertig.
2.) Vorlesungen:
a.) Vorlesung über elementare Logik
b.) Vorlesung über Kontinuum
c.) Vorträge über 1. Widerspruchsfreiheit, 2. Kontinuum und Auswahlaxiom
d.) Vorlesung über Grundlagen der Geometrie
e.) Vorlesungen über *Differential-Gleichungen* der Physik.
3.) Logik und Grundlagen:
a.) Literatur: *Axiomatik* der Mengenlehre
b.) Übung in elementarer Logik (*Principia*, Carnap, Lewis)
c.) höhere Logik, laufende Zeitschriften (*Gentzen*, *Lesniewski*, *Kleene*, etc.)

---

11 **x**: Mit rotem Buntstift geschrieben
13: ›,‹ von der Editorin verbessert in ›–‹
14: ›,‹ von der Editorin verbessert in ›–‹

13 **Kontinuum für ein System**: Die Arbeit, in der Gödel die Konsistenz des Auswahlaxioms und der verallgemeinerten Kontinuumshypothese relativ zu ZFC bewiesen hat, ist 1940 erschienen. Vgl. Gödel, ›Collected Works‹, Bd. II, S. 33–101.
23 **Axiomatik der Mengenlehre**: »Zur Axiomatik der Mengenlehre« ist ein Aufsatz von Arthur Schoenflies von 1921.
24 **Principia**: Gödel hat nachweislich die Bände 2 und 3 der ›Principia Mathematica‹ am 23. September 1938 zurückgegeben. Er besaß eine Übersetzung der Einleitung, erschienen als ›Principia Mathematica. Einführung in die mathematische Logik‹ von 1932.
24 **Carnap**: Rudolf Carnap, ›Abriss der Logistik, mit besonderer Berücksichtigung der Relationstheorie und ihrer Anwendungen‹ von 1929; es ist nachweisbar, dass der von Gödel ausgeliehene Band am 24. September 1938 zurückgegeben wurde.
24 **Lewis**: Clarence Irving Lewis, ›A Survey of Symbolic Logic‹ von 1918.

d.) Überblick Grundlagen der Geometrie
e.) Geschichte der Logik. [44]
4. *Elementare Mathematik*:
a.) Aufgaben und Hausarbeiten, hauptsächlich Doktorarbeiten —
[b.) elementare Lehrbuchliteratur] —
5. *Höhere Mathematik* :
a.) *analytische Zahlentheorie*
b.) Geschichte und Überblick.
6. *Philosophie*:
a.) Überblick über die Hauptrichtungen der neueren Zeit und Stellung zu den Grundlagenproblemen, insbesondere Geschichte der neueren Philosophie, *Gomperz, Bühler, Brentano*.
7. *Psychologie* :
a.) Überblick.
8. *Theologie*:
a.) Überblick.
9. *Schulwesen*:
a.) Universitätsgesetze
b.) *Statistik* des Hochschulwesens und Schulwesens |
c.) Kenntnis der bedeutenden Professoren der verschiedenen Disziplinen und Richtungen in Mathematik, Physik, Philosophie, *Psychologie* und der bedeutenden Universitäten mit ihren Traditionen.
10.) *Bibliographie*:
a.) sachlich geordnete Bücherverzeichnisse (Verzeichnisse derselben), frühere und laufende und | spezielle für Mathematik und Philosophie

|

Aufgaben, Schulwesen, *Bibliographien, Theologie*

4 **Doktorarbeiten**: Siehe Anmerkung Manuskriptseite 37, Pkt. 2b.
17 **Schulwesen**: Vgl. Erläuterung auf Manuskriptseite 1, Pkt. A9.
30 **Schulwesen**: Siehe oben.

1 d.) **Überblick Grundlagen der Geometrie**: Durch drei dicke horizontale Striche links an der Seite hervorgehoben
19: | mit Spitzenleistungen
26: | vor
28: | 11.) Ordnung machen in den bisherigen Sachen

[45]
1*a*.

1. *v. Neumann* 2 Arbeiten und *Baer* 1 Arbeit zu Ende, Hilbert
2. Literatur aus Baer (insbesondere Mahlo, Hausdorff, *Tarski*)

2|c.

Gentzen (*Ackermann*, *v. Neumann*, *Hilbert* (ausgeschlossene III und Zahlentheorie))

Herbrand

Bernays' neues Buch

ältere *Arbeiten der Formalisten* (Bernays, Hilbert, *v. Neumann*, *Herbrand*)

(hier auch Hilbert, Auswahlaxiom)

3.*b*.

Principia genauer und *Carnap*, Abriss; *Hilbert Ackermann*
Carnap (Syntax), *v. Neumann* Mengenlehre

3 **2 Arbeiten:** Soweit hier und im Folgenden nicht spezifiziert ist, um welche Arbeiten es sich handeln könnte, lassen sich keine konkreten Angaben dazu machen.

9 **neues Buch:** Da es sich ausdrücklich nicht um einen Aufsatz handeln soll, kommt nur folgender Band in Frage: David Hilbert und Paul Bernays, ›Grundlagen der Mathematik‹, Bd. 1, Berlin (Springer) 1934.

12 **Hilbert, Auswahlaxiom:** Hilbert hat das logische Auswahlaxiom (so von Abraham Fraenkel bezeichnet) eingeführt, das sich als Erweiterung des Auswahlaxioms von Ernst Zermelo verstehen lässt. Vgl. David Hilbert, »Die logischen Grundlagen der Mathematik« von 1923, erschienen in den ›Mathematischen Annalen‹ in Band 88.

14 **Principia:** ›Principia Mathematica‹ von Alfred North Whitehead und Bertrand Russell, erschienen zwischen 1910 bis 1913. Vgl. Erläuterung auf Manuskriptseite 43, Punkt 3b.

14 **Abriss:** ›Abriss der Logistik, mit besonderer Berücksichtigung der Relationstheorie und ihrer Anwendungen‹, von 1929; vgl. Erläuterung auf Manuskriptseite 43, Punkt 3b.

14 **Hilbert Ackermann:** David Hilbert, Wilhelm Ackermann, ›Grundzüge der Theoretischen Logik‹, Berlin (Springer) 1928.

15 **Syntax:** Carnaps ›Logische Syntax der Sprache‹ ist 1934 erschienen.

15 **Mengenlehre:** Von Neumann hat allein in den Jahren 1925 und 1929 vier wichtige Arbeiten zur Mengenlehre veröffentlicht. (1) »Eine Axiomatisierung der Mengenlehre« von 1925; (2) »Die Axiomatisierung der Mengenlehre« von 1928; (3) »Über die Definition der transfiniten Induktion und verwandte Fragen der allgemeinen Mengenlehre« von 1928; und (4) »Über eine Widerspruchsfreiheitsfrage in der axiomatischen Mengenlehre« von 1929.

5: | b

Lewis

3.c.

*Sep*arata und *Z*entralbl*att* und laufende Zeitschrift*en*

3*d*

Prantl, Aristot*eles* (*Analytica*)

5*a Skript*e *anal*y*tische* Zahlentheorie:

Klein, *Prasad*

6*a*

Schjelderup (oder anderer) mehrere ausborgen

Gomperz, Weltanschauungslehre

Bühler, Sprachtheorie

Hegel, H*auptW*er*ke*, Die Wissenschaft der Logik

---

3 **Separata:** Fachausdruck für Sonderdrucke.
3 **Zentralblätter:** Wissenschaftliche Zentralblätter geben in Form von Rezensionen, Übersichtsartikeln und Zusammenfassungen sowie mittels bibliographischer Hinweise einen Überblick über aktuelle Forschung. Hier: ›Zentralblatt für Mathematik und ihre Grenzgebiete‹.
5 **Prantl:** Hier dürfte Prantls ›Geschichte der Logik im Abendlande‹ gemeint sein, die zwischen 1855 und 1870 erschienen ist.
5 **Analytica:** Die Analytica priora sind die erste Analytik des Aristoteles und die dritte Schrift des Organon. Aristoteles wird zugeschrieben, dass er hier den Syllogismus entwickelt hat. Die Analytica posteriora sind die zweite Analytik des Aristoteles und die vierte Schrift des Organon. Hier führt Aristoteles u. a. seine Theorie der Definition aus.
7 **Klein:** Felix Klein, ›Ausgewählte Kapitel der Zahlentheorie. Vorlesungen, gehalten im Wintersemester 1895/96 und Sommersemester 1896‹, ausgearb. v. Arnold Sommerfeld und Philipp Furtwängler, erschienen 1907.
7 **Prasad:** Ganesh Prasad, ›Six Lectures on Recent Research in the Theory of Fourier Series‹, erschienen 1928.
9 **Schjelderup:** Gemeint ist wohl Schjelderups Werk ›Geschichte der philosophischen Ideen von der Renaissance bis zur Gegenwart‹ von 1929, das Gödel auch in ›Philosophie I Maximen 0‹ erwähnt.
10 **Weltanschauungslehre:** Gomperz, ›Weltanschauungslehre. Ein Versuch, die Hauptprobleme der allgemeinen Theoretischen Philosophie geschichtlich zu entwickeln und sachlich zu bearbeiten‹ erschien 1905 und 1908 in zwei Bänden.
11 **Sprachtheorie:** Bühlers ›Sprachtheorie. Die Darstellungsfunktion der Sprache‹ erschien 1934. Der Band wurde von Gödel nachweislich ausgeliehen.
12 **Hauptwerke:** Dazu gehören neben der ›Wissenschaft der Logik‹ die ›Phänomenologie des Geistes‹ von 1806/07, die ›Enzyklopädie der Philosophischen Wissenschaften‹ ab 1816, und die ›Grundlinien der Philosophie des Rechts‹ von 1821. Die ›Phänomenologie des Geistes‹ hat Gödel nachweislich am 18. Juli 1939 ausgeliehen.
12 **Die Wissenschaft der Logik:** Gödel hat die beiden Bände nachweislich am 20. Juli 1939 ausgeliehen.

6 5a: Punkt 4 fehlt im Manuskript

Brentano, *HauptWerke* [46]
Plato (Timaios); *Bergson*

7a

Bühler, *Krise*; *Charlotte Bühler*, Leben Psychologie
Adler, *IndividualPsychologie*

8a

Bibel, *Thomas* in kleine *Opuscula*, *Summa contra gentiles*

9a

UniversitätsGeschichte
VerordnungsBlätter des UnterrichtsMinisteriums

9 b

Handbuch für Statistik (österreichisch und deutsch)

9 c

Kürschner, *Minerva* (Kürschner für Ausland)

10 a

Bibliographie der Bibliographie
Lehrbuch des Bibliographierens (unter mehreren)

---

1 **Hauptwerke:** Zu Brentanos Hauptwerken zählen ›Psychologie vom empirischen Standpunkte‹ von 1874, das Gödel am 15. April 1932 sowie am 18. Juli 1938 ausgeliehen hat, sowie die ›Untersuchungen zur Sinnespsychologie‹ von 1907; Brentanos Studien zu ›Wahrheit und Evidenz‹ hat Gödel am 16. November 1937 ausgeliehen.
4 **Krise:** Karl Bühler, ›Die Krise der Psychologie‹ von 1927.
4 **Leben Psychologie:** Charlotte Bühler, ›Der menschliche Lebenslauf als psychologisches Problem‹ von 1933.
5 **Individual Psychologie:** Hier kommen zwei Veröffentlichungen Adlers in Frage: (1) ›Über den nervösen Charakter. Grundzüge einer vergleichenden Individual-Psychologie und Psychotherapie‹ von 1912 und (2) ›Praxis und Theorie der Individualpsychologie. Vorträge zur Einführung in die Psychotherapie für Ärzte, Psychologen und Lehrer‹ von 1920. Für die Individualpsychologie hat Adler drei Lebensaufgaben formuliert, die für Gödels angewandte Individualethik eine wichtige Rolle spielen: (1) Beruf, (2) Sexualität und Ehe, (3) soziale Beziehungen. In einigen Fällen wird noch eine vierte genannt: (4) Spiritualität.
7 **Summa contra gentiles:** Der Band befindet sich in Gödels Privatbibliothek.
14 **Kürschner:** Der ›Kürschner‹ ist ein deutscher Gelehrten-Kalender von Gerhard Lüdtke.
14 **Kürschner für Ausland:** Da es keinen ›Kürschner‹ für ausländische Gelehrte gab, dürfte es sich bei ›Kürschner für Ausland‹ um eine Erläuterung zu ›Minerva‹ handeln, denn ›Minerva. Jahrbuch der gelehrten Welt‹ von Gerhard Lüdtke enthielt auch Einträge zu ausländischen Universitäten und Wissenschaftlern. Eine andere Möglichkeit ist, dass ausländische Pendants zum ›Kürschner‹ gemeint sind. In Frage kommt etwa der Band ›American Men of Science‹ von James McKeen und Jaques Cattell, dessen 5. Auflage 1933 erschien.
16 **Bibliographie der Bibliographie:** ›Bibliographie der Bibliographie‹ von Vilhelm Grundtvig ist ein 1927 erschienenes Werk.

*Sem*ester:
Lehrbuch und *AufgabenSammlung* für elementare Gegenstände
Literatur Grundlagen Geometrie
*Sem*ester :
DoktorArbeiten
HausArbeiten
Lehramts- und *Übungsaufgaben*

<u>*Bibliographien* an erster Stelle</u>

[47]
<u>*Max*ime</u>: Lieber viele Bücher ungenau als wenige genau lesen (wenigstens Anfang) – *non multum sed multa*.

<u>*Max*ime</u>: Nichts erzwingen. Das Lusthaben ist ein Kriterium der Vernünftigkeit.

<u>*Max*ime</u>: Bei einer Arbeit ausgehen von der ungefähren Gliederung, Hauptsatz | und dann immer mehr ins Einzelne ausfeilen.

---

2 **Aufgabensammlung für elementare Gegenstände:** In Gödels Privatbibliothek befinden sich einige Aufgabensammlungen zur Mathematik: George Pólya, Gabor Szegö, ›Aufgaben und Lehrsätze aus der Analysis I und II‹ von 1925; Otto Th. Bürklen, ›Aufgaben zur analytischen Geometrie des Raumes‹ von 1918; Guido Hoheisel, ›Aufgabensammlung zu den gewöhnlichen partiellen Differentialgleichungen‹ von 1933; Friedrich Junker, ›Repetitorium und Aufgabensammlung zur Differentialrechnung‹ von 1919; Friedrich Junker, ›Repetitorium und Aufgabensammlung zur Integralrechnung‹ von 1919; Konrad Knopp, ›Aufgabensammlung zur Funktionentheorie I‹ von 1923; Konrad Knopp, ›Aufgabensammlung zur Funktionentheorie II‹ von 1928.

5 **Doktorarbeiten:** Vgl. die Liste ähnlicher Erwähnungen in der Erläuterung zu Manuskriptseite 1, Pkt. A2.

10 **Bibliographien an erster Stelle:** Es gab zu dieser Zeit Bibliographien aller Art. So z. B. ›Die Lehre von der Identität in der deutschen Logik-Wissenschaft seit Lotze. Ein Beitrag zur Geschichte der modernen Logik und philosophischen Systematik. Mit einer Bibliographie zur logik-wissenschaftlichen Identitäts-Lehre in Deutschland seit der Mitte des 19. Jahrhunderts‹ von Rolf W. Göldel (Studien und Bibliographien zur Gegenwartsphilosophie, Heft 18), Leipzig (S. Hirzel) 1935.

16 **Das Lusthaben ist ein Kriterium der Vernünftigkeit:** Vgl. Addendum IIIa, 2, Pkt. 32, sowie Anmerkung zu Manuskriptseite 24, Bemerkung 1 für die zahlreichen Textstellen zu Lust und Unlust in ›Zeiteinteilung (Max) I und II‹ sowie in den dazugehörenden Addenda.

20: | und *Df.*

Maxime: Die Wissenschaften soll man betreiben unter dem Gesichtspunkt, eine Vorlesung zusammenzustellen. Vorher Titel der Vorlesung (eventuell nach Vorlesungsverzeichnis zusammengestellt).

Maxime: Wichtige Entscheidungen möglichst früh überdenken. Unwichtige möglichst spät, um keine Zeit zu verlieren.

Maxime: Mittel gegen Lebensüberdruss*:

> * Insbesondere auch gegen äußerliche Schwierigkeiten.

I. Etwas Schönes lesen (so etwas soll immer zu Hause sein) | :
  a.) Literatur (*Hauptmann*, Tolstoj etc.),
  b.) Wissenschaft, leicht verständlich, etwas Historisches, *experimentierend,* konzentriert und gut geschrieben.
II. Spazierengehen.

[48]
x Programm
0. *Ordnung, Résumé, Zeiteinteilung, Post*
• 1. *Vorlesungen Logik* a.) formale {und *Arithmetik*}, b.) Grundlagenstreit, c.) Erkenntnistheorie {(Wahrscheinlichkeitsrechnung)}
  2. *Vorlesungen Grundlagen Geometrie* a.) mathematische, b.) philosophische
  3. *Vorlesungen DifferentialGleichungen Physik*
• 4. *KontinuumsProblem* a.) Arbeit, b.) Vortrag, c.) Vorlesung
• 5. *Theologie*
  6. *Bibliographien*: a.) Allgemein, b.) Philosophie (Bücher und Zeitschriften), c.) Mathematik (Bücher und Zeitschriften)
  7. *Pädagogik*: a.) Gesetz, b.) Statistik, c.) Führer, d.) Geschichte
  8. *Elementare Aufgaben, Hausarbeiten, Dissertationen* Scassenb.
  9. *Praktische Angelegenheiten* (Post, Haushalt, Budget)

10: ›II. Spazierengehen.‹ von der Editorin gelöscht
14: von der Editorin an diese Stelle verschoben
17 **x**: Mit rotem Buntstift geschrieben
29 **Scassenb**: Es gibt im deutschsprachigen Raum keinen Familiennamen, welcher mit ›Scassenb‹ beginnt. Es ist daher anzunehmen, dass Gödel sich hier verschrieben hat

19 **und Arithmetik**: Diese Ergänzung kann zum einen so gelesen werden, dass Gödel auch über formale Arithmetik lesen will, aber zum anderen auch als ein Verweis auf die Reduktion der Arithmetik auf Logik wie in folgenden Äußerungen Freges in ›Grundlagen der Arithmetik‹ angedeutet: »In meinen ›Grundlagen der Arithmetik‹ habe ich wahrscheinlich zu machen gesucht, dass die Arithmetik ein Zweig der Logik sei, die weder der Erfahrung noch der Anschauung irgendeinen Beweisgrund zu entnehmen brauche« (S. 1). Oder ebd., S. 3: »Wenn mein Gedanke richtig ist, dass die Arithmetik ein Zweig der reinen Logik sei, so muss für ›Zuordnung‹ ein rein logischer Ausdruck gewählt werden.« Freges ›Grundgesetze der Arithmetik‹ hat Gödel bereits am 11. und 14. August 1930 ausgeliehen.

29 **Dissertationen**: Vgl. die Liste ähnlicher Erwähnungen in der Erläuterung zu Manuskriptseite 1, Pkt. A2.

10. *Tagesereignisse* (Tageszeitungen), Hochschulzeitungen, laufende *Bibliographien*
11. *Unterhaltung* und *Zerstreuung*; *Budget* abends
12. *Besorgungen*

[49]

Maxime: Um sich in | ein Gebiet einzuarbeiten, ist es nötig:
1.) viele Abhandlungen (gleichgültig ob gut oder schlecht) aus diesem Gebiet zu lesen,
2.) Beispielsammlungen,
3.) selbst Beispiele durchzurechnen.

Maxime: Ein übersichtliches schwächeres Theorem ist besser als ein unübersichtliches schärferes.
(In der Beschränkung liegt der Meister.) Beispiel: Stetigkeit der *Potenzierung* in der transfiniten *Arithmetik* {der Kardinalzahlen}.

Bemerkung: Die *Mikrostruktur* meines Geisteszustandes ist die, dass ich auf nichts meine Aufmerksamkeit richtig konzentriere, sondern bei jeder Sache (d. h. jedem einzelnen Satz, Wort schon auf das nächste schaue). Einer der Gründe: Ich bin von Natur aus langsam, tue aber die geistige Arbeit nicht mit der natürlichen Langsamkeit.
| Warum?
1.) Vielleicht mangelndes Interesse,
2.) schlechte Gewohnheit,
3.) Verbergen der Langsamkeit vor mir selbst,
4.) ständig Schuldgefühle,
5.) zu wenig Ruhe,
6.) immer irgendwelche Sachen, die ich eigentlich tun sollte (materielle Lage).

Maximen Abhilfe:
1. Lass dir zu allem Zeit.
2. Schalte genügend Ruhepausen zwischen die Arbeiten.

3 **Zerstreuung**: Zerstreuung ist geistige Hygiene. Vgl. für die expliziten Nennungen des Begriffs ›Zerstreuung‹ in ›Zeiteinteilung (Max) I und II‹ die ausführliche Erläuterung (inklusive Fußnote) zur Liste auf der Umschlaginnenseite von ›Zeiteinteilung (Max) I‹.
33 **Abhilfe**: Siehe Fortsetzungen auf den Manuskriptseiten 51 und 52f.

7: | in ein
18 **Bemerkung**: Im Manuskript viermal unterstrichen
22: ›.‹ von der Editorin verbessert in ›,‹
24: ›(‹ von der Editorin gelöscht

3. Sorge für gute Verdauung |, Bewegung und guten Schlaf: *Hygiene*. [50]
4. Tue, wenn möglich, nur das, wozu du Lust hast.
5. Gib nach Möglichkeit alle zu hohen Ambitionen auf* (d. h., wenn du etwas auch nicht zusammenbringst oder nicht sofort zusammenbringst, so macht das nichts). Ebenso, wenn du auch wenig weißt, so macht das nichts.
6. Eingestehen der Unwissenheit auch vor Anderen.
5! Möglichst kleines Programm (auch wenig Stunden am Tag).

* Auch rein *intellektuelle* (erkennen, was die Welt ist etc.). Nicht viel oder alles wissen oder verstehen wollen.

<u>Maxime</u>: Beim Programm (außer den laufenden, ständigen praktischen Angelegenheiten: Zeiteinteilung, Post, Zerstreuung, *Budget* und Haushalt, *Resumées*, Besorgungen) immer 2 möglichst kleine Themen (mit bestimmten Namen bekannt) zugleich bearbeiten und diese Themen für mindestens eine Woche beibehalten.

Zum Beispiel: Vorlesung über Logik, Überblick über Geschichte der Philosophie des 19. Jahrhunderts, abstrakte Mengenlehre, Zauberei und Dämonologie, theologische Ethik, | Grundlagenliteratur der letzten 5 Jahre.

---

2 **Hygiene:** Vgl. für die expliziten Nennungen des Begriffs in ›Zeiteinteilung (Max) I und II‹ die ausführliche Erläuterung zur Liste auf der Umschlaginnenseite von ›Zeiteinteilung (Max) I‹.

3 **das, wozu du Lust hast:** Vgl. für die zahlreichen Textstellen zu Lust und Unlust in ›Zeiteinteilung (Max) I und II‹ sowie in den dazugehörenden Addenda die Anmerkung zu Manuskriptseite 24, Bemerkung 1.

12 **Zerstreuung:** Vgl. für die expliziten Nennungen des Begriffs in ›Zeiteinteilung (Max) I und II‹ die ausführliche Erläuterung (inklusive Fußnote) zur Liste auf der Umschlaginnenseite von ›Zeiteinteilung (Max) I‹.

18 **Zauberei und Dämonologie:** Vgl. Hexenwesen und Hexenbulle in ›Zeiteinteilung (Max) II‹, Manuskriptseite 87, Pkt. 6; Manuskriptseite 141, Pkt. 4; Manuskriptseite 142, Pkt. 17, sowie Addendum XIII, 1v. In der Frühen Neuzeit wird der bloße volkstümliche Aberglaube zunehmend zu einem theologisch-juristischen Gedankenkonstrukt der Dämonologie und Hexerei. Im Gödel-Nachlass finden sich in Behälter 6a, Reihe III, Mappe 51, ursprüngliche Dokumentennummer 030074 undatierte bibliographische Listen zu ›Dämonologie‹, die Angaben zu Spiritismus, Legenden, Besessenheit und Hexerei enthalten.

18 **theologische Ethik:** Theologische Ethik gilt auch als Individualethik. In Gödels Mitschrift theologischer Vorlesungen notiert er zu Johannes Messners Vorlesung vom 22. Oktober 1937, dass Ethik in allgemeine und besondere eingeteilt wird. Zur Allgemeinen gehört das, was den letzten Zweck des Menschen betrifft, und zur Besonderen die Anwendung dieser Prinzipien auf einzelne Lebensordnungen. Individualethik bezieht sich hingegen auf die sittliche Ordnung des einzelnen Menschen. Vgl. ›Theologie 1. Nur Vorlesungen‹, Behältnis 7a, Reihe III, Mappe 107, ursprüngliche Dokumentennummer 030129, Manuskriptseite 63. Vgl. auch die Erläuterung zu ›Moraltheologie‹ in ›Zeiteinteilung (Max) II‹, Manuskriptseite 142, Pkt. 21.

1: | über
18: | eine

?_Maxime_?: Wenn in einer Unterhaltung mit jemand allein etwas nicht verstanden, sofort fragen, selbst auf die Gefahr der _Blamage_ hin.

[51]
Maxime: Man soll, bevor man ein Buch zur Hand nimmt, in Worten den Zweck (Ziel) formulieren (z. B. wesentliche Theoreme, alle Sätze und _Definitionen etc._).
Ebenso während der Arbeit sich fragen, was man gerade macht und wie lange wird das dauern.

Maxime: Um eine Tatsache richtig festzustellen, ist es am besten, die Ursache (oder was man darüber zu wissen glaubt) zu vergessen. (Sonst stört das »Es kann nicht sein« die objektive Feststellung.)

Bemerkung: Das Programm muss im Voraus gemacht werden. Das hat die wesentliche Folge, dass Abschweifungen vermieden werden, weil das Ziel klar gesteckt ist und die Abschweifungen als solche erkannt werden.

Bemerkung: Mögliche Abschweifungen:
1. Probleme, die momentan nicht behandelt werden, aber sich mir aufdrängen, zu lösen suchen.
2. Sätze oder Beweise, die einmal gewusst, zu rekonstruieren zu suchen.
3. Dinge, die in der Abhandlung bewiesen sind, selbst zu beweisen suchen.
4. Abhandlung genauer lesen als beabsichtigt oder Teile von ihr lesen, die nicht beabsichtigt worden sind zu lesen.

Maximen Abhilfe:
bei 1.) und 2.) Anmerkungen im Hauptbuch,
3.) nach kurzer Zeit aufgeben,
4.) ist zu vermeiden.

---

31 **Abhilfe:** Fortsetzung von Manuskriptseite 49f.; siehe Fortführung auf Manuskriptseite 52f.
32 **Hauptbuch:** Es ist unklar, was das Hauptbuch sein soll.

Maxime: Es ist besser, das Programm einzuhalten, selbst auf die Gefahr hin, dass dadurch irgendetwas, was | du hättest nebenbei [52] gewinnen können, verlorengeht.

Bemerkung: Fehler, welcher mich sehr viel Zeit kostet:
0. Ich verbohre mich in gewisse Ideen.
1. Ich suche alles selbstständig zu beweisen, mich selbstständig zu erinnern (will keine Krücke in Anspruch nehmen).
2. Ich will, dass nichts verlorengeht (will auf nichts verzichten) (Beispiel: Aufheben aller Zettel). Das Wesentliche kann aber nur gewahr werden (erreicht werden), wenn auf dem Wege dahin viel anderes definitiv verloren geht. Selbst bei Formulierung eines Satzes.
3. Ich bin sehr selten ganz entschlossen, etwas zu tun (sowohl in den großen Plänen als in der Ausführung im Einzelnen). Das heißt, habe sehr selten die Überzeugung, dass es so und so besser ist, daher bin ich nicht völlig auf die Sache konzentriert (alles zugleich selbst bei Formulierung eines Satzes oder einer *Definition*).
4. Ich verwende zu viel Zeit auf das Fassen der | Entschlüsse (statt mehr auf das Geratewohl hin zu probieren).
5. Ich nehme mir zu viel vor.
6. Ich bin nicht auf 1 Sache konzentriert, sondern schiele immer schon zu einer anderen hinüber.

Maximen Abhilfe:
1., 5. Ursache ist vielseitig, daher ganz aufzugeben,
2.   mehr Großzügigkeit angewöhnen,
3., 4. mehr das Probieren angewöhnen,
!! 4. {Entschlüsse *explizit* fassen}, Entschlüsse fassen und ausführen, wenn möglich zu verschiedenen Zeiten, und Entschlüsse auf jeden Fall ausführen, auch wenn währenddessen festgestellt wird, dass er schlecht war (kleiner [53] Entschluss).

Maxime: Unterbrechungen der Arbeit durch Spazierengehen oder sonst wie sind äußerst wichtig: alle 2 h | 10' oder ½ h spazierengehen.

2: | du
20: | ge
35 **Maxime:** Im Manuskript viermal unterstrichen
36: | nicht
36 ':' steht für Minuten

26 **Abhilfe:** Fortsetzung von den Manuskriptseiten 49f. und 51.

Frage: Wie ist diese Unterbrechung auszuführen? Wie die Einhaltung zu erzwingen?
[1. Nichts tun],
2. körperliche Beschäftigung (Geduldsspiel),
3. geistige Beschäftigung: Denkaufgabe, mathematische Aufgabe.

Bemerkung: Es ist eine allgemeine Tatsache, dass, wenn man auf etwas direkt losgeht, meistens das Gegenteil erreicht wird.
1. Wer alles in allen Wissenschaften wissen will, weiß in keiner etwas.
2. Wer alles auf jeden Fall am besten machen will, macht überhaupt nichts.
3. Wer nichts von allem, was er hört oder ihm einfällt, verlieren will, erreicht überhaupt nichts.
4. *Eudaimonismus*.
5. Wer in seinem Beruf verdienen will, muss sich in erster Linie für den Beruf und nicht fürs Verdienen interessieren.

Bemerkung: In der Mathematik ist die Bescheidenheit eminent fruchtbar. Das Fruchtbare ist, die scheinbar nichtssagenden und trivialen Theoreme immer wieder hin und her zu wenden, bis man sie vollkommen versteht. Die Wissenschaft, bei welcher die Oberflächlichkeit am wenigsten angebracht ist, ist die Mathematik.

[54]
x *Programm für die* Woche 29./XI 1937 – 4./XII 1937
1. Alte Zettel einteilen   75%
2. Im Schreibtisch Ordnung machen   10%
[3. Eventuell fertig *Hansen, Wagner*]   ausgelassen

---

15 **Eudaimonismus**: Eudaimonia ist die Lehre vom Lebensglück oder dem guten Leben in der antiken Philosophie. Sie umfasst auch die gelungene Lebensführung nach den Grundsätzen einer philosophischen Individualethik.
19 **In der Mathematik ist die Bescheidenheit eminent fruchtbar**: Vgl. zur Frage der Bescheidenheit in der Mathematik und ihrer Lehre: ›Zeiteinteilung (Max) I und II‹, Manuskriptseiten 67, Bemerkung 2; 70, Pkt. 6; 88, Bemerkung 2; 89, Bemerkung 1 und 2; 124, Maxime 2; Addenda II, 11, Pkt. 30; IIIb, 1v, Pkt. 3'1, IIIb, 2v, Pkt. B16.
29 **Hansen, Wagner**: Welche Personen mit den Namen Wagner und Hansen hier gemeint sind, lässt sich nicht mehr genau eruieren. Bei ›Hansen‹ könnte Joseph Hansen und sein Quellenband zur Hexengeschichte gemeint sein.

26 **x**: Im Manuskript mit rotem Buntstift geschrieben

4. ~~Briefe~~ beantworten, wenigstens im Unreinen: *Menger, v. Neu-~~mann~~, Veblen | Club*
| Amerika, Glied~~erung~~ schreiben   ausgelassen ++ %
5. ~~Nationalbank und Papiere verkaufen und einkassieren~~   100%
6. ~~Kleinere Besorgungen~~ (alt, Weckeruhr, Staubsauger, Essigsäure, Tonerde)   100%
{Kontinuum} 7. ~~Tarski~~ II lesen und ~~excerpieren~~   75%
8. ~~Sierpiński~~ 2 Arbeiten Kontinuum und ~~Fraenkel excerpieren~~ das Wesentliche   75%
9. ~~Sierpiński~~, Mengenlehre Stichprobe   10%

Bemerkung: | Damit eine mat~~hematische~~ Arbeit gut sei, muss der einzelne Schritt wirklich evident (überblickbar) sein.

Maxime: Wesentlich in der Mat~~hematik~~ ist, sich die Begriffe klarzumachen (insbesondere auch bei Vorlesungen):
1. exakte *Definition* [55]
2. anschauliche *Definition*
3. Beispiele für Begriffe und ihr Gegenteil
4. Einfachste Verhältnisse in sich und zu anderen Begriffen.

Maxime: Um ein Urteil über ein Buch zu bekommen, ist es gut, dass Beste und das Schlechteste komparativ zu bestimmen und diese zu beurteilen.

3: | 5.
7 7.: Links am Rand hinter einer Akkolade, die von 7. bis 8. reicht, steht »Kontinuum«
7: Rechts am Rand hinter einer Akkolade, die von 7. bis 8. reicht, steht 75%
12: | Str
15 **Maxime**: Im Manuskript viermal unterstrichen

1 **Menger:** Von Gödel an Menger ist ein Brief vom 15./XII. 1937 erhalten. Vgl. ›Collected Works‹, Bd. V, S. 112–115.
2 **Club:** Der erste der Vorträge zur Kontinuumshypothese, den Gödel im Herbst 1938 in Princeton gehalten hat, fand beim Princeton Mathematics Club statt.
7 **Tarski II:** Es müsste sich um folgenden Aufsatz von Tarski handeln: Alfred Tarski, »Sur la décomposition des ensembles en sous-ensembles presque disjoints«, in: ›Fundamenta Mathematicae‹ 12 (1928). Tarski I wäre entsprechend: Stefan Banach, Alfred Tarski, »Sur la décomposition des ensembles de points en parties respectivement congruentes«, in: ›Fundamenta Mathematicae‹ 6 (1924).
8 **2 Arbeiten Kontinuum:** Zu diesem Thema hat Sierpiński u. a. die folgenden beiden Arbeiten veröffentlicht: »Sur l'hypothèse du continu ($2^{\aleph_0} = \aleph_1$)«; ›Hypothèse du Continu‹.
8 **das Wesentliche:** Auch hier ist nicht offensichtlich, welche Arbeiten von Fraenkel Gödel gelesen und exzerpiert hat. In Frage kommen u. a.: ›Einleitung in die Mengenlehre‹ von 1919; erweiterte Auflagen von 1923 und 1928. Aber auch »Untersuchungen über die Grundlagen der Mengenlehre« von 1925.
10 **Mengenlehre:** Zu diesem Thema hat Sierpiński zahlreiche Arbeiten verfasst. In Frage kommen etwa: »L'axiome de M. Zermelo et son rôle dans la théorie des ensembles et l'analyse« von 1918; oder: »Sur une classe d'ensembles« von 1925.

x *Programm Lektüre*:
1. Theorie der linearen Punktmengen (*Borel,* analytisch, 1. und 2. Kategorie, Messbarkeit *etc.*) im Zusammenhang mit *Kontinuums Problem*: Sierpinski (*Continu* und *Krakau*), Hahn, Carathéodory, Lusin, (Souslin), Alexandrow.
2. Und klare neue Grundarbeiten über *Axiome* der Mengenlehre (*Finsler, Hilbert, Becker, Fränkel, Mirimanoff*).

2 **Borel:** Félix Édouard Justin Émile Borel. Nach ihm ist die Borel-Menge benannt. Die Borel-Mengen erhält man, indem man die Menge der offenen Teilmengen der reellen Zahlen mittels der mengentheoretischer Operationen der abzählbaren Vereinigungen, der abzählbaren Durchschnittsbildung und der Komplementbildung abschließt. Vgl. auch Erläuterung zu Pawel Alexandrow im Folgenden.
2 **analytisch:** Vgl. Erläuterung zu Lusin und Suslin.
4 **Sierpinski:** Einschlägig ist hier: Sierpiński, »Les exemples effectifs et l'axiome du choix« von 1921.
4 **Continu:** Sierpiński, »Sur l'hypothése du continu ($2^{\aleph_0} = \aleph_1$)« von 1924; Sierpiński, ›Hypothèse du Continu‹ von 1934. Aber auch: Sierpiński, »Sur une hypothèse de M. Lusin« von 1935.
4 **Krakau:** Da hier ›Krakau‹ abgekürzt ist, muss es sich um folgende Veröffentlichung von Sierpiński handeln: »L'axiome de M. Zermelo et son rôle dans la théorie des ensembles et l'analyse« von 1918.
4 **Hahn:** Hans Hahn, »Punktmengen« von 1921.
4 **Carathéodory:** Hier könnte Gödel an folgende Arbeit von Constantin Carathéodory gedacht haben: »Über Punktmengen« von 1918.
5 **Lusin:** Im Zusammenhang mit dem Beweis der Kontinuumshypothese bewies Nikolai Lusin 1917, dass die analytischen Mengen messbar sind, und zeigte, dass sie die Perfekte-Mengen-Eigenschaft haben. Vgl. Lusin, »Sur la classification de M. Baire« von 1917. Vgl. auch Lusin, »Sur l'existence d'un ensemble non dénombrable qui est de première catégorie dans tout ensemble parfait« von 1921; und ders., ›Leçons sur les ensembles analytiques et leurs applications‹ von 1930. Gödel hat auch den Aufsatz »Sur quelques propriétés des ensembles« gelesen, den Lusin und Sierpiński 1918 veröffentlicht haben. Den von ihm ausgeliehenen Band ›Leçons sur les ensembles analytique et leurs applications‹ hat er am 12. September 1938 zurückgegeben.
5 **Souslin:** Michail Jakowlewitsch Suslin war Schüler von Lusin. Suslin, »Sur une définition des ensembles mesurables B sans nombres transfinis« von 1917.
5 **Alexandrow:** 1916 bewies Pawel Alexandrow, der zu Lusins Schule gehörte, dass alle Borel-Mengen die Perfekte-Mengen-Eigenschaft haben. Vgl. Alexandrow, »Sur la puissance des ensembles mesurables B« von 1916.
7 **Finsler:** Paul Finsler, »Über die Grundlegung der Mengenlehre. Erster Teil. Die Mengen und ihre Axiome« von 1926.
7 **Hilbert:** In Frage kommt hier etwa: Hilbert, »Die logischen Grundlagen der Mathematik« von 1923.
7 **Becker:** Oskar Becker, »Mathematische Existenz. Untersuchungen zur Logik und Ontologie mathematischer Phänomene« von 1927. Sollte dieser Aufsatz von Becker gemeint sein, fällt er als philosophische Arbeit in dieser Liste aus dem Rahmen.
7 **Fränkel:** Abraham Fraenkel, ›Einleitung in die Mengenlehre‹, 3. Aufl. von 1928. In Frage kommt aber auch: ders., ›Zehn Vorlesungen über die Grundlegung der Mengenlehre‹ von 1927 sowie weitere Veröffentlichungen von ihm in mathematischen Fachzeitschriften. Vgl. Angabe in Punkt 3.

1 **x**: Im Manuskript mit rotem Buntstift geschrieben
6 **Und klare**: Andere Lesart: unklare

3. Klare Arbeiten über *Axiomatisierung*: *v. Neumann*, *Fränkel*, *Polen*, ...
4. Abstrakte Mengenlehre und Auswahlaxiome {und KontinuumsHypothese}: *Sierpiński* {teilweise} (*Krakau*), *Tarski* (*Comptes rendus*), *Sierpinski* {teilweise} (*ContinuumsThese*), *Tarski* (fast getrennt).
5. Abstrakte Mengenlehre im Allgemeinen {(elementare)}: *Schoenflies*, *Sierpinski*.
6. Logistik- | und *Syntax*-Übungen {und Literatur} (*Carnap*, *Russell*, *Lewis*) elementar.
7. Logikgeschichte (*Aristoteles*, *Prantl*, *Sigwart*, *Scholz* {*Cantor*}, *Bolzano*).
8. Erkenntnistheorie: *Sigwart*, | Schlick Vorlesung, allgemein Bücher des 19. Jahrhunderts und der Gegenwart. *Brentano*, Positivisten. [56]

7 **Mirimanoff:** Dmitry Mirimanoff, »Remarques sur la théorie des ensembles et les antinomies cantoriennes« von 1917 und 1920.
1 **v. Neumann:** John von Neumann, »Eine Axiomatisierung der Mengenlehre« von 1925; ders., »Die Axiomatisierung der Mengenlehre« von 1928.
1 **Fränkel:** Vgl. u. a. Abraham Fraenkel, »Axiomatische Theorie der geordneten Mengen. Untersuchungen über die Grundlagen der Mengenlehre II« von 1926.
1 **Polen:** ›Polen‹ steht hier für die Vertreter der polnischen Schule um Sierpiński.
4 **Krakau:** Sierpiński, »L'axiome de M. Zermelo et son rôle dans la théorie des ensembles et l'analyse« von 1918.
4 **Comptes rendus:** Gemeint sein könnte etwa: Alfred Tarski, »Über einige fundamentale Begriffe der Metamathematik« von 1930.
5 **Continuums These:** Siehe Literaturangaben unter Punkt 1.
5 **Tarski:** In Frage kommt hier etwa: Alfred Tarski, »Sur quelques théorèmes qui équivalent à l'axiome du choix« von 1924.
8 **Schoenflies:** Arthur Schoenflies, ›Entwicklung der Mengenlehre und ihrer Anwendungen. Erste Hälfte: Allgemeine Theorie der unendlichen Mengen und Theorie der Punktmengen‹ von 1913. Ders., »Zur Axiomatik der Mengenlehre« von 1921.
8 **Sierpinski:** Sierpiński, ›Hypothèse du continu‹ von 1934.
11 **Aristoteles:** ›Analytica priora‹ und ›Analytica posteriora‹.
11 **Prantl:** Carl von Prantl, ›Geschichte der Logik im Abendlande‹ 1855–1870.
11 **Sigwart:** Sigwart, ›Logik, Bd. 1: Die Lehre vom Urtheil, vom Begriff und vom Schluss‹ von 1873; das ist allerdings kein Werk zur Logikgeschichte. Gödel hat dafür am 12. Juli 1938 einen Bestellschein ausgefüllt.
11 **Scholz:** Heinrich Scholz, ›Geschichte der Logik‹ von 1931. Gödel hat dafür am 5. Juli 1938 einen Bestellschein ausgefüllt.
12 **Bolzano:** Bernard Bolzano, ›Wissenschaftslehre‹ von 1837.
13 **Sigwart:** Christoph Sigwart, ›Logik‹, Bd. 2. ›Die Methodenlehre‹ von 1878. Gödel hat hierfür am 12. Juli 1938 einen Bestellschein ausgefüllt.
13 **Vorlesung:** Vgl. Gödels Mitschrift zu Schlicks Vorlesung in ›Philosophie I Maximen 0‹, S. 46–60.
14 **Brentano:** ›Wahrheit und Evidenz. Erkenntnistheoretische Abhandlungen und Briefe‹ von 1930.

8: ›*Schönflies*‹ von der Editorin verbessert in ›*Schoenflies*‹
9: | Übungen
13: | Bolzano,

9. Gegenwartsgeschichte der Philosophie.
10. Arbeit schreiben, Beweis der Widerspruchsfreiheit exakt.
11. Systematische Arbeiten über Modelle und Unendlichkeits*Definition* und *Definition* von Gesetzmäßigkeit und Verhältnis der verschiedenen Axiomatisierungen (allgemeine Axiomatik) und Widerspruchsfreiheitsbeweis.
12. Elementare Vorlesung Logik | zusammenstellen.
13. Neuere Arbeiten | Logik durchsehen.
[14. Vortrag Zilsel vorbereiten.] | Stand der Grundlagendiskussion.
15. Vorlesung *Princeton* Kontinuumsproblem vorbereiten.

x *Programm für die Woche* 6.–11./XII 1937

1.) Das von der letzten Woche Nicht-Erledigte nachholen.
2.) ~~Furtwängler, Bücher holen.~~ |
100% 3.) ~~Lesen Hilbert, Kontinuumshypothese und von Neumann, Cantor,~~ {Tarski, Polen}, (*Becker? Finsler? Hausdorff? Schoenflies? Sierpiński* Mengenlehre? *Hahn?*)
0% 4.) Beginn systematische Arbeiten, *Résumés* für *Akademie der Wissenschaften*.
75% 5.) *Universitäts*Bücher, einige *excerpieren*, unerledigte.
0% 6.) *Budget* vorbereiten für Bücher.
0% 7.) Bisherige *Maximen* durchsehen und herausschreiben {[Essen, Schlaf, Ruhe]} und irgendwie für die Einhaltung garantieren.

---

9 **Vortrag Zilsel vorbereiten:** Gödel hat am 29. Januar 1938 in einem von Edgar Zilsel organisierten Seminar einen Vortrag zu den neueren Entwicklungen in den Grundlagenfragen der Mathematik gehalten. Siehe »Vortrag bei Zilsel«, in: Kurt Gödel, ›Collected Works‹, Bd. III, S. 86–113.

10 **Vorlesung Princeton:** Im Herbst 1938 hat Gödel am IAS seine Ergebnisse zur Mengentheorie präsentiert, diese wurden zwei Jahre später als Monographie veröffentlicht. Siehe ›The Consistency of the Axiom of Choice and of the Generalized Continuum Hypothesis with the Axioms of Set Theory‹, Princeton (Princeton University Press) 1940. Wiederabdruck in: Gödel, ›Collected Works‹, Bd. II, S. 33–101.

15 **Kontinuumshypothese:** Siehe Literaturangaben zu »Programm Lektüre« auf Manuskriptseite 55, Pkt. 1–5.

15 **von Neumann:** In dem Manuskript »The Consistency of the Axiom of Choice and of the Generalized Continuum Hypothesis« macht Gödel für von Neumann folgende Literaturangabe: »Über eine Widerspruchsfreiheitsfrage in der axiomatischen Mengenlehre.«

16 **Polen:** Vgl. Erläuterung auf Manuskriptseite 55, Pkt. 3.

7: | vorbereit
8: | durchsehen
9: | Resu
10 **Kontinuumsproblem vorbereiten:** Mittels einer ovalen Zeichnung eingerahmt
12 **x:** Mit rotem Buntstift geschrieben
14 **Furtwängler, Bücher holen:** Andere Lesart: Für die Woche Bücher holen
14: | (Becker? Finsler, Schoenflies?)
20 **einige:** Andere Lesart: nötige
20 **unerledigte:** Andere Lesart: und erledigen

[57]
{30½   365   3   2½ | | 2   nicht im}

Frage: Warum freut mich die Zusammenstellung des Programms nicht? Sind daran schuld die Mängel der Wohnung? Heizung, Schlaf, Lage?
Eher nicht, sondern Zeitmangel:
1.) Ich weiß nicht, was ich zuerst machen soll, weil alles sofort nötig wäre (daher mache ich alles hastig).
2.) Das, was zu machen am nötigsten wäre, dazu habe ich am wenigsten Lust und bin dazu am wenigsten fähig (teils wegen mangelnder Vorkenntnisse, teils wegen Entschlussunfähigkeit*), nämlich Vorlesungen vorbereiten und Arbeiten schreiben, Briefe ›Amerika‹ beantworten.
3.) ...

Maxime: Es kommt darauf an, dass ich das Programm verantworten kann (vor meinen Vorgesetzten).

Bemerkung: Es ist nötig, seinem Leben einen Sinn zu geben, außer dem Brotverdienen. {o.)} Aus diesem ergibt sich dann vielleicht das Brot von selbst. Dieser Sinn könnte bei mir nur sein: 1.) Gute Arbeiten zu schreiben und Vorträge zu halten, wobei gut danach definiert wird, dass es jemandem nützen muss; 2.) zu einer Weltanschauung zu kommen.

Maxime: Alle Stunde | bei der Arbeit eine Pause von 5 *Minuten* einschalten.

Bemerkung: Zentraler Mangel bei mir, der mir alles vergällt, ist die Entschlussunfähigkeit. Nachdenken über Gründe und wie sie sich äußern (worauf sie sich beziehen). Wirkung: Ich schwanke noch während der Arbeit und arbeite daher nicht mit ganzer Kraft.

---

* | Das bezieht sich auf die Befähigung. Was erste betrifft, so deswegen keine Lust, weil sich dabei meine Unfähigkeit (Schwäche) zeigt.

2: | 38
2: | 2
13: Marginalie: | Das ist Befähigung
21 **dem**: Andere Lesart: im
27: | in
27: ›bei der Pause eine Arbeit‹ von der Editorin verbessert in ›bei der Arbeit eine Pause‹
30 **Bemerkung**: Im Manuskript viermal unterstrichen

10 **am wenigsten Lust:** Vgl. für die zahlreichen Textstellen zu Lust und Unlust in ›Zeiteinteilung (Max) I und II‹ sowie in den dazugehörenden Addenda die Anmerkung zu Manuskriptseite 24, Bemerkung 1.

[58]

Bemerkung: Ein Gesichtspunkt, ein Buch zu lesen, ist auch der: das Inhaltsverzeichnis zu lesen und alles, was einen interessiert. Das ist mehr als eine Stichprobe.

Bemerkung: Bei einem schlecht geschriebenen | mathematischen Buch ist es weder das Richtige, nur die Sätze zu lesen und die Beweise selbst zu überlegen, noch, alles in der Reihenfolge zu lesen, in der es angegeben ist. Sondern | Zwischenbehauptungen suchen, eventuell die Sätze in anderer Reihenfolge als dargestellt lesen.

Bemerkung: Beim Nachdenken über ein mathematisches Problem ist die Negation äußerst zeitsparend und fruchtbar, das heißt, die Erkenntnis, dass etwas auf eine gewisse Weise ⊬, das heißt mit einer bestimmten Idee nicht geht. Je fester bei jeder | einzelnen Idee, die man hat, die Überzeugung ist, »es ist gut, damit zu probieren«, und je fester die Überzeugung ist, »es hat keinen Sinn, so weiter zu probieren«, desto rascher kommt man ans Ziel.

Frage: Wie kommt man zu | Ideen? Indem man in trivialer Weise umformt* und sich dann

{1.)} nach Analogie richtet oder indem man
{2.)} zunächst schwächere Theoreme beweist,
3.) durch geometrische Anschauung,
4.) indem man es zu widerlegen sucht.

Das heißt, man muss sich nicht nur das Theorem, sondern auch seine Negation klar machen. Es kommt also darauf an:
1.) Die trivialen Umformungen zu | beherrschen,
2.) eine starke geometrische Anschauung zu haben,
3.) möglichst viele Theoreme und Beweise genau zu kennen.

[59] xx
|

Maxime: Samstags keine Besorgungen.

* Das heißt, sich klar macht: Was heißt das Theorem, wie kann man es noch auszeichnen und wie kann man es veranschaulichen?

6: | Buch
9: | eventuell
9 **Zwischenbehauptungen**: Andere Lesart: zwischen Behauptungen
16: | Fra
21: | Ideen
31: | kennen, 2.)
35 **x**: Mit rotem Buntstift geschrieben
35 **x**: Mit schwarzem Buntstift geschrieben
36: | Samst

Bemerkung: Mögliche Verdienstquellen außer | Buch schreiben und Reden: 1. Bibliothekar, 2. Preisaufgabe, 3. *Stipendium*, 4. *Subventionen* für eine wissenschaftliche Richtung (z. B. Nominalisten).

Maxime: Es ist vielleicht fruchtbar, um zu einem Entschluss zu kommen, darüber nachzudenken, »Was wird | geschehen?« (auf Grund der Kenntnis meiner selbst), nicht, »Was soll ich tun?«

Frage: Hat es einen Sinn,
1. systematisch nachzudenken über Bedeutung der merkwürdigen Erlebnisse und wahrscheinliche Weiterentwicklungen,
2. darüber, was glaube ich, was weiß ich, und es aufzuschreiben?

Maxime: Bevor ein Buch bestellt wird, genau überlegen, was damit beabsichtigt wird (lesen, das Interessante lesen, Stichprobe, damit arbeiten, etwas nachschauen|, wie viel Zeit darauf zu verwenden ist).

x *Programm*: Auf lange Sicht:
1. Vorlesungen
2. Amerika
3. In welchem Fach und wo gibt es eine Aussicht?
4. Wohnung und Adele
5. *Hygienische* Lebensweise: Schlaf, Verdauung, Bewegung, Sommerfrische, Zerstreuung und Ruhe (auch während der Arbeit).
6. Wo über Arbeit schreiben und zu welchem Zweck?
7. Materielle Lage.

1: | schreiben und reden
2 **Reden:** Andere Lesart: reden
7: | gesch
12 **Weiterentwicklungen:** Andere Lesart: weitere Entwicklungen
17: |)
20 **x:** Im Manuskript mit rotem Buntstift geschrieben

1 **Verdienstquellen:** Vgl. Manuskriptseite 26f., Bemerkung 3, sowie Manuskriptseite 27, Bemerkung 1.
25 **Hygienische Lebensweise:** Vgl. für die expliziten Nennungen des Begriffs in ›Zeiteinteilung (Max) I und II‹ die ausführliche Erläuterung zur Liste auf der Umschlaginnenseite von ›Zeiteinteilung (Max) I‹.
26 **Zerstreuung:** Zerstreuung ist geistige Hygiene. Vgl. für die expliziten Nennungen des Begriffs ›Zerstreuung‹ in ›Zeiteinteilung (Max) I und II‹ die ausführliche Erläuterung (inklusive Fußnote) zur Liste auf der Umschlaginnenseite von ›Zeiteinteilung (Max) I‹.
27 **Wo über Arbeit schreiben und zu welchem Zweck?:** Gemeint ist: In welchen Zeitschriften soll ich über meine Arbeit berichten und warum soll das gemacht werden?

[60]

Frage: Hat es einen Sinn, zu einem Anwalt zu gehen wegen Entmündigung?

Frage: Soll ich nicht ein Buch über *Stilistik* und Grammatik des Deutschen lesen, um Zeit beim Schreiben der Arbeiten zu sparen?

Frage: Hat es einen Sinn, Vorträge zu besuchen, und welche?

Maxime: Über alles, worüber man nachdenkt, soll man in Worten denken oder sogar schreiben.

Frage: Was soll ich tun, wenn zu nervös zum Arbeiten?

Maxime: Das Wesentliche der neuen Zeitverwendung ist, dass eine gewisse Zeitspanne auf Gewisses verwendet wird, gleichgültig, was in dieser Zeit erreicht wird (nicht wie wild so lange arbeiten, bis etwas erreicht ist).

Maxime: Man soll an jedes Buch mit einem Schema herantreten, welches durch das Buch nur ausgefüllt wird (insbesondere an die schlechten Bücher). Das Schema kann auch anhand des Inhaltsverzeichnisses entwickelt werden, oder auch sich vorstellen, dass mich jemand über den Inhalt des Buches fragt, dem ich Bericht zu erstatten habe.

Maxime: Es scheint günstig zu sein, ein zu lesendes Buch, ebenso wie jede andere Arbeit, als Gegner zu betrachten, mit dem man irgendwie fertig werden muss. Das heißt, sich in eine gewisse Zorneinstellung zu [61] bringen.

Bemerkung: Wenn viele Sachen zu erledigen sind, die unabsehbar lange dauern, dann ist es am angenehmsten, wenn die Reihenfolge gleichgültig ist.

Maxime: Bei jeder speziellen Tätigkeit (die etwa für nächste Woche vorgesehen) soll man sich fragen:

---

2 **Entmündigung:** Es ist nicht klar, über wessen Entmündigung Gödel hier nachdenkt.

1.) Soll man sie überhaupt unternehmen?
2.) Wenn ja, soll man sie jetzt unternehmen oder besser vorher etwas anderes? (Entweder, weil das Andere früher gebraucht wird, oder, weil es dafür nötig ist.)

Maxime: In der Beschränkung liegt der Meister.

Maxime: Alles gleich dort eintragen, wo es hingehört.

Maxime: Keine schlechten Arbeiten lesen (keine mit geringerer Note als 2).

Bemerkung: Es genügt, immer nur zu wissen, was ist als nächster Schritt das Richtige (augenblicklich: »Kontinuum« schreiben).

Bemerkung: Die neue Einteilung, das heißt gewisse Stunden für gewisse Tätigkeiten, gleichgültig, was in dieser Zeit erreicht wird, ist wesentlich für Tätigkeiten, für welche ich starke Hemmungen habe. Das ist *Post*, *Arbeiten* schreiben, Vorlesungen und Vorträge vorbereiten, *Zeiteinteilung* sowohl kurz- als langfristig, *Zerstreuung & Unterhaltung*, *Budget* im Voraus – Einnahmen und Ausgaben.

[62]
Bemerkung: Fruchtbare Einteilung der Tätigkeiten in solche mit und solche ohne Hemmungen.

Maxime: 1–2 mal in der Woche nachts da sein und sich so den gewünschten Koitus abnötigen (also nach Möglichkeit sich selbst in einen Zustand des Wünschens versetzen).

---

8 **Maxime:** Im Manuskript viermal untertrichen
16 **Bemerkung:** Im Manuskript viermal unterstrichen
24 **Bemerkung:** Im Manuskript viermal fett unterstrichen
27 **nachts da:** Andere Lesart: nach draußen
28 **abnötigen:** Andere Lesart: aufnötigen. Bei dieser Lesart ist ›sich‹ nicht zu ergänzen

10 **Keine schlechten Arbeiten lesen:** Vgl. ›Zeiteinteilung (Max) II‹, Addendum IIIb, 2v, Pkt. 17.
14 **»Kontinuum«:** Der erste von vier Aufsätzen dazu ist 1938 erschienen, der zweite und dritte 1939 und der vierte 1940: »The Consistency of the Axiom of Choice and of the Generalized Continuum Hypothesis«, »The Consistency of the Generalized Continuum Hypothesis«, »Consistency Proof of the Generalized Continuum Hypothesis« und ›The Consistency of the Axiom of Choice and of the Generalized Continuum Hypothesis with the Axioms of Set Theory‹. Vgl. Kurt Gödel, ›Collected Works‹, Bd. II, S. 26–101.
20 **Zerstreuung:** Vgl. für die expliziten Nennungen des Begriffs in ›Zeiteinteilung (Max) I und II‹ die ausführliche Erläuterung (inklusive Fußnote) zur Liste auf der Umschlaginnenseite von ›Zeiteinteilung (Max) I‹.
28 **Koitus:** Sexualität wird als Gegenstand der Hygiene im erläuterten Sinne betrachtet. Vgl. »Gesundheitspflege (Hygiene)« in Bd. 7 von ›Meyers Konversati-

Bemerkung: Etwas zu »überfliegen« ist selbst dann unangenehm, wenn es offensichtlich vernünftig ist (z. B. *Cantors* Abhandlungen). Es ist dort vernünftig, wo der Inhalt bereits bekannt ist und nur ungefähr festzustellen ist, was darin enthalten ist oder wo die Arbeit sehr schlecht ist und nur ungefähr festzustellen ist, was darin enthalten ist. Bleibt es aber bekannt und schlecht, dann ist es vom sachlichen Standpunkt aus besser, es nicht zu lesen, oder wenn schlecht, eventuell genau lesen, um daraus Anregung zu schöpfen.

Maxime: Jeden Tag abends Zeiteinteilung des vorhergehenden Tages aufschreiben. Zeiteinteilung für nächste Woche nicht unterlassen und Einhaltung des Wochen*Programmms* kontrollieren.

Bemerkung: Bei eigenen Arbeiten (Nachdenken über *Kontinuums-Problem* etc.) sind die folgenden Gefahren besonders groß:
1. nicht ordentlich (mit Papier und genauen Fragen) zu arbeiten,
2. nicht aufhören zu können (weil kein Resultat erzielt wurde),
3. nicht vollkommen dazu entschlossen zu sein (weil andere Dinge wichtiger sind und Erfolg nicht sicher ist). [63]

Und zwar ist die Ursache für 3 die Unsicherheit des Erfolges. Es ist hier ein Probieren nötig, und jedes Probieren ist mir zuwider.
3 ist die Ursache für 1 |.
1 und die eventuelle Möglichkeit eines wirklichen Misserfolges (Resultatlosigkeit) auch bei ordentlichem Nachdenken ist die Ursache für 2.
Außerdem 1 und daher 2 besonders naheliegend, weil ich mich an diese Unsitte beim Arbeiten stark gewöhnt habe. Ein negatives Resultat in dem Sinn, dass man so und so nicht weiterkommt, ist auch ein Resultat, und ein wichtiges, wenn man sich später danach richtet. |

Bemerkung: Die Hemmung, negative Resultate anzuerkennen, ist ein wichtiger Grund des Nicht-Vorwärtskommens in der Arbeit. Der Grund für die Hemmung ist, dass es unangenehm ist, die Unwirksamkeit einer Methode festzustellen (= Aufgabe einer Hoff-

---

ons-Lexikon‹ (1895) auf Seite 485. Vgl. auch ›Zeiteinteilung (Max) II‹, Manuskriptseiten 98, Bemerkung 4; 134, Maxime 1; Addendum IIIa, 1, Pkt. 5.

2 **Cantors Abhandlungen:** Georg Cantor, ›Gesammelte Abhandlungen mathematischen und philosophischen Inhalts‹, Berlin/Heidelberg (Springer) 1932.

14 **Kontinuumsproblem:** Vgl. Angaben zu Manuskriptseite 56, Pkt. 15, sowie zu Bemerkung 2 auf Manuskriptseite 61.

22: | und 1 ist die Ursache für 2

30: | Die Hemmung, negative Re

nung und Kränkung der Eitelkeit (man hat gedacht, es geht, und hat sich getäuscht)).

Ferner Fehlschluss |: Mit dem Glauben »so geht es« klingt mit der Glaube »nur so geht es« und bleibt teilweise bestehen. Die Überzeugung »so geht es« ist deshalb so schwer zu überwinden, weil sie irgendwie mit der »nur so geht es« gekoppelt ist, also auch an den Satz »wenn es so nicht geht, geht es überhaupt nicht« geglaubt wird. Hängt auch zusammen mit dem Aufgeben der ganzen Partie, wenn ein Zug falsch gemacht wird. [64] Verlust der Fähigkeit vernünftig weiter zu handeln, wenn ein Fehler gemacht wurde.

Folgende Tätigkeiten sind augenblicklich ++ im Bereich der Möglichkeit:
1. Nachdenken über Unabhängigkeit.
2. Schreiben der Widerspruchsfreiheit.
3. Beantworten der Post.
4. Vorbereiten Vortrag Zilsel.
5. Aufarbeiten der alten Bücher und Zettel.
6. Lesen von Abhandlungen über abstrakte Mengenlehre.

Bemerkung: Grund für Nicht-Briefe-Beantworten *etc.* ist gar nicht die Unfähigkeit, wichtige Entscheidungen zu treffen, sondern die Unfähigkeit, unwichtige Entscheidungen zu treffen*. *Beweis*: Auch nachdem ich schon entschlossen bin, nicht zu fahren, und es auch kaum mehr möglich ist, entschließe ich mich nicht, die Briefe zu beantworten.

* und die Hemmung überhaupt etwas zu tun, insbesondere was andere kritisieren könnten. Im Gegenteil, beim Wesentlichen habe ich eine zu leichte Entschlussfähigkeit.

[65]
{*Hier wird plötzlich die Qualität der Bemerkungen besser.*}

Bemerkung: Bei einem vernünftigen (angenehmen) Beruf weiß man:
1. den Erfolg der Arbeit,
2. die Bezahlung im Falle des Erfolgs.

3: | und
24 **entschließe ich mich nicht, die Briefe zu beantworten**: Andere Lesart: entschließe ich mich, nicht die Briefe zu beantworten

13 **Unabhängigkeit**: Gemeint ist die Unabhängigkeit der Kontinuumshypothese.
14 **Widerspruchsfreiheit**: Das Nachdenken darüber führte zu den Aufsätzen, welche 1938, 1939, 1940 erschienen sind. Vgl. Kurt Gödel, ›Collected Works‹, Bd. II, S. 26–101.
16 **Vortrag Zilsel**: Siehe »Vortrag bei Zilsel«, in: Kurt Gödel, ›Collected Works‹, Bd. III, S. 86–113.
30 **weiß**: Im Sinne von ›kennt‹.

Für Romanschriftsteller gilt wenigstens das 2.
Nur für wissenschaftliche Forscher gilt weder das Erste noch das Zweite.

Bemerkung: Es gibt 2 Arten wissenschaftlich zu arbeiten:
1. viele triviale Arbeiten schreiben und auf das Schreiben das Hauptgewicht legen,
2. wenige nicht-triviale Arbeiten schreiben und auf Entdeckung das Hauptgewicht legen.

1 nähert sich mehr einem »vernünftigen« Beruf an.

Frage: Ist die Struktur des Wissenschaftsbetriebes eigentlich so, dass Leute, die eine gewisse Anzahl nicht vollkommen trivialer Arbeiten schreiben, eine gesicherte Existenz haben?

Bemerkung: Der Zeitverlust beim Einziehen in eine neue Wohnung ist zum Teil darauf zurückzuführen:
Bis man gefunden hat, wie man am besten alles bequem macht, dauert es (z. B. welches Fenster offen in der Nacht sein soll etc.).

Bemerkung: Mittel zur Erreichung der Entschlüsse = Aufspalten in ihre Teile. Zum Beispiel: |
1.) Brief im Unreinen, 2.) Brief im Reinen, 3.) aufgeben.

[66]
Bemerkung: Einteilung der Tätigkeit nach Schwierigkeitsgrad:
1. Körperliche Tätigkeiten ohne Geschicklichkeit: Gehen, Laufen, Schneeschuhlaufen, einfache Freikörperübungen.
2. Körperliche Tätigkeiten mit Geschicklichkeit (Aufmerksamkeitsanspannung): Tennisspielen, Balancieren, Kugelgeduldsspiel, Kegelschieben, Schreibmaschine schreiben.
   [Von 1 zu 2 wäre etwa ein Übergang: Holz hacken, Bäume fällen.]
3. Geistige mechanische Tätigkeiten: Abschreiben, nach Diktat schreiben, addieren, in eine Formel einsetzen und ausrechnen, orthographische Fehler korrigieren, vorlesen.
   Übergang von 3 zu 4: Buchhaltung, leichte Lektüre, Konversation und gutes Benehmen, Briefe stilisieren, ….

22: | 1 Brief
26 **Bemerkung**: Im Manuskript viermal fett unterstrichen
30: ›.‹ von der Editorin verbessert in ›:‹

23 1.) **Brief im Unreinen, 2.) Brief im Reinen, 3.) aufgeben**: Vgl. Addendum IIIa, 3, Pkt. 37.

4. Höhere Tätigkeiten: Übersetzen, eine Vorlesung vorbereiten, ein Buch schreiben, das nur referiert, eine Abhandlung schreiben, die schon im Gerüst fertig ist, wissenschaftliche Bücher lesen und *excerpieren*, | *Dissertationen* korrigieren, leichtere Aufgaben rechnen, Sprache lernen.

5. Produktive Tätigkeiten: Neue Theoreme beweisen (eine Theorie bauen), Werturteile {und moralische Urteile} über Bücher und Menschen, politische oder sonstige Voraussagen, Einteilung des eigenen Lebens, Weltanschauung, künstlerische Werturteile, zu lesende Bücher und was daraus zu lesen auswählen, *Maximen* des eigenen Lebens.

[67]

Bemerkung: Ein Entschluss ist ein spezieller Fall eines Urteils, nicht wie die *Positivisten* sagen, ein Urteil ist ein spezieller Fall eines Entschlusses. Frage der Willensfreiheit: Fühlt man sich bei einem Glaubensakt (Entschluss) aktiv oder passiv?

Bemerkung: Fruchtbarkeit der Bescheidenheit ist sehr wesentlich (Beispiel: Aufstellen einer *deduktiven* Theorie dadurch, dass man darauf verzichtet, alles zu definieren und alles zu beweisen).

Maxime: (*Tarski* Vortrag *Paris* 1937) Der exakte Weg, eine Wissenschaft zu begründen, wäre zugleich der denkökonomischste.

x *Programm*: 27./XII 1937–1./I. 1938
1. Bisherige Resultate Unabhängigkeit Kontinuum aufschreiben, bisher verwendete Begriffe definieren.
2. Alle Ideen zur Lösung, die bisher aufgetaucht sind, mit Widerlegungen aufschreiben.

4: | Briefe stilisieren
13 [67]: Zu Beginn dieser Seite hat Gödel Platz gelassen, wahrscheinlich, um die obige Liste fortsetzen zu können
26 x: Im Manuskript mit rotem Buntstift geschrieben

19 **Fruchtbarkeit der Bescheidenheit:** Vgl. zur Frage der Bescheidenheit in der Mathematik und ihrer Lehre: ›Zeiteinteilung (Max) I und II‹, Manuskriptseiten 53, Bemerkung 2; 70, Pkt. 6; 88, Bemerkung 2; 89, Bemerkung 1 und 2; 124, Maxime 2; Addenda II, 11, Pkt. 30; IIIb, 1v, Pkt. 3'1; IIIb, 2v, Pkt. B16.

23 **Tarski Vortrag Paris 1937:** Im ›Journal of Symbolic Logic‹, Bd. 2, Heft 2 hat Susanne K. Langer im Juni 1937 auf Seite 83 eine Rezension zu Alfred Tarski, »Grundlegung der wissenschaftlichen Semantik« veröffentlicht. Den Vortrag hat Tarski 1935 in Paris gehalten; veröffentlicht wurde er 1936 in: ›Actes du Congrès International de Philosophie Scientifique‹. Auf Seite 5 geht Tarski auf die Rolle der Grundbegriffe einer Sprache ein, auf Seite 7 auf Gödels Unvollständigkeitssatz.

3. *Maximen* durchsehen und für Einhaltung garantieren (wichtige abschreiben).
[4. *Für Résumés* Ordnung nebenbei machen, *Universitäts*bücher nach der Veröffentlichung zurückgeben.] [68]
[5. Neuere Arbeiten durchsehen |.]
[6. Vortrag Zilsel vorbereiten.]

Frage: Gibt es eine *spezifische* Ermüdung (z. B. nur für ein bestimmtes Problem oder nur für Mathematik)? Oder gibt es nur eine Ermüdung, welche mit Unlust für alle qualifizierten Tätigkeiten verbunden ist, so dass nach Einschaltung einer mechanischen Tätigkeit dasselbe | wieder aufgenommen werden kann?

Maxime: In der Zwischenpause zwischen eigenen Arbeiten soll man eine nicht ganz leichte Arbeit, welche aber fast sicher Erfolg verspricht, einschieben. Dann, durch Erfolg der Arbeit steigen Arbeitslust und Arbeitsfähigkeit ungeheuer (Erfolg, aber nicht zu leichter Erfolg).   !!Aufgaben auflösen!!

Bemerkung: Der Grund, weswegen manchmal gewisse Probleme objektiv sinnlos erscheinen, ist die Unlust zur Arbeit (d. h. letzten Endes der Misserfolg). Diese verschwindet bei einem Erfolg (Erfolg, aber nicht zu leichter Erfolg).

Bemerkung: Der Glaube, dass das, was du tust, das Richtige ist, dass die Art, wie du es anpackst, die richtige ist, und dass das, was du bisher davon gemacht hast, richtig ist, trägt ungeheuer viel zum Erfolg bei (ist vielleicht das Wesentliche am Erfolg), weil die Aufmerksamkeit ganz anders angespannt wird. Nämlich: Sie ist vollkommen auf das Weiterkommen gerichtet, während sie im anderen Fall zum Teil auf das Frühere gerichtet ist, ob es richtig ist. Und weil [69] man in dem Fall vollkommen entschlossen ist, | weiterzugehen, während man im andern Fall nicht vollkommen

---

6 **Vortrag Zilsel vorbereiten:** Siehe u. a. Anmerkung zu Manuskriptseite 64.
10 **Unlust für alle qualifizierten Tätigkeiten:** Vgl. für die zahlreichen Textstellen zu Lust und Unlust in ›Zeiteinteilung (Max) I und II‹ sowie in den dazugehörenden Addenda die Anmerkung zu Manuskriptseite 24, Bemerkung 1.
16 **Arbeitslust:** Siehe Anmerkung zu vorangegangener Frage.
21 **Unlust zur Arbeit:** Siehe Anmerkung zu vorangegangener Frage auf dieser Manuskriptseite.

5: | insbesondere
12: | ist
32: | es zu tun

entschlossen ist, weiterzugehen, sondern eventuell das Vergangene revidieren will.*

> * Dahin gehört auch, dass die Lösung viel leichter gelingt, wenn man weiß (glaubt), dass es eine Lösung gibt.

Bemerkung: Das Aufspalten ist das Um und Auf des Erfolgs (das Analytische), das heißt, etwas herausgreifen und sich ganz darauf konzentrieren (von dem Ende vollkommen absehen). Vergleich mit einer scharfen Spitze (nur auf Eines gerichtet), mit einer stumpfen Spitze (auf viele zugleich gerichtet) drängt sich auf. Mit der scharfen Spitze kommt man weiter. Darin besteht auch der Wert des vollständigen Entschlusses.

Maximen für mathematische Forschung:
1. Was nicht leicht geht, das geht gar nicht.
2. | Nicht sich in irgendwelche Ideen verbohren {(klitschen)} und mit ihnen um jeden Preis weiterzukommen suchen, sondern | in der Richtung arbeiten, in welcher der Widerstand am geringsten (der Fortschritt am raschsten) ist.
3. Nicht vor sich selbst rechthaberisch sein, das heißt zugeben, dass man sich geirrt hat, wenn man glaubte, dass man mit irgendeiner Idee durchkommt oder wenn man glaubte, irgendetwas schon gewiss zu haben. Negative Resultate sind auch wertvoll!
4. Bei jeder Idee von vornherein die Möglichkeit des Versagens in Betracht ziehen (sich nicht in seine Ideen verlieben).
5. Lieber Anregungen holen durch Gespräche, Bücher, Abhandlungen, Vorträge. [70]
6. Bescheidenheit (mit | geringen Resultaten zufrieden sein und diese genau ausbauen) – »jedenfalls gilt«.
7. Gerechtigkeit (von vornherein ebensowohl p als $\sim p$ erwarten)**?**

---

12 **Maximen**: Im Manuskript viermal unterstrichen
14: | Nicht mit in der
16: | wenn es nicht
27: | derjenig
28: ›.‹ von der Editorin verbessert in ›–‹

4 **das Um und Auf**: Das ›Um und Auf‹ ist eine österreichische Redewendung für ›das Wesentliche‹, ›das Ganze‹.
14 **klitschen**: Laut Duden bedeutet ›klitschen‹ ›eine klebrige Masse bilden‹, hier evtl. ›festkleben‹.
27 **Bescheidenheit**: Vgl. zur Frage der Bescheidenheit in der Mathematik und ihrer Lehre: ›Zeiteinteilung (Max) I und II‹, Manuskriptseiten 53, Bemerkung 2; 67, Bemerkung 2; 88, Bemerkung 2; 89, Bemerkung 1 und 2; 124, Maxime 2; Addenda II, 11, Pkt. 30; IIIb, 1v, Pkt. 3'1; IIIb, 2v, Pkt B16.
28 **»jedenfalls gilt«**: Vgl. ›Zeiteinteilung (Max) I‹, Manuskriptseite 70, Pkt. 6 und 9; Addenda IIIb, 2v, Pkt. B16, und IIIb, 2v, Pkt. 22; ›Max III‹, Manuskriptseite 18.

8. Sich mit leichten *Problemen* begnügen. Früher habe ich prinzipiell nur solche Probleme ausgesucht, die unangreifbar waren (das Andere war mir zu minder). Manchmal stellt sich dann heraus, dass sie nicht so leicht sind, als man zuerst gedacht hat).
9. <u>Man muss zunächst etwas ganz erledigen, bevor</u> man zum nächsten geht, dann mit mehr Energie (»jedenfalls gilt«).
10. <u>Man macht</u> nur das, was man leicht machen kann. Daraus ergibt sich dann von selbst, dass man auch das Schwere machen kann.

<u>*Maxime*</u>: Um gewisse abstrakte (geistige, seelische) Dinge zu erreichen, müssen gewisse rein äußerliche (körperliche) Regeln eingehalten werden. Zum Beispiel: **Zu einer gewissen Zeit aufstehen, sich zur Arbeit zum Schreibtisch setzen (nicht liegen), ein Heft und Schmierpapier und Bleistifte vor sich liegen haben.** <u>Jeden Abend eine Zeiteinteilung machen,</u> **beim Ausgehen einen <u>Zettel</u> mitnehmen und diesen nach jeder Besorgung rausnehmen und ansehen.** Eine gewisse Zeit auf etwas verwenden, selbst wenn man nicht vorwärts kommt. [Das ist auch eine Art der <u>Bescheidenheit</u>, nämlich wenn schon nicht das Gewünschte erreichbar, so begnügt man sich zunächst damit, es rein äußerlich zu erreichen.]

<u>*Bemerkung*</u>: Eine Arbeit für den Druck schreiben heißt, einen <u>wirklichen</u> Beweis für die zu beweisenden Sätze suchen.

[71]
<u>*Bemerkung*</u>: Weitere fruchtbare mathematische Verfahren: | Ein Beweis besteht darin, dass von gewissen speziellen Objekten | eine gewisse Eigenschaft gezeigt wird. {Nur:} 1.) Man fragt sich, welche Eigenschaften dieser Objekte reichen zum Beweis aus? Dadurch entsteht ein allgemeiner Satz und außerdem versteht man dann den ursprünglichen Satz besser.
2.) Man sucht den Satz mittels übersichtlicher Begriffe auszusprechen, | das heißt solcher, deren | exakte *Definition* kurz ist und welche anschaulich sind.

---

7 »jedenfalls gilt«: Vgl. Punkt 6 oben.
20 **Bescheidenheit**: Vgl. Punkt 6 oben; insbesondere aber Addenda IIIa, 2, Pkt. 30; IIIa, 3, Pkt. 46; IV, 1, II; sowie ›Max III‹, Manuskriptseiten 17, Maxime; 78, oben; sowie 151, Pkt. 7.

12 **Maxime:** Im Manuskript fünfmal fett unterstrichen
25 **für die zu beweisenden Sätze:** Andere Lesart: für den zu beweisenden Satz
28: | 1.)
29: | gewisse
35: | aus zu
35: | *Df.* kurz

Bemerkung: Sehr wichtig ist es, aufhören zu können, ohne einen Erfolg gehabt zu haben (z. B. beim Nachdenken). Das ist genau dasselbe wie Aufgeben eines bestimmten Verfahrens (auf die Zeit bezogen). Ebenso wie es dort heißt: Es geht nicht mit diesem Verfahren, damit muss man sich abfinden (aber das heißt noch nicht, dass es gar nicht geht). Ebenso heißt es hier: Es geht heute nicht mehr, damit muss man sich abfinden, aber vielleicht geht es morgen. Allerdings im ersten Fall wenigstens ein negatives Resultat erzielt, welches später zu verwenden (im zweiten Fall ist | u. U. gar nichts erzielt). Das Einzige, weswegen der zweite Fall nicht ganz verloren ist, ist die Übung, die dadurch gewonnen ist.

[72]
Bemerkung: *Genus proximum* und *Differentia specifica* ist tatsächlich fruchtbares *Princip* bei der Klarstellung des Sinns von Aussagen und Begriffen.

Bemerkung: Gutes Beispiel für das Aufsuchen eines Mittelbegriffs | = überdeckende | vorgängerabgeschlossene Systeme | = wohlgeordnete vorgängerabgeschlossene Systeme (bei analytischem *Schema*). Mittelbegriff: | vorgängerabgeschlossenes System, das keinen Weg enthält.

Bemerkung: Es ist ein Irrtum zu glauben, dass auch der Erfolg einer Tätigkeit von dir selbst abhängt. Es hängt nur das Bemühen um den Erfolg von dir ab (Überspannung des Verantwortlichkeitsgefühls, zu heftig Erfolg wollen).
↓
Bemerkung: Das Übergehen vom Spezialfall zum Beweis eines allgemeinen Satzes ist ein Spezialfall der Methode des Generalisierens (Schauens, was im Beweis wesentlich ist). Die Fallunterscheidung ist ein Beispiel des Übergehens zum Spezialfall.

9: | g
14 **tatsächlich fruchtbare Principien:** Andere Lesart: tatsächlich fruchtbar. Principiell
18: | überdeckende Systeme
19: | Systeme
19: | das von jed viel
21: | Systeme
29: ›zu‹ von der Editorin verbessert in ›vom‹

14 **Genus proximum und Differentia specifica:** Vgl. Manuskriptseite 102, Bemerkung 2.
19 **überdeckende:** Die Definition von ›Überdeckung‹ lautet wie folgt: Sei A Teilmenge eines topologischen Raumes X und Λ eine beliebige Indexmenge. Eine Familie $\{U_\lambda\}_{\lambda \in \Lambda}$ von Teilmengen U_λ von X heißt Überdeckung von A, wenn A in der Vereinigung U_λ enthalten ist, also $A \subseteq \cup_{\lambda \in \Lambda} U_\lambda$. Die Überdeckung heißt abgeschlossen, wenn alle U_λ abgeschlossen sind.
19 **vorgänger abgeschlossene:** Vgl. ›vorgängerabgeschlossen‹ heißt eine Menge, wenn sie zu jedem ihrer Elemente auch dessen Vorgänger enthält.

Bemerkung: Andere Methode als die im Vorigen erwähnte ist die Annahme (indirekter Beweis). Das heißt, möglichst weitgehende Verfolgung einer ein für allemal festgehaltenen Annahme. Fruchtbare Annahmen:
1. die unplausiblen (führen zu einer Widerlegung),
2. die plausiblen (führen dazu, dass gewisse Sätze wahrscheinlich nicht beweisbar sind, also höchstens das Gegenteil beweisbar ist).

[73]
Bemerkung: Fehler beim Beweisen: Zu früh auf das Wesentliche gehen. Man soll den Beweis erst mit den unwesentlichen Momenten der ersten Idee nach zu Ende denken und dann das Unwesentliche weglassen.

Maximen: 1. Vielleicht ist es gut, nach einem Resultat aufzuhören nachzudenken (weil dann Ruhe ist).
2. Resultate sofort formulieren, nachdem man sie erreicht hat.

Bemerkung: Alle vernünftigen Maßnahmen bei meiner Arbeit, zum Beispiel: Erst das Alte genau aufschreiben bevor weitergehen, mehr Ruhepausen einschalten, {mehr in den »höheren Typen« nachdenken}, haben scheinbar eine Verlangsamung (in Wirklichkeit wahrscheinlich eine Verschnellung) zur Folge|.

Bemerkung: Damit die Arbeit befriedigt, kommt es scheinbar hauptsächlich darauf an, dass sie eine äußere Wirkung hat (Vortrag, *Publikation*), das heißt etwas, wofür man auch gezahlt bekommen könnte. |Eine bloße Erkenntnis (Erweiterung der Erkenntnisse) genügt nicht, sondern ist nur Vorbereitung.

Bemerkung: Nach einem Vortrag immer *Depression*.

---

24 **Verschnellung**: ›Verschnellung‹ ist hier im Sinne von ›schneller werden‹ verwendet. Das Deutsche Wörterbuch von Jacob und Wilhelm Grimm kennt das Wort ›Verschnellung‹ im Sinne von ›Überraschung‹, ›Übereilung‹ oder ›Praecipitatio‹. Vgl. ›Deutsches Wörterbuch von Jacob und Wilhelm Grimm‹. 16 Bde. in 32 Teilbänden. Leipzig 1854–1961. Quellenverzeichnis Leipzig 1971. Online-Version angesehen am 10.07.2017.

28 **äußere Wirkung hat (Vortrag, Publikation)**: Vgl. ›Zeiteinteilung (Max) I‹, Manuskriptseite 1, A, Pkt. 1; Addendum IIIa, 1, Pkt. 10.

24: ›)‹ von der Editorin gelöscht

29: ›(‹ von der Editorin gelöscht

Bemerkung: Wichtig | für Vorlesungen wäre »Sprache lernen«, das heißt | freier Gedankenausdruck, das heißt, überlegen, bevor man spricht. Dazu ist es wesentlich, dass man nicht in Eile ist und nicht aufgeregt ist.

Maxime: Man soll sich | lieber zu wenig als zu viel für eine Vorlesung vornehmen.

[74]
Maxime: Man soll nicht anlässlich eines Vortrages neue Sachen zu finden suchen, die man vorher nicht wusste, sondern schnittig referieren.

Maxime: Man soll sich zu nichts verpflichten (nichts übernehmen), bevor man weiß, wie man es erledigen wird.

Maxime: Beschränkung der Zeit des Nachdenkens, oben nachzuschauen.

Bemerkung: | Eine Methode, sich in einem Gebiet auszukennen, ist, möglichst viele Sätze zu wissen (zunächst ohne Beweis). Dann auch *systematisch* alle möglichen Sätze zu wissen, die sich mit den Begriffen des Gebietes formulieren lassen.

Maxime: Bevor man *intensiv* über einen Satz nachdenkt, erst über seine mögliche Widerlegung nachdenken. Überhaupt, abwechselnd über den Satz und seine Widerlegung nachdenken. Das ist selbst dann vernünftig, wenn ~A äußerst unwahrscheinlich ist (um den Glauben zu stärken).

|

Bemerkung: Nach einem (wenn auch fälschlich geglaubten) Erfolg {[sogar geringer Erfolg, etwa: Aufgaben lösen, Rätsel lösen]} in meinen logischen Arbeiten hört der Denkzwang (bezüglich bestimmter Probleme) auf und es stellt sich Lust ein|:

1: | für den
2: | Gedankenausdruck
6: | eher
17 **Beschränkung der Zeit des Nachdenkens, oben nachzuschauen:** Andere Lesart: Beschränkung der Zeit des Nachdenkens ohne nachzuschauen
20: | Ken
31: | Max
36: ›zu‹ von der Editorin gelöscht

11 **schnittig:** Hier im Sinne von ›schneidig‹, ›forsch‹, ›selbstbewusst‹ zu verstehen.

1. Arbeiten zu lesen,
2. andere Sachen zu studieren (Theologie),
3. Zeit systematisch einzuteilen und Ordnung zu machen,
4. sich zu zerstreuen.

Die Ursachen für den Denkzwang sind anscheinend: [75]
1. Es liegt ein Problem vor, welches nicht unüberwindlich aussieht, sondern für welches sogar ein falscher Anschein einer Lösungsmöglichkeit* besteht und von welchem man jedenfalls überzeugt ist, dass es eine Lösung hat. Oder es liegt eine Idee vor, von welcher man das Gefühl hat, dass sie ausgearbeitet etwas Bestimmtes oder jedenfalls etwas Interessantes geben muss.
2. Man glaubt, es wäre nützlich für die die Lösung zu haben.
3. (Folgt vielleicht daraus 1. und 2.?) Man beschließt, die Lösung zu suchen.

Dann besteht der Denkzwang so lange bis wenigstens irgendein (wenigstens geglaubter) Fortschritt erzielt ist.

* Eine scheinbare Lösungsidee (z. B. Kontinuum mit den Wahlfolgen).

Bemerkung: Jede Arbeit (z. B. Abhandlung lesen) geht dann viel leichter, wenn ein Zweck ersichtlich** ist [zum Beispiel: wahrscheinlich ist mit ihrer Hilfe eine Entscheidung einer Frage möglich]. Der Zweck (das Ziel) muss möglichst verlockend (schön, nützlich, in Übereinstimmung | mit den obersten Zwecken der betreffenden Person) sein.

** Und wenn mit »gutem Gewissen«.

Bemerkung: Das oberste Ziel meines Lebens (_concipiert_ in der Pubertät) ist die Erkenntnisfreude (sowohl privat als soziologisch).

[76]
Bemerkung: Die richtige Methode, einen elementaren Beweis zu finden, besteht darin, den unelementaren zunächst auszuarbeiten (nicht darin, schon vor der Ausarbeitung nachzudenken |, welche Elemente des unelementaren Beweises man weglassen oder reinfügen kann).

---

36 **Lust**: Vgl. für die zahlreichen Textstellen zu Lust und Unlust in ›Zeiteinteilung (Max) I und II‹ sowie in den dazugehörenden Addenda die Anmerkung zu Manuskriptseite 24, Bemerkung 1

4 **sich zu zerstreuen**: Zerstreuung gehört zur geistigen Hygiene. Vgl. für die expliziten Nennungen des Begriffs in ›Zeiteinteilung (Max) I und II‹ die ausführliche Erläuterung (inklusive Fußnote) zur Liste auf der Umschlaginnenseite von ›Zeiteinteilung (Max) I‹.

22: | mit dem ober
29 **Bemerkung**: Im Manuskript viermal unterstrichen
31: | wie man

Maxime: | Bei Vorlesungsvorbereitungen und beim Arbeiten schreiben | soll man zuerst ohne viel Überlegen es irgendwie machen, dann sind Verbesserungen möglich: Besser 3mal rasch als einmal mit | langen Überlegungen.

Bemerkung: Damit ich Lust zu einer Vorlesung habe, muss Folgendes gelten:
0. Sie muss mir selbst gefallen.
1. Sie muss mathematisch oder physikalisch (nicht logisch) sein.
2. Sie | darf nicht von meiner eigenen Arbeit handeln.
3. Der Stoff muss vollkommen beherrscht werden (man muss die Sätze wirklich durchblicken).

Maxime: Die beruflichen Tätigkeiten {(d. h. die unangenehmen Tätigkeiten)} (Post, {Budget}, Arbeiten schreiben, Vorlesungen abfassen, Arbeiten lesen, neue Resultate zu gewinnen suchen) sollen behandelt werden wie die Tätigkeit in einem Büro. Gewisse Stunden dafür reservieren. Diese gehören nicht mehr mir.*

Bemerkung: Bei Arbeiten, die einem zuwider sind, ist die Herstellung der äußeren Arbeitsbedingungen das Wesentliche, das heißt, ruhiges Zimmer (ungestört) mit normaler Temperatur und Luft, außerdem Vorhandensein eines Schreibtisches und Arbeitsmaterials, genaue Zeiteinteilung im Vorhinein, Aufstehen zu bestimmter Zeit, [77] arbeiten ohne Rücksicht auf Erfolg nach gewisser Zeit. Sich selbst Aufträge geben.

Maxime: Das Wesentliche, um die Arbeitsstunden einzuhalten, ist die Feststellung, Einteilungen so zu treffen, dass auch noch genug Zeit für die Stunden übrig bleibt, auf die du dich freuen kannst. An diese dann denken, um Energie für die Arbeit aufzubringen.

Maxime: | Der Gedanke an das Ende der Arbeit (die freie Zeit) gibt die Kraft zur Arbeit. Erst die Arbeit, dann das Spiel (Vormittag).

Maxime: Irgendein Notizbuch überall mithaben (auch im Badezimmer) und alles sofort eintragen.

---

* [77] Daher auch bei hindernden Umständen (Kopfschmerz etc.) einzuhalten.

1: | Man
2: | muss
4: | aus
10: | muss
25 [77]: Diese Paginierung einer ungeraden Seite stammt wieder von Gödel selbst
33: | Um Energie für die

6 **Lust**: Vgl. für die zahlreichen Textstellen zu Lust und Unlust in ›Zeiteinteilung (Max) I und II‹ sowie in den dazugehörenden Addenda die Anmerkung zu Manuskriptseite 24, Bemerkung 1.

Maxime: Das Um und Auf der Zeiteinteilung ist, gewisse Stunden für berufliche Tätigkeiten (eventuell sehr wenige, verschiedene solche) zu reservieren und wirklich einzuhalten. Ein Mehr ist vielleicht sogar schädlich.

Maxime: Besser schlecht als gar nicht. Nicht zu viel Zeit darauf verwenden, im Vorhinein die Erstklassigkeit zu garantieren.

Maxime: Ein für allemal feststellen: »vormittags gar keine Zeit«, und bei Verabredung berücksichtigen.

[78]
Maxime: Sich zu allem Zeit lassen (*Eile* mit Weile).

Bemerkung: Um zur simplen Methode zu kommen, gewisse Stunden für berufliche Arbeit zu reservieren, ist scheinbar dieses ganze Heft notwendig (ähnlich ist es oft bei mathematischen Sätzen).

Maxime: Nicht zu viel vornehmen.

Maxime: Für Straßenbahn immer etwas mitnehmen. Etwas zum Aufschreiben, *Separata,* um sie in der Straßenbahn zu lesen.

Bemerkung: Das Zu-einem-Entschluss-Kommen ist auch ein (sehr wesentlicher) Teil der Arbeit.

Maxime: Zeiteinteilung, richtiges Prinzip: dauernd gleicher Stundenplan und das Übrige als Durchbrechung dieses Stundenplans.

Maxime: Beim Briefeschreiben: Nachdem ein Brief im Unreinen fertig ist, überlegen:
1. Ist das, was geschrieben wurde, richtig?
2. Ist, wie ich schreibe, richtig (Form, Höflichkeit, Stilisierung, Anrede)?

1 **Das Um und Auf:** Vgl. Erläuterung Manuskriptseite 69, Bemerkung 1.
13 **Zeit lassen:** Vgl. Addendum IIIa, 1, Pkt. 9.
13 **Eile mit Weile:** Vgl. Manuskriptseite 11, Maxime 1 in diesem Heft.
22 **Separata:** Gemeint sind Sonderdrucke.

Bemerkung: Eine Mathematikvorlesung muss entweder schön oder exakt sein (die Exaktheit kann die Schönheit teilweise ersetzen).

Frage: Gibt es ein *Training* des Entschlüsse-Fassens?

Maxime: Arbeit ins Reine. Zunächst, ohne viel zu überlegen, irgendwie wirklich beweisen (nicht zu viel auf »Eleganz« von vornherein achten|, auch nicht auf »möglichst scharfe Resultate«).

8: ›)‹ von der Editorin gelöscht

1 **schön oder exakt:** Vgl. Addendum IIIb, 2v, Pkt. 20.

Zeiteinteilung (Max) II

Handschriftenbeschreibung
Papier, Schreibheft, Heftgröße 20,5 cm (Höhe) x 16,5 cm (Breite). Heftumschlag: orangebraun, auf ihm ist von Gödel der folgende Titel vermerkt: *Zeiteinteilung (Max.) II* (= Phil. II). Im unteren Drittel ist der Firmenname »Alma« aufgedruckt, ganz unten »Österreichisches Erzeugnis«. Das Heft hat in der Mitte einen Längsknick, so als ob es einmal zusammengefaltet worden wäre, um es in die Jacken- oder Manteltasche zu stecken. Auf der Innenseite des Heftumschlages steht das Folgende, das nachträglich durchgestrichen wurde: »Das war ursprünglich das erste *Max* Heft neben *Ph* Heft, später *Max* und *Ph.* zusammengezogen.« Heftinnenseiten: Das Papier ist hellbeige, das Karo grau/hellblau. Ab Manuskriptseite 80 sind nur die geraden Seiten von Gödel paginiert. Die ungeraden Seiten sind nicht von Gödel paginiert, eine Ausnahme davon bildet die erste Seite des Heftes (Seite 79). Die Handschrift ist sehr zart und klein. Schreibwerkzeug: Bleistift und roter Buntstift. Sprache: Deutsch; Schrift: Kurzschrift Gabelsberger, gelegentlich Langschrift. Nur die Addenda I bis XII wurden von Gödel selbst in das Heft ›Zeiteinteilung (Max) II‹ eingelegt, die Addenda XIII, XIV und XV befinden sich in Kurt Gödels Nachlass (CO282) an anderen Stellen.

Entstehungszeitraum von ›Zeiteinteilung Max II‹
März 1938 bis 17. Juli 1940; Addendum I, 8. November 1937; Addendum II, ca. 1941; Addendum III, ohne Datierung; Addendum IV, ohne Datierung; Addendum V, ohne Datierung; Addendum VI, 1941?; Addendum VII, 10. Januar 1942; Addendum VIII, ohne Datierung; Addendum IX, ohne Datierung; Addendum X, nach September 1943; Addendum XI, ohne Datierung; Addendum XII, ohne Datierung, aber sicher nach 1939; Addendum XIII, ohne Datierung, vor dem 31. Juli 1937; Addendum XIV, zwischen dem 1. Dezember 1937 und Anfang 1938; Addendum XV, ohne Datierung.

[79]

Vormittag	9–1 Uhr	*Kontinuum*, *Vorlesungen* Princeton & Notre Dame
	1–2 Uhr	Mittagessen

I	2–3 V 4 Uhr	*Post*, *Budget {(Steuer)}*, | *Lebens*plan
	4–5 Uhr	*Spazierengehen*

II	2–? Uhr	Besorgungen
		Montag und Mittwoch

In der freien Zeit *Theologie*, *Mathematische Arbeiten* lesen, eigene Arbeit fortsetzen, *Résumé*, \| *Zeiteinteilung* im Kleinen und *Principiellen*

---

2 **Vorlesungen Princeton:** Im Herbst 1938 hat Gödel am Institute for Advanced Study seine Ergebnisse zur Mengentheorie präsentiert, zwei Jahre später waren sie Bestandteil von Gödels einziger Monographie ›The Consistency of the Axiom of Choice and of the Generalized Continuum Hypothesis with the Axioms of Set Theory‹; Wiederabdruck in: Gödel, ›Collected Works‹, Bd. II, S. 33–101. Siehe auch John W. Dawson, Jr., »Gödel's Logic Course at Notre Dame«: »his 1940 monograph ›The Consistency of the Axiom of Choice and of the Generalized Continuum Hypothesis with the Axioms of Set Theory‹ [is] based on notes by George W. Brown on the Princeton Lectures. However, the treatment in the Notre Dame lectures, like that in Gödel's 1939 ›Proceedings‹ paper, defines the constructible sets inductively in terms of definability with ordinal parameters, not, as in the monograph, in terms of closure under eight fundamental operations classes [...].« Im Gödel-Nachlass befinden sich die Manuskripte zur Vorlesung in Behältnis 7c, Reihe IV, Mappen 39–43, ursprüngliche Dokumentennummern 040149–040154.

2 **Notre Dame:** Das Material für die Vorlesung zur Kontinuumshypothese, gehalten an der University of Notre Dame, das hier erwähnt wird, ist bisher nicht veröffentlicht. Im Gödel-Nachlass befinden sich die Manuskripte zur Vorlesung in Behältnis 7c und 8a, Reihe IV, Mappen 52–56, ursprüngliche Dokumentennummern 040194–040198. Publiziert wurde hingegen das Material zum elementaren Logikkurs, den Gödel in Notre Dame gegeben hat. Vgl. zu letzterem »Gödel's Notre Dame Course«, hrsg. v. Miloš Adžić und Kosta Došen, in: ›The Bulletin of Symbolic Logic‹ 22 (2016), S. 469–481, sowie Jan von Plato, »Kurt Gödel, Logic Lectures. Gödel's Basic Logic Course at Notre Dame«, in: ›History and Philosophy of Logic‹ 39 (2018), S. 396–401.

6 V: Logisches Symbol für ›oder‹.

12 **eigene Arbeit fortsetzen:** Gödels eigene Arbeit ist zu diesem Zeitpunkt das, was in die Veröffentlichungen zu Gödels Beweis der relativen Konsistenz des Auswahlaxioms und der allgemeinen Kontinuumshypothese eingegangen ist. Vgl. die vier Aufsätze Gödels von 1938, 1939, 1939a und 1940 in: ›Collected Works‹, Bd. II, S. 26–101.

6: \| Zeiteint
13: \| Schulw

Programm:
Wichtigste *Maximen* herausschreiben! Systematisch ordnen. Nachdenken über Erfahrungen während der Arbeitszeit (insbesondere vorwärtskommen). Es fällt mir schwer, mich zu konzentrieren.
! Mehr Arbeitspausen.

Maxime: Beispiel für Einhaltung äußerlicher Vorschriften, um etwas Inhaltliches zu erzielen: Arbeite ordentlich (d. h. kalligraphisch ordentlich), schreibe dann auch inhaltlich exakt.

[80]
Maxime: Bei jeder Entscheidung, die zu treffen ist, sich zuerst fragen, ob sie wesentlich oder unwesentlich ist! Überhaupt, einmal allgemein überlegen: »Was ist das Wesentliche?«

Bemerkung: Das Wesentliche meiner Entschlussunfähigkeit besteht anscheinend darin, dass ich 5–10-mal so lange brauche, um zu einem Entschluss zu kommen, wie ein anderer Mensch. Daher vor allem sondieren, wo eine rasche Entscheidung nötig ist (z. B. Papiere verkaufen).

x *Programm*: zu erledigen:		
1. Erkundige dich wegen deutscher *Devisen*-Verordnung und Börseneröffnung. {1. Wechselkurs und Unterstützung (finanzielle Zahlung)}	10	
E 2. Zu einem Entschluss kommen, was Flexner und Veblen zu schreiben ist, und schreiben.	3	
E 3. Zu einem Entschluss kommen wegen Geld aus Amerika.	10	
4. Einkommensteuerbekenntnis einreichen.	0	
5. *Budget-* und Rechnungsbücher verräumen.		
6. Brief an *Sulk*	0	

Maxime: Ordnung ist das halbe Leben. Das gilt auch insofern, als niemals bloß dadurch, dass etwas in Ordnung gebracht wird (über-

---

27 **Flexner und Veblen zu schreiben ist, und schreiben**: Mutmaßlich handelt es sich um den Brief an Veblen vom März 1938, in dem Gödel mitteilt, dass er nicht wisse, ob einer Beurlaubung stattgegeben werden würde, und er Princeton stattdessen lieber vor Weihnachten besuchen wolle. Vgl. Dawson, ›Kurt Gödel. Leben und Werk‹, S. 109; im Folgenden ›Kurt Gödel‹ abgekürzt.
32 **Sulk**: Um wen es sich hierbei handelt, ließ sich nicht ermitteln.

1 P: Anfangsbuchstabe ist im Manuskript mit rotem Buntstift geschrieben
23 x: Im Manuskript mit rotem Buntstift geschrieben
26 E: Steht für ›Entschluss‹

sichtlich gemacht wird), etwas scheinbar viel Größeres mitgeleistet ist (zum Beispiel beim Aufschreiben einer Arbeit) oder bei einer Vorlesung.

x <u>Progr</u>amm: Alles überlegen, was ich in meinem Leben schlecht gemacht habe aus eigener Schuld.

[81]
<u>Max</u>imen: Bei Entschlussunfähigkeit beachten:

—1. Sich selbst als 3te Person vorstellen und fragen: Was wird geschehen?
0. Auch das Gefühl »dies oder jenes ist besser« als *Datum* verwerten.
1. Genau die Folgerungen vorstellen.*
2. Zeitweilige Unterbrechung des Nachdenkens darüber fruchtbar. ** (Es hat keinen Sinn, fortwährend darüber nachzudenken.)
3. Was könnte man tun, um den Entschluss zu erleichtern?*** (Nachdenken, ob etwas zu unternehmen, was den Entschluss begünstigt, hat hier keinen Sinn).
4. In Geldangelegenheiten alles möglichst vereinfachen, sich nach den Vorschriften richten, nicht durch die Hintertüre Gewinn zu machen suchen.
5. (=2) Was Schönes oder Interessantes lesen, spazieren gehen.†
6. Nicht viel Zeit darauf verwenden {(wenn unwichtig)}, selbst auf die Gefahr hin, dass das, was gemacht wird, schlecht ist.‡

* Konkrete Fragen stellen.

** Das ununterbrochene Nachdenken ist hier genauso unfruchtbar wie beim Lösen eines mathematischen Problems.
*** <u>Sich Unterlagen verschaffen.</u>

† Das ununterbrochene Nachdenken ist hier genauso unfruchtbar wie beim Lösen

5 **x**: Mit rotem Buntstift geschrieben
10 **−1.**: Umrandung einmal mit Bleistift, einmal mit rotem Buntstift
12 **0.**: Umrandung einmal mit Bleistift, einmal mit rotem Buntstift
14 **1.**: Umrandung einmal mit Bleistift, einmal mit rotem Buntstift
15 **2.**: Umrandung einmal mit Bleistift, einmal mit rotem Buntstift
18 **3.**: Umrandung einmal mit Bleistift, einmal mit rotem Buntstift
25 **6.**: Umrandung einmal mit Bleistift, einmal mit rotem Buntstift

1. Frage: Wie garantieren, dass überhaupt etwas gemacht wird?: ein Geld bestellt wird, ein Brief geschrieben wird etc.
2. Frage – Wie bei wichtigen Entscheidungen sich verhalten?
3. (Bei wichtigen, die rasch getroffen werden müssen?)
   ad 1. Sich zunächst entschließen, bis wann Entscheidung getroffen sein muss, und an der Entscheidung festhalten, auch wenn nachträglich anderer Ansicht.
   ad 2. Möglichst hinausschieben.
   ad 3. Wenn möglich, eine provisorische Entscheidung treffen.

5 **Alles überlegen, was ich in meinem Leben schlecht gemacht habe**: Vgl. Manuskriptseite 115, Programm 1.

6.1 Vor allem Entscheidung der Frage, ob die Sache wichtig oder unwichtig ist.
7. Es ist ein Irrtum zu glauben, dass auch der Erfolg einer Tätigkeit von dir abhängt (auch beim Entschlussfassen).
8. Entschluss = spezieller Fall eines Urteils.
9. Verschiebung der Frage auf: Was wird geschehen? (= –1) [82]
10. Sich vorstellen, man ist zu einem gezwungen (oder Resultat einer Verlosung). Ob man darüber sehr betrübt wäre?
11. Endzweck des Ganzen sich überlegen.
12. Auch Gefühle, die nachher tatsächlich zu erwarten sind, sind zu berücksichtigen.
13. Beispiele wichtiger Dinge vorstellen.

eines mathematischen Problems.
‡ Wenn wichtig, so, wenn möglich *provisorische* Entscheidung.

Ziele:
1. Vorlesungen *Notre Dame* und *Princeton* fertig schreiben.
2. *Arbeit* druckfertig machen.
3. *Résumé* schreiben.

x 29./III. 1938; zu erledigen als Vorbereitung für Amerika:
1. *Beweis Kontinuum* für *Notre Dame* (genau) zu Ende.
2. Hinzufügen für *Princeton*: Maßproblem, projektive Menge, eventuell Ansatz für Hinzufügung weiterer Axiome zur Mengenlehre, das Absolute? 6? |

15 **Vorlesungen Notre Dame und Princeton**: Vgl. oben Anmerkung zu Beginn der Manuskriptseite 79.
16 **Arbeit**: Im April 1939 erschien Gödels Arbeit »Consistency Proof for the Generalized Continuum Hypothesis« in den ›Proceedings of the National Academy of Sciences, U.S.A.‹ 25, S. 220–224; Wiederabdruck in: ›Collected Works‹, Bd. II, S. 28–32.
17 **Résumé**: Gödel hat im Dezember 1938 in den ›Proceedings of the National Academy of Sciences, U.S.A‹ 24(12), S. 556–557 eine Ankündigung seiner Resultate mit dem Titel »The Consistency of the Axiom of Choice and of the Generalized Continuum Hypothesis« veröffentlicht, in der die Beweisideen diskutiert werden; Wiederabdruck in: ›Collected Works‹, Bd. II, S. 26f. Mit der Zusammenfassung »The Consistency of the Generalized Continuum Hypothesis« kündigt er die Resultate erneut an. Eingereicht ist die Zusammenfassung im ›Bulletin of the American Mathematical Society‹ am 29. Dezember 1938, erschienen im Januar 1939 in Band 45, Heft 1, S. 93; Wiederabdruck in: ›Collected Works‹, Bd. II, S. 27.
21 **Maßproblem**: Als Maß wird in der Maßtheorie eine Abbildung verstanden, die gewissen Teilmengen einer Grundmenge nicht-negative reelle Zahlen zuordnet. Die Teilmengen müssen dazu ein Mengensystem mit bestimmten Eigenschaften bilden, und auch die Zuordnung selbst muss gewisse Voraussetzungen erfüllen. Die Frage, ob man jeder Teilmenge der Ebene in vernünftiger

1 6.1: Umrandung einmal mit Bleistift, einmal mit rotem Buntstift
7 10.: Umrandung einmal mit rotem Buntstift, einmal mit Bleistift
9 11.: Umrandung einmal mit Bleistift, einmal mit rotem Buntstift
10 12.: Umrandung einmal mit Bleistift, einmal mit rotem Buntstift
10 **tatsächlich**: Andere Lesart: fast
12 13.: Umrandung einmal mit Bleistift, einmal mit rotem Buntstift
14 **Ziele**: Akkolade am linken Rand, die die drei folgenden Punkte umfasst
20 1.: Die Punkte 1. bis 5. sind von der linken Seite her umrandet, auf der rechten aber offen gelassen
23: | [Unbeweisbarkeit des Auswahlaxioms]

3. Auszug für *Publikation* und *Résumé*. |
4. *Axiome* der Mengenlehre für *Notre Dame*.
5. Auszug des Ganzen für *Princeton*-Vorlesung
? 6. Beweis des Kontinuumsatzes ohne Relativisierung.

<u>Bemerkung</u>: Nicht nur vor jeder Tat Hemmung, überhaupt etwas zu tun, sondern auch nach jeder *Depression*.

<u>Maxime</u>: Beim Lesen der Bibel scharf trennen zwischen: 1. Wie es war, 2. ob das schön ist, 3. warum es so war.

<u>Maxime</u>**?**: Vielleicht soll man die Arbeit in ganz kleine Abschnitte zerteilen. (*Separata* habe ich am besten in der Straßenbahn gelesen.)

[83]
<u>Maxime</u>: Um eine Tätigkeit rasch zu erledigen, kommt es nicht darauf {an}, dass sie rasch gemacht wird, sondern dass sie rasch angepackt wird (insbesondere immer das Ziel im Auge behalten).

<u>Maxime</u>: Gesichtspunkte bei der Lektüre eines Buches: 1. *Excerpt* (= Inhalt), 2. Kritik, 3. Fragen. |

<u>Maxime</u>: Bei der Arbeit das Ziel im Auge behalten. (Das Ziel zuerst in Worten formulieren!)

    Weise ein Flächenmaß zuordnen kann, ist das Maßproblem. Es lässt sich auf n-dimensionale Räume ausdehnen.

23 **das Absolute:** In Gödels Monographie ›The Consistency of the Axiom of Choice and of the Generalized Continuum Hypothesis with the Axioms of Set Theory‹ von 1940 heißt es dazu auf Seite 1: »In several places (in particular for the ›general existence theorem‹ on page 8 and the notions of ›relativization‹ and of ›absoluteness‹ on page 42) we are concerned with metamathematical considerations about the notions and propositions of the system Σ.« Ebd. auf Seite 42f. gibt Gödel die Definitonen dafür, wann spezielle Klassen, Begriffe und Operationen ›absolut‹ genannt werden. Siehe zum Konzept der Absolutheit in den Princeton-Vorlesungen Gödels: Dawson, ›Kurt Gödel. Leben und Werk‹, S. 115.

2 **Notre Dame:** ›Notre Dame Continuum Lectures‹, gehalten im Frühjahr 1939. Vgl. die entsprechende Anmerkung zu Beginn von Manuskriptseite 79.

3 **Princeton-Vorlesung:** Vgl. auch die entsprechende Anmerkung zu Beginn von Manuskriptseite 79.

13 **Separata:** Anderer Ausdruck für ›Sonderdrucke‹.

1: | publ
22: | 4.

Ich habe häufig das Gefühl, wenn ich das und das gemacht habe, dann weiß ich eigentlich gar nicht, was ich machen soll. Wenn dann noch nicht 1 h ist, so muss ich aufhören.

<u>Max</u>ime: Wenn das Gefühl sich einstellt, ich weiß nicht recht, was ich machen soll oder dann machen soll, so ans Ziel sich erinnern* und *Programm* machen und zu einem Entschluss kommen, wie zu machen.

* An den Zweck der Arbeit.

|

<u>Max</u>ime: Bei der Arbeit zuerst | Satz und *Definition* formulieren.

<u>Bem</u>erkung: Sehr viel Zeitverlust bei der Arbeit kommt daher, dass | ich bei der Ausarbeitung mich zu wenig an das ursprünglich Konzipierte halte, sondern gewissermaßen mit geschlossenen Augen das frühere Resultat [84] erhalten will, wobei die früheren Überlegungen nur insofern mithelfen, als sie die Überzeugung schaffen, dass es gelingen wird.

<u>Max</u>ime: Gesichtspunkte bei der Lektüre der Bibel: Die unverständlichen oder schlecht verständlichen Stellen notieren und über sie Kommentare, Übersetzungen *etc.* nachschlagen.

<u>Bem</u>erkung: Eine Sommerfrische ist eine Zeit, in welcher alles Nötige erledigt ist (nichts zu erledigen ist) oder für welche <u>man beschließt</u>, sich um nichts zu kümmern.
»Es ist etwas zu erledigen« heißt: Man hat entweder
1. etwas auszuführen, was zu tun man beschlossen hat (oder versprochen hat),
oder
2. zu einem Entschluss über etwas zu kommen,
(jede Ausführung erfordert weitere Entschlüsse, weil nur im Groben beschlossen),
3. etwas zu tun, was die Berufs- (Anstands-)Pflicht oder die staatlichen Gesetze fordern,
4. etwas zu tun, was unmittelbar oder mittelbar für den Lebensunterhalt nötig ist.

3 **1 h**: Zu lesen als ›ein Uhr‹
10: | *Bem*: Absolute Beweisbarkeit muss die Eigenschaft haben: Es ist *Bew*, dass *Bew*, ganz *Bew*.
12: | *Def* und Satz formulieren
15: | Ich zu wenig
21 **Maxime**: Im Manuskript viermal unterstrichen

x *Programm*: Zettel im Kuvert *Psychologie*, *Ethik* durchschauen und eventuell andere Kuverts durchschauen.

Bemerkung: Die Unlust, mit der du alles machst, kommt daher, dass du alles tust, bevor du es eigentlich tun kannst [indem ┼┼ du dich mit Gewalt dazu zwingst]. Zum Beispiel *Habilitation*.

[85]
Bemerkung: Auch nachdem ich zu etwas schon entschlossen bin, bleibt die Hemmung, es auszuführen.

Maxime: Wegen der unglaublich geringen Zeit, die einem zur Verfügung steht, ist es umso wichtiger, die Bücher, die man liest, die Art des Lesens, die Reihenfolge (eventuell Gleichzeitigkeit) des Lesens genau und praktisch einzuteilen. Das ist auch der Grund, weswegen das Prinzip, die Bücher genau zu lesen und erst, wenn eines beendet, das nächste zu beginnen, vollkommen falsch ist. Oder der Reihenfolge nach zu lesen.

---

1 x: Mit rotem Buntstift geschrieben

1 **Psychologie:** In Kurt Gödels Nachlass befinden sich gemäß dem Findbuch von John W. Dawson, Jr. in den ›Collected Works‹, Bd. V lediglich Bibliographien zur Psychologie und zwar in Behältnis 9b, Reihe V, Mappe 5 (bei Dawson zu verbessern), ursprüngliche Dokumentennummer 050024, sowie Mappe 6, ursprüngliche Dokumentennummern 050025–050027. Es ist allerdings naheliegend, dass Gödel Zettel oder Notizhefte zum Thema ›Psychologie‹ angelegt hatte, die er u. a. dazu verwendet hat, die Bemerkungen zur Psychologie in den ›Maximen Philosophie‹ zu schreiben. Diese sind jedoch nicht auffindbar.
1 **Ethik:** In Kurt Gödels Nachlass befinden sich laut dem Findbuch von John W. Dawson, Jr. in den ›Collected Works‹, Bd. V keine Zettel oder Notizhefte zum Thema ›Ethik‹. Auch in seinen Bibliographien zur Philosophie lassen sich nur einige wenige Werke zur Ethik nachweisen. Vgl. Behältnis 9b, Reihe V, Mappe 5, ursprüngliche Dokumentennummer 050024. Möglicherweise meint Gödel Kuverts, in denen sich die Zettel befanden, die er dann beispielsweise als Addenda in ›Zeiteinteilung (Max) II‹ eingelegt hat.
4 **Unlust:** Vgl. für die zahlreichen Textstellen zu Lust und Unlust in ›Zeiteinteilung (Max) I und II‹, sowie in den dazugehörenden Addenda die Anmerkung zu ›Zeiteinteilung (Max) I‹, Manuskriptseite 24, Bemerkung 1.
6 **Habilitation:** Gödels Habilitationsschrift mit dem Titel »Über formal unentscheidbare Sätze der ›Principia Mathematica‹ und verwandter Systeme I« erschien 1931 in ›Monatshefte für Mathematik und Physik‹ 38, S. 173-198; Wiederabdruck in: ›Collected Works‹, Bd. I, S. 144-195.

Bemerkung: Tätigkeiten zerfallen in:
1. berufliche {(zum Zweck des Broterwerbs)};
2. praktische: *Post*, *Budget*, Steuer und *ähnliches*, Besorgungen, Zeiteinteilung, Zeitunglesen, Arzt, Rechtsanwalt, {fremde ++ Sprachen}.
3. Weltanschauungsbildung: Theologie, *Philosophie*, Geschichte, Kulturgeschichte, Völkerkunde, vergleichende Sprachwissenschaft, Bibliographie, *Belletristik*, *Politik*, *Jurisprudenz*. Zweck: Erkenntnis des Reiches der Wirklichkeit und des Reiches der Ideen, wie es wirklich ist, in ihren wesentlichen Zügen, {aber in allen Teilgebieten}. {Praktische Erkenntnisse: Ausstellungen, Vorträge, politische Versammlungen, Reisen, Theater, Spiritismus, Museen, Konzerte, *psychoanalytische* Behandlungen, Kirche}.
4. Zerstreuung, Erholung, Unterhaltung, Lebensgenuss (sinnlich), Musik!, Bewegung in frischer Luft, Ruhe.

3. zerfällt in: 1) Anschauungsunterricht |, 2) Unterricht durch Bücher.

Maxime: Das Prinzip, bestimmte Zeit auf bestimmte Tätigkeiten zu verwenden, gleichgültig, ob Erfolg oder nicht, auch im Kleinen anwenden und gesamte Zeitverwendung für eine Sache fixieren. Zum Beispiel: *Résumiere* dieses oder jenes Buch 1 *Stunde*, [86] dann auf jeden Fall zurückgeben. 2. Über diese oder jene Frage so und so lange nachdenken, dann zu etwas anderem übergehen. 3. So und so lange nachdenken, wie etwas zu machen ist (z. B. Steuerbekenntnis, Geld bestellen *etc.*), dann das Erstbeste tun oder lösen. | Für Vorlesung vorbereiten so und so lange. Das kann den Erfolg haben, dass gewisse Dinge schlecht gemacht werden oder manche gar nicht.

---

15 **Zerstreuung**: Zerstreuung ist geistige Hygiene; vgl. für die expliziten Nennungen des Begriffs ›Zerstreuung‹ in ›Zeiteinteilung (Max) I und II‹ die ausführliche Erläuterung (inklusive Fußnote) zur Liste auf der Umschlaginnenseite von ›Zeiteinteilung (Max) I‹.

6 **Weltanschauungsbildung**: Andere Lesart: Weltanschauung, Bildung
18: | und Buchunterricht
29: | Das geht nicht für

Maximen:
1. Über das Absolute sollst du nicht nachdenken: Das ist der Sinn der Auflösung der Antinomie durch die Typenlehre.
2. Widersprüche in der Mathematik sollst du nicht suchen (auch nicht in der Mengenlehre), wenn welche da sind, so werden sie auf anderem Wege gefunden werden.

Maxime: Das Wichtigste, damit das Leben einen Sinn hat, ist ausgeschlafen zu sein. Nach einem Kinobesuch am Abend viel besserer Schlaf. Auch nach Spaziergang wie früher in der Lange Gasse.

Bemerkung: Es hat sehr wenig Sinn zu phantasieren, wie es sein könnte* (ohne genügend Grundlagen). Lieber in weniger wichtigen Fragen feststellen, wie es tatsächlich ist.

* In der *Mathematik*.

x *Frage*: Soll ich um Urlaub für ein ganzes Semester ansuchen und ein Jahr in Amerika bleiben?

Maxime: Bei allem zuerst Überblick über das Ganze, bevor in die *Details* gegangen wird, und Überblick niemals verlieren.

x *Programm*: Zeiteinteilung für Tätigkeiten unter 3. auf Grund des Zwecks.

---

2 **Über das Absolute sollst du nicht nachdenken:** Vgl. Addendum IIIb, 1v, Pkt. 2.
3 **Antinomie:** Die sogenannte Russellsche Antinomie wurde unabhängig voneinander von Bertrand Russell und Ernst Zermelo entdeckt. Es handelt sich um ein Paradoxon der naiven Mengenlehre. Russell bildet seine Antinomie mit Hilfe der »Klasse aller Klassen, die sich nicht selbst als Element enthalten«.
3 **Typenlehre:** Eine Typentheorie ist ein formales System, in dem jeder Term einen Typ hat und Operationen auf bestimmte Typen beschränkt sind. Die Typen bilden eine (evtl. beschränkte) Hierarchie, mit einer untersten Stufe. Russell hat seine Typentheorie 1903 als Lösung des von ihm entdeckten Paradoxons aufgestellt. In der axiomatischen Mengenlehre ohne Auswahlaxiom nach Zermelo–Fraenkel (ZF), die heute Grundlage fast aller Zweige der Mathematik ist, sowie in der Neumann-Bernays-Gödel-Mengenlehre stellt das Fundierungsaxiom sicher, dass keine Menge sich selbst enthalten kann, so dass hier die Russellsche Klasse identisch mit der Allklasse ist.
8 **Das Wichtigste, damit das Leben einen Sinn hat, ist ausgeschlafen zu sein:** Vgl. Addendum IIIa, 1, Pkt. 5.
10 **Lange Gasse:** Anfang Juli 1929 mieteten Kurt und Rudolf Gödel eine Wohnung in der Lange Gasse 72/14. Vgl. Dawson, ›Kurt Gödel. Leben und Werk‹, S. 30.
17 **ein Jahr in Amerika bleiben:** Vgl. zur Planung des Amerika-Aufenthaltes auch die Anmerkung zu Manuskriptseite 80 zum Brief an Veblen.

16 x: Mit rotem Buntstift geschrieben
22 x: Mit rotem Buntstift geschrieben

[87]

Maxime: Wenn durch den Ofen schlechte Luft im Zimmer, so halb aufdrehen.

Maxime: Man soll auf der 2ten Stufe (das ist das früher Vernachlässigte, z. B. Bezeichnungsweise, Zeiteinteilung *etc.*) genauso formalistisch vorgehen (*explizit* Fragen *etc.* formulieren und Theoreme beweisen) wie auf der ersten Stufe.

Bemerkung: Eine der fruchtbarsten Beschäftigungen ist anscheinend, meine früheren *Notizen* (besonders *Maximen*) zu lesen.

x *Programm*:
1. ~~Katechismen [Missale, Martyrologium]~~
2. ~~Migne, Bibelkommentare (insbesondere Genesis) und neuere Väter, Patrologien~~
3. ~~Eusebius, Julius Africanus etc. [synchronistische Geschichtsschreibung, Wetzer]~~

14 **Katechismen:** Ein Katechismus ist ein Handbuch zur Unterweisung in grundlegenden Fragen des christlichen Glaubens. Gödel besaß privat den Band ›Wahrheit und Gnade. Katechismus der Katholischen Religion‹ (Ausgabe für Mittelschulen), Innsbruck/Wien (Verlagsanstalt Tyrolia) 1931, hrsg. von Meinrad Langhammer. Der Band enthält den Stempel »Schulbücher A. L. Hasbach, Wien I, Wollzeile 9«, stammt also nicht aus Gödels eigener Schulzeit. Da er evangelisch war, ist das auch naheliegend.

14 **Missale:** Ein Missale ist ein liturgisches Messbuch, das die Messordnung enthält, die Gebete, die vom Priester und von der Gemeinde vorgetragen werden, sowie diejenigen Texte, welche in jeder Messe gesprochen werden.

14 **Martyrologium:** Ein Martyrologium ist ein Verzeichnis von Märtyrern und Heiligen, in dem Angaben zum Todestag, zur Art des Martyriums und zum Leben des Märtyrers gemacht werden.

15 **Migne:** Der ›Migne‹ bzw. die ›Patrologia Latina‹ ist eine von Jacques Paul Migne herausgegebene Druckreihe der Kirchenväter und anderer lateinischer theologischer Schriften und Enzyklopädien von Tertullian bis zur Zeit Innozenz' III. Sie umfasst 221 Bände. Daneben gibt es die von Migne herausgegebene ›Patrologia Graeca‹, eine Sammlung patristischer und mittelalterlicher griechischer Werke, die teilweise nur in lateinischer Übersetzung und teilweise mit lateinischer Übersetzung abgedruckt sind. Diese Reihe umfasst 161 Bände. Gödel hat am 30. April 1937 Band 192 von 1855 aus der ›Patrologia Latina‹ ausgeliehen.

15 **neuere Väter:** Gemeint sind Kirchenväter der jüngeren Zeit.

16 **Patrologien:** Gödel hat am 18. und 21. Juli 1939 den ›Grundriss der Patrologie‹ von Johann Baptist Alzog ausgeliehen und am 24. Juli 1939 die ›Patrologie‹ von Otto Bardenhewer.

17 **Eusebius:** Eusebius von Caesarea (260/64–339/40) erstellte chronographische Tabellen und Abrisse. Er schrieb u. a. eine Weltchronik, eine Kirchengeschichte und eine Biographie (›Vita Constantini‹). Seine Chronik gilt als

10 **Bemerkung:** Im Manuskript mehrfach fett unterstrichen

13 **x:** Mit rotem Buntstift geschrieben

16 **Patrologien:** ›Patrologien‹ ist mit rotem Buntstift unterstrichen

1.' ~~Corpus iuris canonici~~
4 ~~Hegel~~
4. ~~Stellung der Kirche in der modernen Zeit (Weltkrieg) und im Mittelalter (insbesondere *politisch*)~~
3.1 ~~Überblick über die Weltgeschichte bis in die neueste Zeit~~
5 ~~Neues Testament~~
6 ~~Päpstliche Erlasse über Hexenwesen, Hexenbulle *Innocenz* VIII, und Inquisition 1200 (1484?)~~

Quelle synchronistischer Geschichtsschreibung. Gödel führt ihn auch auf Manuskriptseite 2 in ›Theologie 3‹ mit seiner Chronik als Geschichtsschreiber auf.

17 **Julius Africanus:** Sextus Julius Africanus (ca. 160–ca. 240) gilt auch als Begründer der christlichen Weltchronistik. Er hat Eusebius von Caesarea beeinflusst. Gödel führt ihn auf Manuskriptseite 2 in ›Theologie 3‹ mit seinem ›Pentabiblos‹ als Geschichtsschreiber auf.

17 **synchronistische Geschichtsschreibung:** ›Synchronistische Geschichtsschreibung‹ kann sich auf ›Eusebius‹ beziehen oder auf folgendes Werk: Joseph Ferdinand Damberger, ›Synchronistische Geschichte der Kirche und der Welt im Mittelalter‹, erschienen 1853–1863. Die synchronistische Geschichtsschreibung erwähnt Gödel auch in ›Theologie 3‹, Manuskriptseiten 1 und 2.

18 **Wetzer:** Das ›Wetzer und Welte's Kirchenlexikon oder Encyclopädie der katholischen Theologie und ihrer Hülfswissenschaften‹ ist ein katholisches Nachschlagewerk. Es besteht aus 12 Bänden und einem Registerband und ist 1847–1860 erschienen. Den Band von 1854 hat Gödel am 15. April 1937 ausgeliehen.

1 **Corpus iuris canonici:** So nochmals auf Manuskriptseite 141, Pkt. 4. Das ›Corpus iuris canonici‹ ist eine Sammlung römisch-katholischen Kirchenrechts. Es wurde im Verlauf des Mittelalters angelegt und besteht aus sechs Teilen.

2 **Hegel:** Hegel wird auch in ›Theologie 3‹ genannt, dort auf den Manuskriptseiten 1 und 21.

6 **Neues Testament:** In Gödels Privatbibliothek befinden sich mehrere Ausgaben des Neuen Testaments: ›Das Neue Testament‹, Leipzig (Pöschel und Trepte) 1907; ›Novum Testamentum‹, o. A. (Friderici Pustet) 1922; sowie ›Holy Bible. King James Version‹, Racine, Wisconsin (Whitman) n. d.

7 **Päpstliche Erlasse über Hexenwesen:** Von 1258 bis 1526 lassen sich mindestens 47 päpstliche Erlasse gegen Hexerei und Zauberei nachweisen. In der Frühen Neuzeit wird der volkstümliche Aberglaube zu einem theologisch-juristischen Gedankenkonstrukt der Dämonologie und Hexerei. Neben dieser disziplinären Überschneidung und neben Leibniz' Erwähnung von Friedrich Spees aufklärerischer Schrift ›Cautio criminalis circa processus contra sagas‹ in seiner Theodizee könnte auch Max Horkheimers Polemik gegen den Wiener Kreis aus dem Jahr 1937 ein Ausgangspunkt für Gödels Interesse an der Thematik gewesen sein. Dort heißt es u. a.: »Diese ganze philosophische Haltung besäße aber [...] ihrem Wesen nach kein legitimes Mittel, einem Wahn entgegenzutreten, wäre er nur verbreitet genug. Der Hexenglauben wurde mit Mitteln streng rationalistischer Philosophie bekämpft. Die Empiristen hätten angesichts einer größeren Quantität von Protokollsätzen nicht einmal auf der Unwahrscheinlichkeit bestehen dürfen.« Horkheimer, »Der neueste Angriff auf die Metaphysik«, S. 40f. Erfahren haben könnte Gödel von Horkheimers Polemik durch Carnap, mit dem er sich im August 1937 in Wien getroffen hat. Aus einem Tagebucheintrag Carnaps vom 23. Juli 1937 ergibt sich, dass Carnap

2 **Hegel:** Mit Bleistift dreimal unterstrichen und einmal mit rotem Buntstift
7: ›III‹ von der Editorin verbessert in ›VIII‹

7 ~~Bonaventura, 10 Gebote des *Thomas*~~
8 ~~Brentano, Psych*ologie*~~
9 ~~→ A. Liguori: Theologia moralis, Praxis confessarii~~
10 ~~Meteorologie (Windkarte!)~~

Horkheimers Aufsatz gelesen hat. Die Tatsache, dass das Wiener-Kreis-Mitglied Victor Kraft noch 1968 in ›Die Grundlagen der Erkenntnis und der Moral‹ darauf verweist, dass die Hexenprozesse durch das Recht legitimiert wurden und man daher ein Kriterium benötige, das es erlaube, das Recht seinerseits auf seine Richtigkeit zu prüfen (vgl. ebd., S. 132), zeigt zudem, dass Horkheimers Polemik bei Mitgliedern des Wiener Kreises Spuren hinterlassen hat.

7 **Hexenbulle Innocenz VIII:** Die sogenannte Hexenbulle (»Summis desiderantes affectibus«) wurde 1484 von Papst Innocenz VIII. erlassen. Der Text dazu stammt vom Verfasser des ›Hexenhammers‹ (›Malleus maleficarum‹) Heinrich Kramer (= Heinrich Institoris). Siehe auch Manuskriptseite 141, Pkt. 4, und Manuskriptseite 142, Pkt. 17. Gödel schreibt hier und auf Manuskriptseite 141 fälschlich »Innocenz III«, auf Manuskriptseite 142 jedoch richtig »Innocenz VIII«. In Gödels Privatbibliothek befindet sich folgendes Werk zu dem Thema: ›Hexen und Hexenprozesse‹, (Miniatur-Bibliothek, Nr. 632), Leipzig (Verlag für Kunst und Wissenschaft, Albert Otto Paul), n. d.

8 **Inquisition 1200:** Die Inquisition wurde gemäß einigen Fachleuten des 19. Jahrhunderts 1200 eingeführt.

8 **1200 (1484?):** So nochmals auf Manuskriptseite 141, Pkt. 4.

1 **Bonaventura, Thomas von Aquin, 10 Gebote:** Sowohl Bonaventura als auch Thomas von Aquin haben Schriften zu den zehn Geboten verfasst: Bonaventura, »Collationes de decempraeceptis«, in: ›Opera omnia‹, Bd. 5, Ad Claras Aquas (Quaracchi) (Collegium S. Bonaventurae) 1891, S.507–532; Thomas von Aquin, ›De duobus charitatis et decem legis praeceptis‹, hrsg. von Conrad Martin, Köln (Herberle) 1851. So nochmals auf Manuskriptseite 141, Pkt. 6.

2 **Psychologie:** Hier können Brentanos Monographie ›Psychologie vom empirischen Standpunkte‹ gemeint sein, die Gödel zuletzt nachweisbar am 18. Juli 1938 ausgeliehen hat, aber auch dessen ›Die Psychologie des Aristoteles, insbesondere seine Lehre vom nous poietikos‹ von 1867. Es mag irritieren, dass Gödel in vorliegendem Zusammenhang nicht theologisch ausgerichtete Veröffentlichungen Brentanos anführt, als da etwa wären: ›Die Lehre Jesu und ihre bleibende Bedeutung‹, von Alfred Kastil 1922 herausgegeben, oder: ›Vom Dasein Gottes‹, von Alfred Kastil 1929 herausgegeben. Letzteres Werk führt Gödel in ›Theologia 3‹ auf Manuskriptseite 15 an.

3 **Theologia moralis:** Hierbei handelt es sich um eines der einflussreichsten Werke der katholischen Moraltheologie überhaupt. Siehe dazu auch Manuskriptseite 141, Pkt. 4. Eine Ausleihe dieses Titels durch Gödel ist für den 20. Juli 1939 nachweisbar.

3 **Praxis confessarii:** Diese Anleitung Liguoris für die Beichtpraxis ist zentraler Bestandteil seiner Morallehre. Im persönlichen Gespräch mit dem Priester soll der Gläubige alle seine Sünden möglichst vollständig bekennen. Eine Ausleihe dieses Titels durch Gödel ist für den 20. Juli 1939 nachweisbar.

4 **Windkarte!:** Auf die Bedeutung der klimatischen Verhältnisse und der Windverhältnisse für die Diätetik weist etwa Edelstein in seinem Aufsatz »Antike Diätetik«, S. 256, hin. Vgl. Einleitung zu diesem Band.

1 **Thomas:** Mit rotem Buntstift unterstrichen
3 **Liguori:** Mit rotem Buntstift unterstrichen

11 *Masstheorie*
(12) *Chinesisch.*
(13) *Mnemonik*, Toussaint Lang~~enscheidt~~ angekündigt~~es~~ deutsch–
   englisch~~es~~ Wörterbuch.
[86] *Befreiung* ǁ , Buch von Tante *Mitzi*: *Europa*bücher und ~~Mert-~~
~~ner~~; *Kardec*; mat~~hematische~~ *Aufgabensammlung* und eventuell ~~ma-~~
~~thematische~~ Klassiker. [87]

1 **Masstheorie:** In der mathematischen Analysis ist ein Maß für eine Menge eine Weise, jeder Teilmenge der Menge eine Zahl zuzuordnen, die als Größe der Teilmenge interpretiert wird, um so elementargeometrische Begriffe wie Streckenlänge, Flächeninhalt und Volumen zu verallgemeinern.

2 **Chinesisch:** In Gödels privater Bibliothek befindet sich ein Buch zum Erlernen der chinesischen Sprache: John Darroch, ›Chinese Self-Taught‹ von 1914. Gödel könnte von Leibniz' Interesse für chinesische Sprache und Schrift inspiriert worden sein. Leibniz fragt sich zum Beispiel, ob dem Chinesischen ein längst vergessener Kalkül zugrunde liege oder ob es ähnlichen logisch-mathematischen Gesetzen folge, wie sie Leibniz seiner eigenen ars characteristica universalis zu Grunde legte.

3 **Mnemonik:** Synonym für Mnemotechnik. Vgl. Manuskriptseite 141, Pkt. 8. In Gödels Privatbibliothek befindet sich das Buch ›Mnemonik‹ von Otto Cato. Für Leibniz gehört die Mnemonik zur Scientia generalis; vgl. ders., ›Die philosophischen Schriften‹, Bd. VII, hrsg. v. Carl Immanuel Gerhardt, S. 84.

3 **Toussaint Langenscheidt:** Die Methode Toussaint-Langenscheidt wurde Mitte des 19. Jahrhunderts für das Selbststudium von Fremdsprachen entwickelt.

3 **angekündigtes deutsch–englisches Wörterbuch:** 1939 erschien ›Langenscheidts Taschenwörterbuch der englischen und deutschen Sprache‹ nach der Methode Toussaint-Langenscheidt von Edmund Klatt.

5 **Tante Mitzi:** Hier handelt es sich wahrscheinlich um eine der Schwestern von Kurt Gödels Vater. Die Namen der Schwestern des Vaters und der Mutter werden in den Interviews mit Kurt Gödels Bruder Rudolf, in denen sich dieser zur Familiengeschichte äußert, nicht genannt. Vgl. dessen »Skizze zu einer Chronik der Familie Gödel«. Aus einem ebenda auf Seite 50 abgedruckten Stammbaum ergibt sich allerdings, dass eine Schwester des Vaters ›Maria‹ hieß, wovon ›Mitzi‹ eine Koseform ist.

6 **Kardec:** Der Spiritist Allan Kardec (Pseudonym) veröffentlichte 1924 unter seinem echten Namen Hippolyte Léon D. Rivail zwei Bände mit dem Titel ›Cours pratique et théorique d'arithmétique d'après la méthode de Pestalozzi avec des modifications‹. Am 21. Juli 1939 hat Gödel allerdings zwei andere Bücher Kardecs ausgeliehen, nämlich ›Le livre des esprits‹ und ›Qu'est-ce que le spiritisme?‹.

6 **mathematische Aufgabensammlung:** In Gödels Privatbibliothek befinden sich einige Aufgabensammlungen zur Mathematik: George Pólya und Gabor Szegö, ›Aufgaben und Lehrsätze aus der Analysis I und II‹ von 1925; Otto Th. Bürklen, ›Aufgaben zur analytischen Geometrie des Raumes‹ von 1918; Guido Hoheisel, ›Aufgabensammlung zu den gewöhnlichen partiellen Differentialgleichungen‹ von 1933; Friedrich Junker, ›Repetitorium und Aufgabensammlung zur Differentialrechnung‹ von 1919; Friedrich Junker, ›Repetitorium und Aufgabensammlung zur Integralrechnung‹von 1919; Konrad Knopp, ›Aufgabensammlung zur Funktionentheorie I‹ von 1923; Konrad Knopp, ›Aufgabensammlung zur Funktionentheorie II‹ von 1928.

Frage: Wo kann man zum Beispiel sämtliche Werke von *Bonaventura etc.* finden? [Bibliographie nach Namen] Es gibt noch Bibliographien nach Gegenständen, nach Ort und Zeit.

Bemerkung: Ich arbeite im Zustand ständiger Erschöpfung, daher erscheint mir das Lernen (sei es durch Lektüre, sei es durch Nachdenken) sinnlos. Ich sollte mehr Erholung und *insbesondere Zerstreuung* einschalten, [88] wenigstens einmal den ganzen Zustand durch eine Erholungspause zum Günstigen verschieben. Obwohl ich von früh bis abends arbeite, mache ich wenig. Wenn ich weniger arbeiten würde, so würde ich nicht nur mehr machen, sondern vor allem mit mehr Genuss (siehe Straßenbahn, Arbeit).

Maxime: Man soll an die Arbeit gehen nicht mit dem Vorsatz, es muss das und jenes {noch dazu sehr Großes} herauskommen, sondern mit dem Versuch (welcher vielleicht Erfolg hat), etwas (Kleines) zu erreichen. Arbeit mehr *legère* nehmen.

Bemerkung: Die vorletzte Bemerkung gilt ebenso für: 1. Geldausgeben, 2. Adele Sachen kaufen und sich mit ihr beschäftigen. | Mit minimalem oder sehr wenig höherem Aufwand* unendlich viel mehr Sinn erreichen.

* An Zeit und Geld.

Bemerkung {auch eine Form der »Bescheidenheit«}: Jede Entscheidung, wie man eine Arbeit schreiben (eine Vorlesung halten) soll, bedeutet einen Verzicht auf andere Möglichkeiten. Es ist nicht möglich, sie so zu entscheiden, dass alle Möglichkeiten irgendwie als Spezialfälle darin enthalten wären. (Das ist die Tendenz von zum Beispiel Hahn, alles möglichst abstrakt und allgemein zu formulieren, was aber zu gar nichts Schönem führt). Es ist eine Spezialisierung und ….

---

8 **Zerstreuung**: Vgl. für die expliziten Nennungen des Begriffs in ›Zeiteinteilung (Max) I und II‹ die ausführliche Erläuterung (inklusive Fußnote) zur Liste auf der Umschlaginnenseite von ›Zeiteinteilung (Max) I‹.
13 **siehe Straßenbahn, Arbeit**: Gemeint ist arbeiten in der Straßenbahn, z. B. Sonderdrucke lesen.
25 **Bescheidenheit**: Vgl. zur Frage der Bescheidenheit in der Mathematik und ihrer Lehre: ›Zeiteinteilung (Max) I und II‹, Manuskriptseiten 53, Bemerkung 2; 67, Bemerkung 2; 70, Pkt. 6; 89, Bemerkung 1 und 2; 124, Maxime 2; Addenda II, 11, Pkt. 30; IIIb, 1v, Pkt. 3'1; IIIb, 2v, Pkt. B16.

8: **Zerstreuung**: Mehrfach fett unterstrichen
21: | 2.
22: ›minimalen‹ von der Editorin verbessert in ›minimalem‹
29 **Spezialfälle**: Andere Lesart: spezielle Fälle

Maxime: Es ist besser, eine Sache an einem ganz speziellen Beispiel genau durchzuführen, als sich in Allgemeinheiten zu verlieren, welche alle Beispiele umfassen (*vgl.* Bibel).

[89]
Bemerkung (eine weitere Form der Bescheidenheit): <u>Der Zweck der Zusammenstellung einer Vorlesung ist nicht, die möglichst beste oder eine noch nicht dagewesene gute Vorlesung zu halten oder</u> Arbeit zu schreiben, sondern eine normale Vorlesung und eine gute Arbeit zu schreiben (insbesondere bedeutet das, dass du Hörer hast, eventuell wieder eingeladen wirst und man nicht sagen kann, dass deine Vorlesung schlecht war). <u>Insbesondere ist es nötig, ein paar neue* Ideen zu bringen.</u>

Bemerkung: Beim Vortrag in *Cambridge* und *Washington* war schon der Titel eine Unbescheidenheit.

Maxime: Alle Erstgeburt ist schlecht, aber nicht zwecklos.
Du sollst dich hüten vor jeder *Identifikation* mit anderen Personen (Helmholtz!).

Bemerkung: Das Aufstehen fällt 10mal leichter, wenn man mit der Absicht aufsteht, sich wieder niederzulegen.

x *Programm*: Nachdenken darüber, was ist eigentlich in deiner Macht und was nicht. {Eine konkrete Frage: Ist es in meiner Macht, sie nicht zu heiraten?}

---

* Das heißt solche, welche einem in diesem Gebiet interessierten Hörer zur Zeit der Vorlesung aller Wahrscheinlichkeit nach unbekannt sind. (Gilt für Kongresse und Gesellschaftsvorträge.)

18: Nach ›Maxime‹ Akkolade auf der linken Seite über alle dazugehörigen Zeilen der Maxime
25 **x:** Mit rotem Buntstift geschrieben
25 **Programm:** Mit Bleistift und rotem Buntstift unterstrichen
26 **Ist:** Andere Lesart: war. Adele Nimbursky, geb. Porkert, und Kurt Gödel haben am 20. September 1938 geheiratet. Weiter unten im Manuskript plant Gödel das Wintersemester 1938/39, für das der Vorlesungsbeginn am 3. November 1938 gewesen ist. Die Planung dafür müsste vor September 1938 abgeschlossen gewesen sein, weshalb die Lesart ›ist‹ zu präferieren ist

6 **Bescheidenheit:** Vgl. zur Frage der Bescheidenheit in der Mathematik und ihrer Lehre: ›Zeiteinteilung (Max) I und II‹, Manuskriptseiten 53, Bemerkung 2; 67, Bemerkung 2; 70, Pkt. 6; 88, Bemerkung 2; 89, Bemerkung 2; 124, Maxime 2; Addenda II, 11, Pkt. 30; IIIb, 1v, Pkt. 3'1; IIIb, 2v, Pkt B16.
16 **Titel:** In Cambridge, Massachusetts, hat Gödel am 30. Dezember 1933 beim Jahrestreffen der American Mathematical Association und der American Mathematical Society einen Vortrag mit dem Titel »The Present Situation in the Foundations of Mathematics« gehalten. Der Titel des Vortrages vor der Academy of Sciences, den Gödel am 20. April 1934 in Washington D.C. gehalten hat, lautet: »Can Mathematics Be Proved Consistent?« Vgl. Jan von Plato, ›Can Mathematics Be Proved Consistent? Gödel's Shorthand Notes Lectures on Incompleteness‹, New York/Dordrecht/Heidelberg (Springer) 2020.
16 **eine Unbescheidenheit:** Vgl. zur Frage der Bescheidenheit in der Mathematik und ihrer Lehre: ›Zeiteinteilung (Max) I und II‹, Manuskriptseiten 53, Bemerkung 2; 67, Bemerkung 2; 70, Pkt. 6; 88, Bemerkung 2; 89, Bemerkung 1; 124, Maxime 2; Addenda II, 11, Pkt. 30; IIIb, 1v, Pkt. 3'1; IIIb, 2v, Pkt. B16.
18 **Alle Erstgeburt ist schlecht, aber nicht zwecklos:** Vgl. Addendum IIIb, 1v, Pkt. B. 3'2.

Bemerkung: Meine Arbeit vor- und nachmittags* leidet an den entgegengesetzten Fehlern: vormittags zu genau (langsam), nachmittags zu flüchtig (schnell).

* Das heißt für Berufliches und Außerberufliches.

[90]
Bemerkung: Bei Schwanken zwischen mehreren Möglichkeiten bei der Arbeit oder Vorlesungsvorbereitung ist es oft möglich, deswegen eine beliebige zu wählen, weil beide einen Sinn haben und vielleicht später einmal zu verbinden sind.

Maxime: Überall, wo eine große Zahl oder etwas Kompliziertes zu beherrschen ist, ist das *Princip* der Überordnung anzuwenden (oder das Prinzip der quadratischen und kubischen Anordnung). Ferner das Prinzip: Grundschema mit Durchbrechung (*Substitution*).

Maxime: Prinzip bei der Behandlung von Finitismus, wobei alles abzählbar ist [z.B. auch finit definierbare Ordinalzahl]: Die Abzählbarkeit ruhig zugeben und mit ihr operieren [zum Beispiel bei der Einteilung der rekursiv definierten Funktionen (*Borelsche* Funktionen) in $\aleph_1$ Klassen].

Maxime: Wenn du in einer Vorlesung Sachen bringst, die dir *trivial* oder vollkommen bekannt scheinen, so überlege den Zweck: Die Studenten sollen Termini** und Sätze kennenlernen für spätere Anwendung: Beim Lesen von Büchern und Abhandlungen, Schreiben, *Dissertieren*, Hören von Vorlesungen und Vorträgen. Daher *Termini* als die gebräuchlichsten wählen und dann diese festhalten.

** Und Begriffe.

Bemerkung: Nach einer Gesellschaft (hat K. G.) eine Art *Depression* (Gefühl der Unruhe und vielleicht der Sinnlosigkeit).

---

12 **Princip der Überordnung**: Das Prinzip der Überordnung lässt sich lediglich bei Hilbert nachweisen, wo der transitive Abschluss einer syntaktischen Relation gemeint ist. Vgl. etwa Hilbert/Bernays, ›Grundlagen der Mathematik‹ auf Seite 400. Hier liegt aber eher Gödels eigener Sprachgebrauch vor.
13 **Prinzip der quadratischen und kubischen Anordnung**: Hierbei handelt es sich nicht um einen Fachterminus der Mathematik.
16 **Finitismus**: Variante des Konstruktivismus, nach welcher jedes mathematische Objekt in einer endlichen Anzahl von Schritten aus den natürlichen Zahlen ableitbar sein muss.
19 **Borelsche Funktionen**: Eine reelle Funktion f heißt eine Borelsche (bzw. Bairesche) Funktion, wenn für jede offene Menge $X \subseteq \mathbb{R}$ gilt, dass $f^{-1}[X] = \{x \in \mathbb{R} \mid f(x) \in X\}$ eine Borelsche (bzw. Bairesche) Menge ist.

9 **verbinden**: Andere Lesart: verwenden
9: ›ist‹ von der Editorin verbessert in › sind‹
25: ›.‹ von der Editorin verbessert in ›:‹

Maxime: Eines nach dem anderen!

Maxime: In das Besorgungsheft nur solche Sachen eintragen, zu welchen ich schon entschlossen bin, dass {sie} bei der ersten Gelegenheit gemacht werden, [91] sonst in die Arbeitshefte, und dann automatisch alles bei erster Gelegenheit machen.

Bemerkung: Die Entschlussunfähigkeit aufgehoben und daher Zeit gespart, wenn ich Eile habe.

Bemerkung: ↑ Aber wenn rascher Entschluss erzwungen, so ist er, auch wenn nicht unwesentlich oder durch Zufall richtig, nicht gleichwertig mit dem erarbeiteten Entschluss. Vielleicht ist sogar dies der Hauptgrund meines Lampenfiebers. Dazu häufig eine nicht zu rechtfertigende »*Tektonik*« des Aufbaus nötig.

Bemerkung: Der Kopfschmerz und die Müdigkeit entstehen vom Mehreres-zugleich-Tun, vom Unentschlossensein, vom ungeordneten Arbeiten.

Bemerkung: Nach dem Bade am Abend guter Schlaf, aber am nächsten Morgen sehr müde.

Maxime: Es steht nicht dafür, sich zu überessen. Nichts mehr essen außerhalb der Mahlzeiten (abends).

Bemerkung: Es ist ziemlich gleichgültig, in welchem (relativ kleinen) Gebiet man arbeitet. Es kommt nur darauf an, ganz entschlossen zu sein, in diesem zu arbeiten, und den Sinn davon deutlich zu sehen, und dass nichts anderes nötig ist. Widerlich ist nur das Schwanken zwischen verschiedenen Gebieten oder zu große Gebiete oder Zwecklosigkeit.

Maxime: Die Entschlussunfähigkeit und das Überall-Schwierigkeiten-Sehen ist die Folge der Faulheit (*Salomon*).

---

11 **Bemerkung:** Vierfach unterstrichen

24 **Es steht nicht dafür:** Österreichisch für »es lohnt sich nicht«.

35 **Salomon:** Sprüche Salomos zur Faulheit: 6,6; 6,9; 10,26; 13,4; 15,19; 18,9; 19,15; 19,24; 20,4; 21,25; 22,13; 24,30–32; 26,13–16; 31,27.

Maxime: Wenn keine Lust zur Arbeit, dann ist es die Hauptarbeit, eine *Maxime* zu lesen und den Zweck zu überlegen, und freie Zeit ist die Folge.

Bemerkung: Wenn irgendein Entschluss zu fassen (Entscheidung zu treffen) für die Arbeit, dann ist die Hemmung am größten.

[92]
Bemerkung: Für eigene Arbeit schreiben ins Reine: Man muss auch manchmal irgendetwas vollständig übergehen, das heißt, auch den Satz nicht anführen, aus dem es folgt.

Bemerkung: Vorlesung so halten, dass man die elementaren {überblickbaren und ohne Weiteres evidenten} Schlussregeln der deutschen Sprache untersucht und dann in deutscher Sprache logistisch redet (*Leśniewski*). !Für Ausarbeitung im Einzelnen! Insbesondere auch, wo eine ungewollte Mehrdeutigkeit angewendet wird (*Pronomen*).

Maxime: Vorübergehend nichts mehr an der *Arbeit* Kontinuum im Aufbauplan ändern, sondern einfach das bisherige *stilisieren*.

Bemerkung: »Glauben« heißt sich in seinem Handeln nach etwas richten. Feststellen, ob man etwas glaubt, heißt, sich in eine Situation hineindenken, in der von der Frage etwas abhängt. Gegen wie großen Widerstand | nach der Erkenntnis gehandelt wird, misst die Stärke des Glaubens.

x *Programm*: Theorie der Zwecke und Mittel (Überordnung, gute und schlechte Zwecke und Mittel), Beispiele aus dem eigenen Leben, Endzwecke. |

Maxime: Bei jeder Handlung den Zweck | (die Zwecke | {und} ihre Verkettung) genau in Worten formulieren.

---

1 keine Lust zur Arbeit: Vgl. für die zahlreichen Textstellen zu Lust und Unlust in ›Zeiteinteilung (Max) I und II‹ sowie in den dazugehörenden Addenda die Anmerkung zu ›Zeiteinteilung (Max) I‹, Manuskriptseite 24, Bemerkung 1.
20 **Arbeit Kontinuum**: Vgl. Anmerkung zu Manuskriptseite 79.

9 **Für eigene Arbeit schreiben ins Reine**: Lies: Für das Ins-Reine-Schreiben der eigenen Arbeit
16: ›s‹ von der Editorin verbessert in ›s‹
24.: An dieser Stelle findet sich ein Fußnotenzeichen im Text, aber keine Fußnote
26: | Druck
29 **x**: Mit rotem Buntstift geschrieben
29 **Programm**: Mit Bleistift und rotem Buntstift unterstrichen
29 **Überordnung**: Andere Lesart: über Ordnung
31 **Endzwecke**: Andere Lesarten: niedere Zwecke, andere Zwecke
31: | überhaupt
33: | in Worte ge
33: |)

Maxime: Es ist bei der Arbeit manchmal günstig, eine Entscheidung aufzuschieben (d. h. irgendwie danach *provisorisch* weiterzumachen). Aus der weiteren Arbeit ergibt sich dann die Entscheidung.

Bemerkung: *Kontinuum*, für freie Variablen sind nur die ursprünglichen einsetzbar (nicht durch *Definition* eingeführte Variablen!).

[93]
Bemerkung: Ich habe bisher noch nie mich rein äußerlich an mein Programm gehalten. Ich bleibe |
1.) in der Frühe länger liegen, 2.) lege mich nachmittags hin, 3.) verwende sinnlos viel Zeit zum Telephonieren und dazu, Zeiteinteilung nach dem Essen zu überlegen, 4.) verwende sehr viel Zeit auf Nachdenken über scheinbar wichtige Entscheidungen: Geld und Amerika, Zeit, wann nach Amerika, Art, wie Briefe zu beantworten sind, soll ich ein Hakenkreuz tragen**?**, an die Universität gehen wegen Ariernachweis, soll ich wählen gehen, und wie? Wohnungsangelegenheit, Steuer- und *Devisen*verordnung.

Das heißt, ich verwende zu viel Zeit auf praktische Angelegenheiten und bringe es nicht über mich, diese Dinge »krumm und grad gehen zu lassen«, obwohl das Nachdenken gar nicht hilft. Viel Zeit auch für Mama, Adele, Bücher, spazieren, ... ↓

Bemerkung: Es fehlt | eine Zeit |, welche für »allgemeine Inhalte« zu verwenden ist. Fällt unters Praktische, aber nur die konkreten Gegenwartsfragen, zum Beispiel Hakenkreuz tragen *etc*.?

telephonieren, essen, Klo, Besorgungen und als praktisch Eingeteiltes

---

6 **freie Variablen:** Freie Variablen sind weder durch einen Quantor noch durch Mengen- oder Funktionsausdrücke, Summen etc. gebunden.
17 **Hakenkreuz:** Vgl. auch die folgende Bemerkung sowie die Erwähnungen auf Manuskriptseite 96 und Addendum II, 7, Nr. 25.
27 **Hakenkreuz:** Vgl. Bemerkung 1 auf dieser Manuskriptseite.
29 **Klo:** Vgl. ›Zeiteinteilung (Max) I‹, Manuskriptseite 5, Punkt 1; Manuskriptseite 59, sowie die Ausführungen zu den sex res non naturales in der Einleitung zu diesem Band, wonach Ausscheidungen in deren Bereich gehören.

11: | 1.)
25: | ein
25: | über

x _Programm_: Einmal gründlich die Zeiteinteilung der letzten Monate überblicken ↑. Ebenso Geldverbrauch! ↓

Bemerkung: Der Grund der Nicht-Einhaltung des Programms (zu spät aufstehen _etc_.) liegt daran, dass die Vernünftigkeit der Zeiteinteilung nicht klar ist. Und die schlechte Ausnützung der Zeit während der Arbeit liegt daran, dass der Zweck nicht genug klar formuliert* ist und Unklarheiten über die Mittel (und Besserung) bestehen.

* und auch nicht für die Voraussagen

[94]
Maxime: Möglichst oft am Tag überlegen: »Was sollte ich tun und was tue ich und warum tue ich das?«. Eventuell darüber Aufzeichnungen machen mit Zeitangabe.

Bemerkung: Um die Arbeit einzuleiten, kommt es darauf an, dass der Blick auf etwas Bestimmtes fällt (nämlich das Arbeitsheft), dann setzt die nötige _Assoziation_ von selbst ein. Analog sollte es auch bei anderen Tätigkeiten sein.

Bemerkung: Beispiel von Erzielung innerer Effekte durch äußere Anstrengung: 1. _Autosuggestion_ durch Anstarren, 2. Hellsehen durch Kristalle, 3. äußere religiöse Handlungen (Sakrament, Opfer).

Maxime: Man soll direkt gewisse erfahrungsmäßig häufig festgestellte Situationen gewissen Verhaltungsweisen zuordnen. Zum Beispiel: Es ist 2 Uhr, ich sollte die Post erledigen und habe keine Lust dazu, es ist 8 Uhr, das Radio spielt und ich habe keine Lust zum Aufstehen (desgleichen bei 9 Uhr), ich verliere während der Arbeit plötzlich die Lust (es erfasst mich kühl), ich setze mich zum Ofen und höre auf zu arbeiten, ich beginne in der Früh irgendetwas Intcressantes (Theologisches, Mathematisches) zu denken, was nicht im Programm steht, ich liege nach dem Essen auf dem Sofa und denke nach über Verschiedenes.

1 **x**: Mit rotem Buntstift geschrieben
1 **Programm**: Zweimal mit Bleistift, einmal mit rotem Buntstift unterstrichen
4 **Bemerkung**: Akkolade am linken Rand, die die Zeilen der Bemerkung umfasst

28 keine Lust: Vgl. für die zahlreichen Textstellen zu Lust und Unlust in ›Zeiteinteilung (Max) I und II‹ sowie in den dazugehörenden Addenda die Anmerkung zu ›Zeiteinteilung (Max) I‹, Manuskriptseite 24, Bemerkung 1.

Bemerkung: Speziell die praktischen Angelegenheiten sollen nach einem mechanischen Schema rein automatisch erledigt werden.

[95]
Bemerkung: Die Zeit vergeht überraschend schnell, im Kleinen und im Großen.

Bemerkung: Man kann jeden Entschluss von 2 Gesichtspunkten aus betrachten: 1. vom Standpunkt der Anständigkeit (Rechtlichkeit, Gewissen), 2. vom Standpunkt des eigenen Vorteils. Andere Standpunkte sind darunter zu | summieren. Zum Beispiel: Vorteil von Verwandten |, oder einer geliebten Person = eigener Vorteil wegen einer bestehenden Liebe.

Frage: Darf man in Notwehr lügen, ebenso wie töten? (Nein!) Ebenso wenig wie Ehe brechen, um einen anderen zu retten? Auch nicht.

Frage: Wie ist es eigentlich möglich, dass man etwas tut und nachher bereut, sich selbst deswegen hasst, dass man | es getan hat (aber nicht wegen irgendwelcher Folgen, die man damals nicht wusste), außer | dann, wenn es möglich war, diese Folge zu wissen und nur aus eigener Schuld man sie nicht wusste (so gescheit hätte auch sein können!).
Gibt es eigentlich eine Reue anderer Art, welche darauf beruhen würde, dass man »besser« geworden ist?

Maxime: Du sollst nicht versuchen, jede lässliche Sünde zu meiden, denn das ist eine Überhebung.

Bemerkung: Züchtigung hilft unmittelbar gegen die Schwachheit und führt zur Überzeugung, dass aus Bösem Böses folgt.

Frage: Gibt es einen Menschen, der das Anständige nicht um seines Vorteiles willen im weitesten Sinne tut?

11: | s
12: | in
16 **Ehe**: Andere Lesart: Habe
20: | es erst
22: | deswegen

[96]

Maxime: | In objektiv gleichgültigen Fällen (die durch Los entschieden werden sollten) ist ein *Kompromiss* das Beste (kleine Hakenkreuze).

Maxime: | Bei der Arbeit nachdenken, ohne zu schreiben, erspart nichts, denn trotzdem wird das zuerst Geschriebene schlecht sein. Daher auf jeden Fall schreiben mit der Erwartung, dass man es nochmals schreiben muss.

Bemerkung: Bei der Vorlesungsvorbereitung ist es vor allem wesentlich, sich für irgendein *Niveau* zu entscheiden: 1. Kenntnis einer elementaren Mengenlehre-Vorlesung von I. – II. *Semester* wird vorausgesetzt, das heißt Begriffe: ›Ordinalzahl‹, ›Kardinalzahl‹, Rechnen mit diesen, Rechnen mit Mengen, Auswahlaxiom, Wohlordnungssatz. Aber unbekannt sind: logische Symbolik (*Hilbert Ackermann*), *Principia Mathematica*, Fraenkel, Einleitung und Fraenkel, Vorlesungen.

Maxime: Bei jeder Tätigkeit (auch bei kleinen Abschnitten, zum Beispiel *Enchiridion*, *Principia Mathematica*) sich den Zweck (das

---

3 **Hakenkreuze:** Vgl. die Erwähnungen auf der Manuskriptseite 93 sowie in Addendum II, 7, Nr. 25.

15 **Auswahlaxiom:** Das Auswahlaxiom von Ernst Zermelo postuliert für jede beliebige Menge nicht-leerer Mengen mindestens eine Auswahlfunktion (die jeder dieser nicht-leeren Mengen ein Element derselben zuordnet) ohne anzugeben, wie man sie konstruieren kann.

16 **Hilbert Ackermann:** Die ›Grundzüge der Theoretischen Logik‹ von David Hilbert und Wilhelm Ackermann sind 1928 in Berlin erschienen. Das Buch befindet sich in Gödels Privatbibliothek.

17 **Principia Mathematica:** Die ›Principia Mathematica‹ von Alfred North Whitehead und Bertrand Russell sind zwischen 1910 und 1913 erschienen. Nachweisbar ist, dass die von Gödel ausgeliehenen Bände 2 und 3 am 23. September 1938 zurückgegeben wurden. Er besaß eine Übersetzung der Einleitungen der ›Principia Mathematica‹: ›Einführung in die Mathematische Logik‹ von 1932.

17 **Fraenkel, Einleitung:** Fraenkel, ›Einleitung in die Mengenlehre‹ ist 1919 erschienen. Erweiterte Auflagen: 1923, 1928.

17 **Fraenkel, Vorlesungen:** Fraenkel, ›Zehn Vorlesungen über die Grundlegung der Mengenlehre‹ von 1927.

21 **Enchiridion:** Das ›Enchiridion symbolorum‹ ist eine handbuchartige Sammlung der wichtigsten römisch-katholischen Glaubensbekenntnisse und kirchlichen Lehrdokumente zu Fragen des Glaubens. Gödel erwähnt es in Addendum XIII, 1 und hat es am 15. Mai 1937 sowie am 26. Juli 1939 ausgeliehen. Daneben gibt es das Handbuch ›Enchiridion ad Laurentium sive De fide, spe, et caritate liber unus‹ von Augustinus, ein nach 420 geschriebenes Handbuch zur christlichen Frömmigkeit, das Gödel am 8. April 1937 ausgeliehen hat, sowie

2: | In psy
6: | Ent

unmittelbare Ziel) überlegen (Bedingungen, unter denen es erreicht ist) und eventuell seine Einordnung in die höheren Zwecke. Ferner ungefähre Dauer überlegen.

[97]

Bemerkung: Möglichkeit eines elementaren Vorlesungsthemas. Allgemeinste Systeme, welche den Rechengesetzen für *Addition*, *Multiplikation*, *Potenzierung* genügen. Rein logisch, Ordinalzahl, Kardinalzahl, nicht-archimedische Körper, Schiefkörper, *Frobenius* und *Kolmogorovsche* Sätze, Zusammenhang mit Geometrie.

Bemerkung: Arbeit über Kontinuum ist wieder ein Beispiel, wo <u>sehr wenig</u> Zeit darauf verwendet wurde, die Methode auszuwählen [ich hätte auch beim ursprünglichen Plan bleiben können], und im Verhältnis wurde sehr viel Zeit auf die Durchführung einer bestimmten Methode (einer mehr oder weniger vom Ziel abhängigen Methode) verwendet.

Maxime: Vor jedem Tätigkeitsbeginn auf die Uhr schauen und die Uhrzeit eintragen, ebenso am Ende.

x *Programm*:

1. || Entscheide Leistung und Orientierung über hiesige Angelegenheiten. Was ist zu erwarten?
2. ~~Welche Schritte wegen Amerika und wann? (hier in Wien) (Dekan, Polizei, Konsul).~~

10: ›f‹ von der Editorin verbessert in ›v‹

22 **x**: Mit rotem Buntstift geschrieben

23: | Wie verhalten bezüglich Fragebogen? Und

23: ›{insbesondere Adele}‹ von der Editorin gelöscht

das Encheiridion des Epiktet, das sich mit den Prinzipien der Lebensführung befasst. Vgl. auch ›Zeiteinteilung (Max) I‹, Manuskriptseite 38, Pkt. II, sowie Addendum XIII, 1.

8 **Ordinalzahl:** Eine Ordinalzahl gibt den Stellenwert eines Elements in einer Reihenfolge an; sie beschreibt den Ordnungstypus einer wohlgeordneten Menge.

8 **Kardinalzahl:** Kardinalzahlen geben die Mächtigkeit von Mengen an.

9 **nicht-archimedische Körper:** Für nicht-archimedische Körper gilt das archimedische Axiom nicht, weshalb diese algebraischen Strukturen unendlich kleine und unendlich große Elemente enthalten können, d. h. größer als jede natürliche Zahl.

9 **Schiefkörper:** Ein Schiefkörper ist eine algebraische Struktur.

19 **Vor jedem Tätigkeitsbeginn auf die Uhr schauen und die Uhrzeit eintragen, ebenso am Ende:** So wird auch beim Schreiben von Versuchsprotokollen vorgegangen.

I. 3. Ein ganzes oder ½ Jahr dort bleiben oder unbestimmt lassen?, Menger und *Veblen* schreiben, 1. *provisorisch*, 2. *definitiv*.
II' 4. Wie Vorbereitung für Amerika einteilen und was besonders vorbereiten?
5. Wo und wann *Résumé* und Arbeit publizieren?
[6. Adele Heirat, wie soll ich mich verhalten (z. B. *protestantisch, gar nicht*)?]
7. Methode zum Unabhängigkeitsbeweis des Kontinuums und für die *Definition* von »absolutem Beweis« fixieren und ausarbeiten.
8. Adele *protestantisch* heiraten?

[98]
Bemerkung: Beim ›Zweck‹ gibt es 2 verschiedene Klassen:
positive (um etwas zu bewirken),
negative (um etwas zu verhindern).

Bemerkung: »Zu einem Entschluss kommen« bedeutet immer, eventuell etwas *Positives* tun, was zu versäumen vielleicht schade und Versäumen eines Gewinnes ist.

Bemerkung: Es gibt 2 Gründe für die Entschlusslosigkeit: 1. Unwissenheit der Folgen, 2. nicht wissen, was besser ist.

Maxime: Vorm Schlafengehen Zeitung lesen, Vergnügungsprogramm, Spielen, Rechnung- und Zeittagebuch, Programm für nächsten Tag.

---

2 **Menger:** Vgl. zur Planung des Aufenthaltes in Notre Dame die Korrespondenz mit Karl Menger, in: Kurt Gödel, ›Collected Works‹, Bd. V, S. 106–126.
2 **Veblen:** Vgl. zur Planung des Amerika-Aufenthaltes auch die Anmerkung zu Manuskriptseite 80 zum Brief an Veblen.
5 **Résumé:** Vgl. Erläuterung zu Manuskriptseite 82 zu Ziele, Pkt. 3.
5 **Arbeit:** Vgl. Erläuterung zu Manuskriptseite 82 zu Ziele, Pkt. 2.
8 **Unabhängigkeitsbeweis des Kontinuums:** Am Beweis der Unabhängigkeit der Kontinuumshypothese hat Gödel über viele Jahre hinweg gearbeitet. Er gelang schließlich Paul J. Cohen 1962. Zuvor konnte Gödel zeigen, dass das Auswahlaxiom nicht in Widerspruch zu den anderen Axiomen der Mengenlehre steht und die Kontinuumshypothese nicht im Widerspruch zu den Axiomen von Zermelo-Fraenkel.
11 **Adele protestantisch heiraten?:** Adele Nimbursky, geb. Porkert und Kurt Gödel haben am 20. September 1938 in Wien standesamtlich geheiratet. Zwei Wochen später brach Gödel allein zum dritten Mal nach Princeton auf.

19: ›p‹ von der Editorin verbessert in ›P‹
26 **Zeittagebuch:** Andere Lesart: Zweittagebuch

Maxime: Zwischen aushäusigen Veranstaltungen zur Arbeit schreiten und arbeiten, keine Pause machen. Bei aushäusigen Veranstaltungen ist es erlaubt, zu denken; ob wirklich gearbeitet wird, | ist zweifelhaft.

Bemerkung: 10./V. 1938 In der Früh, angenehmes Gefühl (nach Koitus (*passiv*)), gute Rasierklinge, Adele geht es zu gut.

Bemerkung: | Eine *Rubrik* »Sonstiges« ist schlecht als *definitivum*, aber sehr gut als *Provisorium*.

Bemerkung: Gründe für die Nicht-Einhaltung des Zeiteinteilungsprogramms (oder für Nicht-Aufstellen desselben):
1. Physische Störungen [Adele kommt ins Zimmer, Besuche (von mir oder von Adele)], gesellschaftliche Verpflichtung (äußere Störungen) oder Ähnliches (Telephon, unvorhergesehene rasch zu erledigende Sachen wie etwa Zuschriften, [99] schlechte Luft im Zimmer, Krankheit (= irgendeine Form körperlichen Leidens oder Schwäche),
2. psychische. {Ist es vernünftig, all diese Dinge mit Gewalt zu überwinden zu suchen?}
    ? 1. Zu etwas anderem mehr Lust (z. B. Theologie, oder etwas, was begonnen, nicht unterbrechen, oder Einfall in irgendeiner Wissenschaft),
    ! 2. Müdigkeit (Faulheit), direkte auf Einhaltung des Programms bezogene Hemmung, allgemeine Unlust,
    [3. sich zu viel vornehmen], ! 3.1 nicht fertig werden in Folge zu langsamer Arbeit,
    ! 4. Sorge, das heißt: Wichtig scheinende Dinge, über die man zu einem Entschluss kommen muss, wo aber die nötigen Unterlagen fehlen oder wofür noch kein vernünftiges Verhalten gefunden wurde (wegen Unkenntnis und Entschlusslosigkeit), aber vielleicht ein solches existiert.

---

1 **aushäusigen**: Andere Lesart: unseren
2 **aushäusigen**: Andere Lesart: unseren
3: | ziellos
9: | In

6 **Koitus**: Vgl. auch ›Zeiteinteilung (Max) I und II‹, Manuskriptseiten 62, Maxime 1; 134, Maxime 1; Addendum IIIa, 1, Pkt. 5.
18 **schlechte Luft**: Siehe Einleitung zu diesem Band. Es gehört bereits zu den Regeln der antiken Diätetik, auf gute Luft zu achten.
22 **mehr Lust**: Vgl. für die zahlreichen Textstellen zu Lust und Unlust in ›Zeiteinteilung (Max) I und II‹ sowie in den dazugehörenden Addenda die Anmerkung zu ›Zeiteinteilung (Max) I‹, Manuskriptseite 24, Bemerkung 1.
26 **allgemeine Unlust**: Vgl. Anmerkung zu Pkt. 1 auf dieser Manuskriptseite.

{4.1 Arbeitsrückschlag vor sich sehen und sehr wenig Zeit haben.}

? 5. Aufregung über ein eben gehabtes oder erwartetes Erlebnis oder Brief oder *etc.* (*disponiert* zum Denken über etwas Bestimmtes).

Maxime: Bei Aufstellung theologischer Theorie ist es offenbar eine fruchtbare Idee, immer erst zu fragen, »ist das eine Häresie?«. Daher wäre das Nichtstellen dieser Frage eine Sünde.

Bemerkung: Es gibt in jeder Sache verschiedene Niveaus der Erkenntnis [z. B. in *Theologie*: Man weiß oder weiß nicht, was *synchronistische* Geschichtsschreibung ist]. Die Bücher der einzelnen Geschichten scheinen so abgeschlossen zu sein | (ebenso in den Wörterbüchern die Artikel der einzelnen Worte), dass sie gegen »Zitieren« abgeschlossen sind, ebenso gegen Wortschatz, Behauptungen, Klarheitsgrade. Deutlich 3 Niveaus: Mittel- und Hochschul- und Forschungsniveau, [100] Mittelschullehrbücher, Hochschullehrbücher und Vorlesungen, Abhandlungen. Lexikon liegt zwischen Mittel- und Hochschulniveau. Die Niveaus werden absichtlich und künstlich von den Schreibenden und Lesenden eingehalten.

x *Programm*: Nachdenken über *Budget*.

Bemerkung: Man soll sich täglich die körperliche Gesundheit schützen, indem man sich eine Krankheit vorstellt | und zwar ein Leiden [Schmerz, Husten, Atemnot, Übelkeit, Hautjucken, Nasenschleim, Stuhl- und Harndrang, gestörtes Allgemeinbefinden (= Unruhe), Lähmung, ...]

Maxime: Das Wesentliche bei der Vorbereitung ist jetzt, alles so zu transformieren wie beim Beweis der *Definition* durch Induktion, das heißt Abkürzung und doch exakt, und Schlüsse möglichst weit weg vom Logikkalkül (oder wie Beweis $0_\varrho = 0$, oder *Transformation* der ϵ-Relation bei der *Definition* von O).

---

12 **synchronistische Geschichtsschreibung**: Vgl. Erläuterung zu Pkt. 3 auf Manuskriptseite 87.
32 **Beweis der Definition durch Induktion**: Dabei ist zu beweisen, dass durch eine induktive Charakterisierung genau eine Menge festgelegt wird, die diese erfüllt.

14: | ebenso
23 **x**: Mit rotem Buntstift geschrieben
23 **Programm**: Einmal mit Bleistift, einmal mit rotem Buntstift unterstrichen
26: | (zu

Bemerkung: Lebensüberdruss verschwindet durch Lektüre der Zeiteinteilung.

Bemerkung: Allgemeine Eigenschaft der menschlichen Natur: Man schätzt für sich etwas erst dann, wenn man vorher etwas noch Schlechteres erlebt hat (auch für die Arbeitsbedingungen ist es so, wenn z. B. Krankheit dazukommt).

Bemerkung: Was kommt als Vorlesungs- (Übungs-) Stoff für 1938/39, 1939/40 in Betracht?
1. Elementare Vorlesung (*Differentialrechnung*, *analytische Geometrie*).
2. Höhere Vorlesung, aber allgemein (*Funktionen-Theorie*, *Differential-Gleichungen* und *Integral-Gleichungen* |, Variations-Rechnung, *WahrscheinlichkeitsRechnung*). [101]
3. Spezial-*Vorlesung*, eventuell Seminar:
a.) *Logik* (Grundlagen der *Arithmetik*, Grundlagen der Mengenlehre) und *Philosophie*
b.) *Mengenlehre allgemein*
c.) *Masstheorie* und *IntegrationsTheorie*
d.) *Borelsche Mengen* und *Ähnliches*
[e.) *Grundlagen der Geometrie*]

14: ›‹ von der Editorin gelöscht
16 **3. Spezial:** Andere Lesart: spezielle
16 **Seminar:** Der Strich vor ›Seminar‹ ist der Rest eines Radiergummikrümels und somit nicht als 1 zu lesen

9 **Bemerkung:** Diese Bemerkung steht in Zusammenhang mit Gödels Überlegungen zur Stellensuche. So heißt es auch bereits am 28. August 1937 in Carnaps Tagebuch: »Gödel [...] hat letztes Semester Vorlesungen gehalten. Überlegt Chancen als Mathematiker in Deutschland oder Amerika; schwierig, weil hauptsächlich Grundlagenfragen; oder Philosophie.« Transkription von Brigitta Arden und Brigitte Parakenings.
10 **1938/39:** De facto hat Gödel im Herbstsemester 1938 in Princeton Vorträge über seine Ergebnisse in der Mengentheorie gehalten. Im Frühjahr 1939 hat er in Notre Dame unterrichtet und Vorträge gehalten.
10 **1939/40:** 1939/40 hat Gödel nicht unterrichtet. Er emigriert im Januar 1940 mit Adele in die USA, wo er im März ankommt.
20 **Masstheorie:** Vgl. Anmerkung zu Manuskriptseite 87, Pkt. 11.
21 **Borelsche Mengen:** Vgl. Erläuterung zu Manuskriptseite 55, Pkt. 1, in ›Zeiteinteilung (Max) I‹.

- 1. *Amerikanisches* Institut   3 *a, c, d*
  2. Amerikanische Universität,   1, 2
  Mathematik (Notre | Dame,
  Princeton)
  3. Amerikanische Universität,   3*a* dazu eine Ansicht nötig
  Philosophie   oder Literaturkenntnisse
  4. Deutsche Universität klein   1, 2
- 5. Deutsche Universität groß   1, 2, 3 *b, c, d*
- 6. Deutschland Münster   3*a*

x <u>Programm</u>: Die Literatur der obigen Gebiete durchschauen und notieren, so dass es jederzeit möglich ist, aus einer Menge von Büchern eine Vorlesung und Übungen zusammenzustellen. Übungsaufgaben.

<u>Bemerkung</u>: Das Wesentliche ist es, jeden Tag wenigstens etwas zu machen (Kürzung der Zeit und Verlegung kann eher geduldet werden als gar nichts tun).

<u>Bemerkung</u>: Bei jeder axiomatischen Theorie (Mengenlehre, Geometrie) gibt es 2 Standpunkte:
1. Die ϵ-Relation ist die wirkliche und die Axiome sind evidente Wahrheiten. [102]
2. Es handelt sich um irgendeine Relation mit diesen Eigenschaften.

Unterschiede:
1. Jeder *definierte* Begriff enthält um eine Variable mehr (um eine oder mehrere Stellen mehr).
2. Jedes Theorem enthält die Axiome als Voraussetzung (oder den Begriff »Geometrie«, »Mengenlehre«).

---

1 **3 a,c,d:** Die Ziffern hier und im Folgenden stehen für den erwähnten Lehrstoff in der Liste obendran, den Gödel unterrichten könnte.
13 **Übungsaufgaben:** Vgl. Anmerkung zu Manuskriptseite 86 zu mathematischen Aufgabensammlungen in Gödels Privatbibliothek.
22 **ϵ-Relation:** Die sogenannte Elementrelation geht auf Giuseppe Peano zurück. ϵ ist ein mathematisches Zeichen, mit dem angegeben wird, dass ein Objekt ein Element einer Menge ist. Das Zeichen ϵ (Abkürzung für ›esti‹ im Griechischen) bedeutet ›ist‹ oder ›ist ein Element von‹. Verbreitung fand diese Verwendung über Ernst Zermelos Arbeit sowie über die ›Principia Mathematica‹ von Whitehead und Russell. Vgl. die Bemerkung auf Manuskriptseite 96.

3: ›-‹ von der Editorin gelöscht
11 **x:** Mit rotem Buntstift geschrieben
11 **Programm:** Zweimal mit Bleistift, einmal mit rotem Buntstift unterstrichen

3. Relativierung der Begriffe ++ braucht nicht eigens definiert zu werden,

4. und relativierte Theoreme brauchen nicht eigens bewiesen werden.

Ich habe bei der Mengenlehre eine Vorliebe für die erste Art, weil ich an die Mengenlehre »glaube«.

Bemerkung: Meine Entschlusslosigkeit (Planlosigkeit, Zeitverschwendung) kommt auch daher, dass ich nicht weiß, wie ich mich verhalten würde, wenn etwas Gewisses der Fall wäre oder wenn ich Verschiedenes (alles) wüsste.

Bemerkung: Warum wirkt zum Beispiel *Brentanos* Wahrheit und Evidenz so un*sympathisch*? Weil es Sätze aneinanderreiht mit Begriffen, die einer Erläuterung sehr bedürfen, ohne diese Erläuterung zu geben. Das Wesentliche wäre, diese Begriffe anzugeben durch

1. *genus proximum*,
2. Versuche *expliciter Definitionen* in Worten,
3. Beispiele (was darunter fällt, was nicht),
[4. einfachste Beziehungen zwischen diesen Begriffen].

Bemerkung: Es wäre philosophisch sehr fruchtbar, irgendein derartiges Buch [*Sigwart, Wittgenstein, Brentano, Schlick*] herzunehmen, die Worte, die darin vorkommen, alphabetisch rauszuschreiben und ihren Sinn {(*Definition*)} und gegenseitiges Verhältnis zu überlegen.

[103]
Bemerkung: Gründe, das Unvernünftige zu tun:
1.) Das Nicht-auf-sich-nehmen-Wollen einer augenblicklichen Unbequemlichkeit (Nachteil),
1.1.) Nicht-auf-sich-nehmen-Wollen einer augenblicklichen Gefahr (einer größeren Unbequemlichkeit).

---

13 **Wahrheit und Evidenz:** ›Wahrheit und Evidenz. Erkenntnistheoretische Abhandlungen und Briefe‹ von Brentano hat Gödel am 16. November 1937 nachweislich ausgeliehen.

18 **genus proximum et differentia specifica:** Aristotelische Regel, nach der eine Definition durch Angabe der nächsthöheren Gattung zu erfolgen hat. Vgl. Manuskriptseite 72, Bemerkung 1.

3 **und relativierte:** Andere Lesart: unrelativierte

2.) Angst davor, etwas zu tun, was irgendeine wesentliche Veränderung bringt (bringen könnte),
2.1.) Angst, überhaupt eine *definitive* (nicht wieder rückgängig zu machende) Entscheidung zu treffen|.
3.) Ratschläge anderer Personen.

{Wesentliche Voraussetzung:
Wirkt alles nur unter der Voraussetzung, dass man selbst im Dunkel ist (nicht sicher weiß, was das Vernünftige ist).}

Bemerkung: Einer der Gründe, die Gnade Gottes zurückzuweisen, ist der Stolz (der Wille, aus eigener Kraft etwas zu werden), {alles aus eigener Kraft zu machen}.

Maxime: Jeden Tag abends beim Aufschreiben der Zeiteinteilung nachdenken, ob: 1. das Programm eingehalten wurde, 2. die Zeit vernünftig verwendet wurde, 2'. was der Gewinn des Tages war.

Maxime für Vorlesung: Die Sätze so formulieren, dass bei beschreibender Funktion nur solche Variablen eingesetzt sind [beziehungsweise $A(x) \supset \ldots A(x)$ &. vorausgeht], für welche die Ausdrücke bei beliebiger Wahl einen Sinn haben.

Bemerkung: Merkwürdigerweise wird der Blick klarer durch die Erkenntnis, dass man eigentlich nichts weiß, und die Entscheidung leichter durch die Erkenntnis, dass es nicht so wichtig ist (nichts davon abhängt). | Wenn man viel anstrebt, erreicht man wenig, und umgekehrt, wenn man wenig anstrebt, erreicht man viel.

4: ›)‹ von der Editorin gelöscht
27: | Und

[104]
Bemerkung:

Die Hemmungen zu beten sind:	1. Furcht, es nicht richtig zu machen (insbesondere, dass es eine <u>Heuchelei</u> wird vor sich selbst),
	2. wegen Demütigung des eigenen Stolzes (man schämt sich vor sich selbst).
ad 1.: Es ist eine Hauptursächlichkeit	a.) wenn man das nicht oder nicht stark wünscht, um was man betet, oder innere natürliche Mittel sieht, es {besser} zu erreichen,
→	b.) <u>wenn man glaubt, ein Recht darauf zu haben, oder nicht glaubt, kein Recht darauf zu haben,</u>
a und d sind das Wichtigste	c.) wenn man nicht oder nur sehr schwach an einen Gott glaubt (oder an keinen guten Gott, sondern einen bösen Gott),
b ist eine Hemmung des Stolzes →	d.) wenn man nicht an die Wirksamkeit des Gebetes glaubt.

Bemerkung: Die Hemmungen, katholisch zu werden, sind dieselben und außerdem:
1. äußere Unbequemlichkeit (Verzicht auf Verschiedenes und Zwang, Verschiedenes zu tun),
2. sich lächerlich machen vor anderen (weil diese nicht glauben | {und} man selbst nicht genug stark glaubt). Insbesondere aber, weil man selbst nicht an die <u>Vernünftigkeit der äußeren *Ceremonien*</u> glaubt und diese vor anderen besonders dem *Odium* der Unvernunft (Lächerlichkeit) ausgesetzt sind.
3. Ferner auch der Begriff der Sünde, Reue und insbesondere die Art der »Sünde« und | die Beichte nach Duckmäuserei, Unmännlichkeit, Selbstbetrug, <u>Unsauberkeit (innere)</u>, Rächungen.

Bemerkung: Vielleicht wäre es gut für mich, wenn ein anderer, der mir maßgebend ist, mir meinen Glauben an meine guten Eigenschaften austreibt (den Größenwahn austreibt).

26: |)
32: | nach
33 **Rächungen:** Andere Lesart: Regungen

33 **Rächungen:** ›Rächung‹ ist ein altertümliches Wort für ›Rache‹ und wird meist in religiösen Kontexten benutzt.

[105]
Maxime für Vorlesung:
1.) Nur das Wesentliche formulieren (das Selbstverständliche als verwirrend weglassen).
2.) Methode der *successiven Approximation* bei (*Definition*, Satz, Beweis).

Bemerkung: | Eine mathematische Abhandlung besteht aus:
0. Überschrift (*Résumés* oder Beschreibungen),
1. *Definitionen*,
2. *symbolischen Konventionen*,
3. *Theoremen* (Methoden sind eine besondere Art von *Theoremen*, {nämlich *effektive Theoreme*}); Übergang zum Beispiel: Konvergenzkriterien,
4. *Beweisen*.
Die Probleme, welche auftreten, sind:
1. Entscheidungen von Fragen,
2. Dinge gewisser Art zu finden*: *Definitionen*, *Theoreme*, *Beweise*, Beschreibungen, welche gewissen Bedingungen genügen (immer feststellbar**?**).

* Das heißt, zu konstruieren.

Eine Abhandlung beherrschen heißt:
1. für alle darin vorkommenden Begriffe die *Definition* wissen,
2. für alle Theoreme bei ++, kleine Fragen beantworten können,
3. die Beweise der Theoreme kennen,
4. die Methode anwenden (und rasch anwenden) können |,
Hauptsache: 5.) alle aus den Methoden und Theoremen der Arbeit {leicht} folgenden Problemlösungen zu kennen (und rasch zu finden).

Frage: Was heißt in der vorhergehenden Bemerkung 5.) »leicht folgenden«?

---

5 successiven Approximation: Die sukzessive Approximation ist in der Mathematik ein Iterationsverfahren zur Annäherung an immer bessere Entwürfe.
13 Konvergenzkriterien: In der Analysis lässt sich anhand eines Konvergenzkriteriums die Konvergenz einer Reihe oder Folge beweisen.

8. | Eine mat
11: ›S‹ von der Editorin verbessert in ›s‹
25: ›)‹ von der Editorin gelöscht

[106]

Maxime: Wenn man über etwas zu keiner Entscheidung kommt (oder in etwas nicht weiterkommt), obwohl eine Entscheidung wesentlich ist, so soll man alltäglich eine gewisse Zeit für diese Sache reservieren und im Übrigen sich nicht darum kümmern.

Maxime: Immer das zurückstellen, womit man gerade nicht weiterkommt oder keine Lust hat oder sich nicht entschließen kann, und daran arbeiten, wo das nicht zutrifft (eventuell nach Reservierung einer beschränkten Zeit für das Erstere).

Maxime Vorlesung: Bei jedem Punkt (*Definition*, *Theorem*, Beweispunkt, symbolische Konvention) den Zweck *explicit* formulieren.

Bemerkung: Charakteristische Frage für *die Vorlesung*: Soll Schröder-Bernstein *explicit* bewiesen werden?

Maxime: Klangschleife ausprobieren, indem nur eine Seite geschliffen wird.

Bemerkung: Das Angeschrien werden scheint gut für die Entschlusslosigkeit zu sein.

Maxime: Achtgeben, wer in den Streitigkeiten zwischen mir und Adele zuerst laut redet.

Maxime: Es erleichtert, wenn mehrere Entschlüsse zu treffen sind, die Entscheidung, wenn einer schon getroffen ist; daher bei jedem einzelnen sich | vorstellen, die anderen seien schon entschieden.

//*Maxime*: Allgemein bei jeder Sache so tun (sich vorstellen), als ob die anderen schon erledigt seien (mich nichts mehr angingen), als ob alles gemacht sei, wenn diese eine Sache erledigt ist (das ist Konzentration, Begrifflichkeit).

---

18 **Klangschleife:** Gödel wollte wohl ›Klangscheibe‹ schreiben
29: | in der Lage
31 //**Maxime:** Mehrfach fett mit Strichen oben, links und unten umrandet

8 **keine Lust:** Vgl. die Anmerkung zu ›Zeiteinteilung (Max) I‹, Manuskriptseite 24, Bemerkung 1, für die zahlreichen Textstellen zu Lust und Unlust in ›Zeiteinteilung (Max) I und II‹ sowie in den dazugehörigen Addenda.
15 **Schröder-Bernstein:** Schröder-Bernstein-Theorem. Äquivalenzsatz über die Mächtigkeiten zweier Mengen.
21 **für:** Gemeint ist gegen die Entschlusslosigkeit.

Mittel dazu: Nur für kurze Zeit beschließen und denken, »Was ist schon dabei, wenn es falsch ist?!«. (Weckeruhr dazu nötig)

[107]
Bemerkung: Die Hemmung beim Arbeiten bezieht sich unmittelbar auf die Arbeit (d. h. besteht in dem Drang, mich niederzulegen oder spazieren zu gehen oder etwas mich Interessierendes zu lesen). Das heißt, die Arbeit ist eine Plage.

Bemerkung: Wetterbericht.

Maxime: Adele *orthographisches* Schreiben lehren an der Hand der alten Briefe.

Bemerkung: Das Geheimnis einer guten Vorlesung besteht vielleicht teilweise darin, dass die Aufmerksamkeit nicht auf die Sache, sondern auf die Worte gerichtet wird.

Maxime: Nur erstklassige Sünden.

Bemerkung: Beim Halten von Vorlesungen |: Es kommt nicht darauf an, das, was klar werden soll, *explicit*| zu sagen, sondern es kommt darauf an, etwas zu sagen, an der Hand wovon das, was klar gemacht werden soll, klar wird. Wenn das geschehen ist, kann weitergegangen werden, als ob es *explicit* gesagt worden wäre.

Maxime: Für Post ist das Wesentliche, dass jeden Tag etwas überlegt wird (wenn auch nur ½ h).

x *Programm*: Idee für Unabhängigkeitsbeweis und Teilresultate zusammenschreiben. Begriff »absoluter Beweis«.

Maxime: Wenn Gedanken bei der Arbeit sich verwirren, irgendetwas zur Arbeit Gehöriges sprechen (bei sich).

---

2 **Weckeruhr:** Altertümlicher Ausdruck für Wecker.
12 **der alten Briefe:** Es ist kein Briefwechsel zwischen Gödel und Adele erhalten.
30 **Idee für Unabhängigkeitsbeweis und Teilresultate zusammenschreiben:** Vgl. Manuskriptseite 97, Pkt. 7.

12: ›lernen‹ von der Editorin verbessert in ›lehren‹
19 **Sünden:** Zu lesen ist ›Sanden‹
21: | des was
22: ›e‹ von der Editorin gelöscht
30 **x:** Mit rotem Buntstift geschrieben

Bemerkung: Der Grund zur Unlust zur Arbeit ist sehr häufig der Verlust der Übersicht über das Gemachte und Aus-den-Augen-[108] Verlieren des Zwecks und des Programms.

Maxime: Formulierung in Worte bei der Arbeit ist das Letzte, was zu tun ist. Zuerst muss entschieden werden:
1. Welche *Theoreme* und *Definitionen* und in welcher Reihenfolge und welche Terminologie, Symbolik und Abkürzungen?
2. Welche Beweise und wie ausführen?

x *Programm*: ~~Zuerst Vorlesung *Princeton* ungefähr (dann vielleicht *Notre Dame* genau). Das folgt aus den allgemeinen Prinzipien der Übersicht.~~

Maxime: Wenn gar keine Lust und Übersicht beim Arbeiten, dann irgendwie drauflosarbeiten.

Maxime: Wenn mehrere Möglichkeiten, eine Arbeit zu schreiben (Vorlesung zu halten), bestehen, soll man, bevor man eine genau ausarbeitet, beide ungefähr ausarbeiten.

xx *Programm*: Resultate Grundlagen zeitweise eintragen.

Maxime: Manchmal ins Kaffeehaus gehen und Zeitungen lesen. Das ist eine wirkliche Zerstreuung.

Maximen:
1. Man soll nichts anfangen, bevor man sich nicht vollkommen entschlossen hat, es zu tun.

---

11 **x**: Mit rotem Buntstift geschrieben
11 **Programm**: Einmal mit Bleistift, einmal mit rotem Buntstift unterstrichen
22 **xx**: Einmal mit Bleistift, einmal mit rotem Buntstift geschrieben
22 **Programm**: Einmal mit Bleistift, einmal mit rotem Buntstift unterstrichen

1 **Unlust zur Arbeit:** Vgl. für die zahlreichen Textstellen zu Lust und Unlust in ›Zeiteinteilung (Max) I und II‹ sowie in den dazugehörenden Addenda die Anmerkung zu ›Zeiteinteilung (Max) I‹, Manuskriptseite 24, Bemerkung 1.
11 **Vorlesung Princeton:** Vgl. auch die entsprechende Anmerkung zu Beginn von Manuskriptseite 79.
12 **Notre Dame:** Vgl. auch die entsprechende Anmerkung zu Beginn von Manuskriptseite 79.
22 **Resultate Grundlagen:** Resultate Grundlagen ist der Titel von vier Notizheften in Gödels Nachlass. Vgl. Manuskriptseite 115, Erläuterung.
25 **Zerstreuung:** Zerstreuung ist geistige Hygiene; vgl. für die expliziten Nennungen des Begriffs ›Zerstreuung‹ in ›Zeiteinteilung (Max) I und II‹ die ausführliche Erläuterung (inklusive Fußnote) zur Liste auf der Umschlaginnenseite von ›Zeiteinteilung (Max) I‹.

2. Man soll sich immer nur (auch in der Wissenschaft) eine Kleinigkeit vornehmen. [Zum Beispiel: Diese oder jene Abhandlung lesen, diesen oder jenen Teil eines Buches lesen, einige Stichproben aus irgendetwas lesen, um etwas festzustellen. Und das dann wirklich machen (ordentlich machen).] [109]
3. Sich nur kleine Sachen vornehmen und bei diesen dann so tun, als hätte man beliebig viel Zeit, sie zu erledigen.

<u>Maxime</u>: Den Stundenplan genau einhalten (wirklich die {ganze} Zeit auf Vorlesungsvorbereitung, Arbeiten *etc.* | verwenden), aber darauf innerhalb der Zeit sich gar nicht beeilen, sondern annehmen, man hätte beliebig viel Zeit (nicht umgekehrt).

<u>Maxime</u>: Nach einem Einfall nicht stundenlang über dasselbe nachdenken, sondern auf ein anderes Gebiet übergehen.

<u>Bemerkung</u>: Unbeantwortete Briefe und uneingehaltene Versprechungen sind etwas, was in erster Linie die gute Laune verdirbt, und uneingehaltene Verpflichtungen und nicht ausgeführte Vorsätze.

<u>Maxime</u>: Zweck einer Tätigkeit zuerst möglichst anschaulich vorstellen (das heißt | auch, genau formulieren).

<u>Bemerkung</u>: Welche Tätigkeiten sind als »Erholung« erlaubt?
1. Schlaf,
?2. Nachdenken über eigenes Leben, ǁ Vergangenheit (einzelne Ereignisse),
3. <u>Kino, Theater, Variété</u>,
?4. Unterhaltung mit anderen Menschen,
5. <u>Kaffeehaus (Zeitungen)</u>,
6. *Belletrist<i>ische</i>* Lektüre {(auch fremdsprachige)},
7. sehr leichte Aufgaben aus der Mathematik (Mittelschule, Denksport, Geduldsspiele).

<u>Nicht erlaubt sind</u>:
1. Nachdenken über wissenschaftliche Probleme (Mathematik, Logik, Philosophie, *Theologie)*,
2. Nachdenken über Einteilung meines zukünftigen Lebens,
3. Briefe beantworten,
4. Bibel lesen.

10: ›)‹ von der Editorin gelöscht
23: | genau

[110]

Maxime: Man soll zugleich mit dem Arbeitsprogramm auch ein Erholungsprogramm aufstellen, gleichgültig, welches der Erfolg des Arbeitsprogrammes war.

Maxime: Die Zeit der Erholung ist einzuhalten, unabhängig, was der Erfolg der Arbeitszeit war (auch wenn irgendetwas nicht fertig ist, was zu einer bestimmten Zeit fertig sein soll). Voraussetzung ist nur, dass die Zeiteinteilung eingehalten wurde.
[Nach der Arbeit hat man ein Recht auf Erholung.]
Zeit der Erholung: täglich nach 5, Sonntags, 4 Wochen im Jahr Urlaub.
Wenn die Arbeitszeit eingehalten wurde, dann: 1.) objektiv: du hast ein Recht; 2.) *subjektiv*: du glaubst, du hast ein Recht, daher wirst du die Erholung genießen.

Maxime: Es hat keinen Sinn, die Bibel zu lesen und ihren geheimen Sinn (allegorischen Sinn) ohne Kommentar zu verstehen zu suchen.

Bemerkung: Vielleicht ist es ein Zeichen von Abgespanntheit und Erholungsbedürftigkeit, wenn das Programm nicht eingehalten wird.

Maxime: Immer mehrere Gummis und Bleistifte zur Hand haben.

[111]
x *Programm*:
1. ~~Briefe Menger, Veblen~~ (Vorlesungsthema).
2. Was lesen in Amerika? |
3. ~~Ungefährer Inhalt der Vorlesung.~~
4. ~~Vorbereitung der Vorlesungen und Vorträge.~~

---

28 **x**: Mit rotem Buntstift geschrieben
28 **Programm**: Mit rotem Buntstift unterstrichen
30: | (Notre Dame)

18 **allegorischen Sinn:** Verweis auf die allegorische Auslegung der Bibel. Nach dem vierfachen Schriftsinn gibt es die wörtliche Auslegung, die allegorische Auslegung, die moralische Auslegung und die endzeitlich-eschatologische Auslegung (auch ›anagogischer Sinn‹ genannt).
29 **Menger:** Vgl. zur Planung des Aufenthaltes in Notre Dame die Korrespondenz mit Karl Menger, in: Kurt Gödel, ›Collected Works‹, Bd. V, S. 106–126.
29 **Veblen:** Vgl. zur Planung des Amerika-Aufenthaltes auch die Anmerkung zu Manuskriptseite 80 zum Brief an Veblen.

5. Arbeit und *Resumé*, überhaupt schreiben und wie schreiben und wo und wann *publizieren*?

6. ~~Durchführung 4–5.~~

Vor dem Wegfahren:

1. ~~Bücher in Ordnung bringen, zurückgeben und abholen und vorbereiten zum Zurückgeben (Adele Anweisungen geben),~~ Titel der Hefte umschreiben und an beide einige geben.
2. ~~Für Brünn einige zum Studieren mitnehmen (Separata, Bücher, Hefte) und !Briefe Menger, Veblen!~~
3. ~~Mama schreiben.~~
4. ~~Fahrplan nach Brünn.~~

[112]

Maxime: Die Verfolgung der Grundlagenliteratur, Ergänzung der Beweise *etc.* würde viel rascher, gründlicher gehen, wenn ich eine Anstellung in diesem Gebiet in Aussicht hätte, das heißt, die Aufgabe vor mir hätte, jemanden über dieses Gebiet zu informieren und zum Arbeiten daraus anzuregen.

Bemerkung: Es erleichtert das Auffinden eines Beweises sehr, wenn man annimmt, man habe den Beweis schon gefunden, und suche nur, wie er sein könnte (Beispiel: $2m=2n \supset m=n$); überhaupt die allgemeine mathematische Methode zur Auffindung eines Objektes (so lange Eigenschaften deduzieren, bis eindeutig bestimmt, ist bei Beweisen ohne Auswahlaxiom anwendbar).

Bemerkung: Die Schwierigkeiten der Vorlesungen sind 3^{erlei} Art:
1. Beherrschung des Stoffes und wissen, wie und was gemacht werden soll.
2. Schwierigkeit des Ausdrucks, Faden nicht verlieren *etc.*
3. Schwierigkeit des Lampenfiebers und mangelnder Kontakt.

Das Verhältnis $\frac{1+2}{3}$ könnte man durch | generelles Probieren zu Hause mit Tafel *etc.* feststellen (wahrscheinlich sehr groß).

5 **Wegfahren**: Hier scheint nicht die Abreise nach Amerika gemeint zu sein, sondern eine Reise nach Brünn.
9 **Separata**: Separata sind Sonderdrucke.
10 **Briefe**: Vgl. Anmerkung oben.
11 **schreiben**: Gödels Briefe an seine Mutter sind erst ab September 1945 erhalten.

8: ›am‹ von der Editorin verbessert in ›an‹
8 **einige**: Andere Lesart: nötige
9 **Brünn**: Andere Lesart: Üben
9 **einige**: Andere Lesart: nötige
25 **so lange Eigenschaften deduzieren, bis eindeutig bestimmt, ist bei Beweisen ohne Auswahlaxiom anwendbar**: Andere Lesart: so lange Eigenschaften deduzieren, bis eindeutig bestimmt ist, bei Beweisen ohne Auswahlaxiom anwendbar
33: | genal

Bemerkung: Ich habe die *Tendenz*, definierte Zeichen als nicht zum Kalkül gehörig zu betrachten, sondern als ein (unvollkommenes) Mittel, die Länge der Formeln zu vermeiden (also ähnlich wie Verwendung der deutschen Sprache).

[113]
Bemerkung: Vielleicht ist keine deiner bisherigen Taten eine Tat von dir, indem du zu keiner wirklich entschlossen warst. Vielleicht besteht gerade darin der Verlust des *liber arbitrium*, dass wir nur in solche Situationen gebracht werden, in welchen kein eigener Entschluss gefasst wird und statt unser der Teufel entscheidet. Solange das der Fall ist, wäre jede Sünde nur Unterlassungssünde. Sünde der Schwäche besteht vielleicht nur darin, dass keine wirklichen Entschlüsse gefasst werden (also Unterlassungssünde).

Maxime: Die Dinge an sich rankommen lassen. Nicht überlegen, wie etwas zu machen ist, bevor es notwendig ist (zuerst das tun, wofür es klar ist, was zu machen ist, und um das andere sich nicht kümmern). Dann, bis es notwendig sein wird, können neue Ereignisse (Erkenntnisse) eingetreten sein, welche die Entscheidung erleichtern (eindeutig bestimmen).

Maxime: *Samstags* keine Besorgungen. Bei Besorgungen spätestens um 10 h weggehen.

Maxime: Fruchtbare Vorstellung bei der Einteilung irgendwelcher Studien: Ich habe eine *Private Bibliothek* zur Verfügung oder beliebige Geldmittel dafür.

Bemerkung: Zur Beherrschung eines mathematischen Gebietes sind ebenfalls vor allem gedächtnismäßig möglichst viele Tatsachen einzuprägen (ganz ähnlich wie bei einem historischen Gebiet).

[114]
Bemerkung: Gutes Beispiel für etwas, was verstößt gegen die *Maxime* »alles entweder gar nicht oder ordentlich tun«: das Aussprechen des Klassen-Existenztheoremes ohne den Begriff der Aus-

---

9 **liber arbitrium**: Philosophischer Fachausdruck für ›freier Wille‹.

sagefunktion und der Wahrheit einer solchen für Argumente der Einsetzung *etc.* eingeführt zu haben. In diesem Fall tut man etwas, was man eigentlich nicht kann, wenn man es nämlich ausspricht, ohne alle diese Begriffe eingeführt zu haben.

Bemerkung: Für die Begriffsklarheit ist es vor allem nötig, dass man weiß, wofür man redet, das heißt, die Begriffe und Gegenstände, welche in den Theoremen vorkommen, müssen klar sein.

Bemerkung: | Zu unterscheiden ist zwischen: Ausdrücken, welche dasselbe bedeuten (z. B. veränderte Variablenbezeichnung oder *Abkürzungs*einführung), und Ausdrücken, welche gleich gestaltet sind (derselbe Ausdruck sind), von nicht unterscheidbaren Ausdrücken, über die Unklarheit, die bei Verwendung von Abkürzungen herrscht. Man hat die Tendenz, Ausdrücke, welche dasselbe bedeuten, miteinander zu »*identifizieren*«.

Bemerkung: Beispiel für etwas, was ein Unsinn ist: $(x)[x \in a \equiv \varphi]$. Verwechslung von Zeichen und Bezeichnetem.

Maxime: Spazierengehen bei Tag.

Bemerkung: Das Subsumieren bestimmter Gegenstände unter vorher definierte allgemeine Begriffe ist lustbetont, daher, wenn möglich, diese Reihenfolge einhalten.

[115]
Programm:
1. Nachdenken darüber, was im Leben schlecht gemacht wurde und was | eigentlich in deiner Macht ist.
2. Vorläufige Resultate Grundlagen zusammenschreiben.

---

7 **wofür**: Österreichisch für ›worüber‹.
24 **lustbetont**: Vgl. für die zahlreichen Textstellen zu Lust und Unlust in ›Zeiteinteilung (Max) I und II‹, sowie in den dazugehörenden Addenda die Anmerkung zu ›Zeiteinteilung (Max) I‹, Manuskriptseite 24, Bemerkung 1.
29 **Nachdenken darüber, was im Leben schlecht gemacht wurde**: Vgl. Manuskriptseite 80, Programm.
31 **Resultate Grundlagen**: Im Gödel-Nachlass (Behältnis 6c, Reihe III, Mappe 83–86, ursprüngliche Dokumentennummer 030116–030119) befinden sich vier Notizhefte, die mit »Resultate Grundlagen« betitelt sind sowie ein Index zu diesen Heften (Behältnis 6c, Reihe III, Mappe 82, ursprüngliche Dokumen-

1 **der**: Andere Lesart: die
10: | Beispiel für vorletzte Be
13: ›,‹ von der Editorin verbessert in ›,‹
13 **nicht unterscheidbaren**: Andere Lesart: Nicht-Unterscheidung
30: ›ist‹ von der Editorin gelöscht

Maxime: Lieber 3 Fenster offen lassen als durchziehen lassen.

Programm: Hefte anlegen mit Sätzen, die zu merken sind (z. B. $\aleph_0 \in NCMult \supset \text{-}ind \subset refl$); ebenso für *Definitionen*, die zu merken sind, und öfter darin lesen.

Maxime: Zweck des Lernens ist das Wissen (nicht das »Aha«). Dies umso mehr ++, wenn der Endzweck das Geldverdienen ist. Aber auch sonst ist das Wissen etwas Gutes, ähnlich wie | der Besitz eines Hauses oder Gartens, um darin lustzuwandeln. Daher manchmal das Wissen irgendeines Gebietes *Revue* passieren lassen.

Bemerkung: Merkwürdig: Ein Zustand, in dem alles nach meinem Wunsch ging: Zeit, Geld, *Bibliothek*, keine Zwangsarbeit, kommt mir nicht erstrebenswert vor. Es scheint mir, dass ich trotzdem nicht glücklich wäre, weil die Masse des zu bewältigenden Stoffes zu groß ist, ich nicht weiß, was zuerst zu tun ist, und weiter gezwungen wäre, Entschlüsse zu fassen [d. h. also wegen Geisteskrankheit].

Ferner auch Angst vor dem Überdruss. Aber das Ganze ist eine Täuschung. [116] Andererseits könnte ein dem Geistigen ähnlicher Zustand sogar {schöner} sein als der erträumte, wenn die Entschlusslosigkeit vollständig behoben wäre.
Gründe der Entschlusslosigkeit:
1. Nicht Absehen der Folgen (insbesondere nicht anschaulich vorstellbar, welche Erlebnisse).
2. Bei *a* und ~*a* gleich viel, sei es gut, sei es böse, sei es gemischt.

Je mehr 1. ins Gewicht fällt, desto ungenauer braucht die Gleichung $a = \sim a$ zu sein. Konstante Situation bei *Bileams* Esel.

---

3 **Programm:** Einmal mit Bleistift und einmal mit rotem Buntstift unterstrichen
7: ›der‹ von der Editorin verbessert in ›des‹
9: | ein

tennummer 030115). Die Hefte I–IV sind durchgehend von Seite 1 bis 368 paginiert.
7 **Zweck ders Lernens ist das Wissen:** Vgl. ›Zeiteinteilung (Max) II‹, Manuskriptseite 139, Bemerkung 3; Addenda IIIb, 1v, Pkt. 8; IIIb, 3v, Pkt. 31.
10 **Gartens, um darin lustzuwandeln:** Epikureisches Motiv.
31 **Bileams Esel:** Gödel erwähnt Bileams Eselin häufiger. In der biblischen Bileam-Geschichte (4. Buch Mose, Numeri 22–24) wird Bileam von Balak, dem König der Moabiter, gerufen, um die Israeliten zu verfluchen. Als er sich mit seiner Eselin auf den Weg zu Balak macht, tritt ihm dreimal der Engel Gottes mit einem Schwert in den Weg. Aber nur die Eselin sieht ihn, der Prophet Bileam erkennt den Engel nicht. Dreimal weigert sich die sehende Eselin weiterzuge-

Ich bin aber nicht einmal überzeugt, dass die Situation, in der ich mich befinde, schlecht ist für mich und eine andere erstrebenswert.

Bemerkung Theologie: Scheinbarer Widerspruch: Gott wird mir schenken, dass ich durch mich selbst etwas sein kann [d. h. die Verdienste Christi werden mein Verdienst werden].

Bemerkung: Adele habe ich durch eine einfache Bemerkung abgewöhnt, mich zu beschuldigen, dass ich absichtlich nichts esse. Wäre es nicht auch möglich, ihr in anderen Fällen so etwas abzugewöhnen? Nämlich: Geld ausgeben, Weinen derselben?

Bemerkung: Die einzige Möglichkeit, Evidenz zu erzeugen (d.h. zu beweisen), besteht darin, | Sätze und *Definitionen* in einer bestimmten Reihenfolge zu formulieren und bei jedem Satz auf gewisse andere hinzuweisen.

[117]
Bemerkung: Das, was ich in einer bestimmten Zeit tue, | für welche ich mir sage, vielleicht ist es unsinnig, was ich tue, aber es lohnt den Versuch für zum Beispiel 3 Wochen.

Bemerkung: Irgendeine geheime Macht in meinem Inneren will, es soll mir alles möglichst schwer gemacht werden (keine Gnade). Kommt diese aus mir oder von woanders? Ist sie böse oder gut?

Maxime: Dauernd etwas Zeit (1 h oder mindestens ½ h am Tag) für Zeiteinteilung* reservieren, ist aus folgenden Gründen dringend nötig:

* Nicht allgemeine *Maxime*, sondern spezielle Einteilung der nächsten Tage.

1. Damit nicht auf einmal gefasste Entschlüsse vergessen werden, wenn diese lange zurückliegen.
2. Damit, wenn diese aus irgendwelchen Gründen (unvorhergesehenen) nicht durchgeführt werden können, eine vernünftige Änderung getroffen wird.
3. Damit ein wirklicher Entschluss (mit Bewusstwerden der Gründe) über die Einteilung der nächsten Tage zustande kommt (für mich besonders wichtig!).

hen, dreimal wird sie von Bileam geschlagen, dann lässt Gott die Eselin sprechen und nach den Gründen für die Züchtigung fragen.

14: | Sätze nacheinander
19: | in welcher ich

Maxime: Das Wichtigste (vielleicht hinreichend) für eine gute Vorlesung ist die vollkommene Beherrschung des Stoffes*. Daraus folgt insbesondere auch die Kenntnis, welche Beweise, Definitionen, Hilfssätze die vernünftigen sind, und es ergibt sich daraus die »*Tektonik*« des Gebietes, [118] das heißt, der übersichtliche Aufbau (Reihenfolge und | *Motivierung* und Zusammenhang der Sätze).

* Insbesondere auch müssen die vollkommen exakten, und bis auf Axiome zurückgehenden Beweise gewusst werden.

Maxime: Vorbereitung der Vorlesung (genaue) besteht darin, die einzelnen Sätze |, die ausgesprochen werden, ihrem Inhalt (nicht notwendig genaue Form) nach zu formulieren. Eventuell dazu: was und wann etwas zu schreiben ist beziehungsweise darauf hinzuweisen ist.

Bemerkung: Die Erkenntnis, dass die Unlust zum Wesen der Arbeit gehört und für ihren Sinn (Erfolg) | notwendig ist, könnte eventuell die Arbeit erleichtern.

Programm: Nachdenken über Erfahrungen während der Arbeit.

Maximen:
1. Es sollen immer genügend Bücher zu Hause sein |, um bei der Arbeitsunlust eines zu finden, das die schlechte Laune vertreibt.
2. Andere Bekämpfung des Zustandes, in dem man zu gar nichts Lust hat:
    A.) Ordnung machen,
    B.) an irgendeinen Erfolg, den man in der letzten Zeit gehabt hat, anknüpfen,
    C.) seine Pflicht tun (wenn eine vorhanden),
    D.) irgendetwas ohne Lust beginnen (aber ganz darauf konzentrieren).

[119]
Programm: Über Grundbegriffe der *Psychologie* nachdenken, eventuell anhand von *Brentanos empirischer Psychologie*.

6: | Zusammenhang der
10: | ihrem Inha
16: | wesentl
19 **Programm:** Mit rotem Buntstift unterstrichen
22: | ist
34 **Programm:** Mit rotem Buntstift unterstrichen

15 **Unlust:** Vgl. für die zahlreichen Textstellen zu Lust und Unlust in ›Zeiteinteilung (Max) I‹ und II‹ sowie in den dazugehörenden Addenda die Anmerkung zu ›Zeiteinteilung (Max) I‹, Manuskriptseite 24, Bemerkung 1.
35 **empirischer Psychologie:** Brentano, ›Psychologie vom empirischen Standpunkte‹ von 1874.

Bemerkung: Das größte Hindernis einer vernünftigen Vorbereitung (insbesondere bei Vorlesungen, aber auch bei Arbeiten lesen *etc.*) ist das Nicht-Überzeugtsein von der Vernünftigkeit eines Teils nach seiner Existenz und *Essenz*. !Insbesondere *Existenz*! Das heißt Unentschlossensein.

Beispiele:
1. Wie soll ich die Axiome der Mengenlehre formulieren [$A \times B$ eindeutig bestimmen oder nicht]?
2. Welches Axiomensystem soll ich zu Grunde legen? (*v. Neumann Bernays*?)
3. Soll ich das | *Fundierungsaxiom* annehmen oder nicht?
4. Soll ich die Widerspruchsfreiheit der Kontinuums*Hypothese* mit oder ohne Ordnungsaxiom beweisen?
5. Soll ich das verallgemeinerte Klassen-Existenztheorem in der Vorlesung auszeichnen und genau beweisen?

Bemerkung: Alles, was unvollständig (halb) gemacht wird, hat *eo ipso* keinen Sinn.* Damit ist nicht gesagt, dass alles bis in die kleinsten *Details* gemacht werden muss. Es muss nur etwas (in Worten zu Charakterisierendes) ganz gemacht werden.

* Es wird da nur scheinbar etwas gemacht, in Wirklichkeit nichts (ebenso wie ein halb ausgesprochener Satz).

---

7 **Axiome der Mengenlehre:** Gödel hat die Axiomatisierung der Mengenlehre von von Neumann und Bernays in seiner Arbeit ›The Consistency of the Axiom of Choice and of the Generalized Continuum Hypothesis with the Axioms of Set Theory‹ von 1940 vereinfacht.

9 **Welches Axiomensystem:** Gödel hätte auf die Axiomatisierung der Mengenlehre durch Ernst Zermelo und Abraham Fraenkel (ZF) zurückgreifen können, hat sich aber für die entsprechenden Arbeiten von John von Neumann und Paul Bernays entschieden.

9 **v. Neumann:** John von Neumann legte 1925/1927 eine Axiomatisierung der Mengenlehre vor, die aber noch schwer lesbar war.

10 **Bernays:** Ab 1937 wurde die Axiomatisierung von von Neumann durch Paul Bernays in ein Axiomensystem mit den Grundbegriffen ›Klasse‹ und ›Menge‹ übertragen. Dieses Vorgehen wurde dann von Gödel noch einmal vereinfacht und 1940 im Rahmen seiner Arbeit über die Kontinuumshypothese publiziert.

11 **Fundierungsaxiom:** In der axiomatischen Mengenlehre ohne Auswahlaxiom nach Zermelo-Fraenkel (ZF) sowie in der von Neumann-Bernays-Gödel-Mengenlehre (NBG) stellt das Fundierungsaxiom sicher, dass keine Menge sich selbst enthalten kann, so dass das Russellsche Paradoxon hier nicht auftreten kann.

12 **Hypothese:** Vgl. Anmerkung zu Bemerkung 2 auf Manuskriptseite 61 in ›Zeiteinteilung (Max) I‹.

11: | Beschränktheitsax

Bemerkung: Das Wichtigste bei einer Vorlesung ist, zu wissen, was man von der formalen Darstellung der Beweise weglassen kann. In zweiter Linie, was man doppelt sagen muss.

[120]
Bemerkung: Für die Zerstreuung ist es wichtig, dass man auch irgendwie *affektiv* daran beteiligt ist [Beispiel: die Notwendigkeit, sich zu einem Schiff entschließen zu müssen, wirkt als wirkliche Entspannung].

Bemerkung: Der wesentliche Unterschied zwischen materialistischem (wissenschaftlichem) und religiösem ++ (philosophischem) Weltbild ist bei ersterem der Versuch, die ganze Welt als eine notwendige Folge von fast nichts* hinzustellen. Einwände dagegen:

* Das heißt: sehr wenig und sehr einfach.

1. Fast nichts ist nicht nichts.
2. Ist es überhaupt möglich?
3. Wenn möglich, so ist die Tatsache der Möglichkeit etwas so *Substantielles*, dass umso mehr eine Erklärung nötig ist.

Im religiösen Weltbild wird die Welt aus etwas unendlich viel Komplizierterem, Umfassenderem hergeleitet (das genaue Gegenteil).

Bemerkung: Es gibt totes und lebendiges Wissen. Unterschied: Das eine wirkt auf Gefühl und Handlungen, das andere nicht. Das lebendige Wissen wirkt selbst dann so, wenn das tote Wissen entgegengesetzt und das eigentlich Geglaubte ist (ähnlich dem Beispiel mit dem gebrochenen Stab).

Bemerkung: Mit Entschlüssen ist es genau so wie mit jeder anderen Arbeit:
1.) In mehreren Tagen und mit mehr Zeit und regelmäßigem Darüber-Nachdenken ist mehr zu erzielen.

---

6 **Zerstreuung ist es wichtig, dass man auch irgendwie affektiv daran beteiligt ist**: Vgl. Addendum IIIa, Pkt. 12. Vgl. für die expliziten Nennungen des Begriffs der ›Zerstreuung‹ in ›Zeiteinteilung (Max) I und II‹ die ausführliche Erläuterung (inklusive Fußnote) zur Liste auf der Umschlaginnenseite von ›Zeiteinteilung (Max) I‹.

8 **Schiff**: Im Manuskript steht eindeutig ›Schiff‹, daher müsste eine Schifffahrt gemeint sein

27 **gebrochenen Stab**: Der im spitzen Winkel zur Wasseroberfläche teilweise eingetauchte Stab sieht auch dann noch gebrochen aus, wenn man weiß, dass er es nicht ist.

2.) Es hat keinen Sinn, ohne Aufzuhören über dasselbe nachzudenken. [121]

3.) Es ist besser, mit Unterlagen zu arbeiten und mit Papier und Bleistift als ohne.

4.) Sich nicht sklavisch ans unmittelbare Ziel halten, sondern abschweifen (Spielraum der Möglichkeiten).

Bemerkung: Was eine Vorlesung schön macht, ist die *Systematik*, das heißt die *Motivierung* des Einen durch das Andere, die Vollständigkeit, der Plan im Ganzen, das heißt, | die Strukturgesetzmäßigkeit [d. h. dasselbe, was etwa | in der Bibel der Aufbau der Geschichte im großen Vergleich mit Jahreszeiten, Lebensaltern ist oder *Augustinischer* Kommentar zur *Genesis* (oder *Thomas v. Aquin*)]. Dasselbe Bestreben, auf elementare Gegenstände angewendet, scheint auch *heuristisch* wertvoll zu sein.

Bemerkung: Zweck der Vorlesungen und des Arbeitenschreibens?

Bemerkung: Von Zeit zu Zeit auf jeden Fall über Zeiteinteilung nachdenken, um die Zwecke nicht aus den Augen zu verlieren und um die Überzeugung der Richtigkeit des Verhaltens zu stärken und die Übersicht über das schon Gemachte und noch zu Machende nicht zu verlieren.

[122]
Bemerkung: Wenn bei einer Vorlesung schnell geredet wird, so muss das Motiv nicht sein, dass keine Zeit ist, sondern dass die Sache trivial erscheint.

Maxime: Eine bestimmte Zeit sich vornehmen, wann Licht ausgelöscht und wann schlafengegangen werden soll.

Maxime: Viele Fehlentschlüsse kommen dadurch zustande, dass man etwas als schon entschieden ansieht [obwohl es in Wirklichkeit gar nicht entschieden ist], weil man sich in irgendeiner vorläufigen (nicht bindenden) Weise darauf verpflichtet (es versprochen) hat.

---

13 **Kommentar zur Genesis:** Augustinus, ›De Genesi ad litteram‹ gilt als der vollständigste der drei Kommentare von Augustinus zur Genesis.

10: | dieselben
10 **Strukturgesetzmaßigkeit:** Andere Lesart: Struktur, Gesetzmäßigkeit
11: ›s‹ von der Editorin gelöscht

Daraus folgt: Möglichst wenig vorläufige Verpflichtungen eingehen und wenn, dann unter Vorbehalt des Nicht-Haltens.* Dagegen die wirklichen Verpflichtungen ganz streng einhalten. {*Und auch ohne diese Vorbehalte nicht halten, wenn nicht gut so.}

Bemerkung: 13./IX. 1938 Ich werde tatsächlich handlungsunfähig, das heißt: Meine Entschlüsse in wichtigeren Dingen hängen ausschließlich von dem ab, was andere mir raten (wollen). Im Augenblick, wo ich davon abweiche, komme ich mir selbst wie ein Kind vor, das man geführt hat und das plötzlich in einer unbekannten Gegend allein steht. Ich habe schon eine Abscheu und eine Hemmung, mir rein theoretisch selbstständig zu überlegen, was zu tun das Vernünftigere wäre, außerdem die starke Tendenz zu gehorchen (alles in wichtigeren Dingen). Der Grund dafür (aber nur teilweise) ist, dass ich keinen sicheren Glauben habe. Der andere, dass ich mich selbst nicht kenne (nicht weiß, was ich will). Das heißt, ich habe das Verhalten eines folgsamen Kindes. Auch ein Erwachsener wird unter Umständen gehorchen, aber [123] nur auf Grund einer Überlegung, welche das als vernünftig erweist (und die eventuell auch zum Gegenteil führen kann), nicht als letzte Erklärung des Handelns oder Glaubens. Die Überlegung, welche meinen Gehorsam fundieren könnte, wäre etwa: Da ich selbst nichts glaube, so überlasse ich meine Entschlüsse zu fassen denen, die etwas glauben.

{_Frage_: Warum kommt das Wort »Furcht« in der ganzen vorherigen Bemerkung nicht vor?}

Bemerkung: Für das Verständnis mathematischer Beweise ist es sehr wichtig zu wissen, warum es nicht einfacher geht!

Bemerkung: Es ist sehr wichtig, bei Vorlesungen darauf aufmerksam zu machen, wo die Schwierigkeit des Beweises liegt (d. h. zu zeigen, dass es nicht notwendig so sein muss).

Bemerkung: Mittel, um mit Menschen in einen Kontakt zu kommen:
1. starke Ermüdung,
2. etwas Dummes sagen (überhaupt, nichts vorgeben, was man nicht wirklich ist),
{3. *Milkshake* (den Magen füllen)}.

Maxime: Bei Lektüre und Weiterbildung ist die Hauptsache die Genauigkeit. Lieber einen kleinen Teil einer Arbeit genau lesen als das Ganze ungenau, weil aus dem kleinen Teil sich oft das Ganze ergibt.

Maxime (*Mathematik*): Wesentlich für Exaktheit ist, dass die singulären Fälle klar sind (*vgl.* vorherige Bemerkung!).

Maxime: Vor jeder Handlung wenigstens kurze Zeit überlegen, ob sie vernünftig ist.

[124]
Maxime: Im Falle, dass ein *Telegramm* zu schwer ist, zuerst einen Brief schreiben und dann das Wichtige herausziehen.

Maximen:
1. Die Absicht, eine halbwegs gute Vorlesung zu halten, ist noch immer | zu wenig bescheiden. Du musst nur die Absicht haben, eine Vorlesung zu halten, von der du im Vorhinein weißt, dass sie schlecht sein wird, aber die du möglichst wenig schlecht zu machen suchst.
2. Nur beachten, was für die Existenz wichtig ist, und die Eitelkeit aus dem Spiel lassen.

Maxime: Man soll mit dem Einführen von neuen Begriffen und Zeichen sehr sparsam sein, aber dafür die wenigen umso sorgfältiger auswählen und umso fester | daran festhalten.

---

11 **Wesentlich für Exaktheit ist, dass die singulären Fälle klar sind:** Vgl. Addendum IIIb, 1v, Pkt. 10.
23 **zu wenig bescheiden:** Vgl. zur Frage der Bescheidenheit in der Mathematik und ihrer Lehre: ›Zeiteinteilung (Max) I und II‹, Manuskriptseiten 53, Bemerkung 2; 67, Bemerkung 2; 70, Pkt. 6; 88, Bemerkung 2; 89, Bemerkung 1 und 2; Addenda II, 11, Pkt. 30; IIIb, 1v, Pkt. 3'1; IIIb, 2v, Pkt. B16.

18 **Telegramm:** Andere Lesart. Telephonat
23: | zu bescheid
30 **Maxime:** Im Manuskript vierfach unterstrichen
32: | fest

Max<u>ime</u>: Bevor Entscheidung getroffen wird (wenn eine rasche erforderlich ist), sind die Dinge in Ruhe und vollständig zu lösen (zuzuhören, zu überlegen). Beispiel: Speisekarte in *New York*. | Vergleiche: systematische Suche.

x

Zu erledigen: 1. ~~Briefe beantworten,~~ 4. ~~Streck bezahlen und Adele Geld schicken,~~

2. ~~Vorlesung zu Ende,~~ 5. ~~Bibliothek,~~

3. ~~Vortrag Club,~~ 6. ~~*Notis* korrigieren.~~

[125]
Max<u>ime</u>: Der Grund, weshalb ich in der Vorlesung | über Kontinuum | die Trivialitäten so genau mache, stattdessen die höheren Typen | weniger genau oder die *Princi*pien weniger genau oder *analytische* Mengen, ist, dass ich die *komplizi*erten Dinge nicht genau weiß und es mir jedenfalls unangenehm ist, darüber zu sprechen.

Max<u>ime</u>: Um mathematisch mit einer Sache weiterzukommen, ist es gut, einen kurzen, klaren Vortrag über die gewonnenen Resultate vorzubereiten!

Max<u>ime</u>: Und keine Angst davor haben, mehrere verschiedene Beweise für einen Satz zu führen.

Max<u>ime</u>: Um zu sagen, wie der Beweis vernünftig zu machen ist, muss man ihn für sich selbst mit allen *Details* durchführen.

Max<u>imen</u> für Vorträge:
1. Alles an die Tafel schreiben und dann einfach lesen.
2. Alles mit möglichst wenig Einführung von *Symbolen* beweisen.
3. Sich nicht zu viel vornehmen, sodass es die Zeit übersteigt.
4. Die | nötigen Kürzungen geschehen dadurch, dass man Verschiedenes ganz weglässt, aber nicht halb macht.
5. Vorbereitung muss genügend zeitig begonnen werden.

3: | Verglei
6 **x**: Mit rotem Buntstift geschrieben
13: | mich
14: | mich
15: | genauer
19 **Maxime**: Im Manuskript vierfach unterstrichen
20 **gewonnenen**: Andere Lesart: gewöhnlichen
23 **Maxime**: Im Manuskript vierfach unterstrichen
30 **lesen**: Andere Lesart: lösen
33: | nö

10 **Vortrag Club**: Der erste der Vorträge zur Kontinuumshypothese, die Gödel im Herbst 1938 in Princeton gehalten hat, war vor dem Princeton Mathematics Club.
10 **Notis**: ›Notis scribere‹ heißt ›stenographieren‹. Leibniz verwendet den Ausdruck ›Algebraicis notis‹.

[126]
<u>Programm</u>: Die *Maximen* sollen nach Gegenständen *alphabetisch* geordnet werden.

<u>Maxime</u>: Alle Gesellschaften glatt abschlagen (womöglich von einem Arzt *attestieren* lassen, dass Gesellschaften schädlich sind).

<u>Maxime</u>: Vielleicht wäre es gut, die Zeiteinteilung <u>nach Tagen</u> zu machen, zum Beispiel:
Heute nichts anderes als die *Stone*schen Resultate über Klassenkalkül, weil so am ehesten die Konzentration (an nichts anderes denken) zu erzielen ist und die Illusion entsteht, man habe beliebig viel Zeit.

<u>Maxime</u>: Es ist besser, die Arbeit oft für wenige Minuten zu unterbrechen, als selten für längere Zeit.

<u>Maxime</u>: Vielleicht jeden Tag oder wenigstens manchmal nachdenken, was hast du schlecht gemacht (schlechtes Gewissen, Gewissensprüfung).

<u>Maxime</u>: Weniger, aber *intensiver* und regelmäßiger, arbeiten.

<u>Maxime</u>: Bei Vorlesungen vor jedem Satz überlegen, was man sagen will (nicht darauf los sprechen).

[127]
<u>Bemerkung</u>: Das Irgendetwas-Erledigen (wirklich erledigen, z. B. Korrektur, Vorlesung *etc.*) hat einen ungeheuer günstigen Einfluss auf meine *Psyche*. Vergrößert Entschlussfähigkeit, bringt dazu, frühere Entschlüsse durchzuführen *etc*.

<u>Bemerkung</u>: Bei Nicht-Ausführung von Entschlüssen ist vielleicht eine Ermahnung durch einen anderen oder durch sich selbst wirkungsvoll.

---

10 **Stoneschen Resultate über Klassenkalkül:** Hier kommen mehrere Arbeiten von Marshall Harvey Stone in Frage, z. B.: »Boolean Algebras and their Applications to Topology« von 1934; »Subsumption of Boolean Algebras under the Theory of Rings« von 1935; »The Theory of Representations for Boolean Algebras« von 1936; »Applications of the Theory of Boolean Rings to General Topology« von 1937, höchstwahrscheinlich ist die von 1936 gemeint.

2 **Programm:** Im Manuskript vierfach unterstrichen: zweimal mit Bleistift und zweimal mit rotem Buntstift
11: ›.‹ von der Editorin verbessert in ›,‹

Bemerkung: Sehr viel Zeitverlust entsteht durch Nicht-Ausführung von Entschlüssen, weil irgendein Hindernis (z. B. *F. Ward* nicht besucht, keine Bücher entlehnt, *etc.*).

x *Programm*: Einmal darüber nachdenken, wie man es anstellen muss, um sich wirklich auszuruhen (nichts tun), ohne zu schlafen.

Bemerkung: Das Wichtigste im Leben ist der gute Schlaf. Dazu:
1. Temperatur richtig (nicht zu kalt und nicht zu warm) und gute Luft,
2. Ruhe (der Straßenlärm stört, auch wenn man ihn »gewöhnt« ist).

x Zu erledigen:
1. Arbeit für *Annals*
2. ~~Chicago, deutsches Konsulat, Fahrkarte!~~
3. sprechen mit Priester
4. ~~Geschenk für Adele und Mama~~
5. ~~in Universität übersiedeln~~ [128]
6. ~~Vorlesungen Notre Dame vorbereiten~~
7. ~~Rechnung Princeton, Notis~~
8. Hier einmal in die Bibliothek gehen und Verschiedenes nachschauen (vergleiche *Notizen*), insbesondere vielleicht *Patrologien*, Bibelkommentar, ...
?9. Unabhängigkeitsbeweis und Absolutheit?

Programm: *Ecclesiastes* {(= *Prediger*)} genau lesen (mit *Kommentar*), ebenso *Jacobus*-Brief.

---

5 **x**: Mit rotem Buntstift geschrieben
5 **Programm**: Im Manuskript vierfach unterstrichen: dreimal mit Bleistift und einmal mit rotem Buntstift
13 **x**: Mit rotem Buntstift geschrieben
20: ›6‹ von der Editorin verbessert in ›7‹
21: ›7‹ von der Editorin verbessert in ›8‹
24: ›8‹ von der Editorin verbessert in ›9‹
26 **Programm**: Mit Bleistift und rotem Buntstift unterstrichen

2 **F. Ward:** Gemeint sein könnte Harry Frederick Ward Jr., der von 1918 bis 1941 am Union Theological Seminary in New York Professor für Ethik war.
14 **Annals:** Hierbei handelt es sich um die Vorlesungen Gödels zur Kontinuumshypothese, die 1940 in der Reihe ›Annals of Mathematics Studies‹ erschienen sind oder um von Neumanns Bitte, Gödel möge einen Beitrag für ›The Annals of Mathematics‹ schreiben.
19 **Vorlesungen:** ›Notre Dame Continuum Lectures‹, gehalten im Frühjahr 1939. Vgl. Anmerkung zu Manuskriptseite 79 oben.
20 **Notis:** Siehe Erläuterung zu ›notis‹ auf Manuskriptseite 124, Pkt. 6.
22 **Patrologien:** Neben der ›Patrologia Latina‹ und der ›Patrologia Graeca‹ von Migne kommt die ›Patrologie‹ von Otto Bardenhewer in Frage, die Gödel am 24. Juli 1939 ausgeliehen hat sowie der ›Grundriss der Patrologie‹ von Johann Baptist Alzog, den Gödel am 18. Juli 1939 ausgeliehen hat.
24 **Unabhängigkeitsbeweis:** Vgl. Manuskriptseite 97, Pkt. 7.
24 **Absolutheit:** Vgl. Anmerkung zu Manuskriptseite 82, Pkt. 2, zu Eintrag vom 29./III. 1938.

Bemerkung: Was die Lebensfreude nimmt, sind die unausgeführten Entschlüsse (weil sie die Aufmerksamkeit von jedem Objekt der Freude ablenken). Daher *Maxime*: entweder keine Entschlüsse fassen (auch nicht halbbewusste) oder alle ausführen. Ich habe aber viele Entschlüsse, im Großen (z. B.: Pflicht erfüllen) und im Kleinen (z. B.: heute Abend will ich noch das und das machen, Zeiteinteilung im Allgemeinen, spezielle Zeiteinteilung für einige Tage *etc.*), welche ich nicht ausführe.

Bemerkung: Fundamentale Tatsache des Daseins: Die Freude ist an Objekte geknüpft. Das ist vielleicht die allgemeinste Form der Erscheinung: Freude folgt nur auf Verdienst (oder | zumindest Mangel an Schuld).

[129]
Maxime: Man hat fälschlich das Gefühl, dass die Zeit, welche für Tätigkeiten des 2ten Typus verwendet wird, irgendwie verschwendet ist, und reduziert sie daher zu viel, während umgekehrt mehr Zeit bei den folgenden Tätigkeiten erspart wird, als darauf aufgewendet wird.

Bemerkung: Grund, weswegen ich mich in der Straßenbahn besser konzentrieren kann, ist, dass ich das als »verlorene« Zeit ansehe. Daher keine Hast und Konzentration auf etwas Bestimmtes. Vielleicht: Eine Stunde am Tag als »verlorene« reservieren.

Bemerkung: Beispiel einer unglaublich verblödeten Sache: Im Jahr 1939 in *Princeton* vor dem Wegfahren nicht wegen einer Wohnung erkundigt.

Maxime: Sehr fruchtbare Beschreibung: Selbstbiographie: Mein bisheriges Leben mit Motiven und Fehlern darstellen.

26 **Ecclesiastes:** Das Buch Kohelet (qohœlœt = Versammlungsleiter, von Luther mit ›Prediger‹ übersetzt) im Alten Testament ist eine Sammlung von Weisheitssprüchen, praktischen Lebensratschlägen und Warnungen vor falscher Lebensweise. Im Griechischen wird der Titel mit ›ekklēsiastēs‹ übersetzt, was auch als Bezeichnung für das Buch verwendet wird.

27 **Jacobus-Brief:** Der Brief des Jakobus im Neuen Testament ist ein Mahn- und Lehrschreiben. Er enthält ethische Ermahnungen zur Lebensführung in Anlehnung an die Sprüche der Väter im Judentum.

27 **Im Jahr 1939 in Princeton vor dem Wegfahren:** Gödel war im Wintersemester 1938/39 am IAS in Princeton. Die USA hat er im Juni 1939 verlassen.

4: ›gewusste‹ von der Editorin verbessert in ›bewusste‹
12: ›oder‹ von der Editorin gelöscht

[130]

Bemerkung über »Lernen«: Um zu lernen, braucht man nur: 1. nicht zu sündigen, 2. für getane Sünden Buße zu tun. Wenn jemand niemals sündigt, würde er alles, was er will, können, ohne es zu lernen.

Maxime: Bei der Beantwortung eines Briefes soll man, nachdem man die Antwort geschrieben hat, den Brief, der zu beantworten ist, nochmals durchlesen.

Bemerkung: Die Reihe: p, es ist klar, dass p, es ist klar, dass es klar ist, dass p, *etc.* ist vielleicht eine echt abnehmende und kann vielleicht dazu dienen, die Gesetze der *Psychologie* zu präzisieren (z. B. glauben = es ist klar, dass p), weil jede einzelne Aussage ganz präzise ist. Nur manchmal ist weder klar, dass q, noch klar, dass $\sim q$ (eine Form der Unexaktheit in exakten Begriffen).

Maxime: Bei einem Entschluss bezüglich einer Abänderung auch die Unannehmlichkeiten berücksichtigen, welche in Folge der Änderung und meiner Schwerfälligkeit (Entschlusslosigkeit) entspringen.

[131]
Bemerkung: Dogma, Lehrmeinung *etc.* bilden auch 2 Modalitäten. Ferner muss es eine noch stärkere Notwendigkeit als logische oder mathematische Notwendigkeit geben, um zu erreichen, dass nicht alle mathematischen Sätze dieselbe Bedeutung haben. [Zum Beispiel: $(x)\varphi(x) \equiv (y)\varphi(y)$ ist eine stärkere Notwendigkeit als die logische.]

Frage: Warum hat mich Adele bei den verschiedenen »Selbstmorden« immer verlassen und wollte nicht bis zum Schwinden des Bewusstseins bei mir bleiben?

---

31 **Selbstbiographie:** ›Selbstbiographie‹ ist ein anderer Ausdruck für ›Autobiographie‹. Gödel hat allerdings keine geschrieben.
26 **dass nicht alle mathematischen Sätze dieselbe Bedeutung haben:** Gödels »Slingshot-Argument« ist in seinem Aufsatz von 1944, »Russell's Mathematical Logic«, ausgeführt. Nach einem sogenannten Slingshot-Argument, das erst seit 1981 so bezeichnet wird, stehen alle wahren Sätze für dasselbe. In der neueren Geschichte der Logik haben einige Logiker, beginnend mit Gottlob Frege, ähnliche Argumente vertreten.

Bemerkung: Warum ist es eine Sünde, nicht an Gott (das heißt Gerechtigkeit) zu | glauben? Glauben = als Grundlage des Handelns nehmen. Wenn jemand die Gerechtigkeit mehr liebt als allen Sinn, wird er unter allen möglichen Handlungen immer die wählen, welche die einzige ist, die zur Gerechtigkeit führen kann (auch wenn er nicht weiß, ob sie wirklich dazu führt), weil im anderen Fall | auf jeden Fall ein Unglück geschieht.

Bemerkung: Feigheit ist eine Ungerechtigkeit gegen sich selbst, insofern man sich ein Unrecht geschehen lässt, weil man fürchtet, dass man im anderen Fall leiden oder umkommen könnte. Das ist eine Sünde II. Art, ähnlich wie: übergroße Güte aus Eitelkeit, allzu peinlicher Gehorsam auch gegen schlechte Vorgesetzte, übergroße Güte aus Unfähigkeit, nein zu sagen, Unfähigkeit, nein zu sagen.

[132]
Bemerkung: Die Sünden IIter Art (siehe vorige *Bemerkung*) sind *iustificata* durch das Wort Jesu Christi, indem er sie als Gebote aufstellt (dadurch neue berechtigte Motive, | sie zu begehen). Wenn jemand die Sünde IIter Art um jeden Preis zu vermeiden sucht, so | läuft er Gefahr, in die Sünde Ier Art zu verfallen, für welche die Rache nicht erspart bleibt.

Bemerkung: Jedes beliebige »Zu-einem-Entschluss-Kommen« wird relativiert, wenn die Entschlüsse in der fernen Zukunft liegen (ganz ähnlich wie bei Vorlesungsvorbereitungen).

Bemerkung: Entschlussunfähigkeit kann folgende Gründe haben:
1. Mangelnde Beweglichkeit des Verstandes (Überlegen aller Möglichkeiten und Folgen).
2. Obwohl etwas mir besser scheint, komme ich nicht zum Entschluss, es zu tun. Wegen:
A. ↓ Handlungslähmung (der Grund ist vielleicht Furcht und Faulheit),
B. augenblickliche Unannehmlichkeit,
C. mangelndes Selbstvertrauen [ich glaube nicht, dass, was mir richtig scheint, richtig ist].
? 3. Mangelnder gefühlsmäßiger *appeal* (gefühlsmäßige Stumpfheit).

2: | glauben
6: | eb
19: | es
21: | wird
33 ↓: Pfeil zeigt auf die folgende Bemerkung

13 **peinlicher**: Im Sinne von ›aufs Äußerste genau‹.

Bemerkung: Häufige Ursache für *A*. ist das schlechte Gewissen besonders bezüglich Unterlassungen. [133] Ein schlechtes Gewissen bezüglich Unterlassungen hinterlässt die halb unbewusste *Tendenz*, das Versäumte nachzuholen, und dies verhindert die Konzentration und Freude an jeder anderen Tätigkeit (*inclusive* Ruhe).

Maxime: Vor jeder Sache wenigstens etwas überlegen (d. h. Frage: Ist das richtig so?).

x *Programm*: Lesen:
1. *Kondo, analytische Mengen*
2. *Mostowski* (*Stone*)
3. ~~*v. Neumann*, Logik der Quantenmechanik~~
4. *Fitch*, Widerspruchsfreiheit der *Principia*
5. *Gentzen* (*Ono* ...)
[6. ~~*Leśniewski*, Vollständigkeit des Aussagenkalkül~~]
|[7. **Menger**, **Weyl**, **Morse**, ... |]
8. *Tarski*, letztes *Separatum*, *Quine*
{9. Nachdenken, was in *Princeton* benötigt wird, und vorher machen (auch wissenschaftlich).}

9 **x**: Mit rotem Buntstift geschrieben

9 **Programm**: Rot unterstrichen

16: | (

16: |)

10 **Kondo**: Akihiro Kanamori legt in seinem Aufsatz »Gödel and Set Theory« von 2007 auf S. 166 dar, dass von Neumann Gödel in einem Brief auf folgende Arbeit von Motokiti Kondo von 1939 aufmerksam gemacht hat: »Sur l'uniformisation des complémentaires analytiques et les ensembles projectifs de la seconde classe«.

12 **Logik der Quantenmechanik:** »The Logic of Quantum Mechanics« von Garrett Birkhoff und John von Neumann ist 1936 erschienen.

13 **Widerspruchsfreiheit der Principia:** »The consistency of the ramified ›Principia‹« von Frederic Brenton Fitch ist 1938 erschienen.

14 **Ono:** Hans Hermes gab 1940 im ›Jahrbuch über die Fortschritte in der Mathematik‹ eine Zusammenfassung von Katudi Onos Aufsatz »Logische Untersuchungen über die Grundlagen der Mathematik« von 1938 und verweist dort darauf, dass Ono von Gentzens Form der Schlussregeln des Prädikatenkalküls ausgeht. Auf S. 26 und 27 des Jahrbuches finden sich zudem zwei Zusammenfassungen von Wilhelm Ackermann zu Arbeiten von Gentzen, einmal zu dessen »Die gegenwärtige Lage in der mathematischen Grundlagenforschung« und zum anderen zu »Neue Fassung des Widerspruchsfreiheitsbeweises für die reine Zahlentheorie«.

15 **Vollständigkeit des Aussagenkalküls:** Leśniewski hat eine Generalisierung des Aussagenkalküls vorgelegt. Vgl. u. a. dessen Arbeit von 1938, »Grundzüge eines neuen Systems der Grundlagen der Mathematik«.

Bemerkung: Durch entsprechend viel Aufwand von Zeit und Mühe kommen schließlich doch Entschlüsse bei mir zustande. Kann man nicht auch die *Intensität* der Mühe steigern, statt die Zeit zu verlängern?

[134]
Maxime Um das Gefühl »das Leben hat einen Sinn« hervorzurufen, ist es sehr nützlich, sie in irgendeiner Weise besser zu befriedigen (eventuell *pervers*, und jedenfalls, indem man dem *Coitus* mehr Aufmerksamkeit schenkt, ihn länger ausdehnt etc.).
In zweiter Linie: eine Rechnung machen, Zeiteinteilung wenigstens nachträglich.

Maxime: Bei einer Vorlesungsvorbereitung soll man sich an den Sätzen, nicht an den Begriffen, orientieren.

Maxime: Am Schiff viel Tee mit *Citrone* trinken.

Maxime: Das Verstehenlernen einer fremden Sprache geht dahin, die Aufmerksamkeit auf den Sinn statt auf die Worte zu richten.

Maxime: Bei Nicht-Verstehen eines Buches soll man weiterlesen! Überhaupt erst das Ganze ungenau und dann genau lesen.

Bemerkung: Nicht-Ablehnen eines Unsinns ist Schuld (*Godelieva*).

Bemerkung: Vollkommenes Nicht-Verstehen (anscheinend trivialer Unsinn) führt oft zum Verstehen.

Bemerkung: Ein kurzer exakter Beweis ohne Idee kann besser sein als ein langer unexakter [135] mit Ideen [Beispiel *Gentzen* Widerspruchsfreiheit].

---

8 **sie:** Gemeint ist Adele.
9 **Coitus:** Vgl. auch ›Zeiteinteilung (Max) I und II‹, Manuskriptseiten 62, Maxime 1; 98, Bemerkung 4; Addendum IIIa, 1, Pkt. 5.
25 **Godelieva:** Es gibt eine flämische Heilige aus dem 11. Jahrhundert mit dem Namen Godeleva (im Niederländischen ›Godelieve‹, im Englischen ›Godelina‹); von dieser sind allerdings keine Sprüche überliefert. In ›Theologie 3‹ führt Gödel auf Manuskriptseite 15 die heilige Godeleva an. ›Godeleva‹ heißt ›die Gott Liebende‹, während ›Godel‹ im Deutschen und Österreichischen die Patentante bezeichnet.

1 **Bemerkung:** Mehrfach fett unterstrichen
7 **Maxime:** Im Manuskript vierfach fett unterstrichen

Maxime: Bei Kopfschmerz und Verwirrungsgefühl und bei Gefühl des Nicht-Weiterkommens bei der Arbeit sind die Probleme, um die es sich handelt, in Worten zu formulieren.

Bemerkung: Vernachlässigung einer Pflicht nimmt die Ruhe (entweder durch schlechtes Gewissen, welches die Konzentration auf etwas anderes oder *Deconcentration* verhindert|, oder dadurch, dass man ein Übermaß in den anderen, weniger dringenden Pflichten von sich selbst verlangt).

Bemerkung: Vorteil der Zeiteinteilung im Voraus:
1. Vertrödeln der Zeit (vergebliches Nachdenken über dasselbe) wird vermieden,
2. dadurch, dass der Stundenplan im Voraus gemacht wird, wird der Entschluss leichter, weil der Entschluss von der Ausführung entfernt wird.
3. Andernfalls erscheinen oft die Ziele so groß, dass die Lust zur Arbeit vergeht.

Bemerkung: Grund für das peinliche Gefühl in Gesellschaft: Du willst mehr scheinen, als du bist, und glaubst, dass du mehr scheinst, als du bist. Ich sollte mich von vornherein so benehmen, dass jeder sieht, dass ich 1. keine Erziehung habe, 2. kein Geld, 3. keine Bildung, 4. keine *Intelligenz*, [136] 5. keinen Willen, 6. keine Gesundheit, 7. keine Frau, 8. keinen Beruf.

Maxime: Um festzustellen, ob eine Vermutung zutrifft, ist sie in möglichst vielen *Details* auszumalen und zu schauen, ob die Folgerungen stimmen [eventuell Widerspruch finden].

Maxime: Bei einem Misserfolg sollst du nicht zu früh aufgeben.

7: ›)‹ von der Editorin gelöscht
15: ›reicher‹ von der Editorin verbessert in ›leichter‹

31 **Widerspruchsfreiheit:** Hier kommen mehrere Aufsätze Gentzens in Frage: »Die Widerspruchsfreiheit der Stufenlogik« von 1936; »Die Widerspruchsfreiheit der reinen Zahlentheorie« von 1936; »Neue Fassung des Widerspruchsfreiheitsbeweises für die reine Zahlentheorie« von 1938.
17 **Lust zur Arbeit:** Vgl. für die zahlreichen Textstellen zu Lust und Unlust in ›Zeiteinteilung (Max) I und II‹ sowie in den dazugehörenden Addenda die Anmerkung zu ›Zeiteinteilung (Max) I‹, Manuskriptseite 24, Bemerkung 1.

Maxime: In Anbetracht der Ungewissheit über die Folgen ist es am besten, jeweils das Einfachste (Bequemste) zu tun, das heißt, was sich aus den Umständen von selbst ergibt, nichts »gewaltsam«, sondern das Normale, Natürliche. Das heißt, zu glauben, was gesagt wird, und den Vorgesetzten gehorchen. Dies Verhalten nähert sich am meisten dem »Nichtstun«.

x *Zu erledigen*:
— 1. *Amerikanisches Konsulat*
— 2. *Schiff*skarte
— 3. Maria-Theresien-Straße und Urlaubsgesuch
— 4. *Post*
  5. Besorgungen (zum Wegfahren)
  6. *Bank* (Geld holen, Reichsanlagen, Kontoabschrift)
  7. Brille
— 8. *Budget* zu Ende und eigene Rechte
— 9. Möbel und Bücher verstauen und aussuchen, was mitnehmen
— 10. eventuell *Devisenstelle* melden, dass ich auswandere, und 1000 $ wechseln [137]
  11. Bürgersteuer Einspruch und Steuermandat
— 12. *Universität* Fragebogen,
    [*Dokumente* Adele] und Todesdaten

---

9 **Amerikanisches Konsulat**: Gödel musste versuchen, vom amerikanischen Konsulat in Wien amerikanische Einreisevisa für Adele und sich zu erhalten. Siehe hierzu: Dawson, ›Kurt Gödel. Leben und Werk‹, S. 125f.
11 **Maria-Theresien-Straße**: Das prominenteste Gebäude in der Maria-Theresien-Straße in Wien ist die Rossauerkaserne, in der nach Kriegsbeginn die Wehrmachtsstreife untergebracht war. Diese war im Wesentlichen für die Fahndung nach und Festnahme von verdächtigen Soldaten zuständig, aber auch für das Aufgreifen von Fahnenflüchtigen.
11 **Urlaubsgesuch**: Siehe zum Urlaubsgesuch von Gödel im Jahr 1939 Dawson, ›Kurt Gödel. Leben und Werk‹, S. 126.
14 **Bank**: Vgl. zu Gödels Vermögensverhältnissen im Dezember 1939: Sigmund, Dawson, Mühlberger, ›Kurt Gödel. Das Album/The Album‹, S. 73.
18 **Devisenstelle**: Mit der Devisenstelle hatte Gödel des Öfteren zu tun. Siehe Sigmund, Dawson, Mühlberger, ›Kurt Gödel. Das Album/The Album‹, S. 65f.
20 **Bürgersteuer**: Die Bürgersteuer wurde von den Gemeinden und Städten erhoben.
22 **Dokumente**: Hier könnte die Heiratsurkunde gemeint sein.
22 **Todesdaten**: Mutmaßlich sind u. a. die des Vaters Rudolf Gödel gemeint.

8 **x**: Mit rotem Buntstift geschrieben
8 **Zu erledigen**: Mit rotem Buntstift unterstrichen
16 **eigene Rechte**: Andere Lesart: Eherechte
22 **Dokumente**: Andere Lesart: Doktor

13. *Wagner Jauregg* 1. Amerika, 2. Musterung
—14. Rechtsanwalt (Wohnung, Bürgersteuer)
—15. Post-Paket fragen
—16. Mama Geburtstag (*Adele Schopenhauer*, Tagebuch, Goethe, Tagebuch)
17. Rudi
—18. mit *Adele* zum Arzt gehen und Zahnarzt !und Testament
19. Steuervertreter ernennen
20. *Karl Gödel*
21. *NationalBibliothek*
22. *Mostowski*
23. *Dokumentabschriften*
24. Nachweis Papierverkauf
25. Arzt wegen Milchkarte
26. für Mama Urgroßvater

---

1 **Wagner Jauregg:** Julius Wagner-Jauregg war ein österreichischer Psychiater, der 1923 den Nobelpreis für Medizin erhielt, aber schon zu Lebzeiten nicht unumstritten war. Er war während des Ersten Weltkrieges u. a. Spezialist für die Beurteilung von Wehruntauglichkeit. Gödel könnte ihn aufgesucht haben, um zu erfahren, ob er einer Reise in die USA psychisch gewachsen sei oder ob Wagner-Jauregg ihn wegen der Musterung als wehruntauglich einstufen könne. Das ist jedoch spekulativ.

1 **Musterung:** Die Musterung hatte bereits kurz nach seiner Rückkehr aus Amerika im Juni 1939 stattgefunden. Siehe Dawson, ›Kurt Gödel. Leben und Werk‹, S. 122.

4 **Adele Schopenhauer:** Die Schriftstellerin Adele Schopenauer ist die Schwester des Philosophen Arthur Schopenhauer.

4 **Tagebuch:** Adele Schopenhauer, ›Tagebuch einer Einsamen‹.

4 **Goethe, Tagebuch:** Mehrfach dick unterstrichen. »Das Tagebuch« ist ein Gedicht von Goethe in 24 Stanzen. Da dort u. a. die Impotenz des Ich-Erzählers geschildert wird, ist es unwahrscheinlich, dass das hier gemeint ist. Wahrscheinlicher ist, dass Gödel die Ausgabe ›Briefe und Tagebücher‹, erschienen um 1930 in zwei Bänden, für seine Mutter im Sinn hatte. Die Sophienausgabe der Tagebücher umfasst hingegen 15 Bände und ist daher wohl nicht gemeint. Goethes Tagebücher bestehen zunächst aus Selbstgesprächen, Bekenntnissen und Rechenschaftsberichten zur eigenen Entwicklung. Später werden Erlebnisse, Ereignisse, Begegnungen, Besuche, Reisen, Lektüre, amtliche Tätigkeiten, literarische Arbeiten und Korrespondenzen notiert.

5 **Tagebuch:** Mehrfach dick unterstrichen

10 **Bibliothek:** Andere Lesart: Naturwissenschaftliche Bibliothek

9 **Karl Gödel:** Cousin von Kurt Gödels Vater.

10 **Bibliothek:** Vgl. ›Zeiteinteilung (Max) I‹, Manuskriptseite 6, Pkt. 3. Vgl. Erläuterung zu Manuskriptseite 4 von ›Zeiteinteilung (Max) I‹

15 **Urgroßvater:** Mutmaßlich musste Marianne Gödel nachweisen, ob ihre Großväter »arisch« waren.

Besorgungen:

1. Adele, Abendkleid ⎫	1. 1 Anzug neu und richtig alt	110
2. Adele, Schlafrobe ⎬ 180	2. Wäsche (Kragen) und	60
und Hausschuhe ⎪	Hausschuhe, Strümpfe	
3. Adele, Strümpfe ⎭	(Pyjama?), Kragenstoff	
4. Koffer und Kiste 250		
	600	
	600	
	1200	

[138]
Maxime: Bei Wesentlichem nicht Knie aneinanderpressen.

Frage: Sind die Gefühle, die man hat, ob etwas besser, schlechter, wichtig, unwichtig *etc*. ist, miteinander konsistent [z. B. Gefühl, ob A oder B besser ist, mit den Erwartungen von einzelnen Vor- und Nachteilen aus A, B]**?** {Die einzelnen Vor- und Nachteile ergeben die Möglichkeit einer »Berechnung«.}

Bemerkung: Bevor man eine wirkliche Theorie der Welt aufstellt, kann man versuchen, eine Theorie mit Bewertungen der einzelnen Sätze aufzustellen, wobei auch vielleicht wahrscheinliche *etc*. berücksichtigt werden und nach Möglichkeit konsistente.

Bemerkung: Um etwas genießen zu können, muss die Gefahr des Verlusts anscheinend bestehen (Beispiel: Adele**,** Krieg, Wohnung, Gesundheit, ..). Frage: Kann man nicht durch Vorstellung des Verlusts etwas Ähnliches künstlich erzielen**?**

x Zu erledigen:
1. Vorträge Münster, Göttingen vorbereiten.
2. Schreiben nach Münster und Göttingen.

26 **Krieg**: Hier müsste ›Friede‹ stehen, weil in Bezug auf ihn die Gefahr besteht, ihn zu verlieren.
31 **Münster**: Von einem Vortrag Gödels in Münster ist nichts bekannt.
31 **Göttingen**: Gödel hat am 15. Dezember 1939 in Göttingen einen Vortrag zur Widerspruchsfreiheit der Kontinuumshypothese gehalten; abgedruckt in: ›Collected Works‹, Bd. III, S. 126–155.
32 **Münster**: Hier könnte Gödel an Heinrich Scholz als Adressaten gedacht haben. Bisher ist allerdings kein Brief an Scholz in dessen Nachlass nachweisbar.
32 **Göttingen**: Gödel schrieb am 5. Dezember 1939 an Helmut Hasse, um ihm mitzuteilen, dass er in Göttingen vorbeikomme und bei dieser Gelegenheit

30 **x**: Mit rotem Buntstift geschrieben

3. ~~Fahrt nach Berlin und Göttingen.~~
4. Sprechen mit *Decan*, und nochmals Seminar Demission, Rektor.
5. Arbeitsamt und *privates* Vermittlungsamt.
6. ~~*Veblen* schreiben.~~
7. ~~Universität,~~ Minerva: Wer ist in Göttingen?
8. Mitgliedschaft des *N.S. Dozenten*bundes., erkundigen wie man Gesuch schon in Berlin stellen kann, wie Vollziehen der Ernennung. Wo sind *Assistenten*stellen ausgeschrieben? [139]

auch einen Vortrag halten könne. Vgl. Dawson, ›Kurt Gödel. Leben und Werk‹, S. 127. Offensichtlich wollte er nichts unversucht lassen, seine Chancen auf eine akademische Stelle in Deutschland zu wahren.

1 **Fahrt nach Berlin und Göttingen:** Gödel war vom 14. bis zum 17. Dezember 1939 in Göttingen und fuhr dann nach Berlin weiter, um dort am 19. Dezember die deutschen Ausreisevisa für Adele und sich zu erhalten, womit allerdings keineswegs zu rechnen war. Vgl. Dawson, ›Kurt Gödel. Leben und Werk‹, S. 128.

2 **Decan, und nochmals Seminar Demission, Rektor:** Da sich die Vorschriften für Universitätsangehörige während Gödels Aufenthalt in den USA 1938–1939 geändert hatten, hätte Gödel den Dekan vor seinem Princeton-Aufenthalt über denselben informieren müssen, der wiederum den Rektor davon hätte unterrichten müssen. De facto ließ Gödel den Dekan aber erst nach seiner Rückkehr im Juni 1939 davon wissen, was vor der Änderung der Vorschriften ausreichend gewesen wäre. Das führte zu erheblichen Schwierigkeiten bei Gödels Gesuch um den Titel einer Dozentur neuer Ordnung, den er am 25. September 1939 beantragen musste, weil sich die Gesetzeslage diesbezüglich gleichfalls geändert hatte. Gödel stellte das Gesuch, um sich für den Fall finanziell abzusichern (siehe Pkt. 9), dass es ihm nicht möglich wäre, ein neuerliches Visum für die USA zu erhalten. Letzteres war extrem unwahrscheinlich, da er bereits als wehrtauglich gemustert war. Siehe Dawson, ›Kurt Gödel. Leben und Werk‹, S. 121–123.

3 **Arbeitsamt und privates Vermittlungsamt:** Gödel rechnete offenbar damit, dass es ihm weder gelingen würde, zum Dozent neuer Ordnung ernannt zu werden, noch, ein Visum für die USA zu erhalten oder eine feste akademische Stelle, weshalb er gezwungen gewesen wäre, den Unterhalt für sich und seine Frau anderweitig zu verdienen.

4 **schreiben:** Obgleich es aussichtslos schien, ein Visum für die USA zu erhalten, setzte Gödel seine Bemühungen darum fort, hatte allerdings bis zum 1. September 1939 noch keinen formalen Visumsantrag gestellt, obgleich er dazu aufgefordert worden war. Siehe Dawson, ›Kurt Gödel. Leben und Werk‹, S. 125.

5 **Wer ist in Göttingen?:** Gemeint ist: Welche Mathematiker lehren an der Universität Göttingen? Nachschlagen konnte Gödel das in ›Minerva‹.

6 **N.S. Dozentenbundes:** Steht für für ›Nationalsozialistischer Dozentenbund‹. Da dieser Punkt nicht durchgestrichen ist, hat Gödel diesen Punkt nicht erledigt, ist also nicht eingetreten. Dafür spricht auch, dass sich in der Personalakte von Kurt Gödel (Signatur: PH PA 1757) im Universitätsarchiv der Universität Wien (Auskunft vom 3. September 2013) keine Unterlagen befinden, wonach Gödel um die Mitgliedschaft im NS-Dozentenbund angesucht hätte, bzw. dass er aufgenommen worden wäre. Auch nach Auskunft des Österreichischen Staatsarchivs vom 8. August 2017 liegt kein solcher Nachweis vor. In den Beständen des Unterrichtsministeriums der 1. Republik (Personalakt, Sig.

9. In Berlin Originalgesetz über *Habilitationsverfahren* kaufen.

Maxime: Beim Schreiben von | Arbeiten in endgültiger Formulierung nachsehen, ob | wirklich | Verschiedenes mit Verschiedenem bezeichnet wurde (insbesondere Variablen und Konstanten).

[*Bemerkung*: Bei der Arbeit kommt es darauf an, dass man sich ganz reinstürzt, | das heißt, kaum Zeit hat, fertig zu werden, dann verschwindet die Hemmung.]

Bemerkung: Mittel, um das Peinliche der Kontaktlosigkeit zu vermeiden: Aufmerksamkeit auf etwas anderes konzentrieren als auf die Person, mit der man redet.

Bemerkung: Auch in der Mathematik kommt es darauf an, viel zu wissen: Unterschied zwischen Wissen und Nichtwissen: kleines und großes Einmaleins.

Bemerkung: Gleich nach dem Aufstehen etwas zweifellos Sinnvolles zu machen (z. B. Frühstück kochen, heizen), erzeugt ein befriedigendes Gefühl. Anscheinend hat für mich alles (auch Frühstück kochen) mehr »Sinn« als meine berufliche Beschäftigung.

Maxime: Bevor man sich zur Ruhe legt (auch bei Krankheit), soll man vorher überlegen:

4, Fasz. 636) sind gleichfalls keine diesbezüglichen Dokumente vorhanden. Nach Auskunft des Bundesarchives in Berlin vom 24. August 2017 lassen sich auch in den Bundesarchiv-Beständen keine Hinweise auf eine Mitgliedschaft von Kurt Gödel im NS-Dozentenbund ermitteln. Der Nationalsozialistische Dozentenbund war eine Parteigliederung der NSDAP. Er wurde im Juli 1935 auf Grund einer Anordnung des Führer-Stellvertreters Rudolf Heß errichtet. Zweck der Einrichtung des Bundes waren die politische Einflussnahme auf die Universitäten und die politische Kontrolle der Hochschullehrerschaft.

1 **Habilitationsverfahren**: Gödel war bereits habilitiert, 1939 wurde aber eine Neufassung der Reichs-Habilitations-Ordnung erlassen (siehe Pkt. 4). Diese regelte, dass mit der Verleihung der Lehrbefugnis die Privatdozenten in das Beamtenverhältnis berufen wurden, d. h. außerplanmäßige Professoren auf Widerruf wurden. Das hätte für Gödel bedeutet, wirtschaftlich abgesichert zu sein. Gödel hat den Antrag gestellt; ihm wurde mit Datum des 28. Juni 1940, als Gödel bereits in den USA war, stattgegeben. Siehe Sigmund, Dawson, Mühlberger, ›Kurt Gödel. Das Album/The Album‹, S. 83.

15 **in der Mathematik kommt es darauf an, viel zu wissen**: Vgl. ›Zeiteinteilung (Max) II‹, Manuskriptseite 115, Maxime 2; Addenda IIIb, 1v, Pkt. 8; IIIb, 3v, Pkt. 31.

3: | Arbeiten
4: | tat
4: | tat
8: | dann

1. Ist es berechtigt?
2. Was kann man vorher noch erledigen?
3. Was wird nachher erledigt?

Das erhöht die Möglichkeit des Ausruhens, selbst wenn teilweise negative Antworten gegeben werden.

[140]
Maxime: Ab und zu (wenn freie Zeit) eine Inventur im Bücherkasten und in den Registerbüchern machen (ähnlich wie bei einer Abreise).

Maxime: Beim Sprachenlernen ist es sehr wichtig, *stilistisch* schöne Lektüre auszuwählen.

Bemerkung: Das Lesen von *Experimentellen* Arbeiten in der Physik entspricht dem Lösen von einfachen Aufgaben in der Mathematik.

Bemerkung: Das Fenster für längere Zeit (½ h) zu öffnen, wirkt überraschend lange nach.

[x *Programm*: Selbstbiographie mit Verdiensten, Schuld, Lohn, Strafe**?**]

Bemerkung: Aufgrund des theologischen Weltbildes hat es jedenfalls einen Sinn, wissenschaftlichen Fortschritt zu suchen. Auch wenn keine unmittelbare Aussicht auf Erfolg besteht, weil jede ehrliche Anstrengung schließlich einen Erfolg haben muss.

x *Programm*:
1. Zu einem Nervenarzt oder Ähnlichem gehen, Testament machen.
2. Zeiteinteilung machen und nachschauen in Brieftasche, Zettel über allgemeinen Inhalt.
3. ~~Separata oder~~

21 **x**: Mit rotem Buntstift geschrieben
29 **x**: Mit rotem Buntstift geschrieben

9 **Registerbüchern:** Vgl. Erläuterung in ›Zeiteinteilung (Max) I‹, zu Manuskriptseite 2, Pkt. 16; sowie Erwähnung von Registern auf Manuskriptseite 25, Maxime 1; Manuskriptseite 32, Pkt. III und o a, e und f; ›Zeiteinteilung (Max) II‹, Manuskriptseite 142, Pkt. 21; Manuskriptseite 152, Bemerkung 1; Addendum II, 6, Pkt. 15.
16 **Lösen von einfachen Aufgaben:** Vgl. Anmerkung zu Manuskriptseite 86 zu Aufgabensammlungen in Gödels Privatbibliothek.

[141]

x *Programm*: *Lektüre*:
1. *Martyrologia* {*Baronius*, *Acta Sanctorum* T} → {*Bollandus*}, Legenden.
1' neues Kirchenlexikon, letzter Band
[2. *Synchronistische GeschichtsSchreibung* (*Eusebius*, *Julius Africanus*, | *Lenormant.* .)]
→ 3. *Bibelkommentar* (*Migne* und *Patrologien*, | insbesondere neueste)
4. *Theologia moralis*, [*Corpus iuris canonici*], *Brevier* [Grundlagen des Bürgerlichen Rechts], → Bullarien, insbesondere Erlasse über das Hexenwesen (*Hexenbulle Innocenz' VIII.*, Hexenhammer) und Inquisition (1200, 1484)

---

32 **Zeiteinteilung machen und nachschauen in Brieftasche**: Vgl. Addendum IIIa, 1, Pkt. 4, sowie ›Max III‹, Manuskriptseite 3, Maxime 2.
3 **Baronius**: Das ›Martyrologium Romanum‹ nach Baronius stammt aus dem Jahre 1597.
3 **Acta Sanctorum**: Wissenschaftlich erarbeitete Sammlung der Heiligenlegenden durch die Bollandisten.
3 **Bollandus**: Der Jesuit Johannes Bolland hat die ›Acta Sanctorum‹ begonnen.
5 **Kirchenlexikon, letzter Band**: Bei ›Wetzer und Welte's Kirchenlexikon‹ ist Band 12 von 1901 der letzte, Band 13 von 1903 ist ein Registerband. Gödel hat den Band von 1854 am 15. April 1937 ausgeliehen.
6 **Synchronistische GeschichtsSchreibung**: Vgl. Manuskriptseite 87, Pkt. 3.
6 **Eusebius**: Vgl. Manuskriptseite 87, Pkt. 3.
6 **Africanus**: Vgl. Manuskriptseite 87, Pkt. 3.
7 **Lenormant**: Gemeint ist wohl: ›Les origines de l'histoire d'après la Bible et les traditions des peuples orientaux‹, 3 Bde. von 1880 bis 1883 erschienen.
8 **Patrologien**: Vgl. Manuskriptseite 87, Pkt. 2 zum ›Grundriss der ›Patrologie‹ von Johann Baptist Alzog und zur ›Patrologie‹ von Otto Bardenhewer.
10 **Theologia moralis**: Vgl. Manuskriptseite 87, Pkt. 9. Neben der ›Theologia moralis‹ von Liguori könnte auch diejenige von Paul Laymann gemeint sein, welche Leibniz und Liguori zitieren. Laymann vertrat eine kritische Haltung gegenüber Hexenprozessen. Leibniz zitiert Laymanns ›Theologia moralis‹ in ›Quaestio illustris 1675‹, zuerst abgedruckt in: Gottfried Wilhelm Leibniz, ›Die Werke von Leibniz gemäß seinem handschriftlichen Nachlass in der Königlichen Bibliothek zu Hannover, erste Reihe: Historisch-politische und staatswissenschaftliche Schriften‹, Bd. 3, hrsg. v. Onno Klopp, Hannover (Klindworth) 1864, S. 132–187; dort wird auf den Seiten 133 und 162 Laymanns ›Theologia moralis‹ zitiert.
10 **Corpus iuris canonici**: Vgl. Manuskriptseite 87, Pkt. 1'.
10 **Brevier**: 1931 erschien ein ›Sächsisches Rechtsbrevier‹, 1932 ein ›Preußisches Rechtsbrevier‹ und 1896 ein ›Rechtsbrevier für deutsche Ehefrauen. 52 Merksprüche aus dem Bürgerlichen Gesetzbuch mit Erläuterungen‹
11 **Bullarien**: Vgl. Manuskriptseite 142, Pkt. 17.
12 **Hexenbulle Innocenz' VIII**: Vgl. Manuskriptseite 87, Pkt. 6. In der Frühen Neuzeit wird der bloße volkstümliche Aberglaube zunehmend zu einem theologisch-juristischen Gedankenkonstrukt der Dämonologie und Hexerei.

2 **x**: Mit rotem Buntstift geschrieben
3 **T**: ›T‹ könnte für ›Tome‹ (Band) stehen. Im Manuskript mit rotem Buntstift geschrieben
7: | etc.
8: | (
12: ›III‹ von der Editorin verbessert in ›VIII‹

[5. Kirchengeschichte der modernen Zeit (Russland) und allgemein (politisch)]
→ 6. *Bonaventura* und *Thomas* 10 Gebote und *Psychologie* der Sünde
7. *Bibelforscher u. ä., Kardec* {ausgelassen}
8. *Mnemonik, Toussaint Langen*scheidt Wörterbuch
9. ~~gute englische Bücher (*Europa, Mertner, Christie*)~~
10. *Chinesisch*
[11. *Psychologie* anknüpfend an *Brentano*]

[12. *Meteorologie* (Mittelwertberechnung und Windkarte)]
13. ~~*Masstheorie*~~
* (leichte) → 14. ~~Math~~ematische *Aufgabensammlung** ~~und Klassiker der Mathematik~~ [142]
15. *Bibel, Allioli* (*Supplement*-Band)

---

12 **Hexenhammer:** Der ›Malleus maleficarum‹, auch ›Hexenhammer‹ genannt, wurde erstmals 1486 von Heinrich Kramer veröffentlicht. Er legitimierte die Hexenverfolgung. Siehe auch Manuskriptseite 87, Pkt. 6, sowie 142, Pkt. 17.
13 **und Inquisition (1200, 1484):** Vgl. Manuskriptseite 87, Pkt. 6.
1 **Kirchengeschichte:** In Gödels Privatbibliothek befindet sich das Buch ›Kirchengeschichte‹ von Emil Huhle, n. d.
3 **Bonaventura, Thomas 10 Gebote:** So bereits auf Manuskriptseite 87, Pkt. 7.
3 **Psychologie der Sünde:** ›Zur Psychologie der Sünde, der Bekehrung und des Glaubens‹ ist der Titel eines 1890 ins Deutsche übersetzten Werkes von Søren Kierkegaard.
5 **Kardec:** Vgl. Manuskriptseite 86.
6 **Mnemonik, Toussaint Langenscheidt Wörterbuch:** Vgl. Manuskriptseite 87, Pkt. 13.
7 **Europa, Mertner:** Vgl. Manuskriptseite 86.
7 **Christie:** Gemeint ist Agatha Christie.
8 **Chinesisch:** Siehe Anmerkung zu Manuskriptseite 87, Pkt. 12.
9 **Psychologie anknüpfend an Brentano:** Vgl. Manuskriptseite 87, Pkt. 8.
11 **Meteorologie (Mittelwertberechnung und Windkarte):** Vgl. Manuskriptseite 87, Pkt. 10.
12 **Masstheorie:** Vgl. Manuskriptseite 87, Pkt. 11.
13 **Aufgabensammlung:** Vgl. Anmerkung zu Manuskriptseite 86 zu mathematischen Aufgabensammlungen in Gödels Privatbibliothek.
15 **Allioli (Supplement-Band):** ›Allgemeines Wörterbuch der heiligen Schrift. Ein Supplementband zu allen Bibelausgaben nach der Vulgata, besonders aber zur heiligen Schrift‹ von Dr. Joseph Franz Allioli, zwei Bände von 1837–1838. Eine Ausleihe durch Gödel ist für den 1. März 1937 nachweisbar.

5 **ausgelassen:** Das Zeichen für ›ausgelassen‹ bzw. ›fehlt‹ ist im Manuskript mit rotem Buntststift geschrieben

~~16. Mertner, Italienisch~~

→ 17. *Bullarium Roman*um {ausgelassen}, *Bullarium Bened*ictum XIV⁺

*Ze*itschrift für *Parapschol*ogie {ausgelassen}, *Ze*itschrift für *krit*ischen *Okkult*ismus und Grenzfragen des Seelenlebens {ausgelassen} *Acta Pii IX*, **X, XI** {ausgelassen}; *Leonis* XIII {ausgelassen}, *Joh*annes **XXII,** *Innoc*enz VIII {ausgelassen} *Müllers (Institutionis), Joseph Hansen*

18. Revue | thomiste

→ ~~19. *Augustinus:* Soliloquia, *De Civ*itate, *Confess*iones~~

1 **Italienisch:** Robert Mertner, ›Italienisch für Deutsche. Methode Mertner. Psychotechnischer Spracherwerb auf mechanisch-suggestiver Grundlage‹ von 1924. Das Buch befindet sich in Gödels Privatbibliothek.

2 **Bullarium Romanum:** ›Magnum Bullarium Romanum‹. Ein Bullarium ist eine Sammlung päpstlicher Urkunden. Es ist unklar, ob hier die Ausgabe von Laerzio Cherubini, die von Giromalo Mainardi, die von Andrew Barberi oder eine andere gemeint ist.

2 **Bullarium Benedictum XIV:** ›Bullarium Magnum Romanum. A beato Leone magno usque ad S.D.N. Benedictum XIV.‹, hrsg. v. Laerzio Cherubini 1758.

4 **Zeitschrift für Parapsychologie:** ›Zeitschrift für Parapsychologie‹, Leipzig, 1926–34, hrsg. v. Walther Krömer u. a.

4 **Zeitschrift für kritischen Okkultismus:** ›Zeitschrift für kritischen Okkultismus und Grenzfragen des Seelenlebens‹, hrsg. v. Richard Baer, 1926–1928.

6 **Pii IX:** ›Pii IX. Pontificis maximi Acta. Acta exhibens quae ad Ecclesiam universalem spectant‹ von 1857. Die ›Pontificis maximi Acta‹ sind Gesetzes- und Verordnungsblätter des Heiligen Stuhls in Rom.

6 **X:** ›Pii X. Pontificis maximi Acta. Acta exhibens quae ad Ecclesiam universalem spectant‹ erschienen zwischen 1905 und 1908. Von 1909 bis 1914 gab Pius X. die ›Acta Apostolicae Sedis‹ heraus.

6 **XI:** Von 1923–1939 werden die ›Acta Apostolicae Sedis‹ von Pius XI. herausgegeben.

6 **Leonis XIII:** Leo XIII. hat von 1878 bis 1902 insgesamt 86 Enzykliken und apostolische Rundschreiben verfasst.

7 **Innocenz VIII:** Innocenz VIII. ist u. a. bekannt für die von ihm erlassene Bulle ›Summis desiderantes affectibus‹ von 1484, mit der er inquisitorische Befugnisse gegen die Hexerei vorzugehen, an die Dominikaner Heinrich Kramer (Autor des ›Hexenhammers‹) und Jacob Sprenger übertrug.

8 **Müllers (Institutionis):** ›Institutio Christianae Religionis‹, Hauptwerk von Johannes Calvin, dtsch.: ›Unterricht der christlichen Religion‹, Übersetzung von Ernst Friedrich Karl Müller von 1909.

8 **Joseph Hansen:** In dem gegebenen Kontext ist wohl folgendes Buch von Hansen gemeint: ›Quellen und Untersuchungen zur Geschichte des Hexenwahns und der Hexenverfolgung im Mittelalter. Mit einer Untersuchung der Geschichte des Wortes Hexe von Johannes Franck‹ von 1901. Eine Ausleihe dieses Bandes durch Gödel ist nachweisbar für den 4. und 11. Februar 1937 sowie den 4. März 1937. Daneben hat Gödel am 6. März 1937 auch ›Soldans Geschichte der Hexenprozesse‹ von Wilhelm Soldan und Heinrich Heppe, Stuttgart (Cotta) 1880 ausgeliehen. Vgl. Addendum XIII, 1v.

9 **Revue thomiste:** Die ›Revue Thomiste‹ erscheint seit 1893 im Auftrag des Dominikanerkonvents in Toulouse und soll zur Verbreitung der Lehren des Thomas von Aquin beitragen.

2 **ausgelassen:** Das Zeichen für ›ausgelassen‹ bzw. ›fehlt‹ ist im Manuskript mit rotem Buntstift geschrieben

4 **ausgelassen:** Das Zeichen für ›ausgelassen‹ bzw. ›fehlt‹ ist im Manuskript mit rotem Buntstift geschrieben

6 **ausgelassen:** Das Zeichen für ›ausgelassen‹ bzw. ›fehlt‹ ist im Manuskript mit rotem Buntstift geschrieben

6 **ausgelassen:** Das Zeichen für ›ausgelassen‹ bzw. ›fehlt‹ ist im Manuskript mit rotem Buntstift geschrieben

7 **ausgelassen:** Das Zeichen für ›ausgelassen‹ bzw. ›fehlt‹ ist im Manuskript mit rotem Buntstift geschrieben

7 **ausgelassen:** Das Zeichen für ›ausgelassen‹ bzw. ›fehlt‹ ist im Manuskript mit rotem Buntstift geschrieben

8: ›Institonis‹ von der Editorin verbessert in ›Institutionis‹

9: | neo

→ 20. ~~Descartes~~*, *Leibnitz*

21. *Moraltheologie*, Schlagwortregister und *Rechtswissenschaft {(Völkerrecht)}, Talmud, römisches Recht*

* englisch
Anmerkung E.-M. E.: Welches Werk von Descartes in englischer Übersetzung gemeint ist, lässt sich nicht eruieren.

[143]

Bemerkung: Das nervöse Lachen nimmt ab:
1. wenn ich angegessen bin (besonders nach einer größeren Quantität Milkshake),
2. wenn ich müde bin,
3. wenn Aufmerksamkeit auf etwas Vernünftiges (Schönes) gerichtet ist.

Bemerkung: Sehr | wichtig ist es, bei genauer Vorbereitung für einen Vortrag, sich für irgendeine genaue Formulierung wirklich zu entscheiden, weil sonst beim Ablesen Schranken bestehen.

Bemerkung: Keine Schleie essen, weil zu viel Gräten.

Bemerkung: Es ist gut, von irgendeinem Gebiet einmal die Literatur vollständig zu kennen (alle Bücher).

13: ›ge‹ von der Editorin gelöscht

20: ›können‹ von der Editorin verbessert in ›kennen‹

2 **Moraltheologie:** Vgl auch ›theologische Ethik‹ in Maxime 1 auf Manuskriptseite 50 in ›Zeiteinteilung (Max) I‹. Moraltheologie ist laut einer älteren Definition »die Wissenschaft der christlichen Lebensregeln, durch deren Befolgung der Mensch von der Sünde erlöst und zum Bilde Gottes vollendet wird«. Siehe Philipp Theodor Culmann, ›Die christliche Ethik‹, 1. Teil, Stuttgart (Steinkopf) 1864, S. 1. Heute werden in der katholischen Theologie unter dieser Überschrift Fragen der praktischen Lebensführung von Individuen mit Hinblick auf ethische Implikationen und vor dem Hintergrund des christlichen Glaubens erörtert. Moraltheologie befasst sich mithin sowohl mit Individualethik als auch mit Sozialethik. Die Verbindung von Moraltheologie und Recht ist in der Abgrenzung zwischen ethischen Zurechnungs- und Verantwortlichkeitsproblematiken und juristischen Zurechnungsfragen zu sehen. Das Spannungsverhältnis zwischen Moral und Recht wurde zu Beginn der 30er Jahre des 19. Jahrhunderts auch auf dem Gebiet der Moraltheologie diskutiert. Wie bei der Thematik der Hexenprozesse berühren und überschneiden sich hier die Methoden und Fragestellungen der Disziplinen Theologie und Jurisprudenz.

2 **Schlagwortregister:** Vgl. Erläuterung in ›Zeiteinteilung (Max) I‹, zu Manuskriptseite 2, Pkt. 16; sowie Erwähnung von Registern auf Manuskriptseite 25, Maxime 1; Manuskriptseite 32, Pkt. III und 0 a, e und f; ›Zeiteinteilung (Max) II‹, zu Manuskriptseite 140, Maxime 1; Manuskriptseite 152, Bemerkung 1 und Addendum II, 6, Pkt. 15.

3 **römisches Recht:** Entspricht dem ›Corpus iuris civilis‹.

7 **angegessen:** ›Angegessen sein‹ ist im Österreichischen eine umgangssprachliche Ausdrucksweise für ›satt sein‹.

Bemerkung: Wenn alles zum Ekeln ist, dann hilft es, irgendetwas zu erledigen (wenn auch unwichtige Post *etc.*). Ähnlich dem »jedenfalls ist ...« bei Beginn eines Beweises und dem »für alle $x \in K$ gilt ..«. Ferner, wenn man sich keinen Rat in einer Sache weiß, ist es gut, irgendetwas darin zu tun, mit jemandem sprechen *etc.*

Bemerkung: Um mathematische Ideen zu haben, ist es vielleicht gut, über das Wesen der »mathematischen Idee« nachzudenken.

Bemerkung: Eine Eigenschaft der »Ideen« scheint es zu sein, dass es immer leicht feststellbar ist, ob etwas mit einer Idee geht [zumindest, ob es mit dieser Idee allein geht]. Nämlich: Wenn es nicht sofort geht, geht es überhaupt nicht. [144] Es gehört zur *Definition* der »Idee«, dass sie der heuristische Gesichtspunkt ist, durch den man den Satz finden und beweisen kann.

Maxime: Bei jeder {mathematischen} Arbeit, {die man liest}, soll man wenigstens einige Zeit *explizit* auf die Frage verwenden «was kann die {heuristische} Idee dieser Arbeit gewesen sein?»

Maxime: Ich habe im Allgemeinen eine zu starke Tendenz, den Glauben zu fassen, dass etwas mit einer bestimmten Idee geht und gebe diesen Glauben nur sehr schwer auf.

Maxime: Leichte mathematische Aufgaben lösen ist nicht nur wegen des Vergnügens und der Übung wichtig, sondern <u>vor allem stärkt es die Lust und das Selbstvertrauen zur Arbeit</u>.

Bemerkung: Unlust zur Arbeit hat drei Hauptgründe: 1. Misserfolg, 2. Müdigkeit, 3. Unsinnigkeit des unmittelbaren Ziels (während das entferntere Sinn hat).

---

25 **Leichte mathematische Aufgaben:** Vgl. Anmerkung zu Manuskriptseite 86 zu mathematischen Aufgabensammlungen in Gödels Privatbibliothek.

27 **die Lust :** Vgl. für die zahlreichen Textstellen zu Lust und Unlust in ›Zeiteinteilung (Max) I und II‹ sowie in den dazugehörenden Addenda die Anmerkung zu ›Zeiteinteilung (Max) I‹, Manuskriptseite 24, Bemerkung 1.

29 **Unlust zur Arbeit:** Vgl. Anmerkung zu vorangegangener Maxime.

5: An dieser Stelle ist im Manuskript ein rotes Absatzzeichen eingefügt

25 **Maxime:** Viermal dick unterstrichen

29: ›2‹ von der Editorin verbessert in ›drei‹

Bemerkung: Es gibt 2 Arten von Arbeit:
1. solche, bei denen der Erfolg gewiss ist,
2. solche, bei denen der Erfolg ungewiss ist [Forschungsarbeiten, Schlachten lenken, Politik, Börsenspiel *etc.*, alle komplizierten Arbeiten].

Andere Einteilung:
1. Solche, bei denen klar ist, was zu tun ist, um den gewünschten Effekt zu erreichen (am besten zu erreichen),
2. solche, bei denen es nicht klar ist.

[145]

Definition der Arbeit: Arbeit ist eine absichtliche Anstrengung, um etwas als vernünftig Erkanntes zu erreichen.

I. Geistige Arbeit besteht in der Konzentration der Aufmerksamkeit auf etwas Bestimmtes. Die Aufmerksamkeit kann:

a.) auf etwas Körperliches konzentriert sein (*Tennis* ohne Taktik),

b.) auf etwas Geistiges: Tennis mit Taktik oder sonstige »rein geistige« Arbeiten.

II. Rein körperliche Arbeit (Kohle schaufeln).

Bemerkung: Einteilung der verschiedenen Übel (Leiden):
I. *Innere*:
1. körperliche (Schmerz, Übelkeit, | Harndrang, Jucken, Atemnot, Hustenreiz, körperliche Müdigkeit ohne Ruhe, ...)
2. seelische:
   A. Müdigkeit ohne Möglichkeit des Schlafens
   B. Entschlusslosigkeit (manchmal auch äußerlich)
   D. innerer Zwang (z. B. über etwas nachzudenken)
   E. Unlust zu allem und grundlose Depression.
II. *Äussere*:
1. körperliche [Hunger, Kälte, Hitze, Lärm, schlechte Luft, Taumel, Überarbeitung ohne Ruhe] [146]
2. seelische:
   A. geistige Überarbeitung ohne Ruhe, oder Arbeitsunlust und keine Ruhe

---

7: ›und‹ von der Editorin verbessert in ›um‹
12: ›und‹ von der Editorin verbessert in ›um‹
23: | Taumel, Hunger, Durst,
28 D.: ›C.‹ fehlt

29 **Unlust zu allem**: Vgl. für die zahlreichen Textstellen zu Lust und Unlust in ›Zeiteinteilung (Max) I und II‹ sowie in den dazugehörenden Addenda die Anmerkung zu ›Zeiteinteilung (Max) I‹, Manuskriptseite 24, Bemerkung 1.
34 **Arbeitsunlust**: Vgl. Anmerkung zu vorangegangenem Pkt. E.

B. kein Erfolg bei der Arbeit
C. unbefriedigtes Verlangen [Liebe, Rachsucht, Ehrgeiz, _ _]
D. gestörte Relationen mit anderen Menschen (Streit, Missverständnisse, *Blamage*, Nicht-Achtung seitens anderer, weniger sein als andere, Unbehagen beim Verkehr mit anderen _ _).

<u>Bemerkung</u>: Ein Beispiel, wo die Gewissheit ausgenutzt wird, um jemanden zu veranlassen, {mit Bewusstsein} etwas Schlechtes zu tun: |
A weiß:
p zu tun ist besser als nichts zu tun,
q zu tun ist besser als nichts zu tun.
A weiß nicht, ob p oder q besser ist.
Wenn A sehr viel Gewissheit hat, wird er trotzdem weder p noch q tun.

<u>Maxime</u>: Am ersten jeden Monats ein ungefähres *Programm* der Zeiteinteilung für den Monat aufstellen (was zu erledigen ist).

[147]
<u>Bemerkung</u> {*Theologie*}: Gewisse Gesetzmäßigkeiten, die anscheinend sich erklären (d. h. in Bestandteile auflösen) lassen, erweisen sich scheinbar {in Wirklichkeit} als »ganzheitliche Gesetzmäßigkeiten«. Zum Beispiel: 1.) etwas in einer Sprache lesen (besonders Mertners Bücher) ⊃ die Sprache besser verstehen (aber auch die Worte, welche gar nicht vorgekommen sind). 2.) Beim mathematischen Arbeiten: irgendein Teilproblem lösen, und dann sind auch alle anderen Teilprobleme leicht lösbar (obwohl es damit gar nicht im Zusammenhang ist). 3.) Bei Zitzer: die Füllung am Zahn abschleifen und dann Besser-Werden der Entzündung. 4.)* Punkt 1. und 2. kann möglicherweise eine *psychologisch* analytische Erklärung haben durch Steigerung des Vergnügens und Selbstvertrauens. 3. Kann die Erklärung haben, dass unglaublich feine Vorgänge in der Biologie eine Wirkung haben; | vgl. auch nächste *Bemerkung*.

<u>Bemerkung</u>: Weiteres Beispiel einer scheinbar (aber nicht wirklich) reduzierbaren ganzheitlichen Gesetzmäßigkeit: Wenn man längere Zeit in einer falschen (oder unpraktischen) Richtung über ein

* Wenn man genug lang über eine Sache nachgedacht hat, kommt plötzlich die Lösung, aber nicht als Resultat des Nachdenkens.

8. | Es ist
16 **Maxime**: Vierfach unterstrichen
33: ›‹ von der Editorin gelöscht

28 **Zitzer**: Evtl. hieß Gödels Zahnarzt ›Zitzer‹. ›Zitzer‹ ist ein nachweisbarer Familienname.

Problem nachdenkt, so führt das mit der Zeit dazu, in der richtigen Richtung nachzudenken (auch wenn dazu ein ganz andersartiger, neuer Einfall nötig ist).

[148]
Programm:
1. Weitere Folgerungen der Methode* des kleinsten Abschnitts | ~~einer~~ konstruierbaren Menge, der gewissen Axiomen genügt (Zusammenhang mit »Wahrheit«).
2. ~~Absolute Definierbarkeit näher untersuchen (und absolute Beweisbarkeit analog).~~
3. ~~Effektive Beweisbarkeit des Auswahlaxioms → jede Menge ist konstruierbar und Folgerung für das Auswahlaxiom.~~
4. ~~In der Früh an Träume zu erinnern suchen.~~
5. ~~*Carnap* und *Veblen* schreiben.~~

Also, aus der Prämisse: Um die Wahrheit zu finden, muss *U* abgezogen werden, wird geschlossen: Wenn *U* abgezogen wird, so finde ich die Wahrheit. ←

[149]
Bemerkung {*Grundlagen*}: Es gibt gewisse Schlussweisen, welche angewendet den mathematischen Gehalt eines Satzes nicht verändern, und der gute Mathematiker besteht vielleicht darin, dass er diese Schlussweisen vollständig beherrscht. Diese Schlüsse müssen nicht trivial sein, während es andererseits gehaltvolle mathematische Sätze gibt, die trivial sind [z. B. *Dirichletsches* Kastenprinzip]. Die Lösung eines Problems beruht darauf, es mittels der obigen Schlussweise auf einen trivialen gehaltvollen Satz zu reduzieren.

Bemerkung {*Psychologie*, *Fortsetzung* übernächste Seite} Psychologische Fehlerquelle:

---

* ~~Und die Methode, die Definierbarkeit des kleinsten Elements, welches gewissen Forderungen genügt, dazu nützen.~~

7: | dass eine g
19 ←: Pfeil zeigt von Manuskriptseite 149, Bemerkung Psychologie, Pkt. 3 auf diesen Satz

27 **Kastenprinzip**: Das auf Deutsch so genannte Schubfachprinzip oder Taubenschlagprinzip geht wahrscheinlich auf Dirichlet zurück. Wenn man eine Anzahl Objekte auf eine Anzahl von »Schubfächern« (beziehungsweise »Taubenverschläge«) verteilt und die Zahl der Objekte größer als die Zahl der »Schubfächer« (beziehungsweise »Taubenverschläge«) ist, werden nach diesem Satz zwei Objekte in demselben »Schubfach« (beziehungsweise »Taubenverschlag«) enden.

1.) der Gedankengang läuft: Vielleicht *A*, um *A* festzustellen, wäre *B* hinreichend, *B* ist unmöglich, daher wird über *A* nicht mehr nachgedacht.
2.) Falsche Argumente für *A* erwecken den Glauben, dass *A* nicht gilt.
3.) <u>Totlaufen</u> des richtigen *Instinktes* (z. B. Kritik) an etwas ist <u>nicht hinreichend</u> (z. B., um den Glauben an *A* zu erwecken, wird *A* übertrieben dargestellt {durchweg}, damit sich der kritische *Instinkt* totläuft).

1, 2 fällt unter den Fehlschluss: $p \supset q \supset \sim p \supset \sim q$
(auch 3?) andere Form: *A* sagt p . *A* ist ein Lügner $\supset \sim p$
oder: $F(a) . a \neq b \supset \sim F(b)$
zum Beispiel: Gott ist verantwortlich für meine schlechten Handlungen, also bin ich es nicht.

[150]
<u>Maximen</u> bei der Forschungsarbeit:
1.) nicht länger als bis 4 Uhr arbeiten [ohne Rücksicht auf Erfolg],
2.) dann etwas anderes machen, was die Aufmerksamkeit beansprucht (<u>Radio</u>, Lesen, Englisch, Briefe schreiben, Zeiteinteilung, Resümé),
3.) dafür früher morgens beginnen (um eine gewisse Zeit).
4.) Nachdenken über etwas, was nicht im *Programm* ist, ist dasselbe wie Faulenzen (auch wenn es die Grundlagen der Mathematik betrifft).
?5.) Gedanken, die während der Arbeit kommen, nicht unmittelbar verfolgen, sondern notieren?
6.) Das Aufhören der Arbeit auch äußerlich irgendwie markieren.

<u>Bemerkung</u>: Alles, was theoretisch, aber anscheinend nicht praktisch durchführbar ist, ist auch praktisch durchführbar (aber nicht auf ganz unerwartete Weise). Das scheint ein allgemeines Prinzip zu sein.

<u>Bemerkung</u>: Mathematische Methode: Um Theoreme zu beweisen, stellt man mittels Abschwächungen dieser Theoreme eine stetige Verbindung zu trivialen Sätzen her (aber es muss die »richtige« Abschwächung sein, die zum Beweis des Theorems gebraucht wird).

8 **übertrieben dargestellt {durchweg}, damit sich der kritische Instinkt totläuft)**: Von hier geht ein Pfeil auf die Bemerkung auf der gegenüberliegenden Zeile: »Also, aus der Prämisse: Um die Wahrheit zu finden, muss U abgezogen werden, wird geschlossen: Wenn U abgezogen wird, so finde ich die Wahrheit.«
11 **p**: Von der Editorin verbessert in ›A‹
36 **stetige**: Andere Lesart: strenge

Anmerkung: Vielleicht genügt es zum Beispiel, die *Bedeutungsrelation* vollkommen zu verstehen.

[151]
Bemerkung {Siehe vorige Seite unten, »*Anmerkung*«}: Vielleicht genügt es, irgendein (gleichgültig welches) Gebiet wirklich zu verstehen, um die Welt zu verstehen (weil alles sich in allem spiegelt und nach gleichen Prinzipien konstruiert ist). Dagegen nützt es wahrscheinlich nichts, eine oberflächliche Erkenntnis von allem zu haben.*

* Vielleicht hängt die Tatsache, dass ich alles sehr leicht oberflächlich, aber gar nicht gründlich lernen kann, damit zusammen.

x *Programm* → {*Psychologie*}: Theorie der falschen Evidenz – wäre sehr wichtig als Hilfe, die Wahrheit zu finden, weil:
1. Falsche Evidenzen sind entweder eine Sünde oder eine Folge einer Sünde. Wobei die Sünde wahrscheinlich meist in einer *iniquitas* des Urteils besteht.** Also gibt es eine Theorie der *iniquitas* des Glaubens, daher auch eine der *aequitas*, das heißt, der Wahrheit.
2. Der richtige Weg zu lernen, etwas richtig zu machen, ist die Fehler kennen zu lernen, damit diese vermieden werden können.

** Denn die Strafe ist von derselben Kategorie wie die Sünde. Anmerkung E.-M. E.: Vgl. Manuskriptseite 156, Axiome, Pkt. 1.

Fortsetzung Psychologische Fehlerquelle – Dinge, die in einer gewissen engen Relation → {= Quaternio terminorum} zueinander stehen, werden miteinander identifiziert. Zum Beispiel: Zeichen und Bezeichnetes, *psychische Acte* und Wissen um diese Akte, Begriffe

---

8 **weil alles sich in allem spiegelt**: Vgl. für eine ähnliche Auffassung etwa Leibniz, ›Monadologie‹, § 56.
16 **iniquitas**: Fachbegriff für Ungerechtigkeit, Ungleichheit.
18 **aequitas**: Gleichheit, auch Fachbegriff für ausgleichende Gerechtigkeit, Billigkeit. Prinzip des römischen Rechts.
24 **Quaternio terminorum:** Eine quaternio terminorum ist ein syllogistischer Fehlschluss, der dadurch entsteht, dass der Mittelbegriff in Ober- und Untersatz nicht der gleiche ist, so dass mit Subjekt und Prädikat vier anstatt drei Begriffe im Untersatz auftreten. Oft entsteht der Fehlschluss durch Homonymie des Mittelbegriffs in Ober- und Untersatz. Dadurch handelt es sich nicht mehr, wie erforderlich, um denselben Begriff in Ober- und Untersatz, sondern um zwei verschiedene, die lediglich gleich klingen, aber mehrdeutig sind. Gödel nimmt darauf auch etwa in ›Philosophie I Maximen 0‹, S. 83, Zeile 6, und ›Max V‹, Manuskriptseite 331, Bezug.
26 **Acte:** Vgl. ›Philosophie I Maximen 0‹, S. 83, Zeile 2 zum Begriff des psychischen Aktes bei Brentano. Ein psychischer Akt ist dort eine intentionale Gerichtetheit. Der psychische Akt bezieht sich auf etwas und daneben auch auf sich selbst. Siehe Brentano, ›Psychologie vom empirischen Standpunkte‹, S. 168.

13 **x**: Mit rotem Buntstift geschrieben

und Dinge, Denken und Objekt des Denkens (*Psychologismus*), Evidenz und Wahrheit, Tatsache und Ursache (z. B. Empfindung und äußere Ursache), Sein und Sollen, Sein und Wollen, objektive und psychologische Einfachheit eines Beweises (oder Begriffs). [152] Dabei können diese Dinge unheimlich weit verschieden sein [z. B. Unklarheit und Inhaltslosigkeit eines Begriffs]. Aber es besteht eine gewisse *Isomorphie* zwischen den Sätzen (welche aber an einzelnen Stellen durchbrochen wird, was zu den vielen Fehlschlüssen führt). Der Begriffsraum ist gewissermaßen eine *Riemann*sche Fläche und übereinanderliegende Punkte werden identifiziert.

Bemerkung: Viele *Maximen* bezüglich Mathematik und Vorlesungen finden sich in den Arbeitsheften und Vorlesungsheften aus Grinzing. Außerdem können zu Rate gezogen werden die *Bemerkungen* über *Psychologie*, {*Theologie*} in den Kuverts und im Generalregister und manche *Bemerkung* in den Theologieheften.

Bemerkung {*Psychologie*}: Grundbegriff der *Psychologie*: »Wahl eines Ziels«. Der *Akt* besteht in der Wahl eines Ziels.

Frage {*Psychologie*}: Ist es eine klare *Definition* einer Klasse {A} von *Akten* einer bestimmten Person, zu definieren: $x \in A$ wenn x sich mit dem Gegenstand a beschäftigt? Und ist das eine Einteilung in fremde Klassen?

---

9 **Riemannsche Fläche:** Eine Riemannsche Fläche ist eine eindimensionale komplexe Mannigfaltigkeit, die lokal die Struktur der komplexen Zahlen aufweist. Diese werden in der Funktionentheorie untersucht.

13 **Arbeitshefte:** Die Notizhefte Mathematik, welche Dawson in ›Collected Works‹, Bd. V, S. 505, auflistet, kommen hier wegen der Datierung nicht in Frage; zu beachten sind vielmehr diejenigen, die Dawson ebd. auf Seite 502 auflistet.

14 **Grinzing:** Gödel ist 1937 nach Grinzing, das zum 19. Wiener Gemeindebezirk Döbling gehört, in die Himmelstraße 43 gezogen.

15 **Kuverts:** Vgl. Erläuterung zu ›Programm‹ auf Manuskriptseite 84 in diesem Heft.

15 **Generalregister:** Vgl. Erläuterung in ›Zeiteinteilung (Max) I‹ zu Manuskriptseite 2, Pkt. 16; sowie Erwähnung von Registern auf Manuskriptseite 25, Maxime 1; Manuskriptseite 32, Pkt. III und o a, e und f; ›Zeiteinteilung (Max) II‹ zu Manuskriptseite 140, Maxime 1; Manuskriptseite 142, Pkt. 21 sowie Addendum II, 6, Pkt. 15.

16 **Theologiehefte:** Erhalten sind lediglich die Theologiehefte 1 und 3. Heft 2 ist nicht mehr auffindbar. Heft 1 enthält Mitschriften zu Theologievorlesungen, die Gödel in Wien im Jahr 1937 besucht hat. Heft 3 enthält Begriffe, Namen, kirchliche Feste, Sonn- und Feiertage, Bemerkungen sowie Programme.

14: ›kann‹ von der Editorin verbessert in ›können‹
23 a: Andere Lesart: von

Maxime: Es wäre sehr wichtig, endlich meine Gewohnheit, immer absichtlich zuerst den falschen Weg einzuschlagen, abzulegen.

Bemerkung: Es gibt gewisse Theoreme, bei denen man das Gefühl hat, ich kann sie entscheiden, wenn ich will, aber wahrscheinlich sind sie nicht ganz trivial. Diese soll man verfolgen [153] und dann die Beweise *lege artis* mathematisch behandeln, vereinfachen, verallgemeinern *etc*. Ebenso stößt man manchmal auf Begriffe, bei denen man das Gefühl hat: »Das ist ein fruchtbarer und interessanter Begriff«; deren Eigenschaften soll man *lege artis* untersuchen.

x *Programm*: Man sollte einmal an irgendeinem Beispiel eines Satzes, den ich gefunden habe, die mathematische Methode des »Entdeckens« untersuchen. Das heißt, feststellen, welches Verhalten zum Ziel führt [z. B. Wajsbergscher Satz, Entscheidungsverfahren für *Heyting*, meine früheren Entdeckungen, Aufgaben und Lösungen].

Bemerkung: Die Zeiteinteilung und ihre Einhaltung ermöglichen es, mehrere Dinge zugleich zu machen und jedes doch mit Muße.

Bemerkung {*Psychologie*}: Eine einmal formulierte und anerkannte *Maxime* wirkt anscheinend unbewusst (auch wenn man sich zur gegebenen Zeit nicht *explizit* erinnert) in dem Sinn, dass sie befolgt wird.

---

13 **x:** Mit rotem Buntstift geschrieben
16: ›eiss‹ von der Editorin verbessert in ›ajs‹
16 **Wajsbergscher:** Im Manuskript steht in Kurzschrift ›Weissbergscher‹. Aus Addendum II, 5, s 4, wo der Name Wajsberg in Langschrift geschrieben ist, ergibt sich, dass auch hier Wajsberg gemeint ist

24 **fremde Klassen:** Zwei Klassen heißen fremd, wenn ihr Durchschnitt leer ist, d. h. wenn die beiden Klassen kein Element gemeinsam haben.
16 **Satz:** In Mordchaj Wajsbergs Aufsatz »Beitrag zur Metamathematik« nimmt Wajsberg ausführlich auf Gödels Arbeit »Über formal unentscheidbare Sätze der ›Principia Mathematica‹ und verwandter Systeme I« Bezug. Bei Wajsberg heißt es auf Seite 201: »Hauptsatz I: Der Vollständigkeitsgrad des Funktionenkalküls ist gleich dem Kontinuum«; auf Seite 227 lautet Hauptsatz II: »Der Vollständigkeitsgrad von P ist gleich dem Kontinuum.« P steht für die entsprechende Theorie Gödels. Vgl. zum Werk Wajsbergs auch: Mordchaj Wajsberg, ›Logical Works‹, hrsg. v. Stanisław J. Surma; Stanisław J. Surma, »The Conference on the Scientific Achievement of Mordchaj Wajsberg«; sowie Jan Woleński, ›Logic and Philosophy in the Lvov-Warsaw School‹, S. 349f.
16 **Heyting:** Vgl. Arend Heyting, »Der Brouwersche Intuitionismus«, S. 17.
21 **jedes doch mit Muße:** Vgl. ›Zeiteinteilung (Max) I und II‹, Manuskriptseiten 11, Maxime 1; 24, Bemerkung 2, Pkt. 1; 25, Maxime 2; Addenda IIIa, 2, Pkt. 30; IIIb, 2v, B16; IV, 1, V.

Bemerkung: Beweis, dass man nichts durch sich selbst ist (insbesondere nicht die *Intelligenz*), besteht darin, dass es denkbar ist, dass man sich niemals an etwas erinnert, niemals einen Einfall hat, *etc.*, niemals einen Entschluss ausführt (weil gleich vergessen). Mit anderen Worten, man ist bei allen [154] diesen Dingen *passiv*.

Bemerkung: Für jeden Glauben ist man wenigstens insofern verantwortlich, als man ihn nicht zurückgewiesen hat, wenn er sich aufdrängt (Unterlassungssünde) und das Glauben ist insofern »frei«, als man nicht zu glauben braucht.

Maxime: Nichts, auch nicht in kleinen Einzelheiten, ohne Entschluss tun, sondern möglichst mit wörtlicher Formulierung des Entschlusses und des Grundes dafür.

Programm: Auf eigenen Traum achtgeben nach Anweisung des *Morgenstern-Buchs*.

Maxime: Bei einer Überlegung, was das Beste zu tun ist, ist es besser, statt der Methode des »Bewährten« (d. h. Vor- und Nachteile), die Zwecke (Ziele), zu welchen es eine Beziehung hat, aufzusuchen, diese nach Wichtigkeit zu ordnen und festzustellen, welche Zwecke (auch negative, d. h. Nicht-Eintritt einer Sache) die Entscheidung *a* beziehungsweise *b* hemmen beziehungsweise fördern.

Bemerkung: Art, wie man durch »Lust« zum Richtigen geführt wird: Es besteht eine Unlust vor dem Beginn, aber während der Tätigkeit stellt sich Lust ein.

Bemerkung: Wenn während der Arbeit eine neue Idee hinsichtlich einer ganz anderen Sache auftaucht, dann nicht sofort verfolgen, sondern *notieren*.

---

18 **Morgenstern-Buchs:** Gemeint sein könnte ›Stufen‹ von Christian Morgenstern in der Ausgabe von 1918, wo sich Morgenstern auch mit seinen Träumen befasst. Siehe insbesondere die Seiten 8, 11f., 12 und 28. Vgl. auch Anhang II, Manuskriptseite 5, s 8.
27 **durch »Lust« zum Richtigen:** Vgl. für die zahlreichen Textstellen zu Lust und Unlust in ›Zeiteinteilung (Max) I und II‹ sowie in den dazugehörenden Addenda die Anmerkung zu ›Zeiteinteilung (Max) I‹, Manuskriptseite 24, Bemerkung 1.

[155]

Bemerkung {*Philosophie*}: Die *Maxime*: »Man soll nichts tun, ohne vorher *explizit* zu überlegen, ob und wie man es tun soll«, ist widerspruchsvoll, das heißt, man kann dann überhaupt nichts tun, denn man muss vor der Überlegung überlegen, ob man überlegen soll, *etc.*

Bemerkung: Wenn irgendetwas für die Arbeit Nötiges nicht vorhanden ist, dann nicht viel Zeit auf Weiterarbeit oder Selbstfinden des Fehlenden verwenden, sondern etwas anderes zu arbeiten beginnen.

Maxime: Jeder Idee, die bei der Arbeit kommt, soll wenigstens eine kurze Zeit gewidmet werden (ob es vielleicht leicht damit geht).

Maxime: Wenn du nicht gut geschlafen hast, dann ignoriere das am nächsten Tag (keine Programmänderung).

Bemerkung: Wenn die Arbeitshefte und Zettel gut angelegt sind, genügt zur Durchführung »vernünftigen« Verhaltens, sich eine einzige *Maxime* gedächtnismäßig zu merken.

Maxime: Auch bei Zeiteinteilung und Lesen eines Buches ist die Bescheidenheit fruchtbar. Man darf nichts Vollkommenes verlangen, muss mit »Störungen« und mit Nicht-Einhalten rechnen. In einem Buch muss man Falsches, Unlogisches *etc.* (gemischt mit Richtigem) erwarten. Man muss mit einem langsamen Fortschritt in der eigenen Erkenntnis rechnen (<u>nicht alles auf einmal erreichen wollen</u>).

Bemerkung: Die Mathematik ist die einzige Wissenschaft (die ich kenne), welche etwas »Vollkommenes« an sich hat (den exakten Beweis und den exakten Begriff).

---

24 **Bescheidenheit:** Vgl. zur Frage der Bescheidenheit im Allgemeinen ›Zeiteinteilung (Max) I und II‹, Manuskriptseiten 70, Maxime 1; Addenda IIIa, 2, Pkt. 30; IIIa, 3, Pkt. 46; IV, 1, II; sowie ›Max III‹, Manuskriptseiten 17, Maxime; 78, oben; und 151, Pkt. 7.

[156]
Axiome:
1. Die Strafe gehört derselben Kategorie an wie die Sünde.
[1'. Ein falsches Urteil hat einen falschen Glauben zur Folge und eine falsche Wahl ein falsches Verlangen.]
2. Was prinzipiell möglich ist, ist auch *praktisch* möglich (zum Beispiel Entscheidungsverfahren). Das heißt, nichts wurde halb erschaffen.
[2'. Was möglich ist, das ist auch irgendwo und irgendwann wirklich.]
3. Alles, was mit den richtigen Mitteln erstrebt wird, wird erreicht, und zu allem prinzipiell Möglichen gibt es richtige Mittel.
[3'. Wenn es für *A* richtig ist, *B* zu erstreben, und er verwendet genug Mühe darauf, so erreicht er *B*.]
4. Alles, was man braucht (zur Verfolgung eines für Menschen angemessenen Ziels), das hat man auch (außer wenn man *explizit* und mit Bewusstsein darauf verzichtet hat).

[157]
Merkwürdige Zufälle:
1.) Als ich einen Brief an Rudi schreibe, indem ich die Worte schreibe: »Am ersten Juli wird mit der Bezahlung des *Stipendiums* begonnen, und dann wird sich meine finanzielle Lage bessern«, ruft genau in dem Moment, wo ich 1. *Juli* 1940 ausgeschrieben habe, *Mrs. Bailey* in dieser Sache an.

---

2 **Axiome:** In ›Max III‹ notiert Gödel auf Manuskriptseite 153 eine Liste mit praktischen Axiomen, nachdem er die Liste mit »Merkwürdigen Zufällen«, die in vorliegendem Notizbuch nach den Axiomen begonnen wird, fortgesetzt hat. Dann folgt dort eine Liste mit »merkwürdigen sprachlichen Zufällen«, woraufhin sich nochmals zwei Listen mit Axiomen anschließen.
3 **Sünde:** Vgl. Manuskriptseite 151, Programm, Pkt. 1.
21 **Merkwürdige Zufälle:** Vgl. unten Addendum II, 6, Pkt. 15, sowie ›Max III‹, Manuskriptseiten 151 und 153, für weitere »merkwürdige Zufälle«. Auf Manuskriptseite 151 von ›Max III‹ wird die Liste, die hier mit Pkt. 7 endet, mit Pkt. 8 fortgesetzt. Das in der vorliegenden Liste genannte Datum ist der 1. Juli 1940, das in der Liste in ›Max III‹ genannte ist der 15. Mai 1941, dazwischen liegen 10½ Monate. Die beiden zusammengehörenden Listen befinden sich jeweils am Ende des Notizbuches.
22 **indem:** Synonym für ›während‹.
23 **Stipendiums:** Es handelt sich um das Grant des Emergency Committee in Aid of Displaced Foreign Scholars, das es im akademischen Jahr 1940/41 erlaubte, Gödel am IAS anzustellen.
26 **Bailey:** Esther Bailey war von Beginn an Sekretärin am IAS in Princeton.

2.) Als ich den ganzen Tag über *Church*s Beweis, dass jede rekursive Funktion *definiert* ✝✝ ist, nachgedacht hatte, ruft am Abend Rosser an.

?3.) Traum in der Nacht vom 13. zum 14./VII. 1940: Ich treffe *Natkin* in *Princeton* mit einem bleichen und verstörten Gesicht. Ich will ihn begrüßen (Adele ist auch dabei), aber er wendet sich irgendwie verärgert ab.

?4. Adele träumt in der Nacht vom 16. zum 17./VII. 1940 von einem großen Krach zwischen Mama und Pauline (wobei auch Frau *Brausewein* anwesend ist), und Pauline sagt, Mama habe der Tante etwas ins Essen gegeben.

5. Jedes Mal, bevor ich nach Amerika fahre, sehe ich einen russischen Film.

6. Das Buch von *Saurer* über Englisch scheint eine merkwürdige magische Kraft zu haben (zwingt einen, immer wieder reinzuschauen, obwohl es sehr schlecht ist.

7. Karte mit Adresse von Carnap (enthaltend Unterschied zwischen 1 *class* und anderer Post), kommt gerade nachdem Brief an ihn im Unreinen geschrieben ist und ich ihm auch ein *Separatum* schicken will.

---

1 **Beweis, dass jede rekursive Funktion definiert ist:** Vgl. Alonzo Church, »An Unsolvable Problem of Elementary Number Theory« und »A Note on the Entscheidungsproblem«.

3 **Rosser:** John Barkley Rosser war ein Doktorand von Alonzo Church.

4 **Natkin:** Gödel hat Natkin erst 1957 in New York bei einem Treffen mit Feigl wiedergesehen.

9 **Pauline:** Pauline Handschuh ist eine Tante mütterlicherseits von Kurt Gödel.

14 **Buch von Saurer über Englisch:** Ein solches Buch ist nicht nachweisbar. In ›Max III‹ erwähnt Gödel allerdings eine italienische Konversationsgrammatik von Charles bzw. Carl Sauer, die sich auch in seiner Privatbibliothek befindet. Das Italienisch-Lehrbuch ist auf Englisch geschrieben, auch die ins Italienische zu übersetzenden Übungstexte sind auf Englisch abgedruckt. Vgl. Charles Marquard Sauer, ›Italian Conversation Grammar. A New and Practical Method of Learning the Italian Language‹, New York (Wycil) 1918, 7. Aufl. Auf Deutsch: Carl Marquard Sauer, ›Neue italienische Conversations-Grammatik‹, Heidelberg (Julius Groos) 1874, 5. Aufl. Das Pendant für Englisch ist von Thomas Gaspey verfasst. Nach der sogenannten Konversationsmethode von Thomas Gaspey, Emil Otto und Carl Marquard Sauer wurden in der Verlagsbuchhandlung Julius Groos in Heidelberg Sprachlehrbücher für zahlreiche Sprachen veröffentlicht.

10 **Brausewein:** Andere Lesarten: Brausewetter, Brausewind

18 **1 class:** In vielen Ländern kann man Post als Erste-Klasse-Post verschicken, damit sie schneller ankommt.

19 **Separatum:** Anderer Ausdruck für ›Sonderdruck‹.

[158]
Italienerin in Algier (Rossini) Ouverture
42^(te) Strasse
Chiribiribi
house across the bay
Serenade you lady
wood-pecker song
Trulala

2 **Italienerin in Algier (Rossini) Ouverture:** ›Die Italienerin in Algier‹ ist eine Opera buffa von Gioachino Rossini in zwei Akten, die 1813 in Venedig uraufgeführt wurde.
3 **42te Strasse:** Der 42nd Street Song stammt aus dem Jahr 1932 und war die Titelmelodie im Musical-Film »42nd Street«.
4 **Chiribiribi:** Es gibt ein spanischsprachiges Volkslied mit dem Refrain ›Chiribiribi‹.
5 **house across the bay:** Titel eines Films von 1940.
7 **wood-pecker song:** Eine Akkolade rechts von »Serenade you lady« zu »wood-pecker song« verbindet die beiden Titel

Addendum I

Beschreibung
Einzelne Seite aus einem Notizbuch gerissen, blaugrau kariert, Höhe 21 cm, Breite 16,5 cm. In der Mitte quer gefaltet. Schreibwerkzeug: Bleistift.

Gödel hat die Seite in das Heft ›Zeiteinteilung (Max) II‹ gelegt. Die Paginierung und die Bezeichnung »Addendum I« stammen nicht von ihm. Datumsangabe: 8. November 1937

[Addendum I, 1]
8./XI. 1937 Warum habe ich plötzlich die Lust verloren, Zeit und Geld vernünftig einzuteilen? Weil:
I. Ich die Hoffnung verloren habe, dass das möglich sein wird (wenigstens für die Zeit); weil <u>Arbeitsfähigkeit sehr vermindert</u> ist.
   1. Zu viel Zeit mit Hin- und Herfahren verloren.
   2. Schlechter Schlaf und daher arbeitsunfähig bei Tage (wegen Lärm und Luftverhältnissen).
   3. Temperatur und Luft des Arbeitsraumes sind unangenehm und daher bin ich arbeitsunfähig.
   4. Steigen und Berge* werden Herzzustände bewirken und daher Arbeitsunfähigkeit.
II. <u>Arbeitslust</u> sehr vermindert, weil das Arbeiten unter den gegebenen Verhältnissen kein Vergnügen ist, sondern eine Plage sein wird.

* (und Temperatur und Luft).

15: ›Um‹ von der Editorin verbessert in ›Her‹

11 **Lust verloren:** Vgl. für die zahlreichen Textstellen zu Lust und Unlust in ›Zeiteinteilung (Max) I und II‹ sowie in den dazugehörenden Addenda die Anmerkung zu ›Zeiteinteilung (Max) I‹, Manuskriptseite 24, Bemerkung 1.

*char*akteris-tisch	1. Fehler:	In Untermiete zu wohnen gar nicht in Betracht gezogen, von vornherein Wohnung.
	2. Fehler:	| Bei erster Suchperiode nicht Neubau und *Part*erre ausgeschlossen, zu wenig genau überlegt.
*char*akteristisch	3. Fehler:	2te Periode zu spät begonnen.
falsche Selbsteinschätzung	4. Fehler:	Nicht bemerkt, dass ich eine individuelle Behandlung erfahre (zu geringe Selbsteinschätzung).
Hypothese	5. Fehler:	Dem Stadler geglaubt, dass *Neum*ann ein korrekter Mensch ist und dass die Wohnung eine Ablöse hat. Andeutungen geglaubt.
	6. Fehler:	Leichtsinnigerweise das *Exper*iment mit einer Wohnung gemacht, die mir nicht passt. Nicht genug überlegt.
*char*akteristisch	1.1 Fehler:	Adele plant Ehe, noch über Verhältnisse orientieren, bestimmt gesagt, Schwierigkeiten unterschätzt.

[Addendum I, 1v]

Fehler: Vor Leuten immer Adele Recht geben und es aussprechen.

*char*akteristische Fehler	1.	Unüberlegtheit (nicht-konkrete Vorstellung der Zukunft).
	2.	Alles zu spät beginnen.
	3.	Falsche Selbsteinschätzung (bald zu hoch, bald zu niedrig).
	4.	Unterschätzung der | äußeren Schwicrigkeiten.

4: | Rudi gemein bezüglich der Preise
26 **und es aussprechen:** Andere Lesart: und [sie] aussprechen [lassen]
33: | Schwierigkeit

Addendum II

Beschreibung
Sechs blaugrau linierte Blätter, leicht vergilbt, rechteckige Ringbuchlochung, Höhe 21,3 cm, Breite 17,3 cm, aus einem Ringbuch herausgerissen, beidseitig beschrieben, nach außen hin abgerundete Papierecken. Schreibwerkzeug: Bleistift.

Gödels Paginierung beginnt mit 5 und endet mit 12, ab Seite 6 sind nur die geraden Seiten paginiert, ab Seite 12 erfolgt keine Paginierung mehr durch Gödel. Gödel hat die Blätter in das Heft ›Zeiteinteilung (Max) II‹ gelegt. Die Bezeichnung »Addendum II« stammt nicht von ihm.

Die Datierung (»*Max ca.* 1941«) von Gödel auf der Rückseite des letzten Blattes dieses Addendums spricht dafür, dass Gödel diese Notizen bereits in Amerika geschrieben hat. Zudem verweist er in Bemerkung Nr. 16 auf ›Zeiteinteilung (Max) II‹, Manuskriptseite 151, also auf das Ende des Notizheftes, das in den Juli 1940 datiert ist, als er bereits in Amerika war. Einige Bemerkungen zu Beginn scheinen allerdings nahezulegen, dass sie noch in Wien geschrieben worden sein könnten (vgl. insbesondere 13).
Inhaltlich gehören die Bemerkungen zum Teil zu ›Philosophie I Max 0‹, zum Teil aber zu ›Zeiteinteilung (Max) I und II‹.

[Addendum II, 5]
| <u>Max_{imen} u. ä.</u>

o 1. *Ontol*ogischer *Gottes*beweis.

o 2. Was ist die richtige Ordnung, die Wissenschaften zu betreiben (wann kommt die Mathematik und wie ist die richtige Ordnung innerhalb der Mathematik)?

o 3. *Axiom*: Wer das Richtige in richtiger Weise versucht, muss es **erreichen.** Weiterarbeiten in dieser Richtung; *vgl.* auch *N°* 18.

24: | Selbst. ›Max‹ ist über ›Selbst‹ geschrieben
26 **o:** ›o‹ vor der Ziffer steht im Folgenden jeweils für ›objektiv‹

s 4. Analyse des Weges, auf dem ich mathematische Beweise gefunden habe (insbesondere *Wajsberg*)*.

→ 5. *Maximen* (*alphabetisch* & sachlich) ordnen,** insbesondere auch *Psychologie*, *Grundlagen*-Bemerkungen *etc.*

s 6. Nachdenken über: Was weiß ich und was glaube ich?

s 7. Nachdenken über mein vergangenes Leben mit Berücksichtigung von Schuld und Strafe {→ *vgl.* 25} (*Budget*) {meines Erbes}.

s 8. Auf eigene Träume achtgeben nach Anweisung Morgenstern-Buch.

9. Für Einhaltung der Maximen garantieren.

o 10. Sprache lernen: *hebräisch*, Chinesisch, Griechisch, Italienisch.

s 11. Sprechen mit Nervenarzt oder Priester.

12. Einmal wirklich ausruhen (nichts tun). (Wie ist das anzustellen?)

s 13. Eigene Erlebnisse des Tages *psychologisch* analysieren, insbesondere »was ist in meiner Macht«, {*e.g.*} war es in meiner Macht, nicht zu heiraten?

* Zweck: Feststellen, welches Verhalten zum Ziel führt.

** *Maximen* werden gegen Ende des Heftes zu immer besser (*rapid*).

2 **Wajsberg:** Vgl. Manuskriptseite 153, Programm.
10 **meines Erbes:** Gödel hatte zu diesem Zeitpunkt bereits fast das gesamte Erbe aufgebraucht, das er durch den Tod seines Vaters erhalten hatte.
12 **Morgenstern-Buch:** Gemeint sein könnte der Aphorismen- und Tagebuchband ›Stufen‹ von Christian Morgenstern in der Ausgabe von 1918. Vgl. Manuskriptseite 154, Programm.
17 **Chinesisch:** Siehe Anmerkung zu Manuskriptseite 87.
17 **Griechisch:** Vgl. ›Zeiteinteilung (Max) I‹, Manuskriptseite 1, Pkt. 10.
17 **Italienisch:** Vgl. Anmerkungen zu den Manuskriptseiten 142, Pkt. 16, sowie 157, Pkt. 6, in diesem Band; außerdem S. 103, Zeile 5 in ›Philosophie I Maximen 0‹. Gödel besaß auch den ›Hill's Italian–English Dictionary‹ von Ignaz Wessely.

1 **s:** ›s‹ vor der Ziffer steht im Folgenden jeweils für ›subjektiv‹
25 **war:** Gödel hat am 20. September 1938 geheiratet. Unter der Annahme, dass diese Seiten danach geschrieben wurden, weil Gödel ganz am Ende »ca. 1941« notiert, ist ›war‹ zu ergänzen. Dafür spricht auch, dass er, allerdings womöglich nachträglich, die englische Abkürzung ›e. g.‹ für ›exempli gratia‹ eingefügt hat und nicht die deutsche ›z. B.‹ für ›zum Beispiel‹

o 14. *Theorie* der Zwecke und Mittel (Über- und Unterordnung, gute und schlechte, andere Zwecke).

[Addendum II, 6]
→ 15. »*Résumé*« zu Ende machen, insbesondere Zettel in den Kuverts *Psychologie*, Ethik und Bemerkungen in den *Theologie*- und *Mathematik*heften ins Generalregister eintragen.
Und neue Rubrik im Generalregister eintragen: merkwürdige Zufälle, *Axiome*, ...
Und Generalregister selbst ordnen und Inhaltsverzeichnis anlegen.

o 16. Theorie der falschen Evidenz, *vgl.* Heft Zeiteinteilung *Max* II, p. 151.

* Zuerst Englisch lesen, dann rückübersetzen {*vgl.* 22}.

17. Übersetze aus dem Deutschen ins Englische* und Englisch mit Schulbüchern (Physik) lernen.

o 18. Anderer interessanter Anfang: Zusammenhang zwischen Faulheit, Trägheit, Unentschlossenheit (vergleiche *Descartes*, *Thomas* hinsichtlich der Leidenschaften) oder Einteilung (vollständig und scharf).**

** Insbesondere auch Über- und Unterordnung (*vgl.* Zeiteinteilung *Max* I und II Heft, p. 20, 65, (85)) oder Einteilung der Leiden; *vgl.* auch 23.

5 **Kuverts:** Vgl. Erläuterung zu ›Programm‹ auf Manuskriptseite 84 in diesem Heft.
6 **Theologie:** Vgl. die Erläuterung zu Bemerkung 1 auf Manuskriptseite 152 in diesem Heft.
7 **Mathematikhefte:** Im Gödel-Nachlass befinden sich 13 Notizhefte zur Mathematik; vgl. ›Collected Works‹, Bd. V, S. 505f., sowie 16 Arbeitshefte Mathematik, ebd., S. 502.
7 **Generalregister:** Vgl. Erläuterung in ›Zeiteinteilung (Max) I‹, Manuskriptseite 2, Pkt. 16; sowie Erwähnung von Registern auf Manuskriptseite 25, Maxime 1; Manuskriptseite 32, Pkt. III und o a, e und f; ›Zeiteinteilung (Max) II‹, Manuskriptseite 140, Maxime 1; Manuskriptseite 142, Pkt. 21, und Manuskriptseite 152, Bemerkung 1.
8 **merkwürdige Zufälle:** Vgl. Manuskriptseite 157 in diesem Heft sowie ›Max III‹, Manuskriptseite 151 und 153, für weitere »merkwürdige Zufälle«.
21 **Leidenschaften:** René Descartes, ›Les Passions de l'ame‹ II, Art. 59; III, Art. 170. Bei Thomas von Aquin finden sich Ausführungen zu Emotionen und Leidenschaften (passiones animae) insbesondere im secunda pars seiner ›Summa theologiae‹ I–II, qq. 22–48. Siehe zur Trägheit etwa ›Summa theologiae‹ IIa–IIæ, q. 35 art. 4 ad 2. Vgl. auch Addendum XV, 1, Pkt. 12.
21 **vollständig:** Descartes' vierte Regel im ›Discours de la Méthode‹, II, 10, fordert dazu auf, auf die Vollständigkeit von Aufzählungen zu achten, um nichts zu vergessen.

s 19. *Freie Association*.

s 20. Wo kann man im Leben *experimentieren*?

s 21. Nachdenken, wie ich mich in gewissen Situationen verhalten soll (insbesondere Menschen gegenüber). Wahrheit sagen *etc*.

22. Ins Theater gehen, nachdem ich vorher das Stück auf Englisch gelesen habe (*Programm* der letzten Jahre durchsehen).

[Addendum II, 7]
23. Anderer Anfang: Es ist vernünftig, zuerst zu erkennen, was zu tun ist. Zu diesem Zweck darüber so lange nachdenken, bis sich aus dem Nachdenken selbst ergibt, dass etwas anderes zu tun ist (das ist wahrscheinlich für die »Starken« (z. B. Engel) die richtige Methode). Bei Menschen steht dieser Methode des Erkennens das Erkennen des Einzelnen und Zufälligen durch die Sinne gegenüber (vielleicht ist das die Methode, um die einzelnen sinnlichen Erscheinungen mit dem notwendig Existierenden zu identifizieren) *vgl*. 24.

24. Einteilung der *psychischen* Phänomene I. *Akte*, II. *Passio*:
I. Jeder Akt ist eine Zielsetzung. Dies kann sein: A. Erzeugung einer Wahrnehmung eines Sachverhaltes (*intellectueller* Akt), B. Sonstiges (moralischer Akt).
II. Jede *Passio* ist eine Wahrnehmung: A. eines Sachverhaltes, B. Sonstiges (z. B. Schmerz, Rot *etc*.), *vgl*. 26.

25. Insbesondere: Wo habe ich ein schlechtes Gewissen gehabt und weswegen habe ich nicht das Richtige in diesem Fall getan (Angst vor etwas Bestimmtem, unbestimmte Angst, Hemmung,

---

22 **scharf:** Im ›Discours de la Méthode‹, II, 13, führt Descartes aus, dass das Beachten der Regeln ihn dazu gebracht hat, die Untersuchungsgegenstände klarer und deutlicher (plus nettement et plus distinctement) aufzufassen.

21 **Akte:** Akt als Tätigsein, Wirksamkeit, Reaktion. In aristotelischer Tradition ist ›actus‹ u. a. auch ein Ausdruck für Entelechie, bei der es um ein innewohnendes anzustrebendes Ziel (oder Vollkommenheit) geht. Vgl. auch ›Philosophie I Maximen 0‹, S. 78, Zeile 1; S. 83, Zeile 2; S. 84, Zeile 1; S. 191, Zeile 19–32; ›Zeiteinteilung (Max) II‹, Manuskriptseite 151, Fortsetzung, sowie ›Max V‹, Manuskriptseite 331, Bezug.

21 **Passio:** Wahrnehmung, Erleiden. Vgl. auch ›Philosophie I Maximen 0‹, S. 78, Zeile 2, wo passiones auch als Wahrnehmungen aufgefasst werden, sowie S. 83, Zeile 20.

14 **anderes:** Andere Lesart: anders

Lust)? Beispiele: Onanie, verbotene Bücher lesen, Visum *Amerika*, Hakenkreuz und Volksabstimmung, Vorlesung in *Notre Dame* (dass ich sie überhaupt gehalten habe), Zimmer in *Notre Dame*, [Addendum II, 8] Wahl der Ärzte bei Adeles Krankheit, Adele Heirat. Unterlassungssünde: meist nicht erfüllte Pflichterfüllung.

26. Bausteine der *Psychologie*: (*vgl.* auch 31)
1. Wahrnehmungen, die nicht Sachverhalte sind: Farben, Tastempfindungen, Töne, Geschmäcker, Gerüche, Schmerz, Lust, Sorge, Freude. Kurz: Empfindungen und Gefühle.
2. Wahrnehmungen, die Sachverhalte sind: eineindeutig zugeordnet sämtliche sinnvollen Sätze.

Bemerkung: Die sämtlichen Wahrnehmungen (1. und 2.) zerfallen in 2 Klassen: angenehme und unangenehme (ebenso ihre Kombinationen).

Bemerkung: Akte zerfallen in:
A. Aufmerksamkeit (d. h. Zweck ist es, eine Wahrnehmung zu erzielen),
B. Handlungen. Oder nach anderem Einteilungsgrund:
I. Überlegte. Das heißt solche, denen ein 2ter {vorausgehender} Akt zugeordnet ist, dessen Ziel es ist, wahrzunehmen, was das Richtige zu tun ist, und dessen Abschluss die Wahl dieses Aktes ist.
II. Unüberlegte.

8: ›(‹ von der Editorin verbessert in ›:‹
21 **Handlungen. Oder nach anderem Einteilungsgrund:** Andere Lesart: Handlungen oder nach anderer Einteilung Gründe

1 **Lust:** Vgl. für die zahlreichen Textstellen zu Lust und Unlust in ›Zeiteinteilung (Max) I und II‹ sowie in den dazugehörenden Addenda die Anmerkung zu ›Zeiteinteilung (Max) I‹, Manuskriptseite 24, Bemerkung 1.
1 **Visum Amerika:** Andere Lesart: Visum Adele. Bei der ersten Lesart wäre gemeint, dass er das Visum für sich zu spät beantragt hat oder dass er sich nach 1935 zu lange außerhalb der USA aufgehalten hat, so dass seine Wiedereinreisegenehmigung ablief und er 1938 mit einem gewöhnlichen Besuchervisum einreisen musste, was es in Folge erforderlich machte, dass er 1939 ein neues Visum benötigte. Vgl. Dawson, ›Kurt Gödel. Leben und Werk‹, S. 120. Bei der zweiten Lesart wäre gemeint, dass er das Visum für Adele zu spät beantragt hat.
2 **Hakenkreuz:** Vgl. die Erwähnungen auf den Manuskriptseiten 93 und 96 von ›Zeiteinteilung (Max) II‹.
2 **Vorlesung in Notre Dame:** Gehalten im Frühjahr 1939. Siehe Erläuterung auf Manuskriptseite 79 von ›Zeiteinteilung (Max) II‹ oben.
8 **1.:** Siehe die folgende Manuskriptseite; dort Pkt. 3 und 4, sowie Manuskriptseite 10, Pkt. 5.

Bemerkung: Jeder Akt hat ein Ziel. Ziel kann jeder Sachverhalt (*vgl.* 2.) sein. Je nach dem Ziel zerfallen die Akte in solche, bei denen die Wahl des Ziels die Realisierung des Ziels nicht unmittelbar zur Folge hat, und solche, bei denen die Wahl des Ziels [Addendum II, 9] die Realisierung des Ziels automatisch zur Folge hat. Diese bilden:

3. Menge der unmittelbar erreichbaren Ziele (z. B.: Handhabe),*
4. Menge der geglaubten Sachverhalte (Teilmenge von 2.).

* *Frage*: Gehört das Auffinden des Mittels bei gegebenem Zweck auch zur *Kategorie 3*?

Bemerkung: Ein Sachverhalt ist geglaubt, wenn er einmal als für wahr gehalten im Bewusstsein war. Die Menge 4 bestimmt auch die Menge der gewussten (= wahr und stark geglaubten Sachverhalte oder | aus solchen leicht zu folgernden) und der unbekannten Sachverhalte (= aus keinen geglaubten leicht zu folgernden).

Bemerkung: Eine Teilmenge von 4 bilden die erlebten (oder sonstwie erfahrenen), gedächtnismäßig festgehaltenen einzelnen Tatsachen.

Bemerkung: Für das Zustandekommen eines bestimmten Aktes sind maßgebend nur die in diesem Augenblick »gegenwärtigen« Wahrnehmungen.

[Addendum II, 10]
Frage: Worin besteht die Aufmerksamkeit? Das heißt, wird dadurch, dass die Aufmerksamkeit auf einen bestimmten Punkt des Wahrnehmungsfeldes konzentriert wird, die Wahrnehmung selbst geändert? Oder ist die Wahrnehmung bloß die, dass die im Aufmerksamkeitszentrum liegenden Wahrnehmungen hauptsächlich für die Wahl der weiteren Akte maßgebend sind?

Bemerkung: Jeden Augenblick des wachen Lebens steht man unter der Herrschaft eines gewissen Zwecks (und indirekt unter dem der übergeordneten Zwecke), nämlich des zuletzt Gewählten. Frage: Besteht der Schlaf bloß darin, dass man unter der Herrschaft keines Zweckes steht und keine »Akte« vollführt?

5. Eine nächste Kategorie von *psychischen* Elementen sind *Impulse* und Hemmungen. (Ist *Impuls* etwas anderes als die Hoffnung, etwas Gewünschtes mittels einer Handlung, die in deiner Macht ist,

7 3.: Unterpunkte 3 und 4 gehören zu der vorangegangenen Manuskriptseite; dort Pkt. 26, Unterpunkte 1 und 2. Siehe auch Manuskriptseite 10, Pkt. 5.
13: ›oder‹ von der Editorin gelöscht

zu erreichen?) *vgl.* weiter 29. *vgl. Heft Philosophie I Max 0, p. 76, und Addendum in ›Philosophie I Max 0‹.*

<u>Bemerkung</u>: Wichtig für den Unterschied zwischen Körper und Seele sind die verschiedenen Arten des Gedächtnisses: Gedächtnis für Erlebnisse, Sprache, Ideen und Sachverhalte.

27. Aufstellung der Regel des Anstandes *a priori* (auch ein möglicher Anfang).*

* [11] Insbesondere auch, wie soll ich mich verhalten, wenn ich oder meine Freunde beleidigt werden?

28. Konstruktion einer exakten Sprache nach dem Vorbild der lebenden Sprachen (*Esperanto*, {*Basic English*}).

29. Analyse des Sachverhalts: Es ist mir klar, dass dieses oder jenes zu tun ist, und ich tue es trotzdem nicht, *z. B.* 1. zum Nervenarzt gehen, 2. Liese er …. Insbesondere: Wie kann [Addendum II, 11] das Entstehen von (kleinen) Schwierigkeiten in der Ausführung den Entschluss umstoßen? (*vgl.* 33)

Kann man überhaupt etwas mit Sicherheit als vernünftig (*conducive to happiness*) erkennen?

30. Ein Mensch der Klasse I (oder Niveau I) ist ein solcher, der nicht an *Parapsychologie*** glaubt (inklusive derjenigen, für die die Frage unentschieden ist, und welche vermuten). Aus der Stufe I kann man nur rauskommen durch Erlebnisse oder richtigen Unterricht (z. B. Religionsunterricht). Die Menschen der Klasse I zerfallen in *Materialisten* (inklusive *Positivisten*) und *Idealisten*. Hauptunterschied: Unsterblichkeit und eventuelle Vergeltung nach dem Tod. Das Gute in einem Menschen (sowohl moralisch als gefühlsmäßig) disponiert zum *Idealisten*, das Schlechte zum Materialisten. Anscheinend aber sind die *Materialisten* bescheidener (hinsichtlich ihrer eigenen Bedeutung) als die Idealisten.

** An die »richtige« *Parapsychologie* (z. B. *statistische* Gedankenübertragung ist noch nicht hinreichend). Überhaupt muss es etwas sein, was das Weltbild ändert, zum Beispiel das Wirken des »Wortes«, ganzheitlicher (nicht auflösbarer) Zusammenhang, moralischer Zusammenhang.

38 5.: Siehe Manuskriptseite 9, Pkt. 3 und 4, sowie Manuskriptseite 10, Pkt. 5.
12 **Esperanto**: Esperanto ist eine sogenannte Plansprache. Carnap hat sie schon im Alter von 14 Jahren gelernt.
19 **vernünftig (conducive to happiness)**: Die Verbindung von Vernunft und Glück verweist auf die stoische Philosophie.
23 **Parapsychologie**: Parapsychologie ist die Lehre von den okkulten, außerhalb der normalen Wahrnehmungsfähigkeit liegenden, übersinnlichen Erscheinungen wie Telepathie, Geistererscheinungen, Telekinese usw. Vgl. ›Zeiteinteilung (Max) I‹, Manuskriptseite 42, Pkt. 2, und ›Zeiteinteilung (Max) II‹, Manuskriptseite 142, Pkt. 17.

8 **27**: Ab hier Fortsetzung von oben, Punkt 26.

1. Frage: Ist *Materialismus* oder *Idealismus* die unter Berücksichtigung der Erlebnisse dieser Existenzstufe »richtige« Weltanschauung? 2. Frage: Worin können die »Sünden« eines Menschen auf dieser Stufe bestehen? 3. Frage: Ist diese Klasse zahlreich und wie (aus was für Ursachen) geht sie in die nächsthöhere oder in Tod über?

[Addendum II, 12]
31. Richtiger Beginn nach *Thomas Aquin* = *First Truth* = Wahrheit über Gott.

Also: *a.*) die einzelnen Sätze des Glaubensbekenntnisses in ihrem Sinn klären und Folgerung ziehen (insbesondere der ersten Sätze),

b.) von den Eigenschaften Gottes ausgehen, insbesondere *ontologischer* Gottesbeweis (*Descartes*),

c.) insbesondere Abhandlungen lesen, die sich mit dem Gottesbegriff befassen (*Augustin* & *Hilarius*, *De Trinitate*, *Summa* (*De Deo* und *Christologie*), *De divinis nominibus*).

32. Analyse des Satzes: »Das war ein Vorteil für mich« und des Satzes: »Was wäre geschehen, wenn ich das und das getan hätte?«

33. Unterschied der verschiedenen Charaktere ist dadurch definiert, dass das Verhalten im Falle der Allwissenheit studiert wird. Wobei Allwissenheit bedeutet:

---

31 **bescheidener:** Vgl. zur Frage der Bescheidenheit im Allgemeinen ›Zeiteinteilung (Max) I und II‹, Manuskriptseiten 70, Maxime 1; 155, Maxime 3; Addenda IIIa, 2, Pkt. 30; IIIa, 3, Pkt. 46; IV, 1, II; sowie ›Max III‹, Manuskriptseite 17, Maxime; 78, oben; und 151, Pkt. 7.

14 **ontologischer Gottesbeweis :** Descartes versucht die Existenz Gottes in seinen ›Meditationes de prima philosophia‹ sowohl in der dritten als auch in der fünften Meditation zu beweisen.

17 **Hilarius:** Hilarius von Poitiers, Bischof und Kirchenlehrer aus dem vierten Jahrhundert n. Chr.

17 **De Trinitate:** ›Expositio super librum Boethii De trinitate‹ ist ein Kommentar von Thomas von Aquin zu der Schrift ›De trinitate‹ des Boethius sowie der Titel eines Werkes des Hilarius von Poitiers.

17 **De Deo:** »De Deo« bildet den ersten Teil (prima pars) der ›Summa theologiae‹ des Thomas von Aquin.

18 **Christologie:** »De Christo« bildet den dritten Teil (tertia pars) der ›Summa theologiae‹ Thomas von Aquins.

18 **De divinis nominibus:** Kommentar des Thomas von Aquin zur Schrift ›De divinis nominibus‹ des (Pseudo-)Dionysius.

1. Man kennt alle möglichen Verhaltungsweisen, 2. ihre Folgerungen *ad infinitum* für sich selbst und die anderen (nur nötig hinsichtlich Lust und Unlust), 3. man kennt sich selbst so weit, um die Wahl mit Eindeutigkeit treffen zu können. Dieser Zustand ist in Wirklichkeit bis zu einem gewissen Grad realisiert. Das heißt, die Wesen werden durch »Licht« erweckt (zum Handeln). Es sind *Situationen,* in denen teilweise Wissen über 1., 2., 3. vorzustellen ist, wo es vernünftig ist, das Unwissen durch eine Annahme auszufüllen (z. B. wenn sich herausstellt, dass die Annahme A gar nicht wesentlich für den Entschluss ist, das heißt A und ~A); *vgl.* auch *Max Heft* III., *p.* 25.
(*vgl.* 34)

[Addendum II, 13]
{Oder *vgl. Max Heft* 3, *p.* 25 unten; *vgl.* N°38.}

34. Anderer Anfang: Was gehört zu einem vollkommen glücklichen Zustand? Überhaupt Analyse von »Glück«.

35. Analogie zwischen Antike und Gegenwart genau verfolgen, insbesondere in religiöser Hinsicht: Judentum → Christentum.

36. Berufs*Statistik* (Bildung und Schule, *Statistik*) statistische *Bibliographie* und *Bibliotheks*kunde.

37. Sprachen lernen (Sünde der Jugend in dieser Hinsicht korrigieren). Vielleicht indem man Griechisch lernt und die Regeln der Grammatik *explicit*.

38. Wenn eine Menge von Wesen gegeben ist, mit der Fähigkeit zu leiden und aufeinander zu wirken, wie muss die Wirkung gesetzt sein, damit »Gerechtigkeit« besteht? [Vielleicht ist das der Weg, auf dem man alles *a priori* verstehen kann? Zum Beispiel, dass der

---

3 **Lust und Unlust:** Vgl. für die zahlreichen Textstellen zu Lust und Unlust in ›Zeiteinteilung (Max) I und II‹ sowie in den dazugehörenden Addenda die Anmerkung zu ›Zeiteinteilung (Max) I‹, Manuskriptseite 24, Bemerkung 1.

11 **Max Heft III., p. 25:** ›Max III‹, Manuskriptseite 25, Bemerkung 3; vgl. die folgende Einfügung. ›Max III‹ wurde zwischen 1940 und 1941 geschrieben.

15 **Oder vgl. Max Heft 3, p. 25 unten; vgl. No38:** Diese Einfügung bezieht sich auf Pkt. 33 der vorangegangenen Manuskriptseite. Im Text in ›Max III‹ unten wird ein System angenommen, das alle Fragen entscheidet.

Mensch eine »Erkenntnis« hat, ist gerecht wegen gewisser Verhaltungsweise seiner Seele]; *vgl.* 40.

39. Vielleicht sollte ich außer meiner beruflichen Tätigkeit zunächst nur Überblicke und *Bibliographien* der relevanten anderen Gebiete betreiben?

40. Anderer Anfang: Ordnung machen im Raum der Ideen, das heißt: 1.) Einteilung in die *Kategorien* sinnlich, abstrakt *etc.*, {mathematisch und empirisch}, 2.) Aufsuchung der undefinierbaren und abgeleiteten, 3.) topologische und metrische Untersuchung des Raums der Ideen,* 4.) Konstruktionsbeziehungen.

* Gibt es insulare Punkte?

[Addendum II, 13v]
Maximen ca. 1941

Addendum III

Beschreibung
Festes, gelbliches Briefpapier, nicht aus einem Notizheft entnommen, Höhe 25,3 cm, Breite 20,4 cm, unliniert, nicht von Gödel paginiert, einmal in der Mitte quer gefaltet. Schreibwerkzeug: Bleistift. Die Briefpapierbögen wurden beidseitig beschrieben, auf einer Seite »Allgemeines« (im Folgenden »Addendum IIIa«), auf der anderen »Mathematik« (im Folgenden »Addendum IIIb«).

Für Seite 4 von Addendum IIIa, und dementsprechend für Addendum IIIb, wurde ein anderes Papierformat verwendet: Einzelne Seite, aus einem Ringbuch herausgerissen, runde Ringbuchlochung, Höhe 21,3 cm, Breite 17,0 cm, blaugrau liniert, rechts eine dünne rote Linie, die einen Rand markiert. An den Papierecken nach außen hin abgerundet. Das Blatt war einmal in Länge und Breite gefaltet, so als ob es in der Brusttasche oder einem Geldbeutel gesteckt hätte. Der kleinformatige Zettel ist am Ende der großformatigen Briefpapierbögen einzuordnen. Sowohl dieses lose Ringbuchblatt als auch die Briefpapierbögen wurden beidseitig beschrieben.

Gödel hat die Blätter in das Heft ›Zeiteinteilung (Max) II‹ gelegt. Die Paginierung und die Bezeichnung »Addendum III« stammen nicht von ihm. Ohne Datierung.

[Addendum IIIa, 1]

Allgemeines:
1. Um eine Tätigkeit rasch zu erledigen, kommt es nicht darauf an, dass sie rasch gemacht wird, sondern dass sie richtig gemacht wird (Ziel im Auge behalten).*

2. Ziel immer vorher in Worten formulieren (eventuell auch fernere Ziele) und vor allem nächste Ziele und Zeit, die darauf zu verwenden ist, weil sonst {unfehlbar im Unterbewusstsein die Ansicht entsteht, dass alles heute zu erledigen ist.}

3. Die Zeit, die zur Verfügung steht, ist im Verhältnis zu deiner Arbeitskraft ungleich geringer → {(daher umso wichtiger, richtig auszuwählen und nur ganz wenig vorzunehmen! → gilt auch für eine Vorlesung und auch für Ziel der Arbeitsstunde)} {← Jede Sa-

---

* Daher mehr Zeit auf Tätigkeit 2ter Stufe verwenden und hier ebenso *explicit* (formalistisch) vorgehen wie auf der ersten Stufe (Theoreme beweisen). [Das ist nicht, wie es scheint, eine Mehraufwendung von Zeit, sondern umgekehrt!!] [Anmerkung E.-M. E.: Vgl. Manuskriptseite 129, Maxime 1 in diesem Notizbuch.]

che erfordert ungleich viel Zeit zu ihrer Behandlung → *lege artis*, daher <u>überlegen, ob</u> sich einlassen}.

4. *Maximen* in die Brieftasche, oft nachschauen, öfter *Max*-Hefte lesen und über Zeiteinteilung nachdenken.

{spazieren gehen} {zu Bett gehen, unten abschüssig ↓} 5. Das Wichtigste im Leben ist es, ausgeschlafen zu sein und überhaupt ausgeruht (zur richtigen Zeit schlafen gehen) und Koitus (sie befriedigen).

6. Bei allem zuerst Überblick, bevor in die *Details* gegangen wird [und auch während der Arbeit nicht Übersicht verlieren über das Gemachte, das zu Machende und den Zweck].

{Ruhepause alle paar Minuten} → 7. Der erarbeitete Entschluss ist besser und wirksamer als der aufgezwungene,* (überhastete) {= kein Entschluss!}. Das heißt: Nichts ohne wirklichen Entschluss machen, auch nicht ausruhen!

* Das heißt, man muss von der Vernünftigkeit dessen, was man tut, überzeugt sein: insbesondere auch Formulierung im Vortrag.

8. Vielleicht ist das Wichtigste, um weiterzukommen: »sprechen lernen«. Das heißt: die Sprache lernen und mit Überlegung sprechen lernen.

→ 9. Geheimnis des Erfolgs: Bei jeder Sache sich so verhalten, als ob alles andere schon erledigt wäre und nur dies Eine noch zu machen ist (das ist Konzentration, begriffliche Leitung). Mittel dazu: Nur für kurze Zeit beschließen und denken: Was ist dabei, wenn falsch (*vgl*. Lektüre in der Straßenbahn!). Auf viele Tage aufteilen und <u>Zeit lassen</u>.**

** Das ist sogar bei ganz kleinen Dingen [Speisekarte, etwas suchen] so.

39 **Jede Sache erfordert ungleich viel Zeit:** Vgl. ›Max III‹, Manuskriptseite 8, Bemerkung Maxime.
4 **Maximen in die Brieftasche, oft nachschauen:** Vgl. ›Zeiteinteilung (Max) II‹, Manuskriptseite 140, Pkt. 2; sowie ›Max III‹, Manuskripseite 3, Maxime 2.
7 **unten abschüssig:** Das Bett soll nach unten hin abschüssig sein. Theodor Schreger rät in seinem Lexikonartikel zur Diätetik von 1833 dazu, auf ein passendes Bett zu achten.
7 **Das Wichtigste im Leben ist es, ausgeschlafen zu sein:** Vgl. ›Zeiteinteilung (Max) II‹, Manuskriptseite 86, Maxime 2.
9 **Koitus:** Vgl. auch ›Zeiteinteilung (Max) I und II‹, Manuskriptseiten 62, Maxime 1; 98, Bemerkung 4; 134, Maxime 1.
30 **Zeit lassen:** Vgl. ›Zeiteinteilung (Max) I‹, Manuskriptseite 78, Maxime 1.

7 ↓: Der Pfeil geht auf »Ruhepause alle paar Minuten«; siehe Punkt 7

{und überhaupt mit Erfolg} → 10. Arbeiten mit »äußerem Erfolg«, *Publikation etc.* sind sehr wichtig (ausschlaggebend) für Stimmung (ungeheuer wichtig).

[11. Vertreibung der schlechten Laune [des Zu-nichts-Lust-Habens]: An irgendeinen Erfolg (oder etwas Erlebtes, Schönes) aus der letzten Zeit anknüpfen oder »Ordnung machen«].

12. An der Zerstreuung muss man *affektiv* beteiligt sein (sonst keine Zerstreuung) und man muss sich dazu ebenso zwingen wie zur Arbeit.

13. Alles entweder ganz oder gar nicht tun {→ insbesondere beim Lesen: Jedes Wort lesen wie die Bibel (Zeit lassen)} (oder wenigstens einen Teil ganz oder gar nicht tun).

{insbesondere ist es ein sehr wesentlicher Teil der Arbeit!!! ←} 14. Zu einem Entschluss kommen ist genauso eine Arbeit wie jede andere. Daher auch: {rechtzeitig beginnen}, auf mehrere Tage verteilen, mit Unterlagen arbeiten, Ruhepausen.

→ 15. Bedingungen der vernünftigen Arbeit {und überhaupt des vernünftigen Tuns}: 1. entschlossen sein, es zu tun, 2. in Worten (Ziele); {3. mit Unterlagen und Literatur; {4. äußere Bedingungen → Zeit, Ort, Schreibtisch; 5. sich Zeit lassen;} 6. Selbstkontrolle während der Arbeit.

16. Sich nicht durch vorläufige Verpflichtungen und durch »Anstoß erregen« am Richtigen hindern lassen.

---

1 **Arbeiten mit »äußerem Erfolg«**: Vgl. ›Zeiteinteilung (Max) I‹, Manuskriptseiten 1, A, Pkt. 1; 73, Bemerkung 3.
5 **des Zu-nichts-Lust-Habens**: Vgl. für die zahlreichen Textstellen zu Lust und Unlust in ›Zeiteinteilung (Max) I und II‹ sowie in den dazugehörenden Addenda die Anmerkung zu ›Zeiteinteilung (Max) I‹, Manuskriptseite 24, Bemerkung 1.
9 **An der Zerstreuung muss man affektiv beteiligt sein:** Vgl. ›Zeiteinteilung (Max) II‹, Manuskriptseite 120, Bemerkung 1, sowie für die expliziten Nennungen des Begriffs ›Zerstreuung‹ in ›Zeiteinteilung (Max) I und II‹ die ausführliche Erläuterung (inklusive Fußnote) zur Liste auf der Umschlaginnenseite von ›Zeiteinteilung (Max) I‹.

[Addendum IIIa, 2]
{vgl. auch *Kuverts* und *Bemerkungen Psychologie* und *Theologie*, *Theologie-Hefte*, *ArbeitsHefte*, VorlesungsHefte}

[17. Alle Entschlüsse ausführen (sogar die halb gefassten).

18. Eine »verlorene« Stunde am Tag einführen.]

19. Das beste Ausruhen ist es, seine Pflichten zu tun (besonders in äußeren Angelegenheiten).

20. Im Verkehr mit Menschen:
1. Nicht mehr scheinen wollen, als man ist (den Anschein erwecken, dass man dumm, ungebildet, unerzogen *etc.* ist).
2. Müdigkeit und *Milkshake*.

[21. Um zufrieden zu sein, stellt man sich den Verlust von Gütern vor, die man hat (Gesundheit, Auskommen, Adele, wenig Arbeit).]

22. Ab und zu »*Inventur*« machen, ähnlicher Effekt wie bei einer Abreise.

23. Das Äußere spiegelt in allem das Innere (daher ordentlich schreiben und Ordnung halten).

24. Fundamentale Beziehung zwischen Mittel und Zweck: Um *A* zu erreichen, ist es das Richtige, über *A* und seine Erreichbarkeit nachzudenken.

25. Nicht auszuruhen oder nicht über *Theologie* zu arbeiten (sondern über Grundlagen), wenn ich es mir vorgenommen habe, ist ebenso eine Pflichtverletzung (ein Faulenzen) wie das Gegenteil.

[26. Die Gewohnheit, zuerst den unwahrscheinlichen Weg einzuschlagen, ist abzugewöhnen.]

---

3 **Hefte**: Vgl. zu den Kuverts und den verschiedenen Arbeitsheften ›Zeiteinteilung (Max) II‹, Manuskriptseiten 84, Programm; 152, Bemerkung 1; 154, Bemerkung 1, sowie Addendum II 5, Pkt. 15.
15 **Milkshake**: Vgl. ›Zeiteinteilung (Max) II‹, Manuskriptseite 123.

27. Entschlüsse sind zu fassen: 1. nach der Bewertungsmethode, 2. nach den Zwecken und der Ordnung der Zwecke nach Wichtigkeit.

ad 8 28. Sprache lernen: 1.) *Definition* von ›richtig‹ (ähnlich wie Logistik), 2.) Theorie der Bezeichnung des Abstrakten durch Konkretes und die »Wortbildung«.

[29. Sehr oft erreicht man etwas dadurch, dass man auf etwas anderes oder sogar auf das Gegenteil losgeht. *Theologie.*]

ad 3 30. Lieber wenig mit Muße als viel mit Hast (Heilmittel gegen Hast: vorherige Entschlüsse und Pflichten tun, in äußeren Dingen) und rechtzeitig mit allem beginnen. Nicht zu viel vornehmen (Bescheidenheit in den Zielen).

31. Zeitweilige Unterbrechung ist für jede Tätigkeit gut.

32. Die Lust ist ein Kriterium der Vernünftigkeit {vielleicht aber auch die Unlust? = Buße tun} (nichts erzwingen) [nachdem man seine Pflicht getan hat].

ad 31 33. Arbeit alle 2 Stunden (mindestens!) für 10 Minuten unterbrechen! Und aufhören wie nach Programm vorgesehen!

34. Programm im Voraus so machen, dass man es »verantworten« kann.

35. Die Vorstellung, dass man mit jemandem spricht (dass einen jemand etwas fragt, insbesondere auch über ein Buch, das man liest), ist sehr fruchtbar.

---

4 **Sprache:** Vgl. Addendum IV, 1, III B.
11 **wenig mit Muße als viel mit Hast:** Vgl. ›Zeiteinteilung (Max) I und II‹, Manuskriptseiten 11, Maxime 1; 24, Bemerkung 2, Pkt. 1; 25, Maxime 2; 153, Bemerkung 1; Addenda IIIb, 2v, B16; IV, 1, V.
13 **Bescheidenheit in den Zielen:** Vgl. zur Frage der Bescheidenheit im Allgemeinen ›Zeiteinteilung (Max) I und II‹, Manuskriptseiten 70, Maxime 1; 155, Maxime 3; Addenda IIIa, 3, Pkt. 46; IV, 1, II; sowie ›Max III‹, Manuskriptseiten 17, Maxime; 78, oben; und 151, Pkt. 7.
18 **Lust ist ein Kriterium der Vernünftigkeit:** Vgl. ›Zeiteinteilung (Max) I‹, Manuskriptseite 47, Maxime 2, sowie die zahlreichen Textstellen zu Lust und Unlust in ›Zeiteinteilung (Max) I und II‹ sowie in den dazugehörenden Addenda die Anmerkung zu ›Zeiteinteilung (Max) I‹, Manuskriptseite 24, Bemerkung 1.

4 **Sprache:** Andere Lesart: Sprechen
28: ›einem‹ von der Editorin verbessert in ›einen‹

[Addendum IIIa, 3]
Allgemeines

36. Nicht zu früh aufgeben, auch wenn ein Fehler gemacht wurde.

ad 9. 37. Erleichterung der Entschlüsse: Aufspaltung in ihre Teile (z. B.: heute Brief im Unreinen, morgen im Reinen, dann aufgeben). Überhaupt jede {unangenehme} Tätigkeit in Teile aufspalten.

38. Durch Erfolg steigt die Arbeitslust ungeheuer (Aufgaben lösen).

ad 7. Auch wichtig, von der Richtigkeit des bisher Gemachten überzeugt zu sein.
(Leichtigkeit von Lösungen von Aufgaben, die eine Lösung sicher haben, gehört hierher.)

ad 9. Divide et impera: Aufteilen und auf jedes Einzelne konzentriert losgehen. Insbesondere aufteilen auf viele Tage (sogar Sachen, die du gerne tust!) und so auch bei Lektüre einer Arbeit.

39. Der Erfolg hängt nicht von dir ab, sondern nur das Bemühen hängt von dir ab [Überspannung des Verantwortlichkeitsgefühls und das Heftig-den-Erfolg-Wollen].

ad 1. 40. Das, was scheinbar eine Verlangsamung der Arbeit ist (sich Zeit lassen, Ruhepausen, in höheren Typen denken, wenig vornehmen, genau aufschreiben, genau das Frühere machen, bevor man weitergeht), ist in Wirklichkeit eine Verschnellung.

---

7 **heute Brief im Unreinen, morgen im Reinen, dann aufgeben:** Vgl. Manuskriptseite 65, Bemerkung 4 in diesem Band.
11 **Arbeitslust:** Vgl. für die zahlreichen Textstellen zu Lust und Unlust in ›Zeiteinteilung (Max) I und II‹ sowie in den dazugehörenden Addenda die Anmerkung zu ›Zeiteinteilung (Max) I‹, Manuskriptseite 24, Bemerkung 1.
28 **wenig vornehmen:** Vgl. ›Zeiteinteilung (Max) I‹, Manuskriptseite 4, sowie Addendum IIIa, 1, Pkt. 3; Addendum IV, 1, II A; Addendum VII, 2, ad 2 A.
30 **Verschnellung:** Vgl. ›Zeiteinteilung (Max) I‹, Manuskriptseite 73, Bemerkung 2.

41. Um sich zu etwas Unangenehmem zu zwingen, ist das schöne Ziel {zum Beispiel freie Zeit am Nachmittag} (oder das hässliche, was zu verhindern ist) vors Auge zu halten.

42. Jeden Tag etwas tun, ist ungeheuer viel.

43. Fruchtbare Einteilung der Tätigkeiten ist die in solche mit und ohne Hemmungen (für die Zeiteinteilung).

44. Um ein Ziel zu erreichen, muss man die Arbeitsrichtung bisweilen ändern (d. h. die Methode oder allgemein die Verhaltungsweise)* [vgl. Steinitzscher Satz über bedingt konvergente Reihen], unter anderem auch Erschwerung der Bedingungen (langsam).

* Auch Abwechslung im Lernen der Wissenschaften und zwischen Theorie und Praxis.

45. Um das Einfache gut zu können, muss man das Komplizierte versucht haben (Umkehrung der »Bescheidenheit«).

46. Bescheidenheit: Wenn das Richtige unmöglich ist (d. h. Schwäche), sich mit einer Annäherung begnügen|.

47. Jeden Entschluss entweder ausführen oder *explizit* aufgeben (sonst steht man unter seiner »Herrschaft« und kann nichts anderes tun). Um sie auszuführen, ist es wichtig, *exakt* zu beschließen (für alle eventuellen Fälle) und sich klar zu machen, dass das besser ist als alles andere.

[Addendum IIIa, 4]
Allgemeines
48. Mich benehmen lernen (durch abstrakte Axiome).

---

5 **Jeden Tag etwas tun, ist ungeheuer viel.**: Vgl. Addendum VII, 2v, Pkt. 2 E, und Addendum IV, 1, II C.
12 **Satz über bedingt konvergente Reihen**: »Der Summenbereich einer bedingt konvergenten Reihe ist stets eine lineare Mannigfaltigkeit.« Siehe Ernst Steinitz, »Bedingt konvergente Reihen und konvexe Systeme«, S. 129.
16 **»Bescheidenheit«**: Vgl. folgenden Punkt.
18 **Bescheidenheit**: Vgl. zur Frage der Bescheidenheit im Allgemeinen ›Zeiteinteilung (Max) I und II‹, Manuskriptseiten 70, Maxime 1; 155, Maxime 3; Addenda IIIa, 2, Pkt. 30; IV, 1, II; sowie ›Max III‹, Manuskriptseite 17, Maxime; 78, oben; und 151, Pkt. 7.
27 **[Addendum IIIa, 4]**: Für diese Seite wird ein anderes Papierformat als bei den anderen Blättern von Addendum IIIa verwendet. Beschreibung oben vor Addendum IIIa.

12: ›Steiner‹ von der Editorin verbessert in ›Steinitz‹
19: ›)‹ von der Editorin gelöscht
23 **sie**: Gemeint sind die Entschlüsse

49. *Topologie* {oder Metrik} eines Gebiets gibt das Prinzip der richtigen Einteilung.

50. Nicht zum Komplizierteren (auf dem Früheren beruhend) gehen, bevor dies Frühere vollkommen erledigt ist.

[51. Die beste Erholung ist es, seine Pflicht zu tun.]

52. Der beste Anfang, | etwas zu lernen, ist ein Überblick über das schon Gewusste.

[53. Wenn das {nächste} Ziel nicht in Worten formuliert wird, entsteht im Unbewussten der Glaube, dass alles heute erledigt werden muss.]

54. Sich vor »Unterschätzen« hüten (davor, Dinge in ihrer Bedeutung, Kompliziertheit, Erstaunlichkeit zu unterschätzen).

55. Müdigkeit soll nicht die | Qualität, sondern die Quantität der Arbeit verschlechtern.

56. Wecker auch zum Schlafengehen einstellen.

→ 57. Nur das beschließen, wovon vollkommen klar ist, dass man es tun soll. Das aber auch wirklich tun. (Er tue, was er kann.)

→ 58. Mit der Durchführung des Programms (d. h. Durchführung der *Maximen*, zu denen du dich entschlossen hast) erst im Groben beginnen, dann immer feiner werden. Der erste Schritt ist, gewisse Zeit für gewisse Tätigkeiten zu reservieren, wobei die Einteilung der Tätigkeiten »richtig« zu sein hat.

59. Nachdenken über die Ursache der Hast. *Max Heft* 3, p. 122

{→ Bedeutung: Noch nicht im *Max*-Heft}

---

12 entsteht im Unbewussten der Glaube, dass alles heute erledigt werden muss.: Vgl. Punkt 2 von Addendum IIIa.
33 **Max Heft 3, p. 122**: Vgl. ›Max III‹, Manuskriptseite 122, Bemerkung: Ursache der Hast: 1.) Gefahr; 2.) unerfüllte Pflicht; 3.) zu viel vornehmen; 4.) nicht wissen, was das Richtige zu tun ist.

9: | d
19: | Quantität, sondern die Qua
24: ›was‹ von der Editorin verbessert in ›wovon‹
35 **Bedeutung**: Andere Lesart: bedeutet

[Addendum IIIb, 1v]
Mathematik

? 1. Nicht mit geschlossenen Augen einen neuen Beweis zu finden suchen, sondern mehr ans ursprüngliche Konzept halten.

? 2. Über das Absolute sollst du nicht nachdenken (das ist der Sinn der Auflösung der *Antinomie* durch die Typentheorie), das ist Philosophie und nicht Mathematik.

B. 3.' 1 An die Arbeit gehen nicht mit dem Vorsatz, das und jenes Große zu erreichen, sondern mit dem Versuch (welcher vielleicht Erfolg hat), dies oder jenes Bescheidene zu erreichen (insbesondere auch bei Vorlesungsvorbereitung).

B. 3.' 2 Jede Entscheidung, wie eine Arbeit zu schreiben ist, bedeutet einen Verzicht. Es ist nicht möglich, so vorzugehen, dass alles Mögliche darin enthalten ist. Besser schlecht als gar nicht (zuerst immer schlecht). Man mache irgendetwas, wenn man nicht das Richtige weiß. Die Erstgeburt ist schlecht, aber nicht überflüssig.

{überhaupt konkrete Teilfragen (in jeder Sache)} ← 4. Beispiele sind besser als allgemeine Betrachtungen (auch präzise die Durchführung einer Idee zu finden).

5. Bei Schwanken zwischen mehreren Möglichkeiten ist oft beides möglich und nützlich (*probieren*!, wenn auch nur zur Übung).

{insbesondere auch den Zweck einer Arbeit} ← 6. Alles in Worten formulieren und nett aufschreiben (ohne Schmierzettel), insbesondere auch Heft nicht von 2 Seiten anfangen, und für jedes Gebiet {und *Mathematik*} ein Heft mit Programm am Anfang.

---

6 **Über das Absolute sollst du nicht nachdenken (das ist der Sinn der Auflösung der Antinomie durch die Typentheorie)**: Vgl. ›Zeiteinteilung (Max) II‹, Manuskriptseite 86, Maxime 1, Pkt. 1.

12 **jenes Bescheidene**: Vgl. zur Frage der Bescheidenheit in der Mathematik und ihrer Lehre: ›Zeiteinteilung (Max) I und II‹, Manuskriptseiten 53, Bemerkung 2; 67, Bemerkung 2; 70, Pkt. 6; 88, Bemerkung 2; 89, Bemerkung 1 und 2; 124, Maxime 2; Addenda II, 11, Pkt. 30; IIIb, 2v, Pkt. B16.

17 **Besser schlecht als gar nicht (zuerst immer schlecht)**: Vgl. Addendum IIIb, 2v, Pkt. B16.

19 **Die Erstgeburt ist schlecht, aber nicht überflüssig**: Vgl. Manuskriptseite 89, Maxime 1.

[7. Bei Vorlesungen: Man kann nicht alles *explizit* sagen, sondern so viel, dass an der Hand dessen ein Verständnis möglich ist.]

→ 8. Zweck des Lesens von Arbeiten ist nicht nur das Verstehen, sondern auch das Behalten (Wissen), nur dadurch ist ein »Überblick« über die Beweise zu erreichen, das heißt, die Beherrschung des Stoffes, welche zum Beispiel für eine gute Vorlesung nötig ist.

9. Sich nicht sklavisch ans unmittelbare Ziel halten, sondern Spielraum von Möglichkeiten erlauben. (Das gegebene Problem nicht zu sklavisch festhalten, ebenso die Begriffe, das Richtige liegt in der Mitte.)

10. Sehr fruchtbar (insbesondere bei Lektüre) ist die Exaktheit, dabei ist das Wesentliche, dass die singulären Fehler klar sind.

→ 3.' 3 Auf das Einführen von neuen Begriffen und Sprachen größere Sorgfalt verwenden (und möglichst sparsam damit umgehen, weil es eine große Sache ist, ein neues Wort einzuführen).

11. Um weiter|kommen zu können, klaren Vortrag über die bisherigen Ergebnisse vorbereiten oder eine Vorlesung.

{*Beweis* geht der Theorie voraus in jeder Hinsicht ↓} {mit einer Sache arbeiten ist ein Ersatz und jedenfalls Vorstufe der Formalisierung ↓}

→ 12. Übung: im Lösen von Aufgaben und *Logistik*-Lektüre und überhaupt leichte Übungsaufgaben.*

13. Zuerst den Beweis im Ganzen durchführen, bevor eine Trivialität bewiesen wird. (Trivialität bloß formulieren, so dass der Be-

---

* Das stärkt zugleich die Lust an der Arbeit ungeheuer.

---

4 **Zweck des Lesens von Arbeiten ist nicht nur das Verstehen, sondern auch das Behalten (Wissen):** Vgl. ›Zeiteinteilung (Max) II‹, Manuskriptseiten 115, Maxime 2; 139, Bemerkung 3; Addendum IIIb, 3v, Pkt. 31.

14 **Sehr fruchtbar (insbesondere bei Lektüre) ist die Exaktheit, dabei ist das Wesentliche, dass die singulären Fehlerklar sind:** Vgl. ›Zeiteinteilung (Max) II‹, Manuskriptseite 123, Maxime 2, und Addendum IIIb, 2v, Pkt. 19.

29 **leichte Übungsaufgaben:** Vgl. Anmerkung zu Manuskriptseite 86 zu mathematischen Aufgabensammlungen in Gödels Privatbibliothek.

7: ›sind‹ von der Editorin verbessert in ›ist‹
21: ›zu‹ von der Editorin gelöscht
24 ↓: Zwei Pfeile verweisen auf Punkt 12 und auf die nachfolgende Ergänzung
26 ↓: Der Pfeil verweist auf Punkt 13

weis überzeugend ist.) Zunächst überzeugenden Beweis durchführen, bevor der elegante Beweis durchgeführt wird.

14. Ob etwas mit einer gewissen Idee allein geht, ist (*per definitionem*) immer leicht feststellbar (nicht verworren).

[15. Bei Lektüre auch manchmal nachdenken, was der *heuristische* Gesichtspunkt gewesen sein kann. Nicht mehrere Bücher über solche Gebiete zugleich lesen! Und Beispielsammlungen.]

[Addendum IIIb, 2v]
B 16. Bescheidenheit ist ungeheuer fruchtbar. → {*deduktives* System = Verzicht alles zu definieren und alles zu beweisen, »jedenfalls gilt«.} [Hin- und Herwenden und Beweisen von Trivialitäten, bis man sie vollkommen versteht] {solange es Vergnügen macht} → {das ist auch das Einzige, was »Vergnügen« macht.} {Zeit lassen und Muße.}.

→ {Wenn man sieht, wie man einen Teil des Ziels erreichen kann, so kann man aufhören »nachzudenken« und das ausführen und sich daran freuen, wenn ++} → {Besser schlecht als gar nicht. (Das Erste ist immer schlecht.)} → {Sich mit leichten *Problemen* begnügen und diese ganz ausführen. Die vollkommene Erledigung dieser leichten Probleme ergibt von selbst die schwierigen *Probleme*.}

17. Keine schlechten Arbeiten lesen.

4: ›D‹ von der Editorin verbessert in ›d‹

12 **B 16.:** Vor Punkt B 16 steht auf Seite Addendum IIIb, 2v, das Unterkapitel »Mathematische Methode«, welches 11 Punkte umfasst. In der vorliegenden Edition ist es nach Addendum IIIb, 4v, abgedruckt, um die Abfolge der Punkte 1–45 des Abschnitts »Mathematik« nicht zu unterbrechen. Dadurch kommt ›Addendum IIIb, 2v‹ allerdings an zwei Stellen vor! Beim zweiten Mal wird ›Addendum IIIb, 2v‹ geschrieben

12 **Bescheidenheit ist ungeheuer fruchtbar:** Vgl. zur Frage der Bescheidenheit in der Mathematik und ihrer Lehre: ›Zeiteinteilung (Max) I und II‹, Manuskriptseiten 53, Bemerkung 2; 67, Bemerkung 2; 70, Pkt. 6; 88, Bemerkung 2; 89, Bemerkung 1 und 2; 124, Maxime 2; Addenda II, 11, Pkt. 30; IIIb, 1v, Pkt. 3.' 1.

13 **jedenfalls gilt:** Vgl. ›Zeiteinteilung (Max) I‹, Manuskriptseite 70, Pkt. 6 und 9; Addendum IIIb, 2v, Pkt. 22; ›Max III‹, Manuskriptseite 18.

16 **Zeit lassen und Muße:** Vgl. ›Zeiteinteilung (Max) I und II‹, Manuskriptseiten 11, Maxime 1; 24, Bemerkung 2, Pkt. 1; 25, Maxime 2; 153, Bemerkung 1; Addenda IIIa, 2, Pkt. 30; IV, 1, V; sowie ›Max III‹, Manuskriptseite 22, Bemerkung 1.

20 **Besser schlecht als gar nicht. (Das Erste ist immer schlecht.):** Vgl. Addendum IIIb, 1v, B 3.' 2.

26 **Keine schlechten Arbeiten lesen:** Vgl. ›Zeiteinteilung (Max) I‹, Manuskriptseite 61, Maxime 4.

18. Nicht verbohren und *negative* Resultate anerkennen → {auch zeitlich nicht verbohren, sondern zur richtigen Zeit aufhören (das ist dasselbe). Der Denkzwang besteht bis zum nächsten Erfolg.} Was nicht leicht geht, geht gar nicht. → {Aber dafür geht dann etwas anderes.} Von vornherein sowohl p als $\sim p$ für möglich halten und abwechselnd darüber nachdenken. → {Auch das Falschliegen von Ideen eintragen. Vor dem Einschlagen eines Weges schriftliches Verzeichnis der Möglichkeiten anlegen.}

19. Exaktheit ist sehr fruchtbar.

20. Mathematische Vorlesung: {= Ideen} Entweder schön oder exakt. Das eine kann das andere teilweise ersetzen, man darf den Schüler nicht hetzen, Einordnen der Beispiele in ein {(Sehen der Dinge durch Gott)} abstraktes Schema und Vollständigkeit.

21. Kriterium, dass man auf dem rechten Weg ist: Auch die Widerlegungen werden nicht trivial (aber man kommt weiter und bekommt ein Gefühl des »Zeigens« der Methode oder der »Tiefe«).

22. Nebenbemerkungen und schon Bekanntes sind sehr wichtig bei Lektüre (und auch beim Vorlesung-Halten) (Atempause, »jedenfalls gilt«).

[Addendum IIIb, 3v]
Mathematik

23. Das, was für die praktische Anwendung (Berechnung von Beispielen *etc.*) am besten ist, ist auch *theoretisch* das Beste (*vgl. Max Heft* 3, *p.* 23). Das Praktische ist ein Wegweiser fürs *Theoretische*.

---

1 **Nicht verbohren:** Vgl. Zeiteinteilung (Max) I‹, Manuskriptseiten, 52, Bemerkung, Pkt. 0; 69, Maxime, Pkt. 2; Addendum VIII, 1v, Pkt. 7; ›Max III‹, Manuskriptseite 32–32.1, Maxime 3.
10 **Exaktheit ist sehr fruchtbar:** Vgl. Addendum IIIb, 1v, Pkt. 10.
12 **schön oder exakt:** Vgl. ›Zeiteinteilung (Max) I‹, Manuskriptseite 78, Bemerkung 3.
13 **man darf den Schüler nicht hetzen:** Vgl. ›Max III‹, Manuskriptseite 7, Bemerkung Maxime 1.
22 **»jedenfalls gilt«:** Vgl. ›Zeiteinteilung (Max) I‹, Manuskriptseite 70, Pkt. 6 und 9; Addendum IIIb, 2v, Pkt. B16; ›Max III‹, Manuskriptseite 18.
30 **p. 23:** Die entsprechende Bemerkung dort lautet: »Was aus praktischen Gründen das Richtige ist, ist auch aus theoretischen Gründen so.«

12 20: Die Punkte 20 bis 22 stehen im Manuskript in der Mitte der Seite Addendum IIIb, 2v, unter »Mathematische Methode«, Punkt 10

24. Um einen Beweis zu durchblicken und zu vereinfachen, ist es gut, einzelne Fragen (die vielleicht ganz unwichtig erscheinen) hinsichtlich dieser Dinge präzise mit genauem Beweis zu beantworten (und den Beweis genau durchzuführen). Ferner nach dem Verzeichnis der Tätigkeiten sich überlegen, welche Tätigkeit soll ich anwenden.

Nach *Descartes*: Den Beweis mehrmals durchlaufen, bis es möglich ist, ihn von Anfang zu Ende in einem Zug zu überblicken.

Die verschiedenen Tätigkeiten des Mathematikers abwechselnd anwenden! Und zwar so, dass jeweils die auf das Ziel »hinweisenden« angewendet werden.

Ist vielleicht die *Mathematik* so beschaffen, dass, wenn man nur irgendetwas vernünftig hinreichend lang tut {gleichgültig, in welche Richtung}, man schließlich alles übersieht?* [Aber der Weg ist verschieden lang von verschiedenen Stellen aus.]

* Vielleicht allgemein im Leben: Es genügt, irgendetwas hinreichend lang vernünftig zu tun.

{→ 25. Verzeichnis der Tätigkeiten nachschauen!}

26. Man kann alles »falsch« und »richtig« machen, aber das Falsche spiegelt die wesentlichen Eigenschaften des Richtigen wider (aber praktisch undurchführbar). {Das Falsche ist eine *Approximation* ans Richtige, der Existenzbeweis an die Konstruktion.}

27. Eine Beweisidee besteht oft in einem »Beweisplan« (insbesondere, wo die Konstruktionen einzusetzen haben), und es ist oft möglich, einen Beweisplan durch seine abstrakte Betrachtung (ähnlich wie Richter Ankläger spielen) zu widerlegen.

28. *Axiom*: Es gibt keine irreduzibel komplizierten Beweise (d. h. alles kann formalisiert und *intersubjektiviert* werden).

---

7 **Den Beweis mehrmals durchlaufen, bis es möglich ist, ihn von Anfang zu Ende in einem Zug zu überblicken:** In der Übersetzung von Descartes' ›Regulae ad directionem ingenii‹ durch Artur Buchenau heißt es im Inhaltsverzeichnis der 2. Aufl. von 1920: »R. VII. Durchlaufen des einzelnen in kontinuierlicher Denkbewegung«. Im Text zu Regel VII auf S. 31 dann: »Deshalb will ich jene Größen einige Male durch eine Art kontinuierlicher Bewegung der Einbildungskraft [...] durcheilen, bis ich es gelernt habe, [...] das Ganze mit einem Blicke zu überschauen.« Vgl. auch Addendum IIIb, 4v, Pkt. 45.

29. Wichtig für *Methode* & *Psychologie* der Mathematik: Unterscheide in: vollkommen klar, einigermaßen klar, plausibel (und *aesthetische* Gründe).

30. Vor jedem Beweis fragen, ob alles Einfache schon entschieden ist.

→ 31. Auch in der Mathematik ist das »Wissen« von Wichtigkeit und vor allem die Übung. Überhaupt, die Mathematik mehr wie eine »historische« Wissenschaft behandeln.

32. Um B zu erreichen, will ich A_1 und A_2 erreichen. Das heißt: $A_1 A_2 \to B$) beweisen, aber zunächst entscheiden, ob nicht eines von beiden leicht widerlegbar ist. (Aussicht auf Durchführbarkeit einer Idee überlegen.)

33. Wenn nicht klar ist, wie eine Idee durchzuführen (zu formalisieren) ist, so an einfachem Beispiel durchführen [insbesondere bei *Induktion*].

Eintrag: *Axiom*: Jeder baut sich vollkommen und in allen Einzelheiten sein Schicksal (sogar die Zeit, in der er lebt).
Psychologie-Heft: | vgl. Max I, p. 16 unten.
Formalisierung der Philosophie: Eintrag *Programm*-Heft, ebenso Aufmerksamkeit auf etwas richten, worauf sie noch nie gerichtet wurde (Aufheben der Blindheit); ebenso p. 75 unten, Bibel auswendig lernen, *Kategorisierung* der Geschichtswissenschaften.

[Addendum IIIb, 4v]
Mathematik
34. Hauptfehler bei der Arbeit: einerseits bin ich nie entschlossen zu einer Idee, andererseits ist sie verworren.

35. Nicht zu viel schreiben (auch am Sofa nachdenken).

---

1 **Psychologie der Mathematik**: Vgl. Addendum IIIb, av', Pkt. 11.
8 **Wissen**: Vgl. ›Zeiteinteilung (Max) II‹, Manuskriptseiten 115, Maxime 2; 139, Bemerkung 3; Addendum IIIb, 1v, Pkt. 8.
23 **Psychologie-Heft**: Ein solches Heft ist bisher nicht auffindbar.
24 **Programm-Heft**: Ein solches Heft ist bisher nicht auffindbar.

23: | p
27 **Kategorisierung**: Andere Lesart: Katalogisierung
30 **Mathematik**: Ab hier anderes Papierformat als bei den anderen Blättern von Addendum IIIa und b. Beschreibung oben vor Addendum IIIa

→ 36. 2 Tätigkeiten der Forschungsarbeit: 1. Neues erreichen, 2. Altes präzisieren (und publizieren).

37. Das Problem der Mathematik besteht einzig und allein im Konstruieren von *Existenz*aussagen.
vgl. ArbeitsHeft 6, *vgl. Max Heft* 3, *p*. 83 oben.

38. Grundlegender Fehler: Ich tue *A*, obwohl ich zu *B* entschlossen bin.

39. Mittel gegen Hast: Dasselbe nochmals tun und genau zu verstehen suchen.

40. Wenn man mit irgendeiner Sache nicht weiterkommt, stehen lassen (d. h. nachdenken, was man zuerst anders machen soll oder wie man es anders anpacken soll; auch während der Arbeit).

→ 41. Es gibt 2 Arten von Arbeit: |1.) solche, die etwas enthalten, entweder ein neues Resultat oder etwas neu Gelerntes, 2.) solche, die alte Resultate wieder neu, {besser, exakter machen}. Wenn man die Arbeit der 2ten Art beginnt, besteht die Gefahr, dass man nicht weiterkommt (stehen bleibt). Man soll immer auch etwas von 2ter Art arbeiten.

→ 42. 2 verschiedene Arten von Arbeit: *A*.) was man kann, *B*.) was man nicht kann (möglicherweise).

43. Das »Nachsinnen« und Phantasieren und Philosophieren hat viel mehr Sinn, nachdem man ein Resultat durch Schreiben erreicht hat, statt bevor [um sich daran zu freuen und damit vertraut zu machen].

44. Tun, was man kann.

{*Descartes*, um zu lernen} 45. Mehrmals Durchlauf des Beweises im kontinuierlichen Zusammenhang, ebenso kontinuierlich Überblick eines ganzen Systems einfacher Wahrheiten.

18 → 41.: Akkolade links, von 41. bis einschließlich 42
18: | (
28: ›Durch‹ von der Editorin verbessert in ›Das‹

6 **Max Heft 3, p. 83 oben**: $(\exists F)(x)\,\alpha(x\,F(x))\ \ (x)(\exists y)\,\alpha(xy)$.
35 **Mehrmals Durchlauf des Beweises**: Vgl. Erläuterung zu Addendum IIIb, 3v, Pkt. 24, zu Descartes' Regel VII.

[Addendum IIIb, 2v']
_Math_ematische Methode vgl. Max Heft 3, p. 30 unten.

1. Den Satz spezialisieren, für den Spezialfall beweisen, schauen, was am Beweis das Wesentliche ist.

2. Zuerst alle einfacheren Fragen lösen (und vollkommen übersehen).

3. Klarmachen der Begriffe (exakte _Definition_, anschauliche _Definition_, Beispiele für Begriffe und ihr Gegenteil, einfachste Verhältnisse zu anderen Begriffen und sich selbst, möglichst einfache und elegante _Definition_ und Formulierung des _Theorems_ [hin- und herwenden]).

4. _Approximation_ durch schwächere _Theoreme_

5. _Analogie_

6. _Geometrisierung_

7. indirekt (Widerlegung)

8. _Fallunterscheidung_ (übergehen zu Beispiel und schauen, was an diesem wesentlich ist)

9. Unterschied zwischen Werkzeug (objektiv triviale Umformung) und mathematischem Gehalt (Konstruktion) [Logik und Mathematik]
{Hahns Bücher}

---

1 [**Addendum IIIb, 2v'**]: Die oberen zwei Drittel der Seite enthalten das Unterkapitel »Mathematische Methode« mit den Punkten 1 bis 10. Das untere Drittel derselben Seite enthält die Punkte 16 bis 22 zu »Mathematik« (siehe oben) bei Addendum IIIb, 2v.
2 **p. 30 unten:** Vgl. dort »Bemerkung Mathematik: Wichtige Tätigkeiten des Mathematikers (Fortsetzung)«.
30 **Hahns Bücher:** In Frage kommen u. a. ›Theorie der reellen Funktionen‹, Berlin (Springer) 1921; ›Reelle Funktionen‹, Leipzig (Akademische Verlagsgesellschaft) 1932; ›Logik, Mathematik und Naturerkennen‹, Wien (Gerold) 1933. Vgl auch ›Max III‹, Manuskriptseite 7, Bemerkung Grundlagen.

10. Entscheidung der Frage »Welche *Definition* ist die bessere (die richtige)?«, ebenso für Beweise, gibt oft von selbst die Verallgemeinerung.

* Auch Mathematik *Psychologie* »endlich« verbessern.

{→ 11. *Metaphysik* und *Psychologie*,* {und *Ethik*} der Mathematik (nach meinen Anmerkungen und durch praktische Untersuchung der Auffindung von Beweisen).
Andererseits vermeiden, sich bei einer mathematischen Arbeit in *Philosophie* etc. zu verlieren!}

---

5 **Psychologie:** Vgl. zu Mathematik Psychologie Addendum IIIb, 3v, Pkt. 29.
5 **Ethik:** Vgl. ›Max III‹, Manuskriptseite 32, Maxime für Forschung.

Addendum IV

Beschreibung
Neue Seite, festes, gelbliches Briefpapier, nicht aus einem Notizheft entnommen, einseitig beschrieben, Höhe 25,3 cm, Breite 20,4 cm, unliniert, nicht paginiert, einmal in der Mitte quer gefaltet. Schreibwerkzeug: Bleistift.

Die Seite ist mit unsortierten Maximen kreuz und quer beschrieben. Aus der Nummerierung geht hervor, dass ein dazugehöriges Blatt fehlt.

Die ersten sechs Zeilen sind mathematischen Überlegungen gewidmet und durchgestrichen. Sie sind offensichtlich nicht der Grund, warum Gödel dieses Blatt in das Heft ›Zeiteinteilung (Max) II‹ eingelegt hat, und daher nicht transkribiert.

Gödel hat das Blatt in das Heft ›Zeiteinteilung (Max) II‹ gelegt. Weder die Paginierung noch die Bezeichnung »Addendum IV« stammen von ihm. Ohne Datierung.

[Addendum IV, 1]
I. Nicht blindlings in die Sache stürzen (sondern vorher Entschluss fassen) → {nur das beschließen, was klarerweise richtig ist → das heißt, man tue, was man kann. <u>Wie will man die Durchführung dieser *Maxime* garantieren</u> (dass immer etwas beschlossen wird)?} Entschluss ist ein Teil der Arbeit.

|
|
|

B. Zu einem {genau} formulierten Entschluss kommen {insbesondere hinsichtlich der zu verwendenden Zeit} mit dem Bewusstsein, dass das wegen der geringen Zeit viel bedeutet. {→ Das heißt, sich überzeugen, dass das, was man tut, besser ist als alles andere {→ auch bei Ausruhen}, Zeiteinteilung].
| D. Überblick schaffen, bevor in die *Details* gegangen wird | (Plan) {→ und Überblick über das bisher Gewusste}.
  E. Bevor man etwas macht, darüber nachdenken, was das bedeutet (Tätigkeit 2ter Stufe) [nicht blindlings in die Arbeit stürzen].

19 **Nicht blindlings in die Sache stürzen**: Vgl. unten Unterpunkt E, und Addendum XII, I.
36 **nicht blindlings in die Arbeit stürzen**: Vgl. oben I., sowie Addendum XII, I.

24: | I. Zeit lassen
25: | I. Tätigkeit 2ter Stufe berücksichtigen
26: | A. Im Allgemeinen
33: | C
33: | und Überblick nicht verlieren

F. Dazu gehört auch die Wahl der *Definitionen* und des Beweises. Jede Woche (oder alle 3 Tage) Zeiteinteilung überlegen und ein für allemal überlegen, was an Versäumnis »nachzuholen« ist.

II. Bescheidenheit
A. Immer nur ganz wenig vornehmen.
B. Nichts gering einschätzen.
C. Jeden Tag wirklich etwas tun, ist ungeheuer viel.
D. Mit Leichtem beginnen und stehen lassen, wenn zu schwer, und sich über Teilerfolge freuen.* Es zuerst schlecht machen.
E. Sich auch über Annäherung | freuen** (ans Richtige).
→ D.' Andererseits, um das Einfache zu kennen, das Komplizierte → {wenn auch schlecht} versuchen (Erschwerung der Bedingungen).

* Das heißt, die Aufmerksamkeit auf das Gute daran richten und vom Schlechten wegrichten.
** Das heißt, die Aufmerksamkeit auf das Gute daran richten und vom Schlechten wegrichten.

III. *explicite* Formulierung von allem:
A. der Ziele (unter welchen Umständen zu erreichen);
B. Sprache lernen (Grammatik);
C. sich vorstellen, dass man mit jemandem spricht oder einen Vortrag hält;
D. hinsichtlich des Benehmens in Gesellschaft;
E. Überlegungen 2ter Stufe;
F. konkrete Teilfragen.

IV. *Hygiene*
{schöne Ziele im Auge behalten (das Fertigwerden)} Ruhepausen, Schlaf, Erfolge und schöne Sachen, Abwechseln der Tätigkeiten → {Änderung der Arbeitsrichtung / Erschwerung der Bedingungen}, seine Pflicht tun → {Programm so, dass man es verantworten kann}, äußere Erfolge, Ordnung machen {und Post *etc.* erledigen}

---

5 **Bescheidenheit**: Vgl. zur Frage der Bescheidenheit im Allgemeinen ›Zeiteinteilung (Max) I und II‹, Manuskriptseiten 70, Maxime 1; 155, Maxime 3; Addenda IIIa, 2, Pkt. 30; IIIa, 3, Pkt. 46; sowie ›Max III‹, Manuskriptseiten 17, Maxime; 78, oben; und 151, Pkt. 7.
6 **Immer nur ganz wenig vornehmen**: Vgl. ›Zeiteinteilung (Max) I‹, Manuskriptseite 4, sowie Addendum IIIa, 1, Pkt. 3; IIIa, 3, ad 1, 40; Addendum VII, 2, ad 2 A.
8 **Jeden Tag wirklich etwas tun, ist ungeheuer viel**: Vgl. Addendum IIIa, 3, Pkt. 42, und Addendum VII, 2v, Pkt. 2 E.
18 **Sprache lernen (Grammatik)**: Vgl. beispielsweise Addendum II, 13, Pkt. 37.
25 **Hygiene**: Vgl. zum Konzept der Hygiene: ›Zeiteinteilung (Max) I‹, Umschlaginnenseite; Manuskriptseiten 2, Pkt. 17; 23, oben; 31, Maxime 1; 32, II 7; 37, 1a; 49, Maxime 3; 59, Programm, Pkt. 5.

11: | begnügen

(*Inventur*), Äußerlichkeiten, Aufhören zu arbeiten ist auch Pflicht, dabei möglichst das tun, wozu Lust besteht (und immer etwas davon).

V. Zeit lassen (Zeit nehmen)
Lieber wenig mit Muße als ganz oder gar nicht machen, das Einfache vor dem Komplizierten vollständig erledigen, [nicht dem falschen Anschein der Schnelligkeit folgen], sich so verhalten, als ob nichts anderes zu tun wäre, [etwas 2 Mal tun], Ruhepausen |, das »Vorgenommene« in kleine Teile spalten, rechtzeitig beginnen, ….

VI. Durchführung der Entschlüsse garantieren (durch Lesen im *Max* Heft), Überblick nicht verlieren, sich während der Arbeit kontrollieren → {und vor der Arbeit *Maximen* im Heft lesen}, → {┼┼}, → {ob Ziel im Auge behalten und nicht zu früh aufgeben}, → {sich bemühen (wenn als richtig erkannt), nicht zu früh anzufangen}. → {Wie will man die Durchführung dieser *Maxime* garantieren (dass immer etwas beschlossen wird)?}

VI. Von Zeit zu Zeit überlegen: »Unter welchem Vorsatz stehst du gegenwärtig?«.

---

2 **Lust:** Vgl. für die zahlreichen Textstellen zu Lust und Unlust in ›Zeiteinteilung (Max) I und II‹ sowie in den dazugehörenden Addenda die Anmerkung zu ›Zeiteinteilung (Max) I‹, Manuskriptseite 24, Bemerkung 1.
6 **wenig mit Muße:** Vgl. ›Zeiteinteilung (Max) I und II‹, Manuskriptseiten 11, Maxime 1; 24, Bemerkung 2, Pkt. 1; 25, Maxime 2; 153, Bemerkung 1; Addenda IIIa, 2, Pkt. 30; IIIb, 2v, B16.

9: | Mittel Entschluss
14: | Durchführung der Entschlüsse
20 **VI.:** Punkt VI. erscheint auf dieser sehr unübersichtlichen Manuskriptseite zweimal

Addendum V

Beschreibung

Festes, gelbliches Briefpapier, einzelnes Blatt, nicht aus einem Notizheft entnommen, Höhe 13,8 cm, Breite 20,4 cm, unliniert, nicht paginiert, einmal in der Mitte längs gefaltet. Schreibwerkzeug: Bleistift.

Der Zettel ist die Hälfte eines in der Mitte durchgetrennten Briefpapierbogens, wie er oben beschrieben ist. Gödel hat das Blatt in das Heft ›Zeiteinteilung (Max) II‹ gelegt. Weder die Paginierung noch die Bezeichnung »Addendum V« stammen von ihm. Ohne Datierung.

[Addendum V, 1]
1. *More excercise (part of non time, walk {(morning)} to and from Institute, cut trees), sit in sun.*
2. *No communication with German Consulate (avoid suspicion), resign position, get rid of citizenship.*
3. *Give lectures* (für Studenten der Universität, das könnten dieselben wie vom *Institut* sein, eventuell elementar).* Besprechen mit *Church*, eventuell gehe in *Churchs* Vorlesung (nichts von anderen Vorlesungen).
4. *perhaps buy a car* (ob ich schon dazu in der Lage bin?, Gefahr kann Hinderungsgrund sein (diese besteht recht durch andere Fahrer)).
5. Kein Grund zum Sparen (nächstes Jahr denselben Gehalt, aber leider kein großer Gehalt).
6. Neue *Refugien* versuchen (Alter Einbildung).
7. Freundlich sein mit neuen Kollegen und ihnen helfen (dasselbe gegenüber Adele durch Einladungen junger Leute).**
8. Schlechte *Polizei* ist besser als unerreichbare, Leute, die keine feste Meinung haben und zu viel theoretisieren (ob Scham im Einzelnen möglich), sind in Lebensgefahr (wenn sie nicht von denen beschützt werden, welche eine Meinung haben).
[9.] Die Lage der Engländer hat sich in den letzten Monaten (und Tagen) verbessert. Sie können noch immer gewinnen [wenn sie anfangen sollten zu verlieren, werden sie »gefährlich« werden.]

* *not too heavy.*

** Im Übrigen ist man in *Princeton* nicht sehr formell.

14 **resign position:** Die Stelle in Österreich soll gekündigt werden. Da Gödel die Ernennungsurkunde, die erst nach seiner Ausreise 1940 ausgestellt wurde, nie abgeholt hat, musste er die Dozentur neuer Ordnung aber auch nicht kündigen.
15 **get rid of citizenship:** Die deutsche Staatsbürgerschaft soll aufgegeben werden. Nach dem sogenannten Anschluss waren alle Österreicher automatisch Deutsche geworden.

12: ›excercice‹ von der Editorin verbessert in ›excercise‹
17: ›,‹ von der Editorin verbessert in ›)‹

[Addendum V, 1v, linke Seite]
→ 1. *Studia logica* 1 (1934)
[2. *Helsingfors* 1922]
3. *Euclides* 13 (1936/37)
— Chwistek — Studia Philosophica
polnisch Chwistek Buch über Logik
→ *Studia philosophica* 2 {Chwistek} und auch Revue Journal of Symbolic Logic 2, 61 – 68
polnisch 4. Vorlesung von Lukasiewicz {1928/29 (erschienen 1929)} über Logik {Warschau 1929} {Elementy Logiki Matematycznej}

3 **Helsingfors:** Helsingsfors ist der schwedische Name für Helsinki, wo vom 4. bis 7. Juli 1922 der fünfte Kongress der skandinavischen Mathematiker stattgefunden hat. Albert Thoralf Skolem hat dort beispielsweise einen Vortrag mit dem Titel »Einige Bemerkungen zur axiomatischen Begründung der Mengenlehre« gehalten.

4 **Euclides 13 (1936/37):** Mutmaßlich hat Gödel den Aufsatz von Arend Heyting, »De ontwikkeling van de intuitionistische wiskunde«, S. 129–144 in Nummer 3 des Jahrganges 13 der Zeitschrift ›Euclides‹, gelesen.

5 **Chwistek – Studia Philosophica:** Leon Chwistek, »Überwindung des Begriffsrealismus«, in: ›Studia philosophica‹ 2 (1937), S. 1–18. Chwistek hatte im Wiener Kreis am 2. März 1936 einen Vortrag mit diesem Titel gehalten.

6 **Buch über Logik:** Der Titel des 1935 erschienenen polnischen Buches von Leon Chwistek lautet: ›Granice nauki. Zarys logiki i metodologii nauk ścisłych‹; die englische Übersetzung ›The Limits of Science. Outline of Logic and of the Methodology of the Exact Sciences‹ ist 1948 erschienen. Gödel traute sich wohl zu die polnische Literatur auf Grund seiner zumindest rudimentären Tschechischkenntnisse zu entziffern. Zu Gödels Fähigkeiten diesbezüglich schreibt John W. Dawson, Jr. in ›Kurt Gödel. Leben und Werk‹, S. 13: »[Sein Mitschüler] Klepetař erinnerte sich, dass Gödel der einzige Klassenkollege war, den er nie auch nur ein Wort Tschechisch reden hörte«. In der Fußnote heißt es dann aber: »Offensichtlich hatte er jedoch in Brünn in paar Worte Tschechisch gelernt, da eine der Kassiererinnen der Mensa des Institute for Advanced Study anmerkte, dass Gödel einmal ›slawisch‹ zu ihr gesprochen habe.« Im Gödel-Nachlass finden sich (in Behältnis 11a, Reihe V, Mappe 75, ursprüngliche Dokumentennummer 050241) auf einem Zettel die Signaturen der Firestone Library in Princeton zu fünf Tschechisch-Wörterbüchern und zudem der Ausleihzettel für ein Deutsch–Polnisches Wörterbuch von Franizek Konarski. Da Gödels Adresse dort mit Linden Lane 129 angegeben ist, kann dieser Ausleihzettel erst aus der Zeit nach September 1949 stammen, als Gödel dort eingezogen war.

7 **Chwistek:** Siehe vorletzte bibliographische Angabe.

7 **Symbolic Logic:** Hierbei handelt es sich um Chwisteks Aufsatz »A Formal Proof of Gödel's Theorem« von 1939

9 **Vorlesung von Lukasiewicz:** Łukasiewicz hat in Warschau Logik-Vorlesungen gehalten, die unter demselben Titel 1929 von Mojżesz Presburger in Warschau herausgegeben worden sind: ›Elementy logiki matematycznej‹; auf Deutsch: ›Elemente mathematischer Logik. Autorisiertes Skript‹.

8: ›168‹ von der Editorin verbessert in ›61–68‹

?5. *Angelicum* {→ 13, 15?, *Bochenski*}
~~poln~~isch 6. ~~Salamucha, Przegl~~ąd der ~~Phil~~osophie 40
→ 7. *Skolem*, Ausgewählte Kapitel der Mat~~hematik~~, gegen 1936 {*Bergen*}
|

[Addendum V, 1v, rechte Seite]
→ ~~Wiadom~~ości ~~Mat~~ematyczne 47, *Boltowski*
~~poln~~isch *Lesniewski Przeglad* 14–17 (insbesondere 17)
? [~~Publ~~ications ~~Math~~ématiques de ~~Uni~~versité de *Belgr*ade 4 1935, {*Kurepa*}]
|

1 **Angelicum:** Mit ›Angelicum‹ ist hier der Name einer Zeitschrift gemeint, in der der Logiker Józef Maria Bocheński publiziert hat; sonst auch der Name der Päpstlichen Universität Heiliger Thomas von Aquin, an der er bis 1940 gelehrt hat.
1 **13:** Józef Maria Bocheński, »Notiones historiae logicae formalis«, in: ›Angelicum‹ 13 (1936).
1 **15:** Józef Maria Bocheński, »De Consequentiis Scholasticorum earumque origine«, in: ›Angelicum‹ 15 (1938).
2 **Salamucha, Przeglądderp Philosophie 40:** Jan Salamucha, »Pojawienie się zagadnień antynomialnych na gruncie logiki średniowiecznej«, in: ›Przegląd Filozoficzny‹ 40 (1937); engl. Übersetzung des polnischen Titels: »The Appearance of Antinomial Problems within Medieval Logic«.
3 **Ausgewählte Kapitel der Mathematik:** Albert Thoralf Skolem, ›Utvalgte kapitler av den matematiske logikk‹; auf Deutsch: »Ausgewählte Kapitel zur mathematischen Logik«, erschienen 1936 in Bergen.
8 **Boltowski:** Hierbei handelt es sich um den Aufsatz »Insolubiles in scholastica et paradoxos de infinito de nostro tempore« von Dmitry Dmitrievich Morduchaj-Boltowskoi (Morduhai-Boltovskoi) in der Zeitschrift ›Wiadomości matematyczne‹ 47 (1939).
9 **14–17:** Stanisław Leśniewski, »Przyczynek do analizy zdań egzystencjalnych«, in: ›Przegląd Filozoficzny‹ 14 (1911). Englische Übersetzung des polnischen Titels: »A Contribution to the Analysis of Existential Propositions«. Stanisław Leśniewski, »Czy klasa klas, niepodporządkowanych sobie, jest podporządkowana sobie?«, in: ›Przegląd Filozoficzny‹ 17 (1914); die engl. Übersetzung des polnischen Titels lautet: »Is the Class of Classes not Subordinate to Themselves Subordinate to Itself?« Stanisław Leśniewski, »Teoria mnogości na podstawach filozoficznych Benedykta Bornsteina«, in: ›Przegląd Filozoficzny‹ 17 (1914); die englische Übersetzung des polnischen Titels lautet: »The Theory of Sets on the Philosophical Foundations of Benedikt Bornstein«.
10 **Publications Mathématiques de Université de Belgrade 4 1935:** Đuro Kurepa, »Ensembles ordonnés et ramifiés«, in: ›Publications Mathématiques de Université de Belgrade‹ 4 (1935).

2: ›phil‹ von der Editorin verbessert in ›Phil‹
5: | – Ordnung 2 *incl.*
8: ›Mathematyczne‹ von der Editorin verbessert in ›Matematyczne‹
12: | Zur Verschiebungen von Mengen vom

Addendum VI

Beschreibung
Festes, gelbliches Briefpapier, einzelnes Blatt, beidseitig beschrieben, nicht aus einem Notizheft entnommen, Höhe 20,4 cm, Breite 25,3 cm, unliniert, nicht paginiert, einmal in der Mitte längs und quer gefaltet gewesen. Papierqualität dieselbe wie oben beschrieben. Schreibwerkzeug: Bleistift.

Gödel hat das Blatt in das Heft ›Zeiteinteilung (Max) II‹ gelegt. Weder die Paginierung noch die Bezeichnung »Addendum VI« stammen von ihm. Datierung: 1941?

[Addendum VI, 1, rechte Seite]

<u>12</u>

1. Grundlagen lesen
2. andere Mathematiker lesen
3. an Grundlagen arbeiten
4. Grundlagen publizieren
5. *Theologie* etc.
6. Unterhaltung und Zerstreuung und Ruhe
7. Praktische Angelegenheiten und Zeiteinteilung

1. 2 Arbeiten *Weyl*, *Mostowski*, mehrwertige Logik, *Tarski* Vortrag und Gespräch, *Herbrand Widerlegung*, Mc Kinsey, *Tarski*, Menger Kolloquium, *Quine* Buch, *Gentzen*, *Rosser*, {*Church*}, *Schönfinkel*, *Turing* Äquivalenzsatz, *Peano (Auswahl)*, *Grelling*, *Lutman*.
2. *Weyl* Vorlesung und Arbeit, *Sierpinskis* Satz, …. [Addendum VI, 1, linke Seite]
3. *Herbrand*, *Gentzen*, viele Ideen und Programm, *Quine Widerlegung*, *Interpretation* der 3wertigen Logik in *Lewis*, *Kontinuums Hypothese* mit rekursiver Funktion, ….
4. Vortrag *Cambridge* und *Brown* 1941**?**

19 Zerstreuung: Vgl. für die expliziten Nennungen des Begriffs in ›Zeiteinteilung (Max) I und II‹ die ausführliche Erläuterung (inklusive Fußnote) zur Liste auf der Umschlaginnenseite von ›Zeiteinteilung (Max) I‹.
24 Quine Buch: ›A System of Logistic‹, Cambridge Mass. (Harvard University Press) 1934. Dass bereits ›Mathematical Logic‹ Cambridge Mass. (Harvard University Press) von 1940, gemeint ist, ist unwahrscheinlich.
25 Äquivalenzsatz: Für eine (partielle) zahlentheoretische Funktion f sind folgende Aussagen äquivalent: »f ist (partiell) Turing-berechenbar«, »f wird von einer Turingmaschine berechnet« und »f ist (partiell) rekursiv«.
25 Lutman: Gemeint ist Maria Kokoszyńska-Lutman.

16 Grundlagen arbeiten: Andere Lesart: Grundlagenarbeiten
17 4. Grundlagen publizieren: Wechselpfeil zwischen Punkt 3 und Punkt 4
25: ›Luttmann‹ von der Editorin verbessert in ›Lutman‹

5. *Excerpte Thomas Ethik*, *Einstein* Physik.

Metaphysik: Aristoteles, viele Bemerkungen und Programm
Ethik: Aristoteles
Augustin, *Civitate*

---

9 Wochen
108 Stunden
72

7	2⅓	2⅓	1⅙ Grundlagen
			1⅙
	7 h	<u>7 h</u>	<u>2</u>
	<u>4</u>	12	

[Addendum VI, 1v, linke Blattseite]
1. Zeitaufteilung, insbesondere: selbstständige Arbeiten: Lektüre und *Theologie*, Mathematik.
2. Fixe Einteilung im Voraus oder jederzeit das, worauf man am meisten »Lust« hat.
3. Wechsel des Gegenstandes oft oder selten.

[Addendum VI, 1v, rechte Blattseite]
Die Blatthälfte enthält mathematische Formeln und eine Zeichnung, die hier nicht wiedergegeben werden.

---

31 **Cambridge**: Vgl. Erläuterung auf Mansukriptseite 89, Bemerkung 2.
31 **Brown**: Gödel hat am 15. November 1940 an der Brown University einen Vortrag mit dem Titel »Lecture on the consistency of the continuum hypothesis« gehalten. Er ist in: Kurt Gödel, ›Collected Works‹, Bd. III, S. 175–185 veröffentlicht.
1 **Einstein**: Obgleich Gödel Einstein bereits 1933 vorgestellt worden war, wurden sie erst ab 1942 näher miteinander bekannt und freundeten sich an. 1946 begann Gödel, sich intensiv mit der Relativitätstheorie auseinanderzusetzen, um einen Beitrag zum Schilpp-Band zu Ehren Einsteins zu schreiben. 1949 lieferte er dann neue Resultate für Einsteins Feldgleichungen.
20 **Lust**: Vgl. für die zahlreichen Textstellen zu Lust und Unlust in ›Zeiteinteilung (Max) I‹ und II‹ sowie in den dazugehörenden Addenda die Anmerkung zu ›Zeiteinteilung (Max) I‹, Manuskriptseite 24, Bemerkung 1.

Addendum VII

Beschreibung
Drei kleine Zettel, mutmaßlich aus einem Taschenkalender, gelbliches dünnes Papier, zweiseitig beschrieben. Der erste Zettel hat eine Höhe von 10,3 cm und eine Breite von 6,9 cm. Der zweite Zettel hat eine Höhe von 6,8 cm und eine Breite von 10,2 cm. Schreibwerkzeug in beiden Fällen: Bleistift. Der dritte Zettel hat eine Höhe von 6,9 cm und eine Breite von 8,8 cm.

Gödel hat die Zettel in das Heft ›Zeiteinteilung (Max) II‹ gelegt. Weder die Paginierung noch die Bezeichnung »Addendum VII« stammen von ihm. Datumsangabe: 10. Januar 1942.

[Addendum VII, 1]
Programm: 10./I. 1942
1. Fortsetzung der Realisierung der Existenzzeichen mit der Grundidee von »wirklichen Konstruktionen«, die aussichtsreichste Richtung des Weiterarbeitens dazu (das ergibt auch *Definition* von »absoluter Beweis«).
2. *Brouwer* lesen.
3. Verzweigungsschemata (*Kurepa*).
4. Kultivierung des Begriffs: abzählbar beweisbar, abzählbar definierbar (*Borel, Lebesgue, Lusin*).

[Addendum VII, 1v]
Definition von Begriff, zum Beispiel: Lehrer *etc.* (genau)
Um sich etwas klar zu machen, eine Abhandlung oder einen Vortrag schreiben (für mich aber genau aufschreiben).

[Addendum VII, 2]
{ad 2}   A. Immer nur ganz wenig vornehmen. |

---

20 **Verzweigungsschemata:** Auf Englisch wird das Verzweigungsschema von Kurepa ›Kurepa tree‹ genannt.
20 **Kurepa:** Hier kommen verschiedene Arbeiten Đuro Kurepas in Frage: »Tableaux ramifiés d'ensembles. Espaces pseudo-distanciés«, in: ›C. R. Acad. Sci.‹ 198 (1934), S. 1563–1565; ›Ensembles ordonnés et ramifiés‹, Doktorarbeit, Paris 1935; abgedruckt in: ›Publ. Math. Univ. Belgrade‹, IV, 1935, S. 1–130; »L'hypothèse de ramification«, in: ›Comptes Rendus‹ 202 (1936), S. 185–187.
30 **Immer nur ganz wenig vornehmen:** Vgl. ›Zeiteinteilung (Max) I‹, Manuskriptseite 4, sowie Addendum IIIa, 1, Pkt. 3; IIIa, 3, ad 1, 40; Addendum IV, 1, II A.

30: | (ad 2)

ad 4   B. Alles nur nach (wo möglich mit Gründen wörtlich formulieren) Entschluss tun. Mit Rücksicht auf Zwecke, Dauer [Aussicht auf Erfolg].

ad 6   C. Mehr arbeiten mit »äußerem« Erfolg {und mehr »Übungen«}, zum Beispiel *Publikation*, Vortrag (das wirkt sehr günstig auf die Stimmung).

ad 4   D. Zu einem Entschluss kommen, ist genau so eine Arbeit wie andere !und ein sehr wichtiger Teil der Arbeit! (aufteilen auf mehrere Tage).

[Addendum VII, 2v]
ad 1   Insbesondere: <u>nicht fürchten anzufangen!</u> bei Zu-einem-Entschluss-Kommen, aber auch bei sonstigen Tätigkeiten. 1. genügt für Reinheit des Gewissens bei *Posterledigung*?

ad 6*   Sehr wenig zum Nachtmahl (eine Sache und kein Brot), bald zu Bett und ausschlafen, nicht vorher und im Bett arbeiten, an sex Dinge denken, (Zimmer und Bett).

ad 2   E. <u>Jeden Tag etwas tun</u>, bedeutet ungeheuer viel. Sich eine ganze Woche auf eine Sache konzentrieren (dadurch Hilfe des Unterbewussten und »verlieben in die Gegenstände«).

[Addendum VII, 3]
ad 5   F. Jede Woche (oder jeden 3ten Tag) ein Programm machen, was* in der nächsten Woche (den nächsten 3 Tagen) zu erledigen ist. Das heißt: 1.) Welche Abhandlungen oder Bücher zu lesen sind (mit wie viel Zeit und wie genau), 2.) welche Probleme zu bearbeiten sind (in welcher Reihenfolge), 3.) wie viel Zeit auf Schreiben von Publikationen *etc.* zu verwenden ist und auf welche?

* Dies Programm bei den einzelnen Tätigkeiten.

[Addendum VII, 3v]
Ergänzungen
allgemein:
Man lernt durch Wiederholungen (und allmähliches Aufsteigen zu Komplizierterem).
Repertorium Mathematischer Studien
Wer nur tut, was er kann, tut alles, was er kann.**

** Anlässlich dessen, was

35 **Repertorium Mathematischer Studien**: Ein Repertorium ist ein Findbuch. Andere Lesart: Repetitorium für mathematische Studien

17 **sex Dinge**: Gemeint sein könnten u. a. auch die sex res non naturales.
18 **Jeden Tag etwas tun, bedeutet ungeheuer viel.**: Vgl. Addendum IIIa, 3, Pkt. 42, und Addendum IV, 1, II C.

Die Tätigkeiten zerfallen in 2 Gruppen: in solche, die man kann, und solche, die man nicht kann (nur bei den zweiten ist ein Beeilen und Sich-Bemühen möglich).

Beim Lesen nach jedem Absatz eine Pause machen.

man kann, kommt man schließlich zu dem, was zu tun ist.

Addendum VIII

Beschreibung
Einzelnes blaugrau liniertes, vergilbtes Blatt aus einem Notizblock oder Taschenkalender, Höhe 7,1 cm, Breite 10 cm, Papierecken abgerundet, nicht auf den Linien beschrieben, Linien sind senkrecht. Schreibwerkzeug: Bleistift.

Gödel hat das Blatt in das Heft ›Zeiteinteilung (Max) II‹ gelegt. Paginierung und die Bezeichnung »Addendum VIII« stammen nicht von ihm. Ohne Datierung.

[Addendum VIII, 1]
1. *Gewisse Zeiten für gewisse Tätigkeiten, ohne Rücksicht auf Erfolg (Büro)* → {das gilt insbesondere auch für praktische Tätigkeiten: Post, zum Entschluss kommen}.
2. *Aufteilen von allem auf viele Tage und rechtzeitig, bevor benötigt (keine Hast)*.
3. *Einhalten von Äusserlichkeiten* (leserlich schreiben, Ordnung im Arbeitsraum, hinsetzen?, Kleidung? *etc.*, aufstehen, ins Amt gehen).
4. *Vor jeder Tätigkeit* {Entschluss!} *überlegen: a.) ob* überhaupt ausführen, *b.) Ziel derselben* [*b.*) *Zweck derselben*, *c.*) *wie* sie auszuführen ist] *d.*) *wie viel Zeit* darauf zu verwenden ist.

[Addendum VIII, 1v]
ad 4., 5.: überhaupt mehr Zeit auf Tätigkeiten 2ten Typus' verwenden!! (Das ist keine Zeitverschwendung!)
5. *Zeiteinteilung im Voraus* (ab und zu immer mal wieder darüber nachdenken) {insbesondere Arbeitsprogramm}.
6. *Mehr Aufmerksamkeit auf Ruhe, Schlaf, Zerstreuung.*
7. *Wenn man mit etwas nicht vorwärtskommt, stehen lassen und etwas anderes anfangen oder darüber nachdenken,* 2ter *Typus (Nicht verbohren).*
8. *Nicht vergessen auf Post, Wohnung, Behörde, Sommeraufenthalt etc.*

26: ›v‹ von der Editorin verbessert in ›V‹

28 **Zerstreuung**: Vgl. für die expliziten Nennungen des Begriffs in ›Zeiteinteilung (Max) I und II‹ die ausführliche Erläuterung (inklusive Fußnote) zur Liste auf der Umschlaginnenseite von ›Zeiteinteilung (Max) I‹.
31 **Nicht verbohren**: Vgl. Addendum IIIb, 2v, Pkt. 18.

Addendum IX

Beschreibung
Einzelnes blaugrau liniertes, vergilbtes Blatt, aus einem Ringbuch gerissen und halbiert, Papierecke nach rechts außen hin abgerundet, nicht auf den Linien beschrieben, Linien sind senkrecht, Höhe 17,4 cm, Breite 10,6 cm. Schreibwerkzeug: Bleistift.
    Gödel hat das Blatt in das Heft ›Zeiteinteilung (Max) II‹ gelegt. Paginierung und die Bezeichnung »Addendum IX« stammen nicht von ihm. Ohne Datierung.

[Addendum IX, 1]
<u>Was habe ich gelesen?</u>
1. Zauberberg
2. <u>Wirtshaus zum König</u>
3. Olmuts
4. 12 aus der Steiermark
5. <u>Trotzkopf und Trotzkopfs Brautzeit</u>
6. Der Fall Stachelberg, *Halali*, <u>russische Geschichten</u>, <u>Schlossgeschichten</u>
7. Die gelbe Orchidee (*Detektiv*geschichten)
8. <u>Kadettengeschichte</u>, Autogeschichte, Gratulation, eine Geschichte, Weise sein
9. Professor Unrat

13 **Zauberberg:** ›Der Zauberberg‹, Roman von Thomas Mann aus dem Jahr 1924.
14 **Wirtshaus zum König:** ›Das Wirtshaus »Zum König Przemysl«‹ ist ein 1913 erschienener Studentenroman von Karl Hans Strobl.
15 **Olmuts:** Auf Tschechisch heißt Olmütz ›Olomouc‹. Es gibt mehrere Romane, die ›Olmütz‹ im Titel haben: J. G. Seidl, ›Die Schweden vor Olmütz‹ von 1843; Willibald Müller, ›Der Ratsherr von Olmütz‹ von 1891; Gustav K. Bieneks Roman ›Die Nacht von Olmütz‹ ist hingegen erst 1946 erschienen und kommt daher nicht in Frage.
16 **12 aus der Steiermark:** ›Zwölf aus der Steiermark‹ ist ein Roman von Rudolf Hans Bartsch aus dem Jahr 1908.
17 **Trotzkopf:** Roman für heranwachsende Mädchen von Emmy von Rhoden aus dem Jahr 1885.
17 **›Trotzkopfs Brautzeit‹:** Roman für heranwachsende Mädchen von Else Wildhagen aus dem Jahr 1892.
18 **Halali:** Zwei Kriminalnovellen von Eufemia Adlersfeld-Ballestrem aus dem Jahr 1902.
20 **gelbe Orchidee (Detektivgeschichten):** Der Titel lässt sich nicht nachweisen.
21 **Kadettengeschichte:** Paul von Szczepanski, ›Spartanerjünglinge. Eine Kadettengeschichte in Briefen‹, Leipzig 1898.
21 **Autogeschichte:** Carl Ferdinands, ›Graf Allotria. Eine lustige Autogeschichte in Versen‹, 1910.

10. Schnitzler (viele kurze Sachen und Theaterstücke)
11. *Wallace* einiges, *Sherlock*
12. Der Gute Kamerad: 1. Jürg Frey, Der Wandervogel, 2. Der Zwingherr von Celebes, 3. Kriegsgeschichten
13. Märchen *Hauff*: Das steinerne Herz, Der kleine Muck
14. *Hoffmann*: Das Fräulein von Scuderi *etc.*
15. *Goethe*: Werthers Leiden, *Goetz, Iphigenie, Faust, Egmont*
16. *Lessing*: Minna, *Nathan* der Weise

21 **Gratulation, eine Geschichte:** Wolfram Eberhard, »Gratulation«, in: ders., ›Typen chinesischer Volksmärchen‹, Helsinki 1937, S. 280–288.
22 **Weise sein:** Hier kommen mindestens zwei Titel in Frage: (1) Alexander von Gleichen-Rußwurm, ›Der Narrenturm. Grotesken und Satiren. Manchmal ist es verrückt, weise zu sein, und manchmal weise, verrückt zu sein‹ von 1915; (2) Ralph Waldo Emerson, ›Seid fröhlich und weise. Eine Auswahl aus seinen Essays‹, Jena/Leipzig (Eugen Diederichs Verlag) 1905. Über Carnap gab es Verbindungen zwischen dem Wiener Kreis und dem Eugen Diederichs Verlag.
23 **Professor Unrat:** Roman von Heinrich Mann, 1905 erschienen.
2 **Wallace:** Edgar Wallace hat zwischen 1905 und 1936 124 Kriminalromane sowie andere Romane geschrieben. Ob Gödel die Romane von Wallace auf Deutsch oder Englisch gelesen hat, ist unklar.
2 **Sherlock:** Sherlock Holmes ist bekanntlich eine Romanfigur von Arthur Conan Doyle, die dieser 1889 geschaffen hat, um sie in vier Romanen und 56 Kurzgeschichten als Hauptfigur einzusetzen.
3 **Der Gute Kamerad:** ›Der gute Kamerad‹ war eine ab 1886 von Wilhelm Spemann in seinem Stuttgarter Verlag herausgegebene Zeitschrift für Buben.
3 **Jürg Frey, Der Wandervogel:** Paul Grabein, »Jürg Frey, der Wandervogel«, in: ›Der Gute Kamerad‹, Folge 29 von 1915(?).
3 **Der Zwingherr von Celebes:** Maximilian Kern, »Der Zwingherr von Celebes«, in: ›Der Gute Kamerad‹, Bd. 21 von 1914.
4 **Kriegsgeschichten:** Gemeint sein könnte: Max Felde, »1914–1915. Denkwürdige Kriegserlebnisse«, in: ›Der Gute Kamerad‹, Bd. 23 von 1915.
5 **Das steinerne Herz:** ›Das steinerne Herz‹ ist ein Märchen von E. T. A. Hoffmann von 1817, das Märchen ähnlichen Titels von Wilhelm Hauff ist ›Das kalte Herz‹; es erschien 1827.
5 **Der kleine Muck:** ›Die Geschichte von dem kleinen Muck‹ von Wilhelm Hauff erschien 1826.
6 **Das Fräulein von Scuderi:** E. T. A. Hoffmanns ›Das Fräulein von Scuderi‹ erschien 1820 und gilt als erste deutschsprachige Kriminalgeschichte.
7 **Werthers Leiden:** ›Die Leiden des jungen Werthers‹ von Johann Wolfgang Goethe erschien 1774.
7 **Goetz:** ›Der Götz von Berlichingen‹ von Goethe erschien 1773. In Gödels Privatbibliothek befindet sich eine undatierte Ausgabe aus dem Verlag Philipp Reclam sowie eine undatierte Ausgabe von Goethes ›Die Geschwister. Die Laune der Verliebten‹ aus demselben Verlag.
7 **Iphigenie:** Die ›Iphigenie auf Tauris‹ von Goethe erschien 1787.
7 **Faust:** ›Faust. Der Tragödie erster Teil‹ von Goethe erschien 1808, ›Faust. Der Tragödie zweiter Teil‹ 1832 nach Goethes Tod.
7 **Egmont:** ›Egmont‹ von Goethe erschien 1788.
8 **Minna:** Gotthold Ephraim Lessings ›Minna von Barnhelm oder das Soldatenglück‹ erschien 1767.
8 **Nathan der Weise:** ›Nathan der Weise‹ von Lessing erschien 1779.

17. *Schiller*: Wallenstein, Räuber, Maria Stuart
18. *Kleist*: Der zerbrochene Krug und Novellen
19. *Hebbel, Gyges*
20. *Hauptmann*: Weber, Flucht, Novellen, versunkene Glocke
21. Buch über Kaiser Karl und über Franz Ferdinand
22. Bittersüße Liebesgeschichte
23. *Auernhenna*

---

1 **Wallenstein:** Friedrich Schillers ›Wallenstein‹ erschien 1800.
1 **Räuber:** ›Die Räuber‹ von Schiller erschien 1781.
1 **Maria Stuart:** ›Maria Stuart‹ von Schiller erschien wie ›Wallenstein‹ 1800.
2 **Der zerbrochene Krug:** ›Der zerbrochene Krug‹ von Heinrich von Kleist erschien 1811.
2 **Novellen:** Die beiden Novellen von Kleist sind ›Michael Kohlhaas‹ von 1810 und ›Die Marquise von O....‹ von 1808. Ob Gödel beide gelesen hat oder nur eine, ist unklar.
3 **Gyges:** ›Gyges und sein Ring‹ von Friedrich Hebbel erschien 1854. In Gödels Privatbibliothek befindet sich eine Ausgabe von Hebbels ›Herodes und Marianne‹ aus dem Verlag Philipp Reclam von 1850.
4 **Weber:** ›Die Weber‹ von Gerhart Hauptmann erschien 1892.
4 **Flucht:** ›Gabriel Schillings Flucht‹ von Hauptmann erschien 1912; in Gödels Privatbibliothek befindet sich die Ausgabe von 1922 aus dem Verlag S. Fischer.
4 **Novellen:** Hauptmann hat in dem infrage kommenden Zeitraum zwei Novellen hinterlassen: ›Der Apostel‹, erschienen 1890 und ›Die Hochzeit auf Buchenhorst‹, erschienen 1932.
4 **versunkene Glocke:** ›Die versunkene Glocke‹ von Hauptmann erschien 1897.

Addendum X

Beschreibung
Einzelnes leicht vergilbtes Blatt Papier, unliniert, wurde halbiert, in der Mitte quer gefaltet, beidseitig beschrieben, aber nur eine Seite für Maximen relevant. Höhe 21,6 cm, Breite 13,9 cm. Schreibwerkzeug: Bleistift.

Gödel hat das Blatt in das Heft ›Zeiteinteilung (Max) II‹ gelegt. Die Bezeichnung »Addendum X« stammt nicht von ihm. Datierung: nach September 1943.

[Addendum X, 1]
<u>1939 – Sep*tember* 1940</u>   Krieg, Verbesserung meines Widerspruchsfreiheitsbeweises
Sep*tember* 1940 – Sep*tember* 1943
1. Verbesserung des Widerspruchsfreiheitsbeweises (auch Auswahl*axiom*) und andere Resultate (Unentscheidbar*keit*)*
2. *Lit*era*tur* (*Church*, *Br*ouwer, *Bern*ays; *Baire*, *Mass*theorie)
3. *Russell's Logik*
4. *Int*uitionistische *Logik* und Widerspruchsfreiheitsbeweis
5. Eigene Studien über *Ph*ilosophie
6. Unabhängigkeit Auswahl-*Ax*iom

[Addendum X, 1v]
Die verso-Seite enthält drei durchgestrichene unzusammenhängende Zeilen.

* | Erzeugung Schemata {Widerlegung und Verallgemeinerung}, definierbare Menge, kurzer Widerspruchsfreiheitsbeweis, *Skolem*, {Modelle}.

16: Marginalie: | Entscheidung
17 **Bernays:** Andere Lesart: Bernstein. Gemeint wäre dann wohl Benjamin Abraham Bernstein, ein amerikanischer Logiker
17: ›e‹ von der Editorin verbessert in ›a‹ in Baire
20 **Philosophie:** Andere Lesart: Physik

12 **Widerspruchsfreiheitsbeweises:** Vgl. ›Zeiteinteilung (Max) I‹, Hinweis auf Manuskriptseite 64, Widerspruchsfreiheit.
17 **Masstheorie:** Vgl. Manuskriptseite 87, Pkt. 11.

Addendum XI

Beschreibung
Einzelnes leicht vergilbtes Blatt Papier, unliniert, wurde an drei Seiten abgerissen, in der Mitte quer gefaltet, beidseitig beschrieben. Höhe 21 cm, Breite 13,8 cm. Schreibwerkzeug: Bleistift.

Gödel hat das Blatt in das Heft ›Zeiteinteilung (Max) II‹ gelegt. Die Bezeichnung »Addendum XI« stammt nicht von ihm. Ohne Datierung.

[Addendum XI, 1]
1. Beim Zeit-zu-Ersparen kommt es nicht darauf an, dass etwas schön gemacht wird, sondern darauf, dass es richtig angepackt wird. (Dabei immer das Ziel im Auge behalten.)
2. Bei Berufspflichten handelt es sich darum, mich in den Zustand zu versetzen, in welchem ich eine bezahlte Stelle der unten angegebenen Kategorien ausfüllen (gut ausfüllen) kann:
   1. *AssistentenStelle in Wien oder Graz*
   2. *außerordentliche Professur* in Wien oder Graz
   3. *GastProfessur* in Amerika
   4. *Stipendium* (Rockefeller oder *Princeton*) für wissenschaftliche Arbeit
   5. *Professur* in Amerika (Universität; Institut)
   6. Volkshochschulkurse
   7. Privatstunden
   8. Buch schreiben.

3. Es sind die verschiedenen Tätigkeiten nach hauptsächlichen Gesichtspunkten einzuteilen (in etwa ≤ 10 Gruppen). Für jede Gruppe ist je nach Wichtigkeit, Vergnügen und Nützlichkeit eine bestimmte Zeit zu reservieren (Stundenplan) und für jede ein Heft zu eröffnen, in welches alles ++ laufend einzutragen ist, insbesondere Ideen, wie etwas zu machen, was zu lesen, ob besser zu lesen oder nachzudenken ist. Schließlich die vorläufigen Resultate des Nachdenkens oder vorläufige *Excerpte* der gelesenen Bücher eintragen. Was nicht sofort zu erledigen ist, weil dazu Bücher, Nachschauen in *Katalog*-Zimmer *etc.* nötig ist, ist zu notieren unter Rubrik *UniversitätsBibliothek*; *Mathematisches Seminar*; *NationalBibliothek*; Buchhändler *etc.* und ist beim nächsten »Ausgang« (dies hat regelmäßig nach einem be-

32: ›ist.‹ von der Editorin verbessert in ›ist,‹
38 **Bibliothek**: Vgl. ›Zeiteinteilung (Max) I‹, Manuskriptseite 6, Pkt. 3. Andere Lesart: Naturwissenschaftliche Bibliothek. Vgl. Erläuterung zu Manuskriptseite 4 von ›Zeiteinteilung (Max) I‹

stimmten Plan stattzufinden) zu erledigen. Bei Lektüre eines Buches ist laufend einzutragen: 1. *Excerpte*, 2.*Kritik*, 3. Fragen, 4. *Erkenntnisse*; beim Nachdenken: 1. Fragen, 2. *Erkenntnisse*.

[Addendum XI, 1v]

<s>0. Arbeiten lesen</s>
—1. Vorlesungen vorbereiten
—2. Arbeiten schreiben
  3. *Theologie*
  4. Zeitungen und englische Literatur
  5. *Post*, *Budget*, | Zeiteinteilung
—6. Zerstreuung: Spazieren, Kino, *Chic* machen, Nichtstun, englische Literatur
  7. *Visum*, *Pass etc.* nachdenken

G Religion
G Geschichte
G. N. Geographie
G Deutsch
G Latein
G Französisch
G Englisch
B Mathematik
B Darstellende Geometrie
N Physik (Chemie)
N Biologie (Geologie)
B Philosophische Propädeutik
G Zeichnen
G Musik
Turnen
Stenographie

|
|
|
|

---

3 **Erkenntnisse**: Andere Lesart: Erklärungen
3 **Erkenntnisse**: Andere Lesart: Erklärungen
12: | Beschei
17 **G**: ›G‹ steht hier und im Folgenden für ›Geisteswissenschaft‹
19 **G. N.**: ›G. N.‹ steht für ›Geisteswissenschaft und Naturwissenschaft‹
24 **B**: ›B‹ steht hier und im Folgenden für ›beides‹, also sowohl für Geistes- als auch Naturwissenschaft
26 **N**: ›N‹ steht hier und im Folgenden für ›Naturwissenschaft‹
34: | Im Heft jeder Gruppe am Anfang das Programm und den Inhalt (*Df.* der Gruppe)
35: | Das Gedächtnis:
36: | 1.) Physiologische Untersuchungen über die beiden Arten, Trainierbarkeit der beiden Arten und Arten des Trainings
37: | 2.) *pädag* über denselben Gegenstand

13 **Zerstreuung**: Vgl. für die expliziten Nennungen des Begriffs in ›Zeiteinteilung (Max) I‹ und II‹ die ausführliche Erläuterung (inklusive Fußnote) zur Liste auf der Umschlaginnenseite von ›Zeiteinteilung (Max) I‹.

1: | Die erste Art ist äquivalent mit Vorstellungskraft, {Technik} des Kartenspiels, Kopfrechnen, Kombinationsgabe, {Technik des} Schachspiels

Addendum XII

Beschreibung
Loses Blatt, Briefpapier mit Briefkopf »The Institute for Advanced Study, School of Mathematics, Princeton, New Jersey«, Höhe 25,4 cm, Breite 20,3 cm. Schreibwerkzeug: Bleistift.

Gödel hat das Blatt in das Heft ›Zeiteinteilung (Max) II‹ gelegt. Die Bezeichnung »Addendum XII« stammt nicht von ihm. Ohne Datierung, aber wohl nach 1939.

[Addendum XII, 1]
I. Nicht blindlings in die Arbeit (jede Art davon*) stürzen, sondern vorher sich überlegen und entschließen, was zu tun ist.

* Auch Ausruhen.

11 **Nicht blindlings in die Arbeit:** Vgl. Addendum IV, 1, I, und I E.

Addendum XIII

Beschreibung
Einzelnes Blatt aus einem karierten Notizheft, recto und verso beschrieben. Loses Blatt, Höhe 20,3 cm, Breite 16,4 cm. Schreibwerkzeug: Bleistift. Die Bezeichnung »Addendum XIII« stammt nicht von Gödel. Das Blatt wurde, anders als im Falle der Addenda I bis XII, nicht von Gödel selbst in das Heft ›Zeiteinteilung (Max) II‹ gelegt. Es befindet sich im Kurt-Gödel-Nachlass (C0282) in der Mappe »Lose Notizblätter« (»Other Loose Manuscript Notes«) in Behältnis 11c, Reihe VI, Mappe 22, ursprüngliche Dokumentennummer 060273. Keine Datierung, da ein Gespräch mit Egon Brunswik erwähnt wird, müssen die Zeilen jedoch nach 1936 und vor dem 31. Juli 1937 geschrieben worden sein. Bis 1936 hatte Brunswik ein Stipendium in den USA. Danach war er mindestens bis zum 26. Juni 1937 in Wien (nach Auskunft von Andreas Huber vom Institut für Zeitgeschichte der Universität Wien ist das das Datum, an dem er den Dekan der Philosophischen Fakultät der Universität Wien um Beurlaubung von seiner Hochschulassistenz ansucht). Laut Schiffspassagierliste der Ellis Island Foundation hat Brunswik Antwerpen am 31. Juli 1937 mit Richtung New York verlassen, ein Visum ist ihm am 21. Juli 1937 in Wien ausgestellt worden.

[Addendum XIII, 1]
1. *Eigene Arbeit* 2 h
a.) Kontinuums<u>Hyp</u>othese ungefähr überlegen.
b.) <u>Rés</u>umee schreiben.
c.) <u>Genaue Arbeit</u> schreiben.
d.) <u>Unbeweisbarkeit der Widerspruchsfreiheit</u>, Länge von Beweis, Existenzbeweis.

⎫ Bei jedem Nachdenken in Worte formulieren oder sogar schreiben. ⎭

2. *Mathematische Lektüre* 2.50 h
a.) Grundlagen: <u>Waismann</u>, <u>Carnap</u> {Log<u>ik</u>}, <u>Russell</u> {Log<u>ische</u> Grundlagen der *Anal<u>yse</u>*}, <u>Quine</u> {Log<u>ik</u>}, <u>Lesniewski</u> {Log<u>ik</u>}, <u>Tarski</u> {Log<u>ik, Sprachtheorie</u>}, <u>Gentzen</u> {*Anal<u>yse</u>*}, (Chwistek?), Li<u>te</u>ratur Grundl<u>agen</u> Geom<u>etrie</u>, <u>Aristoteles</u> {Log<u>ik</u>}, <u>Prantl</u> {?

---

10 **ursprüngliche Dokumentennummer 060273**: Jan von Plato hat mich dankenswerter Weise auf dieses Dokument aufmerksam gemacht.

wdg}, Grundlagen der Wahrscheinlichkeitsrechnung, Picard (historisch) {5 h}.

b.) Sonstiges: 1.) allgemeine Orientierung und Literatur... Klein, Prasad, Encyclopädien, Zeitschriften; 2.) Linearer Operator → besonders Zusammenhang mit Funktionentheorie; 3.) FunktionenTheorie:

J. v. Neumann	Riemann und Schüler
Hilbert	Algebraische Funktion, Kurve und Zahl
Riemann, Mises	analytische Zahlentheorie

3. Post

v. Neumann; Dekanat, Vorlesungen; Notes | (Mathematiker Vereinigung; | Entschluss Vaterländische Front); Veblen (Kleene, Ginsburg, Dürr, Neurath, Amerika Jup.) Theologen, Notre Dame.

4.

Bücher abfertigen und Résumés schreiben (außer die unten als zu lesende angegebenen).

Ordnung machen in Zettel mit Literatur, Résumés, Fragen, Antworten.

Lesen: Bühler (Sprachpsychologie und Krise); Enchiridion Symbolorum; Thomas von Aquin (Summen und Commentare); Katechismus; moderne Moraltheologie; Russen; Gomperz; *.

[Addendum XIII, 1v]

Nietzsche (ecce homo); {Hegel}; Descartes; NaturWissenschaft (Schrödinger); Gesetzesblätter (insbesondere Universitätsgesetz) {überhaupt Verhältnisse an der Universität}* HochschulStatistik (Schul-

* Gegenwart Geschichte der Philosophie Anmerkung E.-M. E.: Es handelt sich um das Werk ›Die deutsche Philosophie des neunzehnten Jahrhunderts und der Gegenwart‹, hrsg. v. Friedrich Ueberweg und Traugott Oesterreich. In Gödels privater Bibliothek befindet sich die 13. Ausgabe von 1951.

13: | ;
14: ›Entschluss‹ von der Editorin gelöscht

14 **Vaterländische Front:** Vgl. die entsprechende Erläuterung in ›Zeiteinteilung (Max) I‹ zu Manuskriptseite 32, I, Pkt. 5.
14 **Ginsburg:** Gemeint sein könnte der Mathematikhistoriker Jekuthiel Ginsburg.
15 **Dürr:** In vorliegendem Zusammenhang ist interessant, dass Karl Dürr in Paris 1937 beim Internationalen Philosophiekongress in der Sektion des Wiener Kreises einen Vortrag mit dem Titel »Leibniz und die Idee der Einheit der Wissenschaften« gehalten hat.
22 **Sprachpsychologie:** Vgl. ›Philosophie I Maximen 0‹, S. 44, Zeile 15.
22 **Krise:** Karl Bühler, ›Die Krise der Psychologie‹, 1927.
22 **Enchiridion Symbolorum:** Vgl. ›Zeiteinteilung (Max) I‹, Manuskriptseite 38, sowie ›Zeiteinteilung (Max) II‹, Manuskriptseite 96.
27 **ecce homo:** Nietzsche, ›Ecce homo. Wie man wird, was man ist‹, Leipzig (Insel) 1908.

~~statistik)~~ ~~Wie funktioniert fürs Kolleggeld~~ ++ ~~Befreiung~~, Mittelschule wirklich Befehle? → ~~Studienführer und Jahrbuch, Bundesamt, Stat~~*istik*; Geschichte des Bildungswesens; *Dämonologie* (Hexenprozesse); Grundbegriffe der *Soziologie* (*Politik*; *Zeitgeschichte*); Sprache (insbesondere: vergleichend, Griechisch, Hebräisch); *Menger* (Grenznutzenlehre).

Deutsche Grammatik	Was ist ein heller *Professor*?
und Sprachlehre	Welcher lehrt? ++

5. Sprechen mit: *Waismann, Theologen, Furtwängler* (analytische Zahlentheorie), *Stein, Menger, Geierhofer*.
Später mit: *Frenkel, Brunswick, Carnap, Juristen* (Entmündigung).

6. Vorträge ausgelassen |

7. Nachdenken: [a.) Über die Fragen, die notiert sind, {dauernd}], b.) über Bücher, die zu lesen sind, und über eigene Zeiteinteilung überhaupt, über die Gründe der eigenen Entschlusslosigkeit, und worauf sie sich bezieht.
Materielle Aussicht; insbesondere auch, ob und welche Vorlesung zu halten wäre; ob und wann nach Amerika; wie für Vorlesung

---

27 **Naturwissenschaft:** Gemeint sein könnte der Aufsatz »Die gegenwärtige Situation in der Quantenmechanik« von Erwin Schrödinger, der 1935 in der Zeitschrift ›Naturwissenschaften‹ erschienen ist.
1 **Kolleggeld:** Das Kolleggeld war die Gebühr, die für den Besuch einer Vorlesung zu entrichten war.
3 **Hexenprozesse:** Vgl. ›Zeiteinteilung (Max) I‹, Manuskriptseite 50, Maxime, und in diesem Heft die Manuskriptseiten 87, Pkt. 6, sowie 141, Pkt. 4 und 142, Pkt. 17.
8 **heller:** Gemeint ist ein kluger Professor.
13 **Frenkel:** Hier kann nicht Abraham Adolf Fraenkel gemeint sein; vielmehr muss es sich um Else Frenkel handeln. Vgl. ›Philosophie I Maxime 0‹, S. 60, Anmerkung zu Zeile 11 zum Gespräch zwischen Gödel und Else Frenkel am 15. November 1937.
13 **Brunswick:** Der Psychologe Egon Brunswik (Brunswick), der bei Karl Bühler studiert und gearbeitet hat, hatte enge Kontakte zu Moritz Schlick und zum Wiener Kreis. Seine endgültige Ausreise in die USA wird häufig mit 1936 angegeben, er war jedoch Ende Juli 1937 beim dritten Kongress zur Einheitswissenschaft in Paris und davor nachweislich noch in Wien, ehe er am 31. Juli 1937 von Antwerpen aus mit dem Schiff nach New York gereist ist. Vgl. Erläuterung zur Datierung des Blattes oben.
13 **Juristen (Entmündigung):** Vgl. ›Zeiteinteilung (Max) I‹, Manuskriptseite 60, Frage 1.

5 **Zeitgeschichte:** Andere Lesart: Zeitgeschehen
13: ›Fraenkel‹ von der Editorin verbessert in ›Frenkel‹
15 **ausgelassen:** Gödel benutzt hier und anderswo ein Zeichen, das als ›ausgelassen‹ bzw. ›fehlt‹ zu lesen ist, aber keine Gabelsbergersigle ist
15: | vor Aufteilung in verschiedene Fächer

vorbereiten? [Bei jedem Nachdenken in Worten denken oder sogar schreiben.] Was soll ich tun, wenn zu nervös zum Arbeiten?

8.1 Eigene Vorlesungen vorbereiten (falls welche zu halten beabsichtigt) → {*Enquête* über Vorkenntnisse und Begabung der Studenten}. Li*teratur* der Vor*lesungen* und *Aufgaben* über elementare Gegenstände: *Differential*Rechnung; *analytische* Geo*metrie*, Bücher | *FunktionenTheorie*; Al*gebra*; *Zahlen*The*orie*; *Differential*Gl*eichungen*; *Differential*Geom*etrie*? *Variations*Rechn*ung*, al*gebraische* Ku*rven*?

8.2 Beruf*liche* Orientierung (Übungen, *Dissertationen*, elementare Aufgaben).

{8.3 Was ist eigentlich aus meinen Spezialvorlesungen am ehesten interessant? Und für wen? Beziehungsweise wie kann man, ohne dass es interessant ist, Hörer bekommen?}

---

9. Zerstreuung und praktische Angelegenheit*en*: *Rechnungen* machen; Papiere umtauschen; Wohnung suchen; Testament; [Anstand*s*lehre und Kontakt mit Kollegen ++] Anstand*s*lehre, Speisezettel, Zittern, Scham.

Das Wesentliche der neuen Einteilung ist, dass nach der Zeit eingeteilt wird, gleichgültig, welches Resultat in der vorgegebenen Zeit erreicht wird.

Die Unruhe kommt daher, dass ich nicht zu etwas Bestimmtem entschlossen bin, sondern noch während des Handelns zwischen verschiedenen Möglichkeiten schwanke.

---

21 **Anstandslehre**: Andere Lesart: anständig lehren
22 **Anstandslehre**: Andere Lesart: anständig lehren

20 **Zerstreuung**: Vgl. für die expliziten Nennungen des Begriffs in ›Zeiteinteilung (Max) I und II‹ die ausführliche Erläuterung (inklusive Fußnote) zur Liste auf der Umschlaginnenseite von ›Zeiteinteilung (Max) I‹.

Addendum XIV

Beschreibung
Zwei Seiten aus einem karierten Notizblock Nr. 3 der Firma »Rubi«, nach außen hin abgerundete Papierecken, Perforierung oben. Höhe 12,2 cm, Breite 7,0 cm. Schreibwerkzeug: Bleistift. Die Bezeichnung »Addendum XIV« stammt nicht von Gödel. Das Blatt wurde, anders als im Falle der Addenda I bis XII, nicht von Gödel selbst in das Heft ›Zeiteinteilung (Max) II‹ gelegt. Der kleine Notizblock befindet sich im Kurt-Gödel-Nachlass (C0282) in Behältnis 11a, Reihe V, Mappe 73, ursprüngliche Dokumentennummer 050235.

Erwähnte Datierungen in der Mitte des Kalenders: 1. Dezember 1937, 10jähriges Bestehen der Gesellschaft für Parapsychologie in Wien; kurzer Bericht zu den Vorträgen (Blatt 13r bis 15v). Danach Eintrag mit Datum 28. Mai 1936 zur Prager Nationalbank (Blatt 16r und 16v). Dieses Datum könnte sich auch auf einen Vorgang bei der Bank beziehen, muss also nicht das Datum des Eintrages sein. Anschließend Notizen zum Grundbuchamt in Brünn (Blatt 17r). Anschließend zwei Seiten mit Maximen und Bemerkungen.

[Addendum XIV, 17v]
Maximen:
1. In der Straßenbahn nie ohne Buch.
2. Wenn peinliche Gefühle in der Straßenbahn, nicht jemanden anschauen.

Bemerkung: Die wirksame Bescheidenheit {(in der Mathematik)} besteht darin, dass man sich über wenig freut (nicht, dass man sich mit wenig begnügt).

Maxime: In der Mathematik von Zeit zu Zeit einen Rückblick darüber halten, was bisher gemacht wurde.

Maxime: Nicht ununterbrochen über dasselbe nachdenken, selbst wenn es vernünftig ist. Damit wieder einmal ein Erfolg eintritt.

35 **vernünftig**: Andere Lesart: Vernünftiges

[Addendum XIV, 18r]

Bemerkung: Ich leide ebenso unter *positiven* wie unter negativen Hemmungen. Zum Beispiel kann ich schwer aufhören, immerfort über dasselbe nachzudenken.

Maxime: Auch im Kleinen (im Nachdenken über mathematische Fragen) ist es fruchtbar, | nicht zu sehr sich zu beschränken auf das, was zum Ziel führt. (Ebenso, wie mit Geldverdienen dann am wenigsten Aussicht auf Erfolg besteht, wenn man nur darauf konzentriert ist).

7: | zunächst

Addendum XV

Beschreibung

Das einzelne lose Blatt, welches recto und verso beschrieben ist, wurde von Gödel in ›Arbeitsheft 6‹ zwischen die Seiten 64 und 65 gelegt. ›Arbeitsheft 6‹ befindet sich im Kurt-Gödel-Nachlass (C0282) in Behältnis 5c, Reihe III, Mappe 18, ursprüngliche Dokumentennummer 030024. Das lose Blatt wurde aus einem linierten Ringbuch herausgerissen (blaßblaue Linien, roter Rand zur Perforierung hin) und ist am äußeren Rand stark beschädigt. Höhe 21,25 cm, Breite 17,2 cm. Schreibwerkzeug: Bleistift und roter Buntstift. Die Bezeichnung »Addendum XV« stammt nicht von Gödel, die Überschrift lautet vielmehr »*ArbeitsHeft* 6«. Das Blatt wurde, anders als im Falle der Addenda I bis XII, nicht von Gödel selbst in das Heft ›Zeiteinteilung (Max) II‹ gelegt; es ist nicht datiert.

[Addendum XV, 1]
ArbeitsHeft 6 Nicht durch das Eintragen von Einfällen abhalten lassen.

Maximen:
{0. Nicht in allzu großer Exaktheit verlieren (sondern nur so weit, dass du vollkommen überzeugt bist).}
1. Jeden Tag vor Beginn der Arbeit Überblick über das Bisherige, und {genau!} das {ganz Wenige} davon ist an diesem Tag* zu machen.
2. Wenn ein bestimmter Programmpunkt erreicht ist, dann {unterbrechen} wieder über das weitere Programm nachdenken, bis ein Entschluss gefasst ist. (Überhaupt, alle Stunde selbst kontrollieren**, was man tut und ob man das Programm einhält.***)
3. Gespräche im Geist über meine Arbeit veranstalten (mit *Veblen etc.*) oder so tun, als ob schon ins Reine geschrieben würde, wirklich gleich ins Reine, ohne Schmierzettel! Und Ruhepausen! Eventuell alle paar Minuten negative Resultate eintragen. Und darüber, ob es fruchtlos ist, nachsinnen. {Alles *explizit* formulieren.}
{4. Wer tut, was er kann, tut alles, was er kann. (Nichts verachten, weil »zu wenig«.)

* Sonst entsteht im Unterbewusstsein der Glaube, dass alles heute zu machen ist (oder dass das davon zu Machende heute zu machen ist.

** Das heißt, feststellen: A. Unter welchem höheren Ziel arbeitest du? B. Was ist das gerade versuchte Mittel?
*** Eventuell mit Verwendung einer Uhr am Schreibtisch arbeiten.

20 **Maximen**: Einmal mit Bleistift und zweimal mit rotem Buntstift unterstrichen
21 **sondern nur so weit**: Pfeil von hier auf »Nicht durch das Eintragen ...« auf der ersten Linie der Seite

5. Nichtvorwärtskommen bedeutet meistens, dass etwas Falsches geglaubt wird oder dass etwas von einem falschen Gesichtspunkt aus betrachtet wird. <u>Insbesondere: Wann gilt das Programm als durchgeführt?</u> }

9. Für 5: Ich bin eingeladen {und bezahlt}, um: 1. Forschung und Publikationsarbeiten im Gebiet der Grundlagen der Mathematik zu tun in der Richtung, welche mir richtig und vielversprechend scheint; um: 2. meine Kenntnisse und Vorlesungstechnik deutlich zu verbessern, so dass ich dieses Gebiet unterrichten kann (und eventuell – dir überlassen – routinierte Vorlesungen halte).

10. *Hic Rhodos, hic salta.*

11. Wenn die Hemmung weiter besteht, sich in Zorn hineinreden.

12. Die Leidenschaften (z. B. Stolz) sich dienstbar machen.

[Addendum XV, 1v]

Was soll ich tun, um mich zu zwingen, den Vormittag tatsächlich mit mathematischen Arbeiten zu verwenden?:

1. Einhalten von Äußerlichkeiten: Zum Schreibtisch setzen, Heft vor mich hinlegen, aufschlagen an der richtigen Stelle, Bleistift in die Hand nehmen, auf das Heft hinschauen.

→ 2. *a.*) Sich zum Bewusstsein bringen, dass heute nur ein kleiner (| am besten am Vortag festgesetzter*) Teil der Arbeit zu erledigen ist**. Was mit Muße geschehen kann. Wie das …

b.) Überhaupt ist es nicht wichtig, wie viel vorwärts gebracht wurde, weil genug Zeit ist und weil es überhaupt nur darauf ankommt, sich zu bemühen.

→ 3. An die Annehmlichkeiten denken, die daraus folgen (Ruhe am Nachmittag, Beschäftigung mit Theologie *etc.*).

→ 4. An die Unannehmlichkeiten denken, die aus dem Gegenteil folgen (Hast bei der Arbeit, keine Ruhe zu deinen Lieblingsbeschäftigungen).

→ 5. Daran denken, dass du verpflichtet bist: a.) den *Professoren* des *Instituts* gegenüber; b.) gegen dich selbst, da du einmal erkannt

* Und das soll sehr wenig sein.
** Und das nur heute, was morgen sein wird, weiß ich nicht. *Vgl.* vorhergehende Seite!

5 9.: Die Punkte 6 bis 8 fehlen
22: | am besten

12 **Hic Rhodos, hic salta.:** Der Spruch stammt aus einer lateinischen Übersetzung einer Fabel Äsops. Wörtlich übersetzt lautet er »Hier ist Rhodos, hier spring!«. Im übertragenen Sinn bedeutet er »Hier zeige, was du kannst.«
14 **Die Leidenschaften (z. B. Stolz) sich dienstbar machen.:** Vgl. Addendum II, 6, Pkt. 18.

hast, dass es so vernünftig ist und daher die Gefahr besteht: *a.*) Verlust der Stellung, *b.*) sonstige Unannehmlichkeit.
6. Am Tag vorher mit etwas Angenehmem abschließen (d. h., wo keine Entschlusslosigkeit zu befürchten ist).
→ 7. Daran denken, dass die Entschlusslosigkeit bei der Arbeit (und sonstige Schwierigkeiten) mit der Zeit überwunden wird und sonst die Arbeit angenehm ist.
8. (*vgl.* 1.) Genau überlegen: *a.*) was zu tun ist; *b.*) unter welchen Umständen es zu tun ist. Das heißt, die Verhaltungsweise exakt festlegen und feststellen, dass sie | besser ist als alle anderen Verhaltungsweisen. (Das Ausschließen aller anderen ist besonders wichtig.)

10: ›w‹ von der Editorin gelöscht

Kurt Gödel
Time Management (Maxims) I and II

Edited by Eva-Maria Engelen
Translated from German by Merlin Carl

> Nothing that we learn about that fantastic man is too small a detail, since the entire picture is what we seek, and we can't tell in advance what will be important and what will not. *Paul Benacerraf*

Acknowledgments

In terms of the project as a whole, I would like to express my ongoing sincere thanks to the people and institutions mentioned in volume 1 of Kurt Gödel's *Philosophical Notebooks*. The editing of Kurt Gödel's *Philosophical Remarks* has been comprehensively and generously supported by the Hamburg Foundation for the Advancement of Research and Culture. The translation of this volume was again funded by the Dr. August and Annelies Karst Foundation.

For advice and expertise on issues concerning this volume in particular, I would like to thank Christian Brockmann (Hamburg), Merlin Carl (Flensburg/Konstanz), Hans-Joachim Dahms (Vienna), Stephan Dalügge (Cambridge), John W. Dawson, Jr. (York, Pennsylvania), Cheryl Dawson (York, Pennsylvania), Daniel Defert (Paris), Oliver Deiser (Munich), Luc Deitz (Luxembourg), Manfred Landfester (Gießen), Tim Lethen (Helsinki), Brigitte Parakenings (Koblenz), Arianna Sforzini (Paris), Christopher von Bülow (Konstanz), Jan von Plato (Helsinki) and Roland Wittwer (Berlin).

Editorial Notes

The present transcription by Eva-Maria Engelen is a reconstruction of a text that was written in the German shorthand Gabelsberger. This requires grammatical and other additions, which are pointed out to the interested reader in a way that does not impede the reading experience.

The present volume contains an extensive bibliography of works that Gödel read and used for his notes. Details are provided in the bibliography, while brief information is given in the comments. As a rule, I refer to the first edition of the work in question, except where it is apparent which edition Gödel himself used, in which case that edition is given. The literature referred to in the introduction is given separately at the end of the introduction but does not appear again in the bibliography.

References for quotations from Kurt Gödel's Philosophical Notebooks are given by means of the unabridged title and the page numbers of the respective volume if the edited text was available in print. If this was not the case, the manuscript title, as abbreviated by Gödel, and the manuscript pages are given. The manuscript title, abbreviated by Gödel, is also used when reference is made to the manuscript.

Detailed information on the persons to whom Gödel refers directly or indirectly can be found in the index of persons and occasionally in the comments.

In the translation, logical symbols are given in modern notation (with the exception of → and ⊃, for which Gödel's use is maintained), whereas Gödel's notation is preserved in the original German text for the benefit of research on the history of logical notation.

The English translation is typographically similar to the German text. The following are omitted, however: Uncertain readings/the distinction between longhand and shorthand/the optical highlighting of added words and parts of words/the marking of illegible text/the marking of insertions/and almost all non-explanatory comments in the critical apparatus.

Editorial Principles for the Translation of Gödel's Notebooks
In contrast to the German version, multiple underscores are reproduced as single underscores throughout. Words and passages that were crossed out by Gödel are generally omitted, as are most of the editorial comments in the German version concerning alternative readings of certain passages. Insertions are indicated by curly brackets if necessary.

Gödel's pagination of the manuscript pages is reproduced in square brackets. When editorial reference is made to specific places in the notebook, this pagination is used.

Titles of essays, articles, etc., are given in quotation marks, while titles of monographs are given in italics. Details are provided in the bibliography.

Gödel's footnotes, comments	In the present edition, Gödel's footnotes appear as marginalia. This was done in order to facilitate the ease of reading and to make it more apparent that they belong to the text. References and explanations are given as footnotes.

Gödel's "footnotes" in the margins are labeled as follows: single asterisk, double asterisk, triple asterisk, dagger, double dagger, paragraph, alinea (*/**/***/†/‡/§/¶). These symbols appear in the text and at the beginning of the remarks. (†, ‡, § and ¶ are in superscript in the main text and at the beginning of the remarks; this is not the case for † when it appears at the beginning of text in the margin columns.) The marginalia "footnotes" are placed at the height of the respective mark in the text whenever possible; otherwise, they start right after the preceding footnote.

Copyright Permission
The editor is grateful to the Institute for Advanced Study, Princeton, literary executors of the estate of Kurt Gödel, who have granted permission to transcribe, edit, publish and translate manuscripts of the *Maximen Philosophie* by Kurt Gödel found in his *Nachlass*.

Introduction

In the Introduction to *Philosophy I Maxims 0*, we examined the functions and forms of notebook writing, which have remained constant for over two millennia and which hold special importance for understanding Kurt Gödel's *Philosophical Notebooks*. One such function pertains to self-education, self-admonition or self-perfection. This purpose is served in particular by the notebooks *Time Management (Max) I and II*, where we find the core of Gödel's individual ethics. As in the classical tradition to which it belongs, Gödel's ethics is oriented toward the writing individual and his personal perfection and is thus a form of applied ethics.[1] The guiding principle here is 'care of one's own life' and one's own thinking.

As is the case in the notebooks of other authors, Gödel's *Time Management (Max) I and II* features admonitions, imperatives and corresponding maxims directed at the writer himself. In keeping with a widespread tradition in notebook writing, these notebooks are a place for self-education, for developing individual-ethical access to oneself and for giving oneself a set of guidelines for the personal conduct of life. The program of self-admonition, self-obligation and self-perfection that stands behind it is an expression of the Socratic dictum against living an 'unexamined' or unreflective life.[2]

For Gödel, the determining influence on the decision to subject his life to such a form of ethics[3] likely came from one of the two men whom he called his teachers in the Grandjean Questionnaire:[4]

---

[1] In current terminology, the concepts 'ethics' and 'morality', as well as 'individual ethics', are often used differently than they are used here. For reasons that will become clear, I generally follow Heinrich Gomperz's usage.

[2] Plato, *Apology*, 38a. Shaping one's own life is also an anthropological theme. Thus we find the following in Immanuel Kant's *Anthropology*: "[...] that [the human being] has a character he himself creates; in that he is capable of perfecting himself according to the purposes he himself has chosen; and thereby, as an animal endowed with the capacity for reason (animal rationabile) he can make of himself a rational animal (animal rationale) [...]." Kant, *Anthropology from a Pragmatic Point of View*, B 313/A 315.

[3] Gödel describes ethics in *Time Management (Max) I*, manuscript page 21, as an intersubjectively valid discipline. What he means by this, however, is not individual ethics as he practices it in *Time Management (Max) I and II*.

[4] "Grandjean's Questionnaire", in Kurt Gödel, CW IV, p. 447.

namely Heinrich Gomperz.[5] It is unlikely, however, that the stimulus for this form of ethics came from Gomperz alone, since although many members of the Vienna Circle ultimately spoke out against this ethical form for the conduct of life, the question of self-perfection and its role in ethics was one that they certainly discussed.

Sources for the individual-ethical approach in Gödel

In the case of Gödel's approach in *Time Management (Max) I and II*, there are various sources for his individual-ethical view of self-perfection. Chief among these is Heinrich Gomperz's work *The Conception of Life of the Greek Philosophers and the Ideal of Inner Freedom: Twelve Exoteric Lectures*.[6] Gomperz concerns himself at length here with the Stoa and with Epicureanism. Moreover, he introduces the distinction between ethics and morality, which lies at the basis of Gödel's meditations on ethical and moral questions.

---

[5] Cf. Heinrich Gomperz, *Die Lebensauffassung der griechischen Philosophen und das Ideal der inneren Freiheit. Zwölf gemeinverständliche Vorlesungen* (hereafter: *Lebensauffassung*), pp. 19, 222 ff. and 232, where Gomperz indirectly suggests a fundamental distinction between ethical judgments and demands (placed by individuals upon themselves) and moral demands (placed by individuals upon each other) and lays out the ethical concept of 'duties of perfection'. In Gödel's notes from Gomperz's lecture on the history of European philosophy, which Gödel attended in the winter semester of 1925/26, we find the following remark on manuscript page 49 under the heading "Stoics": "Fundamental thought of the Stoics: the human being should incorporate himself into the entire world and affirm it without qualification. It is a perfect world. One ought to view everything as good. They divide their doctrine into three parts: ethics [is the] main part; [it] provides the doctrine of life. Physics = theoretical justification of ethics, in which the world and the place of mankind are recognized. Logic shows how we know that it is thus and what demand and science these doctrine[s] can make. Corresponding to importance: ethics ⇒ physics ⇒ log[ic]. The order of study: logic ⇒ physics ⇒ ethics" (Gödel *Nachlass* box 6b, series III, folder 72,5 initial document number 030100.4). According to Christoph Limbeck-Lilienau and Edwin Glassner, other members of the Vienna Circle and its periphery also attended Gomperz's lecture on the history of European philosophy, including Egon Brunswick, Herbert Feigl, Karl R. Popper and Rose Rand. Gödel is missing both from their list and from Maria-Elena Schimanovich-Galidescus's list of the lectures Gödel attended. It is possible that Gödel attended the lecture without being officially registered. The lectures by Gomperz that are entered in Gödel's university transcript include "Overview of the Main Problems of Theoretical Philosophy" in the winter semester of 1924/25 and in the following summer semester, although no corresponding lecture notes are to be found in Gödel's papers.

[6] Heinrich Gomperz, *Lebensauffassung*. The work first appeared in 1904 and was available to Gödel in the expanded edition of 1927.

There are obvious parallels to related differentiations by members of the Vienna Circle.[7] This is hardly surprising, however, since the Gomperz Circle and the Vienna Circle, to which Gödel belonged for a time, were closely affiliated.[8]

Gomperz identifies the duty of self-perfection as the most important ethical ideal for the imperfect human being;[9] ethical duties are in fact, according to him, duties of perfection.[10] At the basis of this is his definition of 'ethics' and 'morality', according to which ethics consists of demands placed by the individual upon himself in the sense of an ideal of character formation, while morality must take into consideration not only the individual but also the interests of others and of the larger community.[11] This is reflected in the following quotes from Heinrich Gomperz and from his father, the influential classical philologist Theodor Gomperz:

> There are namely thinkers enough whose answer to what we have demonstrated thus far would be: "All that is only just the first half of morality; it refers only to the individual himself and is [an example of] so-called individual ethics, a sort of doctrine of mental health (hygiene), or, in the words of a Socratic, it is the demand of justice toward oneself; but beside this there must also be justice toward others, the so-called social ethics."[12]

---

7   Among the members of the Vienna Circle and among other affiliated figures such as Gomperz, the general rejection of universal morality is easy to demonstrate. Cf. recently Anne Siegetsleitner, *Ethik und Moral*.

8   Cf. Friedrich Stadler, *Vienna Circle*, pp. 235–243, and Anne Siegetsleitner, *Ethik und Moral*, p. 23, footnote 13, pp. 112 and 333. On Gomperz's relation to and stance toward the Vienna Circle, see also Friedrich Stadler, *Heinrich Gomperz, Karl R. Popper, and the Vienna Circle: Between Demarcation and Family Resemblance*, pp. 235–276. Also: Friedrich Stadler, *Heinrich Gomperz und Karl Popper im Kontext des Logischen Empirismus*, pp. 4 ff. and p. 6.

9   Heinrich Gomperz, *Lebensauffassung*, p. 221: "The ethical ideal demands of the imperfect human being that he perfect himself" (ibid., p. 243). The ideal of 'moral perfection' appeared previously in *Griechische Denker*, p. 19, the history of ancient philosophy written by Heinrich Gomperz's father, Theodor Gomperz.

10 Heinrich Gomperz, *Lebensauffassung*, p. 222.

11 Heinrich Gomperz, *Lebensauffassung*, pp. 222 ff.

12 Heinrich Gomperz, *Grundlegung der neusokratischen Philosophie*, p. 86. 'Hygiene' is a concept that stems from the Greek (ὑγίεια, hygíeia), which is reproduced alongside 'dietetics' (δίαιτα, díaita).

If we take individual morals to mean mental hygiene and further follow Aristotle in taking this to mean [...] avoiding all extremes, harmoniously developing one's talents, then the natural religion of the Greeks complied with the demands of such an individual morality like almost no other. Its shortcomings become apparent on the ground of social morals.[13]

The examples in Heinrich Gomperz's *Conception of Life* are particularly suggestive because we find them again in Gödel's *Time Management (Max) I and II* in the form of maxims directed at the author himself. They have to do with such things as rules for taking walks and eating – themes, that is, that likewise appear in Seneca's *Epistulae morales* and in dietetics, which comprises the entire plan for the conduct of life. As a historian of ancient philosophy, Gomperz was well acquainted with this material, and he also explains why dietetics is not a question of universally valid moral precepts. The latter must be universally derivable, whereas the former are merely rules for how to lead one's own life, which the individual can reasonably use once he or she has recognized them as correct.[14]

Seneca's *Epistulae morales* are a good illustration of this, for they present a code of practice that, instead of positing normative guidelines, attempts to convince by means of illustration, comparison and example. In what follows, we will therefore consider in some depth the teachings of Seneca and the classical tradition concerning the conduct of life. This will lay the groundwork for a more profitable reading of Gödel's maxims and observations in *Time Management (Max) I and II* than would be the case if they were to appear merely as the products of an eccentric. Read against the backdrop of the classical tradition, Gödel's notes reveal their internal coherence. Such a procedure thus recommends itself, even though there are only indefinite indications that Gödel was famil-

---

13   Theodor Gomperz, *Griechische Denker*, vol. 2, p. 322. According to Theodor Gomperz, individual morality and social morality have nothing to do with each other; cf. ibid., p. 369. The bridge between social morality and mental hygiene is altruistic feeling. Cf. ibid., p. 413.
14   Heinrich Gomperz, *Lebensauffassung*, p. 224 and pp. 227 ff.

iar with the primary sources in Seneca[15] or Marcus Aurelius[16] or that he studied the relevant classical literature on dietetics. His familiarity with the secondary literature on these themes, however, can be clearly demonstrated.

Thus Gomperz, in his explanations of perfection as an ethical ideal, examines in detail the positions of the Stoics. He recommends studying the works of Seneca, Epictetus and Marcus Aurelius.[17] It thus comes as no surprise that in one of his scrupulously composed bibliographies on philosophy, Gödel lists Marcus Aurelius' *Meditations*,[18] as well as the reception of Epictetus by Leibniz.[19] In Gödel's notes from Gomperz's lecture on the history of European philosophy, we also find a reference to Seneca's *Epistulae morales*.[20]

Another source for Gödel's engagement with Stoic and Epicurean ethics is Cicero's *De finibus bonorum et malorum*,[21] which, along

---

15   A reference to Seneca's *Epistulae morales ad Lucilium* and other of his writings can be found in "History Notebook 4" from 1942 or earlier on manuscript page 42 (Gödel *Nachlass*, box 5d, series III, folder 36, initial document number 030054); further references to Seneca are in "History Notebook 6" on manuscript page 30 (Gödel's *Nachlass*, box 5d, series III, folder 38, initial document number 030056); and in box 10b, series V, folder 44, initial document number 050146.
16   References to Marcus Aurelius can be found in "History Notebook 4" from 1942 or earlier on manuscript page 51 (Gödel *Nachlass*, box 5d, series III, folder 36, initial document number 030054); in "History Notebook 6" on manuscript page 30 (box 5d, series III, folder 38, initial document number 030056); and in box 10b, series V, folder 44, initial document number 050146, there is an undated slip of paper on which it reads: "read: IV Marcus Aurelius".
17   Heinrich Gomperz, *Lebensauffassung*, p. 195.
18   "Literature, Philosophy (History)", in Gödel *Nachlass*, box 9b, series V, folder 5, initial document number 050024; there, Point 1 in square brackets.
19   In "Literature Philosophy (1936–1940)" in Gödel *Nachlass*, box 9b, series V, folder 5, initial document number 050024; there, Point 37. See for Epictetus also: box 5d, series III, folder 38, manuscript page 30. See for Epictetus also: box 5d, series III, folder 38, manuscript page 30.
20   Heinrich Gomperz's lecture on the history of European philosophy from the winter semester of 1925/26, manuscript page 6: "Römische Philosophen gibt es nur drei: Lukretz, Cicero Dialoge, Seneca Briefe." (Gödel *Nachlass*, box 6b, series III, folder 72.5, initial document number 030100.4.) The name 'Seneca' in "Classical Latin Authors" (box 3, series V, folder 14, initial document number 050068 of the Gödel *Nachlass*) refers, however, to Seneca the Elder.
21   Gödel used the 1909 edition by Winifred Margaret Lambert Hutchinson, of which he remarks in his notes in Gabelsberger script: "Legible print, notes not worth much." In terms of content, he merely observes that "[t]he 5th book appears to be the most interesting". This book is concerned above all with illustrating the doctrine of Antiochus of Ascalon, and thereby with

with other works by the same author, Gödel worked through completely. Since he had also read Theodor Schiche's introduction to *From Cicero's Philosophical Writings*,[22] he likely assumed that in *De finibus bonorum et malorum* Cicero was concerned not with laying out an ethical approach of his own but rather with tracing the ethical positions of Epicurus and the Stoics. In the current scholarship, it is emphasized that this work is the most reliable source available for the ethical positions of the first century BC.[23]

It can be shown that Gödel studied Stoic doctrine using other secondary literature as well[24] and that, in *Time Management (Max) I and II*, he put it into practice for himself as an ethical code for the conduct of life. In this way, he follows the tradition of understanding ethics as a set of guidelines for the conduct of life.[25]

For the ethical approach to self-perfection, Leibniz might also have served as a role-model, as shown for instance in "Fragment 140: On the perfection of man".[26] Gödel was familiar with this as a reprint in Gerhardt's edition of Leibniz's philosophical

---

pursuing the question of the soul and its relation to the body, but also with love of knowledge, the relation between virtue and self-love, the relation between virtue and community, and knowledge as the highest good. Gödel's notes on his reading of Cicero are located in box 9c, series V, folder 14, initial document number 050069.

22 *Aus Ciceros philosophischen Schriften*. The volume is found in Gödel's private library. Cf. in particular pp. 5, 8 ff. and 13. As Schiche has it on pp. 12 ff.: "[...] so sind es 'Akademische Untersuchungen' (Academica), die die Frage behandeln, inwieweit für den Menschen Erkenntnis möglich ist und wie sie zustand kommt. [...] So schloß sich denn auch bei Cicero an die Academica sogleich diejenige Schrift an, die die Grundfragen der Sittenlehre untersucht. [...] Hiervon handelt die Schrift 'Vom höchsten Gut und Übel' (De finibus bonorum et malorum libri quinque)." Both of the works by Cicero that Schiche mentions here were read by Gödel.

23 Cf. Julia Annas, "Introduction", p. 2.

24 Gödel's private library contains a copy of Albert Schwegler's *Geschichte der Philosophie im Umriss*, 16th edition, Stuttgart (Frommanns) 1905. Gödel's underlining is to be found in this volume only in the chapters on Aristotle and Stoicism, in particular on pp. 121–123. I discuss this in more detail below.

25 Heinrich Gomperz, *Lebensauffassung*, p. 234.

26 Gottfried Wilhelm Leibniz, "De vera hominis perfectione", No. 140, in *Sämtliche Schriften und Briefe*, vol. VI, 4, subvol. A, pp. 583–584. The fragment is accompanied by a note from the editors indicating that the text was possibly intended as an introduction to Leibniz's *scientia generalis*. On the *scientia generalis*, see among others Louis Couturat, *La science générale*; Heinrich Scheppers, *Scientia generalis*; Hans Poser, *Leibniz und die Einheit der Wissenschaften*; Christian Thiel, *Scientia generalis*; and Arnaud Pelletier, *The Scientia Generalis and the Encyclopaedia*.

writings.[27] The fact that Gödel encountered Leibniz's thoughts on the perfection of the individual as a prolegomenon to the *scientia generalis* is significant: For him, the concept of individual perfection was from the very beginning bound up with the perfection of the sciences and of thinking per se. Moreover, in Friedrich Jodl's *History of Ethics*, there is likewise a reference to the concept of perfection in Leibniz.[28] As is well known, Jodl was an important reference figure for several members of the Vienna Circle,[29] and thus Gödel was likely familiar with his works as well.

The fragment "De vera hominis perfectione" is a prolegomenon or introduction to Leibniz's *scientia generalis*, which we will consider shortly. It foregrounds the perfection of individual reason when the point is to become happy and to attain an imperturbable soul; this is distinct from the perfection of thinking scientifically so as to achieve progress and increase the happiness of mankind, as is the intention behind a *scientia generalis*.

Nevertheless, the concept of self-perfection does have a function in Leibniz's philosophy. It links up in his monadology with the Aristotelean doctrine of perfection and of entelechy. With entelechy, as with self-perfection, the concern is to reach an inherent goal or, as the case may be, an immanent perfection that must be striven for. The process of perfection is one of self-realization, and felicity is only reachable when it succeeds. Leibniz takes up this ancient idea with the concept of the monad. Entelechy or *perfectio* refers in Leibniz to the inner state of the monad, although one must remember that all life forms are monads, and thus too every individual 'I'. The monad changes itself in its perfection by means of its perceptions and its appetitions.

---

[27] In the Leibniz edition by Carl Immanuel Gerhardt, *Philosophische Schriften*, vol. 7, 1890, pp. 46–48. There the fragment is included in chapter 1, which bears the title "Praecognita ad encyclopaediam sive scientiam universalem". Since the fragment belongs to section I in the Gerhardt edition of Leibniz's philosophical writings, it can be shown that Gödel read it. On this cf. his notes in the Gödel Nachlass, box 10a, series V, folder 35, initial document number 050130.

[28] Friedrich Jodl, *Geschichte der Ethik*, vol. 1, Stuttgart/Berlin (Cotta'sche Buchhandlung) 1906, 2nd edition, pp. 517–521. Jodl also demonstrates that Leibniz's ethics is independent of both his metaphysics and his theological investigations.

[29] Jodl's definitive role with regard to the Vienna Circle is discussed by Anne Siegetsleitner in chapter 4.3 ("Engagement in überparteilichen Organisationen") of her monograph *Ethik und Moral*, pp. 70–84.

Furthermore, the concept of perfection or self-perfection is mentioned or discussed, whether in agreement or disagreement, by several members of the Vienna Circle (indeed surprisingly many), including Karl Menger, Victor Kraft, Herbert Feigl and, indirectly, Rudolf Carnap.[30]

1) Karl Menger's stance toward the justifications of norms of ethical self-perfection is fundamentally skeptical, but he mentions them and points out that one is dealing here with determinations that cannot be further justified.[31]

2) Victor Kraft maintains that the objects of an individual ethics are happiness and the meaning of life. Nevertheless, he rejects the advice of the Stoics and the Epicureans because personal perfection cannot, in his view, be demanded from outside.[32]

3) Herbert Feigl, probably Gödel's closest friend in the Vienna Circle, adduced years later the principles of justice, benevolence, brotherhood, love and self-perfection as guidelines for a scientific humanism, which in his view ought to be consulted in philosophy and education as purely pragmatically justifiable maxims.[33]

4) Furthermore, albeit with one reservation, we might include remarks by Rudolf Carnap in his autobiography. This reservation relates on the one hand to the fact that Carnap does not explicitly use the concept of perfection or self-perfection. He merely speaks of the most important task of the individual, which he sees as consisting in the development of personality and in the establishment of fruitful relationships with other human beings.[34] On the other hand, the reservation has to do with the publication date of the autobiography in the Schilpp volume (1963). By that year, Gödel had already ceased working on the *Maximen Philosophie* for some time.

---

30   The specifics here, with the exception of Rudolf Carnap, are taken from Anne Siegetsleitner's monograph *Ethik und Moral*.
31   Cf. Anne Siegetsleitner, *Ethik und Moral*, p. 187.
32   Cf. Anne Siegetsleitner, *Ethik und Moral*, p. 382. The corresponding pronouncements by Kraft are from his 1968 work *Die Grundlagen der Erkenntnis und der Moral*. Gödel cannot have known of it at the time he was practicing his own individual ethics. Kraft's statements do, however, provide a retrospective impression of the views held by members of the Vienna Circle.
33   Cf. Anne Siegetsleitner, *Ethik und Moral*, pp. 389, 393, 401, 411. Herbert Feigl's remarks are from 1974; thus with them, as with those of Victor Kraft, it is important to remember that they illustrate the position of the Vienna Circle only retrospectively. With reference to scientific humanism, Feigl points out that these guidelines cannot be further justified.
34   Cf. Anne Siegetsleitner, *Ethik und Moral*, p. 93. Rudolf Carnap, "Intellectual Autobiography", p. 9.

As an autobiography, however, Carnap's book is a work of reconstruction and remembrance.[35] We can therefore presume that he reaches back to concepts from the past that, over the course of his life, his thinking and his intellectual exchanges, continually played a part. The same goes for remarks by Kraft and Feigl on ethics.

5) As is well known, Ludwig Wittgenstein did not belong to the Vienna Circle but nevertheless exerted a strong influence on some of its members and their discussions. Wittgenstein's practice of keeping a diary is also described in the scholarship as a method of self-perfection and of searching for clarity in both personal and philosophical matters. Thus keeping a diary becomes, for Wittgenstein, just as much a passing of judgment upon oneself as an approach to the unutterable, the ethical. This striving for inner purity and self-perfection, for personal and philosophical clarity, is in Wittgenstein an ethical form of behavior, which manifests itself in his diaries.[36]

What role does the concept of self-perfection play for these authors? What role does it play for Gödel?

While Heinrich Gomperz is concerned with the ethical ideal of self-perfection as a historian of philosophy and as a theoretician, Gödel leaves the theoretical arguments to the side and realizes it for himself in practical terms by drafting, as it were, a modern version of Seneca's directives for self-empowerment through the correct management of time. Gomperz affirms, at least in terms of academic description, the idea that one's life is the material of the art of life, but Gödel practices an applied *Lebenskunst* with his own life as a medium. From his teacher he adopts the ethical ideal of self-perfection because he views himself as imperfect and possibly also in need of therapy. As a consequence, and as he would have seen in Gomperz and others, he puts the Stoic program for the conduct of life and for self-perfection into practice in his own life.

---

35 Cf. Anne Siegetsleitner, "Carnaps Autobiographie als Autobiographie".
36 Cf. Ilse Somavilla, "Wittgensteins Tagebuchschreiben als Weg der Vervollkommnung und Suche nach Klarheit".

He simply bypasses Gomperz's academic theses on the Stoics and self-perfection.[37]

From the very beginning of his *Epistulae morales ad Lucilium*, Seneca makes clear how important self-improvement or self-perfection is for him (Ep. Mor., 5,1). This form of striving belongs to philosophy and concerns even incidental matters: of course one should place special importance on mental perfection, but one should tend equally to one's external appearance (Ep. Mor., 5,2). Even this aspect crops up again in Gödel's *Time Management (Max) I and II*, and the care Gödel took in dressing himself is well known.

In Seneca, the perspective of self-perfection goes beyond this: one ought to fully develop one's faculties and gifts. Later, Seneca supplements this aspect with a therapeutic approach. The question is then no longer merely one of becoming that which, in accordance with our innate faculties and as the result of effort, we might become, but of healing ourselves – for we are sick. Soliloquy can serve this latter purpose, for it aids us in examining ourselves (Ep. Mor., 27,1).

Several motifs from Seneca's *Epistulae morales* reappear in Gödel's *Time Management (Max) I and II*. In the first instance, one must of course mention Seneca's admonition to Lucilius not to waste time or to do anything that does not serve the development of his faculties (Ep. Mor., 1,1). Seneca's indirect advice to Lucilius is therefore to keep tabs on how he spends his time so that he can at least account for how it has been used (Ep. Mor., 1,4). Gödel, by contrast, keeps account not of how he has spent his time but of how he ought to spend it, thus affirming the ethics of time. He lays out plans for when this or that is to be done or to be read. Seneca, too, enjoins his reader to take care to read good material and to read it well (Ep. Mor., 2,1 and Ep. Mor., 2,4), and he does so in a section containing admonishments about finding peace and quiet and avoiding agitation (Ep. Mor., 2,2).[38] Even Seneca's reference to the study of the philosophical tradition and its authors (Ep. Mor., 84) has its parallel in Gödel, since, as we have already seen in *Phi-*

---

37 According to Heinrich Gomperz, the Stoics cannot justify any moral laws. The wise man, as a perfect human being, can claim no further self-perfection. Heinrich Gomperz, *Lebensauffassung*, pp. 226 and 237.

38 In the context of his engagement with Epicureanism, Heinrich Gomperz also mentions the worthy goal of achieving inner peace. Cf. Heinrich Gomperz, *Lebensauffassung*, p. 266.

losophy I Maxims 0, Gödel made thorough lists in this regard. He continues these lists in *Time Management (Max) I*.

As has been shown above, the concept of perfection (or self-perfection) appears among the works of several of the members of the Vienna Circle. There, it was assigned to the area of individual ethics, which, in the unanimous opinion of the membership, could no more be justified than universal moral precepts could. For Herbert Feigl, a principle such as self-perfection belongs to the fundamental ethical norms that can still be justified pragmatically to the extent that, when followed, they lead to the satisfaction of the needs of all human beings.[39] While philosophers like Feigl granted the principle of self-perfection a desirable function within the framework of a scientific humanism, other philosophers who were on the periphery of the Vienna Circle, such as Victor Kraft, rejected this.

It remains to be seen whether, in addition to an individual ethics, Gödel also advocates an ethics that he attempts to justify. Nor is it possible in the current state of the research to determine whether Gödel locates the foundation of such a doctrine, assuming he posits one, in philosophy alone.[40]

For Gödel, the good is a philosophical concept (*Max X*, manuscript page 70), and in the manner of the Epicureans (and of Leibniz as well), he equates it with pleasure and happiness. This in turn reminds one of the way in which Epicureanism was received within the Vienna Circle by Moritz Schlick and Otto Neurath, who by no means sought to undertake a justification of morality.[41] As far as Gödel's reception of the concept of happiness is concerned, it may come as a surprise that he managed, on top of everything else, to gain some practical advantage from it, and this not only in an intellectual sense (as was the case, for example, with Leibniz). Among other things, Gödel's choice of spouse may serve as evidence of this.[42] Other clues can be pointed to in this regard, such as the re-

---

39   Anne Siegetleitner, *Ethik und Moral*, p. 401.
40   According to Gödel, there are moral states of affairs (*Philosophy I Maxims 0*, p. 200 as well as *Time Management (Max) II*, manuscript page 117), and we can perceive the morally good through the feelings (*Max VI*, manuscript page 389). This would seem to suggest that Gödel advanced a moral philosophy that was distinct from the individual ethics of self-perfection.
41   Although Schlick absolutely wished to identify morality as an instrument for individual happiness.
42   On Adele Porkert, cf. John W. Dawson Jr., *Logical Dilemmas*, p. 34, as well as *Kurt Gödel. Das Album/The Album*, p. 59.

verse side of a 1932 library loan slip from the Vienna University Library, on which Gödel wrote, "Rose Rand, I kissed her once."[43]

It was certainly not only by way of Gomperz's discussions that Epicurus entered into Gödel's field of vision: several members of the Vienna Circle were for their own part also interested in the ancient philosopher. Thus, in Carnap's diary entry from January 16, 1927, we read: "Evening at the Neuraths. Of Aristotle and Epicurus, the priest and the scientific thinker. (My idealistic clubfoot!)."[44] It is also well known that Schlick left a manuscript fragment with the title "The New Epicurus". In Neurath's social Epicureanism, the ultimate concern is with the fundamental principles of life that deal with the human being and his happiness. Neurath connects this philosophical position to Marxism, which on his reading places the human being's happiness in the foreground to the same degree.[45]

The meaning of the concept of perfection for the *Maximen Philosophie*

Self-perfection is, as we have seen, a form of practice that falls within the realm of individual ethics. Furthermore, in the Stoic tradition, it also serves a therapeutic purpose. By contrast, the perfection of reason, of thinking and of the sciences is intended to serve the good of all humanity and to lead to improved living conditions for everyone. This aspect of the concept of perfection goes beyond the framework of individual ethics.

A prominent representative of the concept of the perfection of thinking for the good of all is Gottfried Wilhelm Leibniz, who sought to perfect reason and the sciences by developing and implementing what he called a *scientia generalis*.

Gödel's *Maximen Philosophie* embody an attempt to realize both ideas of perfection: 1) in *Time Management (Max) I and II*, the individual-ethical idea of self-perfection with its therapeutic implications; and 2) in the totality of the *Max-Phil* notebooks, the idea

---

43 It should be noted that Gödel did not merely kiss Rose Rand but also recorded (and presumably read) her dissertation on the Polish logician Tadeusz Kotarbiński in his *Literatur Philosophie 1936–1940* (Gödel *Nachlass*, box 9b, series V, folder 5, initial document number 050024). Rand's dissertation was completed in 1937.
44 Transcription by Brigitta Arden and Brigitte Parakenings.
45 Cf. Anne Siegetsleitner, *Ethik und Moral*, p. 215.

of the perfection of thinking in the writing subject, of reason and of the sciences.

1. Self-perfection and individual ethics:
Time Management (Max) I and II
In both notebooks that bear the title *Time Management*, we thus find Gödel's individual ethics, the purpose of which lies in the self-perfection for which he strove in his professional and personal life. In the notebooks, he formulates the relevant maxims (admonitions) carefully and deliberately and sets himself – as was also customary in the Stoic tradition – the task of reading them again and again (which the evidence shows he in fact did). He writes out the maxims that are of special importance to him repeatedly and undertakes to read them for the purposes of collecting his thoughts and intensifying his concentration before turning to his actual academic work.

The practices and habituations by which Gödel conducted his life are a means of self-reflection, and thus their motivation is entirely philosophical. He hoped with their help to give his life a stable, clearly arranged and orderly form, which in turn would furnish him with security, peace of mind and equanimity in matters both personal and professional. This is the therapeutic effect. Beyond this, however, the orientation toward self-determined maxims and admonitions was also intended to help him advance his academic work itself. One can see this clearly in the numerous maxims related to improving his mathematics lectures and talks, in which he reflects upon what a lecture in mathematics ought to achieve, what it ought to offer students, and what assumptions it ought to make about its audience's knowledge.

Alongside these concerns, numerous maxims deal with the possibility of obtaining an academic position in mathematics or in the non-academic sector in order to earn a living. These maxims attest to Gödel's anxieties about the future, even in the late 1930s, a time when he was already counted among the greatest mathematicians of his generation. They also demonstrate the degree of acuity he brought to bear on these questions, along with his not inconsiderable sociological talent. Gödel was well aware of the fact that achievement alone is not sufficient to obtain an academic position; he therefore listed factors that have nothing to do with achievement but that nevertheless play a role in academic employment, such as nepotism and the consolidation of schools of thought.

The notebooks that are oriented toward individual ethics are not merely of interest to readers concerned with Gödel as a thinker, nor even to those who are eager to gain a perspective on a modern form of Stoic admonition and practice as lived ethics. The significance of this approach goes much further, extending over the entire corpus of the *Maximen Philosophie*. It is therefore necessary to consider each of the aforementioned aspects of the concept of perfection more closely: the ethical aspect of self-perfection, as well as the aspect of the perfection of reason and the sciences.

2. The perfection of reason through the *scientia generalis*
Leibniz's *scientia generalis* is intended to serve not only the renewal, growth and expansion of the sciences, but also the perfection of the mind and the general felicity of humankind.[46] Although the concepts of perfection and felicity are also relevant to Gödel's individual-ethical approach, they have a different meaning in the framework of the *scientia generalis*. Among other functions, and by working out the common fundamental principles (*initia*) of the various individual sciences (*specimina*), the *scientia generalis* offers them a common foundation and a common structure, thus making collaboration between the disciplines possible. Among the *specimina* are grouped all of the natural sciences, mathematics and the value-oriented sciences, such as jurisprudence and theology. By contrast, the *initia* include, for example, the *grammatica rationalis* and logic. In order to elaborate the common fundamental principles of the *specimina*, the task in the *scientia generalis* is to discover the simple concepts, namely, the basic elements of thinking. Admittedly, it was clear even to Leibniz that this was a goal that human beings would never fully achieve.

It has been shown that Gödel dealt intensively with this aspect of Leibniz's philosophy. In box 10a, series V, folder 35 of the Gödel *Nachlass*, we find, right on the first page, unambiguous references to this. Here Gödel notes which chapters in Volume VII of the Gerhard edition of Leibniz's philosophical writings contain the *scientia generalis* and which contain the *characteristica*. Subse-

---

46 Thus runs the title of one of the fragments related to the *scientia generalis* (Akademie edition): *Sämtliche Schriften und Briefe*, vol. VI, 4, Teilband A, Philosophische Schriften, p. 527.

quently, he records which of the respective sections he has read. On the *scientia generalis*, he read everything but sections VI and IX.

What does this mean for the question of the degree to which the *Maximen Philosophie* function not only as an ethical but simultaneously as an intellectual instrument of perfection? Leibniz's *scientia generalis* is an encyclopedic universal or unified science, in which all sciences have their place. Through the perfection of reason, it is to serve the happiness of mankind.[47] Reason is to be so perfected that it recognizes and realizes the good.[48] It is the purpose of the human faculties to contribute to the attainment of happiness,[49] and wisdom is nothing other than the science of happiness.

For personal happiness and wellbeing, the individual must look to himself. When it comes to the happiness of all, however, according to Leibniz, one must labor toward the perfection of reason, i.e., of the sciences within the framework of a *scientia generalis*. The *scientia generalis* contributes to the advancement of the sciences and thus to the wellbeing and happiness of all of humanity. The happiness of the individual and the common happiness are further distinguishable in that the individual experiences this happiness the moment he achieves it, whereas the happiness of all is dependent on the progress of science and thus on whether the sciences serve all of humanity.

For Gödel, the *scientia generalis* could have been a model for bringing the diverse disciplines under one roof. The manner in which he relates the various discipline-specific remarks to each other (often by analogy) suggests that he had in mind a *scientia generalis* for the perfection of the sciences. The idea of perfection relates in this case to the perfection of thinking.

The success of the individual-ethical approach is independent of whether the unity of the sciences has been achieved, since within the individual-ethical approach even the effort involved in the perfection of the self has meaning.[50] The success of the perfection of thinking in the sciences, by contrast, depends upon whether the *scientia generalis* has been successfully founded.

---

47 Heinrich Schepers, *Leibniz*, p. 90.
48 Heinrich Schepers, *Leibniz*, p. 93.
49 Cf. Hans Poser, *Leibniz' Philosophie*, p. 299. "Scopus autem omnium nostrarum facultatum est felicitas", in *Initia scientiae generalis*, A VI vol. 4, p. 364.
50 Heinrich Gomperz characterizes Stoic ethics for this reason as a playful notion of ethics. Cf. idem, *Lebensauffassung*, p. 234.

The extent to which Leibniz's *scientia generalis* represents a model for Gödel's *Maximen Philosophie* will become evident in the forthcoming volumes. Gödel did not encounter this theme in Leibniz alone, however, but equally within the Vienna Circle, since Leibniz's *scientia generalis* is at the very least comparable to the *Einheitswissenschaft* ("Unified Science") of the Vienna Circle.[51] The title of a well-known series of publications by the Vienna Circle from 1933 to 1939, *Einheitswissenschaft*, was later changed to *Library of Unified Science*;[52] there was also the *International Encyclopedia of Unified Science*.[53] The parallels go beyond purely linguistic similarity, however, for the *Einheitswissenschaft* of the Vienna Circle, very much like Leibniz's *scientia generalis*, was to be an encyclopedic universal or unified science.[54]

While the idea of self-perfection held no special significance for the Vienna Circle, the idea of progress, and thus of the happiness of all of humanity – achievable not least by means of an encyclopedic foundation for the sciences – certainly did. At the same time, knowledge is of central importance not only to the idea of the perfection of a unified science or *scientia generalis* but also to an individual ethics based on the Stoic model.

---

51   Cf. Hans Poser, *Leibniz und die Einheit der Wissnschaften*, as well as Martin Schneider, *Weltkonsitution durch logische Analyse. Kritische Überlegungen zu Leibniz und Carnap*. Schneider proceeds from the assumption of the theoretical comparability of the *scientia generalis* and *Einheitswissenschaft*, although their fundamental philosophical positions are contrary: Leibniz sought to found a metaphysics, while Carnap sought to abolish metaphysics. Ibid., p. 69.
52   The editors were Otto Neurath, Rudolf Carnap, Philipp Frank, Jørgen Jørgensen and Charles W. Morris.
53   Here the editors were Otto Neurath, Rudolf Carnap and Charles W. Morris.
54   Gödel made several annotations and underlinings in his personal copy of Victor Kraft's monograph, *Der Wiener Kreis. Der Ursprung des Neopositivismus. Ein Kapitel der jüngsten Philosophiegeschichte*, Vienna (Springer) 1950. On page 3, he underlined "Erkenntnis" and marked the underlined word with a "1"; he underlined "Veröffentlichung des Vereins Ernst Mach" and marked this with a "2"; on page 4, he underlined "Einheitswissenschaft" and marked it with a "3"; and on page 5 he underlined "Enzyklopädie Einheitswissenschaft" and marked it with a "4".

Taking care of one's own life

Heinrich Gomperz emphasizes that ethical duties are duties of self-improvement and that imperfect human beings have a duty to perfect themselves and to make progress from an ethical point of view.[55] As a set of demands placed upon the self, ethics serves to shape one's character and ought to be directed at the question of how to lead one's life.[56] The 'care of one's own life' thus stands at the center of any individual ethics.[57]

Like Foucault's later "care of the self", Gomperz's 'care of one's own life' is a translation of the ancient Greek concept of *epiméleia heautú* (effort on one's own behalf),[58] which consists not least in a method for directing attention toward one's own thinking and for noticing what takes place there. According to Gomperz, the care of one's own life belongs to mankind's "singular activities" (*eigentümliche Tätigkeiten*).[59] The self becomes a task the aim of which is to become what one can and should be. In other words, one is not by default what one ought to be; rather, one must do something to become it. Knowledge concerning these "singular activities" is, in Gomperz's view, the perfection of human nature (virtue): they must arise from a conduct of life that rests on fundamental principles and must therefore be systematically conjoined – not left as isolated, arbitrary actions.[60]

A conduct of life founded on principle and carefully considered thus involves reflective actions and yet also comprises such mundane matters as rules for "the reasonable taking of walks" and "the proper payment of debts": "Whoever, regardless of his situation, undertakes the 'correct action' lives 'in harmony with nature', and

---

55 Heinrich Gomperz, *Lebensauffassung*, p. 221.
56 Heinrich Gomperz, *Lebensauffassung*, pp. 223 and 225.
57 Heinrich Gomperz, *Lebensauffassung*, p. 227.
58 Michel Foucault read and received several of Heinrich Gomperz's writings. Thus, in *Lectures on the Will to Know*, p. 69, Foucault quotes Heinrich Gomperz's *Sophistik und Rhetorik. Das Bildungsideal des εὖ λέγειν in seinem Verhältnis zur Philosophie des 5. Jahrhunderts*, which is there erroneously attributed to Theodor Gomperz. According to Arianna Sforzini, in one of his unpublished works from 1953–54 titled *Psychologie et phénoménologie* (NAF 28730, box 46), Foucault also quotes Heinrich Gomperz's *Zur Psychologie der logischen Grundtatsachen*, Leipzig/Wien (Deuticke) from 1897.
59 Heinrich Gomperz, *Lebensauffassung*, p. 227.
60 Heinrich Gomperz, *Lebensauffassung*, pp. 227 ff.

this harmony is the highest ethical goal, the only real good and the only unconditional Value: happiness."[61]

Quoting Epictetus, Gomperz writes: "The medium of the art of life is one's own individual life."[62] Perhaps one of the reasons why Gödel's reading of the Stoic classics cannot be substantiated to the same degree as his reading in other areas is that he approaches the theme not as an academic but as someone wishing to practice the art of life himself. In accordance with the Stoic and dietetic code of conduct, Gödel submits his life to this art for the purposes of self-perfection under Stoic and dietetic guidance.

This was not the first or only time in Gödel's activity that strict, meticulous adherence to a framework of rules was met with a well-nigh playful and freewheeling approach.[63] Gödel studied Seneca, Epictetus and Marcus Aurelius not in the minute detail that would serve an academic critique,[64] but rather with an eye to applying their traditional example of self-reflection and self-perfection, along with the Stoic ideal of a happy, successful life, to his own life. Because the average mortal will never reach ultimate perfection, a life-long practice and endeavor to learn, as well as the thoroughly planned self-shaping of one's life, are necessary. For this, the Stoics offer a clear pattern of themes and techniques that the individual is responsible for applying to his own life.

Dietetics (hygiene)

Directives pertaining to such things as a daily schedule, eating, sleeping, dressing, physical exercise, bathing, walking – in short, life in all its mundanity – are provided by dietetics (hygiene). Although this discipline is older than Stoic philosophy, they are spoken of in the same breath by Kant, whose remarks on the topic were known to Gödel:

---

61 Heinrich Gomperz, *Lebensauffassung*, p. 228.
62 Heinrich Gomperz, *Lebensauffassung*, pp. 233 ff.
63 Cf. Eva-Maria Engelen, *Kurt Gödels philosophische Notizbücher als Denkraum und Exerzitium*. What Heinrich Gomperz writes in *Lebensauffassung*, p. 234, suits this point as well: "Die Gleichung Leben = Spiel erscheint daher von vornherein als der angemessenste bildliche Ausdruck für die ethische Lehre der Stoa." Gomperz justifies this summary by saying that the Stoics focused on actions, not on the material.
64 In any event, unlike Gödel's usual approach to reading, there is no evidence here of such an endeavor.

Stoicism as a principle of dietetics (*sustine et abstine*) thus belongs not merely to practical philosophy as the doctrine of virtue, but also as medical science. – This becomes philosophical when the way of life is determined merely by the power of reason in the human being to become master over his sensuous feelings by means of a self-given principle.[65]

Dietetics also includes the texts collected by Galen, *sex res non naturales* (the title of which, however, was not his).[66] They are intended to help mankind to regulate both behavior and the environmental conditions of life to the extent that these can be influenced.[67] Ilsetraut Hadot thus rightly sees in dietetics the beginnings of spiritual guidance between the 7th and 4th centuries BCE.[68]

In addition to Stoic ethics, then, and as a rationally founded set of instructions for correct and thus healthy living, dietetics serves as a blueprint for a profitable reading of *Time Management (Max) I and II*.[69] Not only must the soul or mind be educated, but the body

---

65   By contrast, when reason makes use of pharmacology or surgery, it proceeds, according to Kant, merely empirically and mechanically. Cf. Immanuel Kant, *Streit der Fakultäten (The Conflict of the Faculties)*, 3. Abschnitt. *Der Streit der Philosophischen Fakultät mit der Medizinischen; Grundsatz der Diätetik*, A 173. Kant uses 'Gemüt' interchangeably with 'Seele'. Kant's text *Von der Macht des Gemüths durch den bloßen Vorsatz seiner krankhaften Gefühle Meister zu seyn* (Jena, 1798) was also published by Christoph Wilhelm Hufeland. Gödel's private library contains a separate printing of the subdivided chapter on the relation between philosophy and medicine in the form of an undated Reclam edition, in which the Kant quote on dietetics is to be found on pp. 17 ff.

66   We find bibliographic references by Gödel on Galen in his *Nachlass*, Box 10b, series V, folder 44, initial document number 050146

67   The concept of *sex res non naturales* originates in the Latin translation of Arabic literature on dietetics.

68   Ilsetraut Hadot's monograph *Seneca und die griechisch-römische Tradition der Seelenleitung* anticipates much of what her husband, Pierre Hadot, and his colleague at the Collège de France, Michel Foucault, later worked out in detail. As concerns dietetics, she refers principally, according to her own testimony, to the 1931 essay by Ludwig Edelstein on ancient dietetics, which Gödel also may have had at his disposal. Gödel records the bibliographical reference to Edelstein's paper on Posidonius on a long undated bibliography on Posidonius. It is to be found in box 10b, series V, folder 44, initial document number 050146.

69   Thus far, it has not been possible to demonstrate that Gödel read primary sources on the theme of 'dietetics' and/or 'hygiene'. He presumably consulted encyclopedias and journal articles, which would explain why no library lending slips are preserved: Encyclopedias were kept in the reading rooms for immediate reference and could not be checked out. Of interest here would have been, for example, the article "Non-naturelles, choses" in the *Encyclopédie* by Diderot and d'Alembert and the article on "Diätetik" by C. H. Theodor Schreger in the *Allgemeine Enzyklopädie der Wissenschaft und*

must as well, since the incorrect treatment of the body is detrimental to the mental faculties. For the question of self-perfection and right living, one must therefore consider what one eats and drinks, how one sleeps, wakes and laughs, and what sort of air one breathes.[70]

According to Galen, the soul is to be shaped through practice and reading. Furthermore, the painstaking care of the human being is necessary with respect to what he takes into himself, what he does, what he gives of himself, and what acts upon him:[71]

> What he takes into himself are such things as food, drink, medicine and air;[72]
> what he does: going for walks, driving, riding, waking, sleeping, sexual activity, etc.;[73]
> what he gives of himself are all excretions;
> what acts upon him from outside are, for example, air, water, salves and creams.

Galen is also the source, at least in terms of content, for the central points of the so-called *sex res non naturales*, for which he also occasionally uses the concept of hygiene:

Künste, vol. 24, 1833, pp. 431–434. Schreger also refers to dietetics as 'hygiene' or 'hygiastics'; moreover, he distinguishes between healthcare of the body (*Körperhygiastik*) and healthcare of the mind (*Seelenhygiastik*). Gödel evidently owned a copy of *Meyers Konversationslexikon*, wherein (vol. 7) he would have found an entry on "Gesundheitspflege (Hygiene)".

70 Cf. also Georg Wöhrle, *Studien zur Theorie der antiken Gesundheitslehre*, pp. 224 ff. On p. 432 of his article on "Diätetik", Theodor Schreger recommends considering a suitable bed in addition to appropriate physical fitness and appropriate clothes.

71 Cf. the division in Georg Wöhrle, op. cit., p. 228. A different division is given by Theodor Schreger on pp. 431 ff. of "Diätetik": 1. the doctrine of enjoyment (air, food, drink, sensuous stimulation, sleep, etc.), 2. the doctrine of action (bodily movement), 3. the doctrine of moderation (respiration, moderation in eating and in one's love life, etc., the relation of enjoyment and action), and 4. the doctrine of prophylaxis (protection from cold, heat, dampness, sickness, etc.).

72 Gödel's eating habits and his concerns regarding hot air from domestic heaters and other possibly harmful influences on air quality ought to be considered anew against this background.

73 According to Philipp Sarasin, the hygienists of the 19th century were divided on whether sexual acts ought to be considered as belonging to the *gesta* (movements) or to the *excreta* (purgations). See idem, *Reizbare Maschinen*, p. 200. On sexuality and hygiene with respect to dietetics, see also Antoinette Emch-Dériaz, "The Non-Naturals Made Easy", pp. 140 ff.

1. light and air
2. food and drink
3. movement and rest
4. sleeping and waking
5. excretions
6. affects and emotions

In *Time Management (Max) I and II*, Gödel in effect addresses each of these points.[74] They are intended to help him advance his work in the service of science and the search for truth. To this must be added the fact that in the 19th century, specifically in German-speaking parts of the world, dietetics was applied not only to the body but also to the mind and soul in order to establish a sober relationship with oneself.

The care of one's own life involves rules that one gives to oneself after exhaustive self-observation.[75] For Gödel, this procedure was intermittently successful, as is shown by the work schedule drafted in *Time Management (Max) I* relating to the continuum hypothesis. The reading lists, given in the context of Gödel's remarks on individual ethics, largely belong to the specialist mathematical literature of his time – and thus are not at all works of ancient philosophy. This is certainly no accident. The art of life is an act of self-perfection and is manifested in Gödel's case in his essays on the continuum hypothesis. In several publications appearing between 1938 and 1940, Gödel demonstrated that, if Zermelo-Fraenkel set theory with the axiom of choice is free of contradiction, then Zermelo-Fraenkel set theory plus the continuum hypothesis is also free of contradiction.[76]

But back to the question of individual ethics: Galen's great work on the theory of health (*Ta hygiena, De sanitate tuenda*) has a thoroughly pragmatic character with regard to the conduct of life since it comprises not only the individual's constitution, habits, diet, work, environment, temperature, shelter, sexuality, the various

---

74 Gödel's interest in Galen evidently continued at Princeton. Thus box 10c, series V, folder 59, initial document number 050184, contains an undated library loan slip from Princeton for Richard Rudolf Walzer's *Galen on Jews and Christians*, on which the name 'Galen' is underlined. Richard Walzer was a fellow at the IAS at Princeton from 1953–1954. Gödel and Walzer would certainly have met there.
75 Cf. for example Ernst von Feuchtersleben, *Zur Diätetik der Seele*, 1838.
76 Cf. Kurt Gödel, *Collected Works*, vol. II, pp. 26–101. The texts were published in 1938, 1939, 1939a, and 1940.

stages of life and age categories, but also other physical activities such as sports.⁷⁷ According to Galen, the physician's task is to care for the bodily constitution of the human being, while the task of educating the character and the mind belongs to the philosopher.⁷⁸ In this view, Gödel thus plays both philosopher and physician with regard to himself. He is concerned both with the education of his own mind and character and with his own physical health.⁷⁹

Among the areas that fall under the purview of dietetics are not only correct diet and athletic activities such as hunting, wrestling and riding, but also literary-musical entertainment and the correct use of intoxicating substances.⁸⁰ In *Time Management (Max) I and II*, Gödel takes up all of these questions. Because he gives no sources at all and makes no reference to particular authors when expressing his concern for individual ethics and dietetics (hygiene), not even situating his individual ethics against the backdrop of

---

77 Cf. Christian Brockmann, "Gesundheitsforschung", p. 142. In his 1931 article on ancient dietetics, Ludwig Edelstein refers to the significance and effects of sexuality, baths, the state of one's house or apartment, wind direction, etc., in dietetics. Cf. in particular pp. 265 ff. Gödel may have been familiar with the entry "Gesundheitspflege (Hygiene)" in *Meyers Konversations-Lexikon*, in which all these points are listed. The volume was part of Gödel's private library.

78 Christian Brockmann, "Gesundheitsforschung", p. 149. As Edelstein has it: "Der Fehler ist eine Krankheit der Seele, richtige Erkenntnis macht sie gesund. Der Philosoph leistet also für die Seele das gleiche, was der Arzt für den Körper leistet. Und wie der Gesunde den Arzt braucht, um gesund zu bleiben oder selbst sein eigener Arzt sein muß, braucht jeder Mensch die Philosophie oder muß selbst ein Philosoph sein, um richtig zu leben." Ludwig Edelstein, "Diätetik", p. 270.

79 According to Philipp Sarasin, this attitude implied a distancing from academic medicine, even in the 19ᵗʰ century. He quotes Christoph Wilhelm Hufeland, who recommends avoiding doctors when one wishes to do something for one's health. Philipp Sarasin, *Reizbare Maschinen*, pp. 44 and 49. Likewise, C. H. Theodor Schreger, "Diätetik", p. 433, recommends protecting oneself against illness by means of an appropriate lifestyle instead of seeking to cure oneself after the fact with medical treatment. Among other things, this could explain why Gödel adopted a detached attitude toward medical doctors, even though his brother Rudolf was a physician.

80 On Seneca's view of the necessity of rest and recuperation, games and intoxication for the preservation or attainment of *tranquillitas animi*, cf. Jürgen Blänsdorf, *Seneca über Lebenskrisen*, pp. 90 ff.: "Manchmal muß man es sogar bis zum Rausch kommen lassen, nicht damit es uns ertränkt, sondern damit es uns umwirft. Er wäscht nämlich die Sorgen aus und wühlt unsere Seele im tiefsten Grund auf und heilt [...]." This must be done in moderation, however, so as not to become a habit. Cf. Seneca, *De tranquillitate animi*, 17, 8 and 9. On the therapeutic effect of drinking wine, listening to music and attending theatrical performances: Vivian Nutton, "Diätetik", in *Der neue Pauly*, columns 508 ff. Cf. also the entry "Gesundheitspflege (Hygiene)", in *Meyers Konversations-Lexikon*.

Stoic ethics and ancient dietetics, the uninformed reader of *Time Management (Max) I and II* could be left none the wiser. With the aid of familiarity with Stoic ethics and both ancient and modern dietetics from the 18th and 19th centuries, however, it becomes possible to understand these notebooks for what they are: an individual ethics for mental and physical education. Not least of all, they represent Gödel's attempt to approach *eudaimonia*, happiness, and thus, as he determines it for himself, the meaning of life.[81]

An individual ethics that takes as its starting point, in addition to Stoic ethics, hygiene or dietetics involves both care of the body and guidance of the soul. As a rational shaping of one's life, it contains the thought of self-improvement or self-perfection. In order to achieve the latter, the individual must give himself rules of life.[82]

As Seneca argues in the fifth letter of the *Epistulae morales*, self-perfection has as an additional goal the cultivation of common sense, humanity and conviviality. Thus self-perfection is also to be recommended if one wishes to become socially acceptable.[83] We find this thought in Gödel as well. At least intermittently, he sets himself this goal as an explicit part of his program.[84]

The individual-ethical conduct of life does not follow the direction of others, nor any 'ought' or 'must', but rather centers on self-observation and thus generally on self-conversation or soliloquy. It represents a path to oneself and is consequently at one and the same time a form of self-discovery and transformation.

---

[81] Victor Kraft, a member of the Vienna Circle, writes in 1968 in his work *Die Grundlegung der Erkenntnis und der Moral* that an individual ethics must answer the question of the meaning of life (ibid., p. 134). On p. 94, Kraft discusses moral self-perfection in the Leibnizian sense. On p. 137, he introduces hygiene not as a moral but as an ethical-social concept; the mathematician Karl Menger, who also belonged to the Vienna Circle, does the same in his 1934 book *Moral, Wille und Weltgestaltung. Grundlegung zur Logik der Sitte*, p. 67. Thus the concept of hygiene was familiar to Gödel not only through Theodor and Heinrich Gomperz, but also through the members of the Vienna Circle. Admittedly, for Theodor and Heinrich Gomperz it belongs to individual morality, while for Victor Kraft and Karl Menger it belongs to the social rules that may be described but not justified.

[82] In his article "Diätetik", p. 431, C. H. Theodor Schreger designates dietetics as the doctrine of ordering life ("Lebensordnungslehre"). The life of a human being requires order and regularity; ibid., p. 433.

[83] As we have seen above, Carnap also introduces the point of view of social acceptability ("Gesellschaftstauglichkeit") in his autobiography.

[84] Cf. for example *Zeiteinteilung (Max) I*, manuscript p. 3, point 28, and p. 4, point 17.

Happiness and knowledge, hygiene, self-perfection and encyclopedic general knowledge

In Gödel's personal library we find Albert Schwegler's *History of Philosophy in Outline*,[85] in which he read above all – as evidenced by his underlining – the chapters on Stoicism, Epicureanism and Aristotle. The following passages from pages 121 to 123, with Gödel's underlining, are of particular importance here:

> The representation of the wise man constitutes the conclusion of the Stoic teaching; it is intended to portray the ideal of virtue, as it is to be realized in strict accordance with the concept, as well as the absolute felicity of the subject that comes with it, as role-model and pattern for action. The wise man is he who in fact possesses the true knowledge of divine and human things and the absolute moral insight and strength that flows from it, and thus unifies in himself all imaginable human perfection. [...] The wise man, say [the Stoics], knows all there is to know, and understands all better than any other, because he possesses the knowledge of the true nature of things and the true education of the mind; he alone is the true statesman, lawgiver, speaker, educator, critic, poet, physician, while the unwise man remains ever crude and uneducated, however much knowledge he may possess. The wise man is without error and mistake, for he always uses pure reason. [...] The unwise possess in reality nothing of all the inner and outer goods they believe they possess, because they have not the fundamental conditions of true felicity, the perfection of the mind.

The central perspectives for Gödel's ethics addressed here are: felicity, perfection of the mind and the connection between knowledge, truth and happiness.[86] Consequently, the selections from

---

[85] Albert Schwegler, *Geschichte der Philosophie im Umriß* from 1905.
[86] In Gödel's lecture notes from Heinrich Gomperz's "Vorlesung zur Geschichte der europäischen Philosophie" we find the following on manuscript pages 37 ff., with reference to Plato's philosophy: "Die Liebe oder Begeisterung über Schönheit ist nur ein Dokument für diese Sehnsucht. Auf diese Pathologie gründet sich folgende Ethik. Die richtige Seelenverfassung ist, dass das Denken herrscht und die Leidenschaft im Dienst dieser Leidenschaft steht und dass diese beiden zusammen die Begierde unterdrücken oder wenigstens einschränken. 1.) Das Denken herrscht (Weisheit). 2.) Die Leidenschaft

Schwegler contain, apart from the desirable therapeutic effects, the definitive philosophical motivation for bringing Stoic teaching and dietetics, including the so-called *sex res non naturales*,[87] to bear on one's own life: true knowledge and perfection enable one to be free of errors and mistakes because one possesses pure reason.

In his 1931 essay on ancient dietetics, Ludwig Edelstein likewise emphasizes this aspect: "A mistake is a sickness of the soul, which right knowledge makes healthy" (p. 270). Gomperz also connects knowledge and ethics when he writes: "Now, knowledge (of these 'singular' activities) is virtue (i.e. the 'perfection' of human nature); when these activities emerge from this knowledge of their meaning (and thereby at the same time not as accidental individual actions, but rather as members of a conduct of life resting on fundamental principles [...]), then they are called 'right activities' [...]."[88] Knowledge and ethics therefore belong together in this tradition.

Subjectivity and truth

For Gödel, to live life in error is to be guilty,[89] while truth and right knowledge lead the subject to perfection and lend him certainty and peace of mind. As in Stoic philosophy,[90] care for one's own life and one's own self systematically precedes knowledge of the world.[91] Nevertheless, before care for one's own self can be consid-

---

gehorcht der Vernunft (Tapferkeit) [38] 3.) Dass die Begierde nur soweit ihr Ziel erreichen wird, als es das Denken zulässt, ist die Mäßigkeit. 4.) Dass jede Seelenkraft nur die ihr zukommende Aufgabe erfüllt, ist ihre Rechtschaffenheit = Glück. Gesundheit = Rechtschaffenheit der Seele. Man fühlt sich am besten, wenn man eine richtige Seelenverfassung hat, aber nicht das Wohlgefühl, sondern diese Verfassung selbst ist das Wesentliche. Daher ist das Glück unabhängig von allen äußeren Verhältnissen."

87 Among these are the six prerequisites for human health, as summarized by Galen (although the expression did not originate with him). See below for further elucidation of this point.

88 Heinrich Gomperz, *Lebensauffassung*, pp. 227 ff.

89 "Remark: Not rejecting nonsense is guilt." From: Gödel, *Time Management (Max) II*, manuscript page 134.

90 In the curriculum, however, according to the Stoics, the study of logic and physics should precede lessons in ethics.

91 For the study of the various disciplines, the Stoics envision the sequence logic, physics, ethics; nevertheless, as far as their importance in life, ethics is to be on solid a footing before physics and logic are addressed. Cf. footnote 4, above. This is the reason why Gödel positioned the notebooks *Zeiteinteilung (Max) I and II* before the other notebooks in sequence.

ered meaningful, one must also be convinced, according to Stoic philosophy, that the world itself is rational and that we are not completely helpless against fortune's slings and arrows. This corresponds to Gödel's rationalism, since if the world were not rational, there would be no sense in devoting oneself through rules and principles to the perfection of life and of ourselves. These self-imposed rules and principles indicate how we are to comport ourselves in order to promote the education of the mind, so that we may be capable of recognizing the true nature of things.

Regarding the possibility of exercising influence over one's own life, Gomperz emphasizes inner freedom. As he has it: "Inner freedom means a power – not to determine external destiny arbitrarily, but to determine internal destiny, independently of any arbitrary external [destiny]."[92]

A quarter-century ago, in his engagement with the theme of subjectivity and truth, Michel Foucault posed the question of how the subject enters truth-games.[93] His answer has two parts and can be applied to a certain extent to Gödel's procedure:[94]

1) It practices science as a scientist, or it refers to a scientific model
2) through the practices of the self.

As a philosopher, Gödel subscribed to the encyclopedic model of knowledge and applied the practices of self-perfection and dietetics to his own person and his own life. In ethics as a reflexive praxis

---

92   Heinrich Gomperz, *Lebensauffassung*, p. 4. In this context, Foucault also emphasizes that ethics is nothing other than a reflexive praxis of freedom. Cf. Michel Foucault, "Freiheit und Selbstsorge. Gespräch mit Michel Foucault am 20. Januar 1984", in *Freiheit und Selbstsorge*, p. 12. The transcription of the interview was authorized by Foucault.
93   Cf. Michel Foucault, *Freiheit und Selbstsorge*, p. 9.
94   Nevertheless, it would be inappropriate to claim that Gödel anticipated Foucault's discussion of the care of the self. According to Foucault, the care of the self flows into an example of autonomy, of self-constitution and of political philosophy, whereas in Gödel's case the result is self-perfection. Cf. Michel Foucault, "Leçon du 9 février 1983", in idem, *Le gouvernement de soi et des autres*, p. 202, where Foucault underlines the political dimension of working on the self. On this, see also for example: Alexander Nehamas, *A Fate for Socrates' Reason: Foucault on the Care of the Self*.

of freedom, one must care for oneself. This includes self-knowledge, since one cannot care for oneself without knowing oneself.[95]

In the Stoic tradition, the relation between the subject and truth is multi-layered. The rationality of the world is presumed to the degree that striving for self-perfection and knowledge can be considered meaningful. A reflexive praxis of freedom is employed – one that, just like the search for truth and correct knowledge, assists one in reaching peace of mind.

Reading lists, libraries, the encyclopedic ordering of knowledge

Seneca recommends gathering traditional knowledge and making it one's own – in a word: mastering the tradition upon which one is building, in order then to develop one's own thinking.[96] This means carefully arranging one's reading and laying an orderly and integrated groundwork for knowledge, which one then appropriates reflexively in order to create something new from it. With Gödel, we are dealing with a tradition of knowledge that is encyclopedic in form, such as one finds gathered and arranged in libraries.[97] As author of the philosophical notebooks, he selects from this knowledge and views it anew for the purposes of self-perfection and the perfection of the sciences in the sense of an encyclopedically organized *scientia generalis*.

---

95   Cf. C. H. Theodor Schreger, "Diätetik", p. 432: Hygiastik presupposes correct, thorough self-knowledge. Foucault elucidated this connection approximately 150 years later in *Freiheit und Selbstsorge*, p. 13, where he demonstrates the degree to which the care of the self is in essence self-knowledge and the degree to which one must follow the internalized tenets, principles and established truths of the Stoics.

96   Seneca, *Epistulae morales*, 84.

97   Even at Princeton, Gödel continued to keep a series of bibliographic notations on encyclopedias and reference works under the rubric "Wissen unserer Zeit". Unfortunately, these are undated. In addition to the *Brockhaus* and the encyclopedia of Diderot and d'Alembert, he adds, among others, *La grande encyclopédie des sciences, des lettres et des artes*, ed. Marcelin Berthelot et al., Paris 1886–1902, and the *Grand dictionnaire universal du XIXe siècle*, ed. Pierre Larousse, Paris 1866–1876. He also wrote down the Princeton library call numbers of the encyclopedias and reference works with which he was presumably familiar from Vienna. The papers are located in the folder "Bibliographische Zettel". *Brockhaus* and *La grande encyclopédie* are underlined in bold, d'Alembert with a double underline. On yet another list he adds, alongside Diderot and d'Alembert's encyclopedia and *La grande encyclopédie*, the *Encyclopedia Britannica*, the *Enciclopedia Italiana* from 1932, and others.

A part of this self-confirmation that likewise represents such a procedure is the keeping of reading lists, library lists and bibliographies. One can rely on an encyclopedically inscribed order in which traditional knowledge is sorted out and arranged. This order can then be appropriated to serve as a basis upon which to construct and develop one's own philosophical thinking and to develop one's own philosophy.

Soliloquy and encyclopedic universal knowledge

Reading a book, bound by its beginning and its end, conceived and produced by an author, is also a form of soliloquy. The reader experiences himself in the dialectical tension between distraction and concentration, between the finitude of the work and its gesturing toward infinitude and the inconclusiveness of writing, because he thinks along with – and beyond – the text. In the experience of reading, the reader experiences himself as a person, and when he succeeds, he experiences himself as an author as well – as someone who is fashioning himself. The encyclopedia, by contrast, represents universal knowledge that has already been collected and that one simply ingests and processes.[98]

Thus in both form and content, Gödel laid out his philosophical notebooks with a double design: the design of a soliloquy and the design of the representation of universal knowledge. This is seen not least of all in the serialization of the notebooks. The first notebook, in which Gödel gathers the philosophical themes that will be central for him, is placed, so to speak, outside of the parentheses in which the other notebooks are contained, such that its validity contextualizes all the others and in this way constitutes the foundation for all that follows. The two subsequent notebooks, in which Gödel lays out his ethics of self-perfection, are then soliloquies (in terms of genre). They in turn constitute a systematic

---

98   Cf. Thomas Hettche, "Sammlung und Zerstreuung", pp. 210–228. It should be mentioned, in addition to this reference to Hettche's discussion, that his interest as a writer in the field of dietetics places him in a not insignificant tradition. No lesser figures than Goethe and Hölderlin were likewise intensely concerned with dietetics, and this interest is traceable in their works. Cf. for example, Irmgard Egger, *Diätetik und Askese. Zur Dialektik der Aufklärung in Goethes Romanen*, as well as Christian Oestersandfort, *Immanente Poetik und poetische Diätetik in Hölderlins Turmdichtung*.

prerequisite and basis for the notebooks they precede. Soliloquy serves to prepare one for what follows and to make one capable of correct mental perception. At the basis of the subsequent notebooks likewise lies the concept of perfection, albeit that of a *scientia generalis*, which is characteristically laid out in encyclopedic form. Now the perceiving and truth-seeking subject is displaced from the central position by *mathesis*, i.e., science and the pursuit of knowledge.

One could therefore assert that what is gathered here is universal knowledge, so that in the network of analogies the hidden unity of thinking reveals itself. This is so, but only with certain reservations. Admittedly, a large part of the notebooks of the *Maximen Philosophie* is in essence laid out encyclopedically, but by an author who has himself conceived of their sequence, selected what is to be known, and determined their beginning and their end. Moreover, in terms of exploring the encyclopedic character of the philosophical notebooks, the fact that Gödel left this encyclopedia incomplete is perhaps not insignificant. Universal knowledge cannot be circumscribed so easily because its fundamental structure does not become apparent by itself. Furthermore, although this compendium has an encyclopedic character, it continually spills over into written dialogue with other authors. The soliloquy is thus supplanted by a *scientia generalis* that is at the same time a conversation with authors from the past and with contemporary thinkers. This dialogue is of course only fictive, and in the end it preserves the character of a soliloquy insofar as the elaborations on or objections to the writer's own standpoints are raised by the writer himself.

Although Gödel's procedure is justified on fundamentally rationalistic terms, one should not lose sight of the fact that both the encyclopedic articulation of knowledge and the instrument of analogy for understanding the world were deployed by rationalists (Leibniz) and empiricists (the Vienna Circle) alike in order to lay the foundation of the sciences and in the interest of progress in satisfying the needs of mankind. Gödel cultivated an inner, fictive dialogue with both sides.

The encyclopedia, as a compendium of the contemporary knowledge of mankind, has generally been seen as an instrument of the Enlightenment. While this view is perhaps not quite correct (the medieval period also had famous encyclopedists, such as Isidore of

Seville[99] and Vincent of Beauvais), it was indeed the encyclopedia of Diderot and d'Alembert[100] that first treated the encyclopedic articulation of knowledge as a decisive means of laying bare the interrelations and common principles of the sciences. In this sense, it became the model for both rationalists and empiricists.

Gödel makes use of the well-known organizational systems of encyclopedias: he collects commonplaces, reference works that offer overviews of philosophy, and composes bibliographies and reading lists. At the same time, he engages these items in a spirit of questioning, postulating and searching. Thus he cracks open the character of encyclopedias and, moreover, undermines them by engaging in a dialogue with absent interlocutors (such as Leibniz and Carnap), a conversation that in the end throws him back upon himself. Finally, Gödel breaks through the fundamentally encyclopedic character of the *Maximen Philosophie* by integrating his individual ethics into the work. And yet, because he takes up encyclopedic moments such as bibliographies and lists in his ethics, he also simultaneously begins to sublate the self-observational character of this ethics.[101] Thus, with varying emphases, he constantly practices *askese* and *mathesis*.

Gödel takes up the theme of collecting, arranging and preserving in libraries, card catalogues and indices as one that has relevance for his self-understanding as a thinker, that comprises the (at that time still) circumscribable and divided horizon of knowledge, and that belongs both to a cultural self-understanding and to an encyclopedic labor. The library guarantees, coordinates and represents coherent knowledge in that it accomplishes a massive task (one of ordering) that the user himself is thereby spared. Libraries contain a common horizon of culture to which one can always refer. For Gödel, they are at the same time an instrument of self-orientation, of orientation in knowledge, and of self-confir-

---

99 "History Notebook 4" from 1942 or earlier contains on manuscript page 94 a reference by Gödel to Isidore of Seville and his encyclopedia (Gödel *Nachlass*, box 5d, series III, folder 36, initial document number 030054).

100 As mentioned above, Gödel noted the call number of Diderot and d'Alembert's encyclopedia on the reverse side of a library loan slip from Princeton. Cf. the folder "Bibliographische Zettel".

101 Drawing up lists can of course also belong to a process of self-confirmation, as seen in the classical tradition of notebook writing. Whether they possess an encyclopedic or a self-affirming character depends upon the manner of listing and the content of the list.

mation. Beyond this, they are indispensable for encyclopedic work since they already embody the achievement of order.

The detailed information in *Time Management (Max) I and II* on the various libraries in Vienna, as well as on their classification and how they are used, are thus not to be ascribed to mere pedantry and crankiness on Gödel's part. Rather, they fit into Gödel's program of *askesis* and *mathesis*, since libraries are an instrument for unlocking universal knowledge.[102]

Personal life and philosophy

The interlacing of personal life and philosophy is therefore based on systematic reasons for Gödel. Nevertheless, in the first half of the 20th century, this concern was by no means his alone. Ludwig Wittgenstein likewise set himself the goal of leading a proper (i.e., in ethical terms, felicitous) life.

In addition to the desired peace of mind and happiness in the form of the mind's perfection, Gödel's individual ethics is characterized by the concept of consequence. The idea does not appear explicitly in this context, yet it aptly describes Gödel's procedure. Instructions for correct living, as given in Stoic philosophy and dietetics, allowed Gödel to comport himself with consequence and regularity. He practiced an art of life not as a creative, richly imaginary act that occasionally also had a political subtext, but rather as an act that followed rules. Such behavior was intended to enable him to become a philosopher. In this way, the care of the self aims at transformation, albeit in Gödel's case within the framework of a rule-guided art of life.

---

102 Gödel's private library contains a copy of the *Führer und Ratgeber für die Benützer der Wiener Universitätsbibliothek* by Alois Jesinger from the year 1927.

Literature

Julia Annas, Introduction, in: *Cicero's De finibus: Philosophical Approaches*, edited by Julia Annas and Gábor Betegh, Cambridge (Cambridge University Press) 2016, pp. 1–11.

Anonymous Author, Hygiène, in: *Encyclopédie ou dictionnaire raisonné des sciences, des arts et des métiers*, vol. XI, edited by Denis Diderot and Jean-Baptiste le Rond d'Alembert, Neufchastel (Faulche) 1765, pp. 385–388.

Anonymous Author, Non-naturelles, choses, in: *Encyclopédie ou dictionnaire raisonné des sciences, des arts et des métiers*, vol. VIII, edited by Denis Diderot and Jean-Baptiste le Rond d'Alembert, Neufchastel (Faulche) 1765, pp. 217–224.

Jürgen Blänsdorf, Seneca über Lebenskrisen und ihre philosophische Therapie, in: *Paideia* 52 (1997), pp. 71–91.

Christian Brockmann, Gesundheitsforschung bei Galen, in: *Antike Medizin im Schnittpunkt von Geistes- und Naturwissenschaften*, edited by Christian Brockmann, C. Wolfram Brunschön, Oliver Overwien, Berlin (De Gruyter) 2009, pp. 141–154.

Rudolf Carnap, Carnap's Intellectual Autobiography I and II, in: *The Philosophy of Rudolf Carnap*, edited by Paul Arthur Schilpp, 1963, La Salle, Illinois/London (Open Court), pp. 3–84. Germ.: *Mein Weg in die Philosophie*, Stuttgart (Reclam) 1993.

Marcus Tullius Cicero, *Ciceros philosophische Schriften. Auswahl für Schulen*, edited by Theodor Schiche, Wien (Tempsky) 1921, 3rd printing. The volume is found in Gödel's private library.

Marcus Tullius Cicero, *De finibus bonorum et malorum. Libri quinque*, edited by Winifred Margaret Lambart Hutchinson, London (Arnold) 1909.

Louis Couturat, *La science générale*, Chap. VI, in: *La Logique de Leibniz*, Paris (Alcan) 1901, pp. 176–282.

John W. Dawson, Jr., *Logical Dilemmas: The Life and Work of Kurt Gödel*, Wellesley, Mass. (A K Peters) 1997; Germ.: *Kurt Gödel. Leben und Werk*, Wien/New York (Springer) 1999.

Ludwig Edelstein, Diätetik, in: *Die Antike* 7 (1931), pp. 255–270.

Irmgard Egger, *Diätetik und Askese. Zur Dialektik der Aufklärung in Goethes Romanen*, Paderborn (Fink) 2001.

Antoinette Emch-Dériaz, The Non-Naturals Made Easy, in: *The Popularization of Medicine 1650–1850*, edited by Roy Porter, London/New York (Routledge) 1992, pp. 134–159.

Eva-Maria Engelen, Kurt Gödels philosophische Notizbücher als Denkraum und Exerzitium, in: *Deutsche Zeitschrift für Philosophie*, vol. 67 (2019), pp. 251–264.

Ernst Freiherr von Feuchtersleben, *Zur Diätetik der Seele*, Wien (Armbruster) 1838.

Michel Foucault, *Le gouvernement de soi et des autres, vol. 1. Cours de Michel Foucault au Collège de France 1982/83*, edited by Frédéric Gros, Paris (Gallimard, Seuil) 2008; Engl.: *The Government of Self and Others, vol. 1. Lectures at the Collège de France 1982–83*, edited by Frédéric Gros, translated by Graham Burchell, Houndmills (Palgrave Macmillan) 2010.

Michel Foucault, *Histoire de la sexualité, vol. 2. L'usage des plaisirs*, Paris (Gallimard) 1984; Engl.: *The History of Sexuality vol. 2. The Use of Pleasure*, translated by Robert Hurley, New York (Vintage Books) 1985.

Michel Foucault, *Histoire de la sexualité, vol. 3. Le souci de soi*, Paris (Gallimard) 1984; Engl.: *The History of Sexuality vol. 3. The Care of the Self*, translated by Robert Hurley, New York (Vintage Books) 1986.

Michel Foucault, *Leçons sur la volonté de savoir. Cours au Collège de France 1970–1971. Suivi de Le savoir d'Oedipe*, edited by Daniel Defert, Paris (Gallimard, Seuil) 2011; Engl.: *Lectures on the Will to Know. Lectures at the Collège de France 1970–1971*, edited by Daniel Defert, translated by Graham Burchell, Basingstoke/New York (Palgrave Macmillan) 2013.

Michel Foucault, Freiheit und Selbstsorge. Gespräch mit Michel Foucault am 20. Januar 1984, in: *Freiheit und Selbstsorge*, edited by Helmut Becker et al., Frankfurt a. M. (Materialis) 1985, pp. 9–28.

Michel Foucault, Psychologie et phénoménologie, from the unpublished papers 1953–1954, in: Archive Nationale de France; NAF 28730, box 46.

Kurt Gödel, Bibliographische Zettel, in: Kurt Gödel Papers (C0282), box 10c, series V, folder 65, initial document number 050203.

Kurt Gödel, Klassische lateinische Autoren, in: Kurt Gödel Papers (C0282), box 9c, series V, folder 14, initial document numbers 050068 and 050069.

Kurt Gödel, Literatur, Philosophie (Geschichte), in: Kurt Gödel Papers (C0282), box 9b, series V, folder 5, initial document number 050024.

Kurt Gödel, Literatur, Philosophie 1936–1940, in: Kurt Gödel Papers (C0282), box 9b, series V, folder 5, initial document number 050024.

Kurt Gödel, Notizen zu Carl Immanuel Gerhardts Ausgabe der philosophischen Schriften von Gottfried Wilhelm Leibniz, in: Kurt Gödel Papers (C0282), box 10a, series V, folder 35, initial document number 050130.

Heinrich Gomperz, *Die Lebensauffassung der griechischen Philosophen und das Ideal der inneren Freiheit. Zwölf gemeinverständliche Vorlesungen*, Jena (Diederichs) 1904, 1927, 3rd edition.

Heinrich Gomperz, *Grundlegung der neusokratischen Philosophie*, Leipzig/Wien (Deuticke) 1897.

Heinrich Gomperz, *Sophistik und Rhetorik. Das Bildungsideal εὖ λέγειν in seinem Verhältnis zur Philosophie des 5. Jahrhunderts*, Leipzig (Teubner) 1912.

Heinrich Gomperz, *Zur Psychologie der logischen Grundtatsachen*, Leipzig/Wien (Deuticke) 1897.

Heinrich Gomperz, Vorlesung zur Geschichte der europäischen Philosophie aus dem Wintersemester 1925/26, lecture notes by Kurt Gödel, in: Kurt Gödel Papers (C0282), box 6b, series III, folder 72,5, original document number 030100.4.

Theodor Gomperz, *Griechische Denker. Eine Geschichte der antiken Philosophie*, vol. 2. Leipzig (Veit) 1903.

Burke D. Grandjean, Grandjean's Questionnaire, in: Kurt Gödel, *Collected Works, vol. IV, Correspondence A–G*, edited by Solomon Feferman, John W. Dawson Jr., Warren Goldfarb, Charles Parsons and Wilfried Sieg, Oxford (Clarendon Press) 2003, pp. 446–449.

Ilsetraut Hadot, *Seneca und die griechisch-römische Tradition der Seelenleitung*, Berlin (De Gruyter) 1969.

Thomas Hettche, Sammlung und Zerstreuung. Die kannibalistische Erfüllung unserer Kultur, in: idem, *Fahrtenbuch. 1993–2007*, Köln (Kiepenheuer & Witsch) 2007, pp. 210–228.

Alois Jesinger, *Führer und Ratgeber für die Benützer der Wiener Universitätsbibliothek*, Wien (Eckart Buchhandlung) 1927. This volume is found in Gödel's private library.

Friedrich Jodl, *Geschichte der Ethik als philosophischer Wissenschaft*, vol. 1 bis zum Schlusse des Zeitalters der Aufklärung, Stuttgart/Berlin (Cotta'sche Buchhandlung) 1906, 2nd edition.

Immanuel Kant, *Anthropologie in pragmatischer Hinsicht*, in: idem, *Werkausgabe*, vol. 10, edited by Wilhelm Weischedel, Darmstadt (Wissenschaftliche Buchgesellschaft) 1983.

Immanuel Kant, *Von der Macht des Gemüths durch den bloßen Vorsatz seiner krankhaften Gefühle Meister zu seyn*, Jena (Akademische Buchhandlung) 1798. Or: Immanuel Kant, *Von der Macht des Gemüths durch den bloßen Vorsatz seiner krankhaften Gefühle Meister zu seyn*, edited by Christoph Wilhelm Hufeland, Leipzig (Lauffer) 1824. An undated Reclam edition of this work (printed in Leipzig) is found in Gödel's private library.

Immanuel Kant, Der Streit der Philosophischen Fakultät mit der Medizinischen. Grundsatz der Diätetik, in: idem, *Der Streit der Fakultäten, Dritter Abschnitt 1798*, A 173–203, in: *Werkausgabe*, vol. 9, edited by Wilhelm Weischedel, Darmstadt (Wissenschaftliche Buchgesellschaft) 1983.

Kraft, Victor, *Der Wiener Kreis. Der Ursprung des Neopositivismus. Ein Kapitel der jüngsten Philosophiegeschichte*, Wien (Springer) 1950. This volume is found in Gödel's private library.

Victor Kraft, *Die Grundlegung der Erkenntnis und der Moral*, Berlin (Duncker & Humblot) 1968.

Gottfried Wilhelm Leibniz, De vera hominis perfectione, N°. 140, in: idem, *Sämtliche Schriften und Briefe, vol. VI, 4, subvol. A, Philosophische Schriften‹*, edited by Heinrich Schepers, Martin Schneider, Gerhard Biller, Ursula Franke, Herma Kliege-Biller, Berlin (De Gruyter) 1999, pp. 583–584.

Gottfried Wilhelm Leibniz, Fragment N 140, in: idem, *Die philosophischen Schriften von Gottfried Wilhelm Leibniz*, edited by Carl Immanuel Gerhardt, vol. VII, Berlin (Weidmannsche Buchhandlung) 1890, pp. 46–48.

Gottfried Wilhelm Leibniz, Fragment zur Scientia generalis, in: idem, *Sämtliche Schriften und Briefe, vol. VI, 4, subvol. A, Philosophische Schriften*, edited by Heinrich Schepers, Martin Schneider, Gerhard Biller, Ursula Franke, Herma Kliege-Biller, Berlin (De Gruyter) 1999, pp. 527.

Karl Menger, *Moral, Wille und Weltgestaltung. Grundlegung zur Logik der Sitte*, Wien (Springer) 1934.

Alexander Nehamas, A Fate for Socrates' Reason: Foucault on the Care of the Self, in: idem, *The Art of Living. Socratic Reflections from Plato to Foucault*, Berkeley (University of California Press) 2000, pp. 157–188; Germ.: Alexander Nehamas, Sokrates' Vernunft braucht ein Schicksal. Foucault über die Sorge um das Selbst, in: idem, *Die Kunst zu leben. Sokratische Reflexionen von Platon bis Foucault*, Hamburg (Rotbuch Verlag) 2000.

Otto Neurath, Rudolf Carnap and Charles W. Morris (Eds.), *International Encyclopedia of Unified Science*, Chicago/London (The University of Chicago Press) 1938 ff.

Otto Neurath, together with Rudolf Carnap, Philipp Frank and Hans Hahn (Eds.), *Einheitswissenschaft*; from issue 4 on: Otto Neurath, Rudolf Carnap and Jørgen Jørgensen (Eds.); from issue 7 on: Otto Neurath, Rudolf Carnap, Jørgen Jørgensen and Charles W. Morris (Eds.), Wien (Gerold & Co.) 1933 ff.; from issue 6 on: Den Haag (Van Stockum & Zoon) as *Einheitswissenschaft/Unified Science/Science Unitaire*.

Vivian Nutton, Diätetik, in: *Der neue Pauly. Enzyklopädie der Antike*, vol. 3, edited by Hubert Cancik and Helmuth Schneider, Stuttgart/Weimar (Metzler) 1997, pp. 507–509.

Christian Oestersandfort, *Immanente Poetik und poetische Diätetik in Hölderlins Turmdichtung*, Berlin (De Gruyter) 2006.

Arnaud Pelletier, The Scientia Generalis and the Encyclopaedia, in: *The Oxford Handbook of Leibniz*, ed. Maria Rosa Antognazza, New York (Oxford University Press) 2018, pp. 162–176.

Plato, *Apology*.

Hans Poser, *Leibniz' Philosophie. Über die Einheit von Metaphysik und Wissenschaft*, ed. Wenchao Li, Hamburg (Meiner) 2016.

Hans Poser, Leibniz und die Einheit der Wissenschaften, in: *Vision als Aufgabe. Das Leibniz-Universum im 21. Jahrhundert*, edited by Martin Grötschel, Eberhard Knobloch, Juliane Schiffers, Mimmi Woisnitza and Günter M. Ziegler, Berlin (Berlin-Brandenburgische Akademie der Wissenschaften) 2016, pp. 17–31.

Philipp Sarasin, *Reizbare Maschinen. Eine Geschichte des Körpers, 1765–1914*, Frankfurt a. M. (Suhrkamp) 2001.

Heinrich Schepers, Scientia generalis, in: *Historisches Wörterbuch der Philosophie*, vol. 8, edited by Joachim Ritter and Karlfried Gründer, Basel (Schwabe) 1992, pp. 1504–1507.

Heinrich Schepers, *Leibniz' Wege zu seiner reifen Metaphysik*, Berlin (Akademie Verlag) 2014.

Maria-Elena Schimanovich-Galidescu, Archivmaterial zu Kurt Gödels Wiener Zeit 1924–1940, in: *Kurt Gödel. Wahrheit und Beweisbarkeit, vol. 1 Dokumente und historische Analysen*, edited by Eckehart Köhler, Peter Weibel, Michael Stöltzner, Bernd Buldt, Carsten Klein, and Werner Depauli-Schimanovich-Göttig, Wien (öbv & hpt) 2002, pp. 135–147.

Martin Schneider, Weltkonstitution durch logische Analyse. Kritische Überlegungen zu Leibniz und Carnap, in: *Studia Leibnitiana*, 27 (1995), pp. 67–84.

C. H. Theodor Schreger, Diätetik, in: *Allgemeine Enzyklopädie der Wissenschaft und Künste*, vol. 24, Leipzig (Brockhaus) 1833, pp. 431–434.

Albert Schwegler, *Geschichte der Philosophie im Umriss*, Stuttgart (Frommanns) 1905, 16th edition. This volume is found in Gödel's private library.

Lucius Annaeus Seneca, *De tranquillitate animi*.

Lucius Annaeus Seneca, *Epistulae morales*.

Anne Siegetsleitner, *Ethik und Moral im Wiener Kreis. Zur Geschichte eines engagierten Humanismus*, Wien/Köln/Weimar (Böhlau) 2014.

Anne Siegetsleitner, Carnaps Autobiographie als Autobiographie, in: *Deutsche Zeitschrift für Philosophie*, 67 (2019), pp. 236–250.

Karl Sigmund, John W. Dawson, Jr. and Kurt Mühlberger, *Kurt Gödel. Das Album/The Album*, Wiesbaden (Vieweg) 2006.

Ilse Somavilla, Wittgensteins Tagebuchschreiben als Weg der Vervollkommnung und Suche nach Klarheit, in: *Deutsche Zeitschrift für Philosophie*, vol. 67 (2019), pp. 265–279.

Friedrich Stadler, *The Vienna Circle: Studies in the Origins, Development and Influence of Logical Empiricism*, Heidelberg/New York/Dordrecht (Springer) 2015.

Friedrich Stadler, Heinrich Gomperz und Karl Popper im Kontext des Logischen Empirismus, in: idem, *Heinrich Gomperz, Karl Popper und die Österreichische Philosophie. Beiträge zum internationalen Forschungsgespräch aus Anlaß des 50. Todestages von Heinrich Gomperz (1873–1942) und des 90. Geburtstages von Karl Popper (1902)*, edited by Martin Seiler and Friedrich Stadler, Amsterdam 1994, pp. 1–29.

Friedrich Stadler, Heinrich Gomperz, Karl Popper, and the Vienna Circle: Between Demarcation and Family Resemblance, in: *The Vienna Circle: Studies in the Origins, Development, and Influence of Logical Empiricism, Heidelberg/New York/Dordrecht (Springer) 2015, pp. 235–276.

Wolfgang Suenkel, Diätetik, in: *Historisches Wörterbuch der Philosophie*‹, vol. 2, Basel (Schwabe & Co.) 1972, pp. 231 ff.

Christian Thiel, Scientia generalis, in: *Enzyklopädie Philosophie und Wissenschaftstheorie*, vol. 7, Re–Te, edited by Jürgen Mittelstraß et al., Stuttgart (Metzler) 2018, 2nd revised edition, pp. 304 ff.

Richard Rudolf Walzer, *Galen on Jews and Christians*, Oxford (Oxford University Press) 1949.

Georg Wöhrle, *Studien zur Theorie der antiken Gesundheitslehre*, Stuttgart (Steiner) 1990.

Der große Brockhaus, Leipzig (Brockhaus) 1928 ff.

Grand dictionnaire universel du XIXe siècle, edited by Pierre Larousse, Paris (Administration du grand dictionnaire universel) 1866–1876.

La grande encyclopédie des sciences, des lettres et des arts, edited by F.-Camille Dreyfus and Marcelin Berthelot, Paris (Lamirault) 1886–1902.

Meyers Konversations-Lexikon. Ein Nachschlagewerk des allgemeinen Wissens, vol. 7: Gain–Großkoptha, Leipzig/Wien (Bibliographisches Institut), 1895. This volume was found in Gödel's private library but is now lost.

Translated by John Crutchfield

Time Management (Max) I

The following is written on the brown notebook's inside cover: "Theology, sociology, own position, hygiene, budget, ..."

'Hygiene' is another term for 'dietetics'. Theodor Gomperz and Heinrich Gomperz, who were important to Gödel, also use it in this sense. Thus, Theodor Gomperz writes: "If we take individual morals to mean mental hygiene and further follow Aristotle in taking this to mean [...] avoiding all extremes, harmoniously developing one's talents, then the natural religion of the Greeks complied with the demands of such an individual morality like almost no other. Its shortcomings become apparent on the ground of social morals" (*Griechische Denker*, vol. 2, p. 322).

And Heinrich Gomperz tells us: "[...] there are sufficiently many thinkers who would reply to our statements thus far: 'All that is only one half of morals; it merely refers to the individual itself; it is a so-called individual ethics, a kind of mental hygiene, or, as the Socratics used to say, it is the call for justice towards oneself; this, however, must be supplemented by justice against others, the so-called social ethics'" (*Grundlegung der neusokratischen Philosophie*, Leipzig/Wien (Deuticke) 1897, p. 86).

On manuscript page 59 of *Time Management (Max) I*, Gödel lists what for him pertains to hygienic living:[103] sleep, digestion, exercise, summer retreat, distraction and rest (also during work). This corresponds roughly to the *sex res non naturales*. On manuscript page 32, he lists what he means, e.g., by mental hygiene:[104] distraction[105] and variation of activities. In the notebook *Max III*, Gödel

---

[103] For explicit mention of the concept of hygiene in *Time Management (Max) I and II*, cf. manuscript pages 2, item 17; 19, remark; 23, top; 31, maxim 1; 32, item II. 7; 37, item 1a; 49, maxim 3; 59, program, item 5; and Addendum IV, 1, IV. If not stated otherwise, the addenda cited here and in the following belong to this volume. Box 6a, series III, folder 51, initial document number 030074 of the Gödel *Nachlass* contains undated bibliographic lists on 'hygiene' in the sense of health and medicine.

[104] For explicit mention of the concept of mental hygiene in *Time Management (Max) I and II*, cf. manuscript page 31, maxim 1, and manuscript page 32, item II. 7. See also *Max III*, top of manuscript page 21.

[105] For explicit mention of the concept of distraction in *Time Management (Max) I and II*, cf. manuscript pages 3, item 26; 11; 31, maxim 1; 32, item II 7; 33; 35, item 3; 37, ad 3; 39, item III; 48, item 11; 50, maxim 1; 59, program; 61, remark 3; 74, remark 2; 85, remark 2, item 4; 87, remark 1; 108, maxim 4; 120, remark 1; and Addenda IIIa, 1, item 12; IV, 1, right side, item 6; VIII, 1v, item 6; XI, 1v, item 6; XIII, 1v, item 9.

also calls the postponement of half-finished problems (i.e., at least the temporary abandonment of an aim) an act of mental hygiene.

Almost all concrete aspects of physical and mental hygiene, such as sport, intoxicants or sexuality, can be found in the article "Gesundheitspflege (Hygiene)" [Health Care (Hygiene)] in volume 7 of *Meyers Konversationslexikon. Ein Referenzwerk des allgemeinen Wissens* (1895), p. 485. This encyclopedia was in Gödel's private library. The concrete points of view given in *Meyers* are mentioned in the course of the notebooks *Time Management (Max) I and II* without being explicitly identified as falling under the concept of hygiene.

Date of production: before August 24, 1937 until after January 1, 1938.

[1]
What and how?:
Content: Time Management
0.) for each day separately,
a.) for each week precisely,
b.) roughly for several months,
c.) for next year by the highest objectives to be reached (correctly contains the general directive for dealing with mail),
d.) "What should I do and how should I do it? That is, how should I behave with regard to certain matters and situations?" (Maxims)

Program see p. 11. and p. 31
in the long run, see p. X[106]
Activities that come into question at all:
A. Reading (listening) and reflecting:
- · 1. Write my own publications.[107] Productivity as a practical necessity.
- 2. Prepare my own lectures and exercises and topics for dissertations[108] and maybe write books, give lectures. Productivity as a practical necessity.

  Extend knowledge in (grasp truths in):
- [3.' Periodical journals, invitations to congresses and current scientific correspondence and offprints.]
- x · 3'. Logic and foundations of mathematics, comparative linguistics.[109]
- — 4. Elementary mathematics.[110]
- · 5. Advanced mathematics (in particular overview (history) and analysis).

---

106 Underlined in red from 'Program' to 'p. X'.
107 Cf. *Time Management (Max) I*, manuscript page 73, remark 3, and Addendum IIIa, 1, item 10.
108 It is unclear whether Gödel had had concrete inquiries from potential doctoral students or whether he included this task in the list in anticipation of possible future inquiries. On this topic in this notebook, cf. also manuscript pages 10, after item 17; 37, item 2a; 46, after item 10a; and 48, item 8. In *Time Management (Max) II*, cf. manuscript page 90, remark 3, and Addendum XIII 1v, item 82.
109 Curly bracket in the right margin from items 3 to 5.
110 An arrow points from item 4 to item 5.

- · 6. Philosophy (psychology) (experimental psychology, <u>carry out experiments myself</u>): psychiatry, psychoanalysis.[111]
- — 7. Theoretical physics and astronomy (experimental physics, <u>actually carry out</u> experiments myself). Overview of astronomy, <u>natural science</u>, <u>medical science</u>, chemistry.[112]
- · 8. Theology.[113]
- x · 9. School system[114] (especially university system), <u>cultural history</u>.
- — 10. Languages[115] (in particular: French,[116] English,[117] Greek,[118] German[119]).
  Read foreign journals and books, medieval Latin. [2]

---

[111] Gödel seems to have considered training as an analyst. In the protocol notebook (box 6c, series III, folder 81, initial document number 030114), probably in November 1937, he notes on page 59 that Ernst Kris, who taught as a training analyst at the Institute for Psychoanalysis in Vienna from 1930 to 1938, declined to teach him due to lack of time and referred him to Heinz Hartmann (1894–1970) instead.

[112] 'Chemistry' is written in the next line, after 'Theology'.

[113] An arrow points from item 8 to item 6.

[114] Gödel uses the term 'school system' [in German: 'Schulwesen'] in different ways. In some places, he uses it in the sense of schools of thought or academic schools (cf. manuscript page 30). In other places, it refers to university legislation, university statistics, the history of disciplines, chairs and universities, and almanacs of scholars (cf. manuscript pages 37, at 2c; 39; and 44, item 9). Concerning the references on manuscript page 1, item A9, and manuscript page 10, both readings are conceivable.

[115] Gödel's private library contains numerous English, French, Greek, Latin, Italian, Chinese and Dutch language textbooks and dictionaries.

[116] Gödel's private library contains *Dictionnaire de poche des langues française et allemande* by Jacob Schellens from the year 1911.

[117] Gödel's private library contains the following textbooks for learning English: *Lehrbuch der englischen Sprache* by Edward Collins from 1911; *Taschenwörterbuch der englischen und deutschen Sprache* from 1912 by Hermann Lindemann; *Englisches Übungsbuch* by Edward Collins from 1918; *Englische Konversations-Grammatik* by Thomas Gaspey from 1921; *Praktischer Lehrgang der englischen Sprache* by Karl Deutschbein from 1925; *Englisch lernen – ein Vergnügen* by Thomas MacCallum from the year 1928; and *Methode Mertner. Englisch für Deutsche* by Karl Müller et al.

[118] Gödel's private library contains the following textbooks for learning Greek: *The First Year of Greek* by James Turney Allen from 1936; *A Pocket Dictionary of the Greek and English Language* by Karl Feyerabend from 1918; *A Short Grammar of Classical Greek* from 1905 by Adolf Kaegi; *Greek Grammar* from 1958 by William Goodwin; *New Testament Greek for Beginners* by Gresham Machen from 1961; *Langenscheidts Taschenwörterbuch der griechischen und deutschen Sprache* by Otto Güthling from 1961; and *Die griechische Sprache* by Hans Poeschel from 1961. This demonstrates how intensely Gödel applied himself to learning ancient Greek over several years.

[119] Gödel's library contains *123 deutsche Sprachbausteine*, edited by D. L. Stroebel.

Disposition[120]
— 11. General education (what I forgot from <u>middle school</u>[121] or should have learned but did not).

<u>11a</u>. In particular: a.) Sociology (national economy, <u>jurisprudence</u>, politics (= social studies), history, art and <u>cultural history</u>.

<u>11b.</u>) b.) Literature (belles lettres) (fiction). Which books should I buy?

— 11' Events of the day, also particular persons (what is happening in the world?): Dubislav's court case,[122] proceedings (e.g. German mathematical society), newspapers.*

— 11" Bibliography in general and for disciplines not yet considered in 3–10, librarianship and cataloguing rules and statistics.

B. <u>Practical matters (necessities)</u>:

· 12. <u>Mail</u> (time when a letter is written and a neat copy of it is made[123]) and <u>phone calls</u> (mostly just execution).

12' <u>Look through books, advertisements, notes, etc., that are picked up accidentally</u>. Accidental matters.

x · <u>13.</u> Time Management (for week, month, year).

* [3] Example: Political conditions in Germany (change of government), nature of revolution is brutality.

---

120 The fact that this addition is written above "forgot from middle school" may indicate that Gödel thought he had a disposition to forget.
121 This refers to the middle level of the *Realgymnasium* that Gödel attended.
122 In the protocol notebook (Kurt Gödel Papers (C0282), box 6c, series III, folder 81, initial document number 030114), Gödel notes on manuscript page 1 that Carnap told him about Dubislav's trial at the end of August 1937 and that Dubislav had severely injured his girlfriend: "Process Dubislav (girlfriend severely injured)". This happened in 1935 in Berlin, however, and Gödel and Carnap apparently doubted the veracity of the report. Dubislav was in custody at a prison in Moabit from August 1935 to September 1936. On manuscript page 69 of the protocol notebook, Gödel refers to events associated with Dubislav in Prague in 1937: "Dubislav double suicide in a particularly horrible manner." Dubislav first killed his girlfriend, the artist Gertrude Landsberger, and then himself. On page 38 of the protocol notebook, Gödel also writes that Carnap told him about Dubislav's manic and depressive phases. The process caused a stir not only among the members of the Vienna Circle but also with Theodor W. Adorno. In 1937, Adorno wrote the following to Max Horkheimer: "You have certainly heard about the Dubislav case. It is not directly related to politics, but is only understandable against the background of the horror in Germany: he stabbed his girlfriend in the eye with a corkscrew after his wife mysteriously committed suicide. He is in custody now in a hospital for the purposes of determining/observing his mental state, writing his autobiography [...]." English translation of the German text, in: Theodor W. Adorno, Max Horkheimer, *Briefwechsel 1927–1969*, pp. 85 ff.
123 Cf. *Max III*, manuscript page 24, maxim 1.

{13' ~~How should I behave in certain situations (regarding certain matters), in which I may be passive? In particular towards other people (doctrine of decency), towards students, in the case of questions, towards Adele, towards certain people I encounter frequently?~~}

{13" Time Management: after $6^{\underline{h}}$ Adele [one significance: Here is an opportunity for sensual experiences[124] or for more definite activities than reflecting or reading].}

Every activity has:
1. an object, which is in some way modified by the activity (in the extreme case created or annihilated);
2. a purpose, which is the modification (creation, annihilation) of the object.

---

x·14. Budget (make calculations, acquire money, orders in securities and other funds, budgeting of money, economizing).

— 15. Errands,[125] matters that merely need to be carried out (reflecting about this belongs to: 1–11", 13, 13', 14, 17) (in particular University Library and mathematics department, book seller, paper merchant, talking to colleagues, now also looking for a flat, etc.) [goes along with preliminary program].

registry[126]

x·16. Enter summaries of books and important results and problems into the register,[127] writing material, in general "business register", sort things out.

---

124 Like rest, food, drugs, hiking and the other subsequent items, sensual experiences and pleasures pertain to dietetics and the *sex res non naturales*.
125 A further reference to item 15 will be made below.
126 Inserted above 'important'.
127 The registers for Gödel's workbooks and for the booklets on logic and foundations are printed in Dawson and Dawson, "Future Tasks for Gödel Scholars", pp. 27–31 and 40–42 in English. Cf. also the references regarding registers in *Time Management (Max) I*, manuscript page 25, maxim 1, and manuscript page 32, items II and III and o a, e and f, as well as *Time Management (Max) II*, manuscript pages 140, maxim 1; 142, item 21; 152, remark 1; and Addendum II, 6, item 15.

x·17. ↓ Activities (hygiene),[128] reflections on this (the execution belongs to 15).

· 17' + 28 + 13' My own life and relation to environment (also my own family). [3]

17" Dealing with people[129] (as a practical ability).

C. x Pleasures besides cognition:

18. Nature (sea, mountains, woods, sunrise, etc.).
19. Art (music, poetry, theater, narrative poems, paintings, architecture, sculpture, etc.).
20. Women (love, sensuality).
21. Sports and games: a.) physical:[130] (riding, jumping, driving a carriage, driving a car, gymnastics, gymnastic rings, playing tennis, fencing, rowing) [childlike play = physical experiment; card game, etc. = psychological experiment]; b.) mental: puzzle,[131] chess and card games, mental arithmetic, memory sports, hunting (room search), waiting games.

21a belongs to pleasure in activity.

21b belongs to delight at victory over others, pursuit of fame, rivalry (especially scientific stimulation!).

22. Traveling and hiking.
23. Inactivity (summer retreat) = free association, free play of imagination.
24. Eating.[132]
[25. Do something good or bad for (something for the sake of) others: give presents, help, teach.]

---

[128] Although this term is inserted above "clothes, laundry, body care" and so on, which is crossed out in the manuscript, it refers to all of item 17. For explicit mention of this term in *Time Management (Max) I and II*, cf. the comprehensive explanation of the list on the inside cover of *Time Management (Max) I*.

[129] Gödel took note of the works of Alfred Adler. According to Adler, there are three life tasks: 1. profession, 2. sexuality, marriage, 3. social relationships. Item 17" can be found on manuscript page 4 in the notebook.

[130] Alternating between physical exertion and rest is also recommended in the article "Gesundheitspflege (Hygiene)" in vol. 7 of *Meyers Konversations-Lexikon* (1895), p. 485, which was part of Gödel's private library.

[131] Gödel owned the undated book *Scherzrätsel und Scherzfragen* [Riddles and Conundrums].

[132] The aspect of nutrition belongs to the category of hygiene. Cf. article "Gesundheitspflege (Hygiene)" [Health Care (Hygiene)] in vol. 7 of *Meyers Konversations-Lexikon* (1895), p. 485.

26. Narcotics[133] (alcohol, nicotine, hashish, opium, morphine).
[27. Creative enthusiasm (writing something, giving a lecture, drawing something,[134] taking photos[135]).
28. Company of other people (e.g. parlor games)].

23 = 0 is <u>in general</u> not a particular program, but reflections [the rational decisions concerning my own life are made in 13, 13', 14, 17], making <u>plans</u>.

| 26, 18–23 [relate to] entertainment and distraction,[136] rest. |
| · 28 [relates to] relation to other people.* |

* Associations, politics, cf. 13'.

Turn over

[4]
24./VIII. 1937 9:30–1 o'clock
General principle: <u>Better to plan less and actually carry it out.</u>[137]

External time plan for next week: [8 h have breakfast, 8:45 get up, 9:30 leave, lunch break 1 h (strolling or lying down or coffeehouse drink mocha), 6 h finish work, then either take a stroll or go to Adele, supper until 10 h or go out with Adele or eat at home at 7 h and go to Adele, lie in bed from 10:30 till 11 at the latest and turn out light, don't work immediately before falling asleep.

---

133 Handling intoxicants and stimulants is also part of hygiene. Cf. the article "Gesundheitspflege (Hygiene)" in vol. 7 of *Meyers Konversations-Lexikon* (1895), p. 485, where the topic is addressed under the keyword 'stimulants'. See also manuscript page 4, "non-normal activities", and manuscript page 5, item 1.
134 Gödel indeed made drawings from time to time. Cf. for example the drawings in: Kurt Gödel *Nachlass* (C0282), box 11c, series VI, folder 19, initial document number 060214, which Jan von Plato pointed out to me. Among other things, Gödel drew two portraits of Adele.
135 Adele's father and her first husband were photographers. Moreover, Gödel's friend Marcel Natkin became an internationally renowned photographer after he had to leave Austria and give up philosophy.
136 According to *Meyers Konversations-Lexikon*, "concentration and distraction" [Sammlung und Zerstreuung] are aspects of "private hygiene". See "Gesundheitspflege (Hygiene)" in vol. 7, p. 485. See also *Time Management (Max) I*, manuscript page 32, II. 7, where Gödel also defines distraction as part of mental hygiene. For explicit mention of the term in *Time Management (Max) I and II*, cf. also the detailed explanation (including a list of references to 'distraction') of the list on the inside cover of *Time Management (Max) I* provided at the beginning of this volume.
137 Cf. Addenda IIIa, 1, item 3; IIIa, 3, ad 1, 40; IV, 1, item II A; VII, 2v, ad 2A.

9:30–1 and 2–6 (= 7½ hours) treat about 5 different subjects for 1½ hours each: reflecting, reading, writing. If possible, sit or pace back and forth while doing this. Between two subjects (or contents, per hour) a break of 5 minutes (lie down or walk)][everything inside the square brackets[138]] is a normal working day.

<u>Non-normal activities</u> (besides reading, writing, reflecting) are: Going to the University Library or the math department and the National Library[139] (getting books, returning, choosing, looking something up, getting to know the literature), at the book seller (or paper seller, writing materials): asking a question, ordering, collecting, also going to the doctor (or dentist),[140] cutting hair, taking a bath, buying clothes,[141] searching for a flat, talking to <u>colleagues and professors and students, talking to family members, giving lectures, dictating papers to fair copy, traveling to conferences</u>, advice in practical matters (<u>lawyer</u>), <u>bank matters</u>, <u>collecting and sending money, telephone, listening to radio and piano, excursion</u>, prolonged absence, <u>summer retreat</u>,[142] <u>resting</u> (doing nothing), <u>theater and cinema, cabaret, and Museums and other attractions, concerts, strolling through the city, dancing, puzzles, card game, tennis</u> (sports and games), <u>narcotics</u>.[143]

[5]
Reasons for classification:
1. At home (besides reading, writing, thinking):
<u>telephoning</u>, <u>bodily care</u> (bathing, washing), <u>receive visitors</u>, (maybe) dictate, radio and gramophone and listen to the piano,

---

138 The words in the brackets have been added by the editor. In the manuscript, the brackets themselves are empty.
139 Cf. Manuscript page 6, item 3. Alternative reading: 'scientific library'. In this case, this refers to the library of the *Technische Universität Wien*, founded in 1815 and then known as the *Technische Hochschule Wien*.
140 Dental and oral hygiene also belong to the topic of hygiene. Cf. "Gesundheitspflege (Hygiene)" in vol. 7 of *Meyers Konversations-Lexikon* (1895), p. 485.
141 The question of correct clothing belongs to the topic of hygiene. Cf. "Gesundheitspflege (Hygiene)" in vol. 7 of *Meyers Konversations-Lexikon* (1895), p. 485.
142 To be understood as a summer holiday for convalescence in the countryside, the mountains, by the lake or by the sea.
143 See also manuscript page 3, item 26 and manuscript page 5, item 1. The controlled use of narcotics also pertains to dietetics. Cf. the introduction to this volume.

rest, puzzles and card game, illustrated magazines, intoxication,[144] toilet.[145]

2. Outside the home: · a.) pick up books, carry back, choose, look up, order (library, bookseller, paper merchant).
   - b.) Educational material such as paper, booklet, pencil, rubber, pencil sharpener.[146]
   - c.) Talk to colleagues, professors, students, visit congresses.
   - d.) Giving lectures and exercises and works in fair copy.
   - e.) Doctor, dentist, barber.
   - f.) Bank and money, lawyer.
   g.) Theater, cinema, museums, concerts, further attractions, cabaret, coffeehouse, newspapers.
   h.) Dancing, tennis.
   - k.)[147] Strolling through the city, excursions, summer retreat and travel.
   - l.) Get clothing and laundry,[148] find a flat.

Shall those matters 1. always be dealt with only after 6 h? Telephone at the same time as mail.

Interruption of normal order of the day is forced by:
1. radio, when particularly interesting.
2. A. Errands: books, further everyday necessities, clothing and housing,* bank and lawyer, mailing, *doctor [barber], dentist.
B. Attending discussions and talks; giving talks and dictating papers.
C. Excursions and summer retreat, sports, museums and attractions, entertainment and recovery.[149]

---

144 See also manuscript page 3, item 26, and manuscript page 4, "non-normal activities".
145 Cf. *Time Management (Max) I*, manuscript page 59, program, as well as *Time Management (Max) II*, manuscript page 93, remark 2. Cf. also the comments on the *sex res non naturales* in the introduction to this volume, according to which human excrement belongs to the area of the *sex res non naturales*.
146 This could also refer to a knife used to open uncut book pages.
147 i.) and j.) are missing.
148 The question of adequate clothing and laundry is part of the topic of personal hygiene. Cf. the article "Gesundheitspflege (Hygiene)" in vol. 7 of *Meyers Konversations-Lexikon* from 1895, p. 485.
149 Cf. the article "Gesundheitspflege (Hygiene)" in vol. 7 of *Meyers Konversations-Lexikon* from 1895, p. 485, for the topic of recovery.

[6]
2. Day at the library: 9:30 university library, order immediately (from library stack or reading hall) what is written down, for the purposes of: 1. taking along, 2. skimming through, 3. looking something up, 4. making a choice between several or deciding whether or not to read. In the meantime (until the books arrive) return books and 1.) take a look at books, choose, look up, borrow those that are there from last time; 2.) look up, look at books that one may take into the catalogue room [encyclopedia,[150] Minerva,[151] Kürschner,[152] bibliographies, catalogues. The catalogue room[153] contains directories of persons, books, schools, officials and offices, locations, words]. In general, see what is there. Upon ordering, one also immediately receives those that one cannot take oneself. 2'.) Go to the periodicals reading room or the subject catalogue.[154] [[155]3.) Visit the National Library and order books there or return or look up something in the directory of new acquisitions or in the periodicals reading room.[156] 4.) run further errands.]

What is the activity at the university?: A. 1. Order books (fill out the blue order form) that were chosen in advance. 2. Request books in the catalogue room that were chosen and noted in advance. 3. Take journals into the reading room for journals that were chosen in advance (maybe ask beforehand). 4. Take out the freely available books in the catalogue room. 5. See what journals there are in the catalogue room and in the reading room (what there is on a certain topic or in the library). B. When receive a certain book, then either: 1. Write note to take home and put it in bag. 2. Look up something or a certain number of things known in advance and return. 3. Skim the book to reach a judgment, a.) what is treated

---

150 An encyclopedia is a lexicographical reference book that popularizes scientific, artistic and technical results for the purposes of general education.
151 *Minerva* is an almanac of German scholars by Gerhard Lüdtke.
152 *Kürschners deutscher Gelehrten-Kalender* is also an almanac of German scholars by Gerhard Lüdtke. It lists biographical data and the addresses, main research interests, and fields of work of academics from the German-speaking world alphabetically.
153 In the past, the publications in a library were either entered in the volume catalogues provided for this purpose or noted and then arranged in alphabetical order (card catalogue). Thus, there were rooms in which the catalogues or card catalogues were installed.
154 A subject catalogue is a library catalogue in which publications are arranged by key words, which makes it possible to search for specialized literature by topic.
155 A square bracket on the left encloses items 3 and 4.
156 In a periodical reading room, periodically appearing journals are on display.

and to what extent,* b.) whether it is good or bad. Method: Table of contents and sample, author, year of publication, preface. (For 3., an excerpt is already conceivable as well.) 3.' Decide whether to borrow. 4. Read the book carefully and take excerpts. 5.) Read while skipping some portions or chapters (e.g. skip proofs), also not [7] necessarily in the author's order, but according to the factual considerations I have in mind when approaching the book. In this sense, it is also very useful to read several books that treat the same subject at the same time. 1–3 o'clock in the library, 4–5 o'clock at home.

* For which readers is it conceived?

Question 1.: Should I: I. spend whole morning 9:30–12:30 (3 h), 2–6 (4 h) at the University Library, National Library,[157] mathematics department or II. only pick up and return orders?

Question 2.: Are there other libraries that are more user-friendly with respect to things that are also there or that have things that are not there? For which subjects?

ad 1: Answer to question 1. needs to be drawn from the treatment of the separate subjects. Namely, if it turns out that I need to read certain books more carefully or have to use them (for looking something up) for a longer time, then I. holds. When it turns out that I first need to choose between many or have to inform myself about the literature, then II. holds. Further, if there are many periodicals to read, then I. holds, as these are special cases (they need to be looked through, and one needs to roughly estimate their content and quality, and only in special cases should they be read carefully and borrowed).

Question 3.: Which books should I buy for myself? – 1. Those that are never available and that are interesting, 2. reference works (directories, i.e., what can be bound in the catalogue room), 3. foundational work of the special topics, foundational works in general.

If only 3½ h per week for one topic, then just 14 h (-20% for interruptions) = 11 h. During this time, a book can hardly be finished, especially when several books are borrowed at the same time.

---

157   Cf. manuscript page 6, item 3, as well as manuscript page 4.

[8]
A book is foundational if it treats a comparably large area (not a special question) while containing as many facts as possible but only important ones, if it presents the area in as little space as possible and provides an overview of the literature. 4. Periodicals, daily newspapers, official gazettes,[158] *Zentralblätter*.[159]

ad 2: Offers a common library for belles lettres and in part also for philosophical literature. Otherwise specialist libraries of the departments (e.g. physical, medical library, library of the Chamber of Commerce, library of the social sciences in the Town Hall, also in the other universities: technical, commercial college; for academic publications the Academy of Sciences
and Humanities, [...]).

One of the main reasons for wasting time and not being able to get many things done is that I want to do things too accurately. When I borrow a book to look something up, I already start looking through it and maybe even reading it. When I want to merely skim through something, I read it carefully. Ultimate reason: Not holding on to my decisions.* The decision is the limitation of something (blinker); it may mean that something is lost, but on the other hand, that what was planned is done.

* The more one has reflected on a decision, the more this is the case.

Question 4: Should one decide to do the following?: Every book that I pick up so as to read something specific in it (to look up or read a particular treatise, a certain chapter) should at least be skimmed through: Preface, table of contents, spot check, opinion, whether good or bad. [A book is good when the objective given by the title, the subtitle and possibly the preface is achieved well. In this respect, the readership for which it is meant according to the above criteria needs to be taken into account as well, or at least whether some objective or readership given by a different title or preface is satisfied.] And should one write a synopsis, however short, for each book that one picks up?

---

158   Official gazettes are publications in which regulations are proclaimed.
159   A scientific *Zentralblatt* is a publication that provides an overview of the current state of the research via reviews, survey papers, summaries and bibliographical references.

I think yes.

[9]
Remark: Transition to the next type, psychological:
0. Type: I study physics (read books, reflect).
1. Type: I reflect on the question or read something about "how I should organize my studies in physics" (or what different authors said about physics).
2. Type: I reflect on the question of how to learn quickest and how to most effectively organize my studies in physics.
It is advantageous to start with as high a type as possible.

Question 5: Should one invest more time in the activity itself (type 0) or in reflecting on it (type 1 and higher) when occupied with an activity?* The time used for this is saved when carrying out the activity itself because it will be carried out more effectively and quicker. The more time the reflection takes, the more methodically (rationally) one acts (to draw a line under it).[160]

* One should always either do the activity or reflect on the activity (the mingling of types is obstructive).

In the above time management, the activity and the reflection on the activity (etc.) usually belong to the same category, except: 15, which is the lowest type, as these activities are not forms of reflection at all. 13, 13' are of type ω (because they can have arbitrary iterations of reflection as their object). It is a general characteristic of the lowest type that it is no longer reflection (reading, speaking, writing, shopping, walking).

Question 6.: Is the commingling of different activities (several at the same time) possible and fruitful (i.e. time-saving)? De facto, I do this (working while listening to the radio, reflecting and strolling, talking to Adele while thinking about mathematics, thinking about my own matters during a talk, working during the summer retreat).

---

160 To be read as "completing".

[10]
The book "errands" will contain the following categories: University Library, National Library,[161] mathematics department, theoretical physics,[162] book sellers and paper merchants, appointments, other (doctor, dentist, clothes, flat, money, lawyer).

Ongoing:	Own publications	every day		
	Mail	every other day		
Urgent:	Budget[163]			
Urgent:	Time management	→ especially big picture	(also 13'), reach decisions	17: flat-hunting

Important:[164]	Own lectures and dissertations[165]
Important:	School system[166]
	Summaries

In total 22 activities when entertainment is combined to one, 4 of them ongoing.

<u>The activities fall into</u>: Professional duties and others.

The professional duties:

I. For someone who holds a position, these are fixed by law or by custom.

II. For someone who does not hold a position, they consist in the following:

---

161 Cf. manuscript page 6, item 3, and the related footnote to manuscript page 4.
162 Alternative readings: theoretical philosophy, theology [and] philosophy, theology [and] physics. Most 'alternative readings' are not comprehensible as genuine alternatives in English, and thus they have generally not been provided. As things are different here, however, the alternative reading is indicated.
163 In the left margin: curly bracket from 'budget' and 'urgent', respectively, to 'time management'.
164 In the left margin a curly bracket from 'own lectures' and 'important' to 'school system'.
165 Gödel finished his dissertation in 1929, and it appeared in 1930; his habilitation thesis appeared in 1931. This mention could therefore mean that he was supervising dissertations, that he intended to supervise dissertations or that he intended to read dissertations that had already appeared. So far, it is not known whether Gödel supervised dissertations. See the list of similar references in the footnote to manuscript page 1, item A2.
166 This could refer to schools of thought, but also to university legislation and the history of academic disciplines. Cf. the footnote to manuscript page 1, item A9.

1. Putting oneself in a state in which one can fill a position appropriate for oneself.[167]
2. Doing everything that I can to get such a position.

[11]
Remark: It is the benefit of a maxim that it makes a great number of individual decisions superfluous. Individual decisions are logical questions (derivations from the maxims) for a person who has chosen sufficiently many maxims.

---

1. Maxim: More haste, less speed[168]
One should take one's time with everything (do everything at one's own pace[169]). If a decision is to be announced in a letter, better to give a preliminary answer (to be polite). Deciding and acting are two different things.

General:[170]
Professional duties   1–5   (3–5 preparation for 1–2)
Practical matters   12–17
Intellectual education   6–11
Entertainment and distraction[171] 18–28

Different categorization:
necessary (mandatory or in my own interest),   imperative
useful   convenient

---

[167] It is the purpose of dietetics or individual ethics to put oneself into a state that enables one to achieve something.
[168] Cf. manuscript page 78, maxim 1.
[169] Cf. *Time Management (Max) I and II*, manuscript pages 11, maxim 1; 24, remark 2, item 1; 25, maxim 2; 153, remark 1; and Addenda IIIa, 2, item 30; IIIb, 2v, B16; and IV, 1, V.
[170] On the left, a curly bracket from 'professional duties' down to 'practical matters'.
[171] For distraction as an aspect of mental hygiene, cf. *Time Management (Max) I*, manuscript page 32, II. 7. For explicit mention of the term in *Time Management (Max) I and II*, see the comprehensive explanation (including a list of references to 'distraction') of the list on the inside cover of *Time Management (Max) I* provided at the beginning of this volume.

25./VIII 1937
Program:[172]

1. Draw up a preliminary program for the next week (half week) once or twice per week, in particular how much time is to be spent on various disciplines. –
2. Draw up a precise program for the next day every day in the evening (takes only a little time). –
3. Every day or every other day until further notice 1 h for: 1. Time management for the next few months, how much time to spend on various disciplines, – 2. time management for the next few years, how much time to spend on various disciplines. –
4. Every day or every other day until further notice 1 h of reflection about how I should behave in certain situations towards certain matters. Belongs to relations with people.

[12]

> General question: Three things can happen which would render the established time plan unsuitable:
> Important!
> 1.) I remain stuck in an activity during the time given. (Some errand has to be run first.)
> 2.) One has to stop "in the middle of the most splendid activity".
> 3.) It takes some time to "get into an activity" or to "leave" another activity.*

* This is also a question of directing attention arbitrarily (in contrast to passively).

2 and 3 are appropriate for activities that consist in reflecting (but less for reading and taking excerpts). These can be avoided by taking a lot of time (a morning or an afternoon) for the activity. Maybe one should do this for the less "mechanical" activities?

Categorization of activities by their degree of "mechanization": Manual work, entirely mechanical (such as drawing the lines for a timetable), ordering a book (looking up signatures), trying on clothes. After this come the merely mechanical: copying, adding, making calculations, sorting things out, to some extent writing summaries. After this come reading and taking excerpts (especially reading a book from beginning to end). Least mechanical are those activities in which something is to be found by reflecting (be

---

172 'Program' is underlined and framed in red.

it scientific or something practical: "How should I organize something in my life?").

Question 7: How should I respond to the diversion of attention (autosuggestion)? That is, towards the phenomenon of my attention's suddenly being redirected, for example, from the object to the activity. Passive diversion [13] of attention.

Preliminary timetable and book of errands need to be at hand while preparing the time management for the next day (the next few days).

Maxim 2:[173] No activity must be interrupted (doing the same thing at two different, non-successive times).

Maxim 3: Everything should be done completely or not at all (not partly), in particular also giving a lecture.

Maxim 4: Whenever one writes something, one should, if possible, leave some space between the lines so that one can add something.

> On the other hand, it is appropriate because one tires less quickly when one does different things. If one does the same thing for a long time, attention and capacity for work wane.

Unrest and the feeling of being rushed will probably vanish once one feels that the time management is right (appropriate) and that one is acting correctly in all matters (behaving appropriately).

Maxim 2': The break between activities of the same kind should not be too long to prevent one from forgetting something (dropping out of the activity).

Maxim 5: Whatever one is thinking about, be it a mathematical problem or what one should do tomorrow, it is always preferable that the thinking be done with the help of something, either with the help of a book or with the help of something that one wrote or

---

[173] Maxim 1 can be found on manuscript page 11.

thought about in the past. This holds in particular in the case of lists, as they considerably support one's [14] own memory (one's own ideas).

Time management in the coming years: *[174] Program
[[175]Semester in Notre Dame   16./IX 1938–21./XII 1938[176]:
                                             I. semester]
[5./I 1939–25./I 1939? :
                                             I. semester]
[1./II[177] 1939–13./IV 1939:
                                           II. semester]
[20./IV 1939–30./V 1939? :
                                           II. semester]

Winter term 1937/38 in Vienna,[178] but no reading/lecturing: write papers, prepare lectures, theology, rationalization foundation, other according to the working program, specialized knowledge, situation at the university.

Summer term 1938, year[179] 38/39: 2 of these 3 semesters in America. (Not three, since otherwise not enough time for my work.) Is Princeton less suitable for my work than Vienna? Study materials can be taken along, library is of equal quality (better), stimulation from colleagues and professors (also very little in Vienna), time (when I do not read), social obligations few, and it is possible to get rid of them,[180] [...].

---

174 Written in red.
175 Large square bracket that frames the table from left to right.
176 By his own account from July 1937, Gödel had no time to go to Notre Dame in the 1937/38 winter semester. His plans thus refer to this later date. Cf. the correspondence with Karl Menger in: Gödel, *Collected Works*, vol. V, pp. 106–112.
177 Notre Dame's spring semester started in February.
178 Gödel actually gave his last lecture in the summer semester of 1937 in Vienna.
179 The 'J.', which abbreviates the German word 'Jahr' (for 'year'), might also stand for 'January' or 'turn of the year' [Jahreswechsel]. In fact, Gödel was only back at Princeton in the autumn of 1938 and at Notre Dame in the spring semester of 1939.
180 Alternative reading: impossible to get rid of them. Most 'alternative readings' are not comprehensible as genuine alternatives in English, and thus they have generally not been provided. As things are different here, however, the alternative reading is indicated.

1. Discussions with students or colleagues, in which I am the contributing party, and preparation for church[181] (morally obliged).

2. Diversions (learning English, getting to know America, listening to the radio[182]). Also because of Adele, otherwise I would have to take her with me.[183] The benefits I enjoy there are sufficiently achievable in 2 semesters, [15] even when I plan to settle there. Thus three possibilities:

	I	II
I am in Vienna:	1. Summer term 1938[184]	
	2. Winter term 1938	left out[185]
	3. Summer term 1939[186]	

Possible <u>Maxim</u>: You should give as many lectures as possible; you should accept any position you are offered (unless a better one is offered at the same time); you should apply for any open position, either officially or (to professors) unofficially. However, this presupposes that you are fit to fill the position. The first thing is in any case to get oneself fit for this.

⊢ <u>Maxim</u>: I only accept (apply for) those positions that I can fill well or for which I can get myself into a state of being able to fill well before they start. And this I will do, if I accept them (apply for them).

<u>Remark</u>: One of the most important aspects of seeking a position is to know where positions of the desired kind are offered due to:
1.[187] Their having acquired more money:
a.) A new foundation (donation); government that fosters science.
b.) Departure of the predecessor due to age, death, appointment to another position.

---

181 Alonzo Church was at Princeton in the autumn of 1938, and Gödel had a lively exchange with him in the 1933/34 winter semester.
182 This means listening to the radio in order to improve his English.
183 This means: If Gödel were to stay in America for more than two semesters, he would have to take Adele along.
184 In the summer semester of 1938, Gödel gave lectures at the university of Göttingen.
185 Here and in other places, Gödel uses a character (not a Gabelsberger grammalogue) that should be read as 'omitted' or 'missing'.
186 See the above comments about Gödel's plans for Notre Dame.
187 There is only clause 1.

c.) A position of a certain kind (certain intellectual direction), e.g., positivism.

> Briefly: One needs to know when and where positions of a certain kind will be offered.

[16]
Knowledge about a position can on the one hand be general: For example, due to the expected political conditions, they will soon need positivists[188] in America; or: engineers, and thus mathematicians as well, will be needed in those countries due to increasing industrialization; in Austria, theorists[189] will be needed because of the dominant political direction; chemists are needed in Germany for toxic gas fabrication. Or it can be specific: This professor is 70 years old, a new university will be founded there, this university received new funding and is particularly interested in mathematics. However, it is necessary that the preferred kind (intellectual orientation) be known. That is, one needs to know that this position will be given to a man who meets this or that purely formal or inner requirement.*

* Or meets them best.

On the other hand, it is also possible for someone to be hired for reasons that are unrelated to expectations regarding his performance or the belief that he can deliver it best out of the available candidates: for example nepotism, insider relationships (i.e. a group of people agree in a contract to favor each other, artificial family ties, so to speak) and compassion or humane duty, because he will not achieve something (not the achievement principle), and thus someone else who would achieve it does not get it. Sinecure;[190] someone helps without the public's noticing that help is taking place.

Due to my achievements and the fact that they were bestowed on me, and because I received help in many respects (by transmission of thought), it is likely that [17] grants will continue to be

---

188 The spelling is the same as on manuscript page 67, first remark.
189 Alternative reading: theologians. Most 'alternative readings' are not comprehensible as genuine alternatives in English, and thus they have generally not been provided. As things are different here, however, the alternative reading is indicated.
190 A sinecure is a position for which one receives a salary without having duties or having to render services.

available to me. Hence, there is no reason to immediately accept them when this disturbs my current (probably successful) activity – unless this spoils my chances of securing a position abroad. But it is doubtful whether I am up to such a position at the moment, and if I am, it is doubtful whether I should not rather spend more time on myself and my education, as this is not possible the other way around and the position will be easier to obtain and to fill if I educate myself first (this holds at least for positions in America).

Remark, important, question: The most basic decisions (those closest to acting) concern the concentration of attention on something. Maybe give up laughing by this means. For example: On what is my attention focused when I enter the lecture room?

Question 8: How can one train facial expression and tone of voice (and unconscious bodily movements), in the sense that one can be friendly, earnest, unfriendly, etc., at will?

Remark: When writing books, as with positions, one needs to know what books there are, or rather what books there are not, in a certain field and for which kinds of books there is interest (in which countries and classes). On the other hand, it is also possible to get paid for writing books for which there is no interest or demand, since they are valuable for someone as propaganda (similar: to appoint bad professors to professorships). In this case, advertising can artificially generate interest and demand.

[18]
In general, an awareness of the sociological situation is required for professional success. That is, one needs to know which classes, and in which countries, are capable of (and interested in) buying what kinds of books or offering what kinds of positions, generally as well as specifically. One also needs to know how to access the ordinary people who fill the vacancies. That is, one needs to get their attention (introduce oneself, write, etc.).

However, it seems that an introduction is in fact unnecessary when the employer belongs to a higher class. Rather, you will be offered the position automatically when you are in the required state to carry out the work. This is different when the public is the immediate employer, but usually there is an intermediary figure (such as an agent), or it is directly dependent on the public.

⊢ Maxim: Those matters that are potentially relevant to a certain activity should in each notebook be collected at the beginning or elsewhere, once and for all, and for what is still to come (opening times of the library, errands), plus what is continually added through mail, books, my own remarks.

Hence whenever I read, hear, see, or think of something that is at all important, ask for which activity it is relevant and enter it into the corresponding notebook.

Remark: Formulating the objective of a certain activity precisely (especially the questions to be answered in the various notebooks) is useful for the simple reason that it allows one to eliminate that which is not interesting. One can see whether the answer is interesting, useful, etc., only once one has formulated the question.

[19]
Maxim: The following is to be decided for each notebook: 1. What is there?, 2. What work is at all worth considering? (Preliminary program), 3. What should one actually work on (and then plan as precisely as possible)? When deciding on 3., the objective of the activity in question matters.

It would be advantageous to deal with old notes first, as one can then see that all problems are categorized, and maybe complete the tables of contents and preliminary programs when this is not the case.

Remark:[191] It is the objective of the mental activities mentioned above to determine something, either what is the case [cf. the abovementioned sciences, namely either something about the literature (history) of the field or about the field itself (the former is often a means to the latter)] or what should be the case (what one should do), how one should organize time and money, how one should behave towards other people, what one should do to

---

[191] This remark reveals particularly well how comprehensively Gödel approaches the topic of the conduct of life. For him, it includes perfecting the mental, social, physical and professional aspects of life, as well as giving order to life.

distract and entertain oneself, how I should maintain a healthy body, how I should reply to any letters, how I should write my papers and lectures. In the case of determining what is the case, everything is done when the determination has taken place (and possibly cataloging and memorizing). When determining what should be the case, there is also the execution following the determination. 15 consists almost entirely of determinations, 12 and 16 partly. In each category, including the first, the question "What should I do?" takes up a lot of space. Namely, there are always the two questions:
1.) Should I determine this or that, or should I not?
2.) If yes, how should I determine it?

[20]
Remark: Content (in each notebook) is an unordered set. Program is an ordered set or even a complicated structure.

Remark: To get clear about something, it is fruitful to pose a concrete, particular question and to focus attention on this question (ignoring everything else), even when this means apparently leaving out something and a lot (this occurs in the case of mathematical words, at least with the words, "it is …", even though that does not yet yield what is to be proved). In general, this is the purpose of conceptual thinking, of categorizations, of formulating questions (Thomas 1, 2, …). [Verbal formulation is fruitful, also formulate in the case of decisions.]

Maxim: One should approach everything with concrete questions (formulate questions in the appropriate wording and the appropriate synthesis of brevity and conciseness).

Problem: Hastiness conceals everything I do. What is the reason? How can it be controlled?

Remark: A considerable part of the questions treated in the notebooks under "What should I do?" and in particular "How should I do it?" is best decided not by directly reflecting on them, but on the occasion of executing another activity: partly essentially and systematically, as this other activity is superordinate (presupposed), such as knowing the basic principles of bibliography for finding a good textbook on the history of mathematics (the education system), partly by chance.*

* [21] Therefore, put a section in each notebook: Remarks on other activities, partly on the program, partly objectively, partly bibliographically.

Problem: The relation between the various activities with respect to super- and subordination (which are useful for others)?

[21]
General principle: Very often, one achieves something by directly approaching something else, for example earning money by taking an interest in some science, discovery of the undecidable statements on the basis of reflection on a consistency proof.[192]

Top categorization of activities:
1. Determine what is the case:
    A. intersubjectively (science); determination = cognition
    B. for myself or certain other (not historically relevant) persons; determining = seeking out, finding out
2. Determine what should be the case:
    A. intersubjectively (ethics)[193]
    B. for myself or people closely related to myself.
3. Executing that of which it was determined that it should be the case (put into practice); act (external).

The purpose of each determination is[194] either 1. another determination (I determine how many books about the history of mathematics there are so that I can determine how the negative numbers were introduced); 2. or enabling a determination of what ought to be (I determine the educational background of the students in order to know how difficult I should make my lecture); 3. or it is itself a purpose of enabling. The purpose of a determination of what ought to be is:

---

192 These reflections led to Gödel's incompleteness theorems published in 1931.
193 Here, ethics is understood not as an individual ethics but as a moral doctrine or a social ethics.
194 Cf. the analogous remark on the concept of an act on the next page.

1. another determination of what ought to be (determination of a general maxim, so that I can decide in a special case). [22] [In Kant also the other way around: He determines what he should do in order to determine whether there is a God.[195] [196]]
2. Or it is the purpose of a determination of what ought to be to enable an act (so that I can then carry it out).

These are the lowest determinations (most particular determinations of what ought to be).

The purpose of an act is:[197]
1. a determination (I borrow a book on the history of mathematics in order to find something out, etc.),
2. a determination of what ought to be,
4.[198] end in itself,
5. enabling another act.

Thus: $A \rightarrow A \rightarrow B \rightarrow B \rightarrow C \rightarrow C \rightarrow A$

Both an activity and the result of an activity can be an end in itself, the former in the case of someone who likes giving lectures, the latter in the case of someone who kills a human being out of hate.

Knowledge divides into the general and the particular. The general pieces of knowledge are the "great" ones that contain a large set of findings. They correspond to "far-reaching" acts.

* Inner activity, the purpose of which is not a determination (this is, a creation of ideas without regard to truth or beauty), is daydreaming. The poet also makes determinations of how it will be more beautiful, how it will have a better effect; except when something is created by pure inspiration. In that case, there is no activity, conception.

---

195 Alternative reading: good. Most 'alternative readings' are not comprehensible as genuine alternatives in English, and thus they have generally not been provided. As things are different here, however, the alternative reading is indicated.
196 Allusion to Kant's so-called God postulate, according to which man needs to assume the existence of God for moral reasons.
197 Cf. the analogous remark on the concept of a 'determination' on the last page.
198 Figure 3 has been crossed out.

[23]
Social (and my own) position, theology, relations between humans, hygiene,[199] budget, (university system) (in general and in particular).[200]

Question: Should one operate with specific or very general concepts? – With general concepts, but only when one understands them very well (can apply them to specific concepts). A question concerning general concepts can be decided only by applying specific concepts to it (specializing). Then, either turn to a refutation or a proof for the special case from which one can then see what is necessary (which features of the special case make the proof possible). One can then generalize successively.

? Maxims: 1. You should read later rather than earlier (about the same as spending more time on reflecting about something in order to save time during the execution).

2. You should direct your further education toward areas in which you are most interested and that suit your talents best. Then, what matters for success is not what your discipline (field of specialization) is (one can be successful or unsuccessful in any discipline), but that you are better in your discipline than the others. This requires interest and talent and diligence in your discipline.

Remark: I am apparently neither talented nor interested in combinatorial thinking (card games and chess, and poor memory).[201] I am apparently talented and interested in conceptual thinking. I am always interested only in how it works [24] (and not in the actual execution). Therefore, I should dedicate myself to the foundations of the sciences (and philosophy). This means: Not only the foundations of physics, biology and mathematics, but also sociology, psychology, history (world, earth, history of mankind). This means an overview of all sciences and then foundations (which is also what I am primarily interested in).

---

199   For explicit mention of the concept of hygiene in *Time Management (Max) I and II*, see the comprehensive explanation of the list on the inside cover of *Time Management (Max) I* provided at the beginning of this volume.
200   Compare this enumeration with that on the inside cover of the notebook.
201   Similarly in the protocol notebook (box 6c, series III, folder 81, initial document number 030114) on manuscript page 7.

I have been originally interested in explaining the phenomena of everyday life in terms of higher concepts and general regularities, hence physics.[202]

Remark: It is also possible to insert an hour (or several hours) for thinking about "miscellaneous", that is, about that which I desire[203] to do most at the moment and what crosses my mind at the moment. Since the above-mentioned categories are complete, this necessarily falls into some category,[204] and if important, it will be entered there, whereby the categories may always change.

Remark: How would I manage my time if I were suddenly to win 1 million schillings? The essential differences would be:
1. I would do everything more calmly (take my time).[205]
2. Entertainment (summer retreat) and art, music (records, music theory), poetry (theater, reading, lyric and novels). Maybe women? Would take up more space.
3. My own papers and preparing lectures would be dropped; logic and foundations would take up very little space.
4. I would attend lectures, partly in Vienna (Furtwängler,[206] Bühler, Kottler, ...), partly I would travel to other cities.
5. I would establish a library for myself. [25]

Strangely enough, all 5 items would contribute to enabling me to earn money. So, if I were in this situation, I would be in a better position to earn money than I am now that I need it.

---

202 Gödel studied physics in Vienna from the autumn of 1924 on, switching to mathematics only in 1926.
203 Concerning desire and aversion, cf. *Time Management (Max) I and II*, manuscript pages 24, remark 1; 25, remark 2; 47, maxim 2; 50, Pkt. 4; 57, item 2; 68, question; 74, remark 2; 84, remark 2; 91, maxim 3; 94, maxim 2; 99, Pkt. 1; 106, maxim 2; 107, remark 6; 108, maxim 2; 114, remark 5; 118, remark 1 and maxim 2; 135, remark 2; 144, maxim 3 and remark 1; 145, remark 1; 146, item 2; 154, remark 2; and Addenda I, 1, I and II; II, 7, item 25; II, 8, item 26; II, 12, item 33; IIIa, 1, item 11; IIIa, 2, item 32; IIIb, 1v, item 12; IIIa, 3, item 38; IV, 1, IV; VI, 1v, item 2; and XIII, 1, item 2a.
204 Alternative reading: [...] the necessary always falls into some category. Most 'alternative readings' are not comprehensible as genuine alternatives in English, and thus they have generally not been provided. As things are different here, however, the alternative reading is indicated.
205 Cf. *Time Management (Max) I and II*, manuscript pages 11, maxim 1; 25, maxim 2; 153, remark 1; and Addenda IIIa, 2, item 30; IIIb, 2v, B16; and IV, 1, V.
206 In the Grandjean questionnaire, Gödel lists the mathematician Philipp Furtwängler as one of the two teachers (alongside Heinrich Gomperz) who influenced his thinking. Cf. the questionnaire by Burke D. Grandjean, filled out by Gödel in 1975 and published in: Kurt Gödel, *Collected Works*, vol. IV, p. 447.

Maxim: The questions (in the central register)[207] should be marked with an 'x'.
1. Is the answer useful, necessary, urgent (by degrees), interesting?
2. In what way is an answer expected to be found (ask, read books,* reflect)?
3. Is it to be expected that the answer cannot be found anyway or that it is very difficult to find?
4. How long should the answer be? (One sentence, several sentences, one page, a treatise?)

* Which ones?

⊢ Maxim: <u>When one has little time, one should not do a lot in a rush, but a little calmly</u>, otherwise the result is the opposite (one does not do anything).[208]

Remark: Rational time management is even more important when one is poor than when one is rich: 1.) because there is little time available, 2.) as a consequence of irrationally many catastrophes. Nevertheless, I am inclined to: first case: do it; in the second case, not do it.

Remark: The activity you desire to carry out[209] (which pleases you) – and the way in which you feel a desire to carry it out – seems yet to be the useful one (what one likes to do is a criterion of the useful; similarly in the case of diseases).

Remark: Cure for hastiness and cursoriness: 1.** effect of the conviction that <u>material existence</u> is ensured, provided you spend only a small fraction of your time on this[210] and then <u>actually use this [26] fraction for it</u> (in the right way). Hastiness will also go away when one becomes convinced that a large portion of time

** 1a. Effect of the conviction that it is good to carry out the activity (i.e. a quiet conscience).

---

207 Cf. the footnote to *Time Management (Max) I*, manuscript page 2, item 16, and the reference to registers on manuscript page 32, items III and o a, e and f; see also *Time Management (Max) II*, manuscript pages 140, maxim 1; 142, item 21; 152, remark 1; and Addendum II, 6, item 15.
208 Cf. *Time Management (Max) I and II*, manuscript pages 11, maxim 1; 24, remark 2, item 1; 153, remark 1; and Addenda IIIa, 2, item 30; IIIb, 2v, B16; IV, 1, V.
209 For the numerous passages on desire and aversion in *Time Management (Max) I and II* and the corresponding Addenda, cf. the note on manuscript page 24, remark 1.
210 'On this' refers to ensuring the existence.

should be spent on it, provided one actually spends it on it. Reason for cursoriness is the belief that one has not spent enough time on it (but should), so that continuing in this way will lead to disaster. In particular, a bad memory is a consequence of <u>cursoriness</u>.

2. Second cure is enough <u>sleep, rest and recreation</u>.* These I also do not allow myself since my material existence is not secured, and I have a bad conscience about this.

<small>* And not to eat too much.</small>

<u>Question</u>: What is existential security? Necessary money 350–400 schillings per month: flat 70, food 150, extra expenses (necessary) 30, pleasure 30, 30 laundry, summer stay 30, Adele 30, 10% safety margin 30.

<u>Remark</u>: This means that I need about 4500 schillings per year for a secure existence.

<u>Remark</u>: One can only calculate ahead regardless of unforeseen events. These are:
1. Disease (accident).
2. Financial crisis (price increase, inflation, devaluation of bonds, houses, etc.).
3. Revolution and war (since often connected to 1. and 2.).

<u>Remark</u>: Different kinds of livelihood security (of earning money).[211]

<u>Question</u>: Which one requires the least number of hours? The following come into question:
Earning money
1. via the spoken word: private lesson, popular talks, talks at universities [27] (categorization into private and public; higher and lower),
2. via the written word: treatises (i.e. grants), books (i.e. publishers),
3. job performance other than teaching (insurance mathematics).

---

211 Cf. manuscript page 27, remark 1, and manuscript page 59, remark 1.

x[212] <u>Program</u>: What kinds of activities are paid best per hour?

<u>Maxim</u>: For the time management for the next day* or next week, one should use (have available):

    1. Table of possible ways to spend time, 2. list of errands, 3. preliminary plan (calendar), 4. superordinate plan (for next week or month), 5. individual notebooks, to be specific.

* In as detailed a way as possible (narrow subjects).

<u>Question</u>: General question for organizing life:
1. Where should I live (in which country, which city)?
2. Do I want to live alone or with someone else (<u>married or unmarried</u>, <u>married</u> to whom)?
3. How should I earn my living (profession)?

<u>Question</u>: Should I acquire the <u>right of residence</u>[213] in Vienna, and should I change my religious <u>affiliation</u>?

<u>Remark</u>: I want to earn my living in science.** This can happen in three ways: [214]
1. by doing research on it,
2. by teaching it (elementary and higher),
3. by applying it.

** System of true sentences.

[28]
[[215]Insertion: In the business world, the following holds true: The first million is difficult, the second considerably easier. Likewise in general: For someone with a secure livelihood, it is easier to climb to a higher stage than it is for someone who has not secured a livelihood to acquire one, as he must either
1. spend a large portion of his time securing his existence or
2. be hindered by tension, haste, etc., to come up with a reasonable plan.]

---

212   Written in red in the manuscript.
213   A right of residence was introduced in Austria in 1849. It involved the issuing of residence permits and the right to access social welfare support in cases of emergency. It was revoked in 1939.
214   Cf. *Time Management (Max) I*, manuscript page 26 ff., remark 3, and manuscript page 59, remark 1.
215   Large square bracket that encloses the insertion from left and right.

Maxim: Also in the case of time management, the <u>particular is productive</u>, that is, one must commence with specific problems. (What should I reply in response to this or that letter?)

Remark: The various categories (at the beginning) resemble a bibliography (all evenly, without regard to importance). But actually, they are of very different orders and within each <u>section, different items are of very different orders</u>. For example, in the section time management and mail America (Notre Dame[216]) should take up an entirely superordinate rank.

Program:[217] Looking through the previous maxims.

Question: Which activity has meaning in itself, and which has meaning only on the occasion of another or is found by chance?
In order to have meaning in itself:
1. The success (the direction of the objective of the activity) must be meaningful (be advantageous, pleasant, a duty ...). [29]
2. It must be possible to foster the activity, either
a.) by reflecting, b.) by reading books or journals or manuscripts, c.) by other acts.

Remark: There is a tendency not to comply exactly with the program or not to act precisely. This leads back to imprecise thinking. One should ask at every moment "What am I doing right now?" For this, it is helpful to structure the activity (sharp structure), but first one needs to make sure that <u>no possibility is excluded</u>.

x Program:[218] Up to now, the various activities were classified inductively (written down when something was striking), later on also deductively. This has the effect
1.) that nothing is overlooked (classification is complete),
2.) classification is sharp and there are not too many categories.

---

216 Cf. the correspondence with Karl Menger in: Kurt Gödel, *Collected Works*, vol. V, pp. 106–126.
217 Written in red in the manuscript.
218 Written in red in the manuscript.

Remark: One way to arrive at a decision is to precisely imagine the situation that is to be expected in cases A and B, and to imagine precisely the further conclusion.

Maxim: Weekly planning is most essential.[219]
Here, one has to take into account:
1.) How many errands and appointments, and approximately when?
2.) Maybe full-day or half-day excursions with Adele.
3.) Unforeseen events (invitations, summons, urgent errands).
4.) Approximate distribution of time across various disciplines and program for each.
5.) Complete plan according to the resolved calendar entry (preliminary program).[220]

[30]
x[221] Program: Purchase envelopes in the appropriate size and one for the order forms (explanatory notes from different disciplines insofar as they can be kept apart).

Remark: It is an indication of the quality of a book that it is not contained, or at least not available, in the libraries.

Remark (pedagogical): It can happen that one is cut off from interest in or understanding of the truth of the statements of a field (e.g. metaphysics) and only cares about what certain people said about it, or what one needs to know for an exam, or what is written about it in books. This is the way of treating subjects that is instilled in middle school (e.g. in the case of literature, not based on beauty, but at most on history, on literary theory); knowledge then becomes mere book learning. The contact between knowledge and reality is lost. Highest level of this: memorization without comprehension for exams. The opposite attitude is achieved by linking the acquisition of knowledge directly to experiences (experiments in physics, chemistry, psychology, actually carrying out calculations, application to the conditions (economic, political, social, family,

---

219 Underlined once in red and once in black in the manuscript.
220 This means that the plan should follow the preliminary program in the calendar.
221 Written in red.

law) of everyday life, school system (= conditions at a particular university).[222] General process:

Maxim:

Principle: Ascent from specific to general. The specific aspects serve as material for the next level up (e.g. science and experiences of everyday life for philosophy, *weltanschauung*). [31] The next level of abstraction should only be approached when the level just below is completely mastered.

> What can also lead to the loss of a direct relation to (understanding of, interest in) reality is the fact that it is too painful.[223]

Theories are connected to reality by 1. scientific experiment (photography), 2. experiences of everyday life (and possibly the experiment in everyday life).

x[224] Program: Compilation of the most important kinds and occasions for experimenting in life.

Question: Can one say for this reason that traveling broadens one's horizons?

Maxim: Reflecting (about what is and what should be the case), reading, listening and distraction should alternate (mental hygiene[225]).

Remark: Classification of activities: reaching a decision, carrying out the decision, getting to know something, memorizing knowledge (learning), distraction.

---

222 Today one speaks of schools of thought or academic networks. Cf. manuscript page 1, item A9.
223 Here also to be understood in the sense of 'embarrassing'.
224 Written in red in the manuscript.
225 'Mental hygiene' is also defined by Gödel in terms of distraction and the alternation of activities on manuscript page 32, II item 7. In the 19th century, an extensive body of literature on mental hygiene and the dietetics of the soul appeared in German-speaking countries. See Wolfgang Sünkel, "Diätetik", in *Historisches Wörterbuch der Philosophie*, vol. 2, D–F, columns 231 ff. For explicit mention of the term in *Time Management (Max) I and II*, cf. the detailed comment on the list on the inside cover of *Time Management (Max) I* provided at the beginning of this volume.

Time management for a week[226]

Here, one has to pay attention to:
1. What is urgent?
a.) Reaching a decision,
b.) carrying out a decision (errands and practical matters),
c.) working,
d.) reading or learning.

> On the basis of:[227]
> 1.) Tables of subjects (possibly notebooks),
> 2.) errands (if possible in the afternoon),
> 3.) preliminary (superordinate) plan.

<u>Maxim</u>: Designation of activities for the various hours always as detailed as possible; make appointments by telephone immediately before setting up the time plan for the week; prior to any errands, also prior to any appointments, take time to reflect on execution.

[32]
At the moment, it is urgent to:
I.
· 1. Write my own papers or to decide something about the question of how to write,
· 2. budget (a. account, [b. get money],
3. flat (alone or with her?),
· 4. reach a decision with respect to lectures [time management for the next year].[228]
<u>w</u>[229] 5. reach a decision with respect to the remaining letters to be answered and Fatherland Front,[230]

---

226 Underlined in red.
227 This phrase and the following three items are framed in red.
228 'Time management for the next year' is written after a curly bracket to the right of items 3 and 4.
229 'w' stands for 'important' [in German 'wichtig'].
230 The Fatherland Front was founded on May 20, 1933, by the Austrian federal government under Engelbert Dollfuß as an antidemocratic unity party. From May 1936 on, all public employees were legally required to be members. Gödel joined on September 19, 1935. Cf. Sigmund, Dawson, Mühlberger, *Kurt Gödel. Das Album/The Album*, p. 48. Cf. also Addendum XIII 1, item 3.

6. errands (return books), if possible in the afternoon because of fatigue,

[6.' timetable for each day].

II.

7. Hygiene[231] (food and exercise)

> Glasses,[232] mental hygiene (distraction and alternation of activities)[233]

8. Clothes (or stylish suit)

9.1 Program for individual disciplines: 1. <u>What is there?</u>, 2. <u>What comes into question?</u>, 3. <u>Precise plan</u> (for some maybe defer altogether)

9.2 Distribution of time between the individual disciplines (decision about importance) in sections I and II.

Set up registry[234] and start:[235]

<u>Summary</u> 10. How to keep and use <u>books about time management and errands</u>? (Preliminary time plan and timetable.) Definitive time management – always take along with me.

III.

<u>Summary</u>: Work through old notes and think of how to keep register[236] and categorization, organization of activities.[237]

---

231 For explicit mention of this term in *Time Management (Max) I and II*, cf. the detailed explanation of the list on the inside cover of *Time Management (Max) I* provided at the beginning of this volume.

232 The topic belongs to physical health and is therefore listed under 'hygiene'.

233 Cf. the detailed explanation (including a list of references to 'distraction') of the list on the inside cover of *Time Management (Max) I* provided at the beginning of this volume.

234 Cf. footnote to manuscript page 2, item 16, in this notebook; the references in the following and on manuscript page 25, maxim 1; *Time Management (Max) II*, manuscript pages 140, maxim 1; 142, item 21; 152, remark 1; and Addendum II, 6, item 15.

235 At this point, a curly bracket commences on the left margin of the manuscript and extends to 11.2. After this, the sentence "Set up registry and start" is written.

236 Cf. the footnote to *Time Management (Max) I*, manuscript page 2, item 16, and mention of registers in the following and on manuscript page 25, maxim 1. Cf. also *Time Management (Max) II*, manuscript pages 140, maxim 1; 142, item 21; 152, remark 1; and Addendum II, 6, item 15.

237 This sentence is written after a curly bracket in the right margin of the manuscript. The bracket commences at 'III. Résumé' and extends to 'c.)'.

0. notebook, a.) main register,[238] b.) mail, c.) arranging the old notes, d.) account book, e.) personal register, f.) list of borrowed books.[239]
11.1 How is this[240] to take place?
11.2 Actually classify the old notes.

[33][241]

Until Wednesday 8./IX 1937 incl.[242]

0. Go on summer retreat for 14 days.
1. Should I stay in Vienna for the whole week or take a trip for one day, <u>one afternoon</u>? <u>One afternoon</u>
2. View flats only at the end of the time. Consider first (1. think how 2. obtain addresses, 3. actually visit).
3. Errands and appointments (return books*) <u>(not in the morning)</u>, <u>Rothberger</u>[243] <u>at noon</u>).
<u>One day:</u> <u>Waismann</u> for 3 h,[244] afterwards think for 2 h, before for 3 h.

* Also meet Neider, and go into town.

---

238 No such register is traceable according to the finding aid of Gödel's *Nachlass* by John W. Dawson Jr.
239 Likewise, no such register is traceable according to the finding aid by John W. Dawson Jr.
240 This refers to catching up.
241 From manuscript page 33 on, Gödel no longer paginated the odd pages.
242 Cf. the plan from 2./IX–9./IX, 1937, on manuscript page 35.
243 In the literature, it is assumed that Fritz Rothberger was in Poland in 1937 and did not return to Vienna. In this case, this remark could not mean that Gödel met Rothberger. The sources, however, appear to be uncertain as they appeal to Rothberger's curriculum vitae, which primarily contained his professional stays. In 1938, Rothberger published a paper that was of interest to Gödel: "Eine Äquivalenz zwischen Kontinuumshypothese und der Existenz der Lusinschen und Sierpinskischen Mengen". Cf. also the entry on Rothberger on manuscript page 35.
244 Either Gödel wanted to meet Waismann for three hours, or at 15:00, or he wanted to spend three hours with Waismann's writings. Waismann taught at Cambridge in the 1937/38 winter semester. However, the Michaelmas term begins in October at Cambridge. Thus, Gödel could have met Waismann in Vienna in the beginning of September. It follows from diary entries by Rudolf Carnap that he met Waismann on August 27 at 16:30 in the cafe Arkaden. I owe this reference to Brigitte Parakenings. Cf. also the entry "1. Waismann: tomorrow" below on this manuscript page.

Preparation of errands:

To read in advance:

1.[245] Read something from Waismann's manuscript,

2. prepare topics for discussion,

3. make an excerpt of Hahn's talk and reflect on Rothberger.

<u>With Adele</u>: Think about a flat, think about excursion, think about food and exercise, clothes, think about entertainment and distraction[246] (after 6 h), maybe also daily events (newspaper), also search for flat, go for a trip, play something (theater program and cinema program).

1. <u>Waismann</u>: tomorrow or the day after tomorrow at 4 h,[247] Schlick lecture.[248]

<u>Mail</u>:

2. Rothberger:

Dear Mr. Tarski, the bearer of this letter, Dr. Rothberger, a student of Wirtinger, who so far has mainly worked in combinatorial topology,* will stay in Poland (time specification[249]) to further become acquainted with set-theoretical topology. I would be grateful if you could introduce him to the gentlemen working in this area.

    Question, whether he was abroad before and where. What should he do at Princeton?

* And has written essential papers on it.

[34]

<u>Question</u>: Does decisiveness consist in quickly arriving at an opinion about what it is better to do (a value judgment) or in deciding to do (try out) something in spite of having arrived at a value judgment?

---

245 Curly bracket in the right margin from 1. to 2., which is not labeled. Thus, the bracket only indicates that the two items belong together.

246 'Distraction' is part of mental hygiene. Cf. manuscript page 31, maxim 1, and manuscript page 32, item II. 7, in this notebook.

247 This can also mean one of two things: (1) Gödel wanted to consider Waismann's writings for four hours, or at 16:00; (2) Gödel wanted to meet Waismann at 16:00. Cf. the above footnote to this manuscript page.

248 Moritz Schlick had already been murdered by June 22, 1936. Therefore, what is meant here is that Gödel wants to focus on Schlick's lecture – probably the one he took notes on. Cf. Kurt Gödel, *Philosophical Notebooks, vol. 1. Philosophy I Maxims 0*, pp. 156–186.

249 Here, 'time specification' means 'from then until then'. Gödel apparently intended to fill in the time specification subsequently.

Remark: The former holds true; therefore, indecisiveness has two grounds:
1. set of premises (of believed judgment and value judgment),
2. combinatorial inability to conclude from the premises.

Particular cause: For me, every act has a negative sign (value) in the first place insofar as it is an act.

Remark: Opposite of indecisiveness is vigor, which is energy to decide and to carry out a decision.

Remark: The right state to get to a decision about unimportant matters is urgency, inflating the unimportant matters, and with respect to money, the "money is not an issue".

Remark: Those who are active in a science can be categorized as students, PhD students, workers, professors. The classification is determined by age and educational background.

Maxim: Arrange appointments rather early, one after the other (if preliminary answer, wait before arranging the next).

Remark: One can only draw conclusions about the human psyche from 1. statements, 2. gestures/expressive movements, 3. what they do, 4. what they say (write). How much suffices to e.g. conclude that he knows about the existence of the supernatural or about me?

[35]
Thursday 2./IX 1937–Wednesday 8./IX 1937   x[250] Example of weekly program[251]

1. Keep one afternoon free for excursions.
2. One afternoon for finding a flat, Dorotheum.[252]

3½ days[253]
3. Saturday, one day for: relation to Rothberger, relation to Waismann and reflecting about relations.

---

250 Written in red.
251 Cf. the plan for the week until 8./IX on manuscript page 33.
252 The Dorotheum is an auction house in Vienna founded in 1707. Its head office is in Dorotheergasse.
253 There is a curly bracket on the right-hand side from item 1 to item 4; '3½ days' is written behind it.

4. Friday, <u>one morning</u> for <u>library</u>, return books and partly run errands, Neider.

Remaining time: 2½ days = 20 + 18 h with Adele (after 6 h)

°1. Budget	2 + 3	1. Flat, clothes, food, Dorotheum
2. Mail		2. Entertainment and distraction[254]
[3. America (time management for first year)[255]]	1	3. Maybe daily events
°4. Own work		
°5. Set up timetable for the day and principles for the timetable (alternation of different activities)		
°6. Program for the individual disciplines and time distribution between them	2	
°7. Registry (principles and start) and overview of the work done so far	1½	
[? 8. Free association]		
8. Errands	3½ + 1½ Waismann 8½	

[36]
<u>Maxim</u>: <u>Books should always be stored in such a way that one can quickly take them out (and put them back),</u> hence not on top of each other in drawers, not too low and not too high, not in several rows one after the other* (except those that have been dealt with). Make those currently used for work particularly easily accessible.

* Not too tightly packed.

<u>Remark</u>: It is about finding a job (teaching [written or oral], application of science) that is 1. as pleasant as possible, 2. as interesting as possible, 3. takes as little time as possible, 4. is as good as possible, 5. is as well paid as possible.

---

254 For explicit mention of this term in *Time Management (Max) I and II*, cf. the detailed explanation (including a list of references to 'distraction') of the list on the inside cover of *Time Management (Max) I* provided at the beginning of this volume.
255 Cf. the time management program on manuscript page 14.

Remark: The main advantage of setting up the timetable the day before is that it removes the hesitation (the fight) when an unpleasant work-related task is scheduled for the next day. Since it is determined once and for all that it is reasonable to sacrifice that much time for it.

x[256] Time plan for the coming years: study mathematics, study philosophy, 3 study pedagogy and bibliography, 4 prepare lectures, 5 give lectures, 1 write papers, [earn money], 0 acquire time management, study languages.[257]

Question: Why is it that activities that take up comparably little time can disrupt other activities (e.g. giving lectures)?

[37]
Remark:
The topics can be categorized into the following types:[258]
1. practical matters (essentially the same for all humans), include here only what is absolutely necessary,[259]
2. professional matters, include here only what is absolutely necessary
3. other matters: hobbies, entertainment, sports (Continuation[260]).

Remark: Taking a stroll is extremely important for inner collection. Afterwards, everything seems to make sense.[261]

---

256   Written in red.
257   Number 2 is missing; the numbers 0, 1, 3, 4, and 5 are written below the underscore.
258   Two of the three underscores are in red.
259   The instruction is written after a curly bracket in the right margin that includes 1. and 2.
260   From here, an arrow points to 'under 1.)' and 'week' after the next remark.
261   Similarly in the protocol notebook (box 6c, series III, folder 81, initial document number 030114), p. 15: "A stroll has a similar effect as a visit to Adele sometimes has. Suddenly, everything has a rational meaning and the confusion vanishes."

Under 1.) belong:

a.) practical matters: mail, budget, timetable (for day, week, month), time management (for one and several years), life,[263] errands [classification], practical matters (flat,[264] clothes, food, hygiene,[265] housekeeping/budget);

b.) practical knowledge: daily newspapers, languages (practical), jurisprudence and sociology, stenography, bibliographies, whole paperwork.

Under 2.) belong:

a.) professional activities: writing papers (books), preparing translations of lectures and topics for dissertations;[266]

b.) general knowledge: give lectures, exercises and talk to PhD students (students[267]); bibliography;

c.) special knowledge: pedagogy (school system,[268] history and practice of science); mathematics, logic and foundations, philosophy (theology, psychology) (in all disciplines: also history, contemporary history, literature, old and current).

Under 3. belong: above sciences, beyond what is necessary, general education, theoretical physics (astronomy), entertainment and distraction[269] (art, literature).

---

262 The horizontal lines before "under 1" and after "under 3" are in red.

263 There is an arrow from "life" to "languages".

264 The state of the flat is an aspect of hygiene, as the article "Gesundheitspflege (Hygiene)" in vol. 7 of *Meyers Konversations-Lexikon* (1895), p. 485, shows.

265 For explicit mention of the notion in *Time Management (Max) I and II*, cf. the detailed comment on the list on the inside cover of *Time Management (Max) I* provided at the beginning of this volume.

266 Cf. the list of similar references in the footnote to manuscript page 1, item A2.

267 Not much is known about Gödel's pupils in Vienna. Gödel was occasionally visited by advanced students, as the example of Andrzej Mostowski shows. For example, Gödel has notes on a conversation with Mostowski on December 18, 1937, in his protocol notebook (box 6c, folder 81), p. 74. On this day, Mostowski visited Gödel in Gödel's flat. They had a discussion from 11:30 to 13:00, among other topics on a proof of the axiom of choice by Alfred Tarski. Mostowski received his PhD in 1939, and Tarski was his advisor. For Gödel's influence on American PhD students and postdocs in the 1930s, cf. Stephen C. Kleene, "Gödel's Impression on Students of Logic in the 1930s".

268 Cf. footnote to manuscript page 1, item A9.

269 Distraction is part of mental hygiene. For explicit mention of the notion of 'distraction' in *Time Management (Max) II*, cf. the detailed explanation (including a list of references to 'distraction') of the list on the inside cover of *Time Management (Max) I* provided at the beginning of this volume.

[38]

Question: What can one do with overhastily-borrowed books? Or books one has laid one's hands on unintentionally?
1. Return them without looking at them and borrow them again when necessary.
2. Keep them for an indefinite period without having looked at them and wait until the time comes (due to time management) when they should be looked at.
3. Browse through them (and take rough excerpts, then return).
4. Read them carefully and then return them.

x[270] Time management for the week, in general reflect on life and time management for several years

$\frac{1}{2}10 - \frac{1}{2}7 = 9$ h $- 1$ h go for a walk and $\frac{1}{2}$ h lunch $= 7\frac{1}{2}$ h [271]
$7\frac{1}{2} \times 6 = 45$ h $- 4$ h excursion $= 41$ h per week[272]

I.
On 1½ days mail, budget 7½ h
1 day errands   7½ h   possibly 3½ h
registry and residues   6 h   work through old
                                                   notes, tidy up,
                                                   think about kind
                                                   of time calculation

time management   3 h   maybe 0
time management,   3 h (+ 6 h walk and Sundays)
life in general
languages, newspapers, sociology

II.
mathematics (elementary and higher):   Klein, Prasad
logic and semantics: Baer, Mahlo, v. Neumann, Carnap
psychology: Bühler

---

270 Written in red.
271 The timespan from half past nine a.m. to half past six p.m. is 9 hours; if one subtracts one hour for taking a stroll and half an hour for lunch, seven and a half hours of working time remain. Minus signs and the sign for 'until' look alike in Gödel's handwriting.
272 Seven and a half hours of working time per day times 6 working days, minus 4 hours for excursions, yields a working period of 41 hours per week.

philosophy:	Gomperz and recent history of philosophy
theology:	*Enchiridion*[273] [39]
school system:[274]	*Minerva*,[275] *Kürschner*,[276] course catalogues, bulletins, university legislation
create bibliographies:	textbooks and bibliographies of bibliographies
own work:	continuum hypothesis[277]
preparation of lectures:	– either a lecture about analysis or about logic and foundations
happenstances:	books in the mathematics department, ...

III.

excursions	4 h	and go for a walk
literature, music		
distraction[278]		

Remark: It is the essence of "testing" to make an arbitrary decision when one does not know what the right thing to do is and then, when this does not pass the test, to reverse the decision (preliminary decision) and make another arbitrary decision, etc. (The main thing here is not to reverse the decision too quickly.)

---

273 What is meant is the *Enchiridion symbolorum* by Heinrich Denzinger, a handbook-like collection of the most important creeds and doctrinal documents on questions of faith and morals from a Roman Catholic point of view. Gödel mentions it in Addendum XIII, 1, and borrowed it on May 15, 1937, and July 26, 1939. Augustine's manual *Enchiridion ad Laurentium sive De fide, spe, et caritate liber unus*, on the other hand, is a manual on Christian piety written after 420, which Gödel borrowed on April 8, 1937. Cf. also *Time Management (Max) II*, manuscript page 96, maxim 3, and Addendum XIII, 1.
274 Cf. the footnote to manuscript page 1, item A9.
275 Cf. the footnote to manuscript page 6.
276 Cf. the footnote to manuscript page 6.
277 The continuum hypothesis (CH) is a conjecture by Cantor from 1878. It says that no set can have a cardinality between that of the set of the natural numbers and that of the set of real numbers. In a number of publications that appeared between 1938 and 1940, Gödel showed that, if the Zermelo-Fraenkel set theory together with the axiom of choice (ZFC) is consistent (which cannot be proved in ZFC by Gödel's incompleteness theorem, but is generally assumed), then so is ZFC+CH. Cf. the four articles by Gödel on the continuum hypothesis from 1938, 1939, 1939a and 1940 in: *Collected Works*, vol. II, pp. 26–101.
278 For explicit mention of the notion of 'distraction' in *Time Management (Max) II*, cf. the detailed explanation (including a list of references to 'distraction') of the list on the inside cover of *Time Management (Max) I* provided at the beginning of this volume.

<u>Maxim</u>: Do not interrupt any activity for a longer period but finish it, otherwise the way is forgotten and one has double the work.

<u>Maxim</u>: Start a notebook with tear-off pages; set up one page for each day and tear it off (for errands, every day).

<u>Remark</u>: For every intended activity, it is fruitful to ask oneself: When should I do this? – Are there certain obvious time periods (times of day) that are particularly suitable? – Furthermore: Into which parts are those activities that one could (should) possibly [40] carry out across different times divided?

<u>Time use (retrospectively)</u>[279]

25./VIII.–21./IX. 1937	28 days
flat	60½
budget	20½
conversations	12½ + 12½
mail	10
time management, life	17
errands	14½

I
own work + logic 8 (4½[280] of this Baer + 1 logic)
        lastly at my work four weeks ago
        lastly to Baer 14 days ago

philosophy	14½
conclusion	5
other topics	2

    170 h: 28 days = 6,0[281]
    in 20
    30 h = 18%[282] of this scientific or 42 = 25%[283]

---

279 In the right-hand margin, a calculation is written: 31 plus 21 equals 52 (written beneath each other) minus 25 equals 27.
280 This probably refers to Baer's papers on the continuum hypothesis, such as: Reinhold Baer, "Zur Axiomatik der Kardinalzahlarithmetik" or: Reinhold Baer, "Eine Anwendung der Kontinuumhypothese in der Algebra".
281 6,0 hours per day.
282 This refers to the 170 hours.
283 This also refers to the 170 hours.

[41]
For 12 days occupied with apartment-hunting.

Remark: Temporary interruption is fruitful for every activity, including apartment-hunting.

Maxim: When reading incomprehensible books (essays), skip the parts that are incomprehensible or hard to comprehend and start by reading what is easily comprehensible. One then often automatically understands the skipped parts. This means: The right order for reading a book is according to ease of comprehension. Another order is according to the essential parts (then certainly not in the natural order).

Remark: There are two kinds of work: mechanical (e.g. copy literature given in an essay) and qualified (e.g. "check a proof" or, even more, "work out the meaning, the sense of a theorem that is not formulated completely precisely"). Usually, I am in a similar, very bad state, in which I am capable only of mechanical work and have a tendency to say, with respect to qualified work: "I will postpone this until I feel better."

Remark pedagogics: In order to master a field, the following is necessary:
1. To know those propositions from which the others follow (fundamental propositions[284]). If one wants to axiomatize categorically, then these are the [42] axioms.
2. To know what holds "in general" and when and how exceptions occur (this seems also to be right in natural science – "parapsychologically").
3. Concerning the fundamental theorems, one first and foremost needs to be able to apply them (to examples); being able to prove them is secondary.
3.' The examples need to have the right degree of difficulty; in particular, they must not be too hard. There is no harm if too easy. This is also most convenient (to get to know the field).

---

284 Fundamental theorems.

<u>Maxim</u>: Do not let Adele do anything important.

<u>Maxim</u>: One needs to reflect well on important issues before one does something. One needs a criterion for unimportance (a positive one).

<u>Remark</u>: Convenient working conditions:
1. physical:
A. physical health,
B. good sleep,
C. right temperature, air quality[285] and silence in the work space. Having all physically necessary work materials (books, etc.) at hand, [43]
2. mental:
A. No difficulties that are in any way essential for life must remain unresolved or not satisfactorily resolved, in particular:
1. flat,
2. monetary supply (budget), food,
3. woman (marriage, girlfriend, etc.),
4. profession: choice, kind of treatment; particular question: lecture, grants,
5. not knowing about something very inconvenient/convenient, which is to be expected in the near future,
6. if something was decisively poorly done (remorse).

x[286] <u>Program</u>: Goals to be achieved:
1.) Own papers:
a.) proof consistency, continuum for a system[287] – sketched for others – ready for printing.
2.) Lectures:
a.) lecture on elementary logic
b.) lecture about continuum

---

285 Like the two preceding items, these two topics also belong to the *sex res non naturales*. When interpreting the anecdotes about Gödel's fear of bad air quality and gases caused by radiators and refrigerators, one should take into account the fact that a room's air quality is also a topic that falls under hygiene or dietetics. Cf. the introduction to this volume and the article "Gesundheitspflege (Hygiene)" in vol. 7 of *Meyers Konversations-Lexikon* (1895), p. 485.

286 Written in red.

287 The paper in which Gödel proved the consistency of the axiom of choice and the generalized continuum hypothesis relative to ZFC appeared in 1940. Cf. Gödel, *Collected Works*, vol. II, pp. 33–101.

c.) talks about 1. consistency, 2. continuum and axiom of choice
d.) lecture about foundations of geometry
e.) lectures about differential equations in physics.
3.) Logic and foundations:
a.) literature: axiomatics of set theory[288]
b.) exercise in elementary logic (*Principia*,[289] Carnap,[290] Lewis[291])
c.) higher logic, periodicals (Gentzen, Lesniewski, Kleene, etc.)
d.) overview foundations of geometry[292]
e.) history of logic. [44]
4. Elementary mathematics:
a.) problems and homework, mainly dissertations[293] —
[b.) elementary textbook literature]. —
5. Higher mathematics:
a.) analytic number theory
b.) history and overview.
6. Philosophy:
a.) Overview of the main directions of modern times and position concerning the foundational problems, in particular history of modern philosophy, Gomperz, Bühler, Brentano.
7. psychology:
a.) overview.
8. theology:
a.) overview.
9. University system:[294]
a.) university legislation
b.) statistics of higher education and school system
c.) knowing the most significant professors in various disciplines and directions in mathematics, physics, philosophy, psychology and the most significant universities with their traditions.
10.) Bibliographies:

---

288 "Zur Axiomatik der Mengenlehre" is a paper by Arthur Schoenflies from 1921.
289 It can be shown that volumes 2 and 3 of the *Principia Mathematica* by Alfred North Whitehead and Bertrand Russell, which Gödel had borrowed, were returned on September 23, 1938. Gödel owned a translation of the introduction to the *Principia Mathematica: Einführung in die Mathematische Logik* from 1932.
290 Rudolf Carnap, *Abriss der Logistik, mit besonderer Berücksichtigung der Relationstheorie und ihrer Anwendungen* from 1929; it can be shown that the volume borrowed by Gödel was returned on September 24, 1938.
291 Clarence Irving Lewis, *A Survey of Symbolic Logic* from 1918.
292 Highlighted by three bold horizontal lines on the left margin of the page.
293 See the remark above.
294 Cf. the footnote to manuscript page 1, item A9.

a.) book lists sorted by topic (directory of these), former and current and extra for mathematics and philosophy.

---

tasks, university system,[295] bibliographies, theology

[45]
1a. 1. v. Neumann two papers, and Baer one paper finished, Hilbert
2. literature from Baer (in particular Mahlo, Hausdorff, Tarski)
2c. Gentzen   (Ackermann, v. Neumann, Hilbert
                     (excluded III and number theory))
    Herbrand
    Bernay's new book[296]
    older papers by formalists (Bernays, Hilbert, v. Neumann, Herbrand) (here also Hilbert's axiom of choice[297])
3.b. *Principia*[298] more carefully and Carnap *Abriss*[299] Hilbert
                                                              Ackermann[300]
    Carnap (*Syntax*[301])   v. Neumann set theory[302]
    Lewis
3.c. offprints and *Zentralblatt*[303] and periodicals

---

295 Cf. Gödel's remarks on 'school systems' on manuscript page 30.
296 As this is explicitly not about a paper, it can refer only to the following volume: David Hilbert and Paul Bernays, *Grundlagen der Mathematik*, vol. 1, Berlin (Springer) 1934.
297 Hilbert introduced the logical axiom of choice (the name was introduced by Abraham Fraenkel), which can be seen as an extension of Ernst Zermelo's axiom of choice. Cf. David Hilbert, "Die logischen Grundlagen der Mathematik" from 1923, which appeared in vol. 88 of the *Mathematischen Annalen*.
298 Cf. footnote to manuscript page 43, item 3b.
299 Rudolf Carnap, *Abriss der Logistik, mit besonderer Berücksichtigung der Relationstheorie und ihrer Anwendungen*, Wien (Springer) 1929. Cf. the footnote to manuscript page 43, item 3b.
300 David Hilbert, Wilhelm Ackermann, *Grundzüge der Theoretischen Logik*, Berlin (Springer) 1928.
301 Carnap's *Logische Syntax der Sprache* appeared in 1934.
302 Von Neumann published four important papers on set theory in the period from 1925 to 1929 alone: (1) "Eine Axiomatisierung der Mengenlehre" in 1925; (2) "Die Axiomatisierung der Mengenlehre" in 1928; (3) "Über die Definition der transfiniten Induktion und verwandte Fragen der allgemeinen Mengenlehre" in 1928; and (4) "Über eine Widerspruchsfreiheitsfrage in der axiomatischen Mengenlehre" in 1929.
303 Scientific central journals provide an overview of recent research in the form of reviews, overview articles, summaries and bibliographical references. Here: *Zentralblatt für Mathematik und ihre Grenzgebiete*.

3d Prantl,[304] Aristotle (*Analytica*[305])

5a[306] lecture notes analytic number theory
   Klein,[307] Prasad[308]

6a Schjelderup[309] (or others) borrow several
   Gomperz, *Weltanschauungslehre*[310]
   Bühler, *Sprachtheorie*[311]
   Hegel   main works[312]   *Die Wissenschaft der Logik*[313]
   Brentano   main works[314] [46]
   Plato (*Timaeus*); Bergson

7a Bühler, *Krise*[315] Charlotte Bühler *Leben Psychologie*[316]
   Adler *Individualpsychologie*[317]

---

304 This probably refers to Prantl's *Geschichte der Logik im Abendlande*, which appeared between 1855 and 1870.

305 The *Analytica Priora* are the first analytics by Aristotle and the third volume of the *Organon*. In this work, Aristotle develops the syllogism. The *Analytica Posteriora* are the second analytics by Aristotle and the fourth volume of the *Organon*. In this work, Aristotle elaborates, inter alia, on his theory of definitions.

306 Item 4 is missing in the manuscript.

307 Felix Klein, *Ausgewählte Kapitel der Zahlentheorie. Vorlesungen, gehalten im Wintersemester 1895/96 und Sommersemester 1896*, prepared by Arnold Sommerfeld and Philipp Furtwängler, appeared in 1907.

308 Ganesh Prasad, *Six Lectures on Recent Research in the Theory of Fourier Series*, appeared in 1928.

309 This probably refers to Schjelderup's *Geschichte der philosophischen Ideen von der Renaissance bis zur Gegenwart* from 1929, which Gödel also mentions in *Philosophy I Maxims 0*.

310 Gomperz's *Weltanschauungslehre. Ein Versuch die Hauptprobleme der allgemeinen Theoretischen Philosophie geschichtlich zu entwickeln und sachlich zu bearbeiten* appeared in 1905 and 1908, in two volumes.

311 Bühler's *Sprachtheorie. Die Darstellungsfunktion der Sprache* appeared in 1934. It can be shown that Gödel borrowed the volume.

312 Besides the *Science of Logic*, this includes *Phenomenology of Spirit* from 1806/07, *Encyclopedia of the Philosophical Sciences* from 1816 and *Elements of Philosophy of Right* from 1821. It can be shown that Gödel borrowed the *Phenomenology of Spirit* on July 18, 1939.

313 Gödel borrowed both volumes on July 20, 1939.

314 Brentano's main works include *Psychologie vom empirischen Standpunkte* from 1874, which Gödel borrowed on April 15, 1932, and on July 18, 1938, and *Untersuchungen zur Sinnespsychologie* from 1907; Gödel borrowed his book *Wahrheit und Evidenz* on November 16, 1937.

315 Karl Bühler, *Die Krise der Psychologie* from 1927.

316 Charlotte Bühler, *Der menschliche Lebenslauf als psychologisches Problem* from 1933.

317 Two publications by Adler may be meant here: (1) *Über den nervösen Charakter. Grundzüge einer vergleichenden Individual-Psychologie und Psychotherapie* from 1912 and (2) *Praxis und Theorie der Individualpsychologie. Vorträge zur Einführung in die Psychotherapie für Ärzte, Psychologen und Lehrer* from 1920. Adler formulated three life tasks for individual psychology, which play an important role in Gödel's applied individual ethics: (1) profession, (2) sex-

8a   Bible, Thomas in small *Opuscula*, *Summa contra gentiles*[318]
9a   university history
     official gazettes of the Ministry of Education
9 b handbook for statistics   (Austrian and German)
9 c *Kürschner*,[319] *Minerva*[320] (*Kürschner* for abroad[321])
10 a *Bibliographie der Bibliographie*[322]
     textbook on creating bibliographies (among several)

Semester:
   textbook and problem collection for elementary topics[323]
   literature foundations geometry
Semester:
   dissertations[324]
   term papers
   problems for students of teaching and exercises

Bibliographies in the first place[325]

uality and marriage, and (3) social relationships. In some cases, a fourth is mentioned: (4) spirituality.

318 This volume is contained in Gödel's private library.
319 Cf. footnote to manuscript page 6.
320 Cf. footnote to manuscript page 6.
321 As there was no *Kürschner* (almanac for German scholars) for foreign scholars, this is probably a comment about *Minerva*, as *Minerva. Jahrbuch der gelehrten Welt* also contained entries on foreign universities and scientists. It could also refer to the foreign equivalents of *Kürschner*. A possible candidate is the volume *American Men of Science* by James McKeen and Jaques Cattell, the 5th edition of which appeared in 1933.
322 *Bibliographie der Bibliographie* by Vilhelm Grundtvig is a work that appeared in 1927.
323 Gödel owned several copies of textbooks for mathematicians: George Pólya, Gabor Szegö, *Aufgaben und Lehrsätze aus der Analysis I und II* from 1925; Otto Th. Bürklen, *Aufgaben zur analytischen Geometrie des Raumes* from 1918; Guido Hoheisel, *Aufgabensammlung zu den gewöhnlichen partiellen Differentialgleichungen* from 1933; Friedrich Junker, *Repetitorium und Aufgabensammlung zur Differentialrechnung* from 1919; Friedrich Junker, *Repetitorium und Aufgabensammlung zur Integralrechnung* from 1919; Konrad Knopp, *Aufgabensammlung zur Funktionentheorie I* from 1923; Konrad Knopp, *Aufgabensammlung zur Funktionentheorie II* from 1928.
324 Cf. the footnote to manuscript page 1, item 12.
325 At this time, there were bibliographies of all kinds. For example: *Die Lehre von der Identität in der deutschen Logik-Wissenschaft seit Lotze. Ein Beitrag zur Geschichte der modernen Logik und philosophischen Systematik. Mit einer Bibliographie zur logik-wissenschaftlichen Identitäts-Lehre in Deutschland seit der Mitte des 19. Jahrhunderts* by Rolf W. Göldel (Studien und Bibliographien zur Gegenwartsphilosophie, issue 18), Leipzig (S. Hirzel) 1935.

[47]

Maxim: Better to read many books roughly than few books carefully (at least initially) – *non multum sed multa*.

Maxim: Do not force anything. Desire is a rational criterion.[326]

Maxim: Start a paper with a rough structure, main theorem and then elaborate the details more and more.

Maxim: Science should be done under the aspect of arranging a lecture. Before title of the lecture (possibly arrange according to course catalogue).

Maxim: Reflect on important decisions as early as possible. Unimportant as late as possible in order not to lose time.

Maxim: Means against world-weariness:*
I. Read something nice (one should always have something like that at home):
a.) literature (Hauptmann, Tolstoy, etc.),
b.) science, easy to comprehend, something historical, experimental, written well and in a focused way.
II. Take a stroll.

* In particular also against exterior difficulties.

[48]
x[327] Program
0. Order, summary, time management, mail
- 1. Lectures, logic a.) formal and arithmetic[328] b.) foundational dispute c.) theory of knowledge (calculus of probability)

---

326 Cf. Addendum IIIa, 2, item 32, and the footnote to manuscript page 24, remark 1, for the numerous mentions of desire and aversion in *Time Management (Max) I and II* and the addenda.
327 Written in red in the manuscript.
328 This can be read as indicating that Gödel also wanted to lecture on formal arithmetic, but also as a reference to the reduction of arithmetics to logic as it is indicated in the following statement by Frege in his *Basic Laws of Arithmetic* [Grundgesetze der Arithmetik]: "In my *Foundations of Arithmetic* I aimed to make plausible the view that arithmetic is a branch of logic and relies neither on experience nor on intuition as a basis for its proofs" (p. 1). See also page 3: "If my thought, that arithmetic is a branch of pure logic, is correct, then a purely logical expression for 'correlation' must be selected." Gödel borrowed *Grundgesetze der Arithmetik* on August 11 and 14, 1930.

2. lectures, foundations of geometry a.) mathematical, b.) philosophical
3. lectures, differential equations physics
• 4. <u>continuum problem</u> a.) <u>paper, b.) talk</u>, c.) lecture
• 5. theology
6. <u>bibliographies</u> a.) general, b.) philosophy (books and journals), c.) mathematics (books and journals)
7. pedagogics: a.) law, b.) statistics, c.) guide, d.) history
8. <u>elementary problems</u>, term papers, dissertations[329] Scassenb.[330]
9. practical matters (mail, housekeeping, budget)
10. events of the day (daily newspapers), university journals, current bibliographies
11. <u>entertainment and distraction;</u>[331] <u>budget</u> in the evening
12. <u>errands</u>

[49]
<u>Maxim</u>: To become acquainted with a field, it is necessary to:
1. read many treatises from that field (regardless of whether good or bad),
2. collections of examples,
3. calculate examples by hand.

<u>Maxim</u>: A clear weaker theorem is better than an unclear stronger one.
(Mastery lies in limitation.) Example: Continuity of exponentiation of transfinite arithmetic of cardinals.

<u>Remark</u>: The microstructure of my mental state is that I do not properly focus my attention on anything, but rather already look to the next thing while dealing with another (i.e. every single sentence, word). One of the reasons: I am slow by nature but do not carry out my mental work with <u>natural slowness</u>.
Why?

---

329   Cf. the footnote to manuscript page 1, item 12.
330   There is no German or Austrian family name that starts with 'Scassenb'. It is therefore likely that this was simply a slip of the pen.
331   Distraction belongs to mental hygiene. For explicit mention of the notion of 'distraction' in *Time Management (Max) II*, cf. the detailed explanation (including a list of references to 'distraction') of the list on the inside cover of *Time Management (Max) I* provided at the beginning of this volume.

1.) Maybe lack of interest,
2.) bad habit,
3.) hiding slowness from myself,
4.) constant feelings of guilt,
5.) <u>too little rest</u>,
6.) always some things that I <u>should really be doing</u> (financial situation).

<u>Maxims</u> Remedy:[332]
1. Take your time with everything.
2. Take sufficient breaks between work-related tasks.
3. See to having good digestion, exercise and good sleep: hygiene.[333] [50]
4. If possible, do only what you feel like doing.[334]
5. If possible, give up all overly high ambitions* (i.e. there is no harm in not being able to do something or in not being able to do it all at once). Likewise, there is even no harm in knowing little.
6. Also confess ignorance in front of others.
5! Program as little as possible (also just a few hours per day).

* Even the intellectual ones (to recognize what the world is like, etc.). To want to know not much or everything or to want to understand.

<u>Maxim</u>: If possible, always work on two small topics (known by a specific name) in the program at the same time (apart from continuously ongoing practical matters: time management, mail, distraction,[335] budget and household, summaries, errands) and keep these topics for at least a week.

For example: Lecture on logic, overview on the history of philosophy in the 19th century, abstract set theory, witchcraft and

---

[332] This entry is continued on manuscript pages 51 and 52 ff.
[333] For explicit mention of this term in *Time Management (Max) I and II*, cf. the detailed explanation of the list on the inside cover of *Time Management (Max) I* provided at the beginning of this volume.
[334] For the numerous passages on pleasure and reluctance in *Time Management (Max) I and II* and the related addenda, cf. the footnote to manuscript page 24, remark 1.
[335] For explicit mention of the notion of 'distraction' in *Time Management (Max) I and II*, cf. the detailed explanation (including a list of references to 'distraction') of the list on the inside cover of *Time Management (Max) I* provided at the beginning of this volume.

demonology,[336] theological ethics,[337] foundational literature of the last five years.

? Maxim ?: You should immediately ask whenever you do not understand something in a private conversation, even when this means risking embarrassment.

[51]
Maxim: Before one takes up a book, one should formulate in words the purpose (objective) (e.g. essential theorems, all theorems and definitions, etc.).

Likewise ask yourself during work what you are currently doing and how long it will take.

Maxim: To ascertain a fact correctly, it is best to forget the cause (or what one believes one knows about it). (Otherwise, the "It cannot be" disrupts the objective assessment.)

Remark: The program needs to be fixed in advance. This has the essential consequence that detours are avoided as the objective is set up clearly and detours are recognized as such.

Remark: Possible detours:
1. Attempting to solve problems that are not treated at present but force themselves upon me.
2. Attempting to reconstruct theorems or proofs once known.
3. Attempting to prove things that are proven in the treatment.

---

[336] Cf. witchcraft and papal bull on witchcraft in *Time Management (Max) II*, manuscript pages 87, item 6; 141, item 4; 142, item 17; and Addendum XIII, 1v. In the early modern period, what had been a set of merely folkloric superstitions increasingly developed into the theological and juristic thought construct of demonology and witchcraft. Box 6a, series III, folder 51, initial document number 030074 of the Gödel *Nachlass* contains undated bibliographic lists on demonology which include references on spiritism, legends, demonic possession and witchcraft.

[337] Theological ethics is considered an individual ethics. In Gödel's records of theology lectures, he notes in the transcript of a lecture by Johannes Messner from October 22, 1937, that ethics is divided into general and special. General ethics includes everything that concerns the ultimate purpose of man, etc. Special ethics, by contrast, relates to the application of these principles to the individual order of life. Cf. *Theologie 1. Nur Vorlesungen*, box 7a, series III, folder 107, initial document number 030129, manuscript page 63. See also the footnote on 'moral theology' in *Time Management (Max) II*, manuscript page 142, item 21.

4. Reading the treatment more carefully than intended or reading parts of it which were not intended to be read.

Maxims Remedy:[338] for 1.) and 2.) notes in the main book,[339]
                    3.) give up quickly,
                    4.) should be avoided.

Maxim: It is better to stick to the program, even when this means losing something you could have [52] gained along the way.

Remark: Mistakes that take up a lot of my time:
0. I get stuck on certain ideas.
1. I attempt to prove everything by myself, to remember by myself (do not want to make use of a crutch).
2. I do not want to lose anything (do not want to give up anything) (example: keeping all notes). But the essential can only become apparent (be reached) when a lot of other things are definitely lost on the way there. Even when formulating a sentence.
3. I am rarely completely committed to doing something (with respect to big plans and execution in detail). That means, I am rarely convinced that it is better one way or another; hence I am not entirely focused on the topic (everything at the same time, even when formulating a sentence or a definition).
4. I take too much time to come to a decision (rather than trying more at random).
5. I take on too much.
6. I am not focused on one subject but always already peering at another.

Maxims Remedy:[340]
1., 5. cause is multifaceted, hence give up completely,
2.   get used to more generosity,
3., 4. get used to trying out more,

---

338 Continued from manuscript pages 49 ff.; the entry is continued on manuscript pages 52 ff.
339 What the main book is supposed to be is unclear.
340 Continued from manuscript pages 49 ff. and 51.

!! 4. to <u>arrive at decisions explicitly, to make decisions and to carry them out, if</u> possible at different times. And, execute decisions in any case, even if it is determined in the meantime that it was bad (small [53] decision).

<u>Maxim</u>: Interrupting work by taking a stroll or otherwise is extremely important: every 2 hours stroll for 10 minutes or half an hour.

<u>Question</u>: How should one carry out this interruption? How to enforce adherence?
[1. Do nothing],
2. physical occupation (waiting game),
3. mental occupation: brainteaser, mathematical problem.

<u>Remark</u>: It is a general fact that, when one approaches something directly, the opposite is usually achieved.
1. One who wants to know everything in all sciences does not know anything in any of them.
2. One who wants to do everything the best way in all cases will not do anything.
3. One who does not want to lose anything that he hears or that springs to his mind will not achieve anything.
[4. Eudaimonism.[341]
5. One who wants to earn money in his profession needs to primarily take an interest in his profession, not in earning money.]

<u>Remark</u>: Modesty is eminently fruitful in mathematics.[342] It is fruitful to repeatedly reconsider seemingly insignificant and trivial theorems until one understands them perfectly. Mathematics is that science in which superficiality is least appropriate.

---

341 'Eudaimonia' is the term for happiness and a good life in ancient philosophy. It also includes succeeding in leading one's life according to the principles of a philosophical ethics.
342 For the question of modesty in mathematics and teaching mathematics, cf. *Time Management (Max) I and II*, manuscript pages 67, remark 2; 70, item 6; 88, remark 2; 89, remarks 1 and 2; 124, maxim 2; and Addenda II, 11, item 30; IIIb, 1v, item 3'1; IIIb, 2v, item B16.

[54]

x[343] Program for the week 29./XI 1937–4./XII 1937

1. classify old notes   75%
2. tidy up desk   10%
[3. maybe get through with Hansen, Wagner[344]]   left out
4. ~~reply to letters, at least in drafts: Menger,[345] v. Neumann, Veblen~~   Club[346]
5. America, write structure   left out
5. ~~national bank and cell bonds and encash~~   100%
6. ~~smaller errands (old alarm clock, vacuum cleaner, acetic acid, clay)~~ 100%
7.[347] ~~read Tarski II[348] and write an excerpt~~
8. ~~Sierpinski two papers continuum[349] and Fraenkel write excerpt the essential[350]~~   75%
9. ~~Sierpinski set theory[351]~~ sample 10%

Remark: For a mathematical paper to be good, every single step needs to be really evident (surveyable).

---

343 Written in red in the manuscript.
344 It can no longer be determined to whom the names Wagner and Hansen refer. 'Hansen' could refer to Joseph Hansen and his *Quellenband zur Hexengeschichte*.
345 A letter from Gödel to Menger from 15./XII. 1937 is preserved. Cf. *Collected Works*, vol. V, pp. 112–115.
346 Gödel gave the first of his talks on the continuum hypothesis at Princeton in the autumn of 1938, for the Princeton Mathematics Club.
347 On the left margin, after a curly bracket extending from 7. to 8., 'continuum' is written. On the right margin, after a curly bracket extending from 7. to 8., 75%.
348 This should refer to the following essay by Tarski: Alfred Tarski, "Sur la décomposition des ensembles en sous-ensembles presque disjoints", in: *Fundamenta Mathematicae* 12 (1928), pp. 188–205. Accordingly, Tarski I would be: Stefan Banach, Alfred Tarski, "Sur la décomposition des ensembles de points en parties respectivement congruentes", in: *Fundamenta Mathematicae* 6 (1924), pp. 244–277.
349 Sierpiński, e.g., published the following two papers on this topic: "Sur l'hypothèse du continu ($2^{\aleph_0} = \aleph_1$)"; "Hypothèse du continu".
350 It is also not obvious here which papers by Fraenkel Gödel had read and summarized. Possible candidates are, e.g., *Einleitung in die Mengenlehre*, Berlin (Springer) 1919, extended editions from 1923 and 1928, and *Untersuchungen über die Grundlagen der Mengenlehre* from 1925.
351 Sierpiński wrote numerous papers on this topic. Possible candidates are *L'axiome de M. Zermelo et son rôle dans la théorie des ensembles et l'analyse* and *Sur une classe d'ensembles*.

Maxim: It is essential in mathematics to make the concepts clear to oneself (in particular also for lectures):
1. exact definition [55]
2. vivid definition
3. examples for concepts and their opposite
4. simplest relations to itself and other concepts.

Maxim: To form a judgment about a book, it is good to comparatively determine the best and worst and judge these.

x[352] Program reading:
1. Theory of linear point sets (Borel,[353] analytical,[354] 1. and 2. category, measurability, etc.) in context of continuum problem: Sierpinski[355] (continu[356] and Krakow[357]), Hahn,[358] Carathéodory,[359] Lusin,[360] (Souslin[361]), Alexandrow.[362]

---

352 Written in red in the manuscript.
353 Félix Édouard Justin Émile Borel, after whom the 'Borel set' was named. Borel sets are obtained by closing the set of open subsets of the real numbers under the operations of countable unions, countable intersections and complementation. Cf. also the entry on Pawel Alexandrow below.
354 Cf. the remark on Lusin and Suslin.
355 A relevant publication by Sierpiński is "Les exemples effectifs et l'axiome du choix" from 1921.
356 Sierpiński, "Sur l'hypothèse du continu $(2_1\aleph = 0^{\aleph})$"" from 1924; Sierpiński, "Hypothèse du Continu" from 1934. But also: Sierpiński, "Sur une hypothèse de M. Lusin" from 1935.
357 As 'Krakow' is abbreviated here, this must refer to the following publication by Sierpiński: "L'axiome de M. Zermelo et son rôle dans la théorie des ensembles et l'analyse", in: Bulletin international de l'Académie des Sciences de Cracovie.
358 Hans Hahn, "Punktmengen" from 1921.
359 Here, Gödel might have had in mind a paper by Constantin Carathéodory titled "Über Punktmengen" from 1918.
360 In connection with the search for a proof of the continuum hypothesis, in 1917 Nikolai Lusin proved that the analytic sets are measurable and showed that they have the perfect set property. Cf. Lusin, "Sur la classification de M. Baire". Cf. also Lusin, "Sur l'existence d'un ensemble non dénombrable qui est de première catégorie dans tout ensemble parfait" from 1921 and Lusin, "Lecons sur les ensembles analytique et leurs applications" from 1930. Gödel also read the article "Sur quelques propriétés des ensembles", which Lusin and Sierpiński published in 1918. He returned the volume Leçons sur les ensembles analytique et leurs applications, which he had borrowed, on September 12, 1938.
361 Michail Jakowlewitsch Suslin was a student of Lusin. Suslin, "Sur une définition des ensembles mesurables B sans nombres transfinis" from 1917.
362 Pawel Alexandrow, who belonged to Lusin's school, proved in 1916 that all Borel sets have the perfect set property. Cf. Alexandrow, "Sur la puissance des ensembles mesurables B" from 1916.

2. And clear recent foundational papers on axioms (Finsler,[363] Hilbert,[364] Becker,[365] Fränkel,[366] Mirimanoff[367]).
3. Clear papers on axioms: v. Neumann,[368] Fränkel,[369] Polish mathematicians,[370] ...
4. Abstract set theory and axiom of choice and continuum hypothesis: Sierpinski partly (Krakow[371]), Tarski (Comptes rendus[372]), Sierpinski partly (continuum thesis[373]), Tarski (almost separately).[374]
5. Abstract set theory in general (elementary): Schoenflies,[375] Sierpinski.[376]
6. Logistics and syntax exercises and literature (Carnap, Russell, Lewis) elementary.

---

363 Paul Finsler, "Über die Grundlegung der Mengenlehre. Erster Teil. Die Mengen und ihre Axiome".
364 A possible candidate would be: Hilbert, "Die logischen Grundlagen der Mathematik" from 1923.
365 Oskar Becker, *Mathematische Existenz. Untersuchungen zur Logik und Ontologie mathematischer Phänomene*. If this refers to this book by Becker, it is, as a philosophical work, out of place in this list.
366 Abraham Fraenkel, *Einleitung in die Mengenlehre*, 3rd edition from 1928. Another possibility would be Abraham Fraenkel, *Zehn Vorlesungen über die Grundlegung der Mengenlehre* from 1927 Cf. also the references in paragraph 3.
367 Dmitry Mirimanoff, "Remarques sur la théorie des ensembles et les antinomies cantoriennes" from 1917 and 1920.
368 John von Neumann, "Eine Axiomatisierung der Mengenlehre" from 1925; von Neumann, "Die Axiomatisierung der Mengenlehre" from 1928.
369 Cf., e.g., Abraham Fraenkel, "Axiomatische Theorie der geordneten Mengen. Untersuchungen über die Grundlagen der Mengenlehre II." from 1926.
370 Here, 'Polish mathematicians' is a collective name for the representatives of the Polish School associated with Sierpiński.
371 Sierpiński, "L'axiome de M. Zermelo et son rôle dans la théorie des ensembles et l'analyse" from 1918.
372 This could refer to: Alfred Tarski, "Über einige fundamentale Begriffe der Metamathematik" from 1930.
373 Cf. the literature references in item 1.
374 This might refer to: Alfred Tarski, "Sur quelques théorèmes qui équivalent à l'axiome du choix" from 1924.
375 Arthur Schoenflies, *Entwicklung der Mengenlehre und ihrer Anwendungen. Erste Hälfte: Allgemeine Theorie der unendlichen Mengen und Theorie der Punktmengen* from 1913 and "Zur Axiomatik der Mengenlehre" from 1921.
376 Sierpiński, *Hypothèse du continu* from 1934.

7. History of logic (Aristotle,[377] Prantl,[378] Sigwart,[379] Scholz,[380] Cantor, Bolzano[381]).
8. Theory of knowledge: Sigwart,[382] Schlick lecture,[383] in general books of the 19th century and the present time. Brentano,[384] positivists. [56]
9. Contemporary history of philosophy.
10. Write paper, consistency proof precisely.
11. Systematic papers on models and definition of infinity and definition of regularity and relation of the different axiomatizations (general axiomatics) and proof of consistency.
12. Compile elementary lecture, logic.
13. Look through more recent papers on logic.
[14. Prepare lecture [at] Zilsel's.[385]] State of affairs in foundational dispute.
14. Prepare Princeton lecture[386] continuum problem.[387]

x[388] Program for the week 6.–11./XII 1937
1. Catch up on those matters not finished last week.
2. ~~Furtwängler, get books.~~

---

377 Aristotle, *Analytica priora* and *Analytica posteriora*.
378 Carl von Prantl, *Geschichte der Logik im Abendlande* from 1855–1870.
379 Sigwart, *Logik, vol. 1: Die Lehre vom Urtheil, vom Begriff und vom Schluss* from 1873 (although this work is not about the history of logic). Gödel filled in a request form for this volume on July 12, 1938.
380 Heinrich Scholz, *Geschichte der Logik* from 1931. Gödel filled in a request form for this volume on July 5, 1938.
381 Bernard Bolzano, *Wissenschaftslehre* from 1837.
382 *Logik, vol. 2. Die Methodenlehre* from 1878. Gödel filled in a request form for this volume on July 12, 1938.
383 Cf. Gödel's record of Schlick's lecture in *Philosophy I Maxims 0*, pp. 156–186.
384 Franz Brentano, *Wahrheit und Evidenz. Erkenntnistheoretische Abhandlungen und Briefe* from 1930.
385 On January 29, 1938, Gödel gave a talk at a seminar organized by Edgar Zilsel on recent developments in the foundational problems of mathematics. See "Lecture at Zilsel's", in: Kurt Gödel, *Collected Works*, vol. III, pp. 86–113.
386 In the autumn of 1938, Gödel presented his results on set theory at the IAS. See *The Consistency of the Axiom of Choice and of the Generalized Continuum Hypothesis with the Axiom of Set Theory*, Princeton (Princeton University Press) 1940. Reprinted in: Gödel, *Collected Works*, vol. II, pp. 33–101.
387 Framed by an oval figure.
388 Written in red.

100% 3.) ~~Read Hilbert continuum hypothesis[389] and von Neumann,[390] Cantor,~~ Tarski, Polish mathematicians,[391] (Becker? Finsler?) Hausdorff? Schoenflies? Sierpinski set theory? Hahn?
0% 4.) start systematic works, summary for academy of sciences.
75% 5.) University books, write excerpts for some, the pending ones.
0% 6.) prepare budget for books.
0% 7.) Look through maxims so far and note down [food, sleep, rest] and somehow guarantee adherence.

[57]
30½   365   3   2½   2   not in

Question: Why am I not happy about the compilation of the program? Are the shortcomings of the flat at fault? Heating, sleep, area?
Probably not, but rather lack of time:
1.) I do not know what to do first as everything needs to be done immediately (hence I do everything in a rush).
2.) That which it is most necessary to do is that which I desire to do the least[392] and that which I am least able to do (partly due to lack of prior knowledge, partly due to indecisiveness*), namely preparing lectures and writing letters, replying to letters from America.
3.) ...

* This relates to the enabling. Concerning the former, I am not willing to, because it shows my incapacity (failing).

Maxim: What is important is that I am able to justify the program (to my superiors).

Remark: It is necessary to give meaning to life besides making a living 0.) From this, making a living may come naturally. In my

---

389 See the bibliographical references for 'program reading' on manuscript page 55, items 1–5.
390 In the manuscript "The Consistency of the Axiom of Choice and of the Generalized Continuum-Hypothesis", Gödel gives the following reference to von Neumann: "Über eine Widerspruchsfreiheitsfrage in der axiomatischen Mengenlehre".
391 Cf. footnote to manuscript page 55, point 3.
392 For the references to desire and aversion in *Time Management (Max) I and II* and in the Addenda, cf. manuscript page 24, remark 1.

case, this meaning could only be: 1.) writing good papers and giving good talks, where good is defined as being useful for someone; 2.) developing a *weltanschauung*.

Maxim: Take a 5-minute break every hour during work.

Remark: My central shortcoming, which spoils everything for me, is indecisiveness. Reflecting on reasons and how they manifest themselves (what they relate to). Effect: I even hesitate whilst working and therefore do not work with full force.

[58]
Remark: Another aspect of reading a book is this: reading the table of contents and everything one is interested in. This is more than a random sample.

Remark: In the case of a poorly written mathematics book, it is neither the right thing to merely read the theorems and come up with the proofs oneself nor the right thing to read everything in the given order. However, look for intermediate claims, maybe read the theorems in another order.

Remark: In thinking about a mathematical problem, negation is very timesaving and fruitful, that is to say, the discovery that something cannot be done a certain way or with a certain idea. The stronger the conviction, with regard to every single idea that springs to mind, that "it is good to try it this way" and "it makes no sense to try this further on", the sooner one will achieve one's end.

Question: How does one get ideas? By making trivial transformations* and then 1.) going by analogy or by 2.) first proving weaker theorems, 3.) by geometrical intuition, 4.) by trying to refute it. This means that one needs to make clear not only the theorem but also its negation. It is therefore crucial:
    1.) to master the trivial transformations, 2.) to have strong geometrical intuition, 3.) to know precisely as many theorems and proofs as possible.

---

* That is, you have to be clear in your mind about the meaning of the theorem: How can one mark it, and how can one exemplify it?

[59] xx[393]

<u>Maxim</u>: No errands on Saturday.

<u>Remark</u>: Possible sources of income[394] besides writing books and speeches: 1. librarian, 2. prize-winning question, 3. grant, 4. subsidy for some research direction (e.g. nominalists).

<u>Maxim</u>: In order to reach a decision, it may be fruitful to reflect on "What will happen?" (on the basis of my self-knowledge), not on "What should I do?".

<u>Question</u>: Does it make sense,
1. to systematically reflect on the meaning of the strange experiences and the probable further developments,
2. <u>on what I do believe, what I do know, and to write it down?</u>

<u>Maxim</u>: Before ordering a book, think carefully about what you intend to do with it (reading, reading the interesting parts, random sample, working with it, looking something up, how much time to spend on it).

x[395] <u>Program</u>: In the long run: 1. lectures, 2. America, 3. in which field and where prospects are, 4. flat and Adele, 5. hygienic way of life:[396] sleep, digestion, exercise, summer retreat, distraction[397] and rest (also during work), 6. where [= in which journals] to write about work and for what purpose,[398] 7. financial situation.

---

[393] The first 'x' is written in red, the second in black.
[394] Cf. manuscript page 26, remark 3, and manuscript page 27, remark 1.
[395] Written in red in the manuscript.
[396] For explicit mention of the notion of 'hygiene' in *Time Management (Max) I and II*, cf. the detailed comment on the list on the inside cover of *Time Management (Max) I* provided at the beginning of this volume.
[397] For 'distraction' as part of mental hygiene, cf. *Time Management (Max) I*, manuscript page 32, II. /, and the detailed explanation (including a list of references to 'distraction') of the list on the inside cover of *Time Management (Max) I* provided at the beginning of this volume.
[398] This means: In what journals should I report my research, and why should this be done?

[60]

Question: Does it make sense to go to a lawyer for incapacitation?[399]

Question: Should I read a book about German stylistics and grammar in order to save time when I write papers?

Question: Does it make sense to attend talks, and which ones?

Maxim: One should reflect in words on everything one reflects on, or even write.

Question: What should I do when I am too nervous to work?

Maxim: The essential aspect of the new time use is that a certain time span is used for a certain activity, no matter what is achieved in that time (do not work frenziedly until something is achieved).

Maxim: One should approach every book with a scheme that is merely filled out by the book (in particular in the case of bad books). The scheme can also be developed on the basis of the table of contents, or imagine that I need to report to someone who is asking me about the content of the book.

Maxim: It seems to be advantageous to regard a book to read – like any other work – as an opponent that one must cope with somehow. That means putting on a certain angry attitude. [61]

Remark: If too many things that take an unpredictably long amount of time need to be dealt with, it is most convenient when the order is irrelevant.

Maxim: For every activity (that may be intended for next week), one should ask oneself:
1.) Should one do it at all? 2.) If yes, should one do it now or rather something else first? (Either because the other thing is needed first or necessary for it.)

---

399 It is unclear whose incapacitation Gödel has in mind.

Maxim: Mastery lies in the ability to limit oneself.

Maxim: Enter everything where it belongs in the first place.

Maxim: Do not read bad papers[400] (none with a grade worse than 2).

Remark: It suffices to just know what the right next step is (right now: write "continuum"[401]).

Remark: The new division, which means certain hours for certain activities, no matter what is achieved in that time, is <u>for activities toward which I have a strong inhibition.</u> That is, mail, writing papers, preparing lectures and talks, time management, short-term as well as long-term, distraction[402] and entertainment, budget in advance – revenue and expenses.

[62]
Remark: Fruitful classification of activities into those toward which I do and do not have an inhibition.

Maxim: Be there at night 1–2 times per week and force yourself to engage in the desired coitus[403] (hence put yourself into a state of wishing, as far as possible).

Remark: "Browsing" something is <u>inconvenient</u>, even when it is obviously sensible (e.g. Cantor's treatises[404]). It is sensible where

---

400 Cf. *Time Management (Max) II*, Addendum IIIb, 2v, item 17.
401 The first of four articles on this topic appeared in 1938, the second and third in 1939, and the fourth in 1940: "The consistency of the axiom of choice and of the generalized continuum hypothesis", "The consistency of the generalized continuum hypothesis", "Consistency proof of the generalized continuum hypothesis" and "The consistency of the axiom of choice and of the generalized continuum hypothesis with the axioms of set theory". Cf. Kurt Gödel, *Collected Works*, vol. II, pp. 26–101.
402 For explicit mention of the term in *Time Management (Max) I and II*, cf. the detailed explanation of the list on the inside cover of *Time Management (Max) I* provided at the beginning of this volume.
403 Here, sexuality is viewed as a part of hygiene in the sense discussed above. Cf. "Gesundheitspflege (Hygiene)" in vol. 7 of *Meyers Konversations-Lexikon* (1895), p. 485. Cf. also *Time Management (Max) II*, manuscript page 98, remark 4; manuscript page 134, maxim 1; and Addendum IIIa, 1, item 5.
404 Georg Cantor, *Gesammelte Abhandlungen mathematischen und philosophischen Inhalts*, Berlin/Heidelberg (Springer) 1932.

the content is already known and one only has to determine roughly what is contained or where the paper is very bad and one only has to determine roughly what is contained. But if it remains well known and bad, then, from an objective standpoint, it is better not to read it, or, if too bad, one may read it precisely to get some stimulation from it.

<u>Maxim</u>: Every day in the evening, write down the time management for the preceding day. Do not skip time management for next week and monitor adherence to the weekly program.

<u>Remark</u>: Concerning my own work (reflecting on the continuum problem,[405] etc.), the following dangers are particularly grave:
1.) not working properly (with paper and precise questions),
2.) not being able to stop (as no result was achieved),
3.) not being entirely determined (since other things are more important, and success is not guaranteed). [63]
In fact, the uncertainty of success is the cause of 3. Here, it is necessary to try, and trying always makes me sick.

3 is the cause of 1.

1 and the conceivable possibility of an actual failure (lack of results), even in the case of proper reflection, are the cause of 2.

Moreover, 1 and thus 2 are particularly likely as I have strongly gotten used to this bad working habit. A negative result in the sense that one cannot progress in this or that way is also important if one acts upon it later on.

<u>Remark</u>: The resistance to acknowledging negative results is an important reason for not making progress at work. The reason for the resistance is the inconvenience of noticing the inefficacy of a method (= giving up hope and wounded vanity (one thought it would work and was wrong)).

Further fallacy: The belief "it works this way" is associated with the belief "this is the only way it works", and the latter is partly preserved. The conviction "it works this way" is hard to overcome because it is somehow linked to the conviction "this is the only way it works", and thus the sentence "if it does not work this way,

---

405 Cf. footnote to manuscript page 56, item 15, and footnote to manuscript page 61, remark 2.

then it does not work at all" is believed. It is also related to giving up the whole game when a wrong move is made. [64] Loss of the ability to keep acting rationally when a mistake was made.

The following activities are currently within the realm of possibility:
1.) reflecting on independence,[406]
2.) writing the consistency[407] [paper]
3.) replying to mail,
4.) preparing lecture [at] Zilsel's,[408]
5.) working through the old books and notes,
6.) reading treatises about abstract set theory.

Remark: Reason for not answering letters, etc., is not at all the inability to make important decisions but the inability to make unimportant decisions.* Proof: Even after I have decided not to go and it is barely possible any longer, I do not decide to reply to letters.

* And the inhibition against doing anything at all, especially when others could criticize it. On the contrary, concerning important matters I am able to make decisions far too easily.

[65]
{Here, the quality of the remarks suddenly improves.}

Remark: In the case of a reasonable (convenient) profession, one knows:
1. the success of the work,
2. the payment in the case of success.
For novelists, at least the second holds.
It is only for scientific research that neither the first nor the second holds.

Remark: There are two ways of working scientifically:
1.) writing many trivial papers and putting the main emphasis on writing,
2.) writing a few non-trivial papers and putting the main emphasis on discovery.
One is getting closer to a "reasonable" profession.

---

406 This refers to the independence of the continuum hypothesis.
407 Reflection on this resulted in the articles that appeared in 1938, 1939, and 1940. Cf. Kurt Gödel, *Collected Works*, vol. II, pp. 26–101.
408 See "Lecture at Zilsel's", in: Kurt Gödel, *Collected Works*, vol. III, pp. 86–113.

Question: Is academic life actually structured in such a way that people who write a certain number of not entirely trivial papers have a secure existence?

Remark: The time loss when moving to a new flat is partly explained by this:
It takes time to realize how to do everything in the most convenient way (e g. which window has to be open at night, etc.).

Remark: Means of reaching decisions = splitting them into their parts. For example:
1.) draft letter, 2.) neat copy of letter, 3.) mailing.[409]

[66]
Remark: Classification of activities by degree of difficulty:
1. Physical activities without dexterity: walking, running, snowshoeing, simple exercises.
2. Physical activities with dexterity (exertion of attention). Playing tennis, balancing, ball waiting game, bowling, typing.
   [A transition from 1 to 2 would be: chopping wood, felling trees]
3. Mechanical mental activities: copying, writing from dictation, adding up, inserting into a formula and calculating, correcting orthographical mistakes, reading aloud.
   Transition from 3 to 4: bookkeeping, easy reading, conversation and good behavior, stylizing letters, ...
4. Higher activities: translating, preparing a lecture, writing a book that merely reports, writing a treatise that already has a finished scaffold, reading and summarizing scientific books, correcting dissertations, figuring out easier problems, learning a language.
5. Productive activities: Proving new theorems (building up a theory), value and moral judgments about books and people, political and other predictions, managing one's own life, *weltanschauung*, artistic value judgments, selecting books to read and what to read from them, maxims for one's own life.

---

409   Cf. Addendum IIIa, 3, item 37.

[67][410]

Remark: A decision is a particular case of a judgment; it is not, as the positivists say, that a judgment is a special case of a decision. Question of free will: Does one feel active or passive during an act of belief (decision)?

Remark: The fruitfulness of modesty[411] is very essential (example: setting up a deductive theory by refraining from defining everything and proving everything).

Maxim: (Tarski lecture Paris 1937[412]) The exact way to found a science would at the same time be the most favorable one with regards to economy of thought.

x[413] Program: 27./XII 1937–1./I. 1938
1. Write up results, independence continuum hypothesis so far, define notions used so far.
2. Write up all ideas that came up for solution so far, including refutations.
3. Look through maxims and ensure adherence (copy important ones).
[4. Put the résumés in order on the side, return the university books after publication.] [68]
[5. Look through more recent papers.]
[6. prepare lecture [at] Zilsel's[414]]

Question: Is there a specific exhaustion (e.g. only for a certain problem or only for mathematics)? Or is there only one kind of ex-

---

410 Gödel left space at the beginning of this page, presumably in order to be able to continue the above list.
411 For the question of modesty and mathematics and its teaching, cf. Time Management (Max) I and II, manuscript pages 53, remark 2; 70, item 6; 88, remark 2; 89, remarks 1 and 2; 124, maxim 2; and Addenda II, 11, item 30; IIIb, 1v, item 3′1; IIIb, 2v, item B16.
412 In June 1937, Susanne K. Langer published a review of Alfred Tarski's "Grundlegung der wissenschaftlichen Semantik" on page 83 of the *Journal of Symbolic Logic* vol. 2, issue 2. Tarski gave this talk in 1935 in Paris, and it was published in 1936 in: *Actes du Congrès international de philosophie scientifique*. On page 5, Tarski treats the role of the fundamental concepts of a language; on page 7, he considers Gödel's incompleteness theorem.
413 Written in red in the manuscript.
414 See inter alia the remark on manuscript page 64.

haustion that comes along with an aversion[415] towards all qualified activities, so that the same can be taken up again after inserting a mechanical activity?

<u>Maxim</u>: One should insert a non-trivial task with guaranteed success into the breaks between one's working units. The success will increase enthusiasm and ability to work tremendously (success, but not too easy a success) !!solve problems!!

<u>Remark</u>: The reason why certain problems sometimes appear to be objectively pointless is aversion[416] to work (i.e., ultimately towards failure). This vanishes in the case of success (success, but not success that comes too easily).

<u>Remark</u>: The belief that what you are doing is the right thing, that the way you are approaching it is the right one, and that what you have done so far about it is right contributes tremendously to success (is perhaps the essential point about success), as the attention is exerted in an entirely different way. Namely: It is entirely directed at progressing, while in the other case it is partly directed at the previous, whether it is right. And since [69] one is entirely determined to continue in this case, while in the other case, one is not entirely determined to continue but may want to revise what one did previously.*

<u>Remark</u>: Taking apart is essential for success (the <u>analytical</u>), this means, taking something out and focusing entirely on it (completely ignoring the outcome). Comparison of a sharp point (focused only on one thing) to a blunt point (focused on many things at the same time) suggests itself. One gets further with a sharp point. This is also the value of a complete decision.

---

* This includes that the solution is reached a lot easier, if one knows (believes), that there is a solution.

415 For the numerous passages concerning pleasure and aversion in *Time Management (Max) I and II* and the associated addenda, cf. the footnote to manuscript page 24, remark 1.
416 Cf. footnote to the previous question on this manuscript page.

Maxims for mathemathematical research:
1. What does not work easily does not work at all.
2. Do not become obsessed with any ideas (get stuck) and try to get on with them at any price, but work in that direction that offers the least resistance (the quickest progress).
3. Don't be self-opinionated, that is, admit that you were wrong when you believed you could get through with some idea or when you believed you knew something for sure. Negative results are valuable as well!
4. For every idea, take into account the possibility of failure from the outset (do not fall in love with your ideas).
5. Better to draw inspiration from conversations, books, treatises, talks. [70]
6. Modesty[417] (be satisfied with small results and then expand them precisely) – "in any case, it holds that".[418]
7. Fairness (expect p as well as $\neg p$ from the outset)?
8. Content yourself with easy problems. Previously, I always chose only problems that were irrefutable (everything else was too small for me). Sometimes it turned out that they were not as easy as one initially thought).
9. One must first be completely done with something before moving on to the next, then with more energy ("in any case, it holds that"[419]).
10. One only does what one can do easily. From this the automatic result is that one can also do what is difficult.

Maxim: To achieve certain abstract (mental, spiritual) things, one needs to adhere to certain purely external (physical) rules. For example: Get up at a certain time, sit down at your desk to work (do not lie down), have a notebook and scratch paper and pencils in front of you. Come up with time management every evening, take along a note when going out and take it out and look at it after any errand. Spend a certain amount of time on something even when

---

[417] For the question of modesty in mathematics and teaching mathematics, cf. *Time Management (Max) I and II*, manuscript pages 53, remark 2; 67, remark 2; 88, remark 2; 89, remarks 1 and 2; 124, maxim 2; and Addenda II, 11, item 30; IIIb, 1v, item 3'1; and IIIb, 2v, item B16.
[418] Cf. *Time Management (Max) I*, manuscript page 70, items 6 and 9; Addenda IIIb, 2v, item B16 and IIIb, 2v, item 22; and *Max III*, manuscript page 18.
[419] Cf. item 6 on this page.

not making progress. [This is also a kind of modesty,[420] namely when what was desired is not within reach, one contents oneself for the moment with achieving it regarding the form alone.]

<u>Remark</u>: Writing a paper for press means looking for a <u>real</u> proof of the statements to be proved.

[71]
<u>Remark</u>: Further fruitful mathematical procedures: a proof consists in the fact that certain special objects are demonstrated to have a certain property. Only: 1.) One asks oneself, which properties of these objects suffice for a proof? In this way, a general statement arises, and one also achieves a better understanding of the initial statement.

2.) One tries to articulate the statement by means of clear concepts, that is, by means of such concepts that have a short definition and are vivid.

<u>Remark</u>: It is very important to be able to stop without having been successful (e.g. while thinking). This is exactly the same as giving up a certain method (with respect to time). It holds there as well that: It does not work with this method; one has to resign oneself to this (but this does not yet mean that it does not work at all). It holds here as well: It will not work today; I have to resign myself to this, but maybe it will work tomorrow. However, in the first case, at least a negative result is achieved to be used later (in the second case, it is possible that nothing is achieved). The only reason <u>why the second case is not completely lost is the exercise thus obtained</u>.

---

[420]   Cf. item 6 on this page, but especially Addenda IIIa, 2, item 30; IIIa, 3, item 46; IV, 1, II; and *Max III*, manuscript pages 17, maxim; 78, at the top; and 151, item 7.

[72]
Remark: *Genus proximum* and *differentia specifica*[421] is actually a fruitful principle when clarifying the meaning of propositions and concepts.

Remark: Good example of finding a mediating concept: covering[422] systems that are closed under predecessors = well-ordered systems that are closed under predecessors[423] (for an analytical scheme). Mediating concept: a system closed under predecessors that does not contain a path.

Remark: It is a mistake to believe that the success of an activity depends on you. Only the effort in striving for success depends on you (overexertion of the sense of responsibility, wanting success too badly).

↓ Remark: Passing over to a special case for proving a general theorem is a special case of the method of generalization (looking for what is essential in a proof). The case distinction is a special case of passing over to a special case.

Remark: Another method than the one mentioned before is assuming (indirect proof). This means following an assumption fixed once and for all as far as possible.
Fruitful assumptions:
1. the implausible ones (lead to a refutation),
2. the plausible ones (show that certain statements are probably not provable, so that at most their opposite is provable).

[73]
Remark: Mistake in proving: to focus on the essential too early. One should first finish the proof with the inessential aspects of the first idea and then leave out the inessential aspects.

---

421 Cf. manuscript page 102, remark 2.
422 The definition of a 'cover' is the following: Let A be a subset of a topological space X and let Λ be an arbitrary index set. A family $\{U_\lambda\}_{\lambda \in \Lambda}$ of subsets U_λ of X is called a cover of A if A is contained in the union of the U_λ, i.e., if $A \subseteq \bigcup_{\lambda \in \Lambda} U_\lambda$. The cover is closed when all U_λ are closed.
423 A set is 'closed under predecessors' if, for each of its elements, it also contains its predecessor.

<u>Maxims</u>: 1. It may be good to stop thinking after getting a result (for then one becomes calm).
2. Formulate results immediately after achieving them.

<u>Remark</u>: All reasonable measures during my work, for example: First write down precisely what was previously achieved before moving on, take more breaks, think more in "higher types", seem to result in a slowing down (in reality probably in a speeding up).

<u>Remark</u>: In order for the work to be satisfying, it apparently matters primarily that it has an <u>external</u> effect (talk, publication[424]), which is something for which one could also be paid. A mere cognition (expansion of knowledge) does not suffice but is a mere preparation.

<u>Remark</u>: After a talk, always depression.

<u>Remark</u>: For lectures, "learning language" would be important, which means free expression of thought, which means reflecting prior to talking. For this it is essential that one is not in a rush and not agitated.

<u>Maxim</u>: One should rather plan too little than too much for a lecture.

[74]
<u>Maxim</u>: On the occasion of a talk, one should not try to find new things that one did not know before, but to give a lecture in a spirited way.

<u>Maxim</u>: One should not commit oneself to anything (not take anything on) before one knows how to deal with it.

<u>Maxim</u>: Time limit for reflection, to be looked up above.

<u>Remark</u>: One method for being well versed in a field is to know as many theorems as possible (at first without proof). Then also to

---

424 Cf. *Time Management (Max) I*, manuscript page 1, A, item 1; Addendum IIIa, 1, item 10.

know systematically all possible theorems that can be formulated with the concepts of the field.

Maxim: Before one thinks intensively about a statement, one should first think about its possible refutation. In general, think about a statement and its refutation alternately. This is reasonable even when ¬A is extremely improbable (to strengthen the belief).

Remark: After a success (even if mistakenly believed) [even small success, such as: solving problems, solving puzzles] in my logical works, the compulsion to think (with respect to certain problems) ceases, and I desire:[425] 1. to read papers, 2. to study other subjects (theology), 3. to manage time systematically and tidy up, 4. to distract myself.[426]

The causes of the compulsion to think appear to be: [75]

1. There is a problem that does not look insurmountable but for which there is a false appearance of a potential solution* and of which one is in any case convinced that it has a solution. Or there is an idea of which one feels that it must yield something specific or in any case something interesting when worked out.

    * An apparent solution idea (e.g. continuum with choice sequences).

2. One believes that it would be useful to have a solution.
3. (Do 1. and 2. maybe follow from this?) One decides to look for a solution.

Then the compulsion to think persists until at least some (at least believed) progress is achieved.

Remark: Any kind of work (e.g. reading a treatise) is much easier when the purpose is apparent* [for example: with its help, a question can probably be decided]. Now, the purpose (the objective) must be as tempting as possible (beautiful, useful, in agreement with the highest ends of the relevant person).

* And if with "good conscience".

Remark: The highest aim of my life (conceived of in puberty) is pleasure of cognition (in private as well as sociologically).

---

425 For the numerous passages on the terms 'desire' and 'aversion' in *Time Management (Max) I and II* and the associated addenda, cf. the footnote to manuscript page 24, remark 1.

426 Distraction is mental hygiene. For explicit mention of the term in *Time Management (Max) I and II*, cf. the detailed explanation (including a list of references to 'distraction') of the list on the inside cover of *Time Management (Max) I* provided at the beginning of this volume.

[76]
Remark: The right method for finding an elementary proof is to first work out the non-elementary one (and not to think about what elements of the non-elementary proof to leave out or to insert prior to working it out).

Maxim: When preparing lectures and writing papers, one should first do it somehow without too much reflection, and then improvements are possible: Better three times quickly than once with long reflections.

Remark: In order to desire giving a lecture,[427] the following must hold:
0. I have to like it myself.
1. It must be mathematical or physical (not logical).
2. It must not deal with my own work.
3. The teaching content must be mastered perfectly (one must really understand the theorems).

Maxim: Professional activities (i.e. the unpleasant activities) (mail, budget, writing papers, drafting lectures, reading papers, attempting to find new results) should be treated like office work. Reserve certain hours for this. These no longer belong to me.**

** [77] Therefore, they have to be observed even in the case of impending circumstances (headache, etc.).

Remark: For work that one dislikes, the production of external working conditions is essential, which means a quiet room (undisturbed) with normal temperature and air, further presence of a desk and work materials, precise prior time plan, getting up at a certain time, [77][428] working regardless of success after certain times. Setting up tasks for oneself.

Maxim: In order to adhere to the working hours, it is essential to set up the time plan in such a way that enough time is left over to look forward to. Then think about it to generate energy for work.

427   For the numerous passages on desire and aversion in *Time Management (Max) I and II* and the associated addenda, cf. the footnote to manuscript page 24, remark 1.
428   This pagination of an odd-numbered page is again Gödel's.

Maxim: Thinking about the end of work (spare time) gives one the strength to work. Business before pleasure (in the morning).

Maxim: Always have some notebook with you (also in the bathroom) and <u>immediately</u> enter <u>everything</u>.

Maxim: It is the principal thing about time management to reserve certain hours for professional activities (possibly very few, different ones) and to actually adhere to them. Doing more may even be harmful.

Maxim: Better badly than not at all. Do not spend too much time guaranteeing excellence from the outset.

Maxim: Determine once and for all: "no time at all in the morning", and take this into account when making appointments.

[78]
Maxim: Take your time[429] with everything (more haste, less speed[430]).

Remark: To find a simple method for reserving certain hours for professional work, this whole notebook appears to be essential (the same often holds for mathematical theorems).

Maxim: Do not take on too much.

Maxim: Always take something along on the tram. Something to write, offprints to read on the tram.

Remark: Reaching a decision is also a (very essential) part of work.

Maxim: Time management, correct principle: constantly the same timetable and the rest as a disruption of this plan.

---

429 Cf. Addendum IIIa, 1, item 9.
430 Cf. manuscript page 11, maxim 1.

<u>Maxim</u>: When writing letters: After a letter has been drafted, think about:
1. Is what was written true?
2. Is the way I write appropriate (form, <u>courtesy</u>, stylization, salutation)?

<u>Remark</u>: A lecture on mathematics needs to be either beautiful or precise (precision can partly replace beauty).

<u>Question</u>: Is there training for reaching a decision?

<u>Maxim</u>: Make a neat copy. First without thinking much, somehow actually prove it (do not care too much about "elegance" from the outset, and also not about "absolutely accurate results").

Time Management (Max) II[431]
(= Phil. II)

~~This was initially the first Max Notebook, along with Ph notebook, later combined as Max and Ph.~~

[79]
Before noon 9–1 o'clock continuum, lectures Princeton,[432]
                         and Notre Dame[433]
        1–2 o'clock lunch

I   2–3 or 4 o'clock mail, budget (tax), life plan
        4–5 o'clock stroll

II   2–? o'clock errands
        Monday and Wednesday

In spare time <u>theology</u>, read <u>mathematical</u> papers, continue own work,[434] <u>résumé</u>, <u>time management</u> on a small scale and in principle

---

431 Date of production: March 1938 until July 17, 1940.
432 In the fall of 1938, Gödel presented his results on set theory at the Institute for Advanced Study. Two years later, they were part of Gödel's only monograph, *The Consistency of the Axiom of Choice and of the Generalized Continuum Hypothesis with the Axioms of Set Theory*, reprinted in: Gödel, *Collected Works*, vol. II, pp. 33–101. See also John W. Dawson, Jr., "Gödel's Logic Course at Notre Dame": "[...] his 1940 monograph *The Consistency of the Axiom of Choice and of the Generalized Continuum Hypothesis with the Axioms of Set Theory* [is] based on notes by George W. Brown on the Princeton Lectures. However, the treatment in the Notre Dame lectures, like that in Gödel's 1939 *Proceedings* paper, defines the constructible sets inductively in terms of definability with ordinal parameters, not, as in the monograph, in terms of closure under eight fundamental operations classes [...]." The lecture manuscripts are contained in Kurt Gödel's *Nachlass* (CO282) box 7c, series IV, folders 39–43, initial document numbers 040149–040154.
433 The material from the course on the continuum hypothesis in Notre Dame mentioned here has not yet been published. In Kurt Gödel's *Nachlass* (CO282), the manuscripts are contained in box 7c and 8a, series IV, folders 52–56, initial document number 040194–040198. The material about the course on elementary logic that Gödel gave in Notre Dame has been published, however; cf. "Gödel's Notre Dame Course", edited by Miloš Adžić and Kosta Došen, in: *The Bulletin of Symbolic Logic* 22 (2016), pp. 469–481, and also Jan von Plato, "Kurt Gödel, Logic Lectures: Gödel's Basic Logic Course at Notre Dame", in: *History and Philosophy of Logic* 39 (2018), pp. 396–401.
434 Gödel's own work at the time became part of his publications on the proof of the relative consistency of the axiom of choice and the generalized continuum hypothesis. Cf. the four papers by Gödel from 1938, 1939, 1939a and 1940 in: *Collected Works*, vol. II, pp. 26–101.

Program:[435] Write down the most important maxims! Arrange systematically.

Reflect on experiences during working time (in particular making progress). It is hard for me to concentrate.

!More work breaks.

Maxim: Example of adherence to standards of appearance in order to achieve some content: Work in an orderly way (i.e. proper penmanship), then also formulate content precisely.

[80]
Maxim: Ask first, for every decision that is to be made, whether it is essential or inessential! In general, reflect on: "What is essential?"

Remark: The essential aspect of my indecisiveness appears to be that it takes me five to ten times as long to reach a decision than other people. Thus, sound out above all where a quick decision is required (e.g. selling bonds).

x[436] Program: to do: 1. Enquire about the German currency regulation and opening of the stock market. 1. Exchange rate and support (monetary payment)   10
E[437] 2. Decide what to write to Flexner and Veblen
                                                  and write.[438] 3
E 3. Decide about money from America.   10
      4. Hand in income tax declaration.   0
      5. Clear up budget and account books.
      6. Letter to Sulk[439]   0

Maxim: Organization is half the battle. This also holds insofar as merely organizing something (making it clear) never leads by itself

---

435 First letter 'P' is written in red in the manuscript.
436 'x' is written in red in the manuscript.
437 E stands for 'decision' [in German 'Entschluss'].
438 This presumably refers to a letter to Veblen from March 1938, in which Gödel informs him that he does not know whether his leave of absence will be approved and that he would prefer to visit Princeton before Christmas. Cf. Dawson, *Logical Dilemmas: The Life and Work of Kurt Gödel*, p. 127, to be abbreviated as *Logical Dilemmas* in the following.
439 It was not possible to determine to whom this refers.

to apparently much greater achievements (for example by writing a paper) or in a lecture.

x⁴⁴⁰ Program: Everything that I have done wrong in my life through my own fault should be considered.[441]

[81]
Maxims: Note in case of indecisiveness:
||-1.[442] Imagine yourself in the third person and ask: What will happen?
||0.[443] Also use the feeling "this or that is better" as a given.
||1. Imagine the consequences precisely.*
||2.[444] Temporary interruption of reflection on this is fruitful** (there is no point in perpetually thinking about this).
||3.[445] What can one do to facilitate the decision*** (reflecting on whether to do something that fosters the decision is pointless here).
|4. In financial affairs, simplify everything as much as possible, adhere to regulations, do not attempt to make a profit through the back door.
|5. (= 2) Read something nice or interesting, go for a walk.†
||6.[446] Do not spend much time on it (if unimportant), even if this means that what is done is done poorly.††

*Ask concrete questions.
** Here, thinking non-stop is as unproductive as when solving a mathematical problem.
*** Obtain documents.

† Here, thinking non-stop is as unproductive as it is when solving a mathematical problem.

†† If important, then provisional decision if possible.

---

1. Question: How to ensure that anything is done at all: Money is ordered, a letter is written, etc.
2. Question: How to behave in case of important decisions?
3. (In case of important decisions that need to be made quickly?)

   ad 1. Decide first until the point where a decision has to be made and hold on to the decision even when the view has subsequently changed.
   ad 2. Postpone if possible.
   ad 3. If possible, make a provisional decision.

---

440 'x' is written in red.
441 Cf. manuscript page 115, program 1.
442 Framed, once in red, once in black.
443 Framed, once in red, once in black.
444 Framed, once in red, once in black.
445 Framed, once in red, once in black.
446 Framed, once in red, once in black.

|| 6.1[447] Above all, decide on the question whether something is important or unimportant.

| 7. It is a fallacy to believe that the success of an activity also depends on you (also when making a decision).

| 8. Decision = a special case of a judgment.

| 9. Shift the question to: What will happen? (= ¬1) [82]

|| 10.[448] Imagine one is forced to do one of them (or [it is] a result of a lottery). Would one be very upset about this?

|| 11.[449] Consider the ultimate goal of the whole thing.

|| 12.[450] Emotions that are actually to be expected afterwards also need to be taken into account.

|| 13.[451] Envisage examples of important things.

Goals:[452]

1. Finish lectures for Notre Dame and Princeton.[453]
2. Prepare paper[454] for print.
3. Write résumé.[455]

---

447 Framed, once in red, once in black.
448 Framed, once in red, once in black.
449 Framed, once in red, once in black.
450 Framed, once in red, once in black.
451 Framed, once in red, once in black.
452 Curly bracket on the left border that contains the following three items.
453 Cf. the above footnote to the beginning of manuscript page 79.
454 In April 1939, Gödel's paper "Consistency Proof for the Generalized Continuum Hypothesis" appeared in the *Proceedings of the National Academy of Sciences, U.S.A.* 25, pp. 220–224; reprinted in: *Collected Works*, vol. II, pp. 28–32.
455 In December of 1938, Gödel published an announcement of his results under the title "The Consistency of the Axiom of Choice and of the Generalized Continuum Hypothesis" in the *Proceedings of the National Academy of Sciences, U.S.A.* 24(12), pp. 556–557, which discusses proof ideas; reprinted in *Collected Works*, vol. II, pp. 26f. In the summary "The Consistency of the Generalized Continuum Hypothesis", these results are announced again. The summary was submitted to the *Bulletin of the American Mathematical Society* on December 29, 1938, and appeared in January 1939 in volume 45 issue 1, p. 93; reprinted in: *Collected Works*, vol. II, p. 27.

x 29./III. 1938; to be done in preparation for America:

1.[456] Complete proof continuum for Notre Dame (precisely).
2. Add for Princeton: Measure problem,[457] projective sets, possibly approach for addition of extra axioms for set theory, the absolute?[458] 6?
3. Excerpt for publication and résumé.
4. Axioms of set theory for Notre Dame.[459]
5. Excerpt of the whole thing for Princeton lecture.[460]
? 6. Proof of continuum theorem without relativization.

Remark: Inhibition toward doing anything at all, not only prior to any act, but also after every depression.

Maxim: When reading the Bible, distinguish sharply between: 1. How it was, 2. whether that is good, 3. why it was like this.

Maxim?: Maybe one should split up work into very small portions. (In the subway I did best at reading the offprints.)

[83]
Maxim: What matters for finishing an activity quickly is not doing it quickly but tackling it quickly (in particular, always keep track of the goal).

---

456 Items 1 to 5 are framed on the left side but left open on the right.
457 In measure theory, a measure is a mapping that maps certain subsets of a given set to non-negative real numbers. These subsets need to form a system of sets with certain properties, and the mapping itself needs to have certain properties. The measure problem is the question of whether it is possible to assign a measure to any subset of the plane in a reasonable way. It can be extended to n-dimensional spaces.
458 See the following passage in Gödel's monograph *The Consistency of the Axiom of Choice and of the Generalized Continuum Hypothesis with the Axioms of Set Theory* from 1940, page 1: "In several places (in particular for the 'general existence theorem' on page 8 and the notions of 'relativization' and of 'absoluteness' on page 42) we are concerned with metamathematical considerations about the notions and propositions of the system Σ." In the same text, on page 42, Gödel defines a concept of 'absoluteness' for specific classes, notions and operations. For the concept of absoluteness in Gödel's Princeton lectures, see: Dawson, *Logical Dilemmas*, p. 133.
459 *Notre Dame Continuum Lectures*, delivered in the spring of 1939. Cf. the corresponding footnote to the beginning of manuscript page 79.
460 Cf. also the corresponding footnote to the beginning of manuscript page 79.

Maxim: Aspects of reading a book: 1. Excerpt (= content), 2. critique, 3. questions.

Maxim: Keep track of the goal during work. (First, formulate the goal in words!)
I frequently feel that, when this or that is done, I do not really know what I should do next. When it is not already 1 o'clock at this point, I need to stop.

Maxim: When I feel that I do not really know what I should do or what I should do afterwards, I should remember the goal* and devise a program and should reach a decision on how to do it.

* The purpose of the piece of work.

Maxim: Formulate theorem and definition first at work.

Remark: Huge time losses during work are due to my not sufficiently adhering to the original concept when elaborating something. Instead, I attempt to preserve the earlier result [84] as it were with eyes closed, whereby the initial reflections help only insofar as they create the belief that it will work out.

Maxim: Aspects of reading the Bible: Take notes of the incomprehensible or hardly comprehensible parts and look them up in comments, translations, etc.

Remark: A summer retreat is a time in which all necessary duties are fulfilled (there is nothing to do) or for which one decides not to deal with anything.
"There is something do deal with" means: Either one has 1. to do something that one has decided (or promised) to do,
or 2. to reach a decision about something.
(Each execution requires further decisions, since decided in broad outline alone),
1. to do something required by professional duties or by professional etiquette or by state laws,
2. to do something that is directly or indirectly necessary for making a living.

x[461] Program: Look through notes in the envelope psychology,[462] ethics[463] and possibly look through other envelopes.

Remark: The aversion[464] that accompanies all of your acts is due to your doing everything before you are really able to do it [by vigorously enforcing yourself to do it]. For example habilitation.[465]

[85]
Remark: Even after I have decided to do something, there remains an inhibition against carrying it out.

Maxim: Due to the incredibly small amount of time available, it is all the more important to precisely and appropriately organize the books one reads, as well as the way one reads and the order in which one reads (maybe at the same time). This is <u>also the reason why the principle of reading books carefully and starting to read the next one only when one is finished with one is utterly wrong.</u> Or reading in order.

---

461 Written in red.
462 According to John W. Dawson's finding aid, only bibliographies concerning psychology can be found in Kurt Gödel's *Nachlass* (C0282), namely in box 9b, series V, folder 5, initial document number 050024 and in folder 6, initial document number 050025–050027. Nevertheless, it is plausible that Gödel set up notes or notebooks on the topic of 'psychology', which he used to write down the remarks on psychology in *Maximen Philosophie*. These are not traceable, however.
463 According to John W. Dawson's finding aid, no notes or notebooks on the topic of 'ethics' are contained in Gödel's *Nachlass* (C0282). Similarly, only few works on ethics are contained in his philosophical bibliographies. Cf. box 9b, series V, folder 5, initial document number 050024. It is possible that Gödel had in mind envelopes containing notes that he inserted, for example, into *Time Management (Max) II* as addenda.
464 For the numerous passages concerning desire and aversion in *Time Management (Max) I and II* and the corresponding addenda, cf. the footnote to *Time Management (Max) I*, manuscript page 24, remark 1.
465 Gödel's habilitation thesis, with the title "Über formal unentscheidbare Sätze der *Principia Mathematica* und verwandter Systeme I" ("On Formally Undecidable Propositions of *Principia Mathematica* and Related Systems"), appeared in 1931 in *Monatshefte für Mathematik und Physik* 38, pp. 173–198; reprinted and translated in: *Collected Works*, vol. I, pp. 144–195.

Remark: Activities can be classified as follows:
1. professional (for the purpose of earning a living);
2. practical: mail, budget, taxes and the like, errands, time management, reading newspapers, doctor, lawyer, foreign languages.
3. Education concerning a *weltanschauung*: theology, philosophy, history, cultural history, ethnology, comparative linguistics, bibliography, belle lettres, politics, jurisprudence. Purpose: Getting to know the realm of reality and the realm of ideas, as it really is, in their essential features, but in all subfields. Practical knowledge: exhibitions, talks, political gatherings, journeys, theater, Spiritism, museums, concerts, psychoanalytical treatments, church.
4. Distraction,[466] vacation, entertainment, enjoyment of life (sensual), music!, exercise in the fresh air, rest.

3. can be categorized as: 1) object lesson, 2) lessons by books.

Maxim: Apply the principle of spending a certain amount of time on certain activities regardless of their success, even on the small scale, and spend all available time on a single subject. For example: Summarize this or that book for one hour, [86] then return it no matter what. 2. Reflect on this or that question for such and such an amount of time, then move on to something else. 3. Reflect for such and such an amount of time on how to do something (e.g. tax declaration, ordering money, etc.), then do or solve the first thing that comes along. Such and such an amount of time for preparing lectures. This can result in certain things being done poorly or some not at all.

---

466 Distraction belongs to mental hygiene; for explicit mention of the notion of 'distraction' in *Time Management (Max) I and II*, cf. the comprehensive explanation of the list on the inside cover of *Time Management (Max) I* provided at the beginning of this volume.

Maxims: 1. You shall not think about the absolute:[467] This is the point of the resolution of the antinomy[468] through the theory of types.[469]

2. You shall not search for contradictions in mathematics (or in set theory); if they are there, they will be found in a different way.

Maxim: The most important thing for giving life meaning is getting a good night's sleep.[470] A good night's sleep is better after a visit to the cinema in the evening. Also after taking a stroll as in the past in *Lange Gasse*.[471]

Remark: There is little point in fantasizing about how it could be* (without sufficient foundations). Better to determine in less important questions how it really is.

*In mathematics.

x[472] Question: Should I ask for leave for an entire semester and stay in America for a year?[473]

Maxim: In every matter, first get an overview of the whole thing before turning to details, and never lose overview.

x[474] Program: Time management for activities falling under 3. <u>on the basis of their purpose</u>.

---

467 Cf. Addendum IIIb, 1v, item 2.
468 The antinomy known as Russell's antinomy was discovered independently by Bertrand Russell and Ernst Zermelo. It is a paradox in naive set theory. Russell obtained this antinomy using the "class of all classes that do not contain themselves as elements".
469 A theory of types is a formal system in which every term has a type and the operations are restricted to certain types. The types form a (potentially restricted) hierarchy with a lowest level. Russell proposed his theory of types in 1903 as a solution to the paradox he had discovered. In Zermelo-Fraenkel set theory without choice (ZF), which now forms the foundation of almost all branches of mathematics, and in Neumann-Bernays-Gödel set theory, the axiom of foundations ensures that no set can contain itself as a member, so that Russell's class happens to coincide with the universal class.
470 Cf. Addendum IIIa, 1, item 5.
471 In the beginning of July 1929, Kurt and Rudolf Gödel rented a flat at Lange Gasse 72/14. Cf. Dawson, *Logical Dilemmas*, p. 33.
472 Written in red.
473 For the planning of his stay in America, see also the footnote to manuscript page 80 regarding his letter to Veblen.
474 Written in red.

[87]

<u>Maxim</u>: When poor air in the room because of the stove, turn on halfway.

<u>Maxim</u>: One should proceed exactly as formalistically (formulate explicit questions, etc., and prove theorems) on the second level (this is what was neglected before, e.g. terminology, time management, etc.) as on the first level.

<u>Remark</u>: Reading my previous notes (in particular maxims) is apparently one of the most fruitful occupations.

x[475] <u>Program</u>:
1. ~~Catechisms[476] [Missal,[477] Martyrologium[478]]~~
2. ~~Migne,[479] Bible commentaries (in particular genesis) and recent fathers,[480]~~ <u>Patrologias</u>[481]

---

475 Written in red.
476 A catechism is a manual containing instructions about fundamental questions of Christian belief. Gödel owned the volume *Wahrheit und Gnade. Katechismus der Katholischen Religion (Ausgabe für Mittelschulen)*, Innsbruck/Wien (Verlagsanstalt Tyrolia) 1931, edited by Meinrad Langhammer.
477 A missal is a liturgical service book that contains the order of the mass, the prayers recited by the priest and the congregation, and those texts that are recited in every mass.
478 A martyrologium is a directory of martyrs and saints with information about the day of their death, the kind of ordeal they suffered, and their life.
479 The *Migne*, also known as *Patrologia Latina*, is a series of books, edited by Jacques Paul Migne, of writings of the Church Fathers and other Latin theological scriptures and encyclopedias from Tertullian up to the time of Innocent III. It comprises 221 volumes. Migne also edited the *Patrologia Graeca*, a collection of patristic and medieval Greek works, some of which have been replicated only in Latin and some of which are accompanied by a Latin translation. This series comprises 161 volumes. Gödel borrowed volume 192 of the *Patrologia Latina* from 1855 on April 30, 1937.
480 This refers to the more recent Church Fathers.
481 Gödel borrowed the *Grundriss der Patrologie* by Johann Baptist Alzog on July 18 and 21, 1939, and the *Patrologie* by Otto Bardenhewer on July 24, 1939. 'Patrologias' is underlined in red.

3. ~~Eusebius,[482] Julius Africanus[483] etc. [synchronistic historiography,[484] Wetzer[485]]~~
~~1' Corpus iuris canonici[486]~~
~~4 Hegel[487]~~
~~4. Position of the Church in modern times (World War) and in the Middle Ages (in particular politically)~~
~~3.1 Overview of recent world history~~
~~5 New Testament[488]~~

---

[482] Eusebius of Caesarea (260/64–339/40) created demographical tables and outlines. Among other works, he wrote a world chronicle, a church history and a biography (*Vita Constantini*). His chronicle is regarded as a source of synchronistic historiography. Gödel also mentions him and his chronicle on manuscript page 2 in *Theologie 3* and describes him as a historiographer.

[483] Sextus Julius Africanus (ca. 160–ca. 240) is also regarded as the father of Christian chronography. He influenced Eusebius of Caesarea. Gödel mentions him and his *Pentabiblos* on manuscript page 2 of *Theologie 3* and describes him as a historiographer.

[484] 'Synchronistic historiography' could refer to 'Eusebius' or to the following work: Joseph Ferdinand Damberger, *Synchronistische Geschichte der Kirche und der Welt im Mittelalter*, published between 1853 and 1863. Gödel also mentions synchronistic historiography in *Theologie 3*, manuscript pages 1 and 2.

[485] *Wetzer- und Welte's Kirchenlexikon oder Encyklopädie der katholischen Theologie und ihrer Hülfswissenschaften* is a Catholic encyclopedia. It consists of 12 volumes and an index volume and was published between 1847 and 1860. Gödel borrowed the volume from 1854 on April 15, 1937.

[486] Mentioned again on manuscript page 141, item 4. The *Corpus iuris canonici* is a collection of Roman Catholic ecclesiastical law. It was created in the Middle Ages and consists of six parts.

[487] Underlined three times in black and one time in red. Hegel is also mentioned in *Theologie 3* on manuscript pages 1 and 21.

[488] Gödel's private library contained several editions of the New Testament: *Das Neue Testament*, Leipzig (Pöschel und Trepte) 1907; *Novum Testamentum*, n.n. (Friederici Pustet) 1922; and *Holy Bible: King James Version*, Racine, Wisconsin (Whitman) n.d.

6 ~~Pontifical edicts on witchcraft,[489] papal bull~~ regarding witchcraft ~~Innocent VIII,[490] and inquisition 1200[491] (1484?)[492]~~

7 ~~Bonaventura,~~ Ten Commandments[493] ~~of Thomas[494]~~

---

[489] There were at least 47 pontifical edicts against witchcraft and wizardry from 1258 to 1526. In the early modern period, what had been a set of merely folkloric beliefs increasingly developed into the theological-juristic thought constructs of demonology and witchcraft. Besides this overlapping of disciplines, and besides Leibniz's reference to Friedrich Spee's Enlightenment work *Cautio criminalis circa processus contra sagas* in his theodicy, Max Horkheimer's 1937 polemic against the Vienna Circle may also have been a starting point for Gödel's interest in the topic. There, Horkheimer says: "But this whole philosophical attitude would [...] by its very nature not have any legitimate means of opposing madness if it were only sufficiently widespread. The belief in witches was fought by means of strictly rationalist philosophy. In view of a larger quantity of protocol sentences the empiricists would not even have been justified to insist on its improbability." Horkheimer, "Der neueste Angriff auf die Metaphysik", pp. 40 f. Gödel may have heard of Horkheimer's polemic through Carnap, whom he met in Vienna in August 1937. A diary entry by Carnap from July 23, 1937, shows that Carnap had read Horkheimer's essay. The fact that Victor Kraft, a member of the Vienna Circle, points out as late as 1968 in his *Die Grundlagen der Erkenntnis und der Moral* that the witch trials were legitimized by the law and that one therefore needs a criterion that allows one to examine the rightness of the law itself (cf. ibid, p. 132) shows that Horkheimer's polemic had an effect on members of the Vienna Circle.

[490] The papal bull regarding witchcraft ("Summis desiderantes affectibus") was issued in 1484 by Pope Innocent VIII. The text is by Heinrich Kramer (= Heinrich Institoris), the author of the *Malleus maleficarum* [Hammer of Witches]. See also manuscript page 141, item 4, and manuscript page 142, item 17. Here and on manuscript page 141, Gödel writes erroneously "Innocent III", but on page 142 correctly "Innocent VIII". These mistakes have been corrected by the editor. Gödel's private library contained the following work on the topic: *Hexen und Hexenprozesse*, (Miniatur-Bibliothek, No. 632), Leipzig (Verlag für Kunst und Wissenschaft, Albert Otto Paul), n.d.

[491] According to some experts from the 19th century, the inquisition was established in 1200.

[492] Again mentioned on manuscript page 141, item 4.

[493] Both Bonaventura and Thomas Aquinas wrote on the Ten Commandments: Bonaventura, "Collationes de decem praeceptis", in: *Opera omnia*, vol. 5, *Ad Claras Aquas* (Quaracchi) (Collegium S. Bonaventurae) 1891, pp. 507–532; Thomas Aquinas, *De duobus charitatis et decem legis praeceptis*, ed. by Conrad Martin, Köln (Herberle) 1851.

[494] Underlined in red.

8 ~~Brentano, *Psychologie*~~[495]
9 → ~~A. Liguori:~~[496] ~~*Theologia moralis*,~~[497] ~~*Praxis confessarii*~~[498]
10 ~~Meteorology (wind map!)~~[499]
11 ~~measure theory~~[500]
12 ~~Chinese~~[501]
13 ~~Mnemonics,~~[502] ~~German–English dictionary announced~~[503] ~~by Toussaint Langenscheidt.~~[504]

---

[495] This could refer to Brentano's monograph *Psychologie vom empirischen Standpunkte* [Psychology from an Empirical Standpoint] (the latest date on which Gödel can be shown to have borrowed it is July 18, 1938), but also his *Die Psychologie des Aristoteles, insbesondere seine Lehre vom nous poietikos* [The Psychology of Aristotle, in Particular His Doctrine of the Active Intellect] from 1867. It may seem strange that Gödel does not refer to Brentano's theologically oriented publications in this context, such as: *Die Lehre Jesu und ihre bleibende Bedeutung* [The Doctrine of Jesus and Its Enduring Signification], issued by Alfred Kastil in 1922. Or: *Vom Dasein Gottes* [On the Existence of God], issued by Alfred Kastil in 1929. This last work is mentioned by Gödel in Theologie 3 on manuscript page 15.

[496] Underlined in red.

[497] This is one of the most influential works of Catholic moral theology. Also see manuscript page 141, item 4. Gödel borrowed this book on July 20, 1939.

[498] This instruction by Liguoris on the practice of confession is a central part of his moral teaching. The sinner should confess all of his sins as completely as possible during a personal conversation with the priest. Gödel borrowed this book on July 20, 1939.

[499] The significance of climatic circumstances and wind conditions for dietetics is, e.g., pointed out by Edelstein in his article "Antike Diätetik", p. 256. Cf. the introduction to this volume.

[500] In mathematical analysis, a measure is a way to assign a number to each subset of a set, which is interpreted as the size of the subset; the purpose is to generalize concepts from elementary geometry such as length, area and volume.

[501] Gödel's private library contains a book for learning Chinese: John Darroch, *Chinese Self-Taught* from 1914. Gödel may have been inspired by Leibniz's interest in Chinese languages and Chinese writing. For example, Leibniz wonders whether Chinese is based on a long-forgotten calculus or whether it follows logical and mathematical laws resembling those on which Leibniz based his own *ars characteristica universalis*.

[502] Cf. manuscript page 141, item 8. Gödel's private library contains the book *Mnemonik* by Otto Cato. For Leibniz, mnemonics was a part of the *scientia generalis*; cf. Leibniz *Die philosophischen Schriften*, vol. VII, ed. by Carl Immanuel Gerhardt, p. 84.

[503] *Langenscheidts Taschenwörterbuch der englischen und deutschen Sprache* was published in 1939 by Edmund Klatt, following the Toussaint-Langenscheidt method.

[504] The Toussaint-Langenscheidt method was developed in the middle of the 19th century for the self-study of foreign languages.

[86] ~~liberation, book from Aunt Mitzi;[505] books on Europe, and Mertner; Kardec;[506]~~ collection of math problems[507] ~~and possibly classics in mathematics.~~ [87]

Question: Where can one find, for example, the complete works of Bonaventura, etc.? [Bibliography by names] But there are also bibliographies by subject, by place and time.

Remark: I work in a state of constant exhaustion; learning (be it by reading, be it by reflection) therefore seems pointless to me. I should include more recovery and in particular distraction,[508] [88] or at least make the whole state more favorable by taking a break. Despite working from the early morning to the evening, I do little. If I were to work less, I would do more, above all with more enjoyment (see tram, work[509]).

Maxim: One should approach work not with the intention that this or that, and over and above something very great, must come of it, but as an attempt (which may be successful) to achieve something small. Take work more lightly.

---

505 This probably refers to one of the sisters of Gödel's father. The names of his parents' sisters are not mentioned in the interviews with Kurt Gödel's brother Rudolf, in which he reports on the family history. Cf. his "Skizze zu einer Chronik der Familie Gödel". However, it can be seen from a family tree on page 50 of this work that one of his father's sisters was named 'Maria', which is sometimes affectionately rendered 'Mitzi'.
506 The Spiritist Allan Kardec (pseudonym) published two volumes with the title *Cours pratique et théorique d'arithmétique d'après la méthode de Pestalozzi avec des modifications* in 1924 under his real name, Hippolyte Léon D. Rivail. However, Gödel borrowed two other books by Kardec on July 21, 1939, namely: *Le livre des esprits* and *Qu'est-ce que le spiritisme*.
507 Gödel's private library contains several collections of mathematical problems: George Pólya and Gabor Szegö, *Aufgaben und Lehrsätze aus der Analysis I und II* from 1925; Otto Th. Bürklen, *Aufgaben zur analytischen Geometrie des Raumes* from 1918; Guido Hoheisel, *Aufgabensammlung zu den gewöhnlichen partiellen Differentialgleichungen* from 1933; Friedrich Junker, *Repetitorium und Aufgabensammlung zur Differentialrechnung* from 1919; Friedrich Junker, *Repetitorium und Aufgabensammlung zur Integralrechnung* from 1919; Konrad Knopp, *Aufgabensammlung zur Funktionentheorie I* from 1923; and Konrad Knopp, *Aufgabensammlung zur Funktionentheorie II* from 1928.
508 For explicit mention of this notion in *Time Management (Max) I and II*, cf. the comprehensive explanation of the list on the inside cover of *Time Management (Max) I* provided at the beginning of this volume.
509 This refers to working on the tram, for example reading offprints.

Remark: The penultimate remark also holds for: 1. spending money, 2. buying things for Adele and dealing with her. Achieve infinitely more meaning with minimal or very little additional effort.*

* Concerning both time and money.

Remark: Also a form of "modesty":[510] Every decision on how to write a paper (or give a lecture) implies the renunciation of other possibilities. It is not possible to decide them in such a way that all possibilities are somehow contained as special cases. (This is the tendency shown by Hahn, e.g., to formulate everything as abstractly and generally as possible, which, however, does not lead to anything beautiful). It is a specialization and …

Maxim: It is better to carry something through precisely for a very special example than to get lost in generalities that comprise all examples (cf. Bible).

[89]
Remark (A further form of modesty[511]): The purpose of arranging a lecture is not to give the best possible or an unprecedented lecture or write the best possible paper, but to give a normal lecture and to write a good paper (this in particular means that you have an audience, that you may be invited again and that one cannot say that your lecture was bad). In particular, it is necessary to present some new ideas.*

* That is, such ideas that are in all likelihood unknown to an audience member who is interested in the area at the time of the lecture. (Applies to conferences and public lectures.)

---

510 For the question of modesty in mathematics and teaching mathematics, cf. *Time Management (Max) I and II*, manuscript pages 53, remark 2; 67, remark 2; 70, item 6; 89, remarks 1 and 2; 124, maxim 2; and Addenda II, 11, item 30; IIIb, 1v, item 3'1; IIIb, 2v, item B16.

511 For the question of modesty in mathematics and teaching mathematics, cf. *Time Management (Max) I and II*, manuscript pages 53, remark 2; 67, remark 2; 70, item 6; 89, remarks 1 and 2; 124, maxim 2; and Addenda II, 11, item 30; IIIb, 1v, item 3'1; IIIb, 2v, item B16.

Remark: Concerning the talk at Cambridge and Washington, the title[512] alone was an immodesty.[513]

Maxim: All firstborn things are bad, but not pointless.[514]
Beware of identifying with another person (Helmholtz!)

Remark: It is ten times easier to get up when one gets up with the intention of lying down again.

x[515] Program:[516] Reflect on this: What is actually up to you, and what is not? A concrete question: Is[517] it up to me not to marry her?

Remark: My work before noon and in the afternoon* suffers from the opposite mistakes: before noon it is too detailed (slow), in the afternoon too careless (quick).

* That is, both for professional and non-professional matters.

[90]
Remark: When deciding between various possibilities during work or preparing a lecture, it is often possible to make an arbitrary choice since both make sense and can perhaps be applied at a later time.

---

512 On December 30, 1933, Gödel gave a talk with the title "The Present Situation in the Foundations of Mathematics" at the annual meeting of the American Mathematical Association and the American Mathematical Society in Cambridge, Massachusetts. The title of the talk given at the Academy of Sciences in Washington, D.C., on April 20, 1934, was "Can Mathematics Be Proved Consistent?". Cf. Jan von Plato, *Can Mathematics Be Proved Consistent? Gödel's Shorthand Notes & Lectures Incompleteness*, New York/Dodrecht/Heidelberg (Springer) 2020.
513 For the question of modesty in mathematics and teaching mathematics, cf. *Time Management (Max) I and II*, manuscript pages 53, remark 2; 67, remark 2; 70, item 6; 89, remarks 1 and 2; 124, maxim 2; and Addenda II, 11, item 30; IIIb, 1v, item 3'1; IIIb, 2v, item B16.
514 Curly bracket in the left margin that contains the lines of the remark. Cf. Addendum IIIb, 1v, item B. 3'2.
515 Written in red.
516 Underlined in black and in red.
517 Adele Nimbursky, née Porkert, and Kurt Gödel were married on September 20, 1938. Later in the manuscript, Gödel plans the 1938/39 winter semester, in which the lectures started on November 3, 1938. The planning must have been finished before September 1938, and thus the term 'is' is preferable to 'was'.

Maxim: Whenever a large number or something complicated is to be mastered, the principle of superordination[518] is to be applied (or the principle of quadratic and cubic arrangement[519]). Furthermore the principle: Basic schema with interruption (substitution).

Maxim: Principle when dealing with finitism,[520] where everything is countable [also e.g. finitistically definable ordinal]. Just go ahead and admit countability and operate with it [for example the classification of recursively defined functions (Borel functions[521]) into $\aleph_1$ many classes].

Maxim: When you explain things that appear trivial or well known to you in a lecture, consider the purpose: The students are supposed to become familiar with terms* and theorems for subsequent application: When reading books or essays, writing, writing a PhD thesis, listening to lectures and talks. Therefore choose the most common terms and stick to them.

*And concepts.

Remark: After soirées, (K. G. has) a kind of depression (feeling of unrest and maybe of futility).

Maxim: One after the other!

Maxim: Only write those things in the errand notebook which I have already decided to do at the first opportunity. [91] Otherwise, write them in the working notebooks and do everything afterwards automatically at the first opportunity.

Remark: The indecisiveness is set aside and thereby time is saved when I am in a hurry.

---

518 The principle of superordination can only be found in Hilbert, where it denotes the transitive closure of a syntactic relation. Cf., e.g., Hilbert/Bernay, *Grundlagen der Mathematik*, p. 400. However, this is probably Gödel's own idiolect.
519 This is not a technical term in mathematics.
520 A version of constructivism, according to which each mathematical object must be constructible from the natural numbers in a finite number of steps.
521 A real function f is called a Borel function (or a Baire function) if for every open set $X \subseteq \mathbb{R}$ it holds, that $f^{-1}[X] = \{x \in \mathbb{R} \mid f(x) \in X\}$ is a Borel set (or a Baire set).

Remark: ↑ But when a quick decision is enforced, it is not on a par with a decision for which one has worked, even when it is not insignificant or correct by chance. This may even be the main reason for my stage fright. For this, an unjustifiable "tectonics" of the structure is frequently required.

Remark: Headache and fatigue arise from <u>doing several things at the same time</u>, from indecisiveness, from unstructured work.

Remark: Slept well after a bath in the evening but was very tired the next morning.

Maxim: Overeating is more trouble than it's worth. No more eating between meals (in the evening).

Remark: It is fairly irrelevant in which <u>(relatively small) field</u> one is working. The only thing that matters is being completely determined to work in this field and clearly seeing the point of it and that <u>nothing else</u> is needed. What is disgusting is fluctuating between different fields, or working in a field that is too large, or futility.

Maxim: Indecisiveness and the habit of seeing obstacles everywhere is a consequence of laziness (Solomon[522]).

Maxim: When you have no desire to work,[523] then the main work is to read a maxim and to think about the purpose, and spare time is the result.

Remark: The inhibition is maximal when a decision has to be made (a choice to be made) that concerns work.

---

[522] Solomon's sayings on laziness: 6,6; 6,9; 10,26; 13,4; 15,19; 18,9; 19,15; 19,24; 20,4; 21,25; 22,13; 24,30–32; 26,13–16; 31,27.

[523] For the numerous passages concerning desire and aversion in *Time Management (Max) I and II* and in the corresponding addenda, cf. the footnote to *Time Management (Max) I*, manuscript page 24, remark 1.

[92]
Remark: For making a neat copy of one's own paper: Occasionally, one needs to skip something completely, which in particular means not stating the theorem from which it follows.

Remark: Give the lecture in such a way that you examine the elementary, transparent and immediately evident deductive rules of the German language and then talk logically in German (Leśniewski). !For detailed elaboration in particular! Also when an unintended ambiguity is applied (pronouns).

Maxim: No further changes to the structure of the continuum paper[524] for the moment, but simply stylize the present version.

Remark: "Belief" means acting according to something.[525] To determine whether one believes something is to imagine a situation in which it matters. The strength of resistance against which one is acting in accordance with knowledge measures the strength of the belief.

x[526] Program:[527] Theory of ends and means (superordination, good and bad, ends and means), examples from personal life, ultimate ends.

Maxim: Formulate the purpose of every act in precise words (the means and their linkage).

Maxim: At work, it is sometimes favorable to postpone a decision (i.e. continue somehow provisionally afterwards). The decision then results from the further work.

Remark: Continuum, for free variables,[528] only the initial ones can be substituted (not the variables introduced by definition!).

---

524 Cf. the footnote to manuscript page 79.
525 There is a footnote mark at this point in the text but no footnote.
526 Written in red.
527 Underlined in black and in red.
528 Free variables are bound neither by a quantifier nor by set or function expressions, sums, etc.

[93]
Remark: Up to now, I have never adhered to a program purely externally. I

    1.) stay in bed longer in the morning, 2.) take a nap in the afternoon, 3.) spend an unreasonable amount of time telephoning and planning time management after lunch, 4.) spend a lot of time thinking about apparently important decisions: money and America, when to go to America, how to answer letters, should I wear a swastika?,[529] go to the university for a certificate of Aryan descent, should I vote, and how? Housing issues, tax and currency ordinance.

    That is, I spend too much time on practical matters and do not allow myself to "look the other way", even though reflecting does not help at all. Also, a lot of time is spent on mama, Adele, books, taking strolls, ... ↓

Remark: I do not have enough time for "general affairs". Falls under practical matters, but only the concrete present-day questions, for example wearing a swastika,[530] etc.?

---

telephoning, eating, toilet,[531] errands and matters classified as practical

---

x^{532} Program:[533] Thoroughly survey the time management of the last months once ↑. Likewise the consumption of money!

Remark:[534] The reason for non-adherence to the program (getting up too late, etc.) is that the rationality of the time management is not clear. And the poor use of time at work is due to the fact that the purpose is not formulated sufficiently clearly* and that there are uncertainties about the means (and improvement).

* And also not for the predictions.

---

529 Cf. also the following remark, as well as the mention on manuscript page 96 and Addendum II, 7, No 25.
530 Cf. the mention on this manuscript page.
531 Cf. *Time Management (Max) I*, manuscript page 5, item 1; manuscript page 59; and the explanation of the *sex res non naturales* in the introduction to this volume, according to which excrement belongs to this topic.
532 Written in red.
533 Underlined twice in black and once in red.
534 Curly bracket in the left margin that contains the lines of the remark.

[94]
<u>Maxim</u>: Consider as often as possible during the day: "What should I do, and what am I doing, and why am I doing this?". Maybe take notes on this with time specification.

<u>Remark</u>: What matters when it comes to initiating work is that attention is directed to something specific (namely the working notebook); the required association then proceeds automatically. It should work similarly for other activities.

<u>Remark</u>: Example for achieving inner effects through external effort: 1. autosuggestion through staring, 2. clairvoyance through crystals, 3. external religious acts (sacrament, sacrifice).

<u>Maxim</u>: One should associate certain situations that one notes frequently from experience directly with certain behavior patterns. For example: It is 2 o'clock, I should deal with mail and do not feel like it;[535] it is 8 o'clock, the radio is playing and I do not feel like getting up (likewise at 9 o'clock); I suddenly lose interest during work (I am getting cold), I sit down at the stove and stop working; in the morning, I start thinking about something interesting (theological, mathematical) that is not contained in the program; I lie down on the couch after eating and think about various things.

<u>Remark</u>: Especially practical matters should be dealt with purely automatically according to a mechanical scheme.

[95]
<u>Remark</u>: Time passes by surprisingly quickly, with both the small and the large.

<u>Remark</u>: One can consider every decision from two perspectives: 1. from the perspective of decency (legality, conscience), 2. from the perspective of personal advantage. Other perspectives can be subsumed under these. For example: Advantage from relatives or from a beloved person = personal advantage due to present love.

---

535 For the numerous passages concerning desire and aversion in *Time Management (Max) I and II* and the corresponding addenda, cf. the footnote to *Time Management (Max) I*, manuscript page 24, remark 1.

Question: May one lie in self-defense, as one may kill? (No!) No more than one may commit adultery in order to save someone else? Neither are permitted.

Question: How is it actually possible for one to do something and afterwards regret it, to hate oneself because one did it (but not because of any consequences of which one was not aware at the time), unless it was possible to know those consequences and one's not knowing them was one's own fault (one could have been so smart!).

Is there actually a different kind of remorse, one that is based on the fact that one has become "better"?

Maxim: Do not attempt to eschew very venial sin, for this is hubris.

Remark: Castigation is an immediate cure for weakness and leads to the conviction that evil has evil consequences.

Question: Is there a human being who acts decently for any reason other than his advantage in the widest sense?

[96]
Maxim: In objectively indifferent cases (which should be decided by lot), compromise is best (small swastikas[536]).

Maxim: Thinking at work without writing does not spare oneself anything, as the first attempt at writing it up will be poor anyway. Thus, write in any case with the expectation that you will have to rewrite it.

Remark: When preparing a lecture, it is first of all essential to pick some standard: 1. Knowledge of a basic lecture on set theory from the first and second semesters is presupposed. This comprises the terms: 'Ordinal', 'cardinal', their arithmetic, calculating with sets, axiom of choice,[537] well-ordering theorem. But the following are

---

536 Cf. the mention on manuscript page 93 and in Addendum II, 7, No. 25.
537 The axiom of choice by Ernst Zermelo postulates that every arbitrary set of non-empty sets possesses a choice function (which assigns to each of these non-empty sets an element of the same set without explaining how to construct it).

unknown: logical symbolism (Hilbert Ackermann[538]); *Principia Mathematica*;[539] Fraenkel, introduction[540] and Fraenkel, lectures.[541]

Maxim: For every activity (including small sections, for example *Enchiridion*;[542] *Principia Mathematica*) <u>consider the purpose</u> (the immediate goal) (conditions of its attainment) and possibly its position among the higher purposes. <u>Further, think about the approximate duration.</u>

[97]
Remark: Option for an elementary lecture topic. Most general systems that satisfy the laws of addition, multiplication, exponentiation. Purely logical, ordinal,[543] cardinal,[544] non-Archimedean fields,[545] skew fields,[546] Frobenius and the Kolmogorov theorems, connection with geometry.

Remark: Paper about continuum is yet another example where <u>very little</u> time was spent on the choice of method [I could just as well have stuck with the initial plan], and a proportionally very large amount of time was used for the implementation of a certain method (a method more or less dependent on the goal).

---

[538] David Hilbert's *Grundzüge der Theoretischen Logik* was published in Berlin in 1928. The book can be found in Gödel's private library.
[539] The *Principia Mathematica* by Alfred North Whitehead and Bertrand Russell was published between 1910 and 1913. It can be shown that Gödel returned volumes 2 and 3 on September 23, 1938. He owned a copy of the translation of the introduction to the *Principia Mathematica*. *Einführung in die mathematische Logik*, München/Berlin (Drei Masken Verlag) 1932.
[540] Fraenkel, *Einleitung in die Mengenlehre* appeared in 1919. Extended editions: 1923, 1928.
[541] Fraenkel, *Zehn Vorlesungen über die Grundlegung der Mengenlehre*, from 1927.
[542] The *Enchiridion symbolorum* is a handbook-like collection of the most important Roman Catholic confessions and ecclesiastical educational documents on matters of faith. Gödel mentions it in Addendum XIII, 1, and borrowed it on May 15, 1937, and July 26, 1939. There is also the *Enchiridion ad Laurentium sive de fide, spe, et caritate liber unus* by Augustine, a handbook on Christian piety written after 420, which Gödel borrowed on April 8, 1937, and the *Encheiridion* by Epiktet, which deals with principles for the conduct of life. Cf. also *Time Management (Max) I*, manuscript page 38, item II, and Addendum XIII, 1.
[543] An ordinal represents the position of an element in a sequence; it describes the order type of a well-ordered set.
[544] Cardinals represent the cardinality of sets, i.e. the number of elements of a set.
[545] Non-Archimedean fields are algebraic structures in which the Archimedean axiom fails, so that they can contain infinitely small elements or infinitely large ones, that is, larger than any natural number.
[546] A skew field is an algebraic structure.

<u>Maxim</u>: Always look at your watch and record the time prior to starting an activity, likewise after finishing.[547]

x[548] <u>Program</u>: 1. Decide benefit and orientation regarding local matters. What is to be expected?
II. 2. ~~What steps are to be taken concerning America and when? (here in Vienna) (dean, police, consul).~~
I. 3. ~~Should I stay there for an entire year or for half a year, or should I leave it open? Write to Menger[549] and Veblen,[550] 1. provisionally, 2. definitely.~~
II.' 4. ~~How to organize the preparations for America, and what to prepare in particular?~~
5. ~~Where and when to publish résumé[551] and paper?[552]~~
6. ~~[Adele marriage, how should I behave (e.g. Protestant, not at all)?]~~
7. ~~Fix a method for the independence proofs of the continuum[553] and for the definition of "absolute proof" and elaborate it.~~
8. Protestant marriage with Adele?[554]

[98]
<u>Remark</u>: There are two different classes of purposes:
Positive ones (in order to cause something),
negative ones (in order to prevent something).

<u>Remark</u>: "Arriving at a decision" always involves possibly doing something positive, and missing out on it would perhaps be a pity and the loss of a benefit.

---

547 The same procedure is applied when writing test records.
548 Written in red.
549 For the planning of the stay at Notre Dame, cf. the correspondence with Karl Menger, in: Kurt Gödel, *Collected Works*, vol. V, pp. 106–126.
550 For the planning of the stay in the U.S.A., cf. also the footnote to manuscript page 80 concerning the letter to Veblen.
551 Cf. the footnote to manuscript page 82 on goals, item 3.
552 Cf. the footnote to manuscript page 82 on goals, item 2.
553 Gödel worked for many years to obtain an independence proof for the continuum hypothesis. Ultimately, Paul J. Cohen succeeded in doing so in 1962. Before this, Gödel was able to show that neither the axiom of choice nor the continuum hypothesis contradicts the axioms of Zermelo-Fraenkel.
554 Adele Nimbursky, née Porkert, and Kurt Gödel were married at a registry office in Vienna on September 20, 1938. Two weeks later, Gödel travelled to Princeton alone for the third time.

Remark: There are two reasons for indecisiveness: 1. Ignorance of the consequences, 2. not knowing what is better.

Maxim: Before going to bed: <u>Read a newspaper</u>, entertainment program, playing, <u>account book and time log</u>, program for the next day.

Maxim: Get back to work between events away from home and work without a break. At events away from home, thinking is permitted; whether any actual work is done is doubtful.

Remark: 10./V. 1938 in the morning pleasant feeling (after coitus[555] (passive)), good razor blade, Adele is doing too well.

Remark: The category "miscellaneous" is bad as a definitive arrangement but very good as a provisional arrangement.

Remark: Reasons for non-adherence to the time management program (or for not arriving at one):
1. Physical interruptions [Adele enters the room, <u>visits</u> (for me or Adele), <u>social obligations</u>, (external interruptions) or something similar (telephone, unforeseen matters that need to be dealt with quickly, like letters, [99] bad air[556] in the room, illness (= any form of physical suffering or weakness).
2. Psychological
   <u>Is it reasonable to attempt to overcome all of this by force?</u>
   ?1. <u>Feeling more like</u>[557] <u>doing something else</u> (e.g. theology, or not interrupting something that was started, or idea in some science)
   ! 2. <u>Fatigue (idleness),</u> inhibition directly related to adherence to the program, general aversion.[558]
   [3. Taking on too much]; ! 3.1 not finishing due to working too slowly.

---

555 Cf. also *Time Management (Max) I and II*, manuscript pages 62, maxim 1; 134, remark 1; and Addendum IIIa, 1, item 5.
556 See the introduction to this volume. Concerning oneself with air quality is one of the rules of ancient dietetics.
557 For the numerous passages concerning desire and aversion in *Time Management (Max) I and II* and the corresponding addenda, cf. also the footnote to *Time Management (Max) I*, manuscript page 24, remark 1.
558 Cf. the footnote to item 1 on this manuscript page.

! 4. Anxiety, which means: There are seemingly important matters on which a decision needs to be made, but one lacks the necessary documents or no rational course of action has yet been identified (due to ignorance or indecisiveness), even though one may exist.
4.1 Facing a setback in work and having very little time available.
? 5. Excitement about some recent or expected experience or letter, etc. (invites thinking about something specific).

<u>Maxim</u>: When postulating a theory of theology, it is apparently a fruitful idea to begin by asking "is this heresy?" Therefore, not asking that question would be a sin.

<u>Remark</u>: For every subject, there are different levels of knowledge [e.g. in theology: one knows or does not know what synchronistic history[559] is]. The books of the various stories appear to be so complete (like the articles on various words in a dictionary) that they are self-contained with regard to "quotation"; likewise for vocabulary, claims, degrees of clarity. Three marked levels: <u>level of middle school, university and research</u>, [100] textbooks for middle school, university textbooks and lectures, treatises. Lexicon lies between middle school level and university level. Authors and readers adhere intentionally and artificially to the levels.

x^{560} <u>Program</u>:[561] Think about budget.

<u>Remark</u>: One should protect physical health on a daily basis by imagining an illness (namely some suffering [pain, cough, shortness of breath, nausea, itching, runny nose, urge to defecate and urinate, impaired general condition (= unrest), paralysis, ...]

<u>Maxim</u>: The essential point in preparation is now transforming everything as with the proof of definition by induction,[562] which means abbreviation and still precise and inferences as far away as possible from logical calculus (or as in the proof $0_\ell = 0$, or transitivity of the $\in$-relation in the *definition* of $\mathcal{O}$).

559 Cf. the footnote to item 3 on manuscript page 87.
560 Written in red.
561 Underlined in black and red.
562 In doing so, it is to be proven that the inductive characterization specifies exactly one set, which satisfies it.

Remark: The tedium of life dissipates when reading the [notes on] time management.

Remark: General characteristics of human nature: One appreciates something only if something even worse has been experienced before (this is the same with working conditions, when for example an illness occurs).

Remark:[563] What comes into question as a topic for lectures (and exercises) for 1938/39,[564] 1939/40?[565]
1. Elementary lecture (differential calculus, analytical geometry).
2. Advanced lecture, but general (theory of functions, differential equations and integral equations, <u>calculus of variations, probability calculus</u>). [101]
3. Special lecture, maybe seminar.[566]
a.) Logic (foundations of arithmetic, foundations of set theory) and philosophy.
b.) General set theory.
c.) <u>Measure theory</u>[567] and theory of integration.
d.) Borel sets[568] and similar topics.
[e.) <u>Foundations of geometry.</u>]

---

563   This remark is related to Gödel's considerations on job hunting. As we read in an entry in Carnap's diary from August 28, 1937: "Gödel [...] hat letztes Semester Vorlesungen gehalten. Überlegt Chancen als Mathematiker in Deutschland oder Amerika; schwierig, weil hauptsächlich Grundlagenfragen; oder Philosophie." [Gödel [...] gave lectures last semester. He is considering being a mathematician in Germany or in America; difficult, because he is mainly working in foundational research; or philosophy.] Transcription by Brigitta Arden and Brigitte Parakenings.
564   In the fall semester of 1938, Gödel gave a talk at Princeton on his results in set theory. In the spring of 1939, he lectured at Notre Dame and gave talks.
565   Gödel did not teach in 1939/1940. He emigrated with Adele to the U.S.A. in January 1940, arriving in March.
566   The dash before 'seminar' is a piece of an eraser and should thus not be read as '1'.
567   Cf. the footnote to manuscript page 87, item 11.
568   Cf. the footnote to manuscript page 55, item 1 in *Time Management (Max) I*.

1. American Institute 3 a, c, d[569]
2. American university, mathematics (Notre Dame, Princeton) 1, 2
3. American university, philosophy 3a <u>For this, an opinion is required or knowledge of the literature</u>
4. German university small 1, 2
5. German university big 1, 2, 3 b, c, d
6. Germany Münster 3a

x[570] <u>Program</u>:[571] Look through the literature of the fields mentioned above and take notes, so that it is possible at any time to compile a lecture with exercises from many books. Exercise problems.[572]

<u>Remark</u>: The essential point is to do at least something every day (reduction in working hours and postponement is more tolerable than doing nothing).

<u>Remark</u>: For every axiomatic theory (set theory, geometry), there are two positions:
1. The $\in$-relation[573] is the real one, and the axioms are evident truths. [102]
2. It is any relation with these properties.

Differences:
1. Every defined concept contains one extra variable (one or several extra places).
2. Every theorem contains the axioms as its assumptions (or the concept "geometry", "set theory").
3. Relativization of the concepts does not have to be expressly defined,
4. and relativized theorems need not be expressly proven.

---

569 The digits refer to the abovementioned subject matters, which Gödel could teach.
570 Written in red.
571 Underlined twice, once in black and once in red.
572 Cf. the footnote to manuscript page 86 on the collections of mathematical problems in Gödel's private library.
573 The so-called element relation is from Peano. ε is a mathematical symbol used to denote that an object is an element of a set. The symbol ε (abbreviation for 'esti' in Greek) means 'is' or 'is an element of'. Its widespread use comes from the work of Ernst Zermelo and the *Principia Mathematica* by Whitehead and Russell.

Concerning set theory, I have a preference for the first kind, as I "believe" in set theory.

Remark: My indecisiveness (lack of plan, waste of time) is also due to my not knowing how I would behave in a certain situation or if I knew different things (everything).

Remark: Why is it that, for example, Brentano's *Wahrheit und Evidenz*[574] seems so unappealing? Because it strings together sentences containing concepts that are very much in need of an explanation without giving this explanation. It would be essential to specify the concepts by
1. *genus proximum*,[575]
2. attempts at explicit definition in words,
3. examples (what falls under it, what does not),
[4. the simplest relations between these concepts].

Remark: Philosophically, it would be very fruitful to take up any such book [Sigwart, Wittgenstein, Brentano, Schlick], note the words appearing in it in alphabetical order and figure out their meaning (definition) and mutual relations.

[103]
Remark: Reasons for acting irrationally:
1.) not wanting to take on a momentary inconvenience (disadvantage),
1.1) not wanting to take on a momentary danger (of a greater inconvenience).
2.) Fear of doing something that leads (might lead to) any essential change,
2.1.) fear of making a definite (irreversible) decision.
3.) Advice from other people.

Essential requirement:
All of this works only if one is ignorant (does not know for sure what is rational).

---

574 Gödel borrowed Brentano's *Wahrheit und Evidenz* on November 16, 1937.
575 Aristotelian rule, according to which a definition has to be made by specifying the next higher genus. Cf. manuscript page 72, remark 1.

Remark: One of the reasons for rejecting God's grace is pride (the will to become something by oneself), to do everything by oneself.

Maxim: Reflect every evening, while writing down the time management schedule, on the question of whether: 1. the program was adhered to, 2. the time was spent rationally, 2'. what the day's accomplishments were.

Maxim for lecture: Formulate the theorems in such a way that, in the case of a descriptive function, only such variables are introduced [or $A(x) \supset \ldots A(x)$ &. precedes], for which the expressions are meaningful for any choice.

Remark: Oddly enough, one sees more clearly when one recognizes that one does not really know anything, and decisions become easier when one recognizes that this is not so important (nothing depends on it). When one aims high one achieves little, and vice versa, when one aims low one achieves a lot.

[104]
Remark:

The inhibitions against praying are:

1. Fear of not doing it right (in particular, that it becomes hypocrisy before oneself),
2. because of the humiliation of one's own pride that it involves (one is ashamed of oneself).

ad 1.: It is a main cause:

→ a.) when one does not desire or does not desire strongly what one is praying for or identifies better natural means of achieving it,

→ b.) when one believes one is entitled to it or does not believe that one is not entitled to it,

a and d are the most important ones

c.) when one does not believe or only very weakly believes in God (or believes that God is not good but evil),

b is an inhibition due to pride

→ d.) when one does not believe in the effectiveness of prayer.

Remark: The factors that explain reluctance to become Catholic are the same and include in addition:
1. external inconvenience (abstaining from various things and being obliged to do various things),
2. making a fool of oneself in front of others (as they do not believe and one does not believe strongly enough). But in particular because one does not believe in the <u>rationality of the external *ceremony*</u>, which is particularly connected to the impression of irrationality (ridiculousness) in front of others.
3. Further also the concept of sin, repentance and in particular the kind of "sin" and confession following moral cowardice, unmanliness, self-deception, impurity, taking revenge.

Remark: It would perhaps be good for me if someone else, who I viewed as authoritative, were to rid me of my belief in my good features (rid me of my megalomania).

[105]
<u>Maxim</u> for <u>lecture</u>:
1.) Only formulate what is essential (leave out the obvious as it is confusing).
2.) Method of successive approximation[576] for (definition, theorem, proof).

Remark: A mathematical treatise consists of:
0. Title (summary or description),
1. definitions,
2. symbolic conventions,
3. theorems (methods are a special kind of theorem, namely effective theorems); transition to example: convergence criteria,[577]
4. proofs.

The difficulties that arise are:
1. Resolutions of questions,
2. finding things of a certain kind:* Definitions, theorems, proofs, descriptions that satisfy certain conditions (always determinable?).

* This means constructing.

---

576 In mathematics, successive approximation is an iterative procedure for approaching better and better concepts.
577 In calculus, a convergence criterion is used to prove the convergence of a series or a sequence.

Mastering a treatise means:
1. knowing the definitions of all concepts that occur in it,
2. being able to answer all minor questions for all theorems,
3. knowing the proofs of the theorems,
4. being able to apply the method (and being able to apply it quickly).

Main point: 5.) <u>knowing all solutions to problems that follow easily from the methods and theorems of the paper (and being able to find them quickly)</u>.

Question: What does "follow easily" mean in the preceding remark 5.)?

[106]
<u>Maxim</u>: When one does not reach a decision (or makes no progress with something) even though the decision is essential, one should reserve a certain amount of time for this topic every day and not worry about it further.

<u>Maxim</u>: Always postpone that on which one is not making any progress or that which one has no desire[578] to work on or cannot decide to work on, and work on those matters for which this does not hold (possibly after reserving a limited amount of time for the former).

<u>Maxim lecture</u>: Formulate the purpose of every point (definition, theorem, proof step, symbolic convention) explicitly.

<u>Remark</u>: Characteristic question for the <u>lecture</u>: Should Schröder-Bernstein[579] be proven explicitly?

<u>Maxim</u>: Try out audio loops[580] by only grinding one side.

<u>Remark</u>: Being yelled at seems to help with indecisiveness.

---

578   For the numerous passages on desire and aversion in *Time Management (Max) I and II* and the corresponding addenda, cf. the footnote to *Time Management (Max) I*, manuscript page 24, remark 1.
579   Schröder-Bernstein theorem. A theorem stating a condition under which two sets have the same cardinality.
580   Gödel probably meant cymbals.

Maxim: Pay attention to who is first to raise their voice in quarrels between me and Adele.

Maxim: If several decisions need to be reached, it is easier to make one decision when another has already been made; hence, for every single one, imagine that the others have already been made.

Maxim:[581] In general, for every matter, pretend (imagine) that the others have already been dealt with (that they no longer concern me), as if everything will be done when this one matter is dealt with (this is concentration, conceptuality).
   Means of achieving this: Take only a short time to decide and think "What of it when it is wrong?!". (For this an alarm clock is required.)

[107]
Remark: Inhibition at work immediately concerns work (i.e. consists in the urge to lie down, or take a stroll, or read something I am interested in). This means that work is a grind.

Remark: Weather forecast.

Maxim: Teach Adele orthography by means of the old correspondences.[582]

Remark: The secret to giving a good lecture may partly consist in focusing attention not on the topic but on the words.

Maxim: Only first-rate sins.[583]

Remark: When giving a lecture: It is less important to say explicitly that which should be made clear than to say something on the basis of which that which should be made clear becomes clear. When this happens, one can continue as if one had said it explicitly.

Maxim: The essential point about mail is that something is considered every day (if only for half an hour).

---

581 Framed multiple times by bold lines from above, left and below.
582 No letters between Kurt and Adele Gödel have been preserved.
583 It actually says 'Sanden' [the German word for 'sins' is 'Sünden'].

x[584] Program: Write down the idea for the independence proof and the partial results.[585] Concept "absolute proof".

Maxim: When thoughts become confused during work, talk about something connected to the work (to yourself).

Remark: The reason for reluctance to work[586] is frequently that one has lost track of what one has done and has lost sight of [108] the purpose and the program.

Maxim: Verbal formulation is the last thing to do when writing a paper. First, the following has to be decided:
1. Which theorems and definitions, and in what order, and which terminology, symbols and abbreviations?
2. Which proofs, and how to elaborate them?

x[587] ~~Program:[588] First, lecture Princeton[589] roughly (then maybe Notre Dame[590] precisely). Follows from general principles of the overview.~~

Maxim: When no desire at all at work or no overall view of one's work, simply work away somehow.

Maxim: When there are several possible ways to write a paper (give a lecture), one should work both out roughly before elaborating one carefully.

xx[591] Program:[592] Enter result foundations every once in a while.

---

584 Written in red.
585 Cf. manuscript page 97, item 7.
586 For the numerous passages concerning pleasure and reluctance in *Time Management (Max) I and II* and the corresponding addenda, cf. the footnote to *Time Management (Max) I*, manuscript page 24, remark 1.
587 Written in red.
588 Underlined twice, once in black and once in red.
589 Cf. also the corresponding footnote at the top of manuscript page 79.
590 Cf. also the corresponding footnote at the top of manuscript page 79.
591 One 'x' is written in black, the other in red.
592 Underlined twice, once in black and once in red. "Resultate Grundlagen" ["results foundations"] is the name of four notebooks in the Gödel papers. Cf. manuscript page 115, program, footnote.

Maxim: Go to the coffee house occasionally and read the newspapers. That is a real distraction.[593]

Maxims: 1. One should not start anything before one has really decided to do it.
2. One should always only take up little things (also in science). For example: Read this or that treatise, read this or that part of a book, read some samples from something to determine something. And then actually do it (do it properly). [109]
3. Only take up little things and then act as if one had all the time in the world to get them done.

Maxim: Strictly adhere to the timetable (actually use the whole time for preparing lectures, papers, etc.), but in regard to this do not hurry at all within the time span, but assume that you have all the time in the world (not vice versa).

Maxim: Do not think about the same thing for hours after having had an idea, but move on to another field.

Remark: Unanswered letters and broken promises spoil a good mood, as do unfulfilled obligations and broken intentions.

Maxim: Start by imagining the purpose of an activity as vividly as possible (this also entails formulating it precisely).

Remark: Which activities are permissible as forms of "recovery"? 1. Sleep, ?2. reflecting on one's own life, past (single events), 3. cinema, theater, cabaret, ?4. conversation with other people, 5. coffee house (newspapers), 6. reading fiction (including foreign language literature), 7. very easy mathematical problems (middle school, brain twister, waiting games).

Not permissible are: 1. Reflecting on scientific problems (mathematics, logic, philosophy, theology), 2. reflection on the organization of my future life, 3. answering letters, 4. reading the Bible.

---

593 Distraction belongs to mental hygiene; for explicit mention of the notion of 'distraction' in *Time Management (Max) I and II*, cf. the comprehensive explanation of the list on the inside cover of *Time Management (Max) I* provided at the beginning of this volume.

[110]

<u>Maxim</u>: One should set up a recovery program together with the working program, no matter what the success of the working program.

<u>Maxim</u>: The time for recovery is to be adhered to, no matter what the success of the working time (even when something that should have been finished at a certain time is not finished). It is only required that the time management be adhered to.

[After work, one is entitled to relax.]

Time for recovery: Every day after five o'clock, on Sundays, four weeks per year vacation.

When the working time has been adhered to, then: 1.) objectively: you are entitled to it, 2.) subjectively: you believe yourself to be entitled to it, and therefore you will enjoy relaxing.

<u>Maxim</u>: There is no point in reading the Bible and attempting to understand its secret meaning (allegorical meaning[594]) without a commentary.

<u>Remark</u>: It may be a sign of exhaustion and of needing rest when the program is not adhered to.

<u>Maxim</u>: Always have several rubbers and pencils ready to hand.

---

594 Reference to allegorical or fourfold biblical interpretation: literal interpretation, allegorical interpretation, moral interpretation or level of meaning, apocalyptic-eschatological interpretation (also known as anagogical meaning).

[111]

x⁵⁹⁵ Program:

1. ~~Letters Menger,⁵⁹⁶ Veblen⁵⁹⁷~~ (lecture topic).
2. What to read in America?
3. ~~Approximate content of lecture.~~
4. ~~Preparation of the lectures and talks.~~
5. Paper and résumé, writing in general, and how to write, and where and when to publish.
6. ~~Accomplishment 4–5.~~

Before leaving:⁵⁹⁸
1. ~~Put books in order, return and pick up and prepare for returning (give Adele instructions), rewrite titles of the notebooks and give some to both.~~
2. ~~Take along some for studying in Brno (offprints, books, notebooks and !letters⁵⁹⁹ Menger, Veblen!~~
3. ~~Write to Mama.⁶⁰⁰~~
4. ~~Train schedule to Brno.~~

[112]

Maxim: Following the foundational literature, supplementing the proofs, etc., would proceed more rapidly and more thoroughly if I had the prospect of securing a position in this field, that is, if I were confronted with the task of informing someone about this area and motivating him to work in it.

Remark: Finding a proof becomes much easier when one assumes that one already has a proof and only wants to find out how it could be (example: $2m = 2n \supset m = n$); anyway, the general mathematical method for finding an object (deduce properties until uniquely determined, applicable for proofs without the axiom of choice).

---

595 Written in red.
596 For the planning of the stay at Notre Dame, cf. the correspondence with Karl Menger in Kurt Gödel, *Collected Works*, vol. V, pp. 106–126.
597 For the planning of the stay in the U.S.A., cf. also the footnote to manuscript page 80 on the letter to Veblen.
598 This would seem to be a reference not to his trip to America but to a trip to Brno.
599 Cf. the remark above.
600 Gödel's letters to his mother were only preserved from September 1945 onwards.

Remark: The difficulties with lectures are threefold:
1. Mastering the topic and knowing how and what should be done.
2. Difficulty of expression, not losing the thread, etc.
3. Issues with stage fright and lack of contact.
The relation $\frac{1+2}{3}$ could be determined by general guesswork at home with a blackboard, etc. (probably very large).

Remark: I have a tendency to regard defined symbols not as belonging to the calculus, but as an (imperfect) means of avoiding long formulas (hence similar to the use of the German language).

[113]
Remark: It may be that none of your previous deeds are attributable to you, as you did not really decide to do any of them. The loss of the *liber arbitrium*[601] may consist precisely in our only being put in situations in which one makes no decision on one's own and in which the devil decides in our place. As long as this holds, every sin is only a sin of omission. The sin of weakness may just consist in no real decision's being made (hence sin of omission).

Maxim: Take things as they come. Do not reflect on how to do something before it becomes necessary (first do those things for which it is clear what must be done, and disregard the rest). Then, until it becomes necessary, new events (knowledge) may have occurred that simplify the decision (determine it uniquely).

Maxim: No errands on Saturdays. When errands need to be run, leave at 10 o'clock at the latest.

Maxim: Productive idea when organizing any course of study: I have a private library available or the financial means of securing one.

Remark: To master a field of mathematics, one has to memorize above all as many facts as possible (as in a field of history).

---

601 Philosophical term for 'free will'.

[114]

Remark: Good example of something that violates the maxim "either do it properly or not at all": expressing the class existence theorem without previously introducing the concept of a propositional function and the concept of the truth of a propositional function when substituting arguments, etc. In this case, one does something that one cannot really do, namely one says something without having introduced all of these concepts.

Remark: For the clarity of concepts, it is first of all necessary to know what one is talking about. That is, the concepts and objects that appear in the theorems need to be clear.

Remark: One needs to distinguish: Expressions that have the same meaning (e.g. altered naming of variables or introduction of abbreviations) and expressions that are built up in the same way (that are the same expression) from indistinguishable expressions, starting from the unclarity when one is using abbreviations. One has a tendency to "identify" expressions with the same meaning.

Remark: Example of something that is nonsense: $(\forall x)[x \in a \equiv \phi]$. Mixing up the sign and the signified.

Maxim: Take a stroll during the day.

Remark: Subsuming certain objects under previously defined general concepts is pleasurable;[602] thus, stick to this order whenever possible.

---

[602] The German word for 'pleasurable' is '*lustbetont*', which has 'desire' (*Lust*) as a constituent. For the numerous passages concerning desire and aversion and the corresponding addenda, cf. the footnote to *Time Management (Max) I*, manuscript page 24, remark 1.

[115]
Program:
1. Think about what you have done poorly in your life[603] and what is really up to you.
2. Write up preliminary results, foundations.[604]

Maxim: Better to leave three windows open than to permit draught.

Program:[605] Create notebooks with sentences to be memorized (e.g. $\aleph_0 \in \text{NCMult} \supset (-\text{ind} \subset \text{refl}))$[606] and definitions that need to be memorized, and read them often.

Maxim: The purpose of learning is knowledge[607] (not the "Aha"), all the more so when the ultimate purpose is to earn money. But also in other cases, knowledge is something good, similar to owning a house or a garden in which to stroll.[608] Therefore, occasionally review the knowledge in some field.

Remark: Strange: A state in which everything goes as I want it – time, money, library, no forced labor – is undesirable to me. It seems to me that I would still not be happy, as the bulk of material to be mastered is too big, [so that] I do not know what to do first and I would still be forced to make decisions [i.e. because of mental illness].

Furthermore, there is also fear of tedium. But the whole thing is a deception. [116] On the other hand, a state resembling the intellectual realm might even be more beautiful than the dreamt-of state if the indecisiveness would be completely remedied.

603 Cf. manuscript page 80, program.
604 Kurt Gödel's *Nachlass* (C0282) (box 6c, series III, folder 83–86, initial document number 030116–030119) contains four notebooks entitled "Resultate Grundlagen" ["results foundations"], along with an index for these notebooks (box 6c, series III, folder 82, initial document number 030115). Notebooks I–IV are continuously paginated from page 1 to page 368.
605 Underlined twice, once in black and once in red.
606 Parenthesis before "–ind" and after the closing parenthesis are inserted by the editor.
607 Cf. *Time Management (Max) II*, manuscript page 139, remark 3, and Addenda IIIb, 1v, item 8, and IIIb, 3v, item 31.
608 Epicurean motive.

Reasons for indecisiveness:
1. Not seeing the consequences (in particular no vivid imagination of the experiences).
2. Equally so for a and $\neg a$, be it good or evil, be it mixed.

The more weight 1. carries, the less accurate the equation $a = \neg a$ needs to be. Permanent situation in the case of Balaam's donkey.[609]

But I am not even convinced that my current situation is bad and another is desirable.

Remark Theology: Seemingly a contradiction: God will bless me with the ability to be something by myself [i.e. the merits of Christ will be my merits].

Remark: With a simple remark, I made Adele stop accusing me of not eating on purpose. Might it be possible to make her give up something in this way in other cases? Namely: Spending money, her crying?

Remark: The only way to produce evidence (i.e. to prove) is to formulate sentences and definitions in a certain order and to refer in each sentence to certain others.

[117]
Remark: What I do at a particular time for which I tell myself, "it may be nonsense, what I am doing, but it is worth trying, e.g., for three weeks".

Remark: Some mysterious power inside of me wants everything to be as difficult as possible for me (no mercy). Does this come from me or from elsewhere? Is it evil or good?

Maxim: Always reserving time (one hour or at least half an hour per day) for time management* is urgently necessary for the following reasons:

* Not a general maxim, but particular organization of the coming days.

609 Gödel mentions Balaam's donkey in several places. In the biblical story of Balaam (Fourth Book of Moses, numbers 22–24), Balaam is called on by King Balak of Moab to curse the Israelites. When he rides his ass to Balak, the angel of God stands in his way three times, bearing a sword, but it is only the ass that sees him, as Balaam does not recognize the angel. The ass refuses to continue three times, and three times Balaam whips it, before God allows it to speak and to ask for the grounds of its punishment.

1. In order not to forget decisions once made a long time ago.
2. So that, when they cannot be carried out for whatever reason (unforeseen), a rational modification can be made.
3. So that a real decision (with making the reasons conscious) about the schedule for the coming days can be made (particularly important for me!).

<u>Maxim</u>: Crucial to (maybe sufficient for) giving a good lecture is the perfect mastery of the content.** This leads in particular to knowledge of which proofs, definitions, lemmata are reasonable, and it yields a "tectonic" of the area, [118] that is, a transparent structure (order and motivation and connections between the theorems).

** In particular, one must know the proofs perfectly precisely, going back to the axioms.

<u>Maxim</u>: Preparing a lecture (precisely) consists in formulating the content (not necessarily the precise form) of the theorems to be stated. Maybe for this: what and when to write or point out.

<u>Remark</u>: The insight that aversion[610] belongs to the essence of work and is necessary for its purpose (success) might make work easier.

<u>Program</u>:[611] Reflect on experiences during work.

Maxims:
1. There should always be a sufficient number of books at home so that, in case of reluctance to work, one can always be found to expel the bad mood.
2. Other ways to fight the state in which one does not feel like doing anything:
   A.) Tidying up,
   B.) start with any recent success,
   C.) attend to one's duty (if there is one),
   D.) start something without feeling like doing it (but <u>focus entirely on it</u>).

---

610 For the numerous passages concerning desire and aversion in *Time Management (Max) I and II* and the corresponding addenda, cf. the footnote to *Time Management (Max) I*, manuscript page 24, remark 1.
611 Underlined in red.

[119]
Program:⁶¹² Reflect on fundamental concepts of psychology, possibly on the basis of Brentano's *Psychologie vom empirischen Standpunkte*.⁶¹³

Remark: The biggest obstacle to preparing properly (in particular lectures, but also reading papers, etc.) is not being convinced of the rationality of a part of it with respect to its existence and essence. !In particular existence! This means indecisiveness.
Examples:
1. How should I formulate the axioms of set theory⁶¹⁴ [determine $A \times B$ uniquely or not]?
2. Which axiomatic system⁶¹⁵ should I take as a basis? (v. Neumann,⁶¹⁶ Bernays⁶¹⁷?)
3. Should I assume the axiom of foundation⁶¹⁸ or not?
4. Should I prove the consistency of the continuum hypothesis⁶¹⁹ with or without the ordering axiom?
5. Should I emphasize the generalized class existence theorem in the lecture and prove it precisely?

Remark: Everything that is only partially (halfway) done makes no sense ipso facto.* This does not mean that everything must be done up to the smallest detail. It suffices that something (that can be characterized in words) is done completely.

* There, it only appears that something is done, while in reality, nothing is done (like a half-spoken sentence).

---

612 Underlined in red.
613 Brentano, *Psychologie vom empirischen Standpunkte* is from 1874.
614 In *The Consistency of the Axiom of Choice and of the Generalized Continuum Hypothesis with the Axioms of Set Theory* from 1940, Gödel simplified the axiomatization of set theory by von Neumann and Bernays.
615 Gödel could have resorted to the axiomatization of set theory by Ernst Zermelo and Abraham Fraenkel (ZF) but decided in favor of the corresponding papers by John von Neumann and Paul Bernays.
616 John von Neumann presented an axiomatization in 1925/1927, which was still hard to read.
617 From 1937 on, Paul Bernays transferred von Neumann's axiomatization to an axiomatic system using classes and sets. This approach was then further simplified by Gödel and published in 1940 in his work on the continuum hypothesis.
618 In the axiomatic set theory of Zermelo-Fraenkel without the axiom of choice (ZF) and in Neumann-Bernays-Gödel set theory (NBG), the axiom of foundation ensures that no set can contain itself, so that Russell's paradox cannot occur.
619 Cf. footnote to remark 2 on manuscript page 61 in *Time Management (Max) I*.

Remark: The most important point in a lecture is to know what can be omitted from a formal presentation of the proofs. Secondly, what needs to be stated twice.

[120]
Remark: It is important for distraction to be somehow affectively involved in it[620] [Example: the necessity of deciding in favor of a boat trip actually has a relaxing effect].

Remark: The essential difference between the materialistic (scientific) and religious (philosophical) worldview is the former's attempt to present the whole world as a necessary consequence of almost nothing.* Objections to this:

1. Almost nothing is not nothing. 2. Is this even possible? 3. If it is, then the fact that it is possible is so substantial that an explanation is needed all the more.

On a religious worldview, the world is derived from something infinitely more complicated, comprehensive (the exact contrary).

Remark: Knowledge can be dead or living. Difference: The latter has an effect on emotions and acts, the former does not. Living knowledge has this effect even when the dead knowledge is opposed to it and is what one actually believes (similar to the example of the broken stick[621]).

Remark: Making decisions is <u>exactly</u> like any other kind of work.
1.) One can achieve more over several days and with more time and by thinking about it steadily.
2.) There is no point in thinking about the same thing non-stop.
[121]
3.) It is better to work with records and with paper and pencil than without.
4.) Do not adhere slavishly to the immediate goal, but digress (scope of possibilities).

* That is, very little and very simple.

---

620 Cf. Addendum IIIa, item 12. For explicit mention of the term 'distraction' in *Time Management (Max) I and II*, cf. the comprehensive explanation of the list on the inside cover of *Time Management (Max) I* provided at the beginning of this volume.
621 A stick that is partially immersed in water at an acute angle still appears to be bent even when one knows that it is not.

Remark: What makes a lecture beautiful is its system, that is, one thing's being motivated by the other, the completeness, the plan in toto, that is, the structural regularity [this is the same as the structure of history in the Bible, which is in general compared with seasons, ages, or the Augustinian commentary on the Book of Genesis[622] (or Thomas Aquinas)]. The same striving, applied to elementary subjects, also seems to be valuable heuristically.

Remark: Purpose of lectures and writing papers?

Remark: Be sure to think by all means about time management from time to time in order not to lose sight of the goals and to reinforce the conviction that my behavior is right, and in order not to lose track of what has already been done and what still needs to be done.

[122]
Remark: When talking quickly in a lecture, the motivation must not be that there is no time but that the subject appears to be trivial.

Maxim: Commit to turning off the light and going to bed at a certain time.

Maxim: Many bad decisions are due to regarding something as already having been decided [although it has actually not been decided at all] because one has committed oneself to it in some provisional (non-binding) way (promised it).
    This implies: Entering into as few provisional commitments as possible, and, when you do, making them subject to the provision of not having to be adhered to.* By contrast, adhere to the real obligations very strictly. *And even without this provision, only adhere to them when it is good.

Remark: 13./IX. 1938 I am actually becoming unable to act: My decisions on important matters depend entirely on what others recommend to me (want). The moment I deviate from this, I feel like

---

622 *De Genesi ad litteram* by Augustine is regarded as the most complete of his three commentaries on Genesis.

a child who has been led and who is suddenly standing alone in unknown territory. I feel disgust and an inhibition against considering even purely theoretically for myself what the more rational thing to do would be and, furthermore, a strong tendency to obey (all of this in more important matters). The (partial) reason for this is that I have no firm beliefs. The other is that I do not know myself (do not know what I want). This means that I behave like an obedient child. An adult will also obey under certain circumstances, but [123] only on the basis of a conviction that shows this behavior to be rational (and could possibly also lead to the contrary), not as an ultimate explanation of acting or believing. The reasoning behind my obedience might roughly be: As I myself do not believe anything, I will leave my decisions to those who believe something.

Question: Why does the word "fear" not appear in the entire preceding remark?

Remark: For understanding mathematical proofs, it is very important to know why it cannot be done in a simpler way!

Remark: In lectures, it is very important to draw attention to the difficulties in a proof (i.e. to show that it need not necessarily be so).

Remark: Ways to come into contact with people:
1. strong exhaustion, 2. say something stupid (in general, do not pretend to be anything that you are not), 3. milkshake[623] (fill your stomach).

Maxim: The main thing in reading and further study is exactness. Better to read a small part of the paper precisely than to inaccurately read the whole thing, as the whole thing often arises out of the small part.

Maxim (Mathematics): It is essential for exactness that the singular cases are clear[624] (cf. the preceding remark!).

---

623 'Milkshake' in the manuscript in English. Cf. manuscript page 143, remark 1 and Addendum IIIa, 2, item 20.
624 Cf. Addendum IIIb, 1v, item 10.

Maxim: Prior to any act, reflect at least briefly on whether it is rational.

[124]
Maxim: If a telegram is too hard for you, first write a letter and then extract the most important parts.

Maxims: 1. The aim of giving a half-decent lecture is still not modest enough.[625] You merely need to aim to give a lecture that you know will be poor beforehand, although you will try to make it as good as possible.

2. Only consider what is important for existence and set vanity aside.

Maxim: One should introduce new concepts and symbols with restraint and should choose the few one does introduce all the more carefully, adhering to them all the more firmly.

Maxim: Before a decision is made (when a quick one is required), things need to be resolved calmly and completely (listen, reflect). Example: Menu in New York. Comparison: systematic search.

x^{626} To do: 1. Reply to letters, 4. Pay Streck and send Adele some money,
2. finish lecture, 5. library,
3. talk Club,[627] 6. Correct shorthand.

[125]
Maxim: The reason why I am so precise about trivialities in the lecture about continuum and rather less precise with higher types, principles, and the analytic sets is that I do not know the more complicated matters precisely and in any case feel uncomfortable talking about them.

---

625 For the question of modesty in mathematics and teaching mathematics, cf. *Time Management (Max) I and II*, manuscript pages 53, remark 2; 67, remark 2; 70, item 6; 89, remarks 1 and 2; 124, maxim 2; and Addenda II, 11, item 30; IIIb, 1v, item 3'1; IIIb, 2v, item B16.
626 Written in red.
627 The first of several talks on the continuum hypothesis that Gödel gave at Princeton in the fall of 1938 was presented to the Princeton Mathematics Club.

Maxim: In order to make mathematical progress on a subject, it is good to prepare a good and clear talk about the results obtained so far!

Maxim: And don't be afraid to give several different proofs for a theorem.

Maxim: To see how a proof should be carried out reasonably, one has to go through it oneself in all the details.

Maxims for talks:
1. Write everything on the blackboard and then just read it.
2. Prove everything while introducing as few symbols as possible.
3. Do not take on too much so that it exceeds the time.
4. Make the necessary cuts by entirely leaving out certain things but not by doing them halfway.
5. Preparation has to be started early enough.

[126]
Program:[628] Maxims should be sorted alphabetically by their subject.

Maxim: Decline all parties outright (maybe let a doctor attest that parties are harmful).

Maxim: It may be good to come up with a time management schedule for each day, for example:
Today nothing but Stone's results on the calculus of classes,[629] as this is the most likely way to focus (not to think about anything else) and creates the illusion that one has as much time as one wants.

Maxim: It is better to take short, frequent breaks from work than to take longer breaks infrequently.

---

628 Underlined four times in the manuscript: twice in black and twice in red.
629 This could refer to several works by Marshall Harvey Stone, such as: "Boolean Algebras and their Applications to Topology" from 1934; "Subsumption of Boolean Algebras under the Theory of Rings" from 1935; "The Theory of Representations for Boolean Algebras" from 1936; "Applications of the Theory of Boolean Rings to General Topology" from 1937; most likely it is the one from 1936.

Maxim: Maybe reflect every day, or at least occasionally, on what you have done wrong (bad conscience, soul-searching).

Maxim: Work less but more intensively and more frequently.

Maxim: Before uttering a sentence in a lecture, consider what you want to say (do not just start speaking).

[127]
Remark: Getting something done (actually getting it done, e.g. correction, lecture, etc.) has a tremendously good influence on my psyche. Increases decisiveness, makes me implement earlier decisions, etc.

Remark: In case of non-implementation of decisions, an admonition from someone else or from oneself may be effective.

Remark: Much time is lost by not implementing decisions due to obstacles (e.g. did not visit F. Ward,[630] did not borrow books, etc.).

x[631] Program:[632] Think about how to relax (do nothing) without sleeping.

Remark: Good sleep is the most important thing in life. For this purpose:
1. Right temperature (not too cold and not too warm) and good air,
2. Quiet (street noise interferes, even if one is "used" to it).

x[633] To do: 1. Paper for *Annals*[634]
2. ~~Chicago, German consulate, ticket!~~
3. talk to a priest

---

630 This could refer to Harry Frederick Ward Jr., who was a professor of ethics at the Union Theological Seminary in New York from 1918 to 1941.
631 Written in red.
632 Underlined four times in the manuscript: three times in black and once in red.
633 Written in red.
634 This refers to Gödel's lectures on the continuum hypothesis, which were published in 1940 in the series *Annals of Mathematics Studies* or else, on von Neumanns's request that Gödel write a contribution for *The Annals of Mathematics*.

4. ~~present for Adele and mama~~
5. ~~relocate to university~~ [128]
6. ~~prepare lectures Notre Dame~~[635]
7. ~~calculation Princeton, shorthand~~
8. Visit the local library once and look up certain things (see notes), maybe in particular patrologies,[636] Bible commentary, ...
? 9. Independence proof[637] and absoluteness?[638]

Program:[639] Read *Ecclesiastes*[640] (= *The Preacher*) carefully (with commentary), likewise letters of Jacob.[641]

Remark: What spoils joie de vivre is unimplemented decisions (because they distract attention from every object of joy). Thus <u>maxim</u>: Either do not make decisions (also no semiconscious ones) or implement all of them. However, I have many decisions, both large-scale (e.g.: carrying out my duty) and small-scale (e.g.: I still want to do this or that this evening, time management in general, particular time management for several days, etc.), which I do not implement.

Remark: Fundamental fact of existence: Joy is tied to objects. This may be the most general form of the phenomenon: Joy comes from merit alone (or at least lack of guilt).

[129]
Maxim: One mistakenly has the impression that the time spent on activities of the second type is somehow wasted and therefore

---

635 *Notre Dame Continuum Lectures*, delivered in the spring of 1939. Cf. the remark on manuscript page 79 above.
636 Besides the *Patrologia Latina* and the *Patrologiy Graeca* by Migne, the *Grundriss der Patrologie* by Johann Baptist Alzog could also be meant (Gödel borrowed it on July 18 and 21, 1939), or else the *Patrologie* by Otto Bardenhewer (Gödel borrowed it on July 24, 1939).
637 Cf. manuscript page 97, item 7.
638 Cf. footnote to manuscript page 82, item 2, on the entry from 29./III. 1938.
639 Underlined in black and in red.
640 The book of Ecclesiastes (qohœlœt = chairman of a meeting, translated as 'preacher' by Luther) in the Old Testament is a collection of wise sayings, practical life advice and warnings against improper life conduct. In Greek, the title is translated as 'ekklēsiastēs', which is used as the name of the book.
641 The Letter of Jacob in the New Testament is both an admonitory and an educational text. It contains ethical admonitions concerning the conduct of life following the ethics of the Jewish Fathers.

reduces it too much, while on the other hand more time is saved when performing the subsequent activities than one spends on those of the second type.

Remark: Reason why I can focus better on the tram is that I regard this as "lost" time. Therefore, no hurry and concentration on something specific. Maybe: Reserve one hour per day as "lost".

Remark: Example of an incredibly stupid thing: In the year 1939 at Princeton, I did not enquire about a flat before departing.[642]

Maxim: Very fruitful description: Autobiography:[643] Present my life up to now with motives and mistakes.

[130]
Remark about "learning": To learn, one only needs to: 1. refrain from sinning, 2. repent for sins committed. If someone never sins, he will be able to do anything he wants without learning from it.

Maxim: When replying to a letter, one should, after writing the reply, re-read the original letter to which it is a reply.

Remark: The sequence: p, it is clear that p, it is clear that it is clear that p, etc., may be strictly decreasing and might help to make the laws of psychology precise (e.g. believe = it is clear that p), as every single proposition is completely precise. Only that it is sometimes neither clear that q nor clear that $\neg q$ (a form of inexactness in the exact concepts).

Maxim: When deciding to alter something, also consider the inconveniences that spring from a change and my inertia (indecisiveness).

[131]
Remark: Dogma, doctrine, etc., also form two modalities. Moreover, there has to be an even stronger necessity than logical or mathematical necessity to prevent all mathematical theorems from

---

642 Gödel was at the IAS in Princeton in the 1938/39 winter semester. He left the U.S.A. in June 1939.
643 Gödel did not write an autobiography.

having the same meaning.[644] [For example: $(\forall x)\, \phi(x) \equiv (\forall y)\, \phi(y)$ is a necessity that is stronger than logical necessity.]

Question: Why did Adele always leave me during the various "suicides" and did not want to stay with me until my consciousness had faded?

Remark: Why is it a sin not to believe in God (that is to say, justice)? To believe = to take as a basis for acting. If someone loves justice more than any meaning, he will always choose that action, among all possibilities, that can lead to justice (even if he does not know whether it actually leads there), because otherwise a disaster is sure to occur.

Remark: Cowardice is an injustice towards oneself insofar as one allows an injustice to occur because one fears that one might otherwise suffer or die. This is a sin of the second kind, similar to: excessive grace due to vanity, overly strict obedience even towards poor superiors, excessive grace because of inability to say no, inability to say no.

[132]
Remark: The sins of the second kind (see preceding remark) are *iustificata* by the word of Jesus Christ as he establishes them as commandments (thereby creating new justified motives to commit them). If someone attempts to avoid the sin of the second kind at all costs, he is in danger of committing a sin of the first kind, for which there is no escaping vengeance.

Remark: "Making a decision" is always relativized when the decisions lie too far ahead in the future (as with lecture preparation).

Remark: Indecisiveness can have the following grounds:
1. Insufficient flexibility of the mind (considering all possibilities and consequences).

---

644   Gödel's 'slingshot argument' is explained in his 1944 paper "Russell's Mathematical Logic". According to the slingshot argument, which received its name in 1981, all true mathematical statements have the same meaning. In the recent history of logic, several logicians, starting with Gottlob Frege, advocated similar arguments.

2. Though something seems better to me, I do not decide to do it. Because of:
A. ↓[645] Inability to act (the reason may be fear and idleness),
B. instant inconvenience,
C. insufficient self-confidence [I do not believe that what appears to me to be right really is right].
?3. Insufficient emotional appeal[646] (emotional dullness).

Remark: Frequent cause of A. is a bad conscience, in particular about acts of omission. [133] A bad conscience about acts of omission leaves behind a partially unconscious tendency to make up for what one failed to do, and this inhibits concentration and joy concerning all other activities (including rest).

Maxim: Prior to everything, reflect at least a bit (i.e. question: is this right as it is?).

x[647] Program:[648] Read:
1. Kondo,[649] analytic set
2. Mostowski (Stone)
3. ~~v. Neumann, Logic of quantum mechanics~~[650]
4. Fitch, Consistency of the *Principia*[651]
5. Gentzen (Ono[652] ...)

---

645 Arrow points to the following remark.
646 Written in English.
647 Written in red.
648 Underlined in red.
649 In his essay "Gödel and Set Theory" from 2007, Akihiro Kanamori mentions (on p. 166) that von Neumann made Gödel aware of Motokiti Kondo's "Sur l'uniformisation des complémentaires analytiques et les ensembles projectifs de la seconde classe" (1939) in a letter.
650 "The Logic of Quantum Mechanics" by Garrett Birkhoff and John von Neumann appeared in 1936.
651 "The consistency of the ramified *Principia*" by Frederic Brenton Fitch appeared in 1938.
652 In a paper in *Jahrbuch über die Fortschritte in der Mathematik* from 1940, Hans Hermes provides a summary of Katudi Ono's essay "Logische Untersuchungen über die Grundlagen der Mathematik" from 1938 and points out that Ono uses Gentzen's deduction rules for predicate calculus. Moreover, on pp. 26 and 27, there are two summaries by Wilhelm Ackermann of works by Gentzen, both his "Die gegenwärtige Lage in der mathematischen Grundlagenforschung" and his "Neue Fassung des Widerspruchsfreiheitsbeweises für die reine Zahlentheorie".

[6. ~~Lesniewski, Completeness of propositional calculus[653]~~]
[7. Menger, Weyl, Morse, ...]
8. Tarski, latest offprint, Quine
9. <u>Consider what is needed at Princeton</u> and do it beforehand (also scientifically).

Remark: Through spending a certain amount of time and effort, I can make decisions after all. Could one increase the intensity of one's effort without extending the time?

[134]
Maxim: In order to evoke the feeling that "life has meaning", it is very useful to satisfy her[654] in some better way (possibly perversely, and in any case by paying more attention to coitus,[655] extending it further, etc.).
Secondly: Make a calculation, time management at least subsequently.

Maxim: When preparing a lecture, one should be oriented towards theorems, not concepts.

Maxim: Drink a lot of tea with lemon on the ship.

Maxim: Learning to understand a foreign language has the effect that one focuses on the meaning instead of the words.

Maxim: When not understanding a book, keep reading! In general, read the whole thing roughly and then precisely.

Remark: Not rejecting nonsense is guilt (Godelieva[656]).

---

653 Leśniewski presented a generalization of propositional calculus. Cf., e.g., his "Grundzüge eines neuen Systems der Grundlagen der Mathematik" (1938).
654 This refers to Adele.
655 Cf. also *Time Management (Max) I and II*, manuscript pages 62, maxim 1; 98, remark 4; and Addendum IIIa, 1, item 5.
656 There is a Flemish saint from the 11th century with the name Godelina ('Godelieve' in Dutch, 'Godeleva' in German); there are no known sayings related to her, however. In *Theologie 3*, Gödel introduces Saint Godelina on manuscript page 15. 'Godelina' means 'she who loves God', and 'Godel' means 'godmother'.

Remark: Complete lack of understanding (seemingly trivial nonsense) often leads to understanding.

Remark: A short elegant proof without a proof idea can be better than a long and inexact one [135] with proof ideas [example consistency proof[657] by Gentzen].

Maxim: In case of headache and sense of disorientation, and when one feels that one is not making progress at work, the respective problems are to be formulated in words.

Remark: Neglecting a duty leads to unrest (either because of bad conscience, which either prevents one from focusing on something else or disrupts concentration, or by demanding an excess of oneself concerning other, less urgent duties).

Remark: Advantage of fixing a time management schedule in advance:
1. Whiling away one's time (futile reflection on the same subject) is avoided,
2. fixing the schedule in advance facilitates the decision as the decision is distant from its implementation.
3. Otherwise, the goals often appear so big that the desire to work[658] vanishes.

Remark: Reason for feeling embarrassed in company: You want to appear greater than you are, and you believe that you appear greater than you are. I should behave in the first place in such a way that everybody can see that I have 1. no upbringing, 2. no money, 3. no education, 4. no intelligence, [136] 5. no will, 6. no health, 7. no wife, 8. no occupation.

---

657 This could refer to several of Gentzen's essays: "Die Widerspruchsfreiheit der Stufenlogik" from 1936; "Die Widerspruchsfreiheit der reinen Zahlentheorie" from 1936; "Neue Fassung des Widerspruchsfreiheitsbeweises für die reine Zahlentheorie" from 1938.
658 For the numerous passages concerning desire and aversion in *Time Management (Max) I and II* and the corresponding addenda, cf. the footnote to *Time Management (Max) I*, manuscript page 24, remark 1.

Maxim: To determine whether a conjecture holds true, one should picture it in as much detail as possible and see whether the consequences add up [maybe find a contradiction].

Maxim: In case of failure, you should not give up prematurely.

Maxim: In view of uncertainty about the consequences, it is best to take the simplest (most convenient) action each time, which is that which arises by itself from the circumstances, not "forced" but rather normal, natural. That is, to believe what one is told and to obey one's superiors. This behavior approximates "doing nothing" as much as possible.

x[659] To do:[660]
- ~~1. American consulate[661]~~
- ~~2. Ship ticket~~
- ~~3. Maria-Theresien-Straße[662]~~ and application for leave[663]
- ~~4. Mail~~
  ~~5. Errands (for departing)~~
  6. ~~Bank[664]~~ (Get money, government bonds, account statement)
  ~~7. Glasses~~
- 8. Finish budget and own rights
- ~~9. Stow away furniture and books and select what to take along~~
- 10. Maybe report to the foreign currency office[665] that I will be emigrating ~~and exchange 1000 $~~ [137]
  11. Appeal against municipal tax[666] ~~and tax mandate~~

---

659 Written in red.
660 Underlined in red.
661 Gödel had to apply for entrance visas for Adele and himself at the American consulate in Vienna. For his contact with the consulate, see Dawson, *Logical Dilemmas*, p. 145.
662 The most prominent building on Maria-Theresien-Straße in Vienna is the Rossauerkaserne, which accommodated the Wehrmacht patrol after the war began. The Wehrmacht patrol was mostly responsible for detaining suspect soldiers but also held deserters.
663 For Gödel's application for leave from 1939, see Dawson, *Logical Dilemmas*, p. 146.
664 For Gödel's financial circumstances in December 1939, cf. Sigmund, Dawson, Mühlberger, *Kurt Gödel. Das Album/The Album*, p. 73.
665 Gödel had to deal with the foreign currency office several times. See Sigmund, Dawson, Mühlberger, *Kurt Gödel. Das Album/The Album*, pp. 65 f.
666 Municipal tax was raised by the municipalities and the cities.

- 12. ~~University questionnaire, [documents⁶⁶⁷ Adele] and dates of death⁶⁶⁸~~
  13. ~~Wagner Jauregg⁶⁶⁹ 1. America, 2. physical examination⁶⁷⁰~~
- 14. ~~Lawyer (flat, citizen tax)~~
- 15. ~~Ask postal package~~
- 16. ~~Mama birthday (Adele Schopenhauer⁶⁷¹ diary,⁶⁷² Goethe diary⁶⁷³)~~
  17. ~~Rudi~~
- 18. Visit doctor and dentist with Adele !and testament
  19. Nominate tax representative
  20. ~~Karl Gödel⁶⁷⁴~~
  21. ~~National library⁶⁷⁵~~
  22. Mostowski
  23. Copy documents
  24. ~~Certificate for sale of bonds~~
  25. ~~Doctor about milk voucher~~
  26. ~~For mama great-grandfather⁶⁷⁶~~

667 This may refer to the marriage certificate.
668 This probably refers, inter alia, to the date of the death of Gödel's father, Rudolf Gödel.
669 Julius Wagner-Jauregg was an Austrian psychiatrist who was controversial in his time, despite receiving the Nobel Prize for medicine in 1923. During World War I, he was a specialist in assessing fitness for military service. Gödel might have consulted him to find out whether he was sufficiently physically fit for a trip to the U.S.A. or whether Wagner-Jauregg could classify him as unfit for military service based on a physical examination. This is merely speculation, however.
670 The physical examination took place as early as June 1939, shortly after his return from America. See Dawson, *Logical Dilemmas*, p. 141.
671 The writer Adele Schopenhauer was the sister of the philosopher Arthur Schopenhauer.
672 Adele Schopenhauer, *Tagebuch einer Einsamen*.
673 "Das Tagebuch" [The Diary] is a poem by Goethe with 24 stanzas. Insofar as it describes (among other things) the impotence of the first-person narrator, it is unlikely that this is meant here. It is more probable that Gödel had in mind the edition *Briefe und Tagebücher*, published around 1930 in two volumes, which he wanted to purchase for his mother. The Sophie edition of the diaries, on the other hand, comprises 15 volumes and is thus probably not what Gödel had in mind here. Goethe's diaries at first consist of self-talk, confessions and accountability reports on his own development. Later on, experiences, events, visits, travel, reading matters, official activities, literary works and correspondences are noted.
674 A cousin of Kurt Gödel's father.
675 Cf. *Zeiteinteilung (Max) I*, manuscript page 6, item 3. Cf. the footnote to manuscript page 4 of *Time Management (Max) I*.
676 Marianne Gödel presumably had to certify whether her grandfathers were "Aryan".

Errands:
1. ~~Adele evening gown~~
2. ~~Adele nightgown and slippers~~   180[677]
3. ~~Adele stockings~~
4. ~~Suitcase and box~~   250

1. 1 Suit new ~~and really old~~   110
2. Laundry ~~(collar)~~ and ~~slippers~~   60
         ~~stockings (pajamas?), collar fabric~~

                                        600
                                        600
                                       1200

[138]
Maxim: In important matters, do not press knees against each other.

Question: Are the feelings that one has about whether something is better, worse, important, unimportant, etc., consistent with each other [e.g. feeling whether A or B is better, along with expectations of various advantages and disadvantages arising from A, B]? The various advantages and disadvantages yield the possibility of a "calculation".

Remark: Before establishing an actual theory of the world, one can try to set up a theory with evaluations of the various sentences that also takes into account even probable ones, etc., and consistent ones if possible.

Remark: In order to be able to enjoy something, there apparently needs to be a danger of loss (example: Adele, war,[678] flat, health…). Question: Can a similar state not be obtained artificially by imagining the loss?

---

677 '180' refers to items 1–3. There is a curly bracket on the right, and the sum 180 is written behind it.
678 This should be 'peace', as peace is in danger of being lost.

x[679] [To do:
1. ~~Prepare talks Münster,[680] Göttingen.[681]~~
2. Write to the University of Münster[682] and Göttingen[683]
3. ~~Trip to Berlin and Göttingen[684]~~
4. Talk to dean, and again withdrawal from seminar, president[685]
5. Employment office and private employment agency[686]
6. ~~Write to Veblen[687]~~
7. ~~University, Minerva: Who is in Göttingen?~~
8. Membership in National Socialist Lecturers' Association,[688] enquire about how to apply in Berlin and carry out nomination. Where are assistant positions announced?] [139]

679 Written in red.
680 Nothing is known thus far about a talk given by Gödel in Münster.
681 On December 15, 1939, Gödel gave a talk on the consistency of the continuum hypothesis in Göttingen; reprinted in *Collected Works*, vol. III, pp. 126–155.
682 Gödel might have thought about writing to Heinrich Scholz, but no letter has been found in the Scholz *Nachlass*.
683 On December 5, 1939, Gödel wrote to Helmut Hasse to inform him that he would visit Göttingen and could give a talk on this occasion. Cf. Dawson, *Logical Dilemmas*, p. 147. He apparently left no stone unturned in trying to secure an academic position in Germany.
684 Gödel stayed in Göttingen from December 14–17, 1939, and then continued on to Berlin. In Berlin he secured visas for Adele and himself on December 19, 1939, which could not reasonably have been expected. Cf. Dawson, *Logical Dilemmas*, p. 148.
685 Since the provisions for university members changed during Gödel's stay in the U.S.A. in 1938–1939, Gödel would have been required to inform the dean about his stay, who in turn would have been required to inform the president. In fact, Gödel informed the dean only after his return in June 1939, which would have been sufficient according to the old provisions. This led to considerable difficulties when Gödel applied for a "lectureship according to the new regulations" [Dozentur neuer Ordnung] (which he had to do on September 25, 1939, again due to a change to the regulations). Gödel applied so as to obtain financial security (see item 9) in case he was unable to obtain another visa for the U.S.A. Obtaining an American visa was extremely unlikely, given that he had already been found fit for military service following the physical examination. See Dawson, *Logical Dilemmas*, pp. 141 ff.
686 Gödel apparently anticipated that he would be successful neither in obtaining a "lectureship according to the new regulations" [Dozentur neuer Ordnung] nor in obtaining another visa for the U.S.A. or a permanent academic position, and thus that he would be forced to earn a living some other way.
687 Even though obtaining a visa for the U.S.A. seemed hopeless, Gödel resumed his efforts to obtain one; however, in spite of being asked to do so, he did not apply for a visa on September 1, 1939. See Dawson, *Logical Dilemmas*, p. 145.
688 Since this item is not crossed out, Gödel did not complete this task, i.e. he did not become a member. This is further supported by the fact that his personal file (signature: PH PA 1757) in the university archive of the University of Vienna (information from September 3, 2013) contains no documents indicating that Gödel applied for membership in the NS Lecturers Associ-

9. Buy an original copy of the legislation on the habilitation procedure in Berlin.[689]

Maxim: When writing up the definitive formulation of a paper, check whether different things are really named differently (in particular variables and constants).

[Remark: At work, the point is to plunge into it, that is, to have virtually no time to get it done, and then the inhibition vanishes.]

Remark: How to avoid the embarrassment of lacking contact: Focus attention on something other than the person you are talking to.

Remark: Also in mathematics, the point is to know a lot:[690] difference between knowledge and ignorance: simple and compound multiplication.

Remark: Doing something that is undoubtedly useful (e.g. cooking breakfast, putting on the heat) right after getting up produces a feeling of satisfaction. It seems that everything (even cooking breakfast) makes more "sense" to me than my professional occupation.

---

ation or was affiliated with it. Likewise, according to information from the Austrian State Archive, no such documents are available. The inventories of the Ministry of Education of the First Republic (personal file, Sig. 4, Fasz. 636) also do not contain such documents. According to information from the Federal Archive in Berlin from August 24, 2017, no references to Kurt Gödel's membership in the NS Lecturers Association could be found. The NS Lecturers Association was an association of the NSDAP. It was founded on July 15 as the result of an order by Hitler's deputy, Rudolf Heß. The purpose of the institution was to exercise political influence on the universities and political control over the university teaching staff.

689 Gödel was already habilitated, but in 1939 a revision of the Reichs-Habilitations-Ordnung [Reich Habilitation Regulations] was enacted. (See item 4.) According to the new regulations, assistant lecturers [Privatdozenten] who were qualified to teach were appointed as civil servants, i.e. extraordinary professors, until further notice. For Gödel, this would have meant financial security. Gödel applied, and his application was accepted on June 29, 1940, when he was already in the U.S.A. See Sigmund, Dawson, Mühlberger, *Kurt Gödel. Das Album/The Album*, p. 83.

690 Cf. *Time Management (Max) II*, manuscript page 115, maxim 2; Addenda IIIb, 1v, item 8; IIIb, 3v, item 31.

Maxim: Before resting (even in the case of sickness), one should consider:

1. Is it justified? 2. What can I still get done before? 3. What will be dealt with afterwards? This increases the possibility of resting, even when the answers are partly negative.

[140]
Maxim: Take now and then (when spare time) an inventory of the bookcase and the register books[691] (as if departing).

Maxim: When learning a language, it is very important to choose reading material with a <u>beautiful writing style</u>.

Remark: Reading papers in experimental physics corresponds to solving simple problems[692] in mathematics.

Remark: Opening the window for a longer period (½ h) continues to have an effect for a surprisingly long time.

[x[693] Program: Autobiography containing merits, guilt, reward, punishment?]

Remark: As every honest effort must ultimately be successful, it certainly makes sense to strive for scientific progress on the basis of the theological worldview, even without the prospect of immediate success.

x[694] Program:
1. Go to a neurologist or something similar, make a will.
2. Set up time management schedule and search in wallet,[695] note on general content.
3. ~~Offprints or~~

---

691 Cf. the footnote to *Time Management (Max) I*, manuscript page 2, item 16, along with the mention of registers on manuscript page 25, maxim 1; manuscript page 32, items III and o a, e and f; *Time Management (Max) II*, manuscript page 142, item 21; manuscript page 152, remark 1; and Addendum II, 6, item 15.
692 Cf. the footnote to manuscript page 86 on mathematical problem collections in Gödel's private library.
693 Written in red.
694 Written in red.
695 Cf. Addendum IIIa, item 4, and *Max III*, manuscript page 3, maxim 2.

[141]

x[696] Program: Reading materials:

1. *Martyrologia*, Baronius,[697] *Acta Sanctorum*[698] T,[699][700] → Bollandus, Legends,

1' new *Kirchenlexikon*, final volume[701]

[2. Synchronistic writing of history[702] (Eusebius, Julius Africanus,[703] Lenormant[704] . .)]

→ 3. Bible commentary (*Migne* and patrologies,[705] in particular most recent)

4. *Theologia moralis*,[706] [*Corpus iuris canonici*[707]], Breviary[708] [basis of the civil law], → Bullaria,[709] in particular edicts on witchcraft (papal bull regarding witchcraft Innocent VIII,[710] *malleus maleficorum*[711]) and inquisition (1200, 1484)[712]

---

696 Written in red.
697 The *Martyrologium Romanum* by Baronius dates back to 1597.
698 A scientific collection of legends of saints, produced by the Bollandists.
699 'T' might refer to 'Tome' (volume).
700 Written in red in the manuscript.
701 The last volume of *Wetzer and Welte's Kirchenlexikon* is volume 12 from 1901; volume 13 from 1903 is a register volume. Gödel borrowed the volume on April 15, 1937.
702 Cf. manuscript page 87, item 3.
703 Cf. manuscript page 87, item 3.
704 This probably refers to: *Les origines de l'histoire d'après la Bible et les traditions des peuples orientaux*, 3 volumes of which appeared from 1880–1883.
705 Cf. manuscript page 87, item 2 concerning the *Grundriss der Patrologie* by Johann Baptist Alzog, and the *Patrologie* by Otto Bardenhewer.
706 Cf. manuscript page 87, item 9. This could refer to the *Theologia moralis* by Liguori, but also to the one by Paul Laymann, which is cited by Leibniz and Liguori. Laymann was critical of the witch trials. Leibniz cites Laymann's *Theologia moralis* in *Quaestio illustris 1675*, first printed in: Gottfried Wilhelm Leibniz, *Die Werke von Leibniz gemäss seinem handschriftlichen Nachlass in der Königlichen Bibliothek zu Hannover, erste Reihe: Historisch-politische und staatswissenschaftliche Schriften*, vol. 3, edited by Onno Klopp, Hannover (Klindworth) 1864, pp. 132–187; Laymann's *Theologia moralis* is cited on pages 133 and 162.
707 Cf. manuscript page 87, item 1'.
708 A *Sächsiches Rechtsbrevier* [Saxonian Law Breviary] appeared in 1931, a *Preußisches Rechtsbrevier* [Prussian Law Breviary] appeared in 1932, and a *Rechtsbrevier für deutsche Ehefrauen. 52 Merksprüche aus dem Bürgerlichen Gesetzbuch mit Erläuterungen* [Law Breviary for German Wives: 52 Mnemonics from Civil Law with Explanations] in 1896.
709 Cf. manuscript page 142, item 17.
710 Cf. manuscript page 87, item 6. In the early modern period, what had been a set of merely folkloric beliefs increasingly developed into the theological-juristic thought constructs of demonology and witchcraft.
711 The *Malleus maleficarum*, also known as "Hammer of the Witches", was first published in 1486 by Heinrich Kramer. It legitimized witch hunts. Cf. also manuscript page 87, item 6, and manuscript page 142, item 17.
712 Cf. manuscript page 87, item 6.

[5. Ecclesiastical history[713] of modern times (Russia) and general (political)]

→ 6. Bonaventura and Thomas Ten Commandments[714] and *Psychologie der Sünde*[715]

7. Bible scholars and the like, and Kardec[716] {left out[717]}

8. Mnemonik, Toussaint Langenscheidt dictionary[718]

9. ~~good English books (Europe, Mertner,[719] Christie[720])~~

10. Chinese[721]

[11. Psychology following Brentano[722]]

[12. Meteorology (averaging calculation and wind map)[723]]

13. ~~Measure theory[724]~~

→ 14. ~~Mathematical problem collection*[725] and classics of mathematics (*simple ones)~~ [142]

15. *Bible*, Allioli (supplementary volume)[726]

16. ~~Mertner, Italian[727]~~

---

713 Gödel's private library contains the book *Kirchengeschichte* by Emil Huhle, n.d.
714 Cf. manuscript page 87, item 7.
715 *Zur Psychologie der Sünde, der Bekehrung und des Glaubens* [On the Psychology of Sin, Conversion, and Faith] is the title of a translation of two works by Søren Kierkegaard, namely *The Concept of Anxiety* and *Philosophical Fragments*, which were translated into German in 1890.
716 Cf. manuscript page 86.
717 The sign for 'left out' or 'missing' is written in red in the manuscript.
718 Cf. manuscript page 87, item 13.
719 Cf. manuscript page 86.
720 This refers to Agatha Christie.
721 See footnote to manuscript page 87, item 12.
722 Cf. manuscript page 87, item 8.
723 Cf. manuscript page 87, item 10.
724 Cf. manuscript page 87, item 11.
725 Cf. the footnote to manuscript page 86 on mathematical problem collections in Gödel's private library.
726 *Allgemeines Wörterbuch der heiligen Schrift. Ein Supplementband zu allen Bibelausgaben nach der Vulgata, besonders aber zur heiligen Schrift* by Dr. Joseph Franz Allioli, two volumes from 1837–1838. Gödel borrowed this on March 1, 1937.
727 Cf. Robert Mertner, *Italienisch für Deutsche. Methode Mertner. Psychotechnischer Spracherwerb auf mechanisch-suggestiver Grundlage* from 1924. The book is to be found in Gödel's private library.

→ 17. *Bullarium Romanum*,[728]{left out[729]}   *Bullarium Benedictum*[730] XIV +

Zeitschrift für Parapsychologie[731] {left out[732]}, *Zeitschrift für kritischen Okkultismus*[733] *und Grenzfragen des Seelenlebens* {left out[734]}

Acta Pii IX,[735] *X*,[736] *XI*[737] {left out[738]}; Leo XIII[739] {left out[740]} John XXII, Innocent VIII[741] {left out[742]} Müllers (*Institutionis*),[743] Joseph Hansen[744]

18. *Revue thomiste*[745]

→ 19. ~~Augustinus: *Soliloquia*,~~ *De Civitate*, ~~*Confessiones*~~

---

728   *Magnum Bullarium Romanum*. A bullarium is a collection of papal documents. It is unclear whether this refers to the edition by Laerzio Cherubini, by Giromalo Mainardi, by Andrew Barberi or yet another one.
729   The sign for 'left out' or 'missing' is written in red in the manuscript.
730   *Bullarium Magnum Romanum. A beato Leone magno usque ad S.D.N. Benedictum XIV.*, edited by Laerzio Cherubini 1758.
731   *Zeitschrift für Parapsychologie*, Leipzig, 1926–34, edited by Walther Krömer inter alia.
732   The sign for 'left out' or 'missing' is written in red in the manuscript.
733   *Zeitschrift für kritischen Okkultismus und Grenzfragen des Seelenlebens*, Stuttgart, 1926–1928, edited by Richard Baer.
734   The sign for 'left out' or 'missing' is written in red in the manuscript.
735   *Pii IX. Pontificis maximi Acta. Acta exhibens quae ad Ecclesiam universalem spectant* from 1857. The *Pontificis maximi Acta* are legal gazettes and official gazettes of the Holy See in Rome.
736   *Pii X. Pontificis maximi Acta. Acta exhibens quae ad Ecclesiam universalem spectant* appeared between 1905 and 1908. From 1909 to 1914, Pius X issued the *Acta Apostolicae Sedis*.
737   From 1923–1939 Pius XI issued the *Acta Apostolicae Sedis*.
738   The sign for 'left out' or 'missing' is written in red in the manuscript.
739   From 1878 to 1902, Leo XIII wrote 86 encyclicals and apostolic letters in total.
740   The sign for 'left out' or 'missing' is written in red in the manuscript.
741   Innocent VIII is known, among other things, for issuing the bull *Summis desiderantes affectibus* from 1484, in which he transferred inquisitorial authority to proceed against witchcraft to the Dominicans Heinrich Kramer (author of the *Malleus maleficarum* ["Hammer of the Witches"]) and Jacob Sprenger.
742   The sign for 'left out' or 'missing' is written in red in the manuscript.
743   *Institutio Christianae Religionis*, main work of Johannes Calvin, German: *Unterricht der christlichen Religion*, translation by Ernst Friedrich Karl Müller from 1909.
744   In the present context, this probably refers to the following book: *Quellen und Untersuchungns zur Geschichte des Hexenwahns und der Hexenverfolgung im Mittelalter. Mit einer Untersuchung der Geschichte des Wortes Hexe von Johannes Franck* from 1901. Gödel borrowed it on February 4 and 11, 1937, and on March 4, 1937. Cf. Addendum XIII, 1v. In addition, he borrowed *Soldans Geschichte der Hexenprozesse* by Wilhelm Soldan and Heinrich Heppe, Stuttgart (Cotta) 1880, on March 6, 1937.
745   The *Revue Thomiste* has been published since 1893 on behalf of the Dominican convent in Toulouse and is intended to spread the teachings of Thomas Aquinas.

→ 20. ~~Descartes,~~*⁷⁴⁶ ~~Leibniz~~   * English.
    21. Moral theology[747] catchword index[748] and legal science (international law), *Talmud*, Roman law[749]

[143]
Remark: Nervous laughter decreases:
1. when I have had my fill (in particular after a larger quantity of milkshake[750]),
2. when I am tired,
3. when attention is directed at something rational (beautiful).

Remark: It is very important for the precise preparation of a talk to really settle on an exact formulation, for reading is inhibited otherwise.

Remark: Do not eat tench, for too many fish bones.

Remark: It is good to know the complete literature of any field (all books).

Remark: When everything is disgusting, it helps to get something done (even if it is unimportant mail, etc.). Similar to the "in any

---

746 The English translation of the work by Descartes to which this note refers could not be identified.
747 Cf. also 'theological ethics' in maxim 1 on manuscript page 50 in *Time Management (Max) I*. According to an older definition, moral theology is the study of Christian life rules, the following of which will save one from sin and perfect one in the image of God; cf. Philipp Theodor Culmann, *Die christliche Ethik*, part 1, Stuttgart (Steinkopf) 1964, p. 1. Today, Catholic theology places under this category questions about individual practical conduct with respect to ethical implications and against the background of the Christian faith. Moral theology is concerned both with individual ethics and with social ethics. The connection between moral theology and law needs to be distinguished from ethical problems of accountability and responsibility and questions of juridical accountability. The tension between morality and law was discussed in the field of moral theology at the beginning of the 1830s. As with the topic of witch trials, this is a point of intersection of the methods and questions of theology and jurisprudence.
748 Cf. the footnote to *Time Management (Max) I*, manuscript page 2, item 16. See also the mention of registers on manuscript page 25, maxim 1; manuscript page 32, items III and o a, e and f; *Time Management (Max) II*, manuscript page 140, maxim 1; manuscript page 152, remark 1; and Addendum II, 6, item 15.
749 This is the *Corpus iuris civilis*.
750 'Milkshake' in the manuscript in English. Cf. manuscript page 123, remark 3 and Addendum IIIa, 2, item 20.

case, we have ..." when starting a proof and the "for all $x \in K$, we have ...". Furthermore, when one does not know what to do in a certain situation, it is good to do something about it, to talk to someone, etc.[751]

Remark: In order to have mathematical ideas, it may be good to reflect on the nature of "mathematical ideas".

Remark: One property of "ideas" seems to be that it is always easy to determine whether something can be done with a certain idea [at least whether it can be done with this idea alone]. Namely: When it does not work immediately, it does not work at all. [144] It is part of the definition of an "idea" that it is the heuristic point of view from which one can find and prove the theorem.

Maxim: For every mathematical paper that one reads, one should spend at least some time explicitly on the question "what could the heuristic idea of this work have been?"

Maxim: In general, I have too strong a tendency to adopt the belief that something will work with a certain idea, and I can hardly give up this belief.

Maxim: Solving easy mathematical problems[752] is important not only as a source of fun and exercise, but especially because it reinforces the desire[753] for work and confidence in it.

Remark: Aversion[754] to work has three main grounds: 1. failure, 2. fatigue, 3. the futility of the immediate goal (while the more remote one has a purpose).

---

[751] At this position, a red paragraph mark is inserted in the manuscript.
[752] Cf. the footnote to manuscript page 86 on mathematical problem collections in Gödel's private library.
[753] For the numerous passages concerning desire and aversion in *Time Management (Max) I and II* and the corresponding addenda, cf. the footnote to *Time Management (Max) I*, manuscript page 24, remark 1.
[754] Cf. the footnote on the preceding maxim.

Remark: There are two kinds of work:
1. that which is accompanied by sure success,
2. that which is accompanied by uncertain success [research work, commanding a battle, politics, playing the stock market, etc., all complicated forms of work].

Other classification:
1. That for which it is clear what to do in order to achieve the desired effect (most achievable),
2. that for which it is not clear.

[145]
Definition of work: Work is deliberate effort in order to achieve something recognized as rational.
I. Mental work is the focusing of attention on a certain subject. The attention can:
a.) be focused on something physical (tennis without strategy),
b.) on something mental: tennis with strategy or other, "purely mental", kinds of work.
II. Purely physical labor (shoveling coal).

Remark: Classification of the various evils (forms of suffering):
I. Inner:
1. physical (pain, nausea, urge to urinate, itch, shortness of breath, irritation of the throat, physical fatigue without rest, …)
2. mental: A. fatigue without the possibility of sleep
            B. indecisiveness (sometimes also external)
            D.[755] inner compulsion (e.g. to think about something)
            E. aversion to everything,[756] unfounded depression.
II. External:
1. physical [hunger, cold, heat, noise, bad air, frenzy, being overworked without rest [146]
2. mental: A. mental overexertion without rest, or aversion to work[757] and lack of rest
            B. lack of success at work

---

755 'C' is missing.
756 For the numerous passages concerning desire and aversion in *Time Management (Max) I and II* and the corresponding addenda, cf. the footnote to *Time Management (Max) I*, manuscript page 24, remark 1.
757 Cf. the remark on the preceding item E.

C. unsatisfied desire [love, vengefulness, ambition, _ _]
D. disturbed relations with other people (disputes, misunderstandings, disgrace, being disregarded by others, being less than others, uneasiness when dealing with others _ _).

Remark: An example where certainty is exploited in order to make someone do something bad intentionally:
A knows: It is better to do p than to do nothing
           It is better to do q than to do nothing
A does not know whether p or q is better.
When A is very certain, he will still do neither p nor q.

Maxim: On the first of every month, set up a rough program of time management for the month (what has to be done).

[147]
Remark Theology: Certain regularities that can apparently be explained (i.e. broken down into their parts) really seem to be "holistic regularities". For example: 1.) reading something in some language (in particular Mertner's books) implicates improved understanding of that language (also including those words that did not appear in it at all). 2.) When working mathematically: solve any subproblem and the other subproblems are more easily solvable as well (even though they are not connected to it). 3.) At Zitzer:[758] grind down a dental filling and the inflammation improves. 4.)* Points 1. and 2. may potentially be psychologically-analytically explained by increased pleasure and self-confidence. 3. Could have the explanation that incredibly fine processes have an effect on biology. Cf. also the next remark.

Remark: Further example of a seemingly (but not actually) reducible holistic regularity: When one pursues a problem for a long time in the wrong (or in an impractical) direction, this results in pursuing it in the right direction after a while (even when this requires a completely different, new idea).

* When one has thought long enough about a certain matter, the solution suddenly appears, but not as a result of reflection.

758 It is possible that Zitzer was Gödel's dentist. 'Zitzer' is known to be a family name.

[148]
Program:
1. ~~Further consequences of the method of the smallest initial segment of a constructible set that satisfies certain axioms (connection to "truth").~~
2. ~~Investigate absolute definability* further (and similarly absolute provability).~~
3. ~~Effective provability of the axiom of choice → every set is constructible, and consequences for the axiom of choice.~~
4. ~~Try to recall your dreams early in the morning.~~
5. ~~Write to Carnap and Veblen.~~

* ~~And use the method of the smallest element, which satisfies certain requirements.~~

Thus, from the premise: In order to find the truth, U must be removed, one concludes: When U is removed, I will find the truth. ←[759]

[149]
Remark Foundations: There are certain patterns of inference the application of which does not alter the mathematical content of a sentence, and it may be characteristic of a good mathematician to master these patterns of inference completely. These inferences need not be trivial, while on the other hand, there are substantial mathematical theorems which are trivial [e.g. Dirichlet's pigeonhole principle[760]]. The solution to a problem is based on reducing it to a trivial substantial sentence by means of the above patterns of inference.

Remark Psychology: (continuation page after next) Psychological source of mistakes:
1.) the train of thought goes: Maybe A; to establish A, B would be sufficient; B is impossible, thus A is not considered further.
2.) False arguments in favor of A suggest the belief that A is false.

---

759 The arrow points from item 3 on manuscript page 149 to this sentence.
760 The pigeonhole principle probably dates back to Dirichlet. This is the principle that, when one distributes a number of objects among a number of pigeonholes and the number of objects is larger than the number of pigeonholes, two objects will end up in the same pigeonhole.

3.) That the right instinct (e.g. critique) tails off with respect to something is not sufficient (e.g. in order to produce belief in A, A is exaggerated throughout so that the critical instinct tails off[761]).

1, 2 fall under the fallacy: $(p \supset q) \supset (\neg p \supset \neg q)$
(3 as well?) different form: A says $p \wedge A$[762] is a liar $\supset \neg p$
or: $F(a) \wedge a \neq b \supset \neg F(b)$
for example: God is responsible for my evil actions; hence I am not.

[150]
Maxims during research work:
1.) do not work past 4 o'clock [regardless of success],
2.) then do something else that requires attention (radio, reading, English, writing letters, time management, summary),
3.) but start earlier in the morning (at a fixed time).
4.) Thinking about something that is not contained in the program is the same as lazing around (even when it concerns the foundations of mathematics).
?5.) Do not immediately pursue thoughts that come up during work, but note them down?
6.) When stopping work, mark this externally in some way.

Remark: Everything that can be done theoretically but apparently not practically can also be done practically (but not in a completely unexpected way). This seems to be a general principle.

Remark: Mathematical method: In order to prove theorems, one builds a continuous connection to trivial sentences via the weakening of those theorems (but it has to be the "right" weakening, which is needed for the proof of the theorem).

Note: For example, it may suffice to perfectly understand the meaning relation.

---

761 An arrow points from this position to the remark on the facing page: "Thus, from the premise: In order to find the truth, U must be removed, one concludes: When U is removed, then I will find the truth."
762 Corrected by the editor from '*p*' to '*A*'.

[151]
<u>Remark</u> See previous page bottom, "note": Maybe it suffices to really understand any (no matter which) field in order to understand the world (as everything is reflected by everything else[763] and is constructed by the same principles). By contrast, it probably does not help to have a superficial knowledge of everything.*

x^{764} <u>Program</u> → <u>Psychology</u>: Theory of false evidence – would be a very important help for finding the truth, since 1. false evidence is either a sin or the result of sin. Here, sin probably usually consists in the *iniquitas*[765] of the judgment.** [766] Thus, there is a theory of the *iniquitas* of belief, and thus also one of the *aequitas*,[767] i.e. the truth.

2. The right way to learn to do something correctly is to get to know the mistakes so that they can be avoided.

<u>Continuation</u> psychological source of mistakes – things that bear a certain close relation to each other – → = *Quaternio terminorum*[768] – are identified. For example: Sign and signified, psychological acts and knowledge of these acts,[769] concepts and objects, thinking and object of thinking (psychologism), evidence and truth, fact and cause (e.g. sensation and external cause), being and ought, being and wanting, objective and psychological simplicity of a proof (or concept). [152] In spite of this, these things can differ incredibly [e.g. vagueness and lack of conceptual content]. But there is a certain isomorphy between the sentences (which, however, is

* This may be related to the fact that it is very easy for me to learn something superficially, but it is impossible for me to learn anything thoroughly.

** Since the punishment is of the same category as the sin.

---

763 For a similar conception, cf., e.g., Leibniz, *Monadology*, §56.
764 Written in red.
765 Term for inequity or inequality.
766 Cf. manuscript page 156, Axioms, item 1.
767 Term for poetic justice, equity. Principle of Roman law.
768 A *quaternio terminorum* is a syllogistic fallacy which arises when the mediating concept in the major and minor premises is not the same, so that, together with subject and predicate, four rather than three concepts appear in the minor premise. This fallacy often arises due to the homonymy of the mediating concept in the major and minor premises. Thus, one no longer has the same concept in the major and minor premises, as would be required, but merely two that sound alike but are equivocal. Gödel also refers to this in *Philosophy I Maxims 0*, p. 188, and *Max V*, manuscript page 331.
769 For the concept of a psychological act in Brentano, cf. *Philosophy I Maxims 0*, p. 188. There, a psychological act is an intentional directedness. The psychological act refers to something and, along with that, also to itself. See Brentano, *Psychologie vom empirischen Standpunkt*, p. 168.

disrupted at certain places, which is the cause of the many fallacies). In a way, the concept of space is a Riemannian surface,[770] and points that lie on top of each other are identified.

Remark: Many maxims concerning mathematics and lectures can be found in the workbooks and the lecture notebooks[771] from Grinzing.[772] Further, the remarks on psychology and theology in the envelopes[773] and in the central registry[774] and many a remark from the theology notebooks[775] can be consulted.

Remark Psychology: Fundamental concept of psychology: "choice of a goal". The act consists in the choice of a goal.

Question Psychology: Is it a clear definition of a class $\{A\}$ of acts of a certain person to define: $x \in A$ when x is concerned with the topic α? And is this a classification into disjoint classes?[776]

Maxim: It is very important to finally get rid of my habit of always taking the wrong way first on purpose.

Remark: There are certain theorems for which one has a feeling that one can decide them if one wants to, but they are probably not entirely trivial. One should pursue these [153] and then treat the proofs *lege artis* mathematically, simplify them, generalize them, etc. Likewise, one sometimes encounters concepts about

---

770 A Riemannian surface is a one-dimensional manifold over the complex numbers that shows locally the structure of complex numbers. They are studied in the theory of functions.
771 Because of their dating, this cannot refer to the mathematical notebooks that Dawson lists on p. 505 of *Collected Works*, vol. V. Rather, attention should be paid to those listed by Dawson on page 502 (ibid.).
772 In 1937, Gödel moved to Himmelstraße 43 in Grinzing, which is part of Döbling, the 19th district of Vienna.
773 Cf. the footnote to 'program' on manuscript page 84 in this notebook.
774 Cf. the footnote to *Time Management (Max) I*, manuscript page 2, item 16; registers are also mentioned on manuscript page 25, maxim 1; manuscript page 32, items III and o a, e and f; *Time Management (Max) II*, manuscript page 140, maxim 1; manuscript page 142, item 21, and Addendum II, 6, item 15.
775 Only theology notebooks 1 and 3 are preserved. Notebook 2 cannot be found. Notebook 1 contains records of theology lectures that Gödel attended in 1937 in Vienna. Notebook 3 contains concepts, names, religious holidays, Sundays and holidays, remarks and programs.
776 Two classes are called disjoint if their intersection is empty, i.e., if they have no common elements.

which one feels: "This is a fruitful and interesting concept". One should investigate their properties *lege artis*.

x[777] Program: At some point, one should investigate the mathematical method of "discovery" on the basis of any one of the theorems I discovered, that is, to determine which conduct works out [e.g. Wajsberg's[778] theorem,[779] decision procedure for Heyting,[780] my earlier discoveries, problems and solutions].

Remark: Time management and adherence to it make it possible to do several things at the same time but each still at one's leisure.[781]

Remark Psychology: A maxim, once formulated and recognized, apparently works unconsciously (even when one does not recall it explicitly at a given time) in the sense that it is followed.

Remark: Proof that one is nothing by oneself (in particular not the intelligence) is that it is conceivable that one never recalls anything, never has an idea, etc., never implements a decision (as immediately forgotten). In other words, one is [154] passive in all of these respects.

Remark: For every belief, one is responsible at least insofar as one did not dismiss it when it intruded (sin of omission), and belief is "free" insofar as one does not have to believe.

---

777 Written in red.
778 In the shorthand in the manuscript, it says 'Weissbergscher'. From Addendum II, 5, s 4, where the name Wajsberg is written in longhand, one can see that the shorthand also refers to Wajsberg.
779 In Mordchaj Wajsberg's paper "Beitrag zur Metamathematik", Wajsberg extensively refers to Gödel's paper "Über formal unentscheidbare Sätze der *Principia Mathematica und verwandter Systeme I*". On page 201 of Wajsberg's paper, it says: "Main theorem I: the degree of completeness of the calculus of functions is equal to the continuum"; on page 227, the second main theorem is: "The degree of completeness of P is equal to the continuum." Here, P refers to Gödel's respective theory. For the work of Wajsberg, cf. also: Mordchaj Wajsberg, *Logical Works*, edited by Stanisław J. Surma; Stanisław J. Surma, "The Conference on the Scientific Achievement of Mordchaj Wajsberg" and Jan Wolenski, *Logic and Philosophy in the Lvov-Warsaw School*, pp. 349 ff.
780 Cf. Heyting, "Der Brouwersche Intuitionismus", p. 17.
781 Cf. *Time Management (Max) I and II*, manuscript pages 11, maxim 1; 24, remark 2, item 1; 25, maxim 2; and Addenda IIIa, 2, item 30; IIIb, 2v, B16; IV, 1,V.

Maxim: Do nothing, not even in the tiniest details, without making a decision; if possible, act only with a verbal formulation of the decision and the reason for it.

Program: Pay attention to your own dreams as directed by the book by Morgenstern.[782]

Maxim: During reflection on what the best action to take is, it is better to determine the purposes (goals) to which it is related, to sort them in terms of their importance and to find out which purposes (including negative ones, i.e. non-occurrence of the matter) hinder or foster the decision *a* vs. *b* than to choose the "proven" method (i.e. advantages and disadvantages).

Remark: The way one is led to do the right thing by "desire":[783] There is an aversion before starting, but pleasure appears during the activity.

Remark: When a new idea concerning an entirely different topic appears during work, do not immediately follow it, but make a note of it.

[155]
Remark Philosophy: The maxim: "One should not do anything without considering explicitly in advance whether and how one should do it" is contradictory, that is, one cannot do anything at all in this case as one needs to consider, prior to the consideration, whether one should consider, etc.

Remark: If something that is necessary for work is not at hand, then do not spend a lot of time continuing the work or trying to find the missing information yourself, but start working on something else.

---

782 This could refer to the 1918 edition of *Stufen* by Christian Morgenstern, in which Morgenstern treats dreams, along with other topics. See in particular pages 8, 11 ff., 12 and 28. Cf. also Addendum II, manuscript page 5, s 8.

783 For the numerous passages concerning desire and aversion in *Time Management (Max) I and II* and the corresponding addenda, cf. the footnote to *Time Management (Max) I*, manuscript page 24, remark 1.

Maxim: Dedicate at least a short amount of time to every idea that comes up during work (whether it may thus work out well).

Maxim: When you have not slept well, ignore this the next day (no change of program).

Remark: When the working notebooks and notes are well organized, it suffices for the implementation of "rational behavior" to memorize a single maxim.

Maxim: Modesty[784] is fruitful for time management and for reading a book as well. One must not demand perfection; one needs to anticipate "disruptions" and non-adherence. In a book, one has to expect mistakes, illogical parts, etc. (intermingled with correct parts). One has to anticipate the slow progress of one's own understanding (one should not want to achieve everything at once).

Remark: Mathematics is the only science (that I know of) that has something "perfect" about it (the exact proof and the exact concept).

[156]
Axioms:[785]
1. The punishment is of the same category as the sin.[786]
[1'. An incorrect judgment results in a wrong belief and a wrong choice in a wrong desire.]
2. What is possible in principle is also possible in practice (for example decision procedures). This means that nothing was created halfway.
[2'. What is possible is also actual somewhere and some day.]
3. Everything that is strived for with the right means will be achieved, and for everything that is possible in principle, there are the right means.

---

784 For the question of modesty in general, cf. *Time Management (Max) I and II*, manuscript page 70, maxim 1; Addenda IIIa, 2, item 30; IIIa, 3, item 46; IV, 1, II; as well as *Max III*, manuscript pages 17, maxim; 78, at the top; and 151, item 7.
785 On manuscript page 153 of *Maxims III*, Gödel writes a list of practical axioms after continuing the list of "strange coincidences" started in the present notebook after the axioms. This is followed by a list of "strange linguistic coincidences" and then two more lists of axioms.
786 Cf. manuscript page 151, program, item 1.

[3'. If it is right for *A* to strive for *B* and he puts enough effort into it, he will achieve *B*.]

4. If one needs something (for pursuing a goal appropriate to a human being), then one also has it (except when one explicitly and consciously waives it).

[157]
Strange coincidences[787]

1.) When I write a letter to Rudi, while writing the words: "On the first of July, the stipend[788] will start, and then my financial situation will improve", Mrs. Bailey[789] calls me about this precisely at the moment that I write "1. July 1940".

2.) When I had been thinking the whole day about Church's proof that every recursive function[790] is defined, Rosser[791] called me in the evening.

?3.) Dream on the night of 13. to 14./VII. 1940: I meet Natkin,[792] whose face is pale and disturbed, in Princeton. I want to greet him (Adele is also with me), but he somehow turns away, annoyed.

? 4. Adele dreams on the night of 16. to 17./VII. 1940 of a terrible argument between Mama and Pauline[793] (where Mrs. Brausewein[794] is also present), and Pauline says that Mama put something in aunt's food.

5. I always end up watching a Russian movie before travelling to America.

---

787 Cf. Addendum II, 6, item 15 below, and also *Maxims III*, manuscript pages 151 and 153 for further 'strange coincidences'. On manuscript page 151 of *Maxims III*, the list ending here with item 7 is continued with item 8. The date mentioned in the present list is July 1, 1940, and that mentioned in the list in *Maxims III* is May 15, 1941; the interval of time between these two dates is ten and a half months. The two connected lists are each located at the end of the notebook.

788 This refers to the Grant of the Emergency Committee in Aid of Displaced Foreign Scholars, which made it possible to hire Gödel at the IAS in the 1940/41 academic year.

789 Esther Bailey was a secretary at the IAS at Princeton since its inception.

790 Cf. Alonzo Church, "An Unsolvable Problem of Elementary Number Theory" and "A Note on the Entscheidungsproblem".

791 John Barkley Rosser was a PhD student of Alonzo Church.

792 Gödel saw Natkin again as late as 1957 in New York at a meeting with Feigl.

793 Pauline Handschuh was Gödel's maternal aunt.

794 Alternative readings: Brausewetter, Brausewind. Most 'alternative readings' are not comprehensible as genuine alternatives in English, and thus they have generally not been provided. As things are different here, however, the alternative reading is indicated.

6. The book by Saurer on English[795] appears to have strange magical powers (it forces one to consult it over and over again despite its being very poor).
7. Postcard with address from Carnap (containing difference between first class[796] and other mail), arrives right after drafting a letter to him and also wanting to send him an offprint.

[158]
L'Italiana in Algeri (Rossini) Overture[797]
42nd street[798]
Chiribiribi[799]
house across the bay[800]
Serenade you lady
woodpecker song[801]
Trulala

---

795 No such book is traceable. However, in *Max III*, Gödel mentions an Italian conversational grammar by Charles or Carl Sauer, which is also contained in his private library. The language textbook is written in English, and the translation exercises are given in English. Cf. Charles Marquard Sauer, *Italian Conversation Grammar: A New and Practical Method of Learning the Italian Language*, New York (Wycil) 1918, 7th edition. In German: Carl Marquard Sauer, *Neue italienische Conversations-Grammatik*, Heidelberg (Julius Groos) 1874, 5th edition. The English counterpart was written by Thomas Gaspey. Textbooks for numerous languages following the so-called conversational method by Thomas Gaspey, Emil Otto and Carl Marquard Sauer were published by the publishing house Julius Groos in Heidelberg.
796 In many countries, mail can be sent first class so that it arrives sooner.
797 *Die Italienerin in Algier* is an Opera buffa by Giachino Rossini in two acts that premiered in 1813 in Venice.
798 The song 42nd Street dates back to the year 1932 and was the title song of the film version of the musical *42nd Street*.
799 There is a Spanish folk song with the refrain "Chiribiribi".
800 Title of a movie from 1940.
801 A curly bracket on the right from "Serenade you lady" to "woodpecker song" connects the two titles.

Addendum I

Gödel inserted the following page into *Time Management (Max) II*. The original text contained neither the pagination nor the title "Addendum I". Date specification: November 8, 1937.

[Addendum I, 1]
8./XI. 1937 Why have I suddenly lost interest[802] in managing time and money rationally? Because:
I. I have lost hope that this is possible (at least for the time being); because <u>ability to work is strongly reduced.</u>
1. Lost too much time traveling back and forth.
2. Bad sleep and therefore unable to work during the day (because of noise and air quality).
3. Temperature and air in the working room are inconvenient, and I am therefore unable to work.
4. Climbing and mountains* will cause heart conditions and therefore incapacity to work.

* (and temperature and air)

II. <u>Desire to work</u> strongly reduced since in the present circumstances work is no pleasure and will be a scourge.

Characteristic:
1. mistake: Did not even consider living under a subletting arrangement, a flat from the outset.
2. mistake: In first cycle of search new building and ground floor not excluded, <u>not considered precisely enough</u>.
Characteristic:
3. mistake: 2nd cycle was started <u>too late</u>.
Wrong self-assessment:
4. mistake: Did not notice that I <u>receive an individual treatment</u> (self-assessment too low).
<u>Hypothesis</u>:
5. mistake: Believed Stadler when he said that Neumann is a decent person and that the flat has a transfer fee. <u>Believed in hints.</u>

---

802 The German word that is translated as 'interest' here is 'Lust', which is otherwise translated as 'desire'. For the numerous passages concerning desire and aversion in *Time Management (Max) I and II* and the corresponding addenda, cf. the footnote to *Time Management (Max) I*, manuscript page 24, remark 1.

6. mistake: Carelessly experimented with a flat that does not suit me. Not considered sufficiently.

Characteristic:

1. 1 mistake: Adele plans marriage, get to know the conditions, stated it for certain, underestimated the difficulties.

[Addendum I, 1v]

Mistake: Always agree with Adele when we are with other people and express this.

Characteristic mistake:
1. rashness (no concrete idea of the future).
2. starting everything too late.
3. wrong self-assessment (sometimes too high, sometimes too low).
4. underestimating the external difficulties.

Addendum II

Six pages. The pagination starts with 5 and ends with 12. From page 6 on, only the even pages are paginated; from page 12 on, Gödel stopped paginating the text. Gödel inserted these pages into *Time Management (Max) II*. The title "Addendum II" is not Gödel's.

The date written by Gödel on the back of the last page of this addendum ("Max ca. 1941") indicates that he wrote these notes when he was already in America. In addition, he refers in remark No. 16 to the notebook *Time Management (Max) II*, manuscript page 151, which is the end of the notebook that dates from July 1940, when he was already in the U.S.A. However, some remarks at the beginning seem to suggest that they might have been written in Vienna (cf. in particular No. 13).

Content-wise, the remarks belong in part to *Philosophy I Maxims 0*, but also in part to *Time Management (Max) I and II*.

[Addendum II, 5]
<u>Maxims, and the like</u>

o^{803} 1. Ontological proof of the existence of God.

o 2. What is the right order for doing science (when does mathematics come in, and what is the right order within mathematics)?

o 3. Axiom: Whoever attempts to do the right thing in the right way must achieve it. Continue to work in this direction, see also number 18.

s^{804} 4. Analysis of how I found mathematical proofs (in particular Wajsberg^{805}).* Aim: Identification of the behavior that produces the desired result.

→ 5. Sort maxims (alphabetically and by content),** in particular also psychology, foundations remarks, etc.

* Purpose: Determine which behavior leads to the goal.

** Maxims always improve (rapidly) towards the end of the notebook.

---

803 In the following, the 'o' before a number stands for 'objective'.
804 In the following, the 's' before a number stands for 'subjective'.
805 Cf. manuscript page 153, program.

s 6. Think about: What do I know and what do I believe?

s 7. Reflect on my life thus far with respect to guilt and punishment → cf. 25 (budget) (of my heritage[806]).

s 8. Pay attention to my dreams in accordance with Morgenstern's book.[807]

9. Guarantee adherence to maxims.

o 10. Learn language: Hebrew, Chinese,[808] Greek,[809] Italian.[810]

s 11. Talk to neurologist or priest.

12. Really rest for once (do nothing). (How can this be done?)

s 13. Analyze the experiences of the day psychologically, in particular "what is in my power", e.g. was[811] it in my power not to marry?

o 14. Theory of purposes and means (super- and subordination, good and bad, other purposes).

---

[806] At this time, Gödel had spent almost everything he had inherited after his father's death.

[807] This could refer to the 1938 edition of the volume *Stufen* by Christian Morgenstern, which contains aphorisms and diary entries. Cf. manuscript page 154, program.

[808] Cf. the footnote to manuscript page 87.

[809] Cf. *Time Management (Max) I*, manuscript page 1, item 10.

[810] Cf. the footnotes to manuscript pages 142, item 16, and 157, item 6, in this volume; see also page 206 in *Philosophy I Maxims 0*. Gödel also owned *Hill's Italian-English Dictionary* by Ignaz Wessely.

[811] Gödel and Adele Nimbursky, née Porkert, were married on September 20, 1938. Assuming that these pages were written afterwards, since Gödel notes "ca. 1941" at the very end, one should insert 'was' at this point. This is further supported by the fact that he uses the English abbreviation 'e.g.', for 'exempli gratia', rather than the German 'z. B.', for 'zum Beispiel', though he might have done this subsequently.

[Addendum II, 6]

→ 15. Finish "summary", in particular enter notes in the envelopes[812] psychology, ethics and remarks in the notebooks on theology[813] and mathematics[814] into the central registry.[815]

And insert a new category into the central registry: strange coincidences,[816] <u>axioms</u>, ...

And organize the central registry itself and create a table of contents.

o 16. Theory of false evidence, cf. notebook *Time Management (Max) II*, p. 151.

17. Translate from German to English* and learn English with schoolbooks (physics).

* First read in English, then translate back. Cf. 22.

o 18. Another interesting beginning: Connection between idleness, inertia, indecisiveness (compare with Descartes, Thomas concerning the passions[817]) or classification (complete[818] and clear[819]).**

** In particular, also the super- and subordination (cf. *Time Management (Max) I and II*, pp. 20, 65, (85)) or categorization of suffering; cf. also 23.

s 19. Free association.

s 20. Where in life can one experiment?

---

812 Cf. the explanation of 'program' on manuscript page 84 in this notebook.
813 Cf. the explanation of remark 1 on manuscript page 152 in this notebook.
814 Kurt Gödel's *Nachlass* (CO282) contains 13 notebooks on mathematics; cf. *Collected Works*, vol. V, pp. 505 f., and in addition 16 *Arbeitshefte Mathematik* [mathematics workbooks], ibid., p. 502.
815 Cf. the explanation in *Time Management (Max) I*, manuscript page 2, item 16; registers are also mentioned on manuscript page 25, maxim 1; manuscript page 32, items III and o a, e and f; *Time Management (Max) I*, manuscript pages 140, maxim 1; 142, item 21; and 152, remark 1.
816 Cf. manuscript page 157 in this notebook and *Maxims III*, manuscript pages 151 and 153, for further 'strange coincidences'.
817 Descartes, *Passions de l'ame* II, art. 59; III, art. 170. In Thomas Aquinas, one finds explanations about emotions and passions (*passiones animae*), particularly in the *secunda pars* of his *Summa theologiae I–II*, qq. 22–48. Concerning inertia, see for example *Summa theologiae IIa–IIæ*, q. 35 art. 4 ad 2. Cf. Addendum XV, 1, item 12.
818 Descartes' fourth rule in *Discours de la Méthode*, II, 10, recommends paying attention to the completeness of listings in order not to forget anything.
819 In *Discours de la Méthode*, II, 13, Descartes states that adhering to his rules gave him a clearer and more distinct (*plus nettement et plus distinctement*) understanding of his objects of investigation.

s 21. Reflect on how I should behave in certain situations (in particular towards humans). Tell the truth, etc.

22. Go to the theater after reading the text in English (look through the programs of past years).

[Addendum II, 7]
23. Different beginning: It is rational to first understand what there is to do. Think about it for this purpose until the reflection yields by itself the result that something else should be done (this is probably the right method for the "strong ones" (e.g. angels)). In the case of humans, this method of understanding stands opposed to perceiving the singular and contingent with the senses (this may be the method for identifying the various sensuous appearances with that which exists necessarily) cf. 24.

24. Classification of psychological phenomena I. acts,[820] II. *passio*:[821]
I. Every act includes setting up a goal. This can be: A. Producing the perception of a state of affairs (intellectual act), B. something else (moral act).
II. Every *passio* is a perception: A. of a state of affairs, B. of something else (e.g. pain, red, etc.) cf. 26.

25. In particular: When did I have a bad conscience, and why did I fail to do the right thing in this case (fear of something specific, indefinite fear, inhibition, desire[822])? Examples: Onanism, reading

---

[820] Act as in being active, effectiveness, reaction. In the Aristotelian tradition, the *actus* is also a manifestation of the entelechy, which aims at an intrinsic goal (or perfection) to be pursued. Cf. also *Philosophy I Maxims 0*, p. 183; p. 188; p. 189; p. 210; *Time Management (Max) II*, manuscript page 151, continuation; and *Max V*, manuscript page 331, reference.

[821] Perception, suffering. Cf. also *Philosophy I Maxims 0*, p. 183 (where *passiones* are also viewed as perceptions), and p. 189.

[822] For the numerous passages concerning desire and aversion in *Time Management (Max) I and II* and the corresponding addenda, cf. the footnote to *Time Management (Max) I*, manuscript page 24, remark 1.

forbidden books, visa A[merica],[823] swastika[824] and referendum, lecture at Notre Dame[825] (that I even gave it), room at Notre Dame, [Addendum II, 8] choice of doctors when Adele was ill, marrying Adele. Sin of omission: usually refraining from performing my duties.

26. Building blocks of psychology: (cf. also 31)
<u>1.</u> [826] Perceptions that are not states of affairs: colors, tactile sensations, sounds, tastes, smells, pain, desire,[827] concern, joy. In short: sensations and emotions.
<u>2.</u> Perceptions that are states of affairs: mapped one-to-one to all meaningful sentences.

Remark: All perceptions (1. and 2.) can be categorized into two classes: comfortable and uncomfortable (likewise their combinations).

Remark: Acts can be categorized into:
A. attention (i.e. the purpose is to achieve a perception),
B. actions. Or, according to another reason for categorization:
I. Reflected ones. That is, those to which a second (prior) act is assigned, the purpose of which is to perceive the right thing to do, and the conclusion of which is the choice of this act.
II. Unreflected ones.

Remark: Every act has a goal. The goal can be any state of affairs (cf. 2.). Depending on the goal, the acts can be categorized into those for which the choice of the goal does not immediately lead to its realization and those for which the choice of the goal [Addendum II, 9] does automatically lead to its realization. These form:

---

823 Alternative reading: visa A[dele]. The first reading would mean that he was late applying for a visa for himself or that he had spent too much time outside of the U.S.A. after 1935, such that his re-entry permit had expired. This would have made it necessary for him to re-enter with an ordinary visitors visa in 1938 and apply for a new visa in 1939. Cf. Dawson, *Logical Dilemmas*, p. 139. The second reading would mean that he was late applying for a visa for Adele.
824 Cf. the mentions on manuscript pages 93 and 96 in *Time Management (Max) II*.
825 Delivered in the spring of 1939. See the explanation on manuscript page 79 of *Time Management (Max) II* above.
826 See the following manuscript page, items 3 and 4, and manuscript page 10, item 5.
827 For the numerous passages concerning desire and aversion in *Time Management (Max) I and II* and the corresponding addenda, cf. the footnote to *Time Management (Max) I*, manuscript page 24, remark 1.

3.[828] the set of immediately achievable goals (e.g.: means),*
4. set of believed states of affairs (subset of 2.).

* Question: Does finding the means for a given purpose also belong to category 3?

Remark: A state of affairs is believed when it was once consciously considered to be true. The set 4 also determines the set of known (= true and strongly believed states of affairs or such that can easily be deduced from them) and of unknown states of affairs (= not deducible from those that are believed).

Remark: The facts that one experienced (or came to know about in some other way) and kept in mind form a subset of 4.

Remark: For the occurrence of a certain act, only those perceptions that are "present" at this moment are relevant.

[Addendum II, 10]
Question: What is attention? That is, does concentrating attention on a certain point of the perceptual field modify the perception itself? Or is the perception merely that perceptions on which one is focused are mainly relevant to the choice of further acts?

Remark: In every moment of conscious life, one is governed by a certain purpose (and indirectly by superordinate purposes), namely the most recently chosen one. Question: In sleep, is it just that one is no longer governed by any purpose and does not carry out any more "acts"?

5.[829] A further category of psychological elements are impulses and inhibitions. (Is impulse something other than the hope of achieving something desired by means of an act that is within your power?) Cf. further 29. Cf. notebook Philosophy [I Max 0, p. 76, and Addendum].

Remark: For the difference between body and soul, the different kinds of memory are important: memory of experiences, language, ideas and states of affairs.

---

828 Subitems 3 and 4 belong to the preceding manuscript page, item 26, subitems 1 and 2. See also manuscript page 10, item 5.
829 See manuscript page 9, items 3 and 4, and manuscript page 10, item 5.

27.[830] Setting up the rule of decency *a priori* (also a possible beginning).*

* [11] In particular, how should I behave when I or my friends are insulted?

28. Construction of an exact language based on the model of the living languages (Esperanto,[831] basic English).

29. Analysis of the state of affairs: It is clear to me that I need to do this or that, and I still do not do it, e.g. 1. consulting a neurologist, 2. Liese [...]. In particular: How can [Addendum II, 11] the emergence of (small) difficulties overturn the implementation of a decision? (cf. 33)

Is it even possible to recognize anything as rational (conducive to happiness)[832] for sure?

30. A human of class I (or level I) is one who does not believe in parapsychology**[833] (including those for whom the question is undecided and who suspect/make conjectures). One can only get out of level I by experiences or proper teaching (e.g. religious education). The humans in class I can be categorized as materialists (including positivists) and idealists.

** The "real" parapsychology (e.g. statistical thought transmission is not yet sufficient). In general, it needs to be something that changes the worldview, for example the effect of the "word", holistic (not resolvable) connection, moral connection.

Main difference: Immortality and possible retribution post mortem. The good in someone (moral as well as emotional) produces an inclination toward idealism, the evil towards materialism. However, the materialists are apparently more modest[834] (with respect to their own significance) than the idealists.

1. Question: Is materialism or idealism the "right" worldview in consideration of experiences at this stage of existence? 2. Question: What can the "sins" of someone at this level be? 3. Question: Is this class numerous, and how (and for what reasons) does it merge into the next higher class or death?

---

830 From this point on, continuation of item 26 above.
831 Esperanto is a so-called planned language. Carnap learned it by the age of 14.
832 The connection between reason and happiness points to Stoic philosophy. "Conductive to happiness" is written in English in the manuscript.
833 Parapsychology is the study of occult, supernatural phenomena that lie outside our usual perceptive faculties, such as telepathy, apparitions, telekinesis, etc. Cf. *Time Management (Max) I*, manuscript page 42, item 2, and *Time Management (Max) II*, manuscript page 142, item 17.
834 For the question of modesty in general, cf. *Time Management (Max) I and II*, manuscript page 70, maxim 1; Addenda IIIa, 2, item 30; IIIa, 3, item 46; IV, 1, II; and *Max III*, manuscript pages 17, maxim; 78, at the top; and 151, item 7.

[Addendum II, 12]

31. Right beginning according to Thomas Aquinas = *First Truth*[835] = truth about God.

Thus: a.) clarify the meaning of the individual sentences of the confession of faith and draw conclusions (in particular from the first sentences),

b.) start with the properties of God, in particular ontological proof of God's existence[836] (Descartes),

c.) in particular read treatises that are concerned with the concept of God (Augustinus and Hilarius,[837] *De Trinitate*,[838] *Summa* (*De Deo*[839] and Christology[840]), *De divinis nominibus*[841]).

32. Analysis of the sentence: "This was an advantage for me" and of the sentence: "What would have happened had I done this or that?"

33. Difference between the various characters is defined by studying their behavior in the case of omniscience. Here, omniscience means:
1. One knows all possible ways to behave, 2. their consequences *ad infinitum* for oneself and others (only necessary with respect to desire and aversion[842]), 3. one knows oneself well enough to make a unique choice. To a certain degree, this state is actually realized. This means that creatures are awakened by "light" (to act). There are situations for which one needs to imagine partial knowledge of 1., 2., 3., where it is rational to fill in the lack of knowledge with an assumption (e.g. when it turns out that assumption A is not

---

835 Written in English in the manuscript.
836 In his *Meditationes de prima philosophia*, Descartes proves the existence of God in both his third and his fifth meditation.
837 Hilary of Poitiers, bishop and Doctor of the Church from the 4th century.
838 *Expositio super librum Boethii De trinitate* is a comment by Thomas Aquinas on Boethius's *De trinitate* and also a work by Hilary of Poitiers.
839 "De Deo" is the first part (*prima pars*) of the *Summa theologiae* by Thomas Aquinas.
840 "De Christo" is the third part (*tertia pars*) of the *Summa theologiae* by Thomas Aquinas.
841 Comment by Thomas Aquinas on the work *De divinis nominibus* by (Pseudo-)Dionysius.
842 For the numerous passages concerning desire and aversion in *Time Management (Max) I and II* and the corresponding addenda, cf. the footnote to *Time Management (Max) I*, manuscript page 24, remark 1.

at all essential to the decision, that means A and ¬A); cf. also *Max Notebook III*, p. 25.[843]
(cf. 34)

[Addendum II, 13]
Or cf. *Max Notebook* 3, p. 25 bottom; cf. No 38.[844]

34. Another beginning: What is required for a perfectly happy state? In general, analysis of "happiness".

35. Pursue the analogy between antiquity and present time precisely, in particular in religious respect: Judaism → Christianity.

36. Occupational statistics (statistics education and school) statistical bibliography and library science.

37. Learn languages (correct the sins of youth in this respect). Maybe by learning Greek and the rules of grammar explicitly.

38. When a set of creatures with the ability to suffer and to interact is given, how does the effect need to be set so that there is "justice"? [This may be the way to understand everything *a priori*? For example, it is just that man has "cognition" due to certain behaviors of his soul] cf. 40.

39. Maybe I should create only overviews and bibliographies of relevant other fields beyond my professional occupation?

40. Another beginning: Tidy up the space of ideas, which means: 1.) Classification into the categories sensorial, abstract, etc., mathematical and empirical, 2.) find the undefinable and the derived ones, 3.) topological and metrical study of the space of ideas,* 4.) constructive relations.

*Are there insular points?

[Addendum II, 13v]
Maxims around 1941

---

843 *Max III*, manuscript page 25, remark 3; cf. the next sentence. *Max III* was written between 1940 and 1941.
844 This note refers to item 33 of the preceding manuscript page. In the text in *Max III* below, a system that decides all questions is assumed.

Addendum III

Gödel inserted the following pages into *Time Management (Max) II*. The original text contained neither the pagination nor the title "Addendum III". No date given.

[Addendum IIIa, 1]
General Points:
1. What matters in order to finish an activity quickly is not that it is done quickly but that it is done properly (keep goal in view).* [845]

* Hence spend more time on activities of the second level and proceed as explicitly (formalistically) as on the second level (prove theorems). [That is not an additional time expense, as it may seem, but vice versa!!]

2. Always formulate the goal in words in advance (maybe also further goals) and especially subsequent goals and time to be spent on them, since otherwise it is inevitable that the view that everything needs to be done today will develop unconsciously.

3. In relation to your working power, the amount of time available is far smaller → (therefore it is all the more important to choose correctly and to take on only very little! → This also holds for the lecture and for the goal of the working hour) ← Everything requires a different amount of time to be dealt with → *lege artis*, hence <u>consider whether</u> to engage yourself.

4. Maxims into the wallet, look up frequently,[846] read Max Notebooks more often and think about time management.

Go for a walk, go to bed,[847] should slope downwards[848] ↓[849] →
5. The most important thing in life is to be well rested[850] and rested in general (go to sleep at the right hour) and coitus[851] (satisfy her).

---

845 Cf. manuscript page 129, maxim 1, in this notebook.
846 Cf. *Time Management (Max) II*, manuscript page 140, item 2; *Max III*, manuscript page 3, maxim 2.
847 Cf. *Max III*, manuscript page 8, remark maxim.
848 It is the bed that should slope downwards. In his lexicon entry on dietetics from 1833, Theodor Schreger recommends paying attention to securing a suitable bed.
849 The arrow points to "break every few minutes"; see item 7.
850 Cf. *Time Management (Max) II*, manuscript page 86, maxim 2.
851 Cf. also *Time Management (Max) I and II*, manuscript pages 62, maxim 1; 98, remark 4; 134, maxim 1.

6. In every matter first an overview before moving on to the details [and also during work, do not lose track of what was done, what there is to do and the purpose].

Break every few minutes → 7. A developed decision is better and more effective than an enforced one,* (overhasty) = no decision! This means: Do not do anything without a real decision, not even resting!

* That is, one needs to be convinced of the rationality of what one is doing: in particular including formulation in lecture.

8. The most important point about making progress may be: "learning to speak". This means: learning the language and learning to talk in a reflected way.

→ 9. Secret of success: Behave in every matter as if everything else were already done and only this one thing still needed to be done (this is concentration, conceptual control). Means to achieve this: Decide only for a short time and think: What of it when it is wrong (cf. reading on the tram!). Distribute over many days <u>and take your time</u>.** [852]

** This even holds for very small things [menu card, looking for something].

And in general about success → 10. Work with "external success",[853] publications, etc., are very important (decisive) for mood (tremendously important).

[11. Getting rid of bad mood [not feeling like doing anything[854]]: Relate to some recent success (or something experienced, beautiful) or "tidy up"].

12. One needs to be engaged affectively in diversion[855] (otherwise no diversion), and one needs to force oneself to do this as in the case of work.

---

852 Cf. *Time Management (Max) I*, manuscript page 78, maxim 1.
853 Cf. *Time Management (Max) I*, manuscript pages 1, A, item 1; 73, remark 3.
854 "Not feeling like doing anything" is a translation of "Zu-nichts-Lust [= desire]-Haben". For the numerous passages concerning desire and aversion in *Time Management (Max) I and II* and the corresponding addenda, cf. the footnote to *Time Management (Max) I*, manuscript page 24, remark 1.
855 Cf. *Time Management (Max) II*, manuscript page 120, remark 1. For explicit mention of the concept of 'distraction' in *Time Management (Max) I and II*, cf. the comprehensive explanation of the list on the inside cover of *Time Management (Max) I* provided at the beginning of this volume.

13. Do everything either completely or not at all → in particular when reading: Read every word as you would read the Bible (take your time) (or at least do a part completely or not at all).

In particular, it is a very essential part of work!!! ← 14. Reaching a decision is a task like any other. Hence also: start early enough, distribute it over several days, work with documents, breaks.

→ 15. Conditions for rational work and rational action in general: 1. being determined to do it, 2. in words (goals); 3. with documents and literature; 4. external conditions → time, place, desk; 5. taking time; 6. self-monitoring during work.

16. Do not allow yourself to be hindered from doing the right thing by provisional obligations or by [fear of] "irritating people".

[Addendum IIIa, 2]
Cf. also envelopes and remarks psychology and theology, theology notebooks, working notebooks, lecture notebooks.[856]

[17. Implement all decisions (even those only made halfway).

18. Introduce a "lost" hour per day.]

19. The best relaxation is to do one's duty (especially in external matters).

20. When dealing with people:
1. Do not try to appear to be more than you are (give the appearance that you are stupid, illiterate, ill-bred, etc.).
2. Fatigue and milkshake.[857]

[21. In order to be satisfied, one imagines the loss of those goods that one has (health, income, Adele, little work).]

---

[856] For the envelopes and various workbooks, cf. *Time Management (Max) II*, manuscript page 84, program; 152, remark 1; 154, remark 1; and Addendum II 5, item 15.
[857] 'Milkshake' in the manuscript in English. Cf. *Time Management (Max) II*, manuscript pages 123, remark 3 and 143, remark 1.

22. Take "inventory" from time to time, similar effect as a departure.

23. The external reflects the internal in every respect (thus write properly and maintain order).

24. Fundamental relation between means and purpose: In order to achieve *A*, it is right to think about *A* and its achievability.

25. Not resting or not working on theology (but instead on foundations) when I planned to do it is a breach of duty (a lazing around), just like the opposite.

[26. The habit of taking the unlikely path first needs to be given up.]

27. Decisions need to be made: 1. according to the method of evaluation, 2. according to the purposes and the order of purposes by importance.

ad 8 28. Learn language:[858] 1.) Definition of 'correct' (similarly as in logic), 2.) theory of naming indicating the abstract by the concrete and of "word formation".

[29. Very often, one achieves something by pursuing something else or even the opposite. Theology.]

ad 3 30. Better to do little slowly than too hastily[859] (cure for haste: previous decisions and obligations in <u>external matters</u> and start early enough with everything. Do not take on too much (modesty with respect to goals[860]).

31. Temporary interruption is good for every activity.

---

858 Cf. Addendum IV, 1, III B.
859 Cf. *Time Management (Max) I and II*, manuscript pages 11, maxim 1; 24, remark 2, item 1; 25, maxim 2; 153, remark 1; and Addenda IIIb, 2v, B16; IV, 1, V.
860 For the question of modesty in general, cf. *Time Management (Max) I and II*, manuscript page 70, maxim 1; Addendum IIIa, 2, item 30; IIIa, 3, item 46; IV, 1, II; and *Max III*, manuscript pages 17, maxim; 78, at the top; 151, item 7.

32. Desire is a criterion of rationality[861] (but maybe aversion as well? = do penance) (do not enforce anything) [after attending to one's duties].

ad 31 33. Interrupt work every two hours (a least!) for ten minutes! And stop in accordance with the program!

34. Set up the program in advance in such a way that one can "justify" it.

35. Imagining that one is talking to someone (that someone is asking me something, in particular also concerning a book one is reading) is very fruitful.

[Addendum IIIa, 3]
General Points
36. Do not give up prematurely, even when a mistake has been made.

ad 9. 37. Facilitation of decisions: Breakdown into their parts (e.g.: today draft letter, tomorrow make a neat copy, then mail it[862]). In general, break down every unpleasant activity into parts.

38. Success tremendously increases the desire to work[863] (solve problems).

ad 7. It is also important to be convinced of the correctness of what one has done thus far.
(Simplicity of solving problems that are guaranteed to have a solution belongs here.)

---

861 Cf. *Time Management (Max) I*, manuscript page 47, maxim 2; see also the numerous passages concerning desire and aversion in *Time Management (Max) I and II* and, in the corresponding addenda, the remarks on *Time Management (Max) I*, manuscript page 24, remark 1.
862 Cf. manuscript page 65, remark 4, in this volume.
863 For the numerous passages concerning desire and aversion in *Time Management (Max) I and II* and the corresponding addenda, cf. the footnote to *Time Management (Max) I*, manuscript page 24, remark 1.

ad 9. *Divide et impera*: Divide and focus on every individual part separately. In particular distribute over many days (even things that you like to do!) and also when reading a paper.

39. The success does not depend on you; only the effort depends on you [Overexertion of the sense of responsibility and strongly wanting success].

ad 1. 40. That which appears to be a slowing down of work (taking time, breaks, thinking in higher types, taking on only a little,[864] writing up precisely, doing earlier things precisely before moving on) is really an acceleration.[865]

41. In order to force oneself to do something unpleasant, keep the nice goal in view; for example, spare time in the afternoon (or the loathsome one that needs to be prevented).

42. Doing something every day is a tremendous amount.[866]

43. A fruitful classification of activities is that into those with and those without inhibitions (for time management).

44. In order to achieve an aim, one must occasionally change one's working direction (i.e. the method or the general way of behaving)* [cf. Steiner's theorem on conditionally converging sequences[867]], among other things also aggravation of conditions (slowly).

* Also diversion while learning the sciences and alternation of theory and practice.

45. In order to be good at simple things, one needs to have attempted complicated things (reversion of "modesty"[868]).

---

864 Cf. *Time Management (Max) I*, manuscript page 4, and Addenda IIIa, 1, item 3; IV, 1, item II A; VII, 2, ad 2A.
865 Cf. *Time Management (Max) I*, manuscript page 73, remark 2.
866 Cf. Addendum VII, 2v, item 2 E, and Addendum IV, 1, II C.
867 "The set of sums of a conditionally converging sequence is always a linear manifold." See Ernst Steinitz, "Bedingt konvergente Reihen und konvexe Systeme", p. 129.
868 Cf. the next item.

46. Modesty:[869] When the right thing is impossible (i.e. weakness), content yourself with an approximation.

47. Every decision should either be implemented or explicitly given up (otherwise, one is under its "rule" and cannot do anything else). In order to implement them,[870] it is important to decide <u>exactly</u> (for all possible cases) and to make it clear that this is better than everything else.

[Addendum IIIa, 4]
General Points
48. Learning to behave (by abstract axioms).

49. Topology or metric of an area yields the principle of the right classification.

50. Do not move on to something more complicated (based on the previous) before the previous things have been completely dealt with.

[51. The best relaxation is to do one's duty.]

52. The best start for learning something is an overview of what one already knows.

[53. When the next goal is not formulated in words, the unconscious belief that everything needs to be done today emerges.[871]]

54. Beware of "underestimating" (i.e. of underestimating things in terms of their significance, complexity, prodigiousness).

55. Fatigue should not impair the quality, but only the quantity, of work.

56. Set an alarm clock for going to sleep as well.

---

869 For the question of modesty in general, cf. *Time Management (Max) I and II*, manuscript page 70, maxim 1; Addenda IIIa, 2, item 30; IIIa, 3, item 46; IV, 1, II; and *Max III*, manuscript pages 17, maxim; 78, at the top; 151, item 7.
870 By which are meant the decisions.
871 Cf. item 2 of Addendum IIIa.

→ 57. Decide something only when it is perfectly clear that you should do it. But actually do this. (He should do what he can.)

→ 58. First start implementing the program (i.e. the implementation of the maxims you decided to follow) roughly, then make it finer and finer. The first step is to reserve a certain amount of time for certain activities, where the activities need to be arranged in the "right" way.

59. Reflect on the cause of haste.   Max Notebook 3, p. 122[872]

→ Meaning: Not yet in the *Max Notebook*

[Addendum IIIb, 1v]
Mathematics
? 1. Do not attempt to find a new proof with your eyes closed, but adhere more closely to the initial concept.

? 2. You shall not think about the absolute[873] (this is the meaning of the resolution of the antinomy trough the theory of types); this is philosophy and not mathematics.

B. 3.' 1 Do not go to work with the intention of achieving this or that great goal, but in an attempt (which may be successful) to achieve this or that modest[874] goal (in particular also when preparing a lecture).

B. 3.' 2 Every decision on how a paper should be written is a waiver. It is not possible to proceed in a way that contains all possibilities. Better poorly than not at all (at first always poor).[875] One should do something when one does not know what is right. The firstborn is poor, but not superfluous.[876]

---

872   Cf. *Max III*, manuscript page 122, remark 3: "Cause of haste: 1.) danger; 2.) unfulfilled duty; 3) taking on to much; 4.) <u>not knowing what the right thing to do is</u>."
873   Cf. *Time Management (Max) II*, manuscript page 86, maxim 1, item 1.
874   For the question of modesty in mathematics and teaching mathematics, cf. *Time Management (Max) I and II*, manuscript pages 53, remark 2; 67, remark 2; 70, item 6; 89, remarks 1 and 2; 124, maxim 2; and Addenda II, 11, item 30; IIIb, 1v, item 3'1; IIIb, 2v, item B16.
875   Cf. Addendum IIIb, 2v, item B. 16.
876   Cf. manuscript page 89, maxim 1.

In general, concrete subquestions (in every matter) ← 4. Examples are better than general considerations (including finding precisely the implementation of an idea).

5. Often when fluctuating between multiple possibilities, both are possible and useful (try! even if only as an exercise).

In particular also the purpose of some work ← 6. Formulate everything in words and write it down neatly (without pieces of scratch paper); in particular, do not begin a notebook from both ends, and for every field (and mathematics), a notebook starting with a program.

[7. For lectures: One cannot say everything explicitly, but enough in order to allow for an understanding on the basis of it.]

→ 8. The purpose of reading papers is not only understanding but also remembering (knowing);[877] this alone allows one to achieve an "overview" of the proofs, that is, the mastering of the subject that is, for example, necessary for a good lecture.

9. Do not slavishly adhere to the immediate goal, but allow for a leeway of possibilities. (Do not adhere to the given problem or the concepts too slavishly; the right way lies in the middle.)

10. Exactness is very fruitful (in particular when reading), where the essential point is that the singular mistakes are clear.[878]

→ 3.' 3 Be more careful when introducing new concepts and languages (and use them sparingly, as introducing a new word is a big thing).

11. In order to be able to proceed, prepare a clear talk on the results obtained thus far or a lecture.

---

877 Cf. *Time Management (Max) II*, manuscript pages 115, maxim 2; 139, remark 3; and Addendum IIIb, 3v, item 31.
878 Cf. *Time Management (Max) II*, manuscript page 123, maxim 2, and Addendum IIIb, 2v, item 19.

Proof precedes theory in every respect ↓ [879]; working with something is a substitute for it and in any case a <u>preliminary stage</u> before formalization ↓ .[880]

12. Exercise: in solving problems and reading logic, and in general simple exercise problems.* [881]

<small>* At the same time, this tremendously strengthens the desire to work.</small>

13. First implement the whole proof before proving triviality. (Only formulate triviality in order to <u>make the proof convincing</u>.) First implement convincing proof, before implementing elegant proof.

14. Whether something works with a certain idea alone is (by definition) always easy to determine (not obscure).

[15. While reading occasionally think about what the heuristic perspective could have been. <u>Do not read more than one book about such fields at the same time</u>! And collections of examples.]

[Addendum IIIb, 2v]
B 16.[882] Modesty is tremendously fruitful.[883] → Deductive system = waiver to define and prove everything, "in any case, it holds, that".[884] [<u>Turning trivialities back and forth and proving them, until one understands them completely</u>]; as long as it is fun → this is also the only thing that is "fun". Take time and leisure.[885]

→ When one sees how to achieve a part of the goal, one can stop to "think about it" and implement this and be happy about it, if

---

879 Two arrows point to item 12 and the subsequent sub-clause.
880 The arrow points to item 13.
881 Cf. the footnote to manuscript page 86 on mathematical problem collections in Gödel's private library.
882 Item 16 is preceded by the subchapter "mathematical method" in Addendum IIIb, 2v, which comprises 11 items. In the present edition, it is printed after Addendum IIIb, 4v, in order to avoid interrupting the succession of items 1–45 in the section "mathematics". Thus, 'Addendum IIIb, 2v appears twice. The second time it is written Addendum IIIb, 2v'.
883 For the question of modesty in mathematics and teaching mathematics, cf. *Time Management (Max) I and II*, manuscript pages 53, remark 2; 67, remark 2; 70, item 6; 89, remarks 1 and 2; 124, maxim 2; and Addenda II, 11, item 30; IIIb, 1v, item 3.' 1; IIIb, 2v, item B16.
884 Cf. *Time Management (Max) I*, manuscript page 70, items 6 and 9; Addendum IIIb, 2v, item 22; and *Max III*, manuscript page 18.
885 Cf. *Time Management (Max) I and II*, manuscript pages 11, maxim 1; 24, remark 2, item 1; 25, maxim 2; 153, remark 1; Addenda IIIa, 2, item 30; IV, 1, V; and *Max III*, manuscript page 22, remark 1.

[…]. → Better badly than not at all. (The first attempt is always bad.)[886] → Content yourself with simple problems and settle them completely. Completely settling those easy problems automatically yields the difficult problems.

17. Do not read bad papers.[887]

18. Do not get stuck[888] and accept negative results; also, do not get stuck with respect to time, but stop at the right time (this is the same). The compulsion to think remains in force until the next success. What does not work easily does not work at all. But then something else works instead of it. Consider p as well as $\neg p$ as possible from the outset and think about them alternately. → Record failures of ideas as well. Before choosing a path, set up a written directory of possibilities.

19. Exactness is very fruitful.[889]

20. [890] Mathematics lecture: (= Ideas) Either beautiful or precise. One of these can partially replace the other; one must not rush the student;[891] arrange the examples in terms of an abstract scheme (seeing things through God['s eyes]) and completeness.

21. Criterion for being on the right track: Not even repetitions become trivial (but one makes progress and gets a feeling of "showing the method or the 'depth'").

22. Side notes and background knowledge are very important when reading (and also when giving a lecture) (breather, "in any case, it holds that"[892]).

---

886 Cf. Addendum IIIb, 1v, B 3.' 2.
887 Cf. *Time Management (Max) I*, manuscript pages 52, remark, item 0; 69, maxim, item 2; Addendum VIII, 1v, item 7; and *Max III*, manuscript pages 32–32.1, maxim 3.
888 Cf. Addendum VIII, 1v, item 7.
889 Cf. Addendum IIIb, 1v, item 10.
890 In the manuscript, items 20–22 are located in the center of the page titled Addendum IIIb, 2v, under item 10, "mathematical method".
891 Cf. *Time Management (Max) I*, manuscript pages 52, remark, item 0; 69, maxim, item 2; Addendum VIII, 1v, item 7; and *Max III*, manuscript page 32–32.1, maxim 3.
892 Cf. *Time Management (Max) I*, manuscript page 70, items 6 and 9; Addendum IIIb, 2v, item B16; and *Max III*, manuscript page 18.

[Addendum IIIb, 3v]

Mathematics

23. That which is best for practical application (calculation of examples, etc.) is also theoretically best (cf. *Max Notebook 3*, p. 23).[893] The practical is a guide for the theoretical.

24. In order to see through and simplify a proof, it is good to answer individual questions (which may appear completely irrelevant) concerning these things precisely with a detailed proof (and to carry out the proof precisely). Further, after the registry of activities, consider which activity I should apply.

According to Descartes: <u>Repeatedly run through the proof</u> until it is possible to survey it in one go from start to finish.[894]

Apply the different activities of the mathematician in <u>alternation</u>! Namely in such a way that in each case, those that "point to" the goal are applied.

Could it be part of the nature of mathematics that, when one merely keeps doing something properly for a sufficient amount of time, regardless of the direction, one can finally survey everything?* [But the way will be a different length depending on where one starts.]

* Maybe generally in life: It suffices to do anything for a reasonably sufficiently long time.

→ 25. Look up registry of activities!

26. One can do everything <u>"wrongly" or "correctly"</u>, but the wrong reflects the essential properties of the right (but [this is] practically unfeasible). The wrong is an approximation of the right; the existence proof [is an approximation of] the construction.

27. A proof idea often consists of a "proof plan" (<u>in particular where constructions</u> need to come in), and it is often possible to refute

---

893   This relevant remark is: "What is the right thing for practical reasons, is also the right thing for theoretical reasons."
894   In the text on rule VII on page 109 of the English translation by Heffernan, it says: "For this reason, I shall run through these relations several times, in a certain continuous movement of thought, continuously intuiting individual ones and passing on to the others until I have learned to pass from the first to the last so swiftly that, leaving room for almost no functions of the memory, I seem to intuit the whole thing at once." René Descartes, *Regulae ad directionem ingenii. Rules for the Direction of the Natural Intelligence*, ed. and transl. by George Heffernan, Amsterdam et al. (Rodopi), 1998. Cf. also Addendum IIIb, 4v, item 45.

a proof plan with an abstract consideration (like judges playing prosecutors).

28. Axiom: There are no irreducibly complicated proofs (i.e. everything can be formalized and be made intersubjective).

29. Important for method and psychology of mathematics:[895] Distinguish between: 'perfectly clear', 'somewhat clear', 'plausible' (and aesthetic reasons).

30. Ask prior to any proof whether all easy questions have already been decided.

→ 31. "Knowledge",[896] and especially practice, are important in mathematics as well. In general, treat mathematics more like a "historical" science.

32. In order to achieve B, I want to achieve A_1 and A_2. This means: Prove $A_1 A_2 \to B$, but first decide whether one of the two is easily refutable. (Consider the feasibility of an idea.)

33. When it is not clear how to implement (formalize) an idea, carry it out for a simple example [in particular for induction].

Entry: Axiom: Everyone chooses his own fate completely and in every detail (even the time in which he lives).
Psychology Notebook:[897] cf. Max I, p. 16 bottom.
   Formalization of philosophy: Entry Program Notebook,[898] likewise focus on something that you've never focused on before (abolish the blindness); likewise p. 75 bottom, learn Bible by heart, categorization of historiography.

---

895 Cf. Addendum IIIb, 2v', item 11.
896 Cf. Time Management (Max) II, manuscript pages 115, maxim 2; 139, remark 3; and Addendum IIIb, 1v, item 8.
897 No such notebook has been found.
898 No such notebook has been found.

[Addendum IIIb, 4v]
Mathematics

34. Main mistake at work: on the one hand, I am determined to follow a certain idea; on the other hand, that idea is muddled.

35. Do not write too much (also think on the sofa).

→ 36. Two research activities: 1. Achieve new things, 2. make previous things precise (and publish).

37. The one and only problem in mathematics is the construction of existential propositions.
cf. *Working Notebook 6*, cf. *Max Notebook 3*,[899] p. 83 top.[900]

38. Fundamental mistake: I do A even though I am determined to do B.

39. Means against haste: Do the same thing again and try to understand it precisely.

40. When one makes no progress with a certain matter, leave it (i.e. think about the first thing one should do differently or how to approach it; also at work).

→ 41.[901] There are two kinds of work: 1.) that which contains something, either a new result or something recently learned, 2.) that which renews, improves, specifies the old results. When one starts work of the second kind, there is a danger of not making progress (standing still). One should always work on something of the second kind, too.

→ 42. Two different kinds of work: A.) that which one can do, B.) that which one cannot do (possibly).

---

[899] *Max III*.
[900] $(\exists F)(\forall x) A(x, F(x))\ (\forall x)(\exists y) A(x,y)$
[901] Curly bracket on the left, from 41 up to and including 42.

43. "Pondering" and fantasizing and philosophizing make much more sense after one has achieved a result through writing [in order to enjoy it and familiarize oneself with it].

44. Doing what one can.

Descartes, in order to learn.
45. Repeatedly run through the proof[902] in a continuous connection, similarly continuous survey of a whole system of simple truths.

[Addendum IIIb, 2v'][903]
<u>Mathematical</u> Method cf. *Max Notebook 3*, p. 30 bottom[904]

1. Specialize the theorem, prove it for the special case, see what comes out as essential about the proof in the end.

2. First solve all simpler questions (and survey completely).

3. Clarifying the concepts (exact definition, vivid definition, examples of concepts and their opposite, simplest relations to other concepts and themselves, simplest and most elegant possible definition and formulation of the theorem [turn back and forth]).

4. Approximation by weaker theorems.

5. Analogy.

6. Geometrization.

7. Indirectly (refutation).

8. Case distinction (passing over to example and seeing what is essential about it).

---

902 Cf. footnote to Addendum IIIb, 3v, item 24 on Descartes' rule VII.
903 The upper two-thirds of the page contain the subchapter "mathematical method" with items 1–10. The lower third of the same page contains items 16–22 on "mathematics" (see above).
904 Cf. "Remark Mathematics. Important activties of mathematicians (continuation)."

9. Difference between tool (objectively trivial transformation) and mathematical content (construction) [logic and mathematics]. Hahn's books[905]

10. Answering the question "Which definition is better (the right one)?", similarly for proofs, yields the generalization by itself.

* Also "finally" improve mathematics and psychology.[907]

11. Metaphysics and psychology,* and ethics of mathematics[906] (according to my remarks and by practical investigation of the process of finding proofs).

On the other hand, avoid getting lost in philosophy, etc., in a mathematical work!

---

[905] This might, e.g., refer to: *Theorie der reellen Funktionen*, Berlin (Springer) 1921; *Reelle Funktionen*, Leipzig (Akademische Verlagsgesellschaft) 1932; *Logik, Mathematik und Naturerkennen*, Wien (Gerold) 1933. Cf. also *Max III*, manuscript page 7, remark foundations.

[906] For the 'ethics of mathematics', cf. *Max III*, manuscript page 32, maxim for research.

[907] For 'mathematics and psychology', cf. Addendum III, 3v, item 29.

Addendum IV

Page with unsorted maxims, strewn haphazardly; the numeration suggests that an associated page is missing.

The first six lines are dedicated to mathematical considerations but are crossed out. They are clearly not why this page was inserted into the notebook *Time Management* and were therefore not transcribed.

Gödel inserted the page into *Time Management (Max) II*. The original text contained neither the pagination nor the title "Addendum IV". No date given.

[Addendum IV, 1]
I. <u>Do not hurl yourself blindly into the matter</u>[908] (but make a decision in advance) → choose only what is clearly right → this means, one should do what one can. <u>How will one guarantee adherence to this maxim</u> (that a decision will always be made)? → Deciding is a part of work.

B.[909] Get to a precisely formulated decision in particular with respect to the time to be spent with the awareness that, due to little time, this is highly significant → this means, convince yourself that what you are doing is better than everything else → also for resting, time management.
D.   Obtain an overview before going on with the details (plan) → and survey of knowledge so far.
E.   Before one does something, consider what it means (second-level activity)
[do not hurl yourself blindly into work].[910]
F.   This includes the choice of the definitions and the proof.
Every week (or every three days), consider time management and consider once and for all which omissions you need to "catch up" on.

---

[908] Cf. item E below and Addendum XII, I.
[909] 'A' and 'C' have been crossed out.
[910] Cf. item I above and Addendum XII, I.

II. Modesty[911]

A. Always take on only very little.[912]
B. Do not underestimate anything.
C. Actually doing something every day is a tremendous amount.[913]
D. Start with something simple and leave it when too difficult, and enjoy partial successes.* Do it poorly at first.
E. Enjoy approximations as well** (to the right).
→ D.' On the other hand, in order to get to know the simple, attempt the complicated → even if poorly (aggravation of conditions).

* That is, focus attention on the good aspects and turn away from bad aspects.

** That is, focus attention on the good aspects and turn away from bad aspects.

III. Explicit formulation of everything:

A. the goals (under which circumstances achievable);
B. learn language[914] (grammar);
C. imagine that you are talking to someone or giving a talk;
D. concerning behavior in company;
E. second-level considerations;
F. concrete partial questions.

IV. Hygiene[915]

Keep track of fine goals (getting done); breaks, sleep, <u>successes</u> and beautiful things, alternation of activities → changing the working direction/aggravation of conditions; carrying out one's duties → program in such a way that one can take responsibility for it; external successes, create order; and dealing with mail, etc.; (inventory), externals, putting a stop to work is also an obligation; then, if possible, do what you desire[916] (and always some of it).

---

911 For the question of modesty in general, cf. *Time Management (Max) I and II*, manuscript page 70, maxim 1; Addenda IIIa, 2, item 30; IIIa, 3, item 46; and *Max III*, manuscript pages 17, maxim; 78, at the top; 151, item 7.

912 Cf. *Time Management (Max) I*, manuscript page 4, and Addenda IIIa, 1, item 3; IIIa, 3, ad 1, 40; VII, 2, ad 2 A.

913 Cf. Addendum IIIa, 3, item 42, and Addendum VII, 2v, item 2 E.

914 Cf. for example Addendum II, 13, item 37.

915 For the concept of hygiene, cf.: *Time Management (Max) I*, inside cover; manuscript pages 2, item 17; 23, top; 31, maxim; 32, II. 7; 37, 1a; 49, maxim 3; 59, program, item 5.

916 For the numerous passages concerning desire and aversion in *Time Management (Max) I and II* and the corresponding addenda, cf. the footnote to *Time Management (Max) I*, manuscript page 24, remark 1.

V. Take your time (do things at your leisure)
Better to do little at one's leisure[917] than all or nothing; complete the simple before the complicated; [do not follow the false appearance of swiftness]; behave as if there were nothing else to do; [do something twice]; breaks; break down what you have "taken on" into small pieces; start early enough; … .

VI. Guarantee the implementation of the decisions (by reading the *Max Notebook*), do not lose track, monitor yourself during work, → and read maxims in the notebook in advance, → keep track of goal and do not give up too early, → apply yourself (when recognized as right), do not start too early. → How will one guarantee the implementation of these maxims (that decisions will always be made)?

VI.[918] Consider from time to time: "What resolution have you made at the moment?"

---

917 Cf. *Time Management (Max) I and II*, manuscript pages 11, maxim 1; 24, remark 2, item 1; 25, maxim 2; 153, remark 1; and Addenda IIIa, 2, item 30; IIIb, 2v, B16.
918 Subitem VI occurs twice on the very chaotically written manuscript page.

Addendum V

Gödel inserted the following page into *Time Management (Max) II*. The original text contained neither the pagination nor the title "Addendum V". No date given.

[Addendum V, 1]
1. More exercise (part of non-time, walk (morning) to and from Institute, cut trees), sit in sun.[919]
2. No communication with German consulate (avoid suspicion), resign from position,[920] get rid of citizenship.[921]
3. Give lectures[922] (for students at the university, this could be the same as those from the Institute, maybe elementary*). Discuss with Church, maybe visit Church's lecture (nothing from other lectures).
4. Perhaps buy a car[923] (am I already able to do this?, danger can be an obstacle (this is present due to other drivers)).
5. No reason to economize (same income next year, but unfortunately not a big income).
6. Try new refuge (age delusion).
7. Be friendly with new colleagues and help them (the same with respect to Adele by inviting young people).**
8. Bad police are better than unavailable ones; people without a firm opinion who theorize too much (whether shame is possible in individual cases) are in mortal danger (unless they are protected by those who have an opinion).
[9.] The situation of the English has improved over the past months (and days). They can still win [and should they begin to lose, they will become "dangerous".]

* "not too heavy" [written in English].

** Incidentally, one is not very formal at Princeton.

---

919 The whole sentence is written in English.
920 It is Gödel's position in Austria that he plans to resign from. Since Gödel never received the certificate of appointment, which was only issued after his emigration in 1940, there was no need to resign from the "lectureship according to the new regulations" [Dozentur neuer Ordnung].
921 It is Gödel's German citizenship that he plans to get rid of. After the so-called "annexation", all Austrian citizens automatically became German citizens.
922 "Give lectures" is written in English.
923 "Perhaps buy a car" is written in English.

[Addendum V, 1v, left side]

→ 1. ~~Studia logica 1 (1934)~~
   [2. Helsingfors[924] ~~1922~~]
   3. ~~Euclides 13 (1936/37)~~[925]
   ~~- Chwistek – Studia Philsophica[926]~~
~~Polish: Chwistek's book about logic[927]~~
→ ~~Studia philosophica 2, Chwistek,[928] and also Revue Journal of Symbolic Logic 2,[929] 161–68~~
~~Polish:~~ 4. lecture by ~~Lukasiewicz[930] 1928/29 (appeared 1929) about logic, Warsaw 1929,~~ Elementy Logiki Matematycznej

924 Helsingfors is the Swedish name for Helsinki, where the 5th Congress of Scandinavian Mathematicians took place from July 4 to July 7, 1922. For example, Thoralf Skolem gave a talk there with the title "Einige Bemerkungen zur axiomatischen Begründung der Mengenlehre" ["Some Remarks on the Axiomatic Foundation of Set Theory"].
925 Gödel presumably read Arend Heyting's paper "De ontwikkeling van de intuitionistische wiskunde", pp. 129–144 in issue 3, volume 13 of the journal *Euclides*.
926 Leon Chwistek, "Überwindung des Begriffsrealismus", in: *Studia philosophica* 2 (1937), pp. 1–18. On March 2, 1936, Chwistek gave a talk to members of the Vienna Circle with the title "Overcoming conceptual realism".
927 The title of the Polish book by Leon Chwistek, which was published in 1935, is *Granice nauki. Zarys logiki i metodologii nauk ścisłych*; the English translation, *The Limits of Science: Outline of Logic and of the Methodology of the Exact Sciences*, was published in 1948. Gödel probably believed that he was capable of deciphering the Polish literature on the basis of his (at least rudimentary) knowledge of Czech. Concerning his abilities in this respect, John Dawson Jr. writes on p. 13 of *Logical Dilemmas*, S. 15: "Klepetař recalled that Gödel was the only one of his fellow students he never heard speak a word of Czech." In the footnote, however, he says: "Apparently he did learn some Czech in the course of his residence in Brno, for one of the cashiers in the dining hall at the Institute for Advanced Study remarked that he had once spoken "Slavish" to her." In Kurt Gödel's *Nachlass* (CO282), there is (in box 11a, series V, folder 75, initial document number 050241) a note containing the signatures of the Firestone Library in Princeton for five Czech dictionaries and a request form for a German–Polish dictionary by Franizek Konarski. As Gödel's address is given as Linden Lane 129 on this note, this request form can only come from the time after September 1949, when Gödel had already moved there.
928 See the penultimate bibliographical reference.
929 This refers to Chwistek's paper "A Formal Proof of Gödel's Theorem" from 1939.
930 Łukasiewicz gave logic lectures in Warsaw, which Mojżesz Presburger published in 1929 under the same title: *Elementy logiki matematycznej* (in English: *Elements of Mathematical Logic: Authorized Lecture Notes*).

~~?5. Angelicum⁹³¹ →13,⁹³² 15?,⁹³³ Bochenski~~
~~Polish: 6. Salamucha, *Przeglad* of philosophy 40⁹³⁴~~
→ ~~7. Skolem, selected chapters on mathematics,⁹³⁵ around 1936 Bergen~~

[Addendum V, 1v, right side]
→ ~~*Wiadomosci Matematyczne* 47, Boltowski⁹³⁶~~
~~Polish: Lesniewski *Przeglad* 14-17⁹³⁷ (in particular 17)~~
~~? [*Publications Mathématiques de Université de Belgrade* 4 (1935⁹³⁸), Kurepa]~~

---

931 Here, 'Angelicum' refers to the name of a journal in which the logician Józef Maria Bochénski published his work; it is also the name of the Pontifical University of Saint Thomas, where he taught until 1940.

932 Józef Maria Bochénski, "Notiones historiae logicae formalis", in: *Angelicum* 13 (1936).

933 Józef Maria Bochénski, "De Consequentiis Scholasticorum earumque origine", in: *Angelicum* 15 (1938).

934 Jan Salamucha, "Pojawienie sie zagadnień antynominalnych na gruncie logiki Średniowiecznej", in: *Przeglad Filozoficzny* 40 (1937); the English translation of the title is "The Appearance of Antinomial Problems within Medieval Logic".

935 Albert Thoralf Skolem, *Utvalgte kapitler av den matematiske logikk* appeared in 1936 in Bergen. In English: *Selected Chapters on Mathematical Logic*.

936 This refers to the paper "Insolubiles in scholastica et paradoxos de infinito de nostro tempore" by Dmitry Dmitrievich Morduchaj-Boltovskoi (Morduhai-Boltovskoi) in the journal *Wiadomości matematyczne* 47 (1939).

937 Stanisław Leśniewski, "Przyczynek do analizy zdań egzystencjalnych", in: *Przegląd Filozoficzny* 14 (1911); the English translation of the Polish title is: "A Contribution to the Analysis of Existential Propositions". Stanisław Leśniewski, "Czy klasa klas, niepodporzadkowanych sobie, jest podporzadkowana sobie?", in: *Przeglad Filozoficzny* 17 (1914); the English translation of the Polish title is: "Is the Class of Classes Not Subordinate to Themselves Subordinate to Itself?" Stanisław Leśniewski, "Teoria mnogości na podstawach filozoficznych Benedykta Bornsteina", in: *Przegląd Filozoficzny* 17 (1914); the English translation of the Polish title is: "The Theory of Sets on the *Philosophical Foundations* of Benedikt Bornstein".

938 Đuro Kurepa, "Ensembles ordonnés et ramifiés", in: *Publications Mathématiques de Université de Belgrade* 4 (1935).

Addendum VI

Gödel inserted the following page into *Time Management (Max) II*. The original text contained neither the pagination nor the title "Addendum VI". Date specification: 1941?

[Addendum VI, 1, right side]

12

1. read foundations
2. read other mathematicians
3. work on foundations
4. publish foundations[939]
5. theology, etc.
6. entertainment and diversion[940] and rest
7. practical matters and time management

1. <u>Two Papers Weyl</u>, <u>Mostowski</u>, many-valued logic, Tarski talk and conversation, <u>Herbrand refutation</u>, McKinsey, Tarski, Menger colloquium, Quine book,[941] Gentzen, Rosser, Church, Schoenfinkel, <u>Turing equivalence theorem</u>,[942] <u>Peano (selection)</u>, Grelling, Lutman.[943]
2. Weyl lecture and paper, Sierpinski's theorem, … . [Addendum VI, 1, left side]
3. Herbrand, Gentzen, many ideas and program, Quine refutation, interpretation of three-valued logic in Lewis, continuum hypothesis with recursive function, […].

---

939 Double arrow between items 3 and 4.
940 For explicit mention of the notion in *Time Management (Max) I and II*, cf. the comprehensive explanation of the list on the inside cover of *Time Management (Max) I* provided at the beginning of this volume.
941 *A System of Logistic*, Cambridge Mass. (Harvard University Press) 1934. It is unlikely that this refers to *Mathematical Logic*, Cambridge Mass. (Harvard University Press) from 1940.
942 For a (partial) number theoretical function f, the following are equivalent: "f is (partially) Turing-computable", "f is computable by a Turing machine" and "f is (partially) recursive".
943 This refers to Maria Kokoszyńska-Lutman.

4. Talk Cambridge,[944] and Brown[945] 1941?
5. Excerpts Thomas ethics, Einstein[946] physics.

Metaphysics: Aristotle, many remarks and program
Ethics: Aristotle
Augustine, *Civitate*

9 weeks
108 hours
72
7   2⅓   2⅓   1⅙ foundations
                 1⅙
     7 h   7 h   2
     4   12

[Addendum VI, 1v, left side]
1. Time distribution, in particular: independent work: reading and theology, mathematics.
2. Fixed plan in advance or always what one "feels like" doing most.[947]
3. Change of topic frequently or rarely.

[Addendum VI, 1v, right side]
The page contains math formulas and a picture, which are not reproduced here.

---

944 Cf. comment on manuscript page 89, remark 2.
945 Gödel gave a lecture at Brown University on November 15, 1940, with the title "Lecture [on the] Consistency [of the] Continuum Hypothesis". It is published in: Kurt Gödel, *Collected Works*, vol. III, pp. 175–185.
946 Although Gödel was introduced to Einstein in 1933, they got to know each other better from 1942 onwards and then became friends. In 1946, Gödel started to study the theory of relativity in depth in order to write a contribution to the Schilpp volume devoted to Einstein. In 1949, he provided new results on Einstein's field equations.
947 "Desires to do most"; for the numerous passages concerning desire and aversion in *Time Management (Max) I and II* and the corresponding addenda, cf. the footnote to *Time Management (Max) I*, manuscript page 24, remark 1.

Addendum VII

Gödel inserted the following pages into *Time Management (Max) II*. The original text contained neither the pagination nor the title "Addendum VII". Date specification: January 10, 1942.

[Addendum VII, 1]
Program: 10./I. 1942
1. Continuation of realization of existential quantifiers with the guiding idea of "actual construction", the most promising direction for going on with this (this also yields the definition of "absolute proof").
2. Read Brouwer.
3. Kurepa trees (Kurepa[948])
4. Cultivation of the concept: countably provable, countably definable (Borel, Lebesgue, Lusin)

[Addendum VII, 1v]
Definition of concept, for example: emptiness, etc. (precisely)
  In order to understand something, write a treatise or a talk (but write up precisely for myself).

[Addendum VII, 2]
ad 2 A. Always take on only very little.[949]
ad 4 B. Do everything only with a (if possible, formulate verbally with justification) decision. With respect to purposes, duration [prospect of success].
ad 6 C. Work more with "external" success, and more "exercises", for example publication, talk (this has a very favorable effect on my mood).
ad 4 D. Reaching a decision is a task like any other !and a very important task! (distribute over more days).

---

[948] This could refer to various papers by Duro Kurepa: "Tableaux ramifiés d'ensembles. Espaces pseudo-distanciés", in: *C. R. Acad. Sci.* 198 (1934), pp. 1563–1565; *Ensembles ordonnés et ramifiés*, doctoral thesis Paris 1935, printed in: *Publ. Math. Univ. Belgrade*, IV, 1935, pp. 1–138; "L'hypothèse de ramification", in: *Comptes Rendus* 202 (1936), pp. 185–187.
[949] Cf. *Time Management (Max) I*, manuscript page 4; see also Addenda IIIa, 1, item 3; IIIa, 3, ad 1, 40; IV, 1, II A.

[Addendum VII, 2v]

<u>ad 1</u> In particular: <u>do not fear beginning!</u> when reaching a decision, but also for other activities. Does 1. suffice for a clear conscience for answering mail?

ad 6* very small evening meal (one thing and no bread), early to bed and have a long sleep no working in advance and in bed, think of sex things,[950] (room and bed).

ad 2 E. <u>Doing something every day means a tremendous amount.</u>[951]

Focus on one thing for the whole week (thereby help from the subconscious and "falling in love with topics").

[Addendum VII, 3]

<u>ad 5</u> F. Set up a program every week (or every third day) for what* is to be done in the next week (the next three days). This means: 1.) What treatises and books to read (how much time to spend and how exactly), 2.) what problems need to be dealt with (in what order), 3.) how much time to spend on writing publications, etc., and on which ones?

[Addendum VII, 3v]
<u>Supplements</u>
Generally:
One learns by repetition (and gradual ascent to greater complexity).
Repertory Mathematical Studies[952]
He who merely does what he can does all he can.**
Activities can be categorized into two groups: those that one can do and those that one cannot do (hurrying up and applying oneself is only possible with the latter).
When reading, take a break after every paragraph.

* This program for particular activities.

** What one can do eventually leads to that which must be done.

---

950 This could also refer to the *sex res non naturales*.
951 Cf. Addendum IIIa, 3, item 42, and Addendum Iv, 1, II C.
952 A repertory is a finding aid.

Addendum VIII

Gödel inserted the following page into *Time Management (Max) II*. The original text contained neither the pagination nor the title "Addendum VIII". No date given.

[Addendum VIII, 1]
1. Certain times for certain activities, without regard to success (office) → this applies in particular to practical activities as well: mail, reaching a decision.
2. Distribute everything over many days and early enough, before needed (no rush).
3. Adhere to formalities (write neatly, order in the workspace, sit down?, clothes? etc., getting up, visit administrative office).
4. Prior to every activity (decision!) consider: a.) whether to implement at all, b.) its goal, b.) its purpose, c.) how it is to be implemented] d.) how much time to spend on it.

[Addendum VIII, 1v]
ad 4., 5.: in general, spend more time on activities of the second type!! (This is not a waste of time!)
5. Time management in advance (reconsider from time to time); in particular working program.
6. More regard for rest, sleep, distraction.[953]
7. When one does not make progress with something, leave it and start something else or think about it, second type (do not get stuck[954]).
8. Do not forget mail, flat, authority, summer stay, etc.

---

[953] For explicit mention of the term 'distraction' in *Time Management (Max) I and II*, cf. the comprehensive explanation of the list on the inside cover of *Time Management (Max) I* provided at the beginning of this volume.
[954] Cf. Addendum IIIb, 2v, item 18.

Addendum IX

Gödel inserted the following page into *Time Management (Max) II*. The original text contained neither the pagination nor the title "Addendum IX". No date given.

[Addendum IX, 1]
What did I read?
1. *Zauberberg*[955]
2. *Wirtshaus zum König Przemysl* 1913[956]
3. *Olmuts*[957]
4. *12 aus der Steiermark*[958]
5. *Trotzkopf*[959] and *Trotzkopfs Brautzeit*[960]
6. *Der Fall Stachelberg*; *Halali*[961] 1902; Russian stories; castle tales
7. *Die Gelbe Orchideen* (detective stories)[962]
8. *Kadettengeschichte*;[963] car story;[964] *Gratulation: Eine Geschichte*;[965] *Weise sein*[966]
9. *Professor Unrat*[967]
10. Schnitzler (many short pieces and plays)

---

[955] *Der Zauberberg*, novel by Thomas Mann from 1942.
[956] *Das Wirtshaus "Zum König Przemysl"* is a student novel by Karl Hans Strobl, which was published in 1913.
[957] 'Olomouc' is the Czech name for Olmütz. There are several novels that have 'Olmütz' in the title: J. G. Seidl, *Die Schweden vor Olmütz* from 1843; Willibald Müller, *Der Ratsherr von Olmütz* from 1891; Gustav K. Bienek's novel *Die Nacht von Olmütz*, which was not published until 1946, however, and is thus ruled out.
[958] *Zwölf aus der Steiermark* is a novel by Rudolf Hans Bartsch from the year 1908.
[959] Novel for adolescent girls by Emmy von Rhoden from the year 1885.
[960] Novel for adolescent girls by Else Wildhagen from the year 1892.
[961] Two crime novels by Eufemia Adlersfeld-Ballestrem from the year 1902.
[962] This title could not be found.
[963] Paul von Szczepanski, *Spartanerjünglinge. Eine Kadettengeschichte in Briefen*, Leipzig 1898.
[964] Carl Ferdinands, *Graf Allotria. Eine lustige Autogeschichte in Versen*, 1910.
[965] In: Wolfram Eberhard, "Gratulation", in: id., *Typen chinesischer Volksmärchen*, Helsinki 1937, pp. 280–288.
[966] This could refer to at least two titles: (1) Alexander von Gleichen-Rußwurm, *Der Narrenturm. Grotesken und Satiren. Manchmal ist es verrückt, weise zu sein, und manchmal weise, verrückt zu sein* from 1915; (2) Ralph Waldo Emerson, *Seid fröhlich und weise. Eine Auswahl aus seinen Essays*, Jena/Leipzig (Eugen Diederichs Verlag) 1905. There was a connection between the Vienna Circle and the Eugen Diederichs Verlag through Carnap.
[967] Novel by Heinrich Mann, appeared in 1905.

11. Wallace several;[968] Sherlock[969]
12. *Der Gute Kamerad*:[970] 1. Jürg Frey, *Der Wandervogel*;[971] 2. *Der Zwingherr von Celebes*;[972] 3. war stories[973]
13. Fairytales: Hauff: <u>*Das steinerne Herz*</u>;[974] *Der kleine Muck*[975]
14. Hoffmann: *Das Fräulein von Scuderi*,[976] etc.
15. Goethe: *Werthers Leiden*;[977] *Goetz*;[978] *Iphigenie*;[979] *Faust*;[980] *Egmont*[981]
16. Lessing: *Minna*;[982] *Nathan der Weise*[983]
17. Schiller: *Wallenstein*;[984] *Räuber*;[985] *Maria Stuart*[986]
18. Kleist: *Der zerbrochene Krug*;[987] and novels[988]

---

[968] Between 1905 and 1936, Edgar Wallace wrote 124 crime novels and other novels. It is unclear whether Gödel read Wallace's novels in German or English.

[969] Sherlock Holmes is a well-known character created by Arthur Conan Doyle in 1889. He is the main character of four of Conan Doyle's novels and 56 of his short stories.

[970] *Der gute Kamerad* was a journal for boys published from 1886 on by Wilhelm Spemann's Stuttgarter Verlag.

[971] Paul Grabein, "Jürg Frey, der Wandervogel", in: *Der Gute Kamerad*, episode 29 from 1915(?).

[972] Maximilian Kern, "Der Zwingherr von Celebes", in: *Der Gute Kamerad*, vol. 21 from 1914.

[973] This could refer to: Max Felde, "1914–1915. Denkwürdige Kriegserlebnisse", in: *Der Gute Kamerad*, vol. 23 from 1915.

[974] *Das steinerne Herz* is a fairy tale by E. T. H. Hoffmann from 1817; a fairy tale with a similar title by Wilhelm Hauff is *Das kalte Herz*, which appeared in 1827.

[975] *Die Geschichte von dem kleinen Muck* by Wilhelm Hauff appeared in 1826.

[976] E. T. A. Hoffmanns *Das Fräulein von Scuderi* appeared in 1820 and is regarded as the first German crime story.

[977] *Die Leiden des jungen Werthers* by Johann Wolfgang Goethe appeared in 1774.

[978] *Der Götz von Berlichingen* by Goethe appeared in 1773. An undated copy from the publishing company Philipp Reclam and an undated copy of Goethe's *Die Geschwister. Die Laune der Verliebten* from the same publisher are to be found in Gödel's private library.

[979] *Die Iphigenie auf Tauris* by Goethe appeared in 1787.

[980] *Faust. Der Tragödie erster Teil* by Goethe appeared in 1808, *Faust. Der Tragödie zweiter Teil* appeared in 1832 after Goethe's death.

[981] *Egmont* by Goethe appeared in 1788.

[982] Gotthold Ephraim Lessing's *Minna von Barnhelm oder das Soldatenglück* appeared in 1767.

[983] *Nathan der Weise* by Lessing appeared in 1779.

[984] Friedrich Schiller's *Wallenstein* appeared in 1800.

[985] *Die Räuber* by Schiller appeared in 1781.

[986] Like *Wallenstein*, *Maria Stuart* by Schiller appeared in 1800.

[987] *Der zerbrochene Krug* by Heinrich von Kleist appeared in 1811.

[988] The two novels by Kleist are *Michael Kohlhaas* from 1810 and *Die Marquise von O...* from 1808. It is unclear whether Gödel read both or only one of them.

19. Hebbel: *Gyges*[989]
20. Hauptmann: *Weber*;[990] *Flucht*;[991] novels;[992] *Die versunkene Glocke*[993]
21. Book about emperor Karl and about Franz Ferdinand
22. Bittersweet love story
23. *Auernhenna*

---

[989] *Gyges und sein Ring* by Friedrich Hebbel appeared in 1854. A copy of Hebbel's *Herodes und Marianne* from the Verlag Philipp Reclam from 1850 is to be found in Gödel's private library.
[990] *Die Weber* by Gerhart Hauptmann appeared in 1892.
[991] *Gabriel Schillings Flucht* by Hauptmann appeared in 1912; the edition from 1922 from the Verlag S. Fischer is to be found in Gödel's private library.
[992] In the period under examination, Hauptmann wrote two novels that come into question here: *Der Apostel* appeared in 1890, and *Die Hochzeit auf Buchenhorst* appeared in 1932.
[993] *Die versunkene Glocke* by Hauptmann appeared in 1897.

Addendum X

Gödel inserted the following page into *Time Management (Max) II*. The original text contained neither the pagination nor the title "Addendum X". Date specification: after September 1943.

[Addendum X, 1]
<u>1939–September 1940</u> war, improvement of my consistency proof[994]
September 1940–September 1943
1. improvement of the consistency proof (also axiom of choice) and other results (undecidability)*
2. Literature (Church, Brouwer, Bernays;[995] Baire, measure theory[996])
3. Russell's logic
4. Intuitionistic logic and consistency proof
5. Own studies in philosophy[997]
6. Independence axiom of choice

* Generation schemes (refutation and generalization), definable set, brief consistency proof, *Skolem*, models.

[Addendum X, 1v]
The verso page only contains three crossed out, unconnected lines.

---

[994] Cf. footnote to *Time Management (Max) I*, manuscript page 64, consistency.
[995] Alternative reading: Bern[stein]. This would then presumably refer to the American logician Benjamin Abraham Bernstein. Most 'alternative readings' are not comprehensible as genuine alternatives in English, and thus they have generally not been provided. As things are different here, however, the alternative reading is indicated.
[996] Cf. manuscript page 87, item 11.
[997] Alternative reading: ph[ysics]. Most 'alternative readings' are not comprehensible as genuine alternatives in English, and thus they have generally not been provided. As things are different here, however, the alternative reading is indicated.

Addendum XI

Gödel inserted the following page into *Time Management (Max) II*. The original text contained neither the pagination nor the title "Addendum XI". No date given.

[Addendum XI, 1]
1. What matters for saving time is not that something is done nicely, but that it is approached <u>in the right way</u>. (Always keeping track of the goal.)
2. Professional obligations are a matter of putting myself into a state in which I can fill (fill well) a paid position in one of the following categories:
   1. assistant position in Vienna or Graz
   2. associate professorship in Vienna or Graz
   3. guest professorship in America
   4. stipend (Rockefeller or Princeton) for scientific work
   5. professorship in America (university; institute)
   6. adult evening classes
   7. private lessons
   8. write a book.

3. The various activities need to be categorized according to <u>principal</u> aspects (into about ≤10 groups). A certain time should be reserved for each group according to importance, pleasure and usefulness (<u>timetable</u>), and a notebook should be started for each, in which everything should be entered regularly, in particular ideas on how to do something, what to read, whether it is better to read or to think. Finally, enter the preliminary results of the reflection or preliminary excerpts of books read. What cannot be done immediately, as it requires books, looking up in the catalogue room, etc., is to be noted down in the section university library, mathematical seminar, national library,[998] book sellers, etc., and to be dealt with the next time I "go out" (<u>this has to happen regularly according to a certain plan</u>). When reading a book, the following needs to be registered regularly:

---

998 Cf. *Time Management (Max) I*, manuscript page 6, item 3. Cf. the footnote to manuscript page 4 of *Time Management (Max) I*.

1. excerpts, 2. criticism, 3. questions, 4. insights; while thinking: 1. questions, 2. insights.

[Addendum XI, 1v]

~~0. read papers~~
- 1. prepare lectures
- 2. write papers
  3. theology
  4. newspapers and English literature
- 5. mail, budget, time management
- 6. distraction:[999] taking a stroll, cinema, sprucing up, doing nothing, English literature
  7. think about visa, passport, etc.

G[1000] religion
G history
G. N.[1001] geography
G German
G Latin
G French
G English
B[1002] mathematics
B descriptive geometry
N[1003] physics (chemistry)
N biology (geology)
B philosophical propaedeutic
G drawing
G music
gymnastics
stenography

---

999 For explicit mention of the term 'distraction' in *Time Management (Max) I and II*, cf. the comprehensive explanation of the list on the inside cover of *Time Management (Max) I* provided at the beginning of this volume.
1000 Here and in the following, 'G' stands for 'humanities' [in German, 'Geisteswissenschaften']
1001 'G. N.' stands for 'humanities and sciences' [in German, 'Geisteswissenschaften und Naturwissenschaften'].
1002 Here and in the following, 'B' stands for 'both', i.e. both humanities and sciences.
1003 Here and in the following, 'N' stands for 'sciences' [in German, 'Naturwissenschaften'].

Addendum XII

Gödel inserted the following page (on the letterhead of the Institute for Advanced Study, School of Mathematics) into *Time Management (Max) II*. The original text contained neither the pagination nor the title "Addendum XI". No date given, but presumably after 1939.

I. Do not hurl yourself blindly into work[1004] (of every kind*), but consider in advance and decide what you should do.

* Also rest.

[1004] Cf. Addendum IV, 1, I, and I E.

Addendum XIII

The title "Addendum XIII" is not Gödel's. Unlike Addenda I–XII, this page was not inserted by Gödel into the notebook *Time Management (Max) II*. It is to be found in Kurt Gödel's *Nachlass* (C0282) in the folder "Other Loose Manuscript Notes" in box 11c, series VI, folder 22; the initial document number is 060273.[1005] No date is given, but since a conversation with Egon Brunswik is mentioned, the document must have been written after 1936 and before July 31, 1937. Until 1936, Brunswik had a scholarship in the U.S.A. Thereafter, he stayed in Vienna at least until June 26, 1937.[1006] According to the list of ship passengers from the Ellis Island Foundation, Brunswik left Antwerp for New York on July 31, 1937. His visa was issued in Vienna on July 21, 1937.

[XIII, 1]
1. Own work 2 h
a.) Roughly think about/plan continuum hypothesis. Formulate each reflection in words or even write.[1007]
b.) <u>Write summary</u>. Formulate each reflection in words or even write.
c.) <u>Write precise paper</u>. Formulate each reflection in words or even write.
d.) <u>Unprovability of consistency, length of proofs, existence proof</u>. Formulate each reflection in words or even write.

2. Mathematical Reading 2.50 h
a.) Foundations: <u>Waismann</u>, <u>Carnap</u> (logic), <u>Russell</u> (logic, foundations of analysis), <u>Quine</u> (logic), <u>Lesniewski</u> (logic), <u>Tarski</u> (logic, theory of language), <u>Gentzen</u> (analysis), (Chwistek?), literature foundations geometry, <u>Aristotle</u> (logic), <u>Prantl</u> (?), <u>foundations of probability</u>, Picard (historical) (5 h).

1005 Commendably, Jan von Plato drew my attention to this document.
1006 According to Andreas Huber of the Department of Contemporary History of the University of Vienna, this is the date on which he applied to the dean of the Faculty of Philosophy at the University of Vienna for a leave of absence as an assistant professor.
1007 This is written only once after a curly bracket that reaches from a.) to d.).

b.) Miscellaneous: 1.) general orientation and literature ... Klein, Prasad, encyclopedias, journals, 2.) linear operator → in particular connection with theory of functions; 3.) theory of functions;

J. v. Neumann	Riemann and students
Hilbert	algebraic function, curves and numbers
Riemann, Mises	analytic number theory

3. Mail

v. Neumann, dean's office, lectures; notes (Mathematical Society; decision Fatherland Front[1008]); Veblen (Kleene, Ginsburg,[1009] Dürr,[1010] Neurath, Amer. Jup.), theologians, Notre Dame.

4.

Get done with books and write summaries (except for those marked below as to read).
Organize notes with literature, summaries, questions, answers.
Read: Bühler (*Sprachpsychologie*[1011] and *Crisis*[1012]); Enchiridion Symbolorum;[1013] Thomas Aquinas (*Summa* and *Comments*); catechism; modern moral theology; Russians; Gomperz;*.[1014]

* Gegenwart Geschichte der Philosophie.

1008 Cf. the related footnote to *Time Management (Max) I*, manuscript page 32, I item 5.
1009 This could refer to Jekuthiel Ginsburg, a historian of mathematics.
1010 Here, it is interesting that Karl Dürr gave a talk entitled "Leibniz und die Idee der Einheit der Wissenschaften" ["Leibniz and the Idea of the Unity of Science"] at the International Philosophy Congress in 1937 in Paris in the Vienna Circle's section.
1011 Cf. *Philosophy I Maxims 0*, p. 154.
1012 Karl Bühler, *Die Krise der Psychologie* from 1927.
1013 Cf. *Time Management (Max) I*, manuscript page 38, and *Time Management (Max) II*, manuscript page 96.
1014 *Die deutsche Philosophie des neunzehnten Jahrhunderts und der Gegenwart*, edited by Friedrich Ueberweg and Traugott Oesterreich. The 13th edition from 1951 is to be found in Gödel's private library.

[Addendum XIII, 1v]

Nietzsche (*ecce homo*[1015]); Hegel; Descartes; natural science[1016] (Schrödinger); state gazettes (in particular university law) generally, conditions at the university; *university statistics (school statistics) How does the lecture fee[1017] work? Statutory exemption, middle school really orders? → *study guide and yearbook, federal office, statistics; history of educational system; demonology (witch trials[1018]); basic concepts of sociology (politics, contemporary history); language (in particular: comparative, Greek, Hebrew); Menger (theory of marginal utility).

| German grammar and theory of language | What is an intelligent professor? Who teaches? |

5. Talk to: Waismann, theologians, Furtwängler (analytic number theory), Stein, Menger, Geierhofer.
Later with: Frenkel,[1019] Brunswick,[1020] Carnap, jurists (incapacitation).[1021]

6. Talks {left out}.[1022]

7. Think [a.) about the questions already noted down permanently, b.) about books to read and about my time management in general, about the reasons for my indecisiveness and what it relates to.

1015 Friedrich Nietzsche, *Ecce homo. Wie man wird, was man ist*, Leipzig (Insel) 1908.
1016 This could refer to the essay "Die gegenwärtige Situation in der Quantenmechanik" by Erwin Schrödinger, which appeared in 1935 in the journal *Naturwissenschaft* [Natural Science].
1017 A lecture fee was a fee that was charged for admission to a lecture.
1018 Cf. *Time Management (Max) I*, manuscript page 50, maxim, and in this notebook manuscript pages 87, item 6; 141, item 4; and 142, item 17.
1019 This cannot refer to Abraham Adolf Fraenkel, but must rather refer to Else Frenkel. For the conversation between Gödel and Else Frenkel on November 15, 1937, cf. *Philosophy I Maxims 0*, p. 169.
1020 The psychologist Egon Brunswik (Brunswick), who studied and worked with Karl Bühler, was in close contact with Moritz Schlick and the Vienna Circle. His ultimate emigration to the U.S.A. is usually dated to 1936. However, since he attended the third Congress on Unified Science in 1937 in Paris, and earlier in Vienna, he took the ship from Antwerp on July 31, 1937, so as to travel to New York. Cf. the footnote concerning the dating of this page.
1021 Cf. *Time Management (Max) I*, manuscript page 60, question 1.
1022 Here and elsewhere, Gödel uses a sign that should be read as 'left out' or 'missing' but is not a Gabelsberger grammalogue.

Material prospects; in particular also, whether and which lectures to give; whether and when to [go to] America; how to prepare for lecture? [For each reflection, think in words or even write.] What should I do when too nervous to work?

8.1 Prepare my lectures (if it is intended to give any) → enquiry about prior knowledge and aptitude of students. Literature for lectures and problems about elementary subjects: differential calculus; analytical geometry, books → Theory of functions; algebra; number theory; differential equations; differential geometry? Calculus of variations, algebraic curves?

8.2 Professional orientation (exercises, dissertations, elementary problems).

8.3 What is really most interesting from my special lectures? And for whom? Or, how can one attract an audience even when it is not interesting?

---

9. Distraction[1023] and practical matters; write accounts; exchange papers; search for a flat; testament; [etiquette and contact with colleagues] etiquette, diet, trembling, embarrassment.

The essential point of the new arrangement is that things are arranged by time, no matter which result is reached in the prescribed amount of time.

My unrest is due to the fact that I am not determined to do something specific, but still dither between different possibilities while I act.

[1023] For explicit mention of the notion of 'distraction' in *Time Management (Max) I and II*, cf. the comprehensive explanation of the list on the inside cover of *Time Management (Max) I* provided at the beginning of this volume.

Addendum XIV

The title "Addendum XIV" is not Gödel's. Unlike Addenda I–XII, the page was not inserted by Gödel into the notebook *Time Management (Max) II*. The small notepad is to be found in Kurt Gödel's *Nachlass* (CO282) in the folder in box 11a, series V, folder 73, initial document number 050236.

Dates mentioned in the middle of the notepad: December 1, 1937, tenth anniversary of the Society for Parapsychology in Vienna; brief report (pages 13r to 15v). Then, a note dated from May 28, 1936, on the Prague National Bank (pages 16r and 16v). This date could be related to a bank transaction and therefore may not be the date of the entry. Subsequently, entries concerning the land registry in Brno (page 17r). Then two pages with maxims and remarks, which consequently must have been written after December 1, 1937.

[Addendum XIV, 17v]
Maxims:
1. On the tram never without a book.
2. When embarrassing feelings on the tram, do not look at others.

Remark: The effective kind of modesty (in mathematics) is to take pleasure in little things (not to content oneself with little things).

Maxim: From time to time, review what has been done so far in mathematics.

Maxim: Do not think about the same thing without respite, even when it is reasonable; so that finally a further success occurs.

[Addendum XIV, 18r]
Remark: I suffer equally from positive and negative inhibitions. For example, I can hardly stop thinking about the same thing all the time.

Maxim: In small matters it is also fruitful (in thinking about mathematical questions) not to restrict oneself too much to what leads to the goal. (Likewise, the expected success in earning money is least when one focuses only on this.)

Addendum XV

The page, which is written on the front and on the back, was inserted by Gödel into *Arbeitsheft 6* [workbook 6] between pages 64 and 65. *Arbeitsheft 6* is to be found in Gödel's *Nachlass* (C0282), box 5c, series III, folder 18, initial document number 030024. The title "Addendum XV" is not Gödel's; the heading is rather "*Arbeitsheft 6*". Unlike Addenda I–XII, the page was not inserted by Gödel into the notebook *Time Management (Max) II*. It is not dated.

[Addendum XV, 1]
Arbeitsheft 6
Do not let making entries prevent you from having ideas.

Maxims:[1024]

0. Do not get lost in too much exactness (but only so far ↑[1025] that you are completely convinced).
1. Every day before starting work, review what has been done so far and take on precisely! very little of it that day.*
2. When a particular program item is achieved, then interrupt and think again about the further program until a decision is made. (In general, check every hour for yourself** what you are doing and whether you are adhering to the program.)***
3. Have a mental conversation about my work (with Veblen, etc.) or pretend that everything is already properly written up; actually write up properly right away, without scratch paper! And breaks! Maybe enter a negative result every few minutes. And consider whether it is fruitless. Formulate everything explicitly.
4. He who does what he can does everything that he can. (Do not disdain anything for being "too little".)
5. Not making progress usually means that one has a false belief or that one is looking at things from a false viewpoint. In particular: When does the program count as having been achieved?

* Otherwise, the subconscious belief that everything must be done today (or that what needs to be done of it must be done today) arises.
** That is to say: Find out: A. What is your higher work goal? B. What are the means of working that you are trying out?
*** Maybe work using a clock at the desk.

1024 Underlined once in black and once in red.
1025 Arrow from here to "Do not let making entries ..." at the bottom of the page.

[¹⁰²⁶ 9.¹⁰²⁷ Ad 5: I have been invited (and paid) to: 1. Do research and publication work in the area of the foundations of mathematics in a direction that seems right and promising to me; in order to 2. considerably improve my knowledge and lecturing technique so that I can teach in this area (and possibly give routine lectures on such subjects).

10. *Hic Rhodos hic salta.*¹⁰²⁸
11. When inhibitions persist, talk yourself into anger.
12. Take advantage of passions (such as pride).¹⁰²⁹]

[Addendum XV, 1v]
What should I do to force myself to really spend the time before noon on mathematical work?:

1. Adhere to formalities: Sit at the desk, place the notebook in front of me, open at the right place, take up a pencil, look at the notebook.
→ 2. a.) Realize that only a small (preferably one that was determined the previous day*) part of the work needs to be done today,** which can be done calmly. Like the …
   b.) In general, it is not important how much progress was made since [there is] enough time and what matters, after all, is only that one applies oneself.
→ 3. Think about the resulting conveniences (rest in the afternoon, occupation with theology, etc.).
→ 4. Think about the inconveniences that result from the opposite. (Rushing at work, no time for your favorite activities.)
→ 5. Remind yourself that you are obligated: a.) to the professors of the institute; b.) to yourself, since you have realized that it is reasonable as it is, and thus there is a danger of a.) losing your position, b.) other inconveniences.
6. Finish the previous day with something convenient (i.e., where one does not have to fear indecisiveness).

* And this should be very little.

** And this only today; I do not know what will be tomorrow. Cf. preceding page!

1026 Long square bracket from item 9 up to (and including) item 12 on the left margin. Here represented by a closing bracket after item 12.
1027 6 to 8 are missing.
1028 This saying originates from a Latin translation of one of Aesop's fables. The literal meaning is "Here is Rhodes, jump here". The figurative sense is "Prove what you are able to do, here and now".
1029 Cf. Addendum II, 6, item 18.

→ 7. Remind yourself that indecisiveness at work (and other difficulties) are overcome as time goes by, and work is usually pleasant.
8. (cf. 1.) Consider <u>precisely</u>: a.) What needs to be done; b.) Under what circumstances it needs to be done. That is, fix <u>precisely</u> the behavior pattern and realize that it is better than <u>all other</u> behavior patterns. (Excluding all others is particularly important.)

Biographische Skizzen – Biographical Vignettes

Ackermann, Wilhelm Friedrich Schönebecke (Herscheid) 29. März 1896 – Lüdenscheid 24. Dezember 1962. *Deutscher Mathematiker, der u. a. durch den mit David Hilbert gemeinsam geschriebenen Band ›Grundzüge der Theoretischen Logik‹ aus dem Jahre 1928 bekannt ist.*
March 29, 1896 in Schönebecke (Herscheid) – December 24, 1962 in Lüdenscheid. *German mathematician who is known inter alia for the book ›Grundzüge der Theoretischen Logik‹ (1928) that he has co-authored with David Hilbert.*

Adler, Alfred Rudolfsheim bei Wien 7. Februar 1870 – Aberdeen (Schottland) 28. Mai 1937. *Österreichischer Arzt und Psychotherapeut. Er ist der Begründer der Individualpsychologie.*
February 7, 1870 in Rudolfsheim near Vienna – May 28, 1937 in Aberdeen (Scotland). *Austrian medical doctor and psychotherapist. He is the founder of the school of individual psychology.*

Alexandrow, Pawel Sergejewitsch (auch Paul Alexandroff) Bogorodsk 25. April (jul.) / 7. Mai (greg.) 1896 – Moskau 16. November 1982. *Russischer Mathematiker, der zur Schule von Nikolai Lusin gehörte.*
May 7, 1896 in Bogorodsk – November 16, 1982 in Moscow. *Russian mathematician who belonged to the school of Nikolai Lusin.*

Aristoteles, Stagira (Thrakien) 384 v. Chr. – Chalkis (Euböa) 322 v. Chr. *Griechischer antiker Philosoph.*
384 BC in Stagira (Thrace) – 322 BC in Chalcis (Euboea). *Ancient Greek philosopher.*

Augustinus, Aurelius Thagaste 13. November 354 – Hippo Regius 28. August 430. *Spätantiker christlicher Philosoph und Theologe.*
November 13, 354 in Thagaste – August 28, 430 in Hippo Regius. *Christian philosopher and theologian in late antiquity.*

Baer, Reinhold Berlin 22. Juli 1902 – Zürich 22. Oktober 1979. *Deutscher Mathematiker. Baer hat neben rein mathematischen Arbeiten zur Algebra, Gruppentheorie und Geometrie auch solche zur Logikgeschichte verfasst.*
July 22, 1902 in Berlin – October 22, 1979 in Zurich. *German mathematician. Baer published on algebra, group theory, and geometry but also on the history of logic.*

Bailey, Esther Missouri 1883 – ? *Sekretärin am Institute for Advanced Study von der Gründung an.*
1883 in Missouri – ? *Secretary at the IAS in Princeton from the beginning.*

Baire, René Louis Paris 21. Januar 1874 – Chambéry 5. Juli 1932. *Französischer Mathematiker. Baire ist vor allem für den Baireschen Kategoriensatz bekannt.*
January 21, 1874 in Paris – July 5, 1932 in Chambéry. *French mathematician. It is his Baire category theorem for which he is mostly known.*

Becker, Oskar Leipzig 5. September 1889 – Bonn 13. November 1964. *Deutscher Philosoph, Logiker und Mathematiker. Schüler von Martin Heidegger.*
September 5, 1889 in Leipzig – November 13, 1963 in Bonn. *German philosopher, logician, and mathematician. Student of Martin Heidegger.*

Bergson, Henri-Louis Paris 18. Oktober 1859 – Paris 4. Januar 1941. *Französischer Philosoph.*
October 18, 1859 in Paris – January 4, 1941 in Paris. *French philosopher.*

Bernays, Paul London 17. Oktober 1888 – Zürich 8. September 1977. *Deutsch-schweizer Mathematiker und Logiker. Bernays war neben seinen mathematischen Arbeiten zu den Grundlagen der Mathematik und zur axiomatischen Mengenlehre philosophisch engagiert. Er unterstützte die Verbreitung der Philosophie von Leonard Nelson und war Mitbegründer der philosophischen Zeitschrift ›Dialectica‹.*
October 17, 1888 in London – September 8, 1977 in Zurich. *German-Swiss mathematician and logician. Besides his work in the foundations of arithmatics and axiomatic set theory Bernays was engaged in philosophy. He supported the philosophy of Leonard Nelson and was co-founder of the philosophical journal ›Dialectica‹.*

Bochenski, Joseph Maria Czuszów 30. August 1902 – Freiburg (Schweiz) 8. Februar 1995. *Polnischer Logiker und Philosoph, Anhänger thomistischer Philosophie.*
August 30, 1902 in Czuszów – February 8, 1995 in Fribourg (Switzerland). *Polish logician and philosopher, adherent of Thomistic philosophy.*

Bolland, Johannes Julémont 13. August 1596 – Antwerpen 13. September 1665. *Jesuit, Historiker und Hagiograph, der die ›Acta Sanctorum‹ gegründet hat.*
August 13, 1596 in Julémont – September 13, 1665 in Antwerpen. *Jesuit, historian and hagiographer who established the ›Acta Sanctorum‹.*

Bolzano, Bernard Prag 5. Oktober 1781 – Prag 18. Dezember 1848. *Böhmischer Philosoph, Logiker, Mathematiker und katholischer Priester.*
October 5, 1781 in Prague – December 18, 1848 in Prague. *Bohemian philosopher, logician, mathematician and Catholic priest.*

Bonaventura (da Bagnoregio), (eigentlich Giovanni di Fidanza) Bagnoregio bei Viterbo 1221 – Lyon 15. Juli 1274. *Einer der bedeutendsten dogmatischen Theologen und Philosophen der*

Scholastik. Er steht in augustinischer Tradition und ist von der mittelalterlichen Mystik beeinflusst. Daneben setzt er sich mit der aristotelisch geprägten Pariser Universitätsphilosophie auseinander, sein Denken ist jedoch durch die neuplatonische Philosophie geprägt.
1221 in Bagnoregio near Viterbo – July 15, 1274 in Lyon. *A dogmatic theologian of high rank and an eminent philosopher of scholasticism. He is in the tradition of Augustine, but is also swayed by medieval mysticism. Nevertheless, he deals with the Aristotelian-scholastic philosophy in the Parisian tradition, although he is influenced by neo-Platonic philosophy.*

Borel, Félix Édouard Justin Émile Saint-Affrique (Midi-Pyrénées) 7. Januar 1871 – Paris 3. Februar 1956. *Französicher Mathematiker. Nach ihm sind die Borel-Mengen benannt.*
January 7, 1871 in Saint-Affrique (Midi-Pyrénées) – February 3, 1956 in Paris. *French mathematician. The Borel sets are named after him.*

Brentano, Franz Marienberg am Rhein 16. Januar 1838 – Zürich 17. März 1917. *Deutscher Philosoph, Psychologe und katholischer Priester.*
January 16, 1838 in Marineberg am Rhein – March 17, 1917 in Zurich. *German philosopher, psychologist, and Catholic priest.*

Brouwer, Luitzen Egbertus Jan Overschie (Rotterdam) 27. Februar 1881 – Blaricum 2. Dezember 1966. *Niederländischer Mathematiker und Philosoph, Begründer des Intuitionismus in der Philosophie der Mathematik, bedeutender Topologe und Mengentheoretiker.*
February 27, 1881 in Overschie (Rotterdam) – December 2, 1966 in Blaricum. *Dutch mathematician and philosopher, founder of intuitionism in the philosophy of mathematics, eminent topologist and set theorist.*

Brunswik (Brunswick), Egon Edler von Korompa Budapest 18. März 1903 – Berkeley, Kalifornien 7. Juli 1955. *Österreichisch-amerikanischer Psychologe. Seine Arbeiten gehen vom wahrnehmenden sowie Informationen suchenden Subjekt und seiner Umwelt aus. Brunswik, der in Wien bei Karl Bühler studiert und gearbeitet hat, stand dem Wiener Kreis und insbesondere Moritz Schlick nahe, ehe er in die USA emigrierte.*
March 18, 1903 in Budapest – July 7, 1955 in Berkeley, California. *Austrian-American psychologist. Most of his work is related to the question how a subject percieves its environment and how it is looking there for information. Brunswik who studied with Karl Bühler in Vienna was close to the Vienna Circle and especially to Moritz Schlick before he migrated to the U.S.A.*

Bühler, Karl Meckesheim (Baden) 27. Mai 1879 – Los Angeles, Kalifornien 14. Oktober 1963. *Deutscher Psychologe und Sprachtheoretiker. Vertreter der Würzburger Schule und der damit verwandten Gestaltpsychologie.*
May 27, 1879 in Meckesheim (Baden) – October 14, 1963 in Los Angeles, California. *German psychologist and linguist. Founder of the Würzburg tradition of Psychology and exponent of the gestalt psychology.*

Bühler, geb. Malachowski, Charlotte Berlin 20. Dezember 1893 – Stuttgart 3. Februar 1974. *Deutsche Entwicklungspsychologin. Sie war von 1929-1938 außerordentliche Professorin an der Universität Wien und von 1938-1940 Professorin an der Universität Oslo und der Lehrakademie Trondheim. Ab 1940 wirkte sie zunächst am Mineapolis General Hospital und ab 1945 am Los Angeles County Hospital.*
December 20, 1893 in Berlin – February 3, 1974 in Stuttgart. *German developmental psychologist. She was an associate professor at the University of Vienna from 1929-1938 and professor at the University of Oslo and at the Teachers' Academy of Trondheim from 1938-1940. From 1940 on she was a senior psychologist at the Mineapolis General Hospital and from 1945 on chief psychologist at the Los Angeles County Hospital.*

Cantor, Georg Ferdinand Ludwig Philipp Sankt Petersburg 19. Februar (jul.) / 3. März (greg.) 1845 – Halle (Saale) 6. Januar 1918. *Deutscher Mathematiker. Cantor ist der Begründer der Mengenlehre.*
March 3, 1845 in Saint Petersburg – January 6, 1918 in Halle (Saale). *German mathematician. Cantor is the founder of set theory.*

Carathéodory, Constantin Berlin 13. September 1873 – München 2. Februar 1950. *Griechischer Mathematiker, der von David Hilbert beeinflusst war. Seine Leistungen erbrachte er u. a. in der Funktionentheorie, der Variationsrechnung und der Maßtheorie.*
September 13, 1873 in Berlin – February 2, 1950 in Munich. *Greek mathematician, who was influenced by David Hilbert. He made i. a. significant contributions to the theory of functions, the calculus of variations, and measure theory.*

Carnap, Rudolf Ronsdorf (Wuppertal) 18. Mai 1891 – Santa Monica, Kalifornien 14. September 1970. *Deutsch-amerikanischer Philosoph, Mitbegründer und einer der Hauptvertreter des Logischen Positivismus, Mitglied des Wiener Kreises.*
May 18, 1891 in Ronsdorf (Wuppertal) – September 14, 1970 in Santa Monica, California. *German-American philosopher, one of the founders and a main representative of logical positivism, member of the Vienna Circle.*

Church, Alonzo Washington, D. C. 14. Juni 1903 – Hudson, Ohio 11. August 1995. *US-amerikanischer Mathematiker, Logiker und einer der Begründer der theoretischen Informatik. Bekannt ist er u. a. für die Entwicklung des Lambda-Kalküls, die Church-Turing-These, den Nachweis der Unentscheidbarkeit des Entscheidungsroblems sowie den Satz von Church-Rosser.*
June 14, 1903 in Washington, D. C. – August 11, 1995 in Hudson, Ohio. *American mathematician, logician one of the founders of theoretical computer science. He is inter alia known for the lambda calculus, the Church-Turing thesis, for proving the undecidability of the Entscheidungsproblem, and the Church-Rosser theorem.*

Chwistek, Leon Krakau 13. Juni 1884 – Barwicha bei Moskau 20. August 1944. *Polnischer Mathematiker, Logiker, Maler, Kunsttheoretiker und Philosoph.*
June 13, 1884 in Kraków – August 20, 1944 in Barwicha near Moscow. *Polish mathematician, logician, painter, theoretician of art and philosopher.*

Descartes, René La Hayne (Touraine) 31. März 1596 – Stockholm 11. Februar 1650. *Französischer Philosoph, Mathematiker und Naturwissenschaftler.*
March 31, 1596 in La Hayne (Touraine) – February 11, 1650 in Stockholm. *French philosopher, mathematician, and scientist.*

Doyle, Arthur Conan Edinburgh 22. Mai 1859 – Crowborough 7. Juli 1930. *Englischer Schriftsteller, der für seine Kriminalgeschichten mit Sherlock Holmes als Hauptfigur bekannt ist.*
May, 22 1859 in Edinburgh – July 7, 1930 in Crowborough. *English writer, known for his crime novels with Sherlock Holmes as protagonist.*

Dürr, Karl Rudolf Zürich 16. Juni 1888 – Zürich 18. September 1979. *Schweizer Philosoph, der dem Wiener Kreis und der Philosophie des Logischen Positivismus nahestand. Dürr hat viel zur Philosophie von Gottfried Wilhelm Leibniz gearbeitet.* June 16, 1888 in Zurich – September 18, 1979 in Zurich. *Swiss philosopher who had close relations to the Vienna Circle and logical empiricism. Dürr worked a lot on the philosophy of Gottfried Wilhelm Leibniz.*

Einstein, Albert Ulm 14. März 1879 – Princeton, New Jersey 18. April 1955. *Deutschamerikanischer Physiker. Begründer der Relativitätstheorie.*
March 14, 1879 in Ulm – April 18 1955 in Princeton, New Jersey. *German-American physicist. Developed the theory of relativity.*

Eusebius von Caesarea, Palästina 260/64 – Caesarea 339/40. *Eusebius von Caesarea gilt als Vater der Kirchengeschichtsschreibung. Er hat u. a. eine Chronik, eine Kirchengeschichte und eine Biographie Konstantins hinterlassen.*
260/264 in Palestine – 339/340 in Caesarea. *Eusebius is considered to be the father of church history. He has written a chronicle, a church history and a biography of Constantine and some minor historical works.*

Finsler, Paul Heilbronn 11. April 1894 – Zürich 29. April 1970. *Schweizer Mathematiker, der zunächst in der Differentialgeometrie (Finsler-Räume) gearbeitet hat und dann zu den Grundlagen der Mathematik und der Mengentheorie.*
April 11, 1894 in Heilbronn – April 29, 1970 in Zurich. *Swiss mathematician who worked in differential geometry (Finsler spaces) and in the foundations of mathematics and set theory.*

Fitch, Frederic Brenton Greenwich, Connecticut 9. September 1908 – New Haven, Connecticut 18. September 1987. *US-amerikanischer Logiker. Er ist der Entwickler des Fitch-Kalküls.*
September 9, 1908 in Greenwich, Connecticut – September 18, 1987 in New Haven, Connecticut. *American logician. He was the inventor of the Fitch-style calculus.*

Fraenkel, Abraham (Adolf Abraham Halevi) München 17. Februar 1891 – Jerusalem 15. Oktober 1965. *Deutsch-israelischer Mathematiker, bekannt für seine Arbeiten zur Mengenlehre.*
February 17, 1891 in Munich – October 15, 1965 in Jerusalem. *German-Israeli mathematician known for his work in set theory.*

Frenkel-Brunswik, Else Lemberg 18. August 1908 – Berkeley, Kalifornien 31. März 1958. *Polnischösterreichische Psychologin und Psychoanalytikerin. In ihrer Wiener Zeit Mitarbeiterin von Karl und Charlotte Bühler. Als Studentin hörte sie auch philosophische Vorlesungen bei Moritz Schlick und Rudolf Carnap.*
August 18, 1908 in Lvov – March 31, 1958 in Berkeley, California. *Polish-Austrian psychologist and psychoanalyst who was a coworker of Karl and Charlotte Bühler in Vienna. As a studend she also visited lectures on philosophy by Moritz Schlick and Rudolf Carnap.*

Furtwängler, Philipp Elze 21. April 1869 – Wien 19. Mai 1940. *Deutscher Mathematiker, Zahlentheoretiker. Gödel bezeichnet die mathematischen Vorlesungen von Furtwängler, neben den philosophischen Einführungsvorlesungen von Heinrich Gomperz, im Grandjean-Fragebogen als einflussreich für sein Denken.*
April 21, 1869 in Elze – May 19, 1940 in Vienna. *German mathematican, number theorist. In the Grandjean questionnaire Gödel describes the lectures in mathematics by Furtwängler, besides*

the introductory lectures by the philosopher Heinrich Gomperz, as having influenced his thinking.

Gentzen, Gerhard Karl Erich Greifswald 24. November 1909 – Prag 4. August 1945. *Deutscher Mathematiker und Logiker.*
November 24, 1909 in Greifswald – August 4, 1945 in Prague. *German mathematician and logician.*

Ginsburg, Jekuthiel Libniki (Russisches Kaiserreich) 15. August 1889 – New York 7. Oktober 1957. *Amerikanischer Mathematikhistoriker, der ›Scripta Mathematica‹, eine Zeitschrift für Geschichte und Philosophie der Mathematik gegründet hat.*
August 15, 1889 in Libniski (Russian Empire) – October 7, 1957. *American historian of mathematics who founded ›Scripta Mathematica‹, a journal for the history and philosophy of mathematics.*

Gödel, geb. Handschuh, Marianne 31. August 1879 – Wien 23. Juli 1966. *Mutter von Kurt Gödel. Sie stammt aus dem Rheinland.*
August 31, 1879 – Juli 23, 1966 in Vienna. *Kurt Gödels mother. She came from the German Rhineland.*

Gödel, Kurt Brünn 28. April 1906 – Princeton, New Jersey 14. Januar 1978. *Österreichisch-amerikanischer Mathematiker und Philosoph.*
April 28, 1906 in Brno – January 14, 1978 in Princeton, New Jersey. *Austrian-American mathematician and philosopher.*

Gödel, Rudolf Brünn 7. Februar 1902 – Wien 26. Januar 1992. *Radiologe, Bruder von Kurt Gödel.*
February 7, 1902 in Brno – January 26, 1992 in Vienna. *Radiologist, brother of Kurt Gödel.*

Gödel, geb. Porkert, Adele Wien 4. November 1899 – Princeton, New Jersey 4. Februar 1981. *Ehefrau von Kurt Gödel von 1938 bis 1978.*
November 4, 1899 in Vienna – February 4, 1981 in Princeton, New Jersey. *Wife of Kurt Gödel from 1938 to 1978.*

Goethe, Johann Wolfgang Frankfurt am Main 28. August 1749 – Weimar 22. März 1832. *Deutscher Dichter und Naturforscher.*
August 18, 1749 in Frankfurt – March 22, 1832 in Weimar. *German poet, writer, and naturalist.*

Gomperz, Heinrich Wien 18. Januar 1873 – Los Angeles, Kalifornien 27. Dezember 1942. *Österreichischer Philosoph, Begründer des Gomperz Kreises, an dem auch einige Mitglieder des Wiener Kreises teilgenommen haben. Heinrich Gomperz war Sohn des Altphilologen Theodor Gomperz. Gödel führt Gomperz im Grandjean-Fragebogen neben dem Mathematiker Philipp Furtwängler als einen der beiden Lehrer an, die ihn in seinem Denken beeinflusst haben.*
January 18, 1873 in Vienna – December 27, 1942 in Los Angeles, California. *Austrian philosopher, founder of the Gomperz Circle that was also attended by some of the members of the Vienna Circle. Heinrich Gomperz was a son of the classical philologist Theodor Gomperz. Gödel describes Gomperz in the Grandjean questionaire, besides the mathematician Philipp Furtwängler, as one of the two teachers who has influenced his thinking.*

Gomperz, Theodor Brünn 29. März 1832 – Baden bei Wien 29. August 1912. *Österreichischer Philosophiehistoriker und Altpilologe. Vater von Heinrich Gomperz.*
March 29, 1932 in Brno – August 29, 1912 in Baden near Vienna. *Austrian historian of philosophy and classical philologist. Father of Heinrich Gomperz.*

Grelling, Kurt Berlin 2. März 1886 – Auschwitz 1942. *Deutscher Mathematiker, Logiker und Philosoph. Mitglied der Berliner Gesellschaft für empirische Philosophie (Berliner Kreis).*
March 2, 1886 in Berlin – 1942 in Auschwitz. *German mathematician, logician and philosopher. Member of the Berlin Circle.*

Hahn, Hans Wien 27. September 1879 – Wien 24. Juli 1934. *Österreichischer Mathematiker und Philosoph, Doktorvater u. a. von Kurt Gödel und Karl Menger. Mitbegründer des Wiener Kreises.*
September 27, 1879 in Vienna – July 24, 1934 in Vienna. *Austrian mathematician and philosopher, PhD supervisor of Kurt Gödel and Karl Menger inter alia. Hahn was one of the founders of the Vienna Circle.*

Handschuh, Pauline ? – Brünn 1942. *Ältere Schwester von Kurt Gödels Mutter Marianne Gödel, geb. Handschuh.*
? – 1942 in Brno. *Elder sister of Kurt Gödel's mother Marianne Gödel, née Handschuh*

Hansen, (Johann) Joseph (Leonhard) Aachen 26. April 1863 – Köln 29. Juni 1943. *Deutscher Historiker, zu dessen Forschungsschwerpunkten die Geschichte der Hexenprozesse und der Inquisition gehörten.*
April 26, 1863 in Aachen – June 29, 1943 in Cologne. *German historian. His main research was on the history of witch trials and inquisition.*

Hauff, Wilhelm Stuttgart 29. November 1802 – Stuttgart 18. November 1827. *Deutscher Schriftsteller.*
November 29, 1802 in Stuttgart – November 18, 1827 in Stuttgart. *German writer.*

Hauptmann, Gerhart Johann Robert Ober Salzbrunn (heute Szczawno-Zdrój, Schlesien) 15. November 1862 – Agnetendorf (heute Agnieszków, Niederschlesien) 6. Juni 1946. *Deutscher Schriftsteller.*

November 15, 1862 in Ober Salzbrunn (now Szczawno-Zdrój, Silesia) – June 6, 1946 in Agnetendorf (now Agnieszków, Lower Silesia). *German dramatist and novelist.*

Hausdorff, Felix Breslau 8. November 1868 – Bonn 26. Januar 1942. *Deutscher Mathematiker, der unter dem Pseudonym Paul Mongré auch literarische und philosophische Schriften verfasst hat.*
November 8, 1868 in Wrocław – January 26, 1942 in Bonn. *German mathematician who also wrote works of literature and philosophy under the pseudonym Paul Mongré.*

Hebbel, (Christian) Friedrich Wesselburen, Dithmarschen 18. März 1813 – Wien 13. Dezember 1863. *Deutscher Schrifsteller.*
March 18, 1813 in Wesselburen – December 13, 1863 in Vienna. *German writer.*

Hegel, Georg Wilhelm Friedrich Stuttgart 27. August 1770 – Berlin 14. November 1831. *Deutscher Philosoph.*
August 27, 1770 in Stuttgart – November 14, 1831 in Berlin. *German philosopher.*

Helmholtz, Hermann Ludwig Ferdinand von Potsdam 31. August 1821 – Charlottenburg 8. September 1894. *Deutscher Physiologe und Physiker, Universalgelehrter.*
August 31, 1821 in Potsdam – September 8, 1894 in Charlottenburg. *German physiologist and physicist, polymath.*

Herbrand, Jacques Paris 12. Februar 1908 – La Bérarde 27. Juli 1931. *Französicher Logiker, Algebraiker und Zahlentheoretiker.*
February 12, 1908 in Paris – July 27, 1931 in La Bérarde. *French logician, algebraist, and number theorist.*

Heyting, Arend Amsterdam 9. Mai 1898 – Lugano 9. Juli 1980. *Niederländischer Logiker und Mathematiker, Schüler von Luitzen Egbertus Jan Brouwer.*
May 9, 1898 in Amsterdam – July 9, 1980 in Lugano. *Dutch logician and mathematician, a student of Luitzen Egbertus Jan Brouwer.*

Hilarius von Poitiers, Poitiers um 315 – Poitiers 367. *Bischof und Kirchenlehrer, Trinitarier.*
Around 315 in Poitiers – 367 in Poitiers. *Bishop and Doctor of the Church, trinitarian.*

Hilbert, David Königsberg 23. Januar 1862 – Göttingen 14. Februar 1943. *Deutscher Mathematiker.*
January 23, 1862 in Königsberg – February 14, 1943 in Göttingen. *German mathematician.*

Hoffmann, E. T. A. (Ernst Theodor Amadeus Hoffmann) Königsberg 24. Januar 1776 – Berlin 25. Juni 1822. *Deutscher Schrifsteller.*
January 24, 1776 in Königsberg – June 25, 1822 in Berlin. *German writer.*

Innozenz VIII., geb. Giovanni Battista Cibo Genua um 1432 – Rom 25. Juli 1492. *Innozenz VIII. war von 1484 bis zu seinem Tod im Jahr 1492 Papst.*
Around 1432 in Genua – July 25, 1492 in Rome. *Innocent VIII was Pope from 1484 to his death in 1492.*

Johannes XXII., geb. Jacques Duése Cahors um 1244 – Avignon 4. Dezember 1334. *Johannes XXII. war von 1316 bis zu seinem Tod im Jahr 1334 Papst.*
Around 1244 in Cahors – December 4, 1334 in Avignon. *John XXII was Pope from 1316 to his death in 1334.*

Kant, Immanuel Königsberg 22. April 1724 – Königsberg 12. Februar 1804. *Deutscher Philosoph.*
April 22, 1724 in Königsberg – February 12, 1804 in Königsberg. *German philosopher.*

Kardec, Allan Lyon 3. Oktober 1804 – Paris 31. März 1869. *Französischer Pädagoge und Spiritist. Allan Kardec ist ein Pseudonym, der Geburtsname ist Hippolyte Léon Denizard Rivail.*
October 3, 1804 in Lyon – March 31, 1869 in Paris. *French pedagogue and spiritist. Allan Kardec is a pseudonym, his birth name is Hippolyte Léon Denizard Rivail.*

Kleene, Stephen Cole Hartford, Connecticut 5. Januar 1909 – Madison, Wisconsin 25. Januar 1994. *Amerikanischer Mathematiker und Logiker.*
January 5, 1909 in Hartford, Connecticut – January 25, 1994 in Madison, Wisconsin. *American mathematician and logician.*

Klein, Felix Düsseldorf 25. April 1849 – Göttingen 22. Juni 1925. *Deutscher Mathematiker.*
April 25, 1849 in Dusseldorf – June 22, 1925 in Göttingen. *German mathematician.*

Kleist, (Bernd) Heinrich (Wilhelm) von Frankfurt (Oder) 18. Oktober 1777 – Kleiner Wannsee (Berlin) 21. November 1811. *Deutscher Schrifsteller.*
October 18, 1777 in Frankfurt (Oder) – November 21, 1811 in Kleiner Wannsee (Berlin). *German writer.*

Kokoszyńska-Lutman, Maria Bobrka bei Lemberg 6. Dezember 1905 – Breslau 30. Juni 1981. *Polnische Logikerin, Sprachphilosophin und Erkenntnistheoretikerin. Vertreterin der Lemberg-Warschau Schule. Schülerin von Kazimierz Ajdukiewicz, zeitweise in regem Austausch mit Alfred Tarski sowie dem Wiener Kreis, an dessen Sitzungen sie mitunter teilgenommen hat.*
December 6, 1905 in Bóbrka near Lvov – June 30, 1981 in Wrocław. *Polish logician, philosopher of language and epistemologist. Representative of the Lvov-Warsaw-school. Student of Kazimierz Ajdukiewicz. She was at times in close contact with Alfred Tarski and the Vienna Circle, whose meetings she attended occasionally.*

Kottler, Friedrich Wien 10. Dezember 1886 – Rochester, New York 11. Mai 1965. *Österreichischer theoretischer Physiker, der, ehe er in die USA emigrieren musste, vornehmlich zur Relativitätstheorie gearbeitet hat.*
December 10, 1886 in Vienna – May 11, 1965 in Rochester, New York. *Austrian theoretical physicist who worked mainly on the theory of relativity before he had to emigrate to the U.S.A.*

Kurepa, Đuro Majske Poljane (Kroatien) 16. August 1907 – Belgrad 2. November 1993. *Jugoslawischer Mathematiker, Mengentheoretiker.*
August 16, 1907 in Majske Poljane (Croatia) – November 2, 1993 in Belgrade. *Yugoslav mathematician, set theorist.*

Lebesgue, Henri Léon Beauvais 28. Juni 1875 – Paris 26. Juli 1941. *Französischer Mathematiker, Begünder der Maßtheorie, bekannt für seine Integrationstheorie.*
June 28, 1875 in Beauvais – July 26, 1941 in Paris. *French mathematician, founder of measure theory, known for his theory of integration.*

Leibniz, Gottfried Wilhelm Leipzig 1. Juli 1646 – Hannover 14. November 1716. *Deutscher Philosoph und Universalgelehrter.*
July 1, 1646 in Leipzig – November 14, 1716 in Hanover. *German philosopher and polymath.*

Lenormant, François Paris 17. Januar 1837 – Paris 9. Dezember 1883. *Französischer Historiker und Archäologe.*
January 17, 1837 in Paris – December 9, 1883 in Paris. *French historian and archeologist.*

Leo XIII., geb. Vinzenzo Gioacchino Pecci Carpineto Romano 2. August 1810 – Rom 20. Juli 1903. *Leo XIII. war von 1878 bis zu seinem Tod im Jahr 1903 Papst.*
August 2, 1810 in Carpineto Romano – July 20, 1903 in Rome. *Leo XIII was Pope from 1878 to his death in 1903.*

Leśniewski, Stanisław Serpuchow 30. März 1886 – Warschau 13. Mai 1939. *Polnischer Mathematiker, Logiker und Philosoph. Schüler von Kazimierz Twardowski, dem Gründer der Lemberg-Warschau-Schule in der Logik.*
March 30, 1886 in Serpuchow – May 13, 1939 in Warsaw. *Polish mathematician, logician, and philosopher. Student of Kazimierz Twardowski, the founder of the Lvov-Warsaw school of logic.*

Lessing, Gotthold Ephraim Kamenz (Oberlausitz) 22. Januar 1729 – Braunschweig 15. Februar 1781. *Deutscher Schriftsteller.*
January 22, 1729 in Kamenz (Upper Lusatia) – February 15, 1781 in Brunswick. *German writer.*

Lewis, Clarence Irving Stoneham, Massachusetts 12. April 1883 – Cambridge, Massachusetts 3. Februar 1964. *Amerikanischer Logiker und Philosoph, gilt als Begründer der axiomatischen Modallogik.*
April 12, 1883 in Stoneham, Massachusetts – February 3, 1964 in Cambridge, Massachusetts. *American logician and philosopher. He ranks as founder of axiomatic modal logic.*

Liguori, Alfonso Maria de' Marianella bei Neapel 27. September 1696 – Pagani bei Salerno 1. August 1787. *Italienischer Moraltheologe, Bischof und Ordensgründer (Redemptoristen) sowie Jurist und Komponist, der heiliggesprochen und zum Kirchenlehrer erhoben wurde.*
September 27, 1696 in Marianella near Naples – August 1, 1787 in Pagani near Salerno. *Italian moral theologian, bishop and founder of an Order (Redemptorists) as well as a legal scholar and composer. He was canonised and appointed Doctor of the Church.*

Lukasiewicz, Jan Lemberg 21. Dezember 1878 – Dublin 13. Februar 1956. *Polnischer Mathematiker und Logiker. Vertreter der Lemberg-Warschau-Schule in der Logik.*
December 21, 1878 in Lvov – February 13, 1956 in Dublin. *Polish mathematician and logician. Representative of the Lvov-Warsaw school of logic.*

Lusin, Nikolai Nikolajewitsch Irkutsk 27. November (jul.) / 9. Dezember (greg.) 1883 – Moskau 28. Januar 1950. *Russischer Mathematiker, der für seine Arbeiten in der beschreibenden Mengenlehre und der Topologie berühmt ist.*
December 9, 1883 in Irkutsk – January 28, 1950 in Moscow. *Russian mathematician known for his work in descriptive set theory and topology.*

Mahlo, (Friedrich) Paul Düben (Ortsteil von Coswig) 28. Juli 1883 – Halle (Saale) 20. August 1971. *Deutscher Mathematiker, der vor allem für seine Beiträge zur Mengenlehre bekannt ist.*
July 28, 1883 in Düben (Coswig) – August 20, 1971 in Halle (Saale). *German mathematician who is known for his work on set theory.*

McKinsey, John Charles Chenoweth Clinton County, Indiana 30. April 1908 – Palo Alto 26. Oktober 1953. *US-amerikanischer Mathematiker und Logiker, der für seine Arbeiten in der Mathematischen Logik, der Spieltheorie sowie in der Modallogik bekannt ist.*
April 30, 1908 in Clinton County, Indiana – October 26, 1953 in Palo Alto. *American mathematician and logician known for his work on mathematical logic, game theory and modal logic.*

Menger, Karl Wien 13. Januar 1902 – Chicago, Illinois 5. Oktober 1985. *Österreichisch-amerikanischer Mathematiker. Menger war Schüler von Hans Hahn. Ab 1927 besuchte er regelmäßig die Sitzungen des Wiener Kreises und gründete 1929 das Mathematische Kolloquium, in dem Gödel*

häufiger vorgetragen hat.
January 13, 1902 in Vienna – October 5, 1985 in Chicago, Illinois. *Austrian-American mathematician. Menger was a student of Hans Hahn and attended the meetings of the Vienna Circle quite regularly from 1927 on. Menger founded the mathematical colloquium in 1929, where Gödel presented his work now and again.*

Mertner, Robert unbekannt – unbekannt .
Deutscher Sachbuchautor und Redakteur. Robert Mertner geriet während des ersten Weltkrieges als deutscher Soldat in französische Kriegsgefangenschaft, wo er eigenen Angaben zufolge anfing, über die beste Methode des Spracherwerbs nachzudenken. Er versuchte unter Berücksichtigung der zeitgenössischen Kenntnisse der experimentellen Psychologie eine mechanisch-suggestive Methode zum Sprachenlernen zu entwickeln.
Unknown – Unknown.
German non-fiction writer and editor. He was a prisoner of war in France during the First World War. According to himself he began to reflect on the best method to learn a language during this time. He tried to develop a mechanical suggestive method for learning a language in consideration of the contemporary knowledge of experimental psychology.

Mirimanoff, Dmitry Pereslawl 13. September 1861 – Genf 5. Januar 1945. *Russisch-schweizer Mathematiker. Schüler von Henri Poincaré, der in erster Linie auf dem Gebiet der Wahrscheinlichkeitstheorie gearbeitet hat und auch drei einflussreiche Arbeiten zur Mengentheorie geschrieben hat.*
September 13, 1861 in Pereslavl – January 5, 1945 in Geneva. *Russian-Swiss mathematician. Student of Henri Poincaré who mainly worked in probability theory and has written three influential papers on set theory.*

Mises, Richard Edler von Lemberg 19. April 1883 – Boston, Massachusetts 14. Juli 1953. *Österreichisch-amerikanischer Mathematiker, zu dessen Arbeitsgebiete die numerische Mathematik, die Strömungsmechanik, Aerodynamik, Statistik und die Wahrscheinlichkeitstheorie gehörten.*
April 19, 1883 in Lvov – July 14, 1953 in Boston, Massachusetts. *Austrian-American mathematician who worked on fluid mechanics, aerodynamics, statistics and probability theory.*

Morduhai-Boltovskoi, Dmitry Dmitrievich Pawlowsk 8. August 1876 – Rostow-Don 7. Februar 1952. *Russischer Mathematiker und Mathematikhistoriker. Unter anderem bekannt für seine Arbeiten in der Analysis und Zahlentheorie.*
August 8, 1876 in Pavlovsk – February 7, 1952 in Rostov on Don.
Russian mathematician and historian of mathematics. Inter alia known for his work in analysis and number theory.

Morse, (Harold Calvin) Marston Waterville, Maine 24. März 1892 – Princeton, New Jersey 22. Juni 1977. *Amerikanischer Mathematiker, der für seine Arbeiten auf dem Gebiet der Variationsrechnung und der Differentialgeometrie bekannt ist. Morse ging 1935 von Harvard nach Princeton an das neu gegründete Institute for Advanced Study.*
March 24, 1892 in Waterville, Maine – June 22, 1977 in Princeton, New Jersey. *American mathematician who is known for his work on the calculus of variations and differential geometry. He taught at Harvard before he accepted a position in 1935 at the newly founded Institute for Advanced Study in Princeton.*

Mostowski, Andrzej Lemberg 1. November 1913 – Vancouver 22. August 1975. *Polnischer Mathematiker und Logiker. In vorliegendem Kontext sind insbesondere seine Arbeiten zum Zermelo-Fraenkelschen Axiomensystem, zur algebraischen Deutung der Logik und zur mehrwertigen Logik zu erwähnen. Zudem hat er eine umfassende Darstellung des Gödelschen Unvollständigkeitssatzes verfasst.*
November 1, 1913 in Lvov – August 22, 1975 in Vancouver. *Polish mathematician and logician. In the given context his work in Zermelo–Fraenkel set theory, in algebraic set theory and in many-valued logic is especially noteworthy. Moreover, he has presented a comprehensive presentation of Gödel's incompleteness theorem.*

Natkin, Marcel Lodz 22. Oktober 1904–Paris 7. April 1962. *Photograph, der bis zu seiner Emigration nach Frankreich im Jahre 1930 Mitglied des Wiener Kreises war. Er war neben Herbert Feigl wohl der engste Freund von Kurt Gödel in Wien. Natkin wurde 1928 in Wien mit der Arbeit ›Einfachheit, Kausalität und Induktion‹ promoviert.*
October 22, 1904 in Lodz – April 7, 1962 in Paris. *Photographer, who was a member of the Vienna Circle until his emigration to France in 1930. Besides Herbert Feigl he was one of the closest friends of Kurt Gödel in Vienna. Natkin graduated in Vienna in 1928 with the thesis ›Einfachheit, Kausalität und Induktion‹.*

Neider, Heinrich St. Petersburg 27. Januar 1907 – Wien 23. März 1990. *Buchhändler und Verleger, ständiges Mitglied des Wiener Kreises.*
January 27, 1907 in Saint Petersburg – March 23, 1990 in Vienna. *Book retailer and publisher, permanent member of the Vienna Circle.*

Neumann, John von (Baron Johann von, bzw. János Lajos Neumann von Margitta) Budapest 28. Dezember 1903 – Washington, D. C.

8. Februar 1957. *Ungarisch-amerikanischer Mathematiker. Bekannt für seine Beiträge zur Logik, Funktionalanalysis, Quantenmechanik und Spieltheorie.*
December 28, 1903 in Budapest – February 8, 1957 in Washington, D. C. *Hungarian-American mathematician. Known for his contributions in logic, functional analysis, quantum mechanics, and game theory.*

Neurath, Otto Wien 10. Dezember 1882 – Oxford 22. Dezember 1945. *Österreichischer Philosoph, Wissenschaftstheoretiker und Nationalökonom, bedeutendes Mitglied des Wiener Kreises.*
December 10, 1882 in Vienna – December 22, 1945 in Oxford. *Austrian philosopher, philosopher of science, and political economist, who was one of the leading figures of the Vienna Circle.*

Nietzsche, Friedrich Wilhelm Röcken bei Lützen 15. Oktober 1844 – Weimar 25. August 1900. *Deutscher Philosoph und Altphilologe.*
October 15, 1844 in Röcken near Lützen – August 25, 1900 in Weimar. *German philosopher and classical philologist.*

Ono, Katzui (Katudi) 1909 – 18. August 2001. *Japanischer Mathematiker und Logiker, der sowohl Arbeiten zur mathematischen Logik als auch zur angewandten Mathematik verfasst hat.*
1909 – August 18, 2001. *Japanese mathematician and logician. His work concerned mathematical logic as well as applied mathematics.*

Peano, Giuseppe Spinetta 27. August 1858 – Turin 20. April 1932. *Italienischer Mathematiker und Logiker. Die Standardaxiomatisierung der natürlichen Zahlen ist nach ihm mit Peano-Axiome benannt.*
August 27, 1858 in Spinetta – April 20, 1932 in Turin. *Italian mathematician and logician. The standard axiomatization of the natural numbers is named the Peano axioms.*

Picard, (Charles) Émile Paris 24. Juli 1856 – Paris 11. Dezember 1941. *Französischer Mathematiker, der wichtige Beiträge zur Funktionentheorie, Analysis, Algebra und Geometrie geleistet hat. Bekannt wurde er auch durch sein Lehrbuch zur Analysis.*
July 24, 1856 in Paris – December 11, 1941 in Paris. *French mathematician who made major contributions to complex analysis, analysis, algebra and geometry. He is also known for his textbook on analysis.*

Pius IX., geb. Giovanni Maria Mastai-Ferretti Senigallia 13. Mai 1792 – Rom 7. Februar 1878. *Pius IX. war von 1846 bis zu seinem Tod im Jahr 1878 Papst.*
May 13, 1792 in Senigallia – February 7, 1878 in Rome. *Pius IX was Pope from 1846 to his death in 1878.*

Pius X., geb. Giuseppe Sarto Riese (Treviso) 2. Juni 1835 – Rom 20. August 1914. *Pius X. war von 1903 bis zu seinem Tod im Jahr 1914 Papst.*
June 2, 1835 in Riese (Treviso) – August 20, 1914 in Rome. *Pius X was Pope from 1903 to his death in 1914.*

Pius XI., geb. Achille Ambrogio Damiano Ratti Desio bei Monza 31. Mai 1857 – Rom 10. Februar 1939. *Pius XI. war von 1922 bis zu seinem Tod im Jahr 1939 Papst.*
May 31. 1857 in Desio near Monza – February 10, 1939 in Rome. *Pius XI was Pope from 1922 to his death in 1939.*

Platon, Athen (oder Ägina) 428/427 v. Chr. – Athen 348/347 v. Chr. *Griechischer antiker Philosoph.*
428/427 BC in Athens (or Aegina) – 348/347 BC in Athens. *Ancient Greek Philosopher.*

Prantl, Carl von Landsberg am Lech 28. Januar 1820 – Oberstdorf (Allgäu) 14. September 1888. *Deutscher Philosophiehistoriker, der für seine Geschichte der Logik im Abendland bekannt ist.*
January 28, 1820 in Landsberg on the river Lech – September 14, 1888 in Oberstdorf (Allgäu). *German historian of philosophy, best known for his history of logic in the Occident.*

Prasad, Ganesh Ballia (Uttar Pradesh) 15. November 1876 – Agra 9. März 1935. *Indischer Mathematiker. Nach seiner Promotion 1898 an der Universität Allahabad in Indien ging er an die Universität Cambridge und anschließend nach Göttingen zu Felix Klein, David Hilbert und Arnold Sommerfeld.*
November 15, 1876 in Ballia (Uttar Pradesh) – March 9, 1935 in Agra. *Indian mathematician. After his PhD at the University of Allahabad in India in 1898 he went to the University of Cambridge and afterwards to Göttingen, where he worked with Felix Klein, David Hilbert and Arnold Sommerfeld.*

Quine, Willard Van Orman Akron, Ohio 25. Juni 1908 – Boston, Massachusetts 25. Dezember 2000. *US-amerikanischer analytischer Philosoph und Logiker. Er kam mit der Philosophie des Wiener Kreises in Kontakt als er in den frühen 1930iger Jahren in Wien war.*
June 25, 1908 in Akron, Ohio – December 25, 2000 in Boston, Massachusetts. *American philosopher and logician in the analytic tradition. He came into contact with the philosophy of the Vienna Circle in the early 1930s, when he visited Vienna.*

Riemann, (Georg Friedrich) Bernhard Breselenz bei Dannenberg (Hannover) 17. September 1826 – Selasca (Lago Maggiore) 20. Juli 1866. *Deutscher Mathematiker, mathematischer Physiker und*

Naturphilosoph, der bahnbrechende Leistungen auf dem Gebiet der Geometrie, der Funktionentheorie, der Zahlentheorie und der mathematischen Physik erbracht hat.
September 17, 1826 in Breselenz (Hanover) – July 20, 1866 in Selasca (Lago Maggiore). *German mathematician, mathematical physicist and natural philosopher who made major contributions to geometry, complex analysis, number theory and mathematical physics.*

Rosser Sr., John Barkley Jacksonville, Florida 6. Dezember 1907–Madison, Wisconsin 5. September 1989. *US-amerikanischer Logiker und Mathematiker, Doktorand von Alonzo Church. Er wirkte u. a. am Satz von Church-Rosser mit und bewies 1936 eine stärkere Fassung von Gödels erstem Unvollständigkeitssatz.*
December 6, 1907 in Jacksonville, Florida – September 5, 1989 in Madison, Wisconsin. *American logician and mathematician, a student of Alonzo Church, and inter alia known for his part in the Church-Rosser theorem. In 1936 he proved a stronger version of Gödel's first incompleteness theorem.*

Rothberger, Fritz Wien 14. Oktober 1902 – Wolfville (Kanada) 30. Mai 2000. *Österreichischer Mathematiker, Spezialgebiet kombinatorische Mengenlehre.*
October 14, 1902 in Vienna – May 30, 2000 in Wolfville (Canada). *Austrian mathematician, area of expertise combinatorial set theory.*

Russell, Bertrand Arthur William Trellech (Wales) 18. Mai 1872 – Penrhyndeudraeth (Wales) 2. Februar 1970. *Britischer Philosoph, Mathematiker und Logiker.*
May 18, 1872 in Trellech (Wales) – February 2, 1970 in Penrhyndeudraeth (Wales). *British philosopher, mathematician, and logician.*

Salamucha, Jan Warschau 20. Juni 1903 – Warschau 14. August 1944. *Polnischer Logiker und Philosoph, Vertreter der Lemberg-Warschau-Schule.*
June 20, 1903 in Warsaw – August 14, 1944 in Warsaw. *Polish logician and philosopher, representative of the Lvov-Warsaw-school.*

Schiller, (Johann Christoph) Friedrich Marbach am Neckar 10. November 1759 – Weimar 9. Mai 1805. *Deutscher Schriftsteller, Historiker und Philosoph.*
November 10, 1759 in Marbach – May 9, 1805 in Weimar. *German writer, historian and philosopher.*

Schjelderup, Harald Krabbe Dypvåg (Tvedestrand) 21. Mai 1895 – Oslo 19. August 1974. *Norwegischer Psychologe und Philosoph.*
May 21, 1895 in Dypvåg (Tvedestrand) – August 19, 1974 in Oslo. *Norwegian psychologist and philosopher.*

Schlick, Moritz Berlin 14. April 1882 – Wien 22. Juni 1936. *Deutscher Philosoph und Physiker, Begründer des Wiener Kreises.*
April 14, 1882 in Berlin – June 22, 1936 in Vienna. *German philosopher and physicist, founder of the Vienna Circle.*

Schnitzler, Arthur Wien 15. Mai 1862 – Wien 21. Oktober 1931. *Österreichischer Schriftsteller.*
May 15, 1862 in Vienna – October 21, 1931 in Vienna. *Austrian writer.*

Schoenflies, Arthur Moritz Landsberg an der Warthe (heute Gorzów, Polen) 17. April 1853 – Frankfurt am Main 27. Mai 1928. *Deutscher Mathematiker, der bei Ernst Kummer, Karl Weierstrass und Felix Klein studiert und insbesondere für seine Arbeiten zur Kristallographie bekannt ist. Schönflies hat gemeinsam mit Hans Hahn unter anderem ein Buch zur Mengenlehre verfasst.*
April 17, 1853 in Landsberg an der Warthe (now Gorzów, Poland) – May 27, 1928 in Frankfurt. *German mathematician who was a student of Ernst Kummer, Karl Weierstrass and Felix Klein and is mostly known for his work in crystallography. He has inter alia written a book on set theory with Hans Hahn as co-author.*

Scholz, Heinrich Berlin 17. Dezember 1884 – Münster (Westfalen) 30. Dezember 1956. *Deutscher Logiker, Philosoph und Theologe, hatte in seinen späteren Jahren seinen Forschungsschwerpunkt auf mathematischer Logik.*
December 17, 1884 in Berlin – December 30, 1956 in Münster (Westphalia). *German logician, philosopher, and theologian, whose main research interest was, in his later years, mathematical logic.*

Schönfinkel, Moses Isajewitsch Jekaterinoslaw 4. September 1889 – Moskau 1942. *Russischer Logiker, der u. a. mit David Hilbert und Paul Bernays zusammengearbeitet hat.*
September 4, 1889 in Ekaterinoslav – 1942 in Moscow. *Russian logician, who has inter alia worked together with David Hilbert and Paul Bernays.*

Schopenhauer, Adele (Luise Adelaide Lavinia) Hamburg 12. Juli 1797 – Bonn 25. August 1849. *Deutsche Schriftstellerin, Schwester des Philosophen Arthur Schopenhauer und Tochter der Schriftstellerin Johanna Schopenhauer.*
July 12, 1797 in Hamburg – August 25, 1849 in Bonn. *German writer, sister of the philosopher Arthur Schopenhauer and daughter of the writer Johanna Schopenhauer.*

Schrödinger, Erwin Rudolf Josef Alexander Wien 12. August 1887 – Wien 4. Januar 1961. *Österreichischer Physiker und Wissenschaftsphilosoph. Er gilt als einer der Begründer der Quantenmechanik.*
August 12, 1887 in Vienna – January 4, 1961 in Vienna. *Austrian physicist and philosopher of*

science. He is one of the founders of quantum mechanics.

Sextus Julius Africanus, circa 160 – circa 240. Julius Africanus gilt als Verfasser der ersten christlichen Weltchronik, die die Arbeiten des Eusebius von Caesarea beeinflusst hat.
Julius Africanus is considered to be the author of the first christian world chronicle, that has influenced the works of Eusebius of Caesarea.

Sierpiński, Wacław Franciszek Warschau 14. März 1882 – Warschau 21. Oktober 1969. Polnischer Mathematiker. Er ist u. a. bekannt für seine Beiträge zur Mengenlehre (Untersuchungen zum Auswahlaxiom und zur Kontinuumshypothese).
March 14, 1882 in Warsaw – October 21, 1969 in Warsaw. Polish mathematician. He is known inter alia for his work in set theory (axiom of choice, continuum hypothesis).

Sigwart, Christoph Tübingen 28. März 1830 – Tübingen 5. August 1905. Deutscher Philosoph und Theologe, Vertreter des Psychologismus in der Logik.
March 28, 1830 in Tübingen – August 5, 1905 in Tübingen. German philosopher and theologian, representative of psychologism in logic.

Skolem, Albert Thoralf Sandsvaer 23. Mai 1887 – Oslo 23. März 1963. Norwegischer Mathematiker und Logiker. Unter anderem bekannt für das Skolem-Paradox und den Satz von Löwenheim-Skolem.
May 23, 1887 in Sansvaer – March 23, 1963 in Oslo. Norwegian mathematician and logician. Inter alia known for the Skolem paradox and the Löwenheim-Skolem theorem.

Stone, Marshall Harvey New York 8. April 1903 – Madras, Indien 9. Januar 1989. US-amerikanischer Mathematiker, der in der Funktionalanalysis, der reellen Analysis, Boolscher Algebra und Topologie gearbeitet hat.
April 8, 1903 – January 9, 1989 in Madras, India. American mathematician, who has worked in functional analysis, real analysis, Boolean analysis and topology.

Suslin, Michail Jakowlewitsch Krassawka bei Saratow 3. November (jul.) / 15. November (greg.) 1894 – Moskau 21. Oktober 1919. Russischer Mathematiker, der wichtige Beiträge zur Maßtheorie und deskriptiven Mengenlehre geliefert hat.
November 15, 1894 in Krasavka – 21 October 1919 in Moscow. Russian mathematician who made major contributions to the fields of measure theory and descriptive set theory.

Tarski, Alfred Warschau 14. Januar 1901 – Berkeley, Kalifornien 26. Oktober 1983. Polnisch-amerikanischer Mathematiker und Logiker. Vor dem Zweiten Weltkrieg einer der Hauptvertreter der Lemberg-Warschau-Schule.
January 14, 1901 in Warsaw – October 26 in Berkeley, California. Polish-American mathematician and logician. He was one of the main representatives of the Lvov–Warsaw school.

Thomas von Aquin, Roccasecca 1224 – Fassanova 7. März 1274. Mittelalterlicher Philosoph und Theologe.
1224 in Roccasecca – March 7, 1274 in Fassanova. Medieval philosopher and theologian.

Tolstoi, Lew (auch Leo) Nikolajewitsch Jasnaja Poljana (Tula) 28. August (jul.) / 9. September (greg.) 1828 – Astapowo (Rjasan) (heute Oblast Lipezk) 7. November (jul.) / 20. November (greg.) 1910. Russischer Schriftsteller.
September 9, 1828 in Yasnaya Polyana (Tula) – November 20, 1910 Astapovo (Ryazan) (now Lipetsk Oblast). Russian novelist.

Turing, Alan Mathison London 23. Juni 1912 – Wilmslow (Cheshire) 7. Juni 1954. Englischer Mathematiker, Logiker und Informatiker. Mit dem von ihm entwickelten Berechenbarkeitsmodell der Turingmaschine ist er einer der Begründer der Theoretischen Informatik.
June 23, 1912 in London – June 7, 1954 in Wilmslow (Cheshire). English mathematician, logician and computer scientist. He is one of the founders of theoretical computer science, providing a formalisation of the concepts of algorithm and computation with the Turing machine.

Veblen, Oswald Decorah, Iowa 24. Juni 1880 – Brooklin, Maine 10. August 1960. Amerikanischer Mathematiker. Ab 1926 war er Professor für Mathematik an der Universität Princeton und 1928/29 Austauschprofessor in Oxford. 1932 war er Gastprofessor an verschiedenen deutschen Universitäten (Göttingen, Berlin, Hamburg). Ab 1932 war er Professor am neu gegründeten Institute for Advanced Study, das er mit aufbaute. Emigranten wie Albert Einstein, Hermann Weyl, John von Neumann und Kurt Gödel, die vor den Nationalsozialisten flohen, kamen durch seine Initiative ans Institute for Advanced Study.
June 24, 1880 in Decorah, Iowa – August 10, 1960 in Brooklin, Maine. American mathematician. He was professor for mathematics from 1926 on at Princeton University and in 1928/29 exchange professor in Oxford. In 1932 he was guest professor at several German univsersities (Göttingen, Berlin, Hamburg). From 1932 on he was professor at the newly founded Institute for Advanced Study, that he helped to establish. Due to his initiative emigrants like Albert Einstein, Hermann Weyl, John von Neumann and Kurt Gödel joined the institute.

Wagner-Jauregg, Julius Wels 7. März 1857 – Wien 27. September 1940. *Österreichischer Psychiater, der 1923 den Nobelpreis für Medizin erhielt, aber schon zu Lebzeiten nicht unumstritten war.*
March 7, 1857 in Wels – September 27, 1940 in Vienna. *Austrian psychiatrist who got the Nobel Prize in 1923 for Medicine, whose work was, however, not without controversy even in his lifetime.*

Waismann, Friedrich Wien 21. März 1896 – Oxford 4. November 1959. *Österreichischer Philosoph, Mitglied des Wiener Kreises, der in engem Gesprächsaustausch mit Ludwig Wittgenstein stand.*
March 21, 1896 in Vienna – November 4, 1959 in Oxford. *Austrian philosopher, member of the Vienna Circle, who had extensive conversations with Ludwig Wittgenstein.*

Wajsberg, Mordchaj Łomża 10. Mai 1902 – im Zweiten Weltkrieg. *Polnischer Mathematiker und Logiker, der zur Lemberg-Warschau-Schule gehört und als erster Fragen der Axiomatisierung der mehrwertigen Logik behandelt hat.*
May 10, 1902 in Łomża – during the Second World War. *Polish mathematician and logician, who belonged to the Lvov-Warsaw school. He was the first to work on the axiomatization of many-valued logic.*

Wallace, Edgar Greenwich 1. April 1875 – Hollywood 10. Februar 1932. *Englischer Kriminalschriftsteller.*
April 1875 in Greenwich – February 1932 in Hollywood. *English crime writer.*

Weyl, Hermann Klaus Hugo Elmshorn 9. November 1885–Zürich 8. Dezember 1955. *Deutscher Mathematiker, theoretischer Physiker und Philosoph, der in vielen Gebieten, von der Zahlentheorie bis zur theoretischen Physik und Philosophie, gearbeitet hat. Weyl wurde in Göttingen von David Hilbert promoviert und nach Jahren als Professor an der ETH Zürich dessen Nachfolger in Göttingen, ehe er ans Institute for Advanced Study nach Princeton wechselte, wo er Kollege von Kurt Gödel war.*
November 9, 1885 in Elmshorn – December 8, 1955 in Zürich. *German mathematician, theoretical physicist and philosopher who has worked in several fields: from number theory to theoretical physics and philosophy. His doctorate was awarded at the University of Göttingen under the supervision of David Hilbert. After he had been professor at the ETH Zurich in Switzerland for many years, he became Hilbert's successor in Göttingen, before he joined the Institute for Advanced Study in Princeton, where he was a colleague of Kurt Gödel.*

Wirtinger, Wilhelm Ybbs an der Donau 15. Juli 1865 – Ybbs an der Donau 16. Januar 1945. *Österreichischer Mathematiker, der in verschiedenen Gebieten der Mathematik gearbeitet hat. Bei Wirtinger haben unter anderem Kurt Gödel, Erwin Schrödinger und Olga Tauss-Todd Vorlesungen gehört.*
July 15, 1865 in Ybbs on the Danube – January 16, 1945 in Ybbs on the Danube. *Austrian mathematician who worked in several areas of mathematics. Among his students in Vienna were inter alia Kurt Gödel, Erwin Schrödinger and Olga Tauss-Tod.*

Wittgenstein, Ludwig (Johann Josef) Wien 26. April 1889 – Cambridge 29. April 1951. *Österreichisch-britischer Philosoph, der sowohl den Wiener Kreis als auch die englische analytische Philosophie nachhaltig beeinflusst hat.*
April 26, 1889 in Vienna – April 29, 1951 in Cambridge. *Austrian-British philosopher, who has influenced the philosophy of the Vienna Circle as well as British analytic philosophy.*

Literaturverzeichnis und Werkregister – References and Index of References

›Euclides‹ 13 (1936/37), hrsg. v. der Nederlandse Vereniging van Wiskundeleraren. 251, 507

›Hexen und Hexenprozesse‹ (Miniatur-Bibliothek, Nr. 632), Leipzig (Verlag für Kunst und Wissenschaft, Albert Otto Paul) n. d. *Das Buch befindet sich in Gödels Privatbibliothek.* 149, 410

›Meyers Konversations-Lexikon. Ein Nachschlagewerk des allgemeinen Wissens‹, Leipzig/Wien (Bibliographisches Institut) 1893–1897, 5. Aufl. *Die Bände befanden sich in Gödels Privatbibliothek, gelten aber heutzutage als vermisst.* 33, 35, 54, 59–61, 63, 96, 101, 122, 301, 303, 321, 326–329, 361, 366, 385

›Revue thomiste. Revue doctrinale de théologie et de philosophie‹, Toulouse (Ecole) 1893ff. 203, 462

›Scherzrätsel und Scherzfragen‹, (Miniatur-Bibliothek, Nr. 1199–1200), Leipzig (Verlag für Kunst und Wissenschaft, Albert Otto Paul) n. d. *Das Buch befindet sich in Gödels Privatbibliothek.* 59, 326

›Studia logica‹ 1 (1934), hrsg. v. der polnischen Akademie der Wissenschaften, Warschau. 251, 507

›Talmud‹. 204, 463

Adler, Alfred: ›Praxis und Theorie der Individualpsychologie. Vorträge zur Einführung in die Psychotherapie für Ärzte, Psychologen und Lehrer‹, München/Wiesbaden (J.F. Bergmann) 1920. 106, 369

Adler, Alfred: ›Über den nervösen Charakter. Grundzüge einer vergleichenden Individual-Psychologie und Psychotherapie‹, München/Wiesbaden (J. F. Bergmann) 1912. 106, 369

Adlersfeld-Ballestrem, Eufemia von: ›Halali / der Fall Stachelberg. Zwei Kriminalnovellen‹, Leipzig (Reclam) 1902. 259, 514

Alexandrow, Pawel Sergejewitsch: »Sur la puissance des ensembles mesurables B«, in: ›Comptes rendus hebdomadaires des séances de l'Académie des Sciences‹ 162 (1916), S. 323–325. 115, 378

Allen, James Turney: ›The First Year of Greek‹, New York (Macmillian) 1936. *Das Buch befindet sich in Gödels Privatbibliothek.* 56, 323

Allioli, Joseph Franz: ›Allgemeines Wörterbuch der heiligen Schrift. Ein Supplementband zu allen Bibelausgaben nach der Vulgata, besonders aber zur heiligen Schrift‹, 2 Bde., Regensburg (Manz) 1837–1838. *Eine Ausleihe dieses Titels durch Gödel ist nachweisbar für den 1. März 1938.* 202, 461

Alzog, Johann Baptist: ›Grundriss der Patrologie‹, Freiburg i. Br. (Herder) 1866. *Eine Ausleihe dieses Bandes durch Gödel ist für den 18. und 21. Juli 1939 nachweisbar.* 147, 188, 201, 408, 448, 460

Aristoteles: ›Analytica priora‹ (Erste Analytik). 105, 116, 369, 380

Aristoteles: ›Analytica posteriora‹ (Zweite Analytik). 105, 116, 369, 380

Augustinus, Aurelius: ›Confessiones‹; dtsch.: ›Die Bekenntnisse des heiligen Augustinus‹, übers. v. Otto F. Lachmann, Leipzig (Reclam) 1888. *In Gödels Privatbibliothek befindet sich die mit Anmerkungen versehene deutsche Übersetzung.* 203, 462

Augustinus, Aurelius: ›De civitate Dei‹. 203, 462

Augustinus, Aurelius: ›De Genesi ad litteram‹. 183, 443

Augustinus, Aurelius: ›Enchiridion ad Laurentium sive De fide, spe, et caritate liber unus‹, Sammlung ausgewählter kirchen- und dogmengeschichtlicher Quellenschriften, II. Reihe, IV. Heft, Tübingen/Leipzig (Mohr) 1903. *Eine Ausleihe dieses Bandes durch Gödel ist für den 8. April 1937 nachweisbar.* 98, 159, 363, 421

Augustinus, Aurelius: ›Soliloquia‹. 203, 462

Baer, Reinhold: »Eine Anwendung der Kontinuumhypothese in der Algebra«, in: ›Journal für die reine und angewandte Mathematik‹ 162 (1930), S. 132–133. 100, 364

Baer, Reinhold: »Zur Axiomatik der Kardinalzahlarithmetik«, in: ›Mathematische Zeitschrift‹ 29 (1929), S. 381–396. 100, 364

Baer, Richard: ›Zeitschrift für kritischen Okkultismus und Grenzfragen des Seelenlebens‹, Stuttgart (Ferdinand Enke) 1926–1928. 203, 462

Banach, Stefan; Tarski, Alfred: »Sur la décomposition des ensembles de points en parties respectivement congruentes«, in: ›Fundamenta mathematicae‹ 6 (1924), S. 244–277. 114, 377

Bardenhewer, Otto: ›Patrologie‹, Freiburg i. Br. (Herder) 1894. *Eine Ausleihe dieses Bandes durch Gödel ist für den 24. Juli 1939 nachweisbar.* 147, 188, 201, 408, 448, 460

Baronio Serano, Cesare: ›Martyrologium Romanum. Ad novam kalendarii rationem et ecclesiasticae historiae veritatem restitutum‹, Venedig (Zaltieri) 1597. 201, 460

Bartsch, Rudolf Hans: ›Zwölf aus der Steiermark‹, Leipzig (Staackmann) 1908. 259, 514

Becker, Oskar: »Mathematische Existenz. Untersuchungen zur Logik und Ontologie mathematischer Phänomene«, in: ›Jahrbuch für Philosophie und phänomenologische Forschung‹ (1927), S. 441–809. 115, 379

Birkhoff, Garrett; Neumann, John von: »The Logic of Quantum Mechanics«, in: ›Annals of Mathematics‹ 37 (1936), S. 823–843. 192, 451

Bocheński, Józef Maria: »De Consequentiis Scholasticorum earumque origine«, in: ›Angelicum‹ 15 (1938), S. 1–18. 252, 508

Bocheński, Józef Maria: »Notiones historiae logicae formalis«, in: ›Angelicum‹ 13 (1936), S. 109–123. 252, 508

Bolland, Johannes: ›Acta sanctorum quotquot toto orbe coluntur, vel a catholicis scriptoribus celebrantur‹, 68 Bde., Antwerpen (Meursius) 1668. 201, 460

Bolzano, Bernard: ›Wissenschaftslehre. Versuch einer ausführlichen und grösstentheils neuen Darstellung der Logik mit steter Rücksicht auf deren bisherige Bearbeiter‹, Sulzbach (J. E. v. Seidel) 1837. 116, 380

Bonaventura: »Collationes de decem praeceptis«, in: ›Opera omnia, Bd. 5‹, Ad Claras Aquas (Quaracchi) (Collegium S. Bonaventurae) 1891, S. 507–532. 149, 202, 410, 461

Brentano, Franz: ›Die Lehre Jesu und ihre bleibende Bedeutung‹. Mit einem Anhang: Kurze Darstellung der christlichen Glaubenslehre‹, hrsg. v. Alfred Kastil, Leipzig (Meiner) 1922. 149, 411

Brentano, Franz: ›Die Psychologie des Aristoteles, insbesondere seine Lehre vom nous poietikos‹, Mainz (Franz Kirchheim) 1867. 149, 411

Brentano, Franz: ›Psychologie vom empirischen Standpunkte‹, Leipzig (Duncker und Humblot) 1874; engl.: ›Psychology from an Empirical Standpoint‹, übers. v. Linda L. McAlister, Antos C. Rancurello, D. B. Terrell, mit einer Einführung von by Tim Crane, London/New York (Routledge) 2015. *Eine Ausleihe des deutschen Originals durch Gödel ist nachweisbar für den 15. April 1932 und 18. Juli 1938.* 106, 149, 180, 210, 369, 411, 441, 469

Brentano, Franz: ›Untersuchungen zur Sinnespsychologie‹, Leipzig (Duncker und Humblot) 1907. 106, 369

Brentano, Franz: ›Vom Dasein Gottes‹ (Philosophische Bibliothek, Bd. 210), aus dem Nachlass mit Einleitung und Anmerkungen hrsg. v. Alfred Kastil, Leipzig (Meiner) 1929. 149, 411

Brentano, Franz: ›Wahrheit und Evidenz. Erkenntnistheoretische Abhandlungen und Briefe‹ (Philosophische Bibliothek 201), hrsg. v. Oskar Kraus, Leipzig (Meiner) 1930. *Eine Ausleihe durch Gödel ist für den 16. November 1937 nachweisbar.* 106, 116, 166, 369, 380, 427

Bühler, Karl: ›Die Krise der Psychologie‹, Jena (G. Fischer) 1927. 106, 268, 369, 522

Bürklen, Otto Th.: ›Aufgaben zur analytischen Geometrie des Raumes‹, Berlin/Leipzig (Göschen) 1918, 2. Aufl. *Der Band befindet sich in Gödels Privatbibliothek.* 107, 150, 370, 412

Calvin, Johannes: ›Institutio Christianae Religionis‹, Basel (Thomas Platter) 1536; dtsch.: ›Unterricht in der christlichen Religion‹, übers. v. Ernst Friedrich Karl Müller, Neukirchen (Verlag der Buchhandlung des Erziehungsvereins) 1909. 203, 462

Cantor, Georg: ›Gesammelte Abhandlungen mathematischen und philosophischen Inhalts‹, Berlin/Heidelberg (Springer) 1932. 123, 385

Carathéodory, Constantin: »Über Punktmengen«, in: ders., ›Vorlesungen über reele Funktionen‹, Leipzig/Berlin (Teubner) 1918, S. 19–71. 115, 378

Carnap, Rudolf: ›Abriss der Logistik. Mit besonderer Berücksichtigung der Relationstheorie und ihrer Anwendungen‹, Wien (Springer) 1929. *Nachweisbar ist, dass der von Gödel ausgeliehene Band am 24. September 1938 zurückgegeben wurde.* 102, 104, 367f.

Carnap, Rudolf: ›Logische Syntax der Sprache‹, Wien (Springer) 1934. 104, 368

Cato, Otto: ›Mnemonik. Gedächtniskunst‹ (Miniatur-Bibliothek, Nr. 277), Leipzig (Verlag für Kunst und Wissenschaft, Albert Otto Paul) n. d. *Der Band befindet sich in Gödels Privatbibliothek.* 150, 202, 411, 461

Cherubini, Laerzio (Hrsg.); Cherubini, Angelo Maria (Hrsg.); Auda, Angelo (Hrsg.): Magnum Bullarium Romanum. A beato Leone magno usque ad S.D.N. Benedictum XIV.‹, Luxemburg (Gosse) 1758. 203, 462

Church, Alonzo: »A Note on the Entscheidungsproblem«, in: ›Journal of Symbolic Logic‹, 1,1 (1936), S. 40–41 und »Correction to a Note on the Entscheidungsproblem«, in: ›Journal of Symbolic Logic‹, 1,3 (1936), S. 101–102. 216, 474

Church, Alonzo: »An Unsolvable Problem of Elementary Number Theory«, in: ›American Journal of Mathematics‹ 58 (1936), S. 345–363. 216, 474

Chwistek, Leon: »A Formal Proof of Gödel's Theorem«, in: ›The Journal of Symbolic Logic‹ 4 (1939), S. 61–68. 251, 507

Chwistek, Leon: ›Granice nauki. Zarys logiki i metodologii nauk ścisłych‹, Lemberg/Warschau (Ksiaznica) 1935; engl: ›The Limits of Science. Outline of Logic and of the Methodology of the Exact Sciences‹, hrsg. v. Helen Charlotte Brodie, London (Routledge und Kegan) 1948. 251, 507

Collins, Edward: ›Englisches Übungsbuch‹, Stuttgart (Adolf Bonz) 1918, 4. Aufl. *Der Band befindet sich in Gödels Privatbibliothek.* 56, 323

Collins, Edward: ›Lehrbuch der englischen Sprache‹, Stuttgart (Adolf Bonz) 1911, 8. Aufl. *Der Band befindet sich in Gödels Privatbibliothek.* 56, 323

Damberger, Joseph Ferdinand: ›Synchronistische Geschichte der Kirche und der Welt im Mittelalter. Kritisch aus den Quellen bearbeitet‹, 15 Bände, Regensburg (Pustet) 1853–1863. 148, 409

Darroch, John: ›Chinese Self Taught by the Natural Method. With Phonetic Pronunciation‹ (Thimm's System), London (E. Malborough) 1914, 2. Aufl. *Dieser Band befindet sich in Gödels Privatbibliothek.* 150, 411

Dawson, Jr., John W.; Dawson, Cheryl A.: »Future Tasks for Gödel Scholars«, in: ›Kurt Gödel. Essays for his Centennial‹, hrsg. v. Solomon Feferman, Charles Parsons und Stephen G. Simpsons, Cambridge/New York (Cambridge University Press) 2010, S. 21-42. 59, 325

Dawson, Jr., John W.: »Gödel's Logic Course at Notre Dame«, https://math.nd.edu/assets/13975/logicatndweb.pdf. 138, 399

Dawson Jr., John W.: ›Logical Dilemmas. The Life and Work of Kurt Gödel‹, Wellesley, Mass. (A K Peters) 1997; dtsch.: ›Kurt Gödel. Leben und Werk‹, Wien/New York (Springer) 1999. 24, 139, 142, 195f., 198, 224, 251, 292, 400, 403, 407, 454f., 457, 482, 507

Denzinger, Heinrich: ›Enchiridion symbolorum et definitionum, quae in rebus fidei et morum‹, Würzburg (Stahel) 1854. *Die Ausleihe dieses Bandes durch Gödel ist für den 15. Mai 1937 sowie für den 26. Juli 1939 nachweisbar.* 98, 159, 268, 363, 421, 522

Descartes, René: ›Die Regeln zur Leitung des Geistes. Die Erforschung der Wahrheit durch das natürliche Licht‹, hrsg. und übers. v. Artur Buchenau, Leipzig (Meiner) 1920. 242, 498

Descartes, René: ›Discours de la méthode pour bien conduire sa raison et chercher la vérité dans les sciences‹, Leiden (Jan Maire) 1637. 222f., 480

Descartes, René: ›Les passions de l'ame‹, Paris (Henry Le Gras) 1649; dtsch: ›Über die Leidenschaften der Seele‹, Berlin (Heimann) 1870. 222, 480

Descartes, René: ›Meditationes de prima philosophia‹, Paris (Soly) 1641. 227, 485

Descartes, René: ›Regulae ad directionem ingenii‹. 242, 498

Deutschbein, Karl: ›Praktischer Lehrgang der englischen Sprache‹, Leipzig (Quelle und Meyer) 1925, 25. Aufl. *Der Band befindet sich in Gödels Privatbibliothek.* 56, 323

Eberhard, Wolfram: »Gratulation«, in: ders., ›Typen chinesischer Volksmärchen‹ (FFC 120), Helsinki 1937, S. 280-288. 259f., 514

Emerson, Ralph Waldo: ›Seid fröhlich und weise. Eine Auswahl aus seinen Essays‹, Jena/Leipzig (Eugen Diederichs Verlag) 1905. 260, 514

Epiktet: ›Encheiridion‹. 160, 421

Felde, Max: »1914-1915. Denkwürdige Kriegserlebnisse«, in: ›Der Gute Kamerad‹, Stuttgart/Berlin (Spemann) 1915. 260, 515

Feyerabend, Karl: ›A Pocket Dictionary of the Greek and English Languages‹, Philadelphia (David Mc Kay) 1918. *Dieses Buch befindet sich in Gödels Privatbibliothek.* 56, 323

Finsler, Paul: »Über die Grundlegung der Mengenlehre. Erster Teil. Die Mengen und ihre Axiome«, in: ›Mathematische Zeitschrift‹ 25 (1926), S. 683-713. 115, 379

Fitch, Frederic Brenton: »The consistency of the ramified ›Principia‹«, in: ›Journal of Symbolic Logic‹ 3 (1938), S. 140-149. 192, 451

Fraenkel, Adolf Abraham: »Axiomatische Theorie der geordneten Mengen. (Untersuchungen über die Grundlagen der Mengenlehre. II.)«, in: ›Journal für die reine und angewandte Mathematik‹ 155 (1926), S. 129-158. 116, 379

Fraenkel, Adolf Abraham: »Untersuchungen über die Grundlagen der Mengenlehre«, in: ›Mathematische Zeitschrift‹ 22 (1925), S. 250-273. 114, 377

Fraenkel, Adolf Abraham: ›Einleitung in die Mengenlehre‹, Berlin (Springer) 1919; erweiterte Auflagen von 1923 und 1928. 114f., 159, 377, 379, 421

Fraenkel, Adolf Abraham: ›Zehn Vorlesungen über die Grundlegung der Mengenlehre‹, Leipzig/Berlin (Teubner) 1927. 115, 159, 379, 421

Frege, Gottlob: ›Grundgesetze der Arithmetik‹, Bd. I, Jena (Pohle) 1893; engl.: ›Basic Laws of Arithmetic. Derived Using Concept-Script‹, übers. und ediert v. Philipp A. Ebert und Marcus Rossberg mit Crispin Wright, Oxford (Oxford University Press) 2013. *Eine Ausleihe des Originaltitels durch Gödel ist nachweisbar für den 11. und 14. August 1930.* 108, 371

Gaspey, Thomas: ›Englische Konversations-Grammatik zum Schul- und Privatunterricht‹, Heidelberg (Julius Gross) 1921, 28. Aufl. *Der Band befindet sich in Gödels Privatbibliothek.* 56, 216, 323, 475

Gentzen, Gerhard: »Die Widerspruchsfreiheit der reinen Zahlentheorie«, in: ›Mathematische Annalen‹ 112 (1936), S. 493-565; engl. Übers. in: ›The Collected Papers of Gerhard Gentzen‹, übers. und hrsg. v. Manfred E. Szabo, Amsterdam (North Holland) 1969, S. 132-213. 194, 453

Gentzen, Gerhard: »Die Widerspruchsfreiheit der Stufenlogik«, in: ›Mathematische Zeitschrift‹ 41 (1936), S. 357-366. 194, 453

Gentzen, Gerhard: »Neue Fassung des Widerspruchsfreiheitsbeweises für die reine Zahlentheorie«, in: ›Forschungen zur Logik und zur Grundlegung der exakten Wissenschaften‹ 4 (1938), S. 19-44; engl. Übers. in: ›The Collected Papers of Gerhard Gentzen‹, übers. und hrsg. v. Manfred E. Szabo, Amsterdam (North Holland) 1969, S. 252-286. 192, 194, 451, 453

Gleichen-Rußwurm, Alexander von: ›Der Narrenturm. Grotesken und Satiren. Manchmal ist es verrückt, weise zu sein, und manchmal weise, verrückt zu sein‹, Stuttgart (Hoffmann) 1915. 260, 514

Gödel, Kurt: »Consistency Proof for the Generalized Continuum Hypothesis«, in: ›Proceedings of the National Academy of Sciences, U.S.A.‹ 25 (1939), S. 220–224; Wiederabdruck in: ›Collected Works‹, Bd. II, S. 28–32. 141, 402

Gödel, Kurt: »Gödel's Notre Dame Course«, hrsg. v. Miloš Adžić und Kosta Došen, in: ›The Bulletin of Symbolic Logic‹ 22 (2016), S. 469–481. 138, 399

Gödel, Kurt: »Lecture on the consistency of the continuum hypothesis«, in: Kurt Gödel, ›Collected Works‹, Bd. III. ›Unpublished Essays and Lectures‹, hrsg. v. Solomon Feferman, John W. Dawson, Jr., Warren Goldfarb, Charles Parsons, Robert N. Solovay, Oxford (Oxford University Press) 1995, S. 175–185. 254, 510

Gödel, Kurt: »Russell's Mathematical Logic«, in: ›The Philosophy of Bertrand Russell‹, hrsg. v. Paul A. Schilpp, Evanston (Northwestern University) 1944, S. 123–153; Wiederabdruck in: ›Collected Works‹, Bd. II, S. 119–141. 191, 450

Gödel, Kurt: »The Consistency of the Axiom of Choice and of the Generalized Continumm Hypothesis«, in: ›Proceedings of the National Academy of Sciences, U.S.A.‹ 24 (1938), S. 556–557; Wiederabdruck in: ›Collected Works‹, Bd. II, S. 26f. 141, 402

Gödel, Kurt: »The Consistency of the Generalized Continuum Hypothesis«, in: ›Bulletin of the American Mathematical Society‹ 45 (1939), S. 93; Wiederabdruck in: ›Collected Works‹, Bd. II, S. 27. 122, 141, 385, 402

Gödel, Kurt: »The Present Situation in the Foundations of Mathematics«, in: ders., ›Collected Works‹, Bd. III. ›Unpublished Essays and Lectures‹, hrsg. v. Solomon Feferman, John W. Dawson, Jr., Warren Goldfarb, Charles Parsons, Robert N. Solovay, Oxford (Oxford University Press) 1995, S. 45–53. 152, 414

Gödel, Kurt: »Über formal unentscheidbare Sätze der ›Principia Mathematica‹ und verwandter Systeme I«, in: ›Monatshefte für Mathematik und Physik‹ 38 (1931), S. 173–198; Wiederabdruck und Übersetzung ins Englische, in: ›Collected Works‹, Bd. I, S. 144–195. 144, 212, 405, 471

Gödel, Kurt: ›Arbeitsheft 6‹, Kurt Gödel Papers (C0282), Behältnis 5c, Reihe III, Mappe 18, ursprüngliche Dokumentennummer 030024. 244, 273, 500, 526

Gödel, Kurt: ›Collected Works‹, Bd. I. ›Publications 1929–1936‹, hrsg. v. Solomon Feferman, John W. Dawson, Jr., Stephen C. Kleene, Gregory H. Moore, Robert M. Solovay, Jean van Heijenoort, Oxford (Oxford University Press) 1986. 144, 405

Gödel, Kurt: ›Collected Works‹, Bd. II. ›Publications 1938–1974‹, hrsg. v. Solomon Feferman, John W. Dawson, Jr., Stephen C. Kleene, Gregory H. Moore, Robert M. Solovay, Jean van Heijenoort, Oxford (Oxford University Press) 1990. 34, 98, 102, 117, 122, 124, 138, 141, 302, 363, 366, 380, 385, 387, 399, 402

Gödel, Kurt: ›Collected Works‹, Bd. III. ›Unpublished Essays and Lectures‹, hrsg. v. Solomon Feferman, John W. Dawson, Jr., Warren Goldfarb, Charles Parsons, Robert N. Solovay, Oxford (Oxford University Press) 1995. 117, 124, 197, 254, 380, 387, 457, 510

Gödel, Kurt: ›Collected Works‹, Bd. IV. ›Correspondence A–G‹, hrsg. v. Solomon Feferman, John W. Dawson, Jr., Warren Goldfarb, Charles Parsons, Wilfried Sieg, Oxford (Clarendon Press) 2003. 82, 347

Gödel, Kurt: ›Collected Works‹, Bd. V. ›Correspondence H–Z‹, hrsg. v. Solomon Feferman, John W. Dawson, Jr., Warren Goldfarb, Charles Parsons, Wilfried Sieg, Oxford (Clarendon Press) 2003. 72, 86, 114, 144, 161, 174, 211, 222, 338, 351, 422, 435, 470, 480

Gödel, Kurt: ›Lecture on the Consistency of the Continuum Hypothesis‹ (Princeton, Herbst 1938), Kurt Gödel Papers (C0282), Behältnis 7c, Reihe IV, Mappen 39–43, ursprüngliche Dokumentennummern 040150–040154. 254, 510

Gödel, Kurt: ›Max III‹, Kurt Gödel Papers (C0282), Behältnis 6b, Reihe III, Mappe 66, ursprüngliche Dokumentennummer 030089. 54, 58, 128f., 201, 214–216, 222, 227f., 231, 234, 236f., 240f., 245f., 248, 320, 324, 391f., 459, 473, 475, 484, 486f., 490, 493f., 496f., 500, 502, 504

Gödel, Kurt: ›Max V‹, Kurt Gödel Papers (C0282), Behältnis 6b, Reihe III, Mappe 67, ursprüngliche Dokumentennummer 030091. 210, 223, 469, 481

Gödel, Kurt: ›Max VI‹, Kurt Gödel Papers (C0282), Behältnis 6b, Reihe III, Mappe 68, ursprüngliche Dokumentennummer 030092. 24, 292

Gödel, Kurt: ›Max X‹, Kurt Gödel Papers (C0282), Behältnis 6b, Reihe III, Mappe 70, ursprüngliche Dokumentennummer 030096. 24, 292

Gödel, Kurt: ›Notre Dame Continuum Lectures‹ (Frühjahr 1939), Kurt Gödel Papers (C0282), Behältnis 7c und 8a, Reihe IV, Mappen 52–56, ursprüngliche Dokumentennummern 040194–040198. 142, 188, 403, 448

Gödel, Kurt: ›Philosophie I Max 0‹, Kurt Gödel Papers (C0282), Behältnis 6b, Reihe III, Mappe 63, ursprüngliche Dokumentennummer 030086. 226, 483

Gödel, Kurt: ›Philosophische Notizbücher, Bd. 1: Philosophie I Maximen 0‹ / ›Philosophical Notebooks, Vol. 1: Philosophy I Maxims 0‹, hrsg. v. Eva-Maria Engelen, übers v. Merlin Carl, Berlin/München/Boston (De Gruyter) 2019. 13, 23f., 105, 116, 210, 221, 223, 268, 282, 292, 357, 369, 380, 469, 478f., 481, 522f.

Gödel, Kurt: ›Protokoll‹, Kurt Gödel Papers (C0282), Behältnis 6c, Reihe III, Mappe 81, ursprüngliche Dokumentennummer 030114. 56f., 81, 95f., 323f., 346, 360f.

Gödel, Kurt: ›Resultate Grundlagen I–IV‹, Kurt Gödel Papers (C0282), Behältnis 6c, Reihe III, Mappe 83–86, ursprüngliche Dokumentennummer 030116–030119. 172, 177, 432, 438

Gödel, Kurt: ›The Consistency of the Axiom of Choice and of the Generalized Continuum Hypothesis with the Axioms of Set Theory‹ (Annals of Mathematics Studies, Nr. 3), Vorlesungsmitschrift von George W. Brown, Princeton (Princeton University Press) 1940; Wiederabdruck in: ›Collected Works‹, Bd. II, S. 33–101. 138, 399

Gödel, Kurt: ›Theologie 1. Nur Vorlesungen‹, Kurt Gödel Papers (C0282), Behältnis 7a, Reihe III, Mappe 107, ursprüngliche Dokumentennummer 030129. 110, 374

Gödel, Kurt: ›Theologie 3. Über Messe und Feste‹, Kurt Gödel Papers (C0282), Behältnis 7a, Reihe III, Mappe 108, ursprüngliche Dokumentennummer 030130. 148f., 193, 409, 411, 452

Gödel, Kurt: ›Zeiteinteilung (Max) I‹, Kurt Gödel Papers (C0282), Behältnis 6b, Reihe III, Mappe 64, ursprüngliche Dokumentennummer 030087. ›Zeiteinteilung (Max) I‹ wird in diesem Band in einem fort zitiert *Time Management (Max) I* is quoted again and again in this volume

Gödel, Kurt: ›Zeiteinteilung (Max) II‹, Kurt Gödel Papers (C0282), Behältnis 6b, Reihe III, Mappe 65, ursprüngliche Dokumentennummer 030088. ›Zeiteinteilung (Max) II‹ wird in diesem Band in einem fort zitiert *Time Management (Max) II* is quoted again and again in this volume

Gödel, Rudolf: »Skizze zu einer Chronik der Familie Gödel«, in: ›Kurt Gödel. Wahrheit und Beweisbarkeit. Dokumente und historische Analysen‹, hrsg. v. Eckehart Köhler, Peter Weibel, Michale Stöltzner u. a., Wien (öbv et hpt) 2002, S. 51–62. 150, 412

Goethe, Johann Wolfgang von: ›Briefe und Tagebücher‹, 2 Bde., hrsg. v. Hans Gerhard Gräf, Leipzig (Insel) um 1930. 196, 455

Goethe, Johann Wolfgang von: ›Der Götz von Berlichingen mit der eisernen Hand‹, s. l. (s. e.) 1773. *In Gödels Privatbibliothek befindet sich eine undatierte Ausgabe aus dem Verlag Philipp Reclam.* 260, 515

Goethe, Johann Wolfgang von: ›Die Iphigenie auf Tauris‹, Leipzig (Göschen) 1787. 260, 515

Goethe, Johann Wolfgang von: ›Die Leiden des jungen Werthers‹, Leipzig (Weigand) 1774. 260, 515

Goethe, Johann Wolfgang von: ›Egmont‹, Leipzig (Göschen) 1788. 260, 515

Goethe, Johann Wolfgang von: ›Faust. Der Tragödie erster Teil‹, 1808; ›Faust. Der Tragödie zweiter Teil‹, 1832. 260, 515

Gomperz, Heinrich: »Vorlesung zur Geschichte der europäischen Philosophie aus dem Wintersemester 1925/26 und Sommersemester 1926«, Mitschrift durch Kurt Gödel, in: Kurt Gödel Papers (C0282), Behältnis 6, Reihe III, Mappen 72,5 und 72,6, ursprüngliche Dokumentennummer 030100.4 und 030100.5. 14, 18, 37, 283, 286, 305

Gomperz, Heinrich: ›Grundlegung der neusokratischen Philosophie‹, Leipzig/Wien (Deuticke) 1897. 16, 54, 284, 320

Gomperz, Heinrich: ›Weltanschauungslehre. Ein Versuch die Hauptprobleme der allgemeinen Theoretischen Philosophie geschichtlich zu entwickeln und sachlich zu bearbeiten, Bd. 2, 1. Hälfte. Noologie‹, Jena (Eugen Diederichs) 1908. 105, 369

Gomperz, Theodor: ›Griechische Denker. Eine Geschichte der antiken Philosophie‹, Bd. 2. Leipzig (Veit) 1903. 15f., 53, 284–285, 320

Goodwin, William Watson: ›Greek Grammar‹, Boston/New York (Ginn) 1958. *Dieses Buch befindet sich in Gödels Privatbibliothek.* 56, 323

Grabein, Paul: »Jürg Frey, der Wandervogel«, in: ›Der Gute Kamerad‹, Stuttgart/Berlin (Spemann) 1915(?). 260, 515

Grandjean, Burke D.: »Grandjean questionnaire«, in: Kurt Gödel, ›Collected Works‹, Bd. IV. ›Correspondence A–G‹, hrsg. v. Solomon Feferman, John W. Dawson, Jr., Warren Goldfarb, Charles Parsons, Wilfried Sieg, Oxford (Clarendon Press) 2003, S. 446–450. 14, 82, 347, 531, 532

Grundtvig, Vilhelm: ›Bibliographie der Bibliographie. Eine internationale Angelegenheit‹, Linz a. D. (Franz Winkler) 1927. 106, 370

Güthling, Otto: ›Langenscheidts Taschenwörterbuch der griechischen und deutschen Sprache‹, 2. Teil: Deutsch–Griechisch, Berlin (Langenscheidt) 1961, 22. Aufl. *Das Buch befindet sich in Gödels Privatbibliothek.* 56, 323

Hahn, Hans: »Punktmengen«, in: ders., ›Theorie der reelen Funktionen‹, Berlin (Springer) 1921, S. 52–112. 115, 378

Hansen, Joseph: ›Quellen und Untersuchungen zur Geschichte des Hexenwahns und der Hexenverfolgung im Mittelalter. Mit einer Untersuchung der Geschichte des Wortes Hexe von Johannes Franck‹, Bonn (Carl Georgi) 1901. *Eine Ausleihe dieses Bandes durch Gödel ist nachweisbar für den 4. und 11. Februar 1937 sowie den 4. März 1937.* 113, 203, 377, 462

Hauff, Wilhelm: ›Das kalte Herz‹, Stuttgart (Franckh) 1827/28. 260, 515

Hauff, Wilhelm: ›Die Geschichte von dem kleinen Muck‹, Stuttgart (Metzler) 1825/26. 260, 515

Hauptmann, Gerhart: ›Der Apostel‹, Berlin (S. Fischer) 1890. 261, 516

Hauptmann, Gerhart: ›Die Hochzeit auf Buchenhorst‹, Berlin (S. Fischer) 1932. 261, 516

Hauptmann, Gerhart: ›Die versunkene Glocke‹, Berlin (S. Fischer) 1897. 261, 516

Hauptmann, Gerhart: ›Die Weber‹, Berlin (S. Fischer) 1892. 261, 516

Hauptmann, Gerhart: ›Gabriel Schillings Flucht‹, Berlin (S. Fischer) 1912. *Die Ausgabe von 1922 aus dem Verlag S. Fischer befindet sich in Gödels Privatbibliothek.* 261, 516

Hebbel, Friedrich: ›Gyges und sein Ring‹, Wien (Tendler) 1856. 261, 516

Hegel, Georg Wilhelm Friedrich: ›Phänomenologie des Geistes‹, erster Teil von ›System der Wissenschaft‹, Bamberg/Würzburg (Goebhardt) 1807. *Eine Ausleihe durch Gödel ist nachweisbar für den 18. Juli 1939. Welche Ausgabe er ausgeliehen hat, ist nicht belegt.* 105, 369

Hegel, Georg Wilhelm Friedrich: ›Wissenschaft der Logik, Bd. 1. Die objective Logik‹ (Philosophische Bibliothek, Bd. 56), hrsg. v. Georg Lasson, Leipzig (Meiner) 1923. *Gödel hat hierfür am 20. Juli 1939 einen Bestellschein ausgefüllt.* 105, 369

Hegel, Georg Wilhelm Friedrich: ›Wissenschaft der Logik, Bd. 2. Die Lehre vom Wesen‹ (Philosophische Bibliothek, Bd. 57), hrsg. v. Georg Lasson, Leipzig (Meiner) 1923. *Gödel hat hierfür am 20. Juli 1939 einen Bestellschein ausgefüllt.* 105, 369

Hermes, Hans: Zusammenfassung zu Katudi Ono, »Logische Grundlagen in der Mathematik«, in: ›Jahrbuch über die Fortschritte in der Mathematik‹ 64 (1938), S. 27; gedruckt wurde der Band erst 1940. 192, 451

Heyting, Arend: »Der Brouwersche Intuitionismus«, in: ders., ›Mathematische Grundlagenforschung, Intuitionismus, Beweistheorie‹, Berlin (Springer) 1934, S. 11–29. 212, 471

Hilarius von Poitiers: ›De trinitate‹. 277, 485

Hilbert, David: »Die logischen Grundlagen der Mathematik«, in: ›Mathematische Annalen‹ 88 (1923), S. 151–165. 104, 115, 368, 379

Hilbert, David; Bernays, Paul: ›Grundlagen der Mathematik‹, Bd. 1, Berlin (Springer) 1934. 104, 153, 368, 415

Hilbert, David; Ackermann, Wilhelm: ›Grundzüge der Theoretischen Logik‹, Berlin (Springer) 1928. *Der Band befindet sich in Gödels Privatbibliothek.* 104, 159, 368, 421

Hoffmann, E. T. A.: ›Das Fräulein von Scuderi‹, Frankfurt a. M. (Wilman) 1819/20. 260, 515

Hoheisel, Guido: ›Aufgabensammlung zu den gewöhnlichen partiellen Differentialgleichungen‹, Leipzig (De Gruyter) 1933. *Der Band befindet sich in Gödels Privatbibliothek.* 107, 150, 370, 412

Horkheimer, Max: »Der neueste Angriff auf die Metaphysik«, in: ›Zeitschrift für Sozialforschung‹ 6 (1937), S. 4–53. 148f., 410

Huhle, Emil: ›Kirchengeschichte‹ (Miniatur-Bibliothek, Nr. 477/480), Leipzig (Verlag für Kunst und Wissenschaft, Albert Otto Paul) n. d. *Der Band befindet sich in Gödels Privatbibliothek.* 202, 461

Junker, Friedrich: ›Repetitorium und Aufgabensammlung zur Differentialrechnung‹, Berlin/Leipzig (Göschen) 1919, 3. Aufl. *Der Band befindet sich in Gödels Privatbibliothek.* 107, 150, 370, 412

Junker, Friedrich: ›Repetitorium und Aufgabensammlung zur Integralrechnung‹, Berlin/Leipzig (Göschen) 1919, 3. Aufl. *Der Band befindet sich in Gödels Privatbibliothek.* 107, 150, 370, 412

Kaegi, Adolf: ›A Short Grammar of Classical Greek‹, St. Louis, Mo. (Herder) 1909, 5. Aufl. 56, 323

Kanamori, Akihito: »Gödel and Set Theory«, in: ›Bulletin of Symbolic Logic‹ 13 (2007), S. 153–188. 192, 451

Kardec, Allan: ›Le livre des esprits‹, Paris (Dentu) 1857. 150, 412

Kardec, Allan: ›Qu'est-ce que le spiritisme? Introduction à la connaissance du monde invisible par les manifestations des esprits‹, Paris (Dentu) 1958. 150, 412

Kern, Maximilian: »Der Zwingherr von Celebes«, in: ›Der Gute Kamerad‹, Stuttgart/Berlin (Spemann) 1914. 260, 515

Kierkegaard, Søren: ›Zur Psychologie der Sünde, der Bekehrung und des Glaubens. Zwei Schriften Søren Kierkegaard‹, übers. v. Christoph Schrempf, Leipzig (Richter) 1890. 202, 461

Klatt, Edmund: ›Langenscheidts Taschenwörterbuch der englischen und deutschen Sprache. 2 Teile in einem Buch‹, Berlin (Langenscheidt) 1939. 150, 411

Kleene, Stephen C.: »Gödel's Impression on Students of Logic in the 1930s«, in: ›Gödel Remembered. Salzburg 10–12 July 1983‹, hrsg. v. Paul Weingartner und Lopold Schmetterer, Neapel (Bibliopolis), S. 49–64. 96, 361

Klein, Felix: ›Ausgewählte Kapitel der Zahlentheorie. Vorlesungen, gehalten im Wintersemester 1895/96 und Sommersemester 1896‹, ausgearb. v. Arnold Sommerfeld und Philipp Furtwängler, Leipzig (Teubner) 1907. 105, 369

Kleist, Heinrich von: »Die Marquise von O....«, in ›Phöbus‹ 2, 1808. 261, 515

Kleist, Heinrich von: ›Der zerbrochene Krug‹, Berlin (Realschulbuchhandlung) 1811. 261, 515

Kleist, Heinrich von: ›Michael Kohlhaas‹, Berlin (Realschulbuchhandlung) 1810. 261, 515

Knopp, Konrad: ›Aufgabensammlung zur Funktionentheorie I‹, Berlin/Leipzig (De Gruyter) 1923. *Der Band befindet sich in Gödels Privatbibliothek.* 107, 150, 370, 412

Knopp, Konrad: ›Aufgabensammlung zur Funktionentheorie II‹, Berlin/Leipzig (De Gruyter) 1928. *Der Band befindet sich in Gödels Privatbibliothek.* 107, 150, 370, 412

Kondo, Motokiti: »Sur l'uniformisation des complémentaires analytiques et les ensembles projectifs de la seconde classe«, ›Japanese Journal of Mathematics‹ 15 (1939), S. 197–230. 192, 451

Kraft, Viktor: ›Die Grundlagen der Erkenntnis und der Moral‹, Berlin (Duncker und Humblot) 1968. 21, 149, 289, 410

Kramer, Heinrich: ›Malleus maleficarum‹, Speyer (Peter Drach) 1486. 149, 201-203, 410, 460, 462

Krömer, Walther (Hrsg.); Lambert, Rudolf (Hrsg.); Sünner, Paul (Hrsg.): ›Zeitschrift für Parapsychologie‹, Leipzig (Oswald Mutze) 1926–34. 203, 462

Krüger, Paul (Hrsg.); Mommsen, Theodor (Hrsg.): ›Corpus iuris civilis‹, Berlin (Weidmann) 1889. 204, 463

Kurepa, Đuro: »Ensembles ordonnés et ramifiés«, ›Publ. Math. Univ. Belgrade‹ 4 (1935), S. 1–138. 252, 255, 508, 511

Langer, Susanne K.: Rezension zu Alfred Tarski, »Grundlegung der wissenschaftlichen Semantik«, in: ›Journal of Symbolic Logic‹ 2 (1937), S. 83. 126, 389

Langhammer, Meinrad: ›Wahrheit und Gnade. Katechismus der Katholischen Religion‹ (Ausgabe für Mittelschulen), Innsbruck/Wien (Verlagsanstalt Tyrolia) 1931. *Der Band befindet sich in Gödels Privatbibliothek.* 147, 408

Laymann, Paul: ›Theologia moralis in quinque libros distributa‹, München (Nicolai Heinrich) 1625. 201, 460

Leibniz, Gottfried Wilhelm : ›Die philosophischen Schriften‹, Bd. VII, hrsg. v. Carl Immanuel Gerhardt, Berlin (Weidmannsche Buchhandlung) 1890. *Gödel hat den Band nachweislich intensiv gelesen und dazu Exzerpte angefertigt.* 19, 27, 150, 287-288, 411

Leibniz, Gottfried Wilhelm: ›Monadologie‹, hrsg. v. Johann Eduard Erdmann, in: Gottfried Wilhelm Leibniz, ›Opera philosophica quae exstant latina, gallica germanica omnia‹, Berlin (Eichler) 1839. 20, 210, 288, 469

Lenormant, François: ›Les origines de l'histoire d'après la Bible et les traditions des peuples orientaux‹, Paris (Maisonneuve) 1880–1883. 201, 460

Leśniewski, Stanisław: »Czy klasa klas, niepodporządkowanych sobie, jest podporządkowana sobie?«, in: ›Przeglad Filozoficzny‹ 17 (1914), S. 63–75. *Englische Übersetzung des polnischen Titels:* »Is the Class of Classes not Subordinate to Themselves Subordinate to Itself?« 252, 508

Leśniewski, Stanisław: »Przyczynek do analizy zdań egzystencjalnych«, in: ›Przeglad Filozoficzny‹ 14 (1911), S. 329–345. *Englische Übersetzung des polnischen Titels:* »A Contribution to the Analysis of Existential Propositions.« 252, 508

Leśniewski, Stanisław: »Teoria mnogości na podstawach filozoficznych Benedykta Bornsteina«, in: ›Przegląd Filozoficzny‹ 17 (1914), S. 488–507. *Englische Übersetzung des polnischen Titels:* »The Theory of Sets on the »Philosophical Foundations« of Benedikt Bornstein.« 252, 508

Lessing, Gotthold Ephraim: ›Minna von Barnhelm oder das Soldatenglück‹, Berlin (Voß) 1767. 260, 515

Lessing, Gotthold Ephraim: ›Nathan der Weise‹, Berlin (Voß) 1779. 260, 515

Lewis, Clarence Irving: ›A Survey of Symbolic Logic‹, Berkeley (University of California Press) 1918. 102, 367

Liguori, Alfonso Maria de': ›Praxis confessari ad bene excipiendas confessiones‹, Venedig (Remondiniana) 1757; ital. Erstausgabe 1748. 149, 411

Liguori, Alfonso Maria de': ›Theologia moralis‹, Neapel (Alexium Pellechium) 1748. 149, 201, 411, 460

Lindemann, Hermann: ›Taschenwörterbuch der englischen und deutschen Sprache‹, erster Teil, Berlin (Langenscheidt) 1912. 6. Aufl. *Der Band befindet sich in Gödels Privatbibliothek.* 56, 323

Lüdtke, Gerhard (Hrsg.): ›Kürschners deutscher Gelehrten-Kalender‹, Berlin (de Gruyter) 1935, 5. Aufl. 63, 98, 106, 330, 336, 370

Lüdtke, Gerhard (Hrsg.): ›Minerva. Jahrbuch der gelehrten Welt‹, Berlin (de Gruyter) 1926, 28. Aufl. 63, 98, 106, 330, 336, 370

Lukasiewicz, Jan: ›Elementy logiki matematycznej. Skrypt autoryzowany‹, hrsg. v. Mojżesz Presburger, Warschau (Wydawnictwo Koła Matematyczno-Fizycznego Słuchaczów Uniwersytetu Warszawskiego) 1929. *Es handelt sich hierbei um eine autorisierte Ausgabe von Łukasiewiczs Logikvorlesungen in Warschau.* 251, 507

Lusin, Nicolai: »Sur l'existence d'un ensemble non dénombrable qui est de première catégorie dans tout ensemble parfait«, in: ›Fundamenta Mathematicae‹ 2 (1921), S. 155-157. 115, 378

Lusin, Nicolai: »Sur la classification de M. Baire«, in: ›Comptes rendus hebdomadaires des séances de l'Académie des Sciences‹ 164 (1917), S. 91-94. 115, 378

Lusin, Nicolai; Sierpiński, Wacław Franciszek: »Sur quelques propriétés des ensembles (A)«, in: ›Bulletin international de l'Académie des Sciences de Cracovie. Classe des sciences mathématiques et naturelles, Série A‹ (1918), S. 35-48. *Gödel hat einen Bestellschein der Bibliothek der Wissenschaften in Wien für diesen Band aufgehoben. Dort ist notiert:* »Lusin - Sierpinski p. 39, p. 110«. *Der Bestellschein enthält den deutschen Titel der Zeitschrift:* ›Anzeiger der Akademie der Wissenschaften in Krakau‹, *aber kein Ausleihdatum.* 115, 378

Lusin, Nicolai: ›Leçons sur les ensembles analytiques et leurs applications‹, Paris (Gauthier-Villars) 1930. *Gödel hat den ausgeliehenen Band am 12. September 1938 zurückgegeben.* 115, 378

Luther, Martin (Übers.): »Der Brief des Jakobus«, in: ›Die Bibel oder die ganze Heilige Schrift des Alten und Neuen Testaments‹, Berlin (Britische und Ausländische Bibelgesellschaft) 1936, S. 241-244 des Neuen Testaments. 189, 448

Luther, Martin (Übers.) : »Ecclesiastes«/»Prediger«, in: ›Die Bibel oder die ganze Heilige Schrift des Alten und Neuen Testaments‹, Berlin (Britische und Ausländische Bibelgesellschaft) 1936, S. 557-564 des Alten Testaments. 188f., 448

Luther, Martin (Übers.): ›Die Bibel oder die ganze Heilige Schrift des Alten und Neuen Testaments‹, Berlin (Britische und Ausländische Bibelgesellschaft) 1936. *Der Band befindet sich in Gödels Privatbibliothek.* 106, 142f., 152, 173f., 183, 202, 232, 243, 370, 403f., 409, 413, 433f., 443, 461, 489, 499

Machen, J. Gresham: New Testament. Greek for Beginners, New York (Mcmillan) 1961. *Dieses Buch befindet sich in Gödels Privatbibliothek.* 56, 323

Mann, Thomas: ›Der Zauberberg‹, Berlin (S. Fischer) 1924. 259, 519

Mann, Heinrich: ›Professor Unrat oder das Ende eines Tyrannen‹, München (Albert Langen) 1905. 259f., 514

McCallum, Thomas Watson: ›Englisch lernen – ein Vergnügen‹, München (Piper) 1928. *Der Band befindet sich in Gödels Privatbibliothek.* 56, 323

McKeen, James (Hrsg.); Cattell, Jaques (Hrsg.): American Men of Science. A Biographical Dictionary, New York (Science Press) 1933, 5. Aufl. 106, 370

Mertner, Robert: ›Italienisch für Deutsche. Methode Mertner. Psychotechnischer Spracherwerb auf mechanisch-suggestiver Grundlage‹, München (Verlag für zeitgemäße Sprachmethodik) 1924, 24. Aufl. *Der Band befindet sich in Gödels Privatbibliothek.* 203, 461

Migne, Jacques Paul: Patrologiae Cursus Completus. Series Graeca (kurz: Patrologia Graeca), Paris (Sirou) 1857 bis 1866. 147, 188, 201, 408, 448, 460

Migne, Jacques Paul: Patrologiae Cursus Completus. Series Latina (kurz: Patrologia Latina), Paris (Sirou) 1844-1865. *Eine Ausleihe von Band 192 aus dem Jahr 1855 durch Gödel ist nachweisbar für den 30. April 1937.* 147, 188, 201, 408, 448, 460

Mirimanoff, Dmitry: »Remarques sur la théorie des ensembles et les antinomies cantoriennes«, Teil 1 und 2, in: ›L´Enseignement Mathematique‹ 19 (1917), S. 209-217, und 21 (1920), S. 29-52. 115f., 379

Morduchaj-Boltowskoi, Dmitry Dmitrievich: »Insolubiles in scholastica et paradoxos de infinito de nostro tempore«, in: ›Wiadomości matematyczne‹ 47 (1939), S. 111-117. 252, 508

Morgenstern, Christian: ›Stufen. Eine Entwicklung in Aphorismen und Tagebuch-Notizen‹, München (Piper) 1918. 213, 221, 472, 479

Müller, Karl; Ziegler, Rudolf: ›Methode Mertner. Psychotechnischer Spracherwerb auf mechanisch-suggestiver Grundlage. Englisch für Deutsche‹, München (Verlag für zeitgemäße Sprachmethodik) n. d. *Der Band befindet sich in Gödels Privatbibliothek.* 56, 323

Neumann, John von: »Die Axiomatisierung der Mengenlehre«, in: ›Mathematische Zeitschrift‹ 27 (1928), S. 669-752. 104, 116, 368, 379

Neumann, John von: »Eine Axiomatisierung der Mengenlehre«, in: ›Jornal für die reine und angewandte Mathematik‹ 154 (1925), S. 219-240. 104, 116, 368, 379

Neumann, John von: »Über die Definition der transfiniten Induktion und verwandte Fragen der allgemeinen Mengenlehre«, in: ›Mathematische Annalen‹ 99 (1928), S. 373-391. 104, 368

Neumann, John von: »Über eine Widerspruchsfreiheitsfrage in der axiomatischen Mengenlehre«, in: ›Journal für die reine und angewandte Mathematik‹ 160 (1929), S. 227-241. 104, 368

Nietzsche, Friedrich: ›Ecce homo. Wie man wird, was man ist‹, Leipzig (Insel) 1908. 268, 523

Ono, Katudi: »Logische Untersuchungen über die Grundlagen der Mathematik«, in: ›Journal of the Faculty of Science‹, Imperial University of Tokyo, Abt. I, Bd. 3 (1938), S. 329–389. 192, 451

Pius IX.: ›Pii IX. Pontificis maximi Acta. Acta exhibens quae ad Ecclesiam universalem spectant‹, Rom (Georg Franz) 1857. 203, 462

Pius X.: ›Acta Apostolicae Sedis‹, Bde. 1–6, Rom (Typis Polyglottis Vaticanis) 1909–1914. 203, 462

Pius X.: ›Pii X. Pontificis maximi Acta. Acta exhibens quae ad Ecclesiam universalem spectant‹, Rom (Ex Typ. Vaticana) 1905–1908. 203, 462

Pius XI.: ›Acta Apostolicae Sedis‹, Bde. 15–31, Rom (Typis Polyglottis Vaticanis) 1923–1939. 203, 462

Plato, Jan von: »Kurt Gödel, Logic Lectures. Gödel's Basic Logic Course at Notre Dame«, in: ›History and Philosophy of Logic‹ 39 (2018), S. 396–401. 138, 399

Plato, Jan von: ›Can Mathematics Be Proved Consistent? Gödel's Shorthand Notes Lectures on Incompleteness‹, New York/Dordrecht/Heidelberg (Springer) 2020. 152, 414

Platon: ›Timaios‹. 106, 369

Poeschel, Hans: ›Die griechische Sprache‹, München (Heimeran) 1961, 4. Aufl. *Der Band befindet sich in Gödels Privatbibliothek.* 56f., 323

Pólya, George; Szegö, Gabor: ›Aufgaben und Lehrsätze aus der Analysis I und II‹, 2 Bde., Berlin (Springer) 1925. *Der Band befindet sich in Gödels Privatbibliothek.* 107, 150, 370, 412

Prantl, Carl von: ›Geschichte der Logik im Abendlande‹, 4 Bde., Leipzig (Hirzel) 1855–1870. *Karl Menger hat für die Bände 2–4 am 3. Dezember 1932 einen Bestellschein ausgefüllt, der sich unter Gödels Bestellscheinen befindet.* 105, 116, 369, 380

Prasad, Ganesh: ›Six Lectures on Recent Research in the Theory of Fourier Series‹, Kalkutta (The University of Calcutta) 1928. 105, 369

Quine, Williard Van Orman: ›A System of Logistic‹, Cambridge Mass. (Harvard University Press) 1934. 253, 509

Rhoden, Emmy von: ›Trotzkopf‹, Stuttgart (Weise) 1885. 253, 509

Richter, Emil Ludwig (Hrsg.); Friedberg, Emil (Hrsg.): ›Corpus Iuris Canonici‹, Bd. 1 und Bd. 2, Leipzig (Tauchnitz) 1879/1881. 148, 201, 409, 460

Rivail (alias Kardec), Hippolyte Léon D. (alias Allan): ›Cours pratique et théorique d'arithmétique d'après la mèthode de Pestalozzi avec des modifications‹, 2 Bde., Paris (Pillet) 1924. 150, 412

Rothberger, Fritz: »Eine Äquivalenz zwischen Kontinuumhypothese und der Existenz der Lusinschen und Sierpinskischen Mengen«, in: ›Fundamenta Mathematicae‹ 30 (1938), S. 215–217. 91, 356

Sauer, Charles Marquardt: ›Italian Conversation Grammar. A New and Practical Method of Learning the Italian Language‹, New York (Wycil) 1918, 7. Aufl. *Der Band befindet sich in Gödels Privatbibliothek.* 216, 475

Schellens, Jacob: ›Dictionnaire de poche des langues française et allemande‹, 2 Bde., Berlin (Langenscheidt) 1911. *Der Band befindet sich in Gödels Privatbibliothek.* 56, 323

Schiller, Friedrich: ›Die Räuber‹, Frankfurt/Leipzig (Metzler) 1781. 261, 515

Schiller, Friedrich: ›Maria Stuart‹, Tübingen/Weimar (Cotta) 1800. 261, 515

Schiller, Friedrich: ›Wallenstein‹, Tübingen (Cotta) 1800. 261, 515

Schjelderup, Harald Krabbe: ›Geschichte der philosophischen Ideen von der Renaissance bis zur Gegenwart‹, Berlin (de Gruyter) 1929. (›Filosofiens historie fra renaissancen til nutiden‹, Kristiania (Gyldendal) 1924). 105, 369

Schoenflies, Arthur: »Zur Axiomatik der Mengenlehre«, in : ›Mathematische Annalen‹ 83 (1921), S. 173–200. 102, 116, 367, 379

Schoenflies, Arthur: ›Entwicklung der Mengenlehre und ihrer Anwendungen. Erste Hälfte: Allgemeine Theorie der unendlichen Mengen und Theorie der Punktmengen‹, Leipzig/Berlin (Teubner) 1913. 116, 379

Scholz, Heinrich: ›Geschichte der Logik (Geschichte der Philosophie in Längsschnitten‹, Bd. 4), Berlin (Juncker und Dünnhaupt) 1931. *Gödel hat hierfür am 5. Juli 1938 einen Bestellschein ausgefüllt.* 116, 380

Schopenhauer, Adele: ›Tagebuch einer Einsamen‹, hrsg. v. Heinrich Hubert Houben, Leipzig (Klinkhardt und Biermann) 1921. 196, 455

Schreger, C. H. Theodor: »Diätetik«, in: ›Allgemeine Enzyklopädie der Wissenschaft und Künste, Bd. 24, Leipzig (Brockhaus) 1833, S. 431–434. 33, 35f., 40, 50, 231, 300–301, 303–304, 308, 318, 487

Sierpiński, Wacław Franciszek: »L'axiome de M. Zermelo et son rôle dans la théorie des ensembles et l'analyse«, in: ›Bulletin international de l'Académie des Sciences de Cracovie. Classe des sciences mathématiques et naturelles, Série A‹ (1918), S. 97–152. *Gödel hat einen Bestellschein der Bibliothek der Wissenschaften in Wien für diesen Band aufgehoben. Dort ist notiert: »Lusin - Sierpinski p. 39, p. 110«. Der Bestellschein enthält den deutschen Titel der Zeitschrift: ›Anzeiger der Akademie der Wissenschaften in Krakau‹, aber kein Ausleihdatum.* 114–116, 377–379

Sierpiński, Wacław Franciszek: »Les exemples effectifs et l'axiome du choix«, in: ›Fundamenta Mathematicae‹ 2 (1921), S. 112–118. 115, 378

Sierpiński, Wacław Franciszek: »Sur l'hypothèse du continu ($2^{\aleph_0} = \aleph_1$)«, in: ›Fundamenta Mathematicae‹ 5 (1924), S. 177-187. 114f., 377f.

Sierpiński, Wacław Franciszek: »Sur une classe d'ensembles«, in: ›Fundamenta Mathematicae‹ 7 (1925), S. 237-243. 114, 377

Sierpiński, Wacław Franciszek: »Sur une hypothèse de M. Lusin«, in: ›Fundamenta Mathematicae‹ 25 (1935), S. 132-135. 115, 378

Sierpiński, Wacław Franciszek: ›Hypothèse du Continu‹, Warschau (Instytut Matematyczny Polskiej Akademi Nauk) 1934. 114, 379

Sigmund, Karl (Hrsg.); Dawson, John (Hrsg.); Mühlberger, Kurt (Hrsg.): ›Kurt Gödel. Das Album/The Album‹, Wiesbaden (Vieweg) 2006. 24, 89, 195, 199, 292, 354, 454, 458

Sigwart, Christoph: ›Logik, Bd. 1. Die Lehre vom Urtheil, vom Begriff und vom Schluss‹, Tübingen (Laupp) 1873. *Gödel hat hierfür am 12. Juli 1938 einen Bestellschein ausgefüllt.* 116, 380

Skolem, Albert Thoralf: ›Utvalgte kapitler av den matematiske logikk‹, hrsg. v. Chr. Michelsens Institutt for Videnskap og Åndsfrihet, Beretninger VI, 6., Bergen (John Griegs) 1936; Zusammenfassung auf Deutsch, S. 71-73. 252, 508

Steinitz, Ernst: »Bedingt konvergente Reihen und konvexe Systeme«, in: ›Journal für die reine und angewandte Mathematik‹ 143 (1913), S. 128-175; 144 (1914), S. 1-40; 146 (1916), S.1-52. 236, 492

Stone, Marshall Harvey: »Applications of the Theory of Boolean Rings to General Topology«, in: ›Transactions of the American Mathematical Society‹ 41 (1937), S. 375-481. 187, 446

Stone, Marshall Harvey: »Boolean Algebras and their Applications to Topology«, in: ›Proceedings of the National Acadamy of Sciences of the United States of America‹ 20 (1934), S. 197-202. 187, 446

Stone, Marshall Harvey: »Subsumption of Boolean Algebras under the Theory of Rings«, in: ›Proceedings of the National Acadamy of Sciences of the United States of America‹ 21 (1935), S. 103-105. 187, 446

Stone, Marshall Harvey: »The Theory of Representations for Boolean Algebras«, in: ›Transactions of the American Mathematical Society‹ 40 (1936), S. 37-111. 187, 446

Strobl, Karl Hans: ›Das Wirtshaus »Zum König Przemysl«‹, Leipzig (Staackmann) 1913. 259, 514

Stroebel, D. L.: ›123 deutsche Sprachbausteine‹, Aschaffenburg (A. Th. Stroebel) n. d. *Der Band befindet sich in Gödels Privatbibliothek.* 57, 323

Sünkel, Wolfgang: »Diätetik«, in: ›Historisches Wörterbuch der Philosophie, Bd. 2, D-F‹, Darmstadt (Wissenschaftliche Buchgesellschaft) 1972, Sp. 231f. 88, 353

Surma, Stanisław J.: »The Conference on the Scientitic Achievement of Mordchaj Wajsberg«, in: ›Bulletin of the Section of Logic‹ 2 (1973), S. 87-89; ebd., »Mordchaj Wajsberg. Live and Works«, S. 91-94; elektronisch: http://www.filozof.uni.lodz.pl/bulletin/pdf/02_2_1.pdf und http://www.filozof.uni.lodz.pl/bulletin/pdf/02_2_2.pdf. 212, 471

Suslin, Jakowlewitsch: »Sur une définition des ensembles mesurables B sans nombres transfinis«, in: ›Comptes rendus hebdomadaires des séances de l'Académie des Sciences‹ 164 (1917), S. 88-91. 115, 378

Szczepanski, Paul von: ›Spartanerjünglinge. Eine Kadettengeschichte in Briefen‹, Leipzig (Wigand) 1898. 259, 514

Tarski, Alfred: »Grundlegung der Wissenschaftlichen Semantik«, in: ›Actes du Congrès international de philosophie scientifique, Bd. III. Langage et pseudo-problèmes‹ Paris (Hermann) 1936, S. 1-8. 126, 389

Tarski, Alfred: »Sur la décomposition des ensembles en sous-ensembles presque disjoints«, in: ›Fundamenta mathematicae‹ 12 (1928), S. 188-205. 114, 377

Tarski, Alfred: »Sur quelques théorèmes qui équivalent à l'axiome du choix«, in: ›Fundamenta Mathematicae‹ 5 (1924), S. 147-154. 116, 379

Tarski, Alfred: »Über einige fundamentale Begriffe der Metamathematik«, in: ›Comptes Rendus des Séances de la Société des Sciences et des Lettres de Varsovie. Cl. III.‹ 23 (1930), S. 22-29. 116, 379

Thomas von Aquin: ›Commentaria philosophica in Aristotelem‹. *Das Werk enthält Thomas' Kommentare zu folgenden Schriften: Expositio Perihermeneias, Expositio Posteriorum, In libros Metaphysicorum, In libros Physicorum, In libros de caelo et mundo, In librum de generatione, In libros Meteorologicorum, De anima, De sensu, Sententia libri Ethicorum, Tabula libri Ethicorum, Sententia libri Politicorum.* 268, 522

Thomas von Aquin: ›De duobus charitatis et decem legis praeceptis‹, hrsg. von Conrad Martin, Köln (Herberle), 1851. 149, 410

Thomas von Aquin: ›Expositio super librum Boethii De trinitate‹. 227, 485

Thomas von Aquin: ›In librum Beati Dionysii De divinis nominibus expositio‹. 227, 485

Thomas von Aquin: ›Opuscula philosophica‹. *Das Werk enthält die folgenden Schriften von Thomas von Aquin: De ente et essentia, De principiis naturae, De unitate intellectus, De aeternitate mundi, De substantiis separatis.* 106, 370

Thomas von Aquin: ›Summa philosophica seu de veritate catholicae fidei contra gentiles‹, Paris (Lethielleux) 1877. *Der Band befindet sich in Gödels Privatbibliothek.* 268, 522

Thomas von Aquin: ›Summa theologiae I. Quaestio 1-49‹ (Opera omnia, Bd. 4), Rom (Typographia Polyglotta) 1888. *Gödel hat hierfür am 20. Mai 1937 einen Bestellschein ausgefüllt.* 222, 227, 480, 485

Thomas von Aquin: ›Summa theologiae III‹. 227, 485

Thomas von Aquin: ›Summa totius theologiae‹, Kommentar v. Thomas de Vio Caietanus, Venedig (apud luntas) 1588. *Eine Ausleihe durch Gödel ist nachweisbar für den 5. März 1937.* 268, 522

Ueberweg, Friedrich (Hrsg.); Oesterreich, Traugott Konstantin (Hrsg.): ›Die deutsche Philosophie des neunzehnten Jahrhunderts und der Gegenwart‹ (Friedrich Ueberwegs Grundriss der Geschichte der Philosophie, 4. Teil), völlig neubearbeitet, Berlin (Mittler) 1923. *In Gödels Privatbibliothek befindet sich die 13. Auflage dieses Bandes von 1951, erschienen in Graz in der Akademischen Druck- und Verlagsanstalt.* 268, 522

Wajsberg, Mordchaj: »Beitrag zur Metamathematik«, in: ›Mathematische Annalen‹ 109 (1934), S. 200-229; engl.: ders., »A Contribution to Metamathematics«, in: Mordchaj Wajsberg, ›Logical Works‹, hrsg. v. Stanisław J. Surma, Wrocław u. a. (Grzegorz Malinowski) 1977, S. 62-88. 268, 522

Wajsberg, Mordchaj: ›Logical Works‹, hrsg. v. Stanisław J. Surma, Wrocław u. a. (Grzegorz Malinowski) 1977. 212, 471

Wessely, Ignaz Emmanuel: ›Hills' Italian-English Dictionary‹, Philadelphia (David McKay) n. d. *Der Band befindet sich in Gödels Privatbibliothek.* 221, 479

Wetzer, Heinrich Joseph; Welte, Benedikt: ›Wetzer und Welte's Kirchenlexikon oder Encyklopädie der katholischen Theologie und ihrer Hülfswissenschaften‹, Freiburg (Herder) 1847-1860. *Die Ausleihe des Bandes von 1847 durch Gödel ist für den 15. April 1937 nachweisbar.* 147f., 201, 409, 460

Whitehead, Alfred North; Russell, Bertrand: ›Einführung in die Mathematische Logik‹, München/Berlin (Drei Masken Verlag) 1932. *In Gödels Privatbibliothek befindet sich ein Exemplar dieser Ausgabe.* 102, 159, 367, 421

Whitehead, Alfred North; Russell, Bertrand: ›Principia Mathematica‹, 3 Bde., Cambridge (Cambridge University Press), 1910 bis 1913. *Es ist nachweisbar, dass die von Gödel ausgeliehenen Bände 2 und 3 am 23. September 1938 zurückgegeben wurden. Gödel besaß eine Übersetzung der Einleitungen der ›Principia Mathematica‹.* 102, 104, 159, 165, 367-368, 421, 426

Wildhagen, Else: ›Trotzkopfs Brautzeit‹, Stuttgart (Weise) 1892. 259, 514

Woleński, Jan: ›Logic and Philosophy in the Lvov-Warsaw School‹, Dordrecht/Boston/London/ (Kluwer) 1989. 212, 471

Personenregister – Index of Names

Ackermann, Wilhelm Friedrich 104, 159, 192, 368, 421, 451
Adler, Alfred 59, 106, 326, 369
Alexandrow, Pawel Sergejewitsch (auch Paul Alexandroff) 115, 378
Aristoteles / Aristotle 16, 19, 25, 37, 53, 105, 116, 149, 254, 267, 285, 287f., 293, 305, 320, 369, 380, 411, 427, 481, 510, 521
Augustinus, Aurelius 98, 159, 183, 203, 227, 254, 462, 485
Baer, Reinhold 98, 100, 104, 362, 364, 368
Bailey, Esther 215, 474
Baire, René Louis 262, 415
Becker, Oskar 115, 117, 379, 381
Bergson, Henri-Louis 106, 369
Bernays, Paul 104, 153, 181, 262, 368, 407, 441, 517
Bochenski, Joseph Maria 252, 508
Bolland, Johannes 201, 460
Bolzano, Bernard 116, 380
Bonaventura (da Bagnoregio), (eigentlich Giovanni di Fidanza) 149, 151, 202, 410, 412, 461
Borel, Félix Édouard Justin Émile 115, 255, 378, 415, 425, 511
Brentano, Franz 103, 106, 116, 149, 166, 180, 202, 210, 367, 369, 380, 411, 427, 441, 461, 469
Brouwer, Luitzen Egbertus Jan 255, 262, 471, 511, 517
Brunswik (Brunswick), Egon Edler von Korompa 267, 269, 283, 521, 523
Bühler, Karl 82, 98, 103, 105f., 268f., 347, 362, 367, 369, 522f.
Bühler, geb. Malachowski, Charlotte 106, 369
Cantor, Georg Ferdinand Ludwig Philipp 98, 116f., 123, 380f., 385, 363
Carathéodory, Constantin 115, 378
Carnap, Rudolf 20f., 25, 29, 36, 43, 57, 91, 98, 102, 104, 116, 148, 164, 208, 216, 226, 260, 267, 269, 289f., 293, 297, 304, 311, 324, 356, 362, 367f., 379, 410, 425, 467, 475, 484, 514, 521, 523
Church, Alonzo 72, 216, 250, 253, 262, 339, 474, 506, 509, 517
Chwistek, Leon 251, 267, 507, 521
Descartes, René 204, 222f., 227, 242, 244, 268, 463, 480, 485, 498, 501, 523
Doyle, Arthur Conan 260, 515
Dürr, Karl Rudolf 268, 522
Einstein, Albert 254, 510
Eusebius von Caesarea 147f., 201, 409, 460
Finsler, Paul 115, 117, 379, 381
Fitch, Frederic Brenton 192, 451
Fraenkel, Abraham (Adolf Abraham Halevi) 34, 98, 104, 114-116, 146, 159, 161, 181, 302, 363, 368, 377, 379, 407, 421f., 441, 523
Frenkel-Brunswik, Else 269, 523
Furtwängler, Philipp 82, 105, 117, 269, 347, 369, 380, 523
Gentzen, Gerhard Karl Erich 102, 104, 192-194, 253, 267, 367f., 451, 453, 509, 521
Ginsburg, Jekuthiel 268, 522
Gödel, geb. Handschuh, Marianne 175, 188, 196, 216, 455
Gödel, Kurt
Gödel, Rudolf 146, 150, 196, 215, 303, 407, 412, 474
Gödel, geb. Porkert, Adele 58, 92, 94, 151, 156, 161-162, 171, 174, 179, 185, 188, 190, 195-197, 216, 219, 224, 250, 292, 325, 327, 333, 339, 349, 352, 357, 359f., 366, 383, 413f., 418, 422-425, 431, 435, 439, 448, 450, 452, 454-457, 474, 477, 479, 482, 489, 506
Goethe, Johann Wolfgang 41, 196, 260, 309, 455, 515
Gomperz, Heinrich 13-19, 22-23, 25, 29-31, 36-39, 53, 82, 98, 103, 105, 268, 282-287, 290f., 293, 296, 298f., 304-307, 320, 347, 363, 367, 369, 522
Gomperz, Theodor 16, 53, 284f., 320
Grelling, Kurt 253, 509
Hahn, Hans 91, 115, 117, 151, 245, 357, 378, 381, 413, 502
Handschuh, Pauline 216, 474
Hansen, (Johann) Joseph (Leonhard) 113, 203, 377, 362
Hauff, Wilhelm 260, 515
Hauptmann, Gerhart Johann Robert 108, 261, 371, 516
Hausdorff, Felix 104, 117, 368, 381
Hebbel, (Christian) Friedrich 261, 516
Hegel, Georg Wilhelm Friedrich 105, 148, 268, 369, 409, 523
Helmholtz, Hermann Ludwig Ferdinand von 152, 414
Herbrand, Jacques 104, 253, 368, 509
Heyting, Arend 212, 251, 471, 507
Hilarius von Poitiers 227, 485
Hilbert, David 104, 115, 117, 153, 159, 268, 368, 379, 381, 415, 421, 522
Hoffmann, E. T. A. (Ernst Theodor Amadeus Hoffmann) 260, 515
Innozenz VIII., geb. Giovanni Battista Cibo 149, 201, 203, 410, 460, 462
Johannes XXII., geb. Jacques Duése 203, 462
Kant, Immanuel 14, 31f., 79, 282, 299f., 345
Kardec, Allan 150, 202, 412, 461
Kleene, Stephen Cole 96, 102, 268, 361, 367, 522
Klein, Felix 98, 105, 268, 362, 369, 522
Kleist, (Bernd) Heinrich (Wilhelm) von 261, 515
Kokoszyńska-Lutman, Maria 253, 509
Kottler, Friedrich 82, 347
Kurepa, Đuro 252, 255, 508, 511
Lebesgue, Henri Léon 255, 511
Leibniz, Gottfried Wilhelm 18-20, 24f., 27-29, 36, 42f., 148, 150, 186, 201, 210, 268, 286-288, 292f., 295-297, 304, 310f., 410f., 460, 463, 469, 522
Lenormant, François 201, 460
Leo XIII., geb. Vinzenzo Gioacchino Pecci 203, 462
Leśniewski, Stanisław 102, 155, 192, 252, 267, 367, 417, 452, 508, 521
Lessing, Gotthold Ephraim 260, 515

Lewis, Clarence Irving 102, 105, 116, 253, 367f., 379, 509
Liguori, Alfonso Maria de' 149, 201, 411, 460
Lukasiewicz, Jan 251, 507
Lusin, Nikolai Nikolajewitsch 91, 115, 255, 356, 378, 511
Mahlo, (Friedrich) Paul 98, 104, 362, 368
McKinsey, John Charles Chenoweth 253, 509
Menger, Karl 20, 36, 72, 86, 114, 161, 174f., 192, 253, 269, 289, 304, 338, 351, 377, 422, 435, 452, 509, 523
Mertner, Robert 150, 202f., 207, 412, 461, 466
Mirimanoff, Dmitry 115, 379
Mises, Richard Edler von 268, 522
Morduhai-Boltovskoi, Dmitry Dmitrievich 252, 508
Morse, (Harold Calvin) Marston 192, 452
Mostowski, Andrzej 96, 192, 196, 253, 361, 451, 455, 509
Natkin, Marcel 60, 216, 327, 474
Neider, Heinrich 91, 93, 356, 359
Neumann, John von (Baron Johann von, bzw. János Lajos Neumann von Margitta) 98, 104, 114, 116f., 181, 188, 192, 219, 268, 362, 368, 377, 379, 381, 407, 441, 447, 451, 476, 522
Neurath, Otto 24f., 29, 268, 292f., 297, 522
Nietzsche, Friedrich Wilhelm 268, 523
Ono, Katzui (Katudi) 192, 451
Peano, Giuseppe 165, 253, 426, 509
Picard, (Charles) Émile 268, 521
Pius IX., geb. Giovanni Maria Mastai-Ferretti 203, 462
Pius X., geb. Giuseppe Sarto 203, 462
Pius XI., geb. Achille Ambrogio Damiano Ratti 203, 462
Platon / Plato 14, 37, 106, 282, 305, 369
Prantl, Carl von 105, 116, 267, 369, 380, 521
Prasad, Ganesh 98, 105, 268, 362, 369, 522
Quine, Willard Van Orman 192, 253, 267, 452, 509, 521
Riemann, (Georg Friedrich) Bernhard 268, 522
Rosser Sr., John Barkley 216, 253, 474, 509
Rothberger, Fritz 91-93, 356-358
Russell, Bertrand Arthur William 104, 116, 146, 159, 165, 190, 262, 267, 367, 379, 407, 421, 426, 441, 450, 517, 521
Salamucha, Jan 252, 508
Schiller, (Johann Christoph) Friedrich 261, 515
Schjelderup, Harald Krabbe 105, 369
Schlick, Moritz 24f., 92, 116, 166, 269, 292f., 357, 380, 427, 523
Schnitzler, Arthur 260, 514
Schoenflies, Arthur Moritz 102, 116f., 514
Scholz, Heinrich 116, 197, 380, 457
Schönfinkel, Moses Isajewitsch 253, 509
Schopenhauer, Adele (Luise Adelaide Lavinia) 196, 455
Schrödinger, Erwin Rudolf Josef Alexander 268f., 523
Sextus Julius Africanus, 147f., 201, 409, 460
Sierpiński, Wacław Franciszek 91, 114-117, 253, 356, 377-379, 381, 509
Sigwart, Christoph 116, 166, 380, 427
Skolem, Albert Thoralf 252, 262, 507f., 517
Stone, Marshall Harvey 187, 192, 446, 451
Suslin, Michail Jakowlewitsch 115, 378
Tarski, Alfred 92, 96, 104, 114, 116f., 126, 192, 253, 267, 357, 361, 368, 377, 379, 381, 389, 452, 509, 521
Thomas von Aquin, 77, 106, 149, 183, 202f., 222, 227, 252, 254, 268, 410, 443, 462, 480, 485, 522
Tolstoi, Lew (auch Leo) Nikolajewitsch 108, 371
Turing, Alan Mathison 253, 509
Veblen, Oswald 114, 139, 146, 151, 160, 174f., 198, 208, 268, 273, 377, 400, 407, 422, 435, 457, 467, 522, 526
Wagner-Jauregg, Julius 196, 455
Waismann, Friedrich 91-94, 267, 269, 356-359, 521, 523
Wajsberg, Mordchaj 212, 221, 471, 478
Wallace, Edgar 260, 515
Weyl, Hermann Klaus Hugo 192, 253, 452, 509
Wirtinger, Wilhelm 92, 357
Wittgenstein, Ludwig (Johann Josef) 21f., 44, 166, 290, 312, 427

Errata Liste für Band 1 / Errata List for volume 1

S. 14 Zeile 5 ›jedoch‹ anstelle von ›jdedoch‹
S. 18 Zeile 16 von unten ›ebendo‹ ist zu löschen
S. 35 Zeile 2 ›zunimmt‹ anstelle von ›zunehmen‹
S. 36 Zeile 3 ›Asbury‹ anstelle von ›Ashbury‹
S. 37 Zeile 14 ›seine‹ anstelle von ›seiner‹
S. 43 Zeile 10 ›ist‹ anstelle von ›ist ist‹
S. 55 Zeile 10 ›verwendet‹ anstelle von ›verbunden‹
S. 71 Fußnote ›ausgefüllt.‹ anstelle von ›ausgefüllt‹
S. 82 Zeile Fußnote Gödel Andere Lesart für ›Schwächen‹ ist ›Schichten‹.
S. 72 Zeile 12 von unten ›Summa philosophica‹ anstelle von › Summa philosophica ‹
S.104 Zeile 21 ›]‹ streichen
S. 107 Zeile 24 ›Verstandesraum‹ anstelle von ›Vrtandesraum‹
S. 113 Zeile 3 Andere Lesart für ›Müssen‹ ist ›Essen‹
p. 125 line 7–8 ›transcriber‹ instead of ›transcribers‹
p. 132 line 12 ›sciences)‹ instead of ›sciences]‹
p. 133 line 3 from below ›for example,‹ instead of ›for example‹
p. 134 second paragraph ›Philosophy I Max 0‹ instead of ›Philosophie I Max 0‹
p. 135 footnote 9 ›p. 232‹ instead of ›p. 232 ff.‹
p. 136 footnote 11 ›column‹ instead of ›p.‹
p. 139 line 12 ›as follows.‹ instead of ›as follows:‹
p. 142 second paragraph ›the philosophy of the Stoics‹ instead of ›the philosophy of the Stoics philosophy‹
p. 142 third paragraph ›additional inserted page‹ instead of ›additional page‹
p. 148 line 3 ›Asbury‹ instead of ›Ashbury‹
p. 149 footnote 34 ›p. 52ff‹ instead of ›p. 52f‹
p. 154, line 11 Insert another opening bracket before ›psychiatry‹
p. 158, line 12 ›empirical‹ instead of ›empricial‹
p. 162 first line ›weltanschauung‹ instead of ›weltanschauung‹
p. 163 line 5 from below ›using‹ instead of ›combining‹

p. 179 footnote 190 Insert »An edition of the *Summa philosophica* was owned by Gödel.«
p. 180 line 2 Insert a blank space before ›Grundriss‹.
p. 182 line 8 Close bracket after ›existence‹.
p. 183 last paragraph ›Remark (Parapsychology)‹ instead of ›Remark (parapsychology)‹
p. 184 footnote 221 Insert »Gödel owned a German translation of Locke's *Essay*.« after the first sentence of the footnote.
p. 187 line 6 and 9 ›p‹ instead of ›λp‹
p. 187 footnote Gödel An alternate reading for ›shortcomings‹ is ›layers‹.
p. 188 line 7 ›$A \to$ I know (A)‹ instead of ›$A \supset$ I know (A)‹
p. 188 line 9 ›Quaternio terminorum[242]‹ instead of ›Quaternio terminorum[241]‹
p. 190 line 13 ›$(\forall x)$‹ instead of ›$\forall (x)$‹
p. 192 line 2 from below ›cogitations‹ instead of ›coginationes‹
p. 200 third paragraph ›Remark (Theology)‹ instead of ›Remark (theology)‹
p. 203 last line ›cold — warm, meat — dough‹ instead of ›cold warm, meat dough‹
p. 208 line 5 Erase ›]‹.
p. 210 line 1 Erase ›?‹.
p. 211 line 14 Insert »Arrow from ›word‹ to ›Or better‹ below«.
p. 214 line 20 ›2.‹ instead of ›second‹
p. 215 line 1 Insert ›are‹ before ›corresponding‹.
p. 216 line 14 An alternate reading for ›After I went for a pee‹ is ›After eating‹.
p. 220 line 18 Insert »Arrow from ›project‹ to ›traditional mathematics is a part of sensuousness‹ below«.
p. 234 line 21 Delete ›by‹ in ›von by‹.
p. 235, line 3 from below ›Mappe 72‹ instead of ›Mappe 72,5‹
p. 236 line 11 from below ›Anthropology‹ instead of ›Anthropolgy‹

www.ingramcontent.com/pod-product-compliance
Lightning Source LLC
Chambersburg PA
CBHW081943230426
43669CB00019B/2908